GUILHERME
MAGALHÃES
MARTINS

NELSON
ROSENVALD

COORDENADORES

RESPONSABILIDADE CIVIL E NOVAS TECNOLOGIAS

2020 © Editora Foco
Coordenadores: Nelson Rosenvald e Guilherme Magalhães Martins
Autores: Adriano Marteleto Godinho, Alexandre Pereira Bonna, Ana Rita de Figueiredo Nery, Bruno Miragem, Bruno Torquato Zampier Lacerda, Caitlin Mulholland, Chiara Spadaccini de Teffé, Cíntia Rosa Pereira de Lima, Cristiano Colombo, Daniela Copetti Cravo, Daniela Seadi Kessler, Elcio Nacur Rezende, Emanuele Pezati Franco de Moraes, Eugênio Facchini Neto, Felipe Quintella, Fernanda Ivo Pires, Gabriel Oliveira Cabral, Graziella Trindade Clemente, Guilherme Magalhães Martins, Iara Antunes de Souza, João Victor Rozatti Longhi, Jonathan de Oliveira Almeida, José Luiz de Moura Faleiros Júnior, Karenina Carvalho Tito, Kelvin Peroli, Marcelo de Oliveira Milagres, Marcelo Kokke, Márcio Luís de Oliveira, Maria de Fátima Freire de Sá, Miguel Kfouri Neto, Nelson Rosenvald, Pedro Rubim Borges Fortes, Rafael de Freitas Valle Dresch, Rafaella Nogaroli, Raquel Katllyn Santos da Silva e Tula Wesendonck
Diretor Acadêmico: Leonardo Pereira
Editor: Roberta Densa
Assistente Editorial: Paula Morishita
Revisora Sênior: Georgia Renata Dias
Capa Criação: Leonardo Hermano
Diagramação: Ladislau Lima e Aparecida Lima
Impressão: FORMA CERTA

Dados Internacionais de Catalogação na Publicação (CIP) de acordo com ISBD

R434 Responsabilidade civil e novas tecnologias / Adriano Marteleto Godinho ... [et al.] ; coordenado por Guilherme Magalhães Martins, Nelson Rosenvald. - Indaiatuba, SP : Editora Foco, 2020.

472 p. ; 17cm x 24cm.

Inclui bibliografia e índice.

ISBN: 978-65-5515-070-4

1. Direito civil. 2. Responsabilidade civil. 3. Novas tecnologias. I. Godinho, Adriano Marteleto. II. Bonna, Alexandre Pereira. III. Nery, Ana Rita de Figueiredo. IV. Miragem, Bruno. V. Lacerda, Bruno Torquato Zampier. VI. Mulholland, Caitlin. VII. Teffé, Chiara Spadaccini de. VIII. Lima, Cíntia Rosa Pereira de. IX. Colombo, Cristiano. X. Cravo, Daniela Copetti. XI. Kessler, Daniela Seadi. XII. Rezende, Elcio Nacur. XIII. Moraes, Emanuele Pezati Franco de. XIV. Facchini Neto, Eugênio. XV. Quintella, Felipe. XVI. Pires, Fernanda Ivo. XVII. Cabral, Gabriel Oliveira. XVIII. Clemente, Graziella Trindade. XIX. Martins, Guilherme Magalhães. XX. Souza, Iara Antunes de. XXI. Longhi, João Victor Rozatti. XXII. Almeida, Jonathan de Oliveira. XXIII. Faleiros Júnior, José Luiz de Moura. XXIV. Tito, Karenina Carvalho. XXV. Peroli, Kelvin. XXVI. Milagres, Marcelo de Oliveira. XXVII. Kokke, Marcelo. XXVIII. Oliveira, Márcio Luís de. XXIX. Sá, Maria de Fátima Freire de. XXX. Kfouri Neto, Miguel. XXXI. Rosenvald, Nelson. XXXII. Fortes, Pedro Rubim Borges. XXXIII. Dresch, Rafael de Freitas Valle. XXXIV. Nogaroli, Rafaella. XXXV. Silva, Raquel Katllyn Santos da. XXXVI. Wesendonck, Tula. XXXVII. Título.

2020-866   CDD 347   CDU 347

Elaborado por Vagner Rodolfo da Silva - CRB-8/9410
Índices para Catálogo Sistemático:
1. Direito civil 347   2. Direito civil 347

DIREITOS AUTORAIS: É proibida a reprodução parcial ou total desta publicação, por qualquer forma ou meio, sem a prévia autorização da Editora FOCO, com exceção do teor das questões de concursos públicos que, por serem atos oficiais, não são protegidas como Direitos Autorais, na forma do Artigo 8º, IV, da Lei 9.610/1998. Referida vedação se estende às características gráficas da obra e sua editoração. A punição para a violação dos Direitos Autorais é crime previsto no Artigo 184 do Código Penal e as sanções civis às violações dos Direitos Autorais estão previstas nos Artigos 101 a 110 da Lei 9.610/1998. Os comentários das questões são de responsabilidade dos autores.

NOTAS DA EDITORA:

Atualizações e erratas: A presente obra é vendida como está, atualizada até a data do seu fechamento, informação que consta na página II do livro. Havendo a publicação de legislação de suma relevância, a editora, de forma discricionária, se empenhará em disponibilizar atualização futura.

Erratas: A Editora se compromete a disponibilizar no site www.editorafoco.com.br, na seção Atualizações, eventuais erratas por razões de erros técnicos ou de conteúdo. Solicitamos, outrossim, que o leitor faça a gentileza de colaborar com a perfeição da obra, comunicando eventual erro encontrado por meio de mensagem para contato@editorafoco.com.br. O acesso será disponibilizado durante a vigência da edição da obra.

Impresso no Brasil (05.2020) – Data de Fechamento (05.2020)
2020
Todos os direitos reservados à
Editora Foco Jurídico Ltda.
Rua Nove de Julho, 1779 – Vila Areal
CEP 13333-070 – Indaiatuba – SP
E-mail: contato@editorafoco.com.br
www.editorafoco.com.br

APRESENTAÇÃO

A adequação do regime de responsabilidade civil diante dos desafios tecnológicos é de importância crucial para a sociedade. A final, o impacto social de uma potencial inadequação nos regimes legais existentes na abordagem dos novos riscos pode comprometer os benefícios esperados. Se o ordenamento for insuficiente ao lidar com danos causados pela IA e tecnologias digitais emergentes, vítimas podem ser privadas de uma indenização, mesmo que uma análise equitativa possa em tese justificar a compensação. Isto sem contar a inexorável presença das novas tecnologias em todos os aspectos da vida social e o efeito multiplicador da automação, amplificando significativamente os danos, ao ponto de que se tornem virais, rapidamente propagando em uma sociedade densamente interconectada. A obra "Responsabilidade civil e novas tecnologias" é uma iniciativa do IBERC – Instituto Brasileiro de Estudos de Responsabilidade Civil – consubstanciando 22 (vinte e dois) artigos redigidos por profissionais de elevada qualificação, representando as mais diversas interfaces entre as possibilidades sem precedentes que o futuro nos abre e a tarefa que incumbe ao ordenamento jurídico de prevenir e compensar lesões a interesses patrimoniais e existenciais concretamente merecedores de tutela.

No artigo "Transhumanismo e as novas fronteiras da responsabilidade civil", os coautores Adriano Marteleto Godinho, Raquel Katllyn Santos da Silva e Gabriel Oliveira Cabral abordam o fenômeno que emprega a tecnologia para permitir que seres humanos possam transcender suas capacidades físicas e intelectuais, o que permitirá, em princípio, propiciar o surgimento de uma nova categoria de "pós-humanos", artificialmente "aperfeiçoados" em relação às naturais limitações que naturalmente demarcam a condição humana. Partindo da premissa que a perspectiva transhumanista, devem promover o resguardo da personalidade humana e dos direitos da personalidade, no que toca à responsabilidade civil, quando enfocada na perspectiva transhumanista, não deve ser aplicado tal instituto de maneira ordinária e tradicional, eis que algumas de suas funções (nomeadamente a preventiva e pedagógica) e elementos (destacadamente a culpabilidade) merecem consideração especial, vez que os seres dotados de aprimoramento tecnológico se encontrarão, em termos físicos e intelectuais, em um patamar superior em relação aos demais seres humanos. Haverá, assim, um embate provável entre pós-humanos e os "meros" seres humanos, que serão, nesta perspectiva, tidos por vulneráveis, o que pode afetar a lógica da reparação de danos a depender de quem seja seu causador e sua vítima. É possível mesmo que se façam necessárias a edição de regras ou diplomas especiais, com o fito de estabelecer o regime de responsabilidade e o modo de se prover a reparação de danos nestes domínios. A abrangência do tema e os ainda incertos resultados do emprego da tecnologia para fins transhumanistas certamente desafiará outras linhas de raciocínio, mas cumpre, desde já, iniciar os debates e propor possíveis alternativas.

"Dados pessoais, identidade virtual e a projeção da personalidade: *profiling*", estigmatização e responsabilidade civil", é a contribuição oferecida por Alexandre Pereira Bonna.

O artigo tem como cerne a proteção de dados pessoais no patamar de direito humano, fundamental e da personalidade, justificando a necessidade de o ser humano ter domínio sobre informações a seu respeito e que tais dados não a estigmatizem, havendo um sólido conjunto normativo que confere proteção jurídica ao indivíduo contra o vilipêndio de sua privacidade e/ou igualdade, apesar da dificuldade prática de fiscalização e cumprimento da regra que exige o consentimento do consumidor, em um contexto de hipervulnerabilidade no campo digital. O ponto de maior vulnerabilidade não é a obtenção da aceitação do consumidor de forma consciente, mas sim a transparência necessária para que caso esses dados sejam utilizados para fins diversos daquele esperado pelo consumidor, como o compartilhamento dos mesmos com empresas diversas. Por conseguinte, para além das sanções administrativas previstas na LGPD e no CDC, pode ser necessária a tutela civil no âmbito judicial, ganhando importância os legitimados para a ação coletiva, principalmente a medidas preventivas ligadas a termo de ajustamento de conduta ou ação coletiva de obrigação de fazer e não fazer de modo a compelir, sob pena de multa, os agentes do campo digital a cumprirem fielmente as disposições legais relativas a proteção de dados pessoais.

Na sequência, Ana Rita de Figueiredo Nery escreve sobre "Responsabilidade civil do Estado pela obrigação de sigilo do prontuário: desafios das novas tecnologias de armazenamento de dados para a saúde pública". A autora busca aproximar a discussão sobre a responsabilidade civil decorrente de violação do dever de sigilo de prontuário do arcabouço normativo que orienta comportamento administrativo na guarda de dados da saúde pública, apresentando uma proposta de tratamento do tema que busca amalgamar a disciplina da responsabilização civil do Estado com a política de tratamento de dados em matéria de saúde pública em prol de soluções que sejam mais compatíveis com o avanço da tecnologia na saúde pública. A transformação digital na área médica, para o Estado, migra o olhar do intérprete da ação para a omissão. Deixa-se de focar na materialidade da ação do agente público para que ganhe relevo a complexa pauta de inovações na área da tecnologia e, por consequência, as abstenções do Estado em relação aos deveres que lhes são impostos por esse robusto quadro normativo. De um lado, prestigia-se a ação do Estado voltada para o desenvolvimento tecnológico, sem atropelos às programações orçamentárias e aos desenhos da política pública em matéria e saúde existentes. De outro, permite-se que o sistema de justiça funcione como um incentivo estratégico e bastante eficaz no sentido de estimular comportamentos administrativos voltados ao cumprimento das políticas de expansão tecnológica na área de saúde. Este é o cenário que melhor compatibiliza a tutela da privacidade e a demanda pelo avanço da tecnologia no serviço público de saúde.

Bruno Miragem nos oferece "A Lei Geral de Proteção de Dados (Lei 13.709/2018) e o direito do consumidor", ensinando que os dados pessoais, resguardados sob a privacidade pessoal, convertem-se em ativos ofertados pelo consumidor em troca de serviços até aqui qualificados como aparentemente gratuitos, mas que em verdade possuem uma onerosidade indireta decorrente da exigência de consentir em prestar dados como condição de acesso a serviços. Da mesma forma, a capacidade exponencial de processamento de dados permite usos novos ao tratamento destes dados, alterando a estratégia das empresas na oferta de produtos e serviços, direcionando e segmentando sua mensagem publicitária, na análise de risco de crédito do consumidor ou acompanhando a utilização do produto ou serviço ao longo do tempo

Bruno Torquato Zampier Lacerda apresenta o texto "A responsabilidade civil no universo dos bens digitais", investindo-se da tarefa do jurista do século XXI de aproximar a responsabilidade civil, ao cenário sempre mutante da revolução digital, implícito à sociedade em rede. Neste sentido, a construção do conceito de bens digitais, como nova categoria de bens jurídicos é bastante útil para englobar titularidades antes não existentes. Com o decorrer do tempo, está havendo um depósito em rede de inúmeras informações, manifestações da personalidade e arquivos com conteúdo econômico, todos esses ligados a um determinado sujeito. Cada pessoa natural ou jurídica terá sua titularidade digital, tenha esta caráter econômico (patrimônio digital) ou não (existência ou personalidade digital), que necessitará ser protegida, seja porque em algum momento essa pessoa irá falecer, manifestar alguma causa de incapacidade ou mesmo sofrer violações ao legado armazenado em rede. E como qualquer outro bem jurídico, é possível que ocorram vários tipos de violações, produzindo-se danos injustos aos titulares dos ativos digitais. Por tal razão, a proposta delineada foi no sentido de se apresentar situações nas quais há possível lesão a esta novel titularidade, clamando-se então que a responsabilidade civil também alcance estas hipóteses, fornecendo-se à vítima a devida proteção e eventual reparação integral.

No artigo "Responsabilidade civil por danos causados pela violação de dados sensíveis e a Lei Geral de Proteção de Dados Pessoais (lei 13.709/2018)" Caitlin Mulholland advoga por uma tutela rigorosa dos dados sensíveis, tendo em vista que estes se transformaram em conteúdo essencial para a concretização do princípio da igualdade e da não discriminação. A tutela de dados pessoais sensíveis permite a efetivação, a depender de sua natureza, do direito à saúde (dados genéticos ou sanitários), do direito à liberdade de expressão e de comunicação (dados sobre opiniões pessoais), do direito à liberdade religiosa e de associação (dados sobre convicção religiosa). Outrossim, Considerando que se caminha cada vez mais e com maior intensidade para uma sociedade governada por dados, pondera a articulista que o ambiente social no qual se concretiza a ideia de privacidade informacional passa a ser qualificado pela proteção dos direitos da pessoa de manter o controle sobre seus dados, por meio de sua autodeterminação informativa (liberdade), visando a não discriminação (igualdade). A conclusão é no sentido de que o problema atual da privacidade é causado pelo conflito consequente da assimetria de poderes existente entre os titulares de dados e aqueles que realizam o tratamento dos dados. Esta assimetria gera um desequilíbrio social que, por sua vez, leva à violação dos princípios da igualdade e da liberdade. Assim, a adoção de sistema de responsabilidade civil objetiva pela Lei Geral de Proteção de Dados visa proteger de maneira rigorosa os dados pessoais sensíveis e se torna, com isso, instrumento para a tutela e efetivação da igualdade e da liberdade.

Prosseguindo a obra coletiva, em "Humor e responsabilidade na Internet" Chiara Spadaccini de Teffé e Jonathan de Oliveira Almeida evidenciam as tênues linhas que separam o humor envolto pelo manto da liberdade de expressão daquele que não se faz digno de tutela jurídica. Saber ponderar os interesses em jogo e analisar, de forma imparcial, o papel do humor e as fronteiras da liberdade de expressão mostram-se desafiadores tanto para a doutrina quanto para a jurisprudência. Definir o humor é, por certo, tarefa inexitosa pois, naturalmente, o discurso humorístico sempre traz consigo uma carga de subjetividade. De toda forma, apesar de limitada, a liberdade para fazer humor deve ser sempre protegida e promovida. Consequentemente, consideram os coautores que não cabe aos Tribunais determinar se o humor praticado é popular ou indigesto, inteligente ou grotesco, haja vista que o exercício da atividade jurisdicional não se destina à crítica artística. Eventuais excessos deverão, por óbvio, ser questionados, mas sem que isso cause impacto desproporcional à liberdade de expressão. Nesse sentido, entende-se que não se deve cercear, ainda mais em sede de medida liminar, certa manifestação das liberdades de expressão e artística, sob o argumento de que o humor veiculado foi de mal gosto, tosco ou grosseiro. A partir das liberdades e garantias fundamentais asseguradas à pessoa, cada um é livre para gostar do tipo de humor que preferir.

Em artigo escrito a seis mãos, Cíntia Rosa Pereira de Lima, Emanuele Pezati Franco de Moraes, Kelvin Peroli desenvolvem "O necessário diálogo entre o Marco Civil da Internet e a Lei Geral de Proteção de Dados para a coerência do sistema de responsabilidade civil diante das novas tecnologias". Os coautores se lançam ao desafio de verificar, em relação às normas de responsabilidade civil, eventual antinomia entre a Lei Geral de Proteção de Dados e o Marco Civil da Internet. A final, tanto no MCI quando na LGPD os requisitos tradicionais da responsabilidade civil devem ser repensados à luz da nova realidade tecnológica. Outrossim, o texto fere a estrutura das normas de responsabilidade civil da LGPD de modo a concluir se conduz à imputação objetiva, sobremodo analisando as causas de excludentes de responsabilidade civil presentes na LGPD. O raciocínio linear desenvolvido ao longo do artigo tem como desiderato a manutenção da harmonia e coordenação entre as referidas normas, entendido o ordenamento jurídico como um sistema, em que sempre que possível deve-se estabelecer o diálogo entre as fontes.

No texto "Decisões automatizadas em matéria de perfis e riscos algorítmicos: diálogos entre Brasil e Europa acerca dos direitos das vítimas de dano estético digital", Cristiano Colombo e Eugênio Facchini Neto analisam as decisões automatizadas em matéria de perfis, com foco na identificação dos chamados riscos algorítmicos, sob uma perspectiva principiológica de proteção de dados pessoais, buscando fundamentar a tutela jurídica do dano estético digital. A temática é analisada a partir dos princípios de proteção de dados pessoais, efetuando comparações entre o Regulamento Geral de Proteção de Dados (RGPD), da União Europeia (2016), e nossa Lei Geral de Proteção de Dados (LGPD), Lei 13.709 de 2018. Uma atenção especial é deferida aos direitos das vítimas do que pode ser chamado de "dano estético digital", dando ênfase aos direitos à correção dos dados, explicação e revisão das decisões automatizadas.

Adiante, Daniela Copetti Cravo, Daniela Seadi Kessler e Rafael de Freitas Valle Dresch, ocupam-se da "Responsabilidade civil na portabilidade de dados". A portabilidade de dados possui um grande potencial de gerar benefícios aos consumidores e ao mercado por meio do fluxo de dados que viabiliza na economia, ensejando que os titulares de dados tenham efetivo controle e decidam com quem desejam compartilhar as informações sobre a sua pessoa. Dessa forma, é imperioso que haja uma clareza quanto a eventuais deveres e condutas a serem adotados pelos controladores dos dados, sendo a objetividade na definição de padrões alocada de acordo com cada fase da implementação da portabilidade. Nesse desiderato, os coautores esclarecem possíveis condutas que devem ser tomadas pelas organizações para não serem responsabilizadas por ilícitos decorrentes do dever de garantir a portabilidade dos dados pessoais. Para tanto, apresentam os fundamentos da responsabilidade civil na LGPD, especialmente, em decorrência da violação aos deveres inerentes à portabilidade dos dados pessoais. A partir da análise da responsabilidade ao longo das diferentes etapas da portabilidade e de acordo com cada ator envolvido (remetente e destinatário), encaminha-se a conclusão no sentido da indispensabilidade de clareza e objetividade na atribuição de responsabilidades no exercício a da portabilidade de dados. Com isso, os controladores de dados poderão melhor avaliar os riscos específicos relacionados à portabilidade e tomar medidas apropriadas para a sua mitigação.

"Responsabilidade civil por danos causados por locatário de imóvel em condomínio que celebrou a locação por aplicativo" é o texto compartilhado por Elcio Nacur Rezende e Felipe Quintella. A proposta do artigo consiste em examinar se há configuração de responsabilidade civil do proprietário que aluga seu imóvel, por temporadas, por meio de aplicativos, pelos danos causados no curso da locação pelo locatário ao condomínio, a outro condômino ou a terceiros que se encontravam no condomínio, bem como se há configuração de responsabilidade do aplicativo utilizado para a celebração da locação, pelos mesmos danos. O escrito se justifica diante na imperiosa necessidade de se revisitarem todos os aspectos da responsabilidade civil, desde os conceitos mais clássicos, para que se possa, diante de uma nova realidade social, examinar, mais detidamente, sob o prisma jurídico, o fenômeno do uso de aplicativos para locação, por temporadas, de imóveis que constituem unidades autônomas de condomínios, os pressupostos da responsabilidade civil no Direito pátrio, as normas que estabelecem a sua disciplina e, finalmente, se a verificação das hipóteses de ocorrência de danos de que trata o trabalho se amoldam aos suportes fáticos de tais normas.

Fernanda Ivo Pires se desincumbe de minudenciar o tema "Responsabilidade civil e o 'robô advogado'". A frequência e o avanço na utilização de ferramentas tecnológicas por escritórios de advocacia e demais seguimentos jurídicos, faz despertar a necessidade de discussão sobre os limites éticos deste uso, bem como se impõe a tarefa de tratar das principais consequências sociais que tais mecanismos possam ocasionar, a fim de que a inteligência humana do advogado não o transforme em mero operador do direito ou um advogado "robotizado". Particularmente, quanto aos escritórios de advocacia, inúmeras indagações se seguem: O advogado robô teria personalidade jurídica própria? Quais atividades poderiam ser delegadas a um robô? Como compatibilizar o emprego das novas tecnologias ao tratamento de dados? Quem responderia por eventual ilicitude? Para a autora o estudo das novas tecnologias possui, na sua essência, uma discussão ética, a qual deve possuir como norte o questionamento de qual é a finalidade dos avanços tecnológicos e benefício de quem. Somente assim serão compatibilizados os interesses individuais com os coletivos e efetivados os inúmeros benefícios da inteligência artificial.

Graziella Trindade Clemente e Nelson Rosenvald enfrentam o difícil tema da edição gênica na responsabilidade civil, destacando-se aquela técnica como inovadora tecnologia de manipulação de sequências do DNA, caracterizada por sua alta eficiência e facilidade de uso, sendo definida como ferramenta promissora e revolucionária no mapeamento de doenças graves de caráter hereditário, na maioria das vezes incuráveis, gerando expectativa positiva no que se refere às medidas de prevenção e de criação de novas alternativas terapêuticas em humanos, com riscos ainda desconhecidos, sobretudo sob o ponto de vista da causalidade.

Guilherme Magalhães Martins e José Luiz de Moura Faleiros Júnior esgrimem sobre "*Compliance* digital e responsabilidade civil na Lei Geral de Proteção de Dados', tendo como pressuposto a proteção de dados pessoais como um novo direito fundamental. O *compliance* é contemplado como uma faculdade dos controladores e operadores, nos artigos 50 e 51 da LGPD, cuja responsabilidade civil, prevista no artigo 42 e seguintes, é balizada por um padrão objetivista, haja vista a previsão do risco como fator de imputação de violação dos parâmetros estabelecidos para a governança e programas de integridade.

João Victor Rozatti Longhi nos propõe o diálogo intitulado "#ÓDIO: Responsabilidade civil nas redes sociais e a questão do *hate speech*", partindo da sistemática do Marco Civil da Internet no Brasil(Lei 12.965/14) e passando pelo exercício da liberdade de expressão, face às chamadas "bolhas de conteúdo" decorrentes desse ambiente de comunicação, onde os cidadãos consomem informações supostamente direcionadas às suas preferências, o que favorece o surgimento de tendências que fraturam a noção de ordem pública.

Na sequência, o artigo de Karenina Carvalho Tito explora a responsabilidade civil por infidelidade virtual. No texto, a autora se reporta à investigação de três principais problemas: (i) se as novas formas de relacionamento virtual colocaram em crise o próprio conteúdo de "fidelidade"; (ii) qual é o bem jurídico que se pretende proteger com a tutela jurídico-civil perante as práticas de "infidelidade virtual"; (iii) se existe, efetivamente, algum tipo de dano identificável com as práticas de *ciberinfidelidade*. Para além disso, a autora ainda se dedica à problemática da obtenção de provas ilícitas mediante a intromissão nos equipamentos utilizados para as comunicações interpessoais, como smartphones, *tablets* ou *laptops*, revelando aspectos processuais importantíssimos para a elucidação do tema.

Marcelo de Oliveira Milagres discorre sobre "A responsabilidade civil decorrente do uso de drones", tendo como ponto de partida as Resoluções do Parlamento, sobre veículos aéreos não tripulados, de 29 de outubro de 2015, e sobre robótica, de 16 de fevereiro de 2017, passando, no Brasil, pelo Código Brasileiro da Aeronáutica, Lei 7.565, de 19 de dezembro de 1986. Afirma o autor que a responsabilidade civil deve ser objetiva, tanto pelos danos materiais quanto imateriais, sobretudo do ponto de vista da violação da privacidade e da intimidade.

O artigo de Marcelo Kokke e Márcio Luis de Oliveira tem por objeto o tema da "Poluição digital: transcendendo os limites do virtual", partindo do seguinte problema: o meio ambiente digital produz riscos de impactos sobre o meio ambiente natural que poderiam constituir objeto científico-dogmático próprio do Direito Ambiental? Partindo da impossibilidade de cisão entre o físico e o virtual, e considerando a sociedade de risco como o contexto temporal-espacial sobre o qual o Direito Ambiental se manifesta, os autores enfrentam algumas das princpiais causas da poluição digitai, tais quais o uso da Internet e do e-mail, ofuscando o grau de risco inerente à dinâmica da sociedade contemporânea. Por fim, os autores apresentam os principais marcos normativos do Direito Brasileiro, dentre os quais o Marco Civil da Internet(Lei 12.965/14), a Lei 6938/81, que dispõe sobre a Política Nacional do Meio Ambiente, a Lei 9.795, de 27 de abril de 1999, que instituiu a Política Nacional da Educação Ambiental, e a Lei 12.187, de 29 de dezembro de 2009, que institui a Política Nacional sobre Mudança Climática.

Maria de Fátima Freire de Sá e Iara Antunes de Souza desenvolvem o tema da "Responsabilidade civil e reprodução humana assistida: a (in)aplicabilidade das ações de *wrongful conception* ou *pregnancy* e *birth* nos tribunais brasileiros". A ação de *wrongful conception* decorre de um aconselhamento genético falho, resultando em uma gravidez indesejada, por isso também é denominada de *wrongful pregnancy*. Na ação, os genitores, autores da demanda, alegam que não haveria a gravidez se o médico conselheiro genético não tivesse errado. Já na ação de *wrongful birth* os genitores, autores da demanda, alegam que o nascimento de uma criança doente ou deficiente não deixa de ser um dano e que tal nascimento só aconteceu em razão de um aconselhamento genético falho. Nesse caso, a indenização pedida ao médico também é de cunho material e moral.

Consideram as autoras que, embora não aplicadas pelos Tribunais de Justiça brasileiros, ao menos com essa nomenclatura, não há óbices à responsabilidade civil médica por *wrongful conception/pregnancy* ou *birth* no Brasil, desde que comprovada a culpa médica ligada ao dano de cunho material ou moral, diante da concepção/gravidez ou o nascimento de um filho não planejado. Sendo assim, não há razão para a inaplicabilidade da teoria alienígena no Brasil.

Miguel Kfouri Neto e Rafaella Nogaroli formulam um "Estudo comparatístico da responsabilidade civil do médico, hospital e fabricante na cirurgia assistida por robô", concluindo que as plataformas robóticas, nas últimas duas décadas, têm ampliado as fronteiras das inovações em tecnologias da saúde, para obtenção de melhores resultados clínicos. A cirurgia robótica surgiu em um momento que cirurgiões demandavam, cada vez mais, tecnologias cirúrgicas minimamente invasivas, mais precisas e seguras, para aperfeiçoarem sua atuação. Observa-se que são diversos os benefícios trazidos com os procedimentos assistidos por robôs. Por outro lado, a tecnologia traz consigo novos e expressivos riscos, com impactos ético-jurídicos.

Para os autores, há grande complexidade em se determinar a gênese do dano sofrido – se decorreu de erro médico ou defeito do produto – mas esse obstáculo poderá ser superado pelo acesso às informações contidas na "caixa preta" do robô. Quando se atribuir responsabilidade ao fabricante do robô, observou-se que, no sistema norte-americano, recai sobre o paciente o enorme ônus de demonstrar o defeito do produto, No Brasil, ao revés, o CDC consagra a inversão do ônus da prova, em favor do paciente (art. 6.º, inc. VIII), ou seja, incumbe ao fabricante provar que o equipamento por ele produzido não apresentava defeito. As demais causas de litígios – imperícia do médico ou falha na política de treinamento posta em prática pelos hospitais – obedecerão às regras sobre prova do CPC, adquirindo especial relevo a atribuição dinâmica do ônus da prova.

Pedro Rubim Borges Fortes apresenta "Responsabilidade algorítmica do Estado: como as instituições devem proteger direitos dos usuários nas sociedades digitais?", a partir da estrutura da Autoridade Nacional de Proteção de Dados, criada pela Lei 13.709/18, alterada pela Lei 13.853/19, bem como da proteção dos direitos dos titulares, chegando, no cerne do seu artigo, a práticas discriminatórias baseadas no tratamento algorítmico, como o *geopricing* e o *geoblocking,* ou o chamado caso *Dieselgate*, revelando a necessidade de que o Estado brasileiro assuma a sua responsabilidade como autoridade dotada de poderes para regular o mercado, possuindo a obrigação de estruturar os seus órgãos de controle e suas agências reguladoras para exercer periodicamente o controle normativo sobre os algoritmos adotados no comércio eletrônico. Conclui o autor que caberá ao Estado atuar e intervir para estabelecer a estrutura de controle normativo dos algoritmos e de regulação, legislação e execução de tarefas para permitir que a sociedade possa se beneficiar das novas possibilidades abertas pela tecnologia da informação sem sofrer os efeitos negativos e as consequências lesivas que poderiam decorrer da omissão estatal diante de sua responsabilidade algorítmica.

Por fim, Tula Wesendonck estabelece "Algumas reflexões sobre a responsabilidade civil pelos riscos do desenvolvimento no uso de nanotecnologias no direito brasileiro', partindo do pressuposto de que não há ainda um controle sobre o número de nanopartículas produzidas pela ação humana, assim como uma certeza científica quanto à segurança da sua utilização, podendo trazer podem trazer danos incontroláveis, incalculáveis e irremediáveis ao ser humano e ao meio ambiente. Para a autora, no cenário brasileiro, considerando a legislação vigente, tanto pelo CDC quanto no CC, é possível afirmar que o fabricante do produto elaborado a partir do uso de nanotecnologia, não poderá alegar a exclusão de sua responsabilidade civil por danos derivados dos efeitos nocivos do produto, ainda que esses efeitos sejam desconhecidos ou indetectáveis pelo fabricante no momento de sua produção.

Vivemos cada vez mais perigosamente, e a tecnologia certamente multiplica a variedade e quantidade de fatos ensejadores da responsabilidade civil. Mais do que isso, os conceitos e categorias tradicionais da responsabilidade civil não foram idealizados para um ambiente aberto, caracterizado pela participação de múltiplos sujeitos e organizações frequentemente amparados pelo anonimato, ainda que relativo. Logo, deve ser abandonada a visão individualista, baseada na presença de uma vítima concreta e de um responsável passível de identificação.[1] O tempo presente não pode fechar os olhos para coletivização e desindividualização da responsabilidade civil, sob pena de se negligenciar os valores fundamentais eleitos pela Constituição da República.

Belo Horizonte/Rio de Janeiro, abril de 2020

Nelson Rosenvald

Pós-Doutor em Direito Civil na Università Roma Tre (IT-2011). Pós-Doutor em Direito Societário na Universidade de Coimbra (PO-2017). Doutor e Mestre em Direito Civil pela PUC/SP. Visiting Academic na Oxford University (UK-2016/17). Professor do Doutorado e Mestrado do IDP/DF. Professor Visitante na Universidade Carlos III (ES-2018). Presidente do Instituto Brasileiro de Estudos de Responsabilidade Civil (IBERC). Procurador de Justiça do Ministério Público de Minas Gerais.

Guilherme Magalhães Martins

Pós-doutorando em Direito Comercial pela Faculdade de Direito da USP – Largo de São Francisco. Doutor e Mestre em Direito Civil pela UERJ. Professor associado de Direito Civil da Faculdade Nacional de Direito – Universidade Federal do Rio de Janeiro. Professor permanente do Doutorado em Direito, Instituições e Negócios – Universidade Federal Fluminense. Promotor de Justiça titular da 5ª Promotoria de Tutela Coletiva do Consumidor e do Contribuinte da Capital – Rio de Janeiro.

---

1. MARTINS, Guilherme Magalhães. *Responsabilidade civil por acidente de consumo na Internet*. 2.ed. São Paulo: Revista dos Tribunais, 2014. p.53-54.

SUMÁRIO

APRESENTAÇÃO
  Nelson Rosenvald e Guilherme Magalhães Martins III

TRANSHUMANISMO E AS NOVAS FRONTEIRAS DA RESPONSABILIDADE CIVIL
  Adriano Marteleto Godinho, Raquel Katllyn Santos da Silva e Gabriel Oliveira Cabral 1

DADOS PESSOAIS, IDENTIDADE VIRTUAL E A PROJEÇÃO DA PERSONALIDADE: *PROFILING*, ESTIGMATIZAÇÃO E RESPONSABILIDADE CIVIL
  Alexandre Pereira Bonna 19

RESPONSABILIDADE CIVIL DO ESTADO PELA OBRIGAÇÃO DE SIGILO DO PRONTUÁRIO: DESAFIOS DAS NOVAS TECNOLOGIAS DE ARMAZENAMENTO DE DADOS PARA A SAÚDE PÚBLICA
  Ana Rita de Figueiredo Nery 39

A LEI GERAL DE PROTEÇÃO DE DADOS (LEI 13.709/2018) E O DIREITO DO CONSUMIDOR
  Bruno Miragem 53

A RESPONSABILIDADE CIVIL NO UNIVERSO DOS BENS DIGITAIS
  Bruno Torquato Zampier Lacerda 93

RESPONSABILIDADE CIVIL POR DANOS CAUSADOS PELA VIOLAÇÃO DE DADOS SENSÍVEIS E A LEI GERAL DE PROTEÇÃO DE DADOS PESSOAIS (LEI 13.709/2018)
  Caitlin Mulholland 109

HUMOR E RESPONSABILIDADE NA INTERNET
  Chiara Spadaccini de Teffé e Jonathan de Oliveira Almeida 125

O NECESSÁRIO DIÁLOGO ENTRE O MARCO CIVIL DA INTERNET E A LEI GERAL DE PROTEÇÃO DE DADOS PARA A COERÊNCIA DO SISTEMA DE RESPONSABILIDADE CIVIL DIANTE DAS NOVAS TECNOLOGIAS
  Cíntia Rosa Pereira de Lima, Emanuele Pezati Franco de Moraes e Kelvin Peroli 145

DECISÕES AUTOMATIZADAS EM MATÉRIA DE PERFIS E RISCOS ALGORÍTMICOS: DIÁLOGOS ENTRE BRASIL E EUROPA ACERCA DOS DIREITOS DAS VÍTIMAS DE DANO ESTÉTICO DIGITAL
    Cristiano Colombo e Eugênio Facchini Neto 163

RESPONSABILIDADE CIVIL NA PORTABILIDADE DE DADOS
    Daniela Copetti Cravo, Daniela Seadi Kessler e Rafael de Freitas Valle Dresch 185

RESPONSABILIDADE CIVIL POR DANOS CAUSADOS POR LOCATÁRIO DE IMÓVEL EM CONDOMÍNIO QUE CELEBROU A LOCAÇÃO POR APLICATIVO
    Elcio Nacur Rezende e Felipe Quintella 203

RESPONSABILIDADE CIVIL E O "ROBÔ ADVOGADO"
    Fernanda Ivo Pires 219

EDIÇÃO GÊNICA E OS LIMITES DA RESPONSABILIDADE CIVIL
    Graziella Trindade Clemente e Nelson Rosenvald 235

COMPLIANCE DIGITAL E RESPONSABILIDADE CIVIL NA LEI GERAL DE PROTEÇÃO DE DADOS
    Guilherme Magalhães Martins e José Luiz de Moura Faleiros Júnior 263

#ÓDIO: RESPONSABILIDADE CIVIL NAS REDES SOCIAIS E A QUESTÃO DO *HATE SPEECH*
    João Victor Rozatti Longhi 299

RESPONSABILIDADE CIVIL POR "INFIDELIDADE VIRTUAL"?
    Karenina Carvalho Tito 331

A RESPONSABILIDADE CIVIL DECORRENTE DO USO DE DRONES
    Marcelo de Oliveira Milagres 349

POLUIÇÃO DIGITAL: TRANSCENDENDO OS LIMITES DO VIRTUAL
    Marcelo Kokke e Márcio Luís de Oliveira 361

RESPONSABILIDADE CIVIL E REPRODUÇÃO HUMANA ASSISTIDA: A (IN)APLICABILIDADE DAS AÇÕES DE *WRONGFUL CONCEPTION* OU *PREGNANCY E BIRTH* NOS TRIBUNAIS BRASILEIROS
    Maria de Fátima Freire de Sá e Iara Antunes de Souza 383

ESTUDO COMPARATÍSTICO DA RESPONSABILIDADE CIVIL DO MÉDICO, HOSPITAL E FABRICANTE NA CIRURGIA ASSISTIDA POR ROBÔ
    Miguel Kfouri Neto e Rafaella Nogaroli 399

RESPONSABILIDADE ALGORÍTMICA DO ESTADO: COMO AS INSTITUIÇÕES DEVEM PROTEGER DIREITOS DOS USUÁRIOS NAS SOCIEDADES DIGITAIS?
Pedro Rubim Borges Fortes 429

ALGUMAS REFLEXÕES SOBRE A RESPONSABILIDADE CIVIL PELOS RISCOS DO DESENVOLVIMENTO NO USO DE NANOTECNOLOGIAS NO DIREITO BRASILEIRO
Tula Wesendonck 445

TRANSHUMANISMO E AS NOVAS FRONTEIRAS DA RESPONSABILIDADE CIVIL

Adriano Marteleto Godinho

Professor adjunto da Universidade Federal da Paraíba e do Programa de Pós-Graduação (Mestrado e Doutorado) da UFPB. Doutor em Ciências Jurídicas pela Universidade de Lisboa. Mestre em Direito Civil pela Universidade Federal de Minas Gerais. Membro fundador do Instituto Brasileiro de Estudos de Responsabilidade Civil (IBERC) e do Instituto de Direito Civil-Constitucional (IDCC). E-mail: adrgodinho@hotmail.com

Raquel Katllyn Santos da Silva

Mestre em Relações Internacionais pela Universidade Estadual da Paraíba e Graduanda em Direito pela Universidade Federal da Paraíba. E-mail: raquelkatllyn@gmail.com

Gabriel Oliveira Cabral

Graduando em Direito pela Universidade Federal da Paraíba, com período sanduíche na Universidade do Minho, Portugal. Pesquisador do Grupo de Pesquisa Desafios do Direito Civil Contemporâneo e a Responsabilidade Civil. E-mail: gabrieloc_@outlook.com

Sumário: 1. Notas introdutórias: o embasamento teórico do transhumanismo. 2. Transhumanismo: conceito e fundamentação. 2.1. Componentes filosóficos, políticos e sociais do movimento transhumanista. 2.2. As características do projeto tecnocientífico: biotecnologia, nanotecnologia e neurotecnologia. 2.3. A história do transhumanismo: transformações sociais. 3. A filosofia transhumanista: o estado da arte. 3.1. *Biohacking*. 3.2. Tecnologia para o amparo a pessoas com deficiência. 4. Reflexão dialógica entre evoluções: transhumanismo e o Direito. 5. O transhumanismo e a responsabilidade civil. 6. Considerações finais. 7. Referências.

1. NOTAS INTRODUTÓRIAS: O EMBASAMENTO TEÓRICO DO TRANSHUMANISMO

O fenômeno que se convencionou qualificar como transhumanismo diz respeito a uma perspectiva de investimento na transformação da condição humana,[1] no sentido de promover seu aperfeiçoamento a partir do uso da ciência e da tecnologia, seja pelas vias da biotecnologia, da nanotecnologia e/ou da neurotecnologia, com fulcro no aumento da capacidade cognitiva e na superação de barreiras físicas e psicológicas tipicamente humanas. A proposta do movimento transhumanista tem por objetivo, portanto, empregar a tecnologia para permitir que seres humanos possam transcender suas capacidades físicas e intelectuais, o que permitirá, em princípio, propiciar o surgimento de uma nova

---

1. VILAÇA, Murilo Mariano; DIAS, Maria Clara Marques. Transumanismo e o futuro (pós-) humano. *Physis: Revista de Saúde Coletiva*, Rio de janeiro, v. 24, n. 2, 2014.

categoria de "pós-humanos", artificialmente "aperfeiçoados" em relação às naturais limitações que naturalmente demarcam a condição humana.

O estudo desta temática desafia a análise dos problemas éticos e jurídicos na relação humano-robô e cérebro-máquina sob o viés humanístico, assim como a proclamação da liberdade e da acessibilidade na utilização desses recursos pós-humanos, dado o fundado temor de que o acesso a tais tecnologias avançadas não seja empregado em proveito de todas as pessoas, o que poderá contribuir para gerar na sociedade uma evidente disparidade entre os seres "meramente" humanos e os denominados "pós-humanos".

Entre as numerosas teses que tangenciam a filosofia transhumanista, esta pesquisa ressalta o papel do cientificismo e do racionalismo contemporâneo; quanto ao primeiro fenômeno, afirma-se que "cientificismo é a ideia de que o espírito e os métodos da ciência deveriam ser estendidos a todos os domínios intelectuais e morais da vida, sem exceções".[2] Assim, o cientificismo se manifesta com o papel de auxiliar a compreensão da filosofia transhumanista, fornecendo o arcabouço metodológico científico como o melhor caminho para a elevação e a melhoria dos padrões de vida, "superando as limitações físico-psicológicas do corpo humano".[3] Já o racionalismo contemporâneo, também chamado "racioempirismo", afirma a razão como necessária, mas insuficiente para o conhecimento da realidade, fazendo-se imprescindível a experiência como pano de fundo para a filosofia transhumanista.[4]

Esta pesquisa fixa as suas percepções no transhumanismo relacionado às implicações pertinentes ao Direito Civil, contemplando as transformações decorrentes do avanço científico e tecnológico, que vincula o corpo e as inovações tecnológicas. A metodologia da pesquisa aqui proposta fundamenta-se no estudo bibliográfico sobre o crescimento da influência das relações transhumanas na esfera civil, seu processo atual de desenvolvimento e, mais importante, sobre as consequências internas e externas dessa ascensão temática, em particular nos domínios da responsabilidade civil, cuja perspectiva contemporânea se depara com o desafio de responder aos novos conflitos de interesses que ameaçam direitos alheios e as novas variáveis de relações jurídicas, tocando, assim, os pontos limítrofes da esfera civil.

Por isso, torna-se obrigatória uma acurada pesquisa bibliográfica recente sobre as interpretações concernentes ao nível de abrangência da responsabilização civil, ao desenvolvimento de interações cada vez mais avançadas de uma tecnologia que toca e afeta diretamente o modo humano de viver. Sendo assim, propõem-se a análise do desenvolvimento biotecnocientífico e a verificação de como este se relaciona com as concepções científicas, sociais e jurídicas da responsabilidade civil. Finalmente, torna-se essencial para o estudo ter uma compreensão ampla do cenário jurídico atual em que se insere o tema proposto, quais sejam os entendimentos consolidados e quais ainda em fase de avaliação, considerando os principais vieses. Esse estudo é então bibliográfico,

---

2. LALANDE, Andre. *Vocabulaire technique et critique de la philosophie*. Paris: Alcan, 1938, v. 3.
3. OLIVEIRA, Douglas Rodrigues Aguiar de. *Introdução à filosofia do Transhumanismo*. Disponível em: https://universoracionalista.org/filosofia-do-transhumanismo/. Acesso em: 13 jul. 2019.
4. BUNGE, Mario. Racionalismo y empirismo, escepticismo y cientificismo: ¿Alternativas o Complementos? *La Alternativa Racional*, [S.l], n. 10, a. III, 1988.

documental e qualitativo, embora embasado pela averiguação de dados quantitativos que possam suportar eventuais conclusões, inferências e afirmações oriundas da pesquisa ora apresentada.

2. TRANSHUMANISMO: CONCEITO E FUNDAMENTAÇÃO

De proêmio, convém considerar o conceito do transhumanismo como mesclado à concepção de pós-humanismo, que remete às mudanças incidentes sobre a influência da tradição cristã nas sociedades europeias, advindas com a modernidade e a contemporaneidade na construção de um humano que pensa para transcendência material, e não somente a imanente e espiritual da alma.

O transhumanismo vislumbra, em essência, o ultrapassar dos limites impostos à condição humana. Nesse sentido, a filosofia transhumanista moderna fixa a definição de "transhumanismo", em 1990, como:

> (...) uma classe de filosofias que busca nos guiar em direção a uma condição pós-humana. Transhumanismo compartilha muitos elementos do humanismo, incluindo o respeito pela razão e pela ciência, um compromisso com o progresso e uma valorização da existência humana (ou transumana) 'terrena', em vez de alguma pós-vida sobrenatural. Transhumanismo difere do humanismo ao reconhecer e antecipar as radicais alterações na natureza e as possibilidades de nossas vidas resultantes de várias ciências e tecnologias, tais como a neurociência e a neurofarmacologia, o prolongamento da vida, nanotecnologia, ultra inteligência artificial, combinado com uma filosofia racional e um sistema de valores[5].

Max More pondera a definição do transhumanismo enquanto processo contínuo de superação dos limites da condição humana através da razão científica e lógica, ancorada nos seguintes princípios: expansão ilimitada; autotransformação; otimismo dinâmico; tecnologia inteligente; inteligência crescente; ordem espontânea; liberdade; prazer e longevidade.[6] As raízes humanistas e iluministas do transhumanismo, de fato, refletem e atribuem extremo valor à racionalidade, sobretudo ao racionalismo crítico, sendo essa forma de racionalismo discrepante em relação direta à certeza fundacionalista de Descartes.[7]

Nick Bostrom, um dos mais proeminentes defensores do movimento transhumanista, define um indivíduo "pós-humano" enquanto o ser que apresenta ao menos uma capacidade pós-humana; esta, por sua vez, significa uma capacidade que excede enormemente a capacidade máxima geral atingível por qualquer ser humano sem o recurso a aparatos tecnológicos. Essa capacidade geral pode admitir uma perspectiva sanitária (a capacidade de o indivíduo permanecer totalmente saudável, ativo e produtivo, seja mental ou fisicamente), cognitiva (concernente a capacidades intelectuais em geral, como

---

5. MORE, Max. The philosophy of transhumanism. *In*: MORE, Max; VITA-MORE, Natasha (Eds.). *The transhumanist reader*: Classical and contemporary essays on the science, technology, and philosophy of the human future. Hoboken: John Wiley & Sons, 2013.
6. VILAÇA, Murilo Mariano; DIAS, Maria Clara Marques. Transumanismo e o futuro (pós-) humano. *Physis: Revista de Saúde Coletiva*, Rio de janeiro, v. 24, n. 2, 2014.
7. MORE, Max. The overhuman in the transhuman. *Journal of Evolution and Technology*, Hartford, v. 21, n. 1, p. 1-4, jan. 2010. Disponível em: https://jetpress.org/v21/more.pdf. Acesso em: 13 out. 2019.

memória, raciocínio, atenção e capacidade de compreensão) e emotiva (a capacidade de aproveitar a vida e reagir afetivamente às demais pessoas).[8]

O transhumanismo pode ser definido como um movimento que, nas últimas décadas, gradualmente desenvolveu-se mediante a promoção interdisciplinar de uma perspectiva para a análise de modos de melhorar a vida humana, sofisticando-a desde a extensão de capacidades físicas, mentais e emocionais mediante o acesso às biotecnologias disponíveis e vindouras.[9]

Acerca das críticas de Fukuyama ao transhumanismo, que o define como "um estranho movimento de libertação, cujos cruzados visam muito mais do que ativistas de direitos civis, feministas ou defensores dos direitos dos gays" e que objetivaria "nada menos que libertar a raça humana de suas restrições biológicas", Bostrom rechaça a ideia de que o transhumanismo representaria a maior ameaça ao bem-estar da humanidade, embora concorde sobre a necessidade de atentar para as implicações sociais e políticas do crescente uso da tecnologia na transformação das capacidades humanas.[10]

Em um mundo efervescente de antigos e novos valores ideológicos, a possibilidade de estigmatização ou discriminação, contra ou em nome de indivíduos tecnologicamente aprimorados, merece amparo e cautela por parte do Estado e do Direito, vez que, em última instância, tem-se aí em vista a justiça social em jogo, bem como a responsabilidade de garantir que as opções de aprimoramento sejam disponibilizadas de forma ampla e acessível.

As possibilidades de aprimoramento no transhumanismo abarcam desde a extensão da saúde, com a erradicação de doenças, ao aumento das capacidades intelectuais, físicas e emocionais humanas – o que faz prova, portanto, da ideia de que o movimento não visa apenas à correção de eventuais imperfeições, mas também à superação dos limites humanos.

Para além disso, outros temas transhumanistas abrangem a colonização espacial, assim como a criação de máquinas superinteligentes, juntamente com outros desenvolvimentos potenciais que poderiam alterar profundamente a condição humana e a vida relacional em sociedade, ainda que os pontos que interessem mais de perto às linhas que traçam esta pesquisa digam respeito mais estritamente à potencial atuação sobre os seres humanos, com vistas à superação de suas naturais limitações cognitivas e biológicas.

2.1 Componentes filosóficos, políticos e sociais do movimento transhumanista

O transhumanismo manifesta-se como uma ideologia que parte da convicção de que a espécie humana não é "eternamente fixada e imutável", sendo possível e até mesmo

---

8. BOSTROM, Nick. Why I want to be a transhumanist when I grow up. In: GORDIJN, Bert; CHADWICK, Ruth (Eds.). *Medical enhancement and posthumanity*. Cham: Springer, 2008, p. 107-108.
9. BOSTROM, Nick. Transhumanist values. *Review of Contemporary Philosophy*, New York, v. 4, n. 1-2, 2005, p. 87-101.
10. BOSTROM, Nick. Transhumanism: *The world's most dangerous idea?* Disponível em: https://www.nickbostrom.com/papers/dangerous.html. Acesso em: 13 out. 2019.

necessário superar os supostos limites nos quais a natureza encerra o homem.¹¹ Afirma-se, a partir desta premissa, que "os transhumanistas esperam que, pelo uso responsável da ciência, tecnologia e outros meios racionais eventualmente conseguiremos nos tornar pós-humanos, seres com capacidades muito maiores do que os seres humanos atuais têm".¹² Eis aí o lugar que a tecnologia incumbira para si: transformar e catalisar a vivência humana no mundo contemporâneo – ainda que tal implique questionar, enfim, se os seres humanos de hoje estão *obsoletos*.¹³ O transhumanismo é pensado sob a perspectiva do investimento na biotecnociência enquanto "um modo de iluminismo humanista de raízes biológicas".¹⁴

Em Nietzsche, o transhumanismo consistiria em uma expressão do ideal ascético, que ele critica, como um rechaço a tudo aquilo que se encerra no natural, criando ficções que tencionam perfeição mecânica e que pendem para imortalidade.¹⁵ O ideal transhumanista apontaria, portanto para "a última palavra", para aquilo que Gunther Anders diagnostica em "A obsolescência do homem": "uma precipitada convicção de um ethos mundial consumista e capitalista". Na esteira do transhumanismo, paradoxalmente ao pressuposto da imortalidade, tudo se consome, e nada se aproveita.

O projeto transhumanista não se encerra nas modificações do corpo humano ou animal, mas contempla também projetos econômicos, sociais, institucionais e culturais, e um desenvolvimento e habilidades e técnicas psicológicas sem precedentes. "Os transhumanistas veem a natureza humana como um trabalho em andamento. (...) A humanidade atual não precisa ser o ponto final da evolução".¹⁶

Antropologicamente falando, os construtos do transhumanismo ecoam a partir da epistemologia sobre as formas de vida humana, ensejando, desde já, o aspecto da responsabilidade humana, antes da jurídica que legitima tais ações. Nesse aspecto, Jean-Paul Sartre (1905-1980) introduz o existencialismo humano sob o viés da responsabilidade, não cessando um ato de ingerência humana sobre si mesmo, senão repercutindo no imaginário coletivo e no modo de vida dos demais.

> O homem nada mais é do que aquilo que ele faz de si mesmo. (...) Assim, quando dizemos que o homem é responsável por si mesmo, não queremos dizer que o homem é apenas responsável pela sua estrita individualidade, mas que ele é responsável por todos os homens. (...) De fato, não há um único de nossos atos que, criando o homem que queremos ser, não esteja criando, simultaneamente, uma imagem do homem tal como julgamos que ele deva ser. (...) A nossa responsabilidade é muito maior do que poderíamos supor, pois ela engaja a humanidade inteira¹⁷.

---

11. SORGNER, Stefan L. Zarathustra 2.0 and Beyond: Further Remarks on the Complex Relationship between Nietzsche and Transhumanism. *The Agonist, a Nietzsche Circle Journal*, [S.l.], v. IV, n. II, 2011. Disponível em: http://goo.gl/U22yVH. Acesso: 20 out. 2019.
12. BOSTROM, Nick. Transhumanist values. *Review of Contemporary Philosophy*, New York, v. 4, n. 1-2, 2005.
13. É exatamente esta a questão que marca o título do texto de Langdon Winner sobre a matéria (WINNER, Langdon. Are humans obsolete? *The Hedgehog Review*: Technology and the Human Person, Charlottesville, v. 4, n. 3, 2002).
14. VILAÇA, Murilo Mariano; DIAS, Maria Clara Marques. Transumanismo e o futuro (pós-) humano. *Physis: Revista de Saúde Coletiva*, Rio de janeiro, v. 24, n. 2, 2014.
15. BABICH, Babette. Friedrich Nietzsche and the posthuman/transhuman in film and television. *In*: HAUSKELLER, Michael; PHILBECK, Thomas D.; CARBONELL Curtis D.; (Eds.) *The Palgrave handbook of posthumanism in film and television*. London: Palgrave Macmilan, 2015, p. 45-53.
16. BOSTROM, Nick. Transhumanist values. *Review of Contemporary Philosophy*, New York, v. 4, n. 1-2, 2005.
17. SARTRE, Jean-Paul. *O existencialismo é um humanismo*. 3 ed. São Paulo: Nova Cultural, 1987.

Há de se considerar ainda que a discussão transhumanista, no processo histórico, situa-se do colonialismo europeu à revolução industrial, imersa no modelo econômico-financeiro de base capitalista, com crescentes estatísticas de promulgação de grandes assimetrias, de amplas naturezas, entre o Norte e o Sul globais.[18] Em vista de cada vez maiores atentados aos patrimônios culturais e naturais da humanidade, a tecnociência não pode deixar de ser avaliada como possível ameaça ao aumento de assimetrias entre as populações humanas, sem olvidar os riscos que pairam sobre a sustentabilidade na Terra, em face ao ônus já presenciado pelo desenvolvimento industrial e científico. Esta é uma preocupação a ter em conta em todo e qualquer debate – inclusive jurídico – em torno dos ideais transhumanistas.

2.2 As características do projeto tecnocientífico: biotecnologia, nanotecnologia e neurotecnologia

No cenário de uma série de tecnologias emergentes, pertinentes às áreas da engenharia genética, nanotecnologia, inteligência artificial, biologia sintética, criônica e relações de simbiose/epigenética, devem elas ser pensadas à luz de seu enorme potencial para modelar as capacidades humanas e interferir definitivamente em seus ecossistemas.[19] Considerada a rapidez inerente à perspectiva de futuro, cada vez mais envolto ao campo do biopoder e suas repercussões científicas incidentes no imaginário social, compete ao pesquisador o papel de examinar as variações de postulados transhumanistas, inter-relacionados aos campos do biodireito e da bioética.

A nanotecnologia, enquanto ciência e domínio da matéria em nanoescala, escala atômica e molecular, é capaz de desenvolver materiais e componentes para diversas áreas de pesquisa científica e tecnológica. Sendo assim, ao passo em que indubitavelmente a nanotecnologia ofereça a perspectiva de grandes avanços e melhorias da qualidade de vida e preservação ambiental, ela também acarreta consigo riscos ao meio ambiente e à saúde humana.[20]

No que tange à neurotecnologia, o estudo do cérebro, a partir dos avanços tecnológicos, tem oferecido mais que informações sobre as estruturas do anatômicas. Atualmente, é possível verificar as respostas cerebrais em função de determinadas condições estimuladoras, capazes de identificar estados cognitivos e afetivos associados à visualização de estímulos com conteúdo moral. Já se faz possível acreditar que a neurociência evolua a ponto de permitir a determinação de orientações sexuais, habilidades pessoais e até mesmo a inteligência humana. Todas essas possibilidades de ingerência na mente humana não devem desconsiderar, contudo, o grande risco de que as imagens cerebrais, frequentemente vistas como mais precisas do que realmente são, desencadeiem consequências definitivamente danosas.[21]

---

18. MAIA, João Jerônimo Machadinha. *Transumanismo e pós-humanismo – descodificação política de uma problemática contemporânea*. Tese de Doutoramento em Estudos Contemporâneos. Universidade de Coimbra, 2017.
19. MAIA, João Jerônimo Machadinha. *Transumanismo e pós-humanismo – descodificação política de uma problemática contemporânea*. Tese de Doutoramento em Estudos Contemporâneos. Universidade de Coimbra, 2017.
20. QUINA, Frank H. Nanotecnologia e o meio ambiente: perspectivas e riscos. *Química Nova*, São Paulo, v. 27, n. 6, nov./dez. 2004. Disponível em: https://doi.org/10.1590/S0100-40422004000600031. Acesso em: 8 out. 2019.
21. PAIVA, Mirella Lopez Martini Fernandes; PAIVA, Fernando Fernandes. *Na trilha da neurotecnologia*. Ética e Realidade Atual. Disponível em: http://www.era.org.br. Acesso em: 27 out. 2019.

No transhumanismo, verifica-se que o conceito de "humano" é revisitado a todo o tempo, e isso ocorre porque o aprimoramento transcende a posição anterior, superando os limites do corpo e da mente e localizando novas informações para "outro sistema inteligente". A fusão entre corpo e tecnologia rompe padrões de informação e desafia, em última instância, o olhar da responsabilização.

A filosofia transhumanista postula com centralidade a tese de que as realizações da racionalidade técnica "levarão a uma fusão entre a tecnologia e a biologia, elevando os seres vivos (os humanos em especial, mas não exclusivamente) a um novo patamar da sua história evolutiva, principalmente com a ampliação das faculdades cognitivas, sensoriais e motoras".[22] Nesse sentido, a felicidade decorrente do melhoramento das condições de vida em geral seria o liame da utilização dos padrões transhumanos, cujo escopo moral é endossado por ideias tais quais a defesa de um "claro imperativo de transformar o mundo em um lugar melhor"[23], bem como "tomar o controle do nosso futuro evolutivo".[24]

Em que pesem os argumentos supracitados, a perspectiva transhumanista não poderia jamais desvincular-se de uma perspectiva moral. A proposta transhumanista de melhoria do modo de vida é em si já moralizada, vez que:

> 1) A despeito de alimentar-se de uma visão negativa em relação ao mundo e a tudo o que é animal, corporal, humano e sexual, ao mesmo tempo, seus arautos acreditam, paradoxalmente, que a legitimidade de uma tal posição se encontra na própria natureza do homem, aquele que nasceu para vencer/superar a si mesmo;
>
> 2) Ocorre como expressão já de uma determinada moralidade e, nesse sentido, não coloca os próprios valores em questão, o que torna o transhumanismo mais uma forma de "moral" ocidental;
>
> 3) A engenharia genética e todas as potencialidades tecnológicas do mundo contemporâneo não seriam senão a expressão da natureza racional do homem, pois teria sido a própria natureza a torná-lo hábil, a promover a sua autossuperação, cujo resultado seria a realização plena da vocação humana.[25]

O trato do tema impõe, portanto, colocar em pauta perspectivas jurídicas e morais a ele atinentes; pensar a eventual superação das capacidades humanas exige a necessária reflexão não apenas acerca do modo como este fato pode impactar o universo jurídico, mas também sobre a própria condição humana, sobre o que nos torna humanos.

2.3 A história do transhumanismo: transformações sociais

A humanidade, desde os primórdios, no rescaldo do uso da razão, vale-se da capacidade criativa para a realização de funções básicas à vida, tais como alimentação, transporte e proteção. A discussão sobre como o uso de tecnologias auxilia a vida humana e incide sobre o corpo, a saúde, as emoções e interações interpessoais na humanidade poderiam

---

22. SORGNER, Stefan L. Zarathustra 2.0 and Beyond: Further Remarks on the Complex Relationship between Nietzsche and Transhumanism. *The Agonist, a Nietzsche Circle Journal*, [S.l.], v. IV, n. II, 2011. Disponível em: http://goo.gl/U22yVH. Acesso: 20 out. 2019.
23. HARRIS, John. *Enhancing evolution*. The ethical case for making better people. Princeton/Oxford: Princeton University Press, 2007.
24. STOCK, Gregory. *Redesigning Humans*: choosing our children's genes. London: Profile, 2002.
25. OLIVEIRA, Douglas Rodrigues Aguiar de. *Introdução à filosofia do Transhumanismo*. Disponível em: https://universoracionalista.org/filosofia-do-transhumanismo/. Acesso em: 13 jul. 2019.

apontar para períodos históricos remotos, mas para fins de demarcação temporal que atenda à proposta destas linhas, convém avançar a períodos marcantes das repercussões históricas da revolução industrial e das comunicações, que impulsionaram entre muitas outras coisas, a ciência, a tecnologia e as comunicações.

Os séculos XIX e XX referenciam manifestações da transcendência e superação dos limites humanos a partir de diferentes planos e obras, sejam estas filosóficas, epistemológicas, materiais, científico-tecnológicas. Contudo, tais mudanças não se deram isentas às contradições e aos falhanços do progresso social e tecnológico dos últimos séculos, nomeadamente no quadro da hegemonia política, econômica e militar do Ocidente.[26]

O transhumanismo de forma alguma poderia ser concebido ou analisado de modo alheio ao tempo em que sua discussão ganha proeminência no meio científico e acadêmico, desde os seus fundamentos epistemológicos. Cumpre analisar então o modernismo como vertente que impulsiona relevantes conquistas e um verdadeiro "romper" de estruturas sociais, sob a base catalisadora das inovações tecnológicas. Propõe-se a necessidade de revisar, interpretar e criticar o paradigma da modernidade a fim de explicitar os seus silêncios, identificando as contradições internas que o caracterizam e dar voz a ideais como "o hibridismo, a multiplicidade, a ambiguidade e a contingência das formas de vida concretas".[27]

A evolução humana, assim como a ciência, não decorre sem consequências, por vezes, passíveis de críticas e de reflexão quanto às suas benesses. Nesse aspecto, o próprio pós-modernismo formula ferrenha crítica aos supostos "avanços" alegados pelo produto do modernismo na história da humanidade, consideradas as Revoluções Industriais que eclodiram no rescaldo das Grandes Guerras Mundiais. Verifica-se, então, uma revisão sobre as conquistas e inovações das relações humanas e do modo pelo qual o conhecimento e a tecnologia expandiram o alcance do poder de certos grupos em detrimento de outros, causando ingerências naturais, como as que se podem observar na natureza, nos modos de produção, nos incentivos econômicos, fabris e militares.

O ceticismo sobre o projeto político transhumanista, assim como ocorre na crítica ao modernismo enquanto movimento em si, bem como a resistência em relação ao iluminismo científico, decorre em parte da concorrência destes com alguns eventos que têm abalado profundamente os fundamentos humanistas da modernidade. Nesse sentido, fenômenos negativos como a predominância do racismo e de todas as formas de segregação social, o uso de campos de concentração, a própria criação da bomba atômica e a poluição ambiental de proporções planetárias "não teriam sido possíveis sem a classificação de raças, física, atômica e superexploração da natureza que as ideias modernas produziram acerca de progresso, desenvolvimento tecnológico e industrialização"[28].

---

26. MAIA, João Jerônimo Machadinha. *Transumanismo e pós-humanismo – descodificação política de uma problemática contemporânea*. Tese de Doutoramento em Estudos Contemporâneos. Universidade de Coimbra, 2017.
27. CASTRO-GÓMEZ, Santiago. Ciencias sociales, violencia epistémica y el problema de la invención del otro. *In*: LANDER, Edgardo (Comp.). *La Colonialidad del saber*: eurocentrismo y ciencias sociales. Perspectivas latinoamericanas. Buenos Aires: CLACSO, 2000.
28. ARREAZA, Catalina; TICKNER, Arlene B. Postmodernismo, postcolonialismo y feminismo: manual para (in) expertos. *Colombia Internacional*, Bogotá, n. 54, p. 14-38, 2002, p. 14-35.

Sob o viés crítico pós-modernista, o conhecimento, assim como as inovações transhumanistas decorrentes da liberdade criativa das novas tecnologias, não está apartado de núcleos de poder e represálias às boas condições de vida humana. O conhecimento sem limites de expansão não constituiria, portanto, uma fonte de emancipação, como sugerido pelo iluminismo, "mas, em vez disso, uma outra ferramenta de opressão, de destruição e de miséria para a grande maioria da população do mundo". O pós-modernismo formula uma série de ideias que forçam a reavaliar o pensamento moderno "em suas manifestações políticas, sociais e culturais". Estes incluem, em particular: i) a crítica ao homem racional como sujeito da história; ii) a rejeição de noções progressistas da história; iii) o caráter social e construído da realidade; iv) o desaparecimento de hierarquias dentro da produção de conhecimento; v) a relação entre os distintos conhecimentos e o exercício do poder; vi) o questionamento dos fundamentos do conhecimento.[29]

Não obstante o destaque de correntes anti-humanistas e do pós-humanismo crítico, há no quadro do movimento transhumanista igual destaque sobre as posições de abertura e até mesmo defesa em relação ao progresso científico e tecnológico.[30] É necessário ter em vista que o movimento transhumanista fortaleceu-se em termos de arcabouço e respaldo teórico durante as primeiras décadas do novo milênio, tendo como suporte justamente os múltiplos êxitos da biotecnologia.[31] É indubitavelmente estabelecida entre os transhumanistas a ideia de que o uso da tecnologia, mesmo sobre o corpo humano, prima para o benefício e não para propiciar males à humanidade.

A partir desse quadro, resulta da sistematização dos conceitos de transhumano e de pós-humano um amplo campo de análise, imerso em teorias variadas e até contraditórias de sua aplicação ao meio social. Sendo assim, não há como estudar o transhumanismo sob os efeitos da responsabilidade civil sem considerar a existência de verdadeiras tensões entre os conceitos e debates quanto à importância da agência humana e da abordagem epistemológica apropriada, à luz dos limites fixados às problemáticas contemporâneas.

3. A FILOSOFIA TRANSHUMANISTA: O ESTADO DA ARTE

A filosofia transhumanista hodierna desemboca em um movimento iniciado no final da década de 1990, quando David Pearce e Nick Bostrom fundaram o *World Transhumanist Association/Human plus* (WTA/H+), agora denominado de *Humanity+* ou *Humanity Plus*. Em 1995, com a publicação do manifesto *The Hedonistic Imperative*, Pearce postulava a defesa das biotecnologias com fulcro na abolição do sofrimento humano e dos demais seres vivos.[32] Influenciado por essa iniciativa, Bostrom iniciou a criação de uma organi-

---

29. ARREAZA, Catalina; TICKNER, Arlene B. Postmodernismo, postcolonialismo y feminismo: manual para (in)expertos. *Colombia Internacional*, Bogotá, n. 54, p. 14-38, 2002, p. 14-35.
30. MAIA, João Jerônimo Machadinha. *Transumanismo e pós-humanismo – descodificação política de uma problemática contemporânea*. Tese de Doutoramento em Estudos Contemporâneos. Universidade de Coimbra, 2017.
31. OLIVEIRA, Douglas Rodrigues Aguiar de. *Introdução à filosofia do Transhumanismo*. Disponível em: https://universoracionalista.org/filosofia-do-transhumanismo/. Acesso em: 13 jul. 2019.
32. PERSSON, Ingmar; SAVULESCU, Julian. Getting moral enhancement right: the desirability of moral bioenhancement. *Bioethics*, New Jersey, v. 27, n. 3, p. 124-131, 2011.

zação mais ampla para a reunião de postulados transhumanistas, surgindo, assim, em 1998, a Declaração Transhumanista.[33]

O Humanity + adotou a Declaração Transhumanista como um esforço conjunto entre os membros do Instituto *Extropy*, da Associação Mundial Transhumanista e de outros grupos transhumanistas em todo o mundo. Em plataforma virtual, localiza-se uma coleção de contribuições de vários autores, as quais são editadas e atualizadas conforme as novas demandas da agenda transhumanista. A Declaração Transhumanista foi modificada ao longo dos anos por vários autores e organizações, sendo adotada pelo Conselho da Humanity + em março de 2009. Em sua versão mais atualizada, eis o que preceitua o documento: i) a afetação profunda da humanidade pela ciência e tecnologia futuras, com fins na superação do envelhecimento e de deficiências cognitivas; ii) o não atingimento do potencial da humanidade até hoje; iii) há sérios riscos enfrentados pela humanidade, principalmente pelo uso indevido de novas tecnologias, e embora todo progresso seja mudança, nem toda mudança é progresso; iv) o investimento em esforços de pesquisa para entender essas perspectivas e a criação de fóruns para a construção de decisões; v) a redução dos riscos existenciais e o desenvolvimento de meios para a preservação da vida e da saúde; vi) a elaboração de políticas deve ser guiada por uma visão moral responsável e inclusiva; vii) o bem-estar de toda a consciência, incluindo seres humanos, animais não humanos e quaisquer intelectos artificiais futuros, formas de vida modificadas ou outras inteligências às quais o avanço tecnológico e científico possa dar origem; viii) a ampla escolha pessoal sobre como os indivíduos possibilitam suas vidas, incluindo o uso de técnicas que podem ser desenvolvidas para aprimoramento humano.[34]

Os ideais apregoados pelos transhumanistas, todavia, não se encerram com a elaboração de cartas políticas que revelem seus propósitos, supostamente utópicos, decerto distópicos; ao revés, há avanços que denotam que, na prática, muitos destes ideais já se manifestam. Para a breve elucidação de manifestações recentes de avanços transhumanista, convém citar o caso dos *biohackers* e de novos aparelhos e programas computadorizados capazes de auxiliar em comandos do cérebro para outras partes do corpo.

3.1 *Biohacking*

Um *hacker* é um indivíduo capaz de fazer modificações em um sistema de *software* a fim de que este seja utilizado para funções não pretendidas por seus criadores. No chamado *biochaking*, usa-se a tecnologia de maneira pessoal para melhorar o corpo, imiscuindo-se a biologia com a ética *hacker*.

O famoso caso do "ciborgue" Neil Harbisson, ilustra bem este quadro. Portador de acromatopsia, Harbisson só enxerga em preto e branco. Ele decidiu então inserir

---

33. Originalmente criada em 1998 por um grupo internacional de autores: Doug Baily, Anders Sandberg, Gustavo Alves, Max More, Holger Wagner, Natasha Vita-More, Eugene Leitl, Bernie Staring, David Pearce, Bill Fantegrossi, den Otter, Ralf Fletcher, Tom Morrow, Alexander Chislenko, Lee Daniel Crocker, Darren Reynolds, Keith Elis, Thom Quinn, Mikhail Sverdlov, Arjen Kamphuis, Shane Spaulding e Nick Bostrom.
34. HUMANITY+. *Transhumanist Declaration*. Disponível em: https://humanityplus.org/philosophy/transhumanist-declaration/. Acesso em: out. 2019.

um sensor em seu próprio cérebro, através do qual, mediante o auxílio de uma câmera, passou a conseguir interpretar variados tons de cor.

A *Cyborg Foundation,* uma organização sem fins lucrativos que objetiva romper estigmas por meio de projetos de *biohacking*, educação e divulgação, foi criada por Neil Harbisson, que defende ser necessário entender que o emprego de tecnologias corporais não torna as pessoas menos naturais que as demais.[35]

3.2 Tecnologia para o amparo a pessoas com deficiência

Outro caso concernente às atuais manifestações de transhumanismo foi noticiado pela BBC.[36] Trata-se de Thibault, um homem tetraplégico que pôde mover braços e pernas, após quatro anos impossibilitado de fazê-lo, com a ajuda de um exoesqueleto controlado por sua própria mente.

Thibault foi submetido a uma cirurgia na qual foram realizados dois implantes na superfície de seu cérebro, de modo a cobrir parte do órgão responsável pelo movimento. A instalação de sessenta e quatro eletrodos em cada um dos implantes permite a leitura da atividade cerebral e o direcionamento das instruções para um computador colocado próximo da pessoa.

Esse sofisticado programa de computador é capaz de ler ondas cerebrais e transformá-las em instruções para controlar o exoesqueleto. Thibault fica atado ao exoesqueleto e, quando pensa em andar, é ativada uma série de instruções capazes de levar o aparelho a movimentar as suas pernas e controlar os seus braços, movimentando-os nas três dimensões espaciais.

Relatos desta natureza contribuem para demonstrar que, se bem empregadas as tecnologias disponíveis, as propostas do movimento transhumanista – ou ao menos parte delas – podem contribuir positivamente com a sociedade. Resta verificar, enfim, de que modo o Direito deve reagir às transformações idealizadas pelo transhumanismo.

4. REFLEXÃO DIALÓGICA ENTRE EVOLUÇÕES: TRANSHUMANISMO E O DIREITO

O tema em apreço descortina inúmeras necessidades de estudo jurídico, vez que avança no tratamento de relações sociais pautadas em novos direitos e toca relações jurídicas estabelecidas com a inserção de variáveis que requerem imenso cuidado, dado o seu caráter inovador. A constatação da efetiva inserção das relações transhumanas no meio social conclama os estudiosos à disposição de esforços em comum para preencher as lacunas legais e jurisprudenciais e dotar as novas demandas de alguma clareza jurídica.

---

35. NBC NEWS. *Cyborgs among us: human 'biohackers' embed chips in their bodies.* July 11, 2014. Disponível em: https://www.nbcnews.com/tech/innovation/cyborgs-among-us-human-biohackers-embed-chips-their-bodies-n150756. Acesso em: 13 out. 2019.
36. BBC NEWS BRASIL. *Tetraplégico move braços e pernas após 4 anos com equipamento controlado pela mente.* 4 out. 2019. Disponível em: https://www.bbc.com/portuguese/geral-49931247. Acesso em: 14 out. 2019.

Consoante já posto, o transhumanismo implica a superação da natureza humana pelas biotecnologias, que passariam a ser integradas na concepção evolutiva dos seres humanos. A exemplo disso, firmando um "direito de pôr um filho no mundo que não seja afetado pela doença", o Tribunal Europeu dos Direitos Humanos integra técnicas de seleção genética na definição humana: agora, a partir de uma decisão judicial, o eugenismo se torna um componente da natureza humana aumentada e, portanto, esta pode ser considerada uma conquista de cunho transhumanista.[37]

O advento das novas tecnologias tem permitido constantes mudanças sociais, facilitando as tarefas exercidas em nosso cotidiano, ou até concedendo para alguns um melhor desempenho de seu corpo frente às suas respectivas limitações físicas, psicológicas e neurológicas. Este é, afinal, o ideal basilar da perspectiva transhumanista. A proposta de melhoramento humano através do uso de tecnologias, acompanhada da criação de robôs dotados de inteligência artificial, dá início a uma nova era, em que a convivência entre seres biológicos e ciborgues tende a se tornar corriqueira.

Entretanto, essas mudanças constantes no cotidiano das pessoas carreiam consigo inevitáveis consequências. Ao Direito, cumpre gerir relações humanas, solucionar litígios e, na medida do possível, acompanhar as transformações sociais, ainda que se tenha em mente que instrumentos normativos não terão o condão de resolver todos os problemas da vida. À medida em que progride a ciência, cumpre ao Direito disciplinar condutas e estabelecer limites; afinal, "o avanço indiscutível e exponencial do progresso técnico torna a singularidade inevitável. Em vez de tentar impedi-la, seria importante preparar a humanidade para seu surgimento, de modo a limitar suas consequências negativas".[38]

5. O TRANSHUMANISMO E A RESPONSABILIDADE CIVIL

Nos domínios da responsabilidade civil, nomeadamente, os problemas que o tema coloca são perturbadores; afinal, calcado na perspectiva do princípio do *neminem laedere*, que traduz a ideia de "a ninguém ofender", a verificação danos decorrentes da conduta de um indivíduo implica, como corolário, o dever de compensar o que fora perdido.[39] Não é difícil imaginar que novos avanços tecnológicos impliquem a inserção de novos riscos sociais, potencializando-se a ocorrência de um sem número de danos. Ante os paradigmas provindos dos desenvolvimentos tecnológicos, a propósito, salienta Nelson Rosenvald:

> A responsabilidade civil talvez se diferencie dos demais institutos jurídicos por se permitir um olhar singular – mais compreensivo e mais contemporâneo – em relação à sociedade e às mudanças que continuamente redefinem os perfis sociais. Em sociedades plurais e complexas, com sistemas jurídicos formados não só por dimensão existencial nas relações jurídicas, a responsabilidade civil experimenta

---

37. INSTITUTO HUMANITAS UNISINOS. *Dos direitos humanos aos direitos pós e transhumanistas*. Disponível em: http://www.ihu.unisinos.br/170-noticias/noticias-2014/537278-dos-direitos-humanos-aos-direitos-pos-e-trans-humanistas. Acesso em: 11 out. 2019.
38. RENOUARD, Guillaume; PERRAGIN, Charles. O mito do transhumanismo: bombeiros piromaníacos do vale do silício. Disponível em: https://diplomatique.org.br/o-mito-do-transumanismo/. Acesso em: 10 nov. 2019.
39. ROSENVALD, Nelson, BRAGA NETTO, Felipe; FARIAS, Cristiano Chaves de. *Manual de Direito Civil*. 4 ed. Salvador: Juspodivm, 2019, p. 886.

novas funções, e parece vocacionada a traçar linhas de tendência que definirão os próximos passos que nós, socialmente, iremos dar.[40]

Com efeito, o movimento do transhumanismo poderá colocar em causa infindáveis dilemas jurídicos, particularmente na seara da responsabilidade civil, que tende a ser um dos ramos do Direito mais afetados perante os desenvolvimentos tecnológicos que globalizam os ideais e práticas transhumanistas; afinal, em uma sociedade já cercada de constantes riscos, não é difícil imaginar que a dotação de especiais capacidades aprimoradas a seres humanos venha a constituir mais uma via para a criação de mais riscos e, consequentemente, a consumação de novos danos.

A fim de delimitar o âmbito de investigação ora proposto, serão apresentadas perspectivas de soluções jurídicas para os seguintes problemas: i) a eventual ocorrência de danos ocasionados em indivíduos que sofram intervenções para o implante de tecnologias que visem ao seu aprimoramento; ii) o regramento jurídico aplicável aos transhumanos que venham a causar danos a outrem; iii) a definição do modelo de responsabilidade civil a incidir sobre pessoas transhumanas e o modo de aferir a culpabilidade em suas condutas; iv) a releitura acerca das funções desempenhadas pelo instituto da responsabilidade civil, nomeadamente a preventiva; v) o emprego de tecnologias para aprimorar as capacidades de seres humanos de gerações vindouras.

Cada um destes pontos merecerá específico tratamento.

i) À partida, cumpre pensar nos danos que um indivíduo que se apresente como beneficiário de técnicas transhumanistas eventualmente venha a sofrer. Imagine-se, por hipótese, que uma pessoa se apresente como voluntária para ter *chips* ou outros aparatos tecnológicos incorporados ao seu corpo, com o propósito de tornar-se intelectual ou fisicamente mais evoluída. O que dizer dos danos que podem sobrevir a partir destas intervenções, que, a depender de sua gravidade, eventualmente levem uma pessoa à própria morte?

No Brasil, ainda que inexista regramento legal específico para reger atos desta natureza – eis que se cuida, enfim, de circunstância ainda incipiente –, quer parecer que o regime geral da responsabilidade civil, assente em especial no texto do Código Civil, exigirá a aplicação do seu art. 927, parágrafo único, a imputar o modelo da responsabilidade civil objetiva (isto é, independentemente de culpa) a todo agente que normalmente desenvolva atividade que implique, por sua natureza, riscos para os direitos de outrem. Neste domínio, adota o legislador a denominada teoria do risco criado: o simples fato de se instituir novos riscos em sociedade, para além dos inúmeros outros já existentes, induz a responsabilização objetiva do agente causador do dano. Ora, manipular equipamentos de alta tecnologia com o propósito de aperfeiçoar as condições humanas há de ser inequivocamente reconhecido como um fator de elevado risco, em especial para o voluntário, eis que qualquer desvio poderá ocasionar severos danos à saúde do lesado, que podem inclusive ser fatais.

Pouco importará, inclusive, que o ato tenha sido praticado em caráter gratuito ou oneroso: a responsabilização deriva do simples fato de um indivíduo ser lesado em in-

---

40. ROSENVALD, Nelson; BRAGA NETTO, Felipe; FARIAS, Cristiano Chaves de. *Manual de Direito Civil*. 4 ed. Salvador: Juspodivm, 2019, p. 885.

tervenções de cunho transhumanista, ainda que não tenha contribuído financeiramente para que fosse submetido ao ato. Em havendo dano imputável ao comportamento do interventor, o dever de repará-lo surge como corolário imediato da verificação do nexo de causalidade.

Também não parece correto supor que o fato de o voluntário ter prestado seu consentimento seja suficiente para afastar a potencial responsabilidade civil dos agentes que operam tecnologias transhumanistas. À partida, cabe reconhecer que a permissão para que um indivíduo admita intervenções transhumanistas sobre seu próprio corpo não deixa de representar uma expressão de sua autonomia e, afinal, de sua própria dignidade, no sentido de que facultar a alguém realizar-se segundo seus desígnios é, enfim, um meio de promover seus valores existenciais. Tem-se, pois, que é imprescindível relegar aos seres humanos certa margem de autonomia para a tomada de decisões que tocam aos seus direitos da personalidade – e, mais particularmente, sobre seu próprio corpo. Trata-se do reconhecimento de que a liberdade de escolha neste domínio consiste, em última análise, numa expressão fundamental dos valores essenciais da pessoa, que a desenvolvem e a realizam em sua plenitude.

Assim, requerida pelo próprio indivíduo a intervenção transhumanista, cumprirá atestar que o ato praticado foi devidamente consentido, desde que, naturalmente, o voluntário seja informado sobre a justificativa, os propósitos, os procedimentos, as alternativas e os possíveis riscos e benefícios da intervenção em linguagem clara e acessível, o que deverá ser cumprido em atendimento não apenas ao padrão médio das pessoas que eventualmente se sujeitem a tais medidas, mas também à capacidade de discernir de cada indivíduo que se apresentar como voluntário.

Se, todavia, a intervenção vier a gerar danos ao interessado em se tornar um "pós-humano", caberá analisar as circunstâncias do caso concreto e verificar, afinal, se houve algum desvio no ato da intervenção, ainda que consentida, ou mesmo se ocorreu algum vício no processo de informar ao voluntário sobre os riscos da medida. No primeiro caso, a responsabilidade civil se manifestará pelo erro no procedimento; no segundo caso, mesmo que não tenha ocorrido falha no processo de intervenção corporal, ainda assim caberá cogitar da responsabilidade civil do agente, por ter sido falha a prestação de informações claras acerca dos riscos da intervenção.

Por se tratar de atuação sobre a integridade psicofísica de seres humanos, parece necessário, ainda, proceder a uma criteriosa ponderação sobre a incidência dos princípios bioéticos da beneficência e da não maleficência, somente sendo admitidas as experiências transhumanistas com seres humanos se a assunção dos riscos a elas inerentes se justificar pela magnitude das vantagens esperadas. É de se esperar, portanto, que os atos praticados com técnicas de alta tecnologia ofereçam uma razoável garantia de segurança, sob pena de se sujeitar o agente que os conduz à responsabilização pelos danos deles derivados.

ii) Quanto ao regramento jurídico aplicável aos transhumanos que venham a causar danos a outrem, cumprirá reconhecer que, por mais que o indivíduo se transforme em um "pós-humano", dotado de capacidades extraordinárias – sejam cognitivas ou motoras –, não deixará de ser, afinal, uma *pessoa*, ainda que ostente a condição de ser um híbrido entre máquina e ser humano. Assim, o indivíduo submetido a intervenções de cunho transhumanista responderá pessoalmente pelos danos causados a terceiros, ainda que eventualmente se deva, futuramente, cogitar da edição de novas regras na seara da responsabilidade civil, mormente porque a sociedade passará a ser dividida entre seres humanos e pós-humanos, cumprindo reconhecer a vulnerabilidade daqueles e a superioridade física e intelectual destes.

iii) O postulado acabado de referir coloca em causa um problema consequente: a definição do modelo de responsabilidade civil a incidir sobre as pessoas transhumanas e o modo de aferir a culpabilidade em suas condutas.

À primeira questão, caberá insistir na premissa assente: os seres pós-humanos serão pessoas para o Direito, cidadãos integrados à sociedade como os demais (meros) humanos. Em princípio, portanto, ao se comportarem no meio social, responderão subjetivamente pelos danos causados a terceiros, a não ser que estejam a desempenhar atividades de risco ou que haja alguma regra legal específica a imputar-lhes responsabilidade sem culpa. Daí decorre que os indivíduos aprimorados por técnicas transhumanistas somente devem reparar danos, em tese, se adotarem comportamentos intencionais (dolosos) ou descuidados (culposos).

Tal assertiva, todavia, desafia novos dilemas. Os "super-humanos", pelo menos em teoria, ostentariam uma condição de superioridade física e/ou intelectual em relação aos demais indivíduos. Caberia conceber, então, que os atos, fatos e relações jurídicas que os envolvam mereçam idêntico tratamento legal? Uma pessoa que detém condições físicas ou mentais aperfeiçoadas em função do emprego de tecnologias de ponta não deveria, por isso mesmo, atuar com diligência mais acurada que os demais? Caberia aferir o comportamento culposo do agente transhumano a partir da análise da conduta que se deveria esperar do "homem médio", sabendo-se de antemão que tal indivíduo ostenta uma condição que o segrega do termo mediano da sociedade?

A averiguação da culpa pressupõe que uma pessoa, por negligência, imprudência ou imperícia, deixe de cumprir com um dever geral de cautela que a todos se impõe. Em relação a indivíduos dotados de excepcionais habilidades físicas ou de aptidões intelectuais invulgares, não seria de se esperar que tenham melhores condições de agir cautelosamente e, consequentemente, evitar lesar terceiros? Em um primeiro momento, a resposta se afigura positiva; caberá, portanto, averiguar conforme as circunstâncias do caso concreto qual a verdadeira condição do pós-humano causador do dano e apurar, enfim, de que modo se pode caracterizar a adoção de comportamento que, dada a sua particular situação de vantagem, deveria ter sido evitado.

iv) Cumprirá, ainda, fazer valer a função preventiva da responsabilidade civil e evitar que o emprego da tecnologia para fins transhumanistas se dê de modo indiscriminado, potencializando não apenas o suposto aprimoramento das capacidades humanas, como também a ocorrência de danos em sociedade. Neste domínio, à medida em que as técnicas transhumanistas forem implementadas – o que parece irrefreável, ainda que não se trate de situação necessariamente iminente –, cumprirá estabelecer normas de cautela, com o propósito de impor limites éticos, jurídicos e biológicos ao plano de superação das condições humanas. Parece salutar, quando menos, que sejam criados comitês de ética que tenham a atribuição de fiscalizar e autorizar – ou rechaçar – práticas transhumanistas que, de algum modo, venham a colocar em risco não apenas a integridade psicofísica dos voluntários a esta prática como também direitos e interesses sociais.

v) Finalmente, e ainda como decorrência das ideias desenvolvidas no item antecedente, cabe refletir cuidadosamente sobre o emprego de tecnologias transhumanistas para aprimorar as condições físicas e intelectuais de gerações vindouras. Por meio de modificações genéticas, seria viável alçar crianças por nascer a patamares biológicos e psíquicos superiores aos de seus antepassados. O que dizer, entretanto, dos possíveis danos que podem ser sofridos por estes bebês geneticamente manipulados?

A respeito das edições gênicas da linhagem germinativa, Graziella Clemente[41] cuida de apontar seus possíveis benefícios, seja em curto prazo, como importante instrumento para o tratamento de doenças monogenéticas, seja a longo prazo, como ferramenta apta a combater doenças poligênicas, multifatoriais e infecciosas.

As intervenções genéticas que tenham o propósito de evitar enfermidades não podem, todavia, ser confundidas com a manipulação genética que vise não a impedir doenças – isto é, preservando-se as condições naturais do indivíduo ainda por nascer –, mas a aprimorar as capacidades de um nascituro, com vistas à geração pré-natal de um indivíduo pós-humano. Neste derradeiro caso, os riscos de danos assumidos são intensos, não apenas porque pode haver erro na manipulação provocada, mas também em razão de potenciais danos futuros, cuja verificação é desconhecida no momento da intervenção.

De todo modo, nos casos em que houver intervenções genéticas de caráter transhumanista, caberá recorrer, uma vez mais, à cláusula geral de responsabilidade objetiva contemplada no aludido art. 927, parágrafo único, do Código Civil, cumprindo ao agente intervertor a assunção do dever de reparar todo e qualquer dano oriundo de seu comportamento. Afinal, tratar-se-á de conduta que, em sua essência, implica a assunção de elevados riscos de danos, que podem colocar em xeque o futuro de toda uma geração de seres pós-humanos.

6. CONSIDERAÇÕES FINAIS

A filosofia transhumanista não é mais apenas uma teoria, ou quiçá uma ideia fictícia, utópica. No século XXI, os pensamentos transhumanos passam a ser cada vez mais uma realidade presente no cotidiano de toda a sociedade. A tendência, doravante, é promover o emprego da tecnologia em prol de um suposto aprimoramento das condições humanas, de caráter físico e intelectual.

Os estudos da perspectiva transhumanista, então, devem adotar como premissa a promoção e o resguardo da personalidade humana e dos direitos da personalidade; afinal, ainda que não se cogite exatamente da extinção da raça humana, mira-se o atingimento de um novo patamar na evolução dos seres humanos. Os pós-humanos seriam, nesta perspectiva evolucionista, apenas um fruto do desenvolvimento tecnológico aplicado para fins de um pretenso melhoramento humano. Ainda que se alcance com êxito tal intento, impõe-se cautela para que cumpra preservar, enfim, o próprio sentido de humanidade e o núcleo duro da personalidade e da dignidade humanas.

O possível surgimento de seres pós-humanos passa a desafiar, inclusive no âmbito jurídico, uma nova percepção acerca da humanidade e das relações sociais. No que toca particularmente à responsabilidade civil, quando enfocada na perspectiva transhumanis-

---

41. CLEMENTE, Graziella Trindade. Responsabilidade civil: edição gênica e o CRISPR. *In:* ROSENVALD, Nelson; DRESCH, Rafael de Freitas Valle; WESENDONCK, Tula (Coord.). *Responsabilidade civil:* novos riscos. Indaiatuba: Foco, 2019, p. 303.

ta, não deve ser aplicado tal instituto de maneira ordinária e tradicional, eis que algumas de suas funções (nomeadamente a preventiva e pedagógica) e elementos (destacadamente a culpabilidade) merecem consideração especial, vez que os seres dotados de aprimoramento tecnológico se encontrarão, em termos físicos e intelectuais, em um patamar superior em relação aos demais seres humanos. Haverá, assim, um embate provável entre pós-humanos e os "meros" seres humanos, que serão, nesta perspectiva, tidos por vulneráveis, o que pode afetar a lógica da reparação de danos a depender de quem seja seu causador e sua vítima. É possível mesmo que se façam necessárias a edição de regras ou diplomas especiais, com o fito de estabelecer o regime de responsabilidade e o modo de se prover a reparação de danos nestes domínios.

Por fim, em face da propulsão da filosofia pós-humanista, estudos nessa linha de pesquisa se fazem cada vez mais importantes. É preciso que o Direito se adapte às novas concepções e adventos tecnológicos, para que as normas que regem o Estado estejam de acordo com a realidade na qual sociedade está inserida. O pioneirismo de estudos desta natureza enfrenta algumas barreiras, como a escassez de aparato bibliográfico no qual a pesquisa possa se amparar, mas, por outro lado, se faz cercar de um viés vanguardista que quiçá poderá contribuir para iluminar caminhos ainda obscuros ao Direito.

O presente trabalho, portanto, foi criado com o intuito de iniciar um debate centrado na relação entre o advento do transhumanismo e as novas fronteiras da responsabilidade civil. A abrangência do tema e os ainda incertos resultados do emprego da tecnologia para fins transhumanistas certamente desafiará outras linhas de raciocínio, mas cumpre, desde já, iniciar os debates e propor possíveis alternativas.

7. REFERÊNCIAS

ARREAZA, Catalina; TICKNER, Arlene B. Postmodernismo, postcolonialismo y feminismo: manual para (in)expertos. *Colombia Internacional*, Bogotá, n. 54, p. 14-38, 2002.

BABICH, Babette. Friedrich Nietzsche and the posthuman/transhuman in film and television. *In*: HAUSKELLER, Michael; PHILBECK, Thomas D.; CARBONELL Curtis D.; (Eds.) *The Palgrave handbook of posthumanism in film and television*. London: Palgrave Macmilan, 2015.

BBC NEWS BRASIL. *Tetraplégico move braços e pernas após 4 anos com equipamento controlado pela mente*. 4 out. 2019. Disponível em: https://www.bbc.com/portuguese/geral-49931247. Acesso em: 14 out. 2019.

BOSTROM, Nick. Transhumanism: *The world's most dangerous idea?* Disponível em: https://www.nickbostrom.com/papers/dangerous.html. Acesso em: 13 out. 2019.

BOSTROM, Nick. Transhumanist values. *Review of Contemporary Philosophy*, New York, v. 4, n. 1-2, 2005.

BOSTROM, Nick. Why I want to be a transhumanist when I grow up. *In*: GORDIJN, Bert; CHADWICK, Ruth (Eds.). *Medical enhancement and posthumanity*. Cham: Springer, 2008. pp. 107-137.

BUNGE, Mario. Racionalismo y empirismo, escepticismo y cientificismo: ¿Alternativas o Complementos? *La Alternativa Racional*, [S.l], n. 10, a. III, 1988.

CASTRO-GÓMEZ, Santiago. Ciencias sociales, violencia epistémica y el problema de la invención del otro. *In*: LANDER, Edgardo (Comp.). *La Colonialidad del saber*: eurocentrismo y ciencias sociales. Perspectivas latinoamericanas. Buenos Aires: CLACSO, 2000.

CLEMENTE, Graziella Trindade. Responsabilidade civil: edição gênica e o CRISPR. *In*: ROSENVALD, Nelson; DRESCH, Rafael de Freitas Valle; WESENDONCK, Tula (Coord.). *Responsabilidade civil*: novos riscos. Indaiatuba: Foco, 2019.

HARRIS, John. *Enhancing evolution*. The ethical case for making better people. Princeton/Oxford: Princeton University Press, 2007.

HUMANITY+. *Transhumanist Declaration*. Disponível em: https://humanityplus.org/philosophy/transhumanist-declaration/. Acesso em: out. 2019.

INSTITUTO HUMANITAS UNISINOS. *Dos direitos humanos aos direitos pós e transhumanistas*. Disponível em: http://www.ihu.unisinos.br/170-noticias/noticias-2014/537278-dos-direitos-humanos-aos-direitos-pos-e-trans-humanistas. Acesso em: 11 out. 2019.

LALANDE, Andre. *Vocabulaire technique et critique de la philosophie*. Paris: Alcan, 1938, v. 3.

MAIA, João Jerônimo Machadinha. *Transumanismo e pós-humanismo – descodificação política de uma problemática contemporânea*. Tese de Doutoramento em Estudos Contemporâneos. Universidade de Coimbra, 2017.

MORE, Max. The overhuman in the transhuman. *Journal of Evolution and Technology*, Hartford, v. 21, n. 1, p. 1-4, jan. 2010. Disponível em: https://jetpress.org/v21/more.pdf. Acesso em: 13 out. 2019.

MORE, Max. The philosophy of transhumanism. *In*: MORE, Max; VITA-MORE, Natasha (Eds.). *The transhumanist reader*: Classical and contemporary essays on the science, technology, and philosophy of the human future. Hoboken: John Wiley & Sons, 2013.

NBC NEWS. *Cyborgs among us: human 'biohackers' embed chips in their bodies*. July 11, 2014. Disponível em: https://www.nbcnews.com/tech/innovation/cyborgs-among-us-human-biohackers-embed--chips-their-bodies-n150736. Acesso em: 13 out. 2019.

OLIVEIRA, Douglas Rodrigues Aguiar de. *Introdução à filosofia do Transhumanismo*. Disponível em: https://universoracionalista.org/filosofia-do-transhumanismo/. Acesso em: 13 jul. 2019.

PAIVA, Mirella Lopez Martini Fernandes; PAIVA, Fernando Fernandes. *Na trilha da neurotecnologia*. Ética e Realidade Atual. Disponível em: http://www.era.org.br. Acesso em: 27 out. 2019.

PERSSON, Ingmar; SAVULESCU, Julian. Getting moral enhancement right: the desirability of moral bioenhancement. *Bioethics*, New Jersey, v. 27, n. 3, p. 124-131, 2011.

QUINA, Frank H. Nanotecnologia e o meio ambiente: perspectivas e riscos. *Química Nova*, São Paulo, v. 27, n. 6, nov./dez. 2004. Disponível em: https://doi.org/10.1590/S0100-40422004000600031. Acesso em: 8 out. 2019.

RENOUARD, Guillaume; PERRAGIN, Charles. O mito do transhumanismo: bombeiros piromaníacos do vale do silício. Disponível em: https://diplomatique.org.br/o-mito-do-transumanismo/. Acesso em: 10 nov. 2019.

ROSENVALD, Nelson, BRAGA NETTO, Felipe; FARIAS, Cristiano Chaves de. *Manual de Direito Civil*. 4 ed. Salvador: Juspodivm, 2019.

SARTRE, Jean-Paul. *O existencialismo é um humanismo*. 3 ed. São Paulo: Nova Cultural, 1987.

SORGNER, Stefan L. Zarathustra 2.0 and Beyond: Further Remarks on the Complex Relationship between Nietzsche and Transhumanism. *The Agonist, a Nietzsche Circle Journal*, [S.l.], v. IV, n. II, 2011. Disponível em: http://goo.gl/U22yVH. Acesso: 20 out. 2019.

STOCK, Gregory. *Redesigning Humans*: choosing our children's genes. London: Profile, 2002.

VILAÇA, Murilo Mariano; DIAS, Maria Clara Marques. Transumanismo e o futuro (pós-) humano. *Physis: Revista de Saúde Coletiva*, Rio de janeiro, v. 24, n. 2, 2014.

WINNER, Langdon. Are humans obsolete? *The Hedgehog Review*: Technology and the Human Person, Charlottesville, v. 4, n. 3, 2002.

DADOS PESSOAIS, IDENTIDADE VIRTUAL E A PROJEÇÃO DA PERSONALIDADE: *"PROFILING"*, ESTIGMATIZAÇÃO E RESPONSABILIDADE CIVIL

Alexandre Pereira Bonna

Doutor em Direito – UFPA, com sanduíche pela *University of Edinburgh*. Mestre em Direito – UFPA. Professor de graduação e pós-graduação do CESUPA e FACI-WYDEN.

Sumário: 1. Introdução; 2. Dados pessoais, identidade virtual e a prática do *"profiling"*. 3. A projeção dos direitos da personalidade no âmbito digital diante da estigmatização (igualdade) e da invasão de dados (privacidade). 4. A responsabilidade civil diante da Lei Geral de Proteção de Dados, da Constituição Federal de 1988, do Código Civil, do Código de Defesa do Consumidor e da Lei da Ação Civil Pública. 5. Conclusões. 6. Referências.

1. INTRODUÇÃO

No livro "O admirável mundo novo", Aldous Huxley descreve um futuro distópico de uma sociedade altamente tecnológica, marcada pela fabricação em massa de pessoas em laboratório, devidamente divididas em castas (umas mais inteligentes outras destinadas exclusivamente ao trabalho exaustivo)[1], pessoas essas que são educadas pelo governo desde a infância e durante o sono[2] a não terem pensamento crítico[3], a consumirem excessivamente[4] e a amarem seus destinos sociais, sem contestações[5]. Nessa sociedade, não há qualquer regra moral, devendo os indivíduos seguirem seus instintos e viverem de forma imediatista[6] e, caso fiquem tristes, há a distribuição de uma droga da felicidade chamada "soma"[7].

A conexão de tal cenário catastrófico com a temática a ser abordada no presente artigo diz respeito a forma perigosa de como a tecnologia sempre é vista como progresso[8] e a como os seres humanos são tratados como apenas mais um número, em razão de serem física, química e socialmente iguais e substituíveis dentro de suas castas[9]. Apesar de fictício, o livro traz reflexões importantes para a sociedade ou era da informação, que é uma nova forma de organização social que recorre ao intensivo uso da tecnologia da

---

1. HUXLEY, Aldous. *Admirável mundo novo*. Tradução de Vidal de Oliveira e Lino Vallandro. 5. ed. Porto Alegre: Globo, 1979, p. 14.
2. HUXLEY, Aldous. *Admirável mundo novo*, cit., p. 20.
3. HUXLEY, Aldous. *Admirável mundo novo*, cit., p. 36.
4. HUXLEY, Aldous. *Admirável mundo novo*, cit., p. 23.
5. HUXLEY, Aldous. *Admirável mundo novo*, cit., p. 16.
6. HUXLEY, Aldous. *Admirável mundo novo*, cit., p. 28.
7. HUXLEY, Aldous. *Admirável mundo novo*, cit., p. 35.
8. HUXLEY, Aldous. *Admirável mundo novo*, cit., p. 10.
9. HUXLEY, Aldous. *Admirável mundo novo*, cit., p. 47.

informação para coleta, produção, processamento, transmissão e armazenamento de informações, como no uso das tecnologias de computação e telecomunicações, ao passo que informação consiste em um dado ou conjunto de dados em qualquer suporte capaz de produzir conhecimento[10].

Isto porque, apesar das inúmeras benesses marcadas pelo uso de tecnologias (maior velocidade de comunicação, acesso à informação, produtividade, segurança e qualidade de produtos e serviços etc.), há um risco de que a forma pela qual os dados pessoais são rastreados pelo *Big Data*[11] seja ofensiva aos direitos da personalidade, notadamente a privacidade (por manipular e usar dados pessoais sem prévia anuência) e a igualdade (por deixar pessoas alijadas de certos serviços, produtos e notícias a partir de uma preconcepção estigmatizada de um perfil digital do sujeito). Nesse sentido, o incremento tecnológico não é marcado apenas por progressos, especialmente se não existir a correspondente proteção da pessoa humana diante de novas formas de violações de direitos.

Nesse diapasão, tais violações de direitos perpassam pela utilização de dados pessoais que alimentam o Big Data, e, por exemplo, criam perfis com base na personalidade e no comportamento do indivíduo, sem que esse tenha conhecimento (...) e/ou manipulam indevidamente tais informações de modo a acarretar discriminação[12]. Tal como no romance mencionado alhures, exsurge a potencialidade de que no campo digital o ser humano seja tratado como mais um número e bloco de informações, perdendo de vista a sua individualidade e dignidade correlata, sendo o Direito o campo próprio para refletir sobre o fenômeno do manuseio dos dados pessoais, da criação da identidade virtual e estigmatização daí consequente em cotejo com a proteção oferecida pela legislação pátria.

Destarte, partindo do pressuposto que a responsabilidade civil é uma categoria jurídica que se ocupa em impedir e/ou remediar os danos, tanto o dano-evento (caracterizado pela violação de um dever na ordem jurídica) quanto o dano-prejuízo (calcado nas consequências danosas existenciais ou morais geradas pelo dano-evento)[13], o presente artigo buscará apresentar base teórica sobre dados pessoais, identidade virtual e estigmatização para em seguida realizar um diálogo entre Constituição Federal de 1988 (de agora em diante CF/88), Código de Defesa do Consumidor – Lei Federal n. 8.078/90 (de agora em diante CDC), Código Civil Brasileiro – Lei Federal n. 10.406/2002 (de agora em diante CC/2002), Lei Geral de Proteção de Dados Pessoais – Lei Federal n. 13.709/2018 (de agora em diante LGPD) e Lei da Ação Civil Pública – Lei Federal n. 8.347/85 (de

---

10. VIEIRA, Tatiana Malta. *O direito à privacidade na sociedade da informação*: efetividade desse direito fundamental diante dos avanços da tecnologia da informação. 2007. 297f. Dissertação (Mestrado em Direito) – Faculdade de Direito, Universidade de Brasília, Brasília, 2007, p. 156.
11. Big Data representa um conjunto de dados armazenados de enorme volume e de diversas origens, maior do que a capacidade humana para captura e análise, e que possuem valor dependendo da forma pela qual se escolhe para processá-los. "O valor é o significado que pode ser atribuído ao dado por meio da sua análise" (SARAIVA NETO, Pery; FENILI, Maiara Bonetti. Novos marcos legais sobre proteção de dados pessoais e seus impactos na utilização e tratamento de dados para fins comerciais. *Revista de Estudos Jurídicos e Sociais*, Cascavel, v. 1, n. 1, dez. 2018, p. 4.)
12. FREITAS, Cinthia Obladen de Almendra; PAMPLONA, Danielle Anne. Cooperação entre estados totalitários e corporações: o uso da segmentação de dados e profiling para violação de direitos humanos. *In*: RUARO, Regina Linden; MAÑAS, José Luis Piñar; MOLINARO, Carlos Alberto (Orgs.). *Privacidade e proteção de dados pessoais na sociedade digital*. Porto Alegre: Editora Fi, 2017, p. 126.)
13. BONNA, Alexandre Pereira. A crise ética da responsabilidade civil: desafios e perspectivas. *Quaestio Iuris*, Rio de Janeiro, v.11, n. 1, p. 365-382, 2018, p. 2.

agora em diante LACP), visando a refletir quais respostas a responsabilidade civil pode oferecer no bojo de violações de direitos da personalidade no campo virtual.

O Direito é construído historicamente[14] e, por esse motivo, necessita acompanhar a evolução tecnológica e cultural da sociedade. Embora exista uma lei específica para a proteção de dados pessoais (LGPD) e, em uma perspectiva multinível de direitos humanos[15], os direitos da personalidade potencialmente aviltados pela manipulação de dados pessoais e estigmatização da identidade virtual sejam protegidos em âmbito interno e internacional, vale lembrar que o direito é marcado pela vagueza e imprecisão[16], assim como que o maior desafio não é reconhecer direitos, mas sim efetivar os já existentes[17].

2. DADOS PESSOAIS, IDENTIDADE VIRTUAL E A PRÁTICA DO *"PROFILING"*

De modo a preparar o caminho para reflexões sobre a legislação aplicável ao tema e a projeção dos direitos da personalidade no âmbito digital, faz-se necessário apresentar alguns conceitos elementares para a compreensão da temática, quais sejam dados pessoais, identidade virtual e a prática do *"profiling"*. Após esse introito, na seção subsequente a pesquisa irá desbravar como esse cenário pode acarretar violação de direitos da personalidade, como a igualdade (pela estigmatização) e privacidade (pela invasão e manipulação de dados sem anuência do usuário), considerando que a própria LGPD (art. 1º e 2º, I e VII) aduz que tem como objetivos e fundamentos a proteção da privacidade, dos direitos humanos e do livre desenvolvimento da personalidade (aqui incluído o direito à igualdade)

Assim, dados pessoais são fatos e/ou representações sobre uma pessoa física ou jurídica, passíveis de coleta, armazenamento e transferência a terceiros (SANTOS, 2014, p. 351)[18], tais como número de telefone, endereço, conta bancária, nome completo, CPF, profissão, identificador online (IP), preferências, hábitos, desejos, buscas e compras recentes, localização, opiniões, padrão de vida, "origem racial ou étnica, convicção religiosa, opinião política, filiação a sindicato ou a organização de caráter religioso, filosófico ou

---

14. FARIAS, Cristiano Chaves de; ROSENVALD, Nelson. *Curso de direito civil*. 13. ed. São Paulo: Atlas, 2015, v. 1, p. 141.
15. "Esta perspectiva multinível, no caso brasileiro, implica na concepção dos tribunais pátrios como integrados dos sistemas transnacionais, já que os direitos e garantias presentes na Constituição não excluem outros decorrentes dos tratados internacionais ratificados pelo Brasil, assim como exigem que a interpretação dada pelos tribunais internacionais sirva como critério hermenêutico para a interpretação dos direitos reconhecidos na Constituição e nas leis em geral" (BONNA, Alexandre Pereira; LEAL, Pastora do Socorro Teixeira. Proteção multinível de direitos humanos nas relações privadas por meio do reconhecimento dos novos danos. *Anais do V Encontro Internacional do Conselho de Pesquisa e Pós-Graduação em Direito*. Grupo de Trabalho Direito Internacional dos Direitos Humanos III, Montevidéu, Uruguai, 2016, p. 100).
16. "Apesar das inúmeras tentativas de análise definitória, a linguagem dos direitos permanece bastante ambígua, pouco rigorosa e frequentemente usada de modo retórico." (BOBBIO, Norberto. *A era dos direitos*. Tradução de Carlos Nelson Coutinho. Rio de Janeiro: Elsevier, 2004, p. 9).
17. "Mas uma coisa é proclamar esse direito, outra é desfrutá-lo efetivamente. A linguagem dos direitos tem indubitavelmente uma grande função prática, que é emprestar uma força particular às reivindicações dos movimentos que demandam para si e para os outros a satisfação de novos carecimentos materiais e morais; mas ela se torna enganadora se obscurecer ou ocultar a diferença entre o direito reivindicado e o direito reconhecido e protegido" (BOBBIO, Norberto. *A era dos direitos*, cit., p. 9).
18. Nesse sentido, dispõe a LGPD: "Art. 5º: Para os fins desta Lei, considera-se: I – dado pessoal: informação relacionada a pessoa natural identificada ou identificável."

político, dado referente à saúde ou à vida sexual, dado genético ou biométrico" (art. 5, II, LGPD) etc. Em suma, tudo aquilo que é capaz de apresentar as principais características que individualizam aquela pessoa.

Cabe asseverar que para além da construção da identidade física, na era da informação os sujeitos desenvolvem uma identidade virtual, haja vista que identidade é formada por todas qualidades que representam a si mesmo e perante os outros. Portanto, a partir das ações as ações no ambiente digital permitem a disseminação de dados que – diferentes ou iguais aos dados físicos – simbolizam o sujeito perante si e o restante da coletividade, como explicam Arthur Meucci e Arthur Matuck:

> A construção identitária de qualquer indivíduo, ao longo da sua trajetória, decorre de todas suas ações. Estas, quando observadas, convertem-se em mensagens, que o definem perante os demais. Os homens, com maior ou menor consciência disso, preocupam-se em manter ou construir certa imagem que permita comunicar quem somos. Identidade é o processo pelo qual os outros reconhecem as singularidades de uma pessoa. Traços distintivos objetivados em características físicas, emocionais, intelectuais, grupais e comunitárias. Dentro desta perspectiva definimos identidade como um processo de apresentação e atribuição de qualidades a um sujeito, segundo sua cultura, atitudes, aparência, e também da expressão de seus valores.[19]

Por conseguinte, ao utilizar as diversas plataformas do mundo digital, as pessoas vão deixando rastros de gostos, preferências, desejos e demais características, as quais, a partir da prática do *"profiling"* – que será analisada a seguir – são catalogadas e formatam um certo perfil digital do usuário, porém muitas vezes o fazem sem anuência do consumidor e com fins mercadológicos. Nessa linha, a identidade passa a ser manipulada e deixa de estar dentro da esfera exclusivamente pessoal daquele sujeito que deveria ser o único protagonista de sua esfera privada de construção da identidade, principalmente porque esta pode ser constantemente alterada ao longo do tempo.

Outrossim, para que haja mútuo conhecimento e uma troca de relações é necessário que as pessoas construam identidades virtuais. Com a internet, os processos de construção identitária vêm ganhando uma nova forma, pois a rede possibilita a um número maior de pessoas a oportunidade de se relatar e garante maior liberdade de mostrar ou construir a própria identidade[20]. Contudo, essa liberdade se encontra em crise com o *"profiling"*, o qual obstaculiza relações entre pessoas com a imobilização de um perfil baseado em dados pessoais deixados no ambiente cibernético.

O *"profiling"* consiste na criação de um perfil digital do usuário, com dados que demonstram os desejos, preferências e hábitos dos mesmos, auxiliando na massificação do consumo e da publicidade, facilitando a personalização de produtos e serviços para atingir o público alvo[21]. Portanto, ao desejar um perfil de cada pessoa, estabelecem quem somos para a publicidade e diversos produtos e serviços, influenciando decisivamente com o que o sujeito irá se deparar no ambiente virtual.

---

19. MEUCCI, Arthur; MATUCK, Arthur. A criação de identidades virtuais através das linguagens digitais. *Revista Comunicação, Mídia e Consumo da Escola Superior de Propaganda e Marketing – ESPM*, São Paulo, v. 2, n. 4, p. 157-182, 2005, p. 158-159.
20. MEUCCI, Arthur; MATUCK, Arthur. A criação de identidades virtuais através das linguagens digitais, cit., p. 161-162.
21. FREITAS, Cinthia Obladen de Almendra; PAMPLONA, Danielle Anne. Cooperação entre estados totalitários e corporações, cit., p. 121.

O que possibilita a criação do "*profiling*" são as informações rastreadas pelos usuários quando utilizam internet ou quando eles mesmos alimentam sistemas com seus dados (para utilizar aplicativos ou se cadastrar em sites, por exemplo)[22]. Nesse viés, é possível transformar a privacidade em mercadorias (quando tais informações são vendidas para empresas ou publicitários), expor informações que o sujeito gostaria de reservar apenas para si ou seus familiares (doenças, deformidades, conta bancária, débitos etc.), assim como permitir que os indivíduos cedam a pressões externas que influenciam suas escolhas[23], como uma pessoa viciada em apostas que recebe a todo momento sugestões de aplicativos desse gênero. Para se ter uma ideia prévia de quais os desdobramentos são causados pelo "*profiling*", cabe destacar trecho do Roteiro de Atuação do Ministério Público Federal:

> Sabe-se que empresas de tecnologia monitoram as atividades do consumidor quando conectado à internet – incluindo as pesquisas que ele fez, as páginas que ele visitou e o conteúdo consultado – com a finalidade de fornecer publicidade dirigida aos interesses individuais desse consumidor.
>
> Grandes empresas de tecnologia da internet, como o Google, coletam dados pessoais dos usuários de seus serviços, para fins comerciais, principalmente. Os dados são tratados com o auxílio de métodos estatísticos e técnicas de inteligência artificial, com o fim de sintetizar hábitos, preferências pessoais e outros registros. A partir disso são criados perfis para cada usuário (*profiling*) que possibilitam o envio seletivo de mensagens publicitárias de um produto a seus potenciais compradores.
>
> As possibilidades oferecidas a uma pessoa são fechadas (encaixotadas) em torno de presunções realizadas por ferramentas de análise comportamental, guiando dessa forma suas escolhas futuras. A publicidade especifica tem o efeito colateral de uniformizar padrões de comportamento, diminuindo o rol de escolhas apresentadas a uma pessoa. A elaboração de perfis pode levar à negativa de acesso a determinado bem ou serviço (negativa de acesso a site porque o consumidor acessou sites de proteção ao crédito), bem como preços diferentes a consumidores diversos conforme o seu perfil (*adaptative pricing*).[24]

Nesse desiderato, pertinente trazer uma das maiores ferramentas de coletas de informações, os cookies, que são dados armazenados no computador do usuário sobre quais buscas ele realizou, os quais a princípio visam a melhoria dos sites, contudo alguns cookies podem servir para que o comércio conheça os gostos e preferências do usuário para enviar anúncios de um produto que o mesmo tenha visualizado recentemente[25]. Portanto, na atual conjuntura, no momento em que buscam sites e cadastros, são os usuários que deixam inocentemente suas informações pessoais em redes sociais, aplicativos e sites de busca ou compra, os quais requisitam mais e mais dados, já que informação é uma das maiores riquezas da era atual.

---

22. SARAIVA NETO, Pery; FENILI, Maiara Bonetti. Novos marcos legais sobre proteção de dados pessoais e seus impactos na utilização e tratamento de dados para fins comerciais, cit., p. 7.
23. VAN DEN HOVEN, Jeroen. Information technology, privacy, and the protection of personal data. In: VAN DEN HOVEN, Jeroen; WECKERT, John (Eds.). *Information technology and moral philosophy*. Cambridge: Cambridge University Press, 2008, p. 304.
24. BRASIL. Ministério Público Federal. Câmara de Coordenação e Revisão. *Analise de dispositivos da lei de acesso à informação, da lei de Identificação Civil, da lei do Marco Civil da Internet e da Lei Nacional de Proteção de Dados (Roteiro de Atuação, v. 3.)*. Brasília: MPF, 2019. Disponível em: http://www.mpf.mp.br/atuacao-tematica/ccr3/documentos-e-publicacoes/roteiros-de-atuacao/sistema-brasileiro-de-protecao-e-acesso-a-dados-pessoais-volume-3. Acesso em: 17 jan. 2020, p. 58.
25. PALMER, Daniel E. Pop-ups, cookies, and spam: toward a deeper analysis of the ethical significance of Internet marketing practices. *Journal of Business Ethics*, Berlim/Heidelberg, v. 58, n. 1-3, p. 271-280, 2008, p. 272.

3. A PROJEÇÃO DOS DIREITOS DA PERSONALIDADE NO ÂMBITO DIGITAL DIANTE DA ESTIGMATIZAÇÃO (IGUALDADE) E DA INVASÃO DE DADOS (PRIVACIDADE)

Os direitos da personalidade – previstos nos arts. 11 a 21 do CC/2002 de forma exemplificativa – representam os bens extrapatrimoniais que, se protegidos e efetivados, permitem o florescimento humano e o consequente livre desenvolvimento da personalidade. São manifestações daquilo que o ser humano possui de mais básico e que viabilizam o florescimento do mesmo em seus fins particulares. Daí é que sem paz, vida, saúde, liberdade, honra, imagem, intimidade e privacidade, por exemplo, o ser humano não pode perseguir sem tumultos os seus múltiplos propósitos de vida, pois aqueles constituem pressuposto para a consecução de fins individuais[26].

Em suma, os direitos da personalidade são essenciais para uma vida digna, motivo pelo qual a dignidade da pessoa humana é o fio condutor de todos os direitos da personalidade, dos direitos fundamentais e dos direitos humanos e busca a preservação da integridade física, intelectual, psíquica e moral do sujeito. Nesse sentido, o enunciado 274 da Jornada de Direito Civil da Justiça Federal dispõe: "os direitos da personalidade, regulados de maneira não exaustiva pelo Código Civil, são expressões da cláusula geral de tutela da pessoa humana, contida no art. 1º, III, da Constituição Federal".

Embora no campo digital diversos direitos da personalidade possam ser violados, como a imagem, a integridade psíquica, a honra, dentre outros, o presente artigo, em razão da prática do "*profiling*", tem como foco os direitos à igualdade e à privacidade, por considerar que estes são os mais propensos ao vilipêndio nesse contexto de manuseio de dados pessoais para a criação de um perfil da pessoa sujeito a comercialização e a manipulação de bens e serviços. Por esse motivo, a seguir será feita uma exposição conceitual da igualdade e da privacidade, para em seguida entrelaçar com a temática do "*profiling*".

De inúmeras formas a violação do direito de igualdade (art. 5º, *caput*, CF/88)[27] pode ser violado, visto que a CF/88 repudia qualquer forma de discriminação, estabelece o racismo como crime inafiançável, sendo intolerável qualquer conduta que denote preconceito por origem, raça, posição política, condição social, doenças, sexo, cor, idade e quaisquer outras formas de discriminação. Portanto, no bojo das práticas sociais as pessoas físicas e jurídicas têm direito de realizarem preferências, distinções, exclusões ou restrições, mas não podem estar calcadas em cor, sexo, religião, origem étnica, condição social, idade, dentre outras, a menos que estejam devidamente justificadas, como no caso da legislação que determina que a mulher deve carregar menos peso que o homem e a que estipula idade mínima para obter habilitação de motorista[28].

Portanto, o respeito que se exige à igualdade para não ser responsabilizado é aquele que suprime e elimina, de forma radical, qualquer discriminação arbitrária entre as

---

26. BONNA, Alexandre Pereira. *Identificação e quantificação do dano moral*: fundamentação da decisão judicial na perspectiva jurídica e ética da lei natural. 448 f. Tese (Doutorado em Direito) – Instituto de Ciências Jurídicas, Universidade Federal do Pará, Belém, 2018, p. 130-131.
27. "Art. 5º: Todos são iguais perante a lei, sem distinção de qualquer natureza, garantindo-se aos brasileiros e aos estrangeiros residentes no País a inviolabilidade do direito à vida, à liberdade, à igualdade, à segurança e à propriedade (...)."
28. BONNA, Alexandre Pereira. *Identificação e quantificação do dano moral*, cit., p. 52.

pessoas, ou seja, quando uma pessoa é colocada por outra em situação de inferioridade[29]. Sendo assim, é lícito ter preferência por verde e não azul, por praias e não fazenda, por filmes de suspense e não de ficção científica, por pessoas com alto aproveitamento acadêmico e não por negligentes em relação às disciplinas da faculdade, por pessoas que demonstrem humildade e não por aquelas que afirmam que não gostam de receber ordens. Fora desse âmbito exclusivamente privado, sabe-se que as diferenças criadas vão de encontro ao direito[30].

De outro lado, o direito à privacidade (art. 5º, X, CF/88 e art. 21 do CC/2002)[31] implica na proteção de que cada um pode orientar sua vida com bem entender sem prejudicar terceiros, como nas facetas relacionadas à origem e a identidade da pessoa; a sua situação de saúde; a sua situação patrimonial; a sua imagem; os seus escritos pessoais; as suas amizades e relacionamentos sentimentais; as suas preferências estéticas; as suas opções políticas e religiosas, sendo tudo que não seja público, profissional ou social[32].

Em um sentido amplo, a proteção da privacidade se refere à inviolabilidade de a pessoa ter um espaço mínimo reservado apenas para si e com quem queira dividir, ou, nos dizeres de Américo Luís Martins da Silva, trata-se da "liberdade de se introverter, de se recolher à vida privada"[33]. Diz respeito a um âmbito em que o ser humano deseja manter condutas e situações dentro do espectro privado, sem difundir ao conhecimento de terceiros, como questões ligadas a doenças, a tristezas e frustrações, a hábitos circunscritos ao âmbito familiar, a deformidades físicas, ao cotidiano com os ascendentes, descendentes, cônjuge ou companheira, dentre outros. Em todos esses casos, estar-se-á diante de informações que não possuem relevância significativa para mais ninguém, a não ser à própria pessoa e àqueles com quem queira compartilhar[34].

É importante destacar que o espectro de proteção da intimidade é mais amplo do que possa parecer. De acordo com Ramon Daniel Pizarro, tal direito está vinculado a uma tripla dimensão: a) direito de ser deixado em paz e tranquilidade; b) direito à autonomia em relação as decisões de sua existência; c) direito de controle de informações pessoais[35]. De tal modo, também está dentro da proteção da intimidade a violação de correspondência, a divulgação de dados pessoais (CPF, endereço, número do celular etc.) para terceiros, assim como a toda e qualquer difusão de informações do íntimo do ser humano. Destarte, a proteção de dados pessoais goza de estatura de direito fundamental por ser consectária dos seguintes direitos: dignidade, privacidade, inviolabilidade do

---

29. SANTOS, Manoel J. Pereira dos. *Responsabilidade civil na Internet e demais meios de comunicação*. 2. ed. São Paulo: Saraiva, 2014, p. 429-430.
30. BONNA, Alexandre Pereira. *Identificação e quantificação do dano moral*, cit., p. 53.
31. "Art. 5º, X: são invioláveis a intimidade, a vida privada, a honra e a imagem das pessoas, assegurado o direito a indenização pelo dano material ou moral decorrente de sua violação."; "Art. 21: A vida privada da pessoa natural é inviolável, e o juiz, a requerimento do interessado, adotará as providências necessárias para impedir ou fazer cessar ato contrário a esta norma."
32. CORDEIRO, António Menezes. *Tratado de direito civil português*. Parte Geral. Coimbra: Almedina, 2004, v. I, t. III, p. 205.
33. SILVA, Américo Luís Martins da. *O dano moral e a sua reparação civil*. 3. ed. São Paulo: Revista dos Tribunais, 2005, p. 263.
34. BONNA, Alexandre Pereira. *Identificação e quantificação do dano moral*, cit., p. 70-72.
35. PIZARRO, Ramon Daniel. *Daño moral: el daño moral en las diversas ramas del derecho*. Buenos Aires: Hammurabi, 1996, p. 501.

sigilo de correspondências telefônicas e de dados, e habeas data, já que "os direitos e garantias expressos nesta Constituição não excluem outros decorrentes do regime e dos princípios por ela adotados, ou dos tratados internacionais em que a República Federativa do Brasil seja parte" (art. 5º, p. 2º, CF/88).

Diante desse espectro, de bens extrapatrimoniais protegidos juridicamente, como a igualdade e a privacidade, surge a potencialidade de lesão a tais direitos a partir do manuseio dos dados pessoais para a formação do *"profiling"*. Em primeiro lugar, identifica-se o vilipêndio da igualdade, na medida em que algumas pessoas estarão privadas do acesso e da oferta de produtos e serviços em razão da estigmatização criada no ambiente virtual de um certo perfil de usuário. Por exemplo, uma pessoa que busca apenas música sertaneja, forró e brega, literatura e filmes populares jamais receberá uma oferta de cursos ou de disponibilização de material sobre música clássica, literatura grega e filmes cult. Ou seja, embora qualquer ser humano possa, em tese, se interessar por tais estilos de música, literatura e filmes mais rebuscados qualitativamente, a prática mercadológica necessita agir de forma inteligente e certeira diante do seu público alvo, motivo pelo qual o estigma criado serve como mola propulsora das plataformas digitais no momento de ofertar publicidade aos mais diferentes fornecedores de produtos e serviços.

Nesse tom, imprescindíveis algumas notas sobre o conceito de estigmatização a partir do livro "Estigma: notas sobre a manipulação da identidade deteriorada Estigmatização", de Erving Goffman. Embora tal obra tenha sido escrita em 1975, sem a realidade do mundo cibernético, é possível demonstrar que no contexto tratado no presente artigo também há uma nova forma de estigmatização. Para compreender a estigmatização, deve-se fazer a diferença entre identidade real e a virtual. A primeira é o conjunto de características que a pessoa de fato tem, enquanto o segundo se refere às características que as pessoas têm para com os outros. O estigma surge exatamente na divergência entre a identidade real e a virtual[36]. Desta feita, o *"profiling"* categoriza as pessoas em estantes, gostos e preferências que podem não corresponder à realidade, estigmatizando-a e estancando-a em certas características.

Ademais, o *"profiling"* se encaixa na noção de identidade virtual (não real ou não fidedigna), eis que baseada em uma caracterização em potencial e não necessariamente real do indivíduo. E, no momento de fornecer produtos e serviços no ambiente digital, as práticas levam em conta esse estigma marcado pela identidade virtual, afastando o indivíduo da sociedade, como já alertava Erving Goffman, na década de 1970: "a discrepância entre identidade real e virtual afasta o indivíduo da sociedade. Com base nisso, fazemos vários tipos de discriminações, através das quais efetivamente, e muitas vezes sem pensar, reduzimos suas chances de vida"[37].

Por óbvio, quando Erving Goffman desenvolveu seu conceito de estigma, lançou os olhos aos três tipos de estigmas presentes na época: em primeiro lugar, as abominações do corpo – as várias deformidades físicas; em segundo, as culpas de caráter individual, percebidas como vontade fraca, paixões tirânicas, crenças falsas e rígidas, desonestidade, sendo essas inferidas a partir de relatos conhecidos de, por exemplo, distúrbio mental,

---

36. GOFFMAN, Erving. *Estigma*: notas sobre a manipulação da identidade deteriorada. Tradução de Mathias Lambert. 4. ed. Rio de Janeiro: LTC, 2004, p. 5-6.
37. GOFFMAN, Erving. *Estigma*, cit., p. 20.

prisão, vicio, alcoolismo, homossexualismo, desemprego, tentativas de suicídio e comportamento político radical. Finalmente, os estigmas tribais de raça, nação e religião[38].

Contudo, guardadas as devidas proporções, os estigmas criados pelo "*profiling*" "reduzem as chances de vida" e "afastam o indivíduo da sociedade", tal como preconizado acima, na medida em que diminuem o leque de relações e contatos da pessoa com os mais diversos tipos de bens e serviços pagos ou gratuitos, tornando a rede menos democrática e mais discriminatória. Um outro exemplo, um sujeito que tem identidade virtual como "pobre/sem recursos financeiros", sendo ou não verdade, não receberá promoções de ingressos e viagens internacionais e/ou videoaulas de investimento financeiro. Parecendo prever o que aconteceria com o mundo digital, Erving Goffman já asseverava que quanto mais disponíveis fossem as informações pessoais maior seriam as probabilidades de estigmatização:

> De qualquer forma, uma vez que um apoio de identidade tenha sido preparado, materializado, e se torne disponível, podemos nos agarrar a ele; pode-se desenvolver um dossiê que normalmente fique contido e arquivado numa pasta. Pode-se esperar que cresça a identificação pessoal dos cidadãos pelo Estado à medida que se refinam os dispositivos que tornam a história de um indivíduo particular mais acessível[39].

Nesse cenário, poder-se-ia, por um lado, imaginar que tal conjuntura representa benefícios aos usuários, pois teriam maior facilidade para encontrar bens e serviços de seu agrado e preferência, promovendo bem-estar, florescimento das pessoas e eficiência no mercado[40]. Contudo, o que não se pode perder de vista é que o ser humano não é rocha, mas sim rio e está em constante mudança e aperfeiçoamento, de modo que esse habitual refazer-se – que inclusive serve de fundamento para o direito ao esquecimento – torna a estigmatização criada a partir do "*profiling*" muitas vezes desatualizada e propensa a causar desigualdade. Se todos são iguais perante a lei e o acesso à internet é um direito humano[41] ou social[42], se torna contrária ao direito qualquer prática que discrimine os indivíduos com base em dados pessoais que estancam um perfil de usuário e canaliza para o mesmo apenas alguns tipos bens e serviços.

Ainda na esteira da violação da igualdade, sabe-se que a raiz da dignidade da pessoa humana envolve também a proteção desse bem jurídico, sendo possível inferir da prática do "*profiling*" uma forma de tratar o ser humano como indivíduo ou como instrumento para alcançar um fim (no caso, um escopo comercial). Como assevera Daniel Sarmento, "a Constituição de 88 (...) endossa a ideia de que o Direito e o Estado existem para a

---

38. GOFFMAN, Erving. *Estigma*, cit., p. 8.
39. GOFFMAN, Erving. *Estigma*, cit., p. 52.
40. Sobre aspectos positivos do "*profiling*" ler: CLARKE, Roger A. Profiling: a hidden challenge to the regulation of data surveillance. *Journal of Law, Information and Science*, Hobart, v. 4, n. 2, p. 403-, dez. 1993. Disponível em: https://www.austlii.edu.au/au/journals/JlLawInfoSci/1993/26.html. Acesso em: 24 jan. 2020.
41. Nessa linha, o "*Report of the Special Rapporteur on the promotion and protection of the right to freedom of opinion and expression*", elaborado pela ONU, asseverou: "gostaria de enfatizar que o acesso à Internet tem duas dimensões: acesso ao conteúdo on-line, sem restrições, exceto em alguns casos limitados permitidos pela lei internacional de direitos humanos; e a disponibilidade da infraestrutura necessária e das tecnologias de comunicação da informação, como cabos, modems, computadores e *software*, para acessar a Internet" (Tradução livre). Disponível em: https://www2.ohchr.org/english/bodies/hrcouncil/docs/17session/A.HRC.17.27_en.pdf. Acesso em: 14/01/2020.
42. Nesse sentido, Projeto de Emenda à Constituição n. 06 de 2011: altera o art. 6.º da Constituição Federal para introduzir, no rol dos direitos sociais, o direito ao acesso à Rede Mundial de Computadores (Internet).

pessoa, e não o contrário. A pessoa, nesse sentido, tem um valor intrínseco, e não pode ser instrumentalizada"[43]. Devem, nesse ínterim, as leis e práticas sociais tratar o ser humano como uma pessoa concreta e única com todas as suas potencialidades e não como sujeito abstrato. Isso implica em tornar o acesso a bens e serviços abertos, sem partir de preconcepções baseadas em rastros pessoais. A diferença entre indivíduo abstrato e pessoa é enorme, como destaca Ruben de Freitas Cabral:

> (...) o indivíduo que nascera matriz da sociedade passa a indivíduo-peça-social, reproduzível e substituível (...) lançou-o num processo de alienação, de egocentrismo e de impotência face ao isolamento experiencial. As instituições que, tradicionalmente, o seguravam psicologicamente na incerteza da vida, como a aldeia, a igreja, o colectivismo, e nos últimos tempos, a própria família, entraram num processo de enfraquecimento e de quase irrelevância. Enquanto que o indivíduo era considerado como um ser visceralmente autónomo, livre porque separado dos seus pares, a pessoa define-se como livre por inerência, capaz pela sua universalidade, e sujeito, com todas as outras pessoas, da sua vida social e política. A pessoa não se afirma pelo seu isolamento, mas pela sua singularidade. Cada pessoa é única[44].

Portanto, manipular os dados pessoas para incrementar o comércio endossa o ser humano como indivíduo (massificado, atomizado, substituível) e afronta a noção de pessoa concreta e real, dotada de potencialidades, dons e talentos mutáveis. Por conseguinte, essa maneira de classificar e segmentar usuários "a partir do *Big Data*, baseando-se no uso dos dados pessoais dos consumidores (...) pode implicar na privação de determinados indivíduos do acesso a bens e serviços"[45]. Por conseguinte, a igualdade se apresenta vulnerada, na medida em que a "vigilância realizada por organismos privados e estatais, a partir de informações obtidas em bancos de dados, pode acarretar a classificação e a discriminação dos indivíduos, afetando expressivamente as suas oportunidades sociais"[46], motivo pelo qual "a tutela da igualdade constitui-se como um importante mecanismo para evitar que as oportunidades de vida dos indivíduos sejam limitadas em razão de suas características pessoais, retratadas em bancos de dados"[47].

Nesse mesmo panorama, é crível trazer reflexões acerca da violação do direito à privacidade, especialmente se for considerado o pressuposto básico do mesmo: o domínio de seus dados e a consequente liberdade de determinar os destinos das informações pessoais. Em outras palavras, para que a privacidade seja resguardada o sujeito deve ter o seu exclusivo controle, com a consequente capacidade de estabelecer a agenda para o bem e como ele será utilizado, inclusive permitindo que outras pessoas o utilizem.

Logo, na medida em que as informações pessoais são utilizadas sem que o consumidor escolha o modo pelo qual ela será manipulada com a prática do "*profiling*", infere-se pela violação da privacidade, que consiste no direito de obstar que a atividade de terceiro venha a conhecer, descobrir ou divulgar as particularidades de uma pessoa,

---

43. SARMENTO, Daniel. *Dignidade da pessoa humana*. Belo Horizonte: Fórum, 2016, p. 107.
44. CABRAL, Ruben de Freitas. *A noção de indivíduo e a dimensão da pessoa humana*: percursos e caminhos. Porto: APES, 2013, p. 6-12.
45. SARAIVA NETO, Pery; FENILI, Maiara Bonetti. Novos marcos legais sobre proteção de dados pessoais e seus impactos na utilização e tratamento de dados para fins comerciais, cit., p. 11.
46. MENDES, Laura Schertel. *Transparência e privacidade*: violação e proteção da informação pessoal na sociedade de consumo. 2008. 158f. Dissertação (Mestrado em Direito) – Faculdade de Direito, Universidade de Brasília, Brasília, 2008, p. 58.
47. MENDES, Laura Schertel. *Transparência e privacidade*, cit., p. 61.

como destacam nesse ponto Cristiano Chaves de Farias e Nelson Rosenvald: "chama a atenção o fato de que as redes sociais da *Internet* (...) podem aviltar a privacidade alheia. Isso porque, afora as declarações espontâneas do interessado, o fluxo de informações pessoais da rede contribui para a perda de privacidade"[48].

Nesse sentido, devem os atores sociais se conscientizarem sobre o valor da privacidade não como um meio para alcançar outro fim, como propriedade, segurança, autonomia, democracia, liberdade, dignidade ou utilidade e valor econômico (visão reducionista)[49], mas sim de que a privacidade é um valor em si mesmo e sua importância não é decorrente de outro fim a ser almejado[50] (visão ampliativa).

Nesse viés, para que o direito à privacidade fosse respeitado como um fim em si mesmo seria inarredável um dos caminhos a seguir: a) a proibição da prática do "*profiling*"; b) a criação de máxima transparência e informação, de modo a que os consumidores soubessem todos os desdobramentos em concordar com os termos fornecer dados pessoais a aplicativos, sites e outras ferramentas digitais, opção mais difícil considerando a dimensão de hipervulnerabilidade dos usuários.

4. A RESPONSABILIDADE CIVIL DIANTE DA LEI GERAL DE PROTEÇÃO DE DADOS, DA CONSTITUIÇÃO FEDERAL DE 1988, DO CÓDIGO CIVIL, DO CÓDIGO DE DEFESA DO CONSUMIDOR E DA LEI DA AÇÃO CIVIL PÚBLICA

A LGPD, de agosto de 2018, significa um avanço legislativo brasileiro no sentido de promover maior estabilidade, confiabilidade, segurança e respeito a direitos no âmbito digital em relação aos dados pessoais. Não é a primeira lei a buscar a proteção de dados pessoais, haja vista que o CDC já previa a blindagem do consumidor em face de cadastro e bancos de dados ilegais (arts. 43 e 44); a CF/88 (art. 5, LXXII) e a Lei 9.507/97 estabeleciam o direito de o cidadão pleitear acesso, correção e acréscimos em informações constantes em bancos de dados de natureza pública etc.

No tocante à prática do "*profiling*", cabe destacar os seguintes vetores normativos. Primeiramente, logo no art. 1º, a LGPD deixa claro que o objetivo da lei é regular o tratamento de dados pessoais de modo a proteger os direitos fundamentais (dentre os direitos fundamentais estão a igualdade e a privacidade). Outro ponto importante diz respeito às definições de tratamento e de consentimento. No inciso X do art. 5º da LGPD, tratamento é toda operação realizada com dados pessoais, inclusive a coleta, produção, recepção, classificação, utilização, acesso, reprodução, transmissão, distribuição, processamento, arquivamento, armazenamento, eliminação, avaliação ou controle da informação, modificação, comunicação, transferência, difusão ou extração, verbos esses que se encaixam como uma luva em relação ao "*profiling*" (leia-se armazenamento, coleta, utilização, controle e transferência de dados pessoais). Já consentimento, de acordo

---
48. FARIAS, Cristiano Chaves de; ROSENVALD, Nelson. *Curso de direito civil*. 13. ed. São Paulo: Atlas, 2015, v. 1, p. 216.
49. *Cf.* THOMSON, Judith Jarvis. The right to privacy. *Philosophy & Public Affairs*, Nova Jersey, v. 4, n. 4, p. 295-314, jun./ago. 1975.
50. *Cf.* RÖSSLER, Beate. *Privacies: philosophical evaluations*. Stanford: Stanford University Press, 2004.

com o inciso XII do mesmo artigo, é a manifestação livre, informada e inequívoca pela qual o titular concorda com o tratamento de seus dados pessoais para uma finalidade determinada, livre manifestação esta que, de acordo com o art. 8º da citada lei, deve ser escrito e em destaque das demais cláusulas ou por qualquer outro meio que demonstre de forma clara a vontade do agente[51].

Apenas com esse conjunto normativo, somado ao art. 5º, *caput* (igualdade) e inciso X (privacidade), da CF/88, já seria possível inferir a ilicitude de qualquer conduta que pudesse armazenar e manipular os dados do titular sem o seu consentimento ou desvirtuando da anuência dada, como se aproveitar dos dados pessoais para focar campanhas publicitárias de diversos fornecedores. Mas, como se não bastasse, o art. 6º da LGPD ainda reza que o tratamento dos dados pessoais deve observar a finalidade (propósitos legítimos, específicos e informados ao titular, sem possibilidade de tratamento posterior de forma incompatível com essas finalidades), necessidade (limitação do tratamento ao mínimo necessário para a realização de suas finalidades), segurança (medidas técnicas e administrativas aptas a proteger os dados pessoais de acessos não autorizados), e não discriminação (impossibilidade de realização do tratamento para fins discriminatórios ilícitos ou abusivos).

Ademais, a LGPD exige que o controlador possua provas de que o consentimento foi obtido em conformidade com a lei (art. 8º, §2º), além do que quaisquer autorizações genéricas (sem uma finalidade especificada previamente) serão nulas de pleno direito (art. 8º, §4º), podendo o referido consentimento ser revogado a qualquer momento de forma simples e gratuita (art. 8º, §5º). Quando o tratamento de dados pessoais for condição para o fornecimento de produto ou de serviço ou para o exercício de direito, o titular será informado com destaque sobre esse fato (art. 9º, §3º).

Realizando um diálogo com o CDC, percebe-se uma harmonia envolvendo a determinação de consentimento prévio e informado com os direitos básicos à informação adequada e clara dos serviços e produtos (art. 6º, III) e à liberdade de escolha (art. 6º, II). No mesmo sentido, a exigência de destaque para a cláusula que alerta a consumidor sobre o armazenamento e uso posterior dos dados pessoais, assim como a obrigatoriedade de deixar explícita a finalidade que será dada aos dados pessoais está no mesmo sentido que o art. 54, §4º[52], o qual dispõe que as cláusulas limitativas de direitos devem ser redigidas com destaque das demais. Por fim, a imposição de que o fornecedor mantenha a prova de que obteve o consentimento nos termos previstos na LGPD abraça o direito básico do consumidor à inversão do ônus da prova como forma de facilitação de sua defesa processual (art. 6, VIII).

No tocante ao CC/2002, para além de os direitos da personalidade abrangerem a privacidade e a igualdade, há um bloco normativo dedicado aos negócios jurídicos, que protege a parte do contrato que não manifestou a vontade de forma livre, podendo anular o negócio, o que está em simetria com a nulidade de autorizações genéricas para o uso de

---

51. Nesse mesmo sentido: "art. 7º: O tratamento de dados pessoais somente poderá ser realizado nas seguintes hipóteses: I – mediante o fornecimento de consentimento pelo titular."
52. "Art. 54, §4º: As cláusulas que implicarem limitação de direito do consumidor deverão ser redigidas com destaque, permitindo sua imediata e fácil compreensão."

dados pessoais (previsão da LGPD). De tal modo, o art. 112 prevê que nas declarações de vontade se atenderá mais à intenção nelas consubstanciada do que ao sentido literal da linguagem, acentuando que as diversas condições gerais de contratos em sites e aplicativos não valem mais que a real intenção do consumidor. Ademais, são anuláveis os negócios jurídicos, quando as declarações de vontade emanarem de erro (o consumidor pensa que está realizando um negócio e está celebrando outro) ou dolo (o consumidor se submete a um negócio que não desejou porque foi induzido a erro pela outra parte) (arts. 138, 145 e 171[53]). Ambos os defeitos do negócio podem ocorrer envolvendo o uso de dados pessoais para o *"profiling"*, haja vista que o fornecedor pode induzir o usuário a acreditar que está apenas aumentando o pacote de serviços ou pode ter informações lacônicas que fazem com que o próprio consumidor acredite estar realizando negócio que não envolva seus dados.

Embora não existam pesquisas empíricas publicadas no sentido de comprovar que o tratamento de dados pessoais por meio do *"profiling"* viola a legislação brasileira (em especial a igualdade e a privacidade), é possível identificar alguns indícios de irregularidades a partir das seguintes notícias: a) Ministério Público investiga exposição de dados no Cadastro Positivo, a qual cria classificações dos consumidores com base nas suas operações de crédito[54]; b) Ministério Público propôs Ação Civil Pública para que empresa de telefonia "Vivo" apresente relatório de impacto à proteção de dados pessoais, haja vista a necessidade de esclarecimentos sobre as finalidades exatas para as quais os dados coletados pela empresa são utilizados, incluindo o uso dos dados pessoais e de localização de consumidores[55]; c) Ministério Público instaurou Inquérito Civil Público para apurar responsabilidades pelo suposto vazamento de dados pessoais dos clientes do Banco Pan[56]; d) Ministério Público abre inquérito para apurar vazamento de dados no Facebook[57]; e) Ministério Público abre inquérito para investigar FIESP em caso de vazamento de dados pessoais[58]; f) Ministério Público Federal ajuíza ação contra Google por violar normas de proteção de dados[59]; g) Netshoes terá de pagar R$ 500 mil por vazamento de dados de milhões de clientes[60]; h) Ministério Público abre inquérito após reportagem da "The Hack"[61]; i) Ministério Público investiga uso de dados pessoais de

---

53. "Art. 138. São anuláveis os negócios jurídicos, quando as declarações de vontade emanarem de erro (...)."; "Art. 145. São os negócios jurídicos anuláveis por dolo (...)."
54. Disponível em: https://teletime.com.br/13/01/2020/mpdft-apura-vazamento-de-dados-no-cadastro-positivo/. Acesso em: 17 jan. 2020.
55. Disponível em: http://www.azevedosette.com.br/noticias/pt/mpdft-propoe-acao-civil-publica-para-que-empresa-de-telefonia-apresente-relatorio-de-impacto-a-protecao-de-dados-pessoais/5407. Acesso em 17 jan. 2020.
56. Disponível em: https://www.convergenciadigital.com.br/cgi/cgilua.exe/sys/start.htm?UserActiveTemplate=site&UserActiveTemplate=mobile%252Csite&infoid=51609&sid=18. Acesso em: 17 jan. 2020.
57. Disponível em: https://forbes.com.br/last/2018/10/mp-abre-inquerito-para-apurar-vazamento-de-dados-no-facebook/. Acesso em: 17 jan. 2020.
58. Disponível em: https://olhardigital.com.br/fique_seguro/noticia/mp-abre-inquerito-para-investigar-fiesp-em-caso-de-vazamento-de-dados-pessoais/80111. Acesso em: 17 jan. 2020.
59. Disponível em: http://pgt.prp.usp.br/mpf-pi-ajuiza-acao-contra-google-por-violar-normas-de-protecao-de-dados/. Acesso em: 17 jan. 2020.
60. Disponível em: https://thehack.com.br/ministerio-publico-abre-inquerito-apos-reportagem-da-the-hack. Acesso em: 17 jan. 2020.
61. Disponível em: https://thehack.com.br/ministerio-publico-abre-inquerito-apos-reportagem-da-the-hack. Acesso em: 17 jan. 2020.

crianças pelo Youtube[62]; j) MP investiga 3 empresas por vendas de dados de reconhecimento facial[63]; k) Entidades combatem câmeras em metrô que leem emoções dos passageiros para facilitar posterior publicidade, classificando-os como "adulto feliz", "jovem triste", "mulher com raiva"[64]; l) Ministério Público ajuíza ação em virtude da prática do *"profiling"*, pleiteando que o Google seja condenado em obrigação de fazer, consistente em obter dos usuários do Gmail, em todo o território nacional, consentimento prévio, expresso e destacado[65].

Feitas estas observações, deve ser lançado um olhar para o instituto da responsabilidade civil, a qual, como já se disse, não lida apenas com reparação de danos, mas também com prevenção (nessa linha, art. 6º, VI, do CDC[66], art. 12 do CC/2002[67] e art. 6º, da LGPD[68]). Porém, antes de adentrar no capítulo de responsabilidade civil da LDPG (arts. 42 a 45), cabe trazer algumas vigas mestras desse instituto a partir do CC e do CDC, que irão iluminar a análise do direito de danos no campo do direito digital, mais propriamente no que tange a prática do *"profiling"*.

Sabe-se que todo aquele que viola direito e causa dano a outrem, fica obrigado a repará-lo (arts. 186 e 927 do CC[69]) e, mesmo que desenvolva atividade e conduta lícita, mas transbordar os limites pelos quais o direito foi criado (art. 187 do CC[70]) ou tais danos estiverem dentro do espectro de riscos que devem ser suportados pela atividade (art. 927, parágrafo único[71]) deverá arcar com a indenização proporcional a magnitude do dano causado. Trazendo para o que foi discutido no presente artigo, caso a criação do *"profiling"* viole a LGPD estará configurado o ato ilícito (contrário ao direito) e, ato contínuo, o dano-evento (violação da ordem jurídica em relação a LGPD e dos direitos à igualdade e privacidade) e prejuízo (consequência lesiva, que são as situações danosas geradas pelas transgressões aos direitos)[72]. Por conseguinte, em se tratando de relação de consumo, seja pelo vício (serviço não possui a qualidade esperada pelo consumidor em relação aos seus dados pessoais) ou pelo defeito/fato (serviço não tem a segurança em relação a proteção de dados) do serviço, o dever de indenizar não necessita da de-

---

62. Disponível em: https://link.estadao.com.br/noticias/empresas,mp-investiga-uso-de-dados-pessoais-de-criancas--pelo-youtube,70002406221. Acesso em: 17 jan. 2020.
63. Disponível em: https://canaltech.com.br/seguranca/mp-investiga-3-empresas-por-vendas-de-dados-de-reconhecimento-facial-120542/. Acesso em: 17 jan. 2020.
64. Disponível em: https://theintercept.com/2018/08/31/metro-cameras-acao-civil/. Acesso em: 22 jan. 2020.
65. Disponível em: http://www.mpf.mp.br/pi/sala-de-imprensa/docs/acp-google. Acesso em: 17 jan. 2020.
66. "Art. 6º, VI: a efetiva prevenção e reparação de danos patrimoniais e morais, individuais, coletivos e difusos".
67. "Art. 12: Pode-se exigir que cesse a ameaça, ou a lesão, a direito da personalidade, e reclamar perdas e danos, sem prejuízo de outras sanções previstas em lei".
68. "Art. 6º: As atividades de tratamento de dados pessoais deverão observar a boa-fé e os seguintes princípios: VIII – prevenção: adoção de medidas para prevenir a ocorrência de danos em virtude do tratamento de dados pessoais".
69. "Art. 186: Aquele que, por ação ou omissão voluntária, negligência ou imprudência, violar direito e causar dano a outrem, ainda que exclusivamente moral, comete ato ilícito".
70. "Art. 187: Também comete ato ilícito o titular de um direito que, ao exercê-lo, excede manifestamente os limites impostos pelo seu fim econômico ou social, pela boa-fé ou pelos bons costumes".
71. "Art. 927, Parágrafo único: Haverá obrigação de reparar o dano, independentemente de culpa, nos casos especificados em lei, ou quando a atividade normalmente desenvolvida pelo autor do dano implicar, por sua natureza, risco para os direitos de outrem".
72. Sobre o tema, vide: BONNA, Alexandre Pereira; LEAL, Pastora do Socorro Teixeira. Responsabilidade civil sem dano-prejuízo? *Revista Eletrônica Direito e Política*. Programa de Pós-graduação Stricto Sensu em Ciência Jurídica da UNIVALI, Itajaí, v. 12, n. 2. 2ª quadrimestre de 2017.

monstração da falha do dever de cuidado ou intenção (culpa lato sensu), posto que a responsabilidade é objetiva[73].

Nessa seara, estará primordialmente configurado o dano moral, posto que este se caracteriza como a violação de bem extrapatrimonial protegido juridicamente, que é o caso da privacidade e da igualdade, considerando que quando são violados não acarretam de imediato perdas econômicas, mas principalmente obstáculos no plano existencial (felicidade, dignidade, projetos de vida etc.). Contudo, levando-se em conta os principais critérios de quantificação do dano moral (grau de lesão, importância dos bens jurídicos, intensidade, afetação no mundo interior e exterior, quantidade de bens atingidos, perda de projetos de vida etc.[74]) as indenizações seriam de pequena monta em uma perspectiva individual. Sendo assim, é mais adequada a tutela coletiva, quando direitos de pouca relevância econômica – mas de grande envergadura quanto à sua reprovabilidade – podem obter a proteção judicial, seja no aspecto compensatório seja no que tange a punição do ato mediante valor indenizatório maior do que o suficiente para cumprir o papel reparatório (*punitive damages*). Ou seja, permite que lesões pífias para ser objeto de litígio individual mostrem sua gravidade quando consideradas coletivamente (BONNA, 2015, p. 51).

Ademais, sublinha-se que além de a Ação Civil Pública (tutela coletiva por excelência) permitir a condenação em dano moral individual (direitos individuais homogêneos) ou dano moral coletivo (direitos difusos ou coletivos) pode ter por objeto o requerimento de obrigação de fazer (art. 3º da LACP[75]) no sentido de condenar as pessoas físicas e jurídicas que lidam com dados pessoais de forma ilegal a se adequarem, sob pena de multa (astreintes) periódica (art. 11 da LACP[76]). De outro lado, na esteira de formas alternativas de solução de conflitos e de despatrimonialização da responsabilidade civil, prudente também a celebração de Termo de Ajustamento de Conduta (TAC) antes de propor qualquer ação coletiva, como autoriza o art. 5º, §6º, da LACP: "os órgãos públicos legitimados poderão tomar dos interessados compromisso de ajustamento de sua conduta às exigências legais, mediante cominações, que terá eficácia de título executivo extrajudicial".

Pois bem. A LGPD trata de responsabilidade civil e reparação de danos entre os seus arts. 42 e 45 e, endossando tudo que foi exposto alhures sobre a teoria da responsabilidade civil, assevera em seu artigo 42 que o controlador ou o operador que, em razão do exercício de atividade de tratamento de dados pessoais, causar a outrem dano patrimonial, moral, individual ou coletivo, em violação à legislação de proteção de dados pessoais, é

---

73. "Art. 14: O fornecedor de serviços responde, independentemente da existência de culpa, pela reparação dos danos causados aos consumidores por defeitos relativos à prestação dos serviços (...)".
74. Sobre o tema, vide: BONNA, Alexandre Pereira; LEAL, Pastora do Socorro Teixeira. A quantificação do dano moral compensatório: em busca de critérios para os incisos V e X do art. 5º da CF/88. *Revista Jurídica da Presidência*, Brasília, v. 21, n. 123, p. 124-146, fev./maio 2019.
75. "Art. 3º: A ação civil poderá ter por objeto a condenação em dinheiro ou a obrigação de fazer ou não fazer."
76. "Art. 11: Na ação que tenha por objeto o cumprimento de obrigação de fazer ou não fazer, o juiz determinará o cumprimento da prestação da atividade devida ou a cessação da atividade nociva, sob pena de execução específica, ou de cominação de multa diária, se esta for suficiente ou compatível, independentemente de requerimento do autor."

obrigado a repará-lo. Na mesma linha, apoia o dito anteriormente sobre a aplicabilidade da tutela coletiva e consumerista, fazendo menção à legislação específica[77].

Por fim, o ponto mais importante de análise diz respeito às excludentes do dever de indenizar previstas no art. 43, incisos II (cumprimento da legislação de proteção e dados) e III (culpa de terceiro). No que toca a excludente de o agente de tratamento ter cumprido fielmente a legislação, a maior preocupação surge em um cenário de hipervulnerabilidade de uma massa de consumidores com dificuldades de leitura ou de compreensão do ambiente digital, acendendo um alerta para as técnicas corriqueiras de fornecedores que inserem cláusulas de autorização no bojo de contratos de adesão, sem que o consumidor tenha de fato compreensão das consequências de liberar acesso aos seus dados para uma finalidade específica, pelo que se conclui que o Judiciário e as autoridades fiscalizadoras[78] devem analisar profundamente se a informação sobre a apreensão e uso de dados pessoais foi repassada de forma clara e transparente ao consumidor diante de sua realidade cognitiva.

E, quanto à excludente denominada de culpa de terceiro, é imprescindível que no momento de o juiz analisá-la tenha em mente que a cláusula geral do risco da atividade (art. 927, parágrafo único) tem como uma de suas funções a de afastar determinadas excludentes por considerar que as mesmas estão dentro do círculo de riscos inerentes à atividade. Nessa linha, trovoadas e ventanias não afastam o dever de indenizar de companhias aéreas, nem assalto em agência bancária rompem o nexo causal entre o dano e a atividade do banco. Por esse motivo, deve-se ter prudência diante da prática do *"profiling"* no sentido de avaliar que embora o vazamento ou manipulação de dados tenha sido feita por terceiro com quem o consumidor não possui relação contratual, é possível que a atuação desse terceiro (outros *sites*, aplicativos e plataformas digitais parceiras) esteja atrelada à atividade do fornecedor do serviço perante o consumidor. Por exemplo, é possível que o *site* Mercado Livre tenha todos os dados de uma pessoa X, porém, ao permitir que a empresa Y faça uma auditoria em seu banco de dados, esta se aproveita para vendê-los ou manipula-los de alguma forma. Aqui estará configurado o dever de indenizar mesmo que abstratamente exista culpa de terceiro, à luz do risco da atividade, tal como um restaurante P terá obrigação de indenizar o cliente Z que passou mal por conta de a carne adquirida ter vindo estragada do fornecedor B.

5. CONCLUSÕES

Diante do exposto, conclui-se que o direito à proteção de dados pessoais no patamar de direito humano, fundamental e da personalidade prova que a cláusula geral de tutela da pessoa humana é aberta, ilimitada e com porosidade diante dos avanços culturais, sociais e tecnológicos. Assim, tendo como núcleo a igualdade e a privacidade, nesse contexto

---

77. "Art. 42, §3º: As ações de reparação por danos coletivos que tenham por objeto a responsabilização nos termos do caput deste artigo podem ser exercidas coletivamente em juízo, observado o disposto na legislação pertinente."
78. No art. 52, a LGPD autoriza a aplicação de sanções administrativas pela autoridade nacional, como multa, advertência e suspensão das atividades em caso de violação da lei.

os tentáculos da dignidade da pessoa humana alcançam a necessidade de o ser humano ter domínio sobre informações a seu respeito e que tais dados não a estigmatizem.

Deduz-se também, a partir da leitura conjugada da CF/88, CC/2002, LACP, LGPD e do CDC, que o direito à proteção de dados pessoais no Brasil não carece de uma legislação apropriada. Em outras palavras, os dados pessoais no Brasil não são informações sem dono que podem ser apropriadas e manipuladas na internet, pois há um sólido conjunto normativo que confere proteção jurídica ao indivíduo contra o vilipêndio de sua privacidade e/ou igualdade.

Nesse cenário, a grande preocupação com a violação de dados pessoais não diz respeito a insuficiência do material legislativo, mas sim com a dificuldade prática de fiscalização e cumprimento da regra que exige o consentimento do consumidor, em um contexto de hipervulnerabilidade no campo digital. Como destaca Daniel J. Solove[79] os percalços para um consentimento substancial envolvem os seguintes aspectos: a) dificilmente no momento de baixar um aplicativo ou se inscrever em um site o consumidor lê as políticas de privacidade; b) quando leem, muitos não compreendem as consequências e implicações do compartilhamento de dados pessoais; c) quando compreendem, não há base de informações suficientes para que a tomada de decisões sobre dados pessoais seja segura; d) por fim, ainda quando a decisão do consumidor é sólida, como por exemplo compartilhar sua localização com a Uber, seu *e-mail* e endereço com o Mercado Livre, ou CPF e celular com uma rede de farmácia para obter descontos, muitas vezes não há liberdade de escolha. Em outras palavras, sem o endereço residencial, o Mercado Livre não terá como entregar o produto, sem sua localização o motorista do aplicativo pode se perder e sem o CPF e celular, a farmácia não dará o desconto.

Ademais, o ponto de maior vulnerabilidade não é obter a aceitação do consumidor de forma consciente, mas sim a transparência necessária para que caso esses dados sejam utilizados para fins diversos daquele esperado pelo consumidor (endereço pra entregar mercadoria, localização para o motorista encontrar, CPF e celular para o desconto da farmácia), como o compartilhamento dos mesmos com empresas diversas, isso seja didaticamente explicado, com clareza solar e apropriada a massa de consumidores vulneráveis em se tratando de meios digitais.

Por conseguinte, para além das sanções administrativas previstas na LGPD e no CDC, pode ser necessária a tutela civil no âmbito judicial, ganhando importância os legitimados para a ação coletiva, pois em uma perspectiva individual normalmente o valor indenizatório do dano moral (por violação de bens extrapatrimoniais como a igualdade e a privacidade) é de pequena monta, mas em uma perspectiva coletiva ganham robustez. Contudo, essa robustez não necessariamente está ligada a valores indenizatórios de cunho compensatório ou punitivo, mas também e principalmente a medidas preventivas ligadas a termo de ajustamento de conduta ou ação coletiva de obrigação de fazer e não fazer de modo a compelir, sob pena de multa, os agentes do campo digital a cumprirem fielmente as disposições legais relativas a proteção de dados pessoais.

---

79. SOLOVE, Daniel J. Privacy self-management and the consent dilemma. *Harvard Law Review*, Cambridge, v. 126, p. 1880-1903, 2013, *passim*.

Por fim, ressalta-se que futuras pesquisas sobre o tema devem sopesar o valor da liberdade econômica e a importância que as informações de consumidores adquiriram para o sucesso de negócios, especialmente porque o próprio CDC os direitos do consumidor devem ser harmonizados "com a necessidade de desenvolvimento econômico e tecnológico" (art. 4º, III). Mas, como projeção dos direitos da personalidade, humanos e fundamentais, não deve se perder de vista que a proteção de dados pessoais tratamento auxilia a evitar discriminações que não encontrem fundamento constitucional, como aquelas que possam dificultar o acesso ao crédito ou a empregos por determinados grupos. Além disso, afasta práticas que possam reduzir a liberdade e autonomia dos indivíduos, como decisões a partir de análises de dados não informadas ao titular e sob critérios não transparentes[80].

6. REFERÊNCIAS

ASTURIANO, Gisele; REIS, Clayton. Os reflexos do ciberdireito ao direito da personalidade: informação vs. direito à intimidade. *Revista da SJRJ*, Rio de Janeiro, v. 20, n. 37, p. 13-28, ago. 2013.

BOBBIO, Norberto. *A era dos direitos*. Tradução de Carlos Nelson Coutinho. Rio de Janeiro: Elsevier, 2004.

BONNA, Alexandre Pereira. A crise ética da responsabilidade civil: desafios e perspectivas. *Quaestio Iuris*, Rio de Janeiro, v.11, n. 1, p. 365-382, 2018.

BONNA, Alexandre Pereira. *Identificação e quantificação do dano moral*: fundamentação da decisão judicial na perspectiva jurídica e ética da lei natural. 448 f. Tese (Doutorado em Direito) – Instituto de Ciências Jurídicas, Universidade Federal do Pará, Belém, 2018.

BONNA, Alexandre Pereira; LEAL, Pastora do Socorro Teixeira. A quantificação do dano moral compensatório: em busca de critérios para os incisos V e X do art. 5º da CF/88. *Revista Jurídica da Presidência*, Brasília, v. 21, n. 123, p. 124-146, fev./maio 2019.

BONNA, Alexandre Pereira; LEAL, Pastora do Socorro Teixeira. Proteção multinível de direitos humanos nas relações privadas por meio do reconhecimento dos novos danos. *Anais do V Encontro Internacional do Conselho de Pesquisa e Pós-Graduação em Direito*. Grupo de Trabalho Direito Internacional dos Direitos Humanos III, Montevidéu, Uruguai, 2016.

BONNA, Alexandre Pereira; LEAL, Pastora do Socorro Teixeira. Responsabilidade civil sem dano-prejuízo? *Revista Eletrônica Direito e Política*. Programa de Pós-graduação Stricto Sensu em Ciência Jurídica da UNIVALI, Itajaí, v. 12, n. 2. 2ª quadrimestre de 2017.

BONNA, Alexandre Pereira. *Punitive damages (indenização punitiva) e os danos em massa*. Rio de Janeiro: Lumen Juris, 2015.

BRASIL. Ministério Público Federal. Câmara de Coordenação e Revisão. *Analise de dispositivos da lei de acesso à informação, da lei de Identificação Civil, da lei do Marco Civil da Internet e da Lei Nacional de Proteção de Dados (Roteiro de Atuação, v. 3.)*. Brasília: MPF, 2019. Disponível em: http://www.mpf.mp.br/atuacao-tematica/ccr3/documentos-e-publicacoes/roteiros-de-atuacao/sistema-brasileiro--de-protecao-e-acesso-a-dados-pessoais-volume-3. Acesso em: 17 jan. 2020.

CABRAL, Ruben de Freitas. *A noção de indivíduo e a dimensão da pessoa humana*: percursos e caminhos. Porto: APES, 2013.

---

80. TEFFÉ, Chiara Spadaccini de; TEPEDINO, Gustavo. Consentimento e proteção de dados pessoais na LGPD. *In*: TEPEDINO, Gustavo; FRAZÃO, Ana; OLIVA, Milena Donato (Coords.). *Lei Geral de Proteção de Dados Pessoais e suas repercussões no direito brasileiro*. São Paulo: Revista dos Tribunais, 2019, p. 288.

CLARKE, Roger A. Profiling: a hidden challenge to the regulation of data surveillance. *Journal of Law, Information and Science*, Hobart, v. 4, n. 2, p. 403, dez. 1993. Disponível em: https://www.austlii.edu.au/au/journals/JlLawInfoSci/1993/26.html. Acesso em: 24 jan. 2020.

CORDEIRO, António Menezes. *Tratado de direito civil português*. Parte Geral. Coimbra: Almedina, 2004, v. I, t. III.

FARIAS, Cristiano Chaves de; ROSENVALD, Nelson. *Curso de direito civil*. 13. ed. São Paulo: Atlas, 2015, v. 1.

FREITAS, Cinthia Obladen de Almendra; PAMPLONA, Danielle Anne. Cooperação entre estados totalitários e corporações: o uso da segmentação de dados e profiling para violação de direitos humanos. *In*: RUARO, Regina Linden; MAÑAS, José Luis Piñar; MOLINARO, Carlos Alberto (Orgs.). *Privacidade e proteção de dados pessoais na sociedade digital*. Porto Alegre: Editora Fi, 2017.

GOFFMAN, Erving. *Estigma*: notas sobre a manipulação da identidade deteriorada. Tradução de Mathias Lambert. 4. ed. Rio de Janeiro: LTC, 2004.

HUXLEY, Aldous. *Admirável mundo novo*. Tradução de Vidal de Oliveira e Lino Vallandro. 5. ed. Porto Alegre: Globo, 1979.

MENDES, Laura Schertel. *Transparência e privacidade*: violação e proteção da informação pessoal na sociedade de consumo. 2008. 158f. Dissertação (Mestrado em Direito) – Faculdade de Direito, Universidade de Brasília, Brasília, 2008.

MEUCCI, Arthur; MATUCK, Arthur. A criação de identidades virtuais através das linguagens digitais. *Revista Comunicação, Mídia e Consumo da Escola Superior de Propaganda e Marketing – ESPM*, São Paulo, v. 2, n. 4, p. 157-182, 2005.

PALMER, Daniel E. Pop-ups, cookies, and spam: toward a deeper analysis of the ethical significance of Internet marketing practices. *Journal of Business Ethics*, Berlim/Heidelberg, v. 58, n. 1-3, p. 271-280, 2008.

PIZARRO, Ramon Daniel. *Daño moral*: el daño moral en las diversas ramas del derecho. Buenos Aires: Hammurabi, 1996.

RÖSSLER, Beate. *Privacies: philosophical evaluations*. Stanford: Stanford University Press, 2004.

SANTOS, Manoel J. Pereira dos. *Responsabilidade civil na Internet e demais meios de comunicação*. 2. ed. São Paulo: Saraiva, 2014.

SARAIVA NETO, Pery; FENILI, Maiara Bonetti. Novos marcos legais sobre proteção de dados pessoais e seus impactos na utilização e tratamento de dados para fins comerciais. *Revista de Estudos Jurídicos e Sociais*, Cascavel, v. 1, n. 1, dez. 2018.

SARMENTO, Daniel. *Dignidade da pessoa humana*. Belo Horizonte: Fórum, 2016.

SILVA, Américo Luís Martins da. *O dano moral e a sua reparação civil*. 3. ed. São Paulo: Revista dos Tribunais, 2005.

SOLOVE, Daniel J. Privacy self-management and the consent dilemma. *Harvard Law Review*, Cambridge, v. 126, p. 1880-1903, 2013.

TEFFÉ, Chiara Spadaccini de; TEPEDINO, Gustavo. Consentimento e proteção de dados pessoais na LGPD. *In*: TEPEDINO, Gustavo; FRAZÃO, Ana; OLIVA, Milena Donato (Coords.). *Lei Geral de Proteção de Dados Pessoais e suas repercussões no direito brasileiro*. São Paulo: Revista dos Tribunais, 2019.

THOMSON, Judith Jarvis. The right to privacy. *Philosophy & Public Affairs*, Nova Jersey, v. 4, n. 4, p. 295-314, jun./ago. 1975.

VAN DEN HOVEN, Jeroen. Information technology, privacy, and the protection of personal data. *In:* VAN DEN HOVEN, Jeroen; WECKERT, John (Eds.). *Information technology and moral philosophy*. Cambridge: Cambridge University Press, 2008. p. 301-322.

VIEIRA, Tatiana Malta. *O direito à privacidade na sociedade da informação*: efetividade desse direito fundamental diante dos avanços da tecnologia da informação. 2007. 297f. Dissertação (Mestrado em Direito) – Faculdade de Direito, Universidade de Brasília, Brasília, 2007.

RESPONSABILIDADE CIVIL DO ESTADO PELA OBRIGAÇÃO DE SIGILO DO PRONTUÁRIO: DESAFIOS DAS NOVAS TECNOLOGIAS DE ARMAZENAMENTO DE DADOS PARA A SAÚDE PÚBLICA

Ana Rita de Figueiredo Nery

Doutora em Direito do Estado (USP). Pós-Graduação em Direito da Administração Pública (UFF) e em Direito para a Carreira da Magistratura (EMERJ). Professora-Assistente da Escola Paulista de Magistratura (EPM). Autora do livro "A causa do contrato administrativo" publicado pela ed. Lumen Juris. Juíza de Direito do Tribunal de Justiça de São Paulo.

Sumário: 1. Introdução: o *topos* do dever de sigilo de prontuário. 2. A tutela jurídica do sigilo de prontuário. 3. Responsabilidade Civil do Estado por violação do sigilo de prontuário. 4. Problematização da guarda eletrônica dos dados de pacientes da rede pública de saúde: proteção de dados médicos e a perspectiva comportamental da ação do Estado no âmbito da organização dos serviços de saúde. 5. Responsabilidade Civil do Estado pelo fluxo de dados de pacientes da rede pública de saúde: responsabilidade civil do Estado por omissão e a busca por comportamentos universalizantes em tema de proteção de dados de prontuários médicos. 6. Conclusão. 7. Referências.

1. INTRODUÇÃO: O TOPOS DA TUTELA JURÍDICA DO SIGILO DE PRONTUÁRIO

O objetivo desse trabalho é discutir o tema da responsabilidade civil do Estado por violação de sigilo de prontuário à luz dos desafios que as novas tecnologias dedicadas à guarda de dados trazem para o Estado, que é o grande protagonista da prestação dos serviços de saúde no Brasil.

Busca-se aproximar a discussão sobre a responsabilidade civil decorrente de violação do dever de sigilo de prontuário do arcabouço normativo que orienta comportamento administrativo na guarda de dados da saúde pública. Ao fim, apresenta-se uma proposta de tratamento do tema que busca amalgamar a disciplina da responsabilização civil do Estado com a política de tratamento de dados em matéria de saúde pública em prol de soluções que sejam mais compatíveis com o avanço da tecnologia na saúde pública.

O tratamento de qualquer tema na área do Direito Médico pressupõe uma passagem pelas diversas ciências que se dedicam à compreensão dessa especialíssima relação médico-paciente, a exemplo da sociologia, para a qual o comportamento dos médicos e de seus pacientes é governado e determinado pelas expectativas normativas da sociedade. A decisão de o paciente procurar cuidados e a escolha de quem ele vai consultar é, sem dúvida, um assunto individual, mas que passa por filtros culturais, sociais e econômicos. A literatura e a ficção, em paralelo, há muito retratam essa rica relação. "Patch Adams", "O Físico", "Tempo de Despertar" e inúmeras séries internacionais abriram ao grande público peculiaridades da rotina sensível e sigilosa dos hospitais.

Em 2014, corria nos noticiários que o suspeito de ter roubado parte do prontuário médico de Michael Schumacher durante sua transferência entre o hospital de Grenoble, na França, para uma clínica em Lausanne, na Suíça, foi encontrado morto na prisão onde estava detido, em Zurique, Suíça. Segundo informações, o acusado de violação de privacidade e de violação do sigilo de prontuário enforcou-se na sua cela. Mais recentemente, o Conselho de Medicina de São Paulo abria investigação para apurar vazamento de exames realizados pela ex-primeira dama Marisa Letícia.

O prontuário médico é a união de todos os documentos, ordenados, em que estão registradas as informações relativas aos procedimentos, exames, condições físicas e informações relativas à condição de saúde do paciente. Não se trata apenas do registro da anamnese do paciente, mas de todo o acervo documental padronizado, organizado e conciso, referente ao registro dos cuidados médicos prestados, assim como aos documentos pertinentes a essa assistência. O receituário médico, portanto, compõe o prontuário médico.

De acordo com o artigo 1º da Resolução n.º 1.638/2002, do Conselho Federal de Medicina, prontuário médico é definido como o "documento único constituído de um conjunto de informações, sinais e imagens registradas, geradas a partir de fatos, acontecimentos e situações sobre a saúde do paciente e a assistência a ele prestada, de caráter legal, sigiloso e científico, que possibilita a comunicação entre membros da equipe multiprofissional e a continuidade da assistência prestada ao indivíduo".

O Conselho Federal de Medicina, portanto, no uso do seu poder normativo, é quem vai trazer a definição do que é prontuário médico e qualificá-lo perante a ordem jurídica.

O prontuário médico, portanto, como documento que corporifica as vicissitudes dessa relação médico-paciente, é qualificado pelo seu sigilo não só em razão de um dever jurídico, mas, antes, em razão de um dever ético e de um dever social.

Primeiramente, estamos falando de um dever ético e de uma obrigação que está registrada desde o Juramento de Hipócrates até o Código de Ética Médica (Resolução 1.931/2009, art. 73). Diz o Juramento de Hipócrates: "Àquilo que no exercício ou fora do exercício da profissão e no convívio da sociedade, eu tiver visto ou ouvido, que não seja preciso divulgar, eu conservarei inteiramente secreto".

Em segundo lugar, esta-se falando de um dever social. Sociologicamente, o sigilo do prontuário moldou o *status* da relação médico-paciente, que é socialmente reconhecida como uma relação diferente de outras e é esse *status social* que faz com que pacientes entreguem ao médico informações referentes ao consumo abusivo de álcool, aspectos da personalidade que sejam estigmatizadas socialmente, comportamento sexual etc.

Por fim, de um dever jurídico cuja violação, infração, produz consequências jurídicas de ordem penal, civil e administrativa, a depender do regime jurídico a que estiver submetido o médico. Necessário aprofundar esse terceiro aspecto, qual seja: o que é sigilo de prontuário do ponto de vista jurídico, do geral para o particular, e como enquadramos o dever jurídico referente ao sigilo do prontuário no direito positivo.

A indagação que conduz as reflexões propostas nesse texto é a seguinte: o Estado responde civilmente pelo fluxo de dados relativos a prontuário médico de paciente da rede pública de saúde?

2. A TUTELA JURÍDICA DO SIGILO DE PRONTUÁRIO

A Constituição Federal 1988 elege a proteção à dignidade da pessoa humana como um dos fundamentos da República. Do geral para o particular, temos um sistema geral de direitos da personalidade que, a despeito da promulgação da Constituição Federal em 1988, ficou um pouco adormecido até o advento do Código Civil de 2002.

Isso porque o Código Civil de 1916 não trazia previsão sobre esse tema. A Constituição de 1988 tem o protagonismo de consagrar a dignidade da pessoa humana como um dos fundamentos da República e trazer, no artigo 5º, direitos e garantias fundamentais irradiados da cláusula geral de proteção da dignidade da pessoa humana. O título dos direitos e garantias fundamentais, o artigo 5º, tem no inciso X da Constituição Federal que "são invioláveis a intimidade, a vida privada, a honra e a imagem das pessoas, assegurado o direito a indenização pelo dano material ou moral decorrente de sua violação."

Mas sabemos também que falar em proteção da dignidade humana sem elencar quais atributos estão sendo violados é quase sempre falar muito pouco. Hoje em dia, a dignidade da pessoa humana corre o risco inverso que é o da banalização, superutilização. Essa teoria de proteção da dignidade da pessoa humana, recuperada pelas Constituições do século XX, é explicitada pelo Código Civil de 2002.

E sobre o quê o Código Civil fala ao decupar o conceito de Direitos da Personalidade? Ele fala em próprio corpo, nome, honra, imagem e privacidade. E é a privacidade o bem jurídico tutelado pelo dever de sigilo de prontuário.

Fechando a lente para o aspecto das consequências civis decorrentes da violação de sigilo de prontuário, esta representa uma infração à privacidade, direito da personalidade com fundamento na dignidade da pessoa humana.

A proteção da vida privada é, portanto, a faceta da dignidade da pessoa humana atingida pela violação do sigilo do prontuário médico.

Descendo à Lei Federal, temos o Código Civil, que dedica o Capítulo II para os Direitos da Personalidade. E assim trata da privacidade:

> Art. 21. A vida privada da pessoa natural é inviolável, e o juiz, a requerimento do interessado, adotará as providências necessárias para impedir ou fazer cessar ato contrário a esta norma.

A obrigação de sigilo do prontuário médico, como regra direcionada à proteção do paciente, compõe todo o sistema de tutela dos direitos da personalidade, que tem como baliza a cláusula geral de tutela da pessoa humana, que se desdobra em privacidade e em intimidade, todos esses como partes de um mesmo círculo concêntrico.

Lembra-se que o sistema de proteção dos direitos da personalidade insere-se em um sistema internacional de proteção a Direitos Humanos, bem representado pelo Pacto Internacional de Direitos Civis e Políticos e pela Convenção Europeia de Direitos Humanos (arts. 8º e 10º).

Importante, por fim, trazer que duas correntes doutrinárias disputam o tratamento do sigilo do prontuário como sendo um dever absoluto ou relativo[1]. Uma corrente sustenta que o dever de manter o sigilo de prontuário é absoluto porque o interesse público na manutenção do sigilo – por se tratar de um desdobramento da obrigação de segredo médico – é soberano em relação a quaisquer outros interesses, em especial em razão da proteção que se deve assegurar ao médico no exercício da sua profissão.

Outra, majoritária, mitiga esse dever de sigilo em situações pontuais, valendo-se de uma ponderação de interesses. Assim, seria possível a quebra desse segredo, por exemplo, por interesse do próprio paciente (ex. um médico que expõe a situação do seu paciente a outro médico buscando melhor diagnóstico) ou para salvaguardar outros interesses jurídicos igualmente relevantes (ex: a saúde de filhos do paciente). A tese da relatividade da obrigação de sigilo de prontuário é reforçada pela dinâmica das grandes estruturas de saúde, em que outras pessoas, ainda que discretamente – médico, enfermeiros e auxiliares e mesmo profissionais da área de tecnologia da informação – tomam conhecimento de informações, sem que isso os isentem do dever jurídico de salvaguardar a privacidade do paciente.

Célebre caso sobre sigilo de prontuário (*Tarasoff Case*, EUA, 1969) envolveu um Estudante da Universidade da Califórnia que matou a colega de classe. Entretanto, antes, relatara seus planos a um médico que o atendera no *campus*. Consultando seus superiores, decidiu-se por não alertar a vítima em respeito à obrigação de sigilo em relação ao seu paciente. O homicídio foi cometido e a família ganhou, posteriormente, a ação indenizatória contra a Universidade da Califórnia. A partir de então, assentou-se que situações envolvendo risco de vida para si ou para outrem – inclusive situações comprovadas ou suspeitas (essas com razoável fundamento) de maus-tratos contra a criança e o adolescente – e ocorrências de doença de notificação compulsória devem ser comunicadas às instâncias cabíveis e ao responsável legal.

Essa, aliás, a corrente relativista que foi adotada pelo Código de Ética Médica, ao tratar do dever de sigilo. Segundo o Código de Ética Médica (Resolução CRM n. 1.931/2009):

> Artigo 73: "É vedado ao médico:
> Revelar fato de que tenha conhecimento em virtude do exercício de sua profissão, salvo por justa causa, dever legal ou autorização expressa do paciente."
> (...)

---

1. Sobre esse debate, concita-se remeter o leitor para ampla análise de KFOURI NETO, Miguel. *Responsabilidade civil do médico*: responsabilidade civil do dentista, completo ementário cível e criminal, jurisprudência do CRM e planos de saúde, acórdãos cíveis na íntegra. 9. ed. São Paulo: Revista dos Tribunais, 2018, especialmente capítulo 13.

Art. 89. Liberar cópias do prontuário sob sua guarda, salvo quando autorizado, por escrito, pelo paciente, para atender ordem judicial ou para a sua própria defesa.

§ 1º Quando requisitado judicialmente o prontuário será disponibilizado ao perito médico nomeado pelo juiz.

§ 2º Quando o prontuário for apresentado em sua própria defesa, o médico deverá solicitar que seja observado o sigilo profissional."

Hipótese relevante tanto para as instituições públicas quanto privadas diz respeito à obrigação posta no artigo 85 do Código de Ética Médica, segundo o qual é vedado ao médico permitir o manuseio e o conhecimento dos prontuários por pessoas não obrigadas ao sigilo profissional, quando sob sua responsabilidade. Ora, o prontuário está, em tese, sempre sob a responsabilidade do médico, uma vez que o diagnóstico e o tratamento devem ser estabelecidos a partir de sua orientação. Todavia, o poder de disposição e a responsabilidade sobre seu conteúdo não se confundem com a posse e detenção do prontuário, que não raro são transferidas para terceiros por um dever de guarda ou para atender a organização do aparelho de saúde. Da maneira como está posto, o artigo 85 do Código de Ética Médica encerra uma responsabilização acima das possibilidades humanas e em dissonância com a organização dos serviços de saúde.

Assim, três conclusões podem ser extraídas da análise sobre a obrigação jurídica de sigilo de prontuário. Primeiro, que o objeto de tutela jurídica, aqui, é o paciente, e não o médico. O olhar deve ser para o paciente. Tanto que, mediante autorização dele, o prontuário pode ser divulgado; não diz respeito a uma proteção em relação à atividade do médico. Segundo, que o dever de sigilo recai sobre todos aqueles que possuem a guarda desses documentos, em razão da atividade que desempenham, mas em variadas escalas, cabendo ao médico a guarda exclusiva nas hipóteses de sigilo, conforme doutrina. Terceiro, que esse sigilo não é absoluto. "Atender ordem judicial" ou para a "própria defesa" do médico.

Aclarada a disciplina jurídica em torno da obrigação jurídica de sigilo de prontuário, passa-se a analisar como o ordenamento jurídico se comporta quando a violação de sigilo de prontuário implica a responsabilização do Estado.

3. RESPONSABILIDADE CIVIL DO ESTADO POR VIOLAÇÃO DO SIGILO DE PRONTUÁRIO

Sabe-se que a responsabilidade civil do Estado, no Brasil, tem como fundamento normativo o artigo 37, §6º, da Constituição Federal. Ao trazer que "as pessoas jurídicas de direito público e as de direito privado prestadoras de serviços públicos responderão pelos danos que seus agentes, nessa qualidade, causarem a terceiros, assegurado o direito de regresso contra o responsável nos casos de dolo ou culpa" a Constituição Federal consagra, segundo doutrina e jurisprudência majoritárias, que as ações lesivas praticadas por agentes do Estado se submeterão a um regime de responsabilização objetiva.

Além do registro normativo acerca da responsabilização objetiva do Estado pelas ações lesivas de seus agentes, a disciplina sobre a responsabilidade civil do Estado possui inúmeras peculiaridades, que repercutem na leitura que ora se apresenta sobre a hipótese de responsabilidade do Estado pela violação de sigilo de prontuário. Duas formulações bem sintetizam o "estado da arte" da responsabilidade civil do Estado.

Pode-se dizer, primeiro, que o regime de responsabilização patrimonial do Estado é mais rígido e contundente que o regime de responsabilização patrimonial dos particulares. Isso porque, além da existência de um regime constitucional de responsabilização do Estado e de um regime igualmente constitucional de pagamento de dívidas pelo Estado, há a imposição quase que indistinta à responsabilização por risco administrativo. A exceção – não imune a diversas críticas – é a hipótese de responsabilidade por omissão, em relação à qual se diz que o Estado responderia subjetivamente, isto é: quando comprovada a culpa pelos danos causados. A análise da "culpa" na responsabilidade civil, diga-se, é um filtro relevantíssimo, na medida em que repercute na distribuição do ônus probatório, abre espaço para inúmeras intercorrências no processo judicial, expande o tempo probatório e pode depender de contextos impenetráveis na organização administrativa.

Em uma segunda formulação, pode-se dizer que a responsabilidade civil do Estado passa por uma jornada de progressiva extensão e flexibilização dos institutos que a estruturam. É dizer que, além da evolução de um regime de irresponsabilidade do Estado pelos prejuízos causados a terceiros, para um regime de responsabilização subjetiva e, mais recentemente, para um calcado no risco administrativo, nota-se a progressiva colocação do Estado na posição de anteparo da responsabilização direta do agente público.

O tema 940 do STF, inclusive, julgado em 14 de agosto de 2019, afasta a tese do litisconsórcio facultativo do agente público causador do dano, definindo que: "a teor do disposto no art. 37, § 6º, da Constituição Federal, a ação por danos causados por agente público deve ser ajuizada contra o Estado ou a pessoa jurídica de direito privado prestadora de serviço público, sendo parte ilegítima para a ação o autor do ato, assegurado o direito de regresso contra o responsável nos casos de dolo ou culpa",

Pois bem. Alinhando as formulações apresentadas com o tema proposto, se um agente (médico, enfermeiro, auxiliar etc.) de pessoa jurídica de direito público ou de direito privado prestadora de serviço público violar a obrigação de sigilo de prontuário, causando danos à privacidade de pacientes do sistema público de saúde, responderá o Estado com fundamento no artigo 37, §6º, da Constituição Federal, resguardado o direito de regresso contra o responsável, em caso de dolo ou culpa.

Em um panorama clássico, portanto, a obrigação de sigilo em relação aos prontuários médicos é um dever jurídico que perpassa as esferas privada e pública e, decorrente da cláusula de proteção geral à dignidade da pessoa humana e da tutela dos direitos da personalidade, alcança a responsabilidade do Estado, independentemente da comprovação de culpa, sempre que ocorrer dano à intimidade e à privacidade do paciente.

Conforme será visto, todavia, a guarda eletrônica de dados dos pacientes da rede pública de saúde possui disciplina própria que desafia um novo olhar em torno do dever jurídico, imposto ao Estado, de preservação dos prontuários. O avanço tecnológico torna complexos os cenários na área de saúde e, por consequência, os conflitos que servem como pano de fundo para os estudos sobre a responsabilidade civil do Estado. São esses novos cenários que se passa a explorar.

4. PROBLEMATIZAÇÃO DA GUARDA ELETRÔNICA DOS DADOS DE PACIENTES DA REDE PÚBLICA DE SAÚDE: PROTEÇÃO DE DADOS MÉDICOS E A PERSPECTIVA COMPORTAMENTAL DA AÇÃO DO ESTADO NO ÂMBITO DA ORGANIZAÇÃO DOS SERVIÇOS DE SAÚDE

A análise do tema da responsabilidade civil do Estado por violação da obrigação de sigilo de prontuário parece simples sem o pano de fundo das novas tecnologias. A pergunta que surge, todavia, é a seguinte: onde estão os prontuários médicos atualmente? A quem cabe a guarda de dados de prontuários eletrônicos?

Foi na década de 1970 que teve início o desenvolvimento dos primeiros sistemas de informação na área da saúde, o que deflagrou, de maneira concomitante, "a preocupação com a confidencialidade das informações que seriam armazenadas e como protegê-las."[2]

Segundo dados facilmente colhidos das páginas eletrônicas especializadas, mais de 74% dos estabelecimentos de saúde brasileiros já utilizam algum sistema eletrônico para registrar dados dos pacientes. No âmbito da Administração Pública e da organização do Sistema Único de Saúde, o "Projeto e-SUS" é prioritário e tem como um de seus principais eixos a difusão do modelo de Prontuário Eletrônico do Paciente – PEP, especialmente para unidades básicas de saúde. Através do e-SUS é possível compartilhar formulários dinâmicos baseados em metadados, painéis de indicadores de gestão, sistemas de laboratório etc.

Segundo relatório de gestão do SUS (2018), das mais de 42 mil Unidades Básicas de Saúde – UBS, mais de 20 mil já usam o PEP. Na contramão de todos esses números, ainda é possível identificar 13% dessas unidades sem ao menos um computador. São unidades de saúde que se encontram à margem de todo o processo de avanço tecnológico da saúde pública no país. No mais, nota-se uma clara concentração de recursos, sendo que o Distrito Federal e o Estado de Santa Catarina alcançaram quase 95% de implantação; São Paulo, 67%. Já Estados como o Maranhão, Amapá e Sergipe seguem na retaguarda, com menos de 10% de suas Unidades Básicas de Saúde com acesso ao sistema de Prontuário Eletrônico do Paciente – PEP.

O avanço das novas tecnologias de armazenamento de dados no âmbito da saúde pública favorece a medicina baseada em evidências científicas, o compartilhamento de informações para aprimoramento de diagnósticos e refinamento da gestão de recursos públicos, além de modernas soluções de telesaúde e de telemedicina[3]. A ideia é que a integração de informações melhore a alocação de recursos públicos, desenvolva a medicina baseada em evidências e também acelere o fluxo de informações entre órgãos públicos.

---

2. NIGRE, André Luis. Sigilo Profissional, uma visão hodierna dos problemas enfrentados e o apelo das redes sociais. *Revista EMERJ*, Rio de Janeiro, v. 20, n. 78, p. 318-334, jan./abr. 2017.
3. O Conselho Federal de Medicina definiu a telemedicina como o "o exercício da medicina mediado por tecnologias para fins de assistência, educação, pesquisa, prevenção de doenças e lesões e promoção de saúde", consoante o que dispõe o artigo 1º da Resolução 2.227/2018. Referido regramento já autorizava a denominada "teleassistência médica", em tempo real *on-line* (síncrona) ou *offline* (assíncrona), por intermédio de multimeios; assim, foram autorizadas as teleconsultas, os telediagnósticos, as teletriagens, o telemonitoramento e até mesmo as telecirurgias, estas realizadas com o auxílio de robôs.

Nesse ambiente, foi publicada a Lei Geral de Proteção de Dados (Lei nº 13.709/2018) e a Lei 13.787/2018, esta com previsões no sentido de reafirmar a obrigação de sigilo de prontuário e a tutela à intimidade, estabelecendo condutas para o Estado e dizendo o que é proteger dados relativos a prontuários médicos.

Com efeito, a Lei Geral de Proteção de Dados estabelece um novo marco regulatório para o tema do compartilhamento de dados em geral, mas, notadamente, para dados considerados sensíveis, a exemplo daqueles que dizem respeito à saúde ou à vida sexual, ou os dados genéticos e biométricos, quando vinculados a uma pessoa natural (Lei nº 13.709/2018, art. 5º, II). Estabelece, por exemplo, que é possível o tratamento de dados pessoais ou de dados pessoais sensíveis para a tutela da saúde, exclusivamente, em procedimento realizado por profissionais de saúde, serviços de saúde ou por autoridade sanitária (Lei nº 13.709/2018, art. 7º, VIII e art. 11, II, "f".).

Já a Lei nº 13.787/2018 veio dispor sobre a digitalização e a utilização de sistemas informatizados para a guarda, o armazenamento e o manuseio de prontuário de paciente. Reafirmando a obrigação de confidencialidade, estabeleceu-se que o processo de digitalização de prontuário de paciente será realizado de forma a assegurar a integridade, a autenticidade e a confidencialidade do documento digital. Minudencia, na sequência, uma série de protocolos a serem observados pelo poder público no momento da digitalização de prontuários médicos. Dentre eles, a utilização de certificado digital emitido no âmbito da Infraestrutura de Chaves Públicas Brasileira (ICP-Brasil) ou outro padrão legalmente aceito. Importante notar, ainda, que os meios de armazenamento de documentos digitais deverão protegê-los do acesso, do uso, da alteração, da reprodução e da destruição não autorizados. Por fim, reporta-se à Lei Geral de Proteção de Dados como norma de regência para a digitalização e a utilização de sistemas informatizados de guarda, armazenamento e manuseio de prontuário de paciente (Lei nº 13.787/2018, art. 1º).

A Resolução CFM nº 1.639/2002 define as Normas Técnicas para uso de sistemas informatizados para a guarda e o manuseio de prontuários médicos, dispondo que os dados do prontuário deverão ser armazenados em sistemas que assegurem, no mínimo, a privacidade e confidencialidade dos dados do paciente e o sigilo profissional, possuindo mecanismo de acesso restrito e limitado a cada perfil de usuário, de acordo com a sua função.

Vê-se, portanto, que tanto a Lei Geral de Proteção de Dados, ao tratar dos dados pessoais sensíveis e não sensíveis, como a Lei nº 13.787/2018, ao tratar dos prontuários médicos digitalizados e, portanto, de documentos físicos transformados em dados eletrônicos, estabelecem para o Estado um *facere*, um protocolo de atuação que o legislador estabeleceu de antemão como necessário ao cumprimento objetivo dessa legislação, que é a proteção de dados e, ao que interessa a este estudo, a proteção de dados de prontuários dos pacientes do sistema de saúde pública no Brasil.

Por tudo isso, à luz do contexto de reiteradas políticas voltadas ao uso de novas tecnologias na saúde pública brasileira e, notadamente, ao uso massivo de prontuários eletrônicos, o tema da obrigação de sigilo de prontuário deixa de olhar para a pictórica cena do prontuário esquecido sobre uma mesa acessível a terceiros ou da pasta de prontuários médicos que é extraviada para outra repartição pública. A tutela do sigilo de prontuário se volta para a análise da lesão à intimidade e à privacidade decorrente de eventual vazamento de dados oriundos de prontuários médicos eletrônicos.

No caso específico da guarda de dados de pacientes da rede pública de saúde, o arcabouço normativo conduz a ação do Estado e orienta a ação da Administração Pública, indicando as responsabilidades administrativas daí decorrentes. O agente público, notadamente aquele engajado com o serviço de saúde e com a manutenção das redes de segurança da informação, interage com a cadeia hierárquica de seus órgãos e entidades, aloca recursos e toma decisões de forma estratégica, à luz desse mesmo arcabouço normativo. É, inclusive, a partir desse arcabouço normativo e dos requisitos estabelecidos pela lei como padrão nacional, protocolar, para alcance de um resultado de segurança de dados, que a Administração Pública organiza a expansão de novas tecnologias para outros aparelhos, outros Municípios, outros Estados, outras regiões do país.

5. RESPONSABILIDADE CIVIL DO ESTADO PELO FLUXO DE DADOS DE PACIENTES DA REDE PÚBLICA DE SAÚDE: RESPONSABILIDADE CIVIL DO ESTADO POR OMISSÃO E A BUSCA POR COMPORTAMENTOS UNIVERSALIZANTES EM TEMA DE PROTEÇÃO DE DADOS DE PRONTUÁRIOS MÉDICOS

O panorama legislativo em tema de guarda eletrônica dos dados de pacientes da rede pública de saúde, portanto, conduz à conclusão de que a responsabilidade civil do Estado pelo fluxo não autorizado dessas informações dependeria da comprovação de culpa administrativa, também identificada como "responsabilidade pela falta do serviço". Isso porque, ressalvada a hipótese de deliberada entrega dos dados por um agente a terceiros não autorizados, o vazamento involuntário de dados relativos a sigilo de prontuário médico apenas poderia gerar para o Estado o dever de indenizar se configurada uma abstenção material ao roteiro normativo criado para orientar a ação da Administração Pública na adaptação do serviço de saúde às novas tecnologias de armazenamento de dados, isto é, se configurada uma omissão antijurídica[4].

Sabe-se, acerca da responsabilidade civil do Estado por omissão, que duas correntes disputam a compreensão sobre o que viria a ser uma omissão antijurídica ensejadora do dever de reparar. Em qualquer dos casos, para qualquer das correntes, entende-se que as lesões decorrentes da omissão do Estado devem passar pela investigação acerca do dever jurídico preestabelecido que foi violado. É como se o Estado tivesse um roteiro para a execução dos seus serviços e cumprimento de suas obrigações prestacionais, e que apenas o descumprimento desse roteiro geraria o dever de indenizar. Não caberia, de

---

4. Celso Antonio Bandeira de Mello bem resume a questão, em texto publicado em 1981, mas que se mantém atualíssimo: "Eis, pois, que o Estado só responde por omissões quando deveria atuar e não atuou – vale dizer: quando descumpre o dever legal de agir. Em uma palavra: quando se comporta ilicitamente ao abster-se. A responsabilidade por omissão é a responsabilidade por comportamento ilícito. E é responsabilidade subjetiva, porquanto supõe dolo ou culpa em suas modalidades negligência, imperícia ou imprudência, embora possa tratar-se de uma culpa não individualizável na pessoa de tal ou qual funcionário, mas atribuída ao serviço estatal genericamente. É a culpa anônima ou "faute de service" dos franceses, entre nós traduzida por "falta de serviço". (BANDEIRA DE MELLO, Celso Antônio. Responsabilidade extracontratual do Estado por comportamentos administrativos. In: DI PIETRO, Maria Sylvia Zanella; SUNDFELD, Carlos Ari (Org.). *Direito administrativo*: controle da administração, processo administrativo e responsabilidade do Estado – Doutrinas Essenciais. 3 v. São Paulo: Revista dos Tribunais, 2012. p. 1179).

forma nenhuma, alçar o Estado à posição de garantidor universal, a ponto de se lhe exigir comportamentos distantes do roteiro previsto para prestação de determinado serviço.

Uma corrente, todavia, sustenta que esse roteiro deve decorrer da lei formal. Caberia à lei formal detalhar e impor à Administração Pública a realização de determinada conduta positiva, como passo prévio e indispensável para a configuração da responsabilidade civil do Estado por omissão. Outra corrente, menos restritiva e a qual se entende mais compatível com uma interpretação conciliatória entre o *caput* e o §6º da Constituição Federal, admite que esse roteiro possa estar não exclusivamente previsto na lei formal, mas igualmente em princípios gerais do Direito, pactos internacionais, nos usos e costumes e mesmo no princípio da vedação ao retrocesso.

Em qualquer dos casos, a omissão antijurídica não poderia decorrer de uma pauta política abstrata ou da busca genérica pelo bem comum, porque a obrigação de o Estado responder pelas lesões extrapatrimoniais causadas deve estar compatibilizada com o dever de o Estado agir em conformidade com a norma jurídica. Do contrário, seria afirmar que qualquer dano à saúde geraria dever de indenizar para o Estado, uma vez que esse é o prestador universal do serviço de saúde, a teor do que dispõe o artigo 196 da Constituição Federal.

Tampouco poderia decorrer abstratamente da omissão referente a uma das soluções possíveis em um contexto de escolha discricionária. Em um exemplo hipotético, determinado país é identificado como foco de vírus altamente contagioso, pouco conhecido pela classe médica. Outro Estado estrangeiro, como medida de contenção da proliferação do vírus em seu território nacional, opta pelo confinamento das pessoas que estão, em viagem, no país da epidemia, assegurando o tratamento onde estão. Como solução alternativa, apresenta-se a repatriação, para que o cidadão possa ter a possibilidade de tratamento no seu país, em solo nacional. Ora, à míngua de protocolos ou normativas de enfrentamento de casos tais, não há que se falar em responsabilidade civil do Estado pela omissão de não ter decidido pela solução distinta, já que ambas as possibilidades eram juridicamente sustentáveis à luz das premissas de garantia de tratamento e contenção da proliferação do vírus.

Quanto mais complexo o dever prestacional do Estado, mais o comportamento da Administração Pública buscará alinhar-se à pauta normativa entregue pelos poderes da república. E não poderia ser diferente. É o alinhamento da ação do Estado à estrutura normativa e previsível entregue pelos demais poderes que garante, sob o ponto de vista da estratégia da ação pública, mais eficiência na alocação de recursos públicos, o estabelecimento de uma agenda para efetiva entrega das prestações de utilidades aos cidadãos, além de evitar ruídos com os órgãos de controle internos e externos.

Quando se está a tratar do implemento de novas tecnologias na área de saúde, o que se tem é um esforço intensivo e de alto custo acoplado a serviço extremamente sensível para o Estado. Nem se fale do tema do planejamento estatal e das dificuldades de convergirem os tempos administrativos de contratação, capacitação e transição de tecnologia. Importa, para este estudo, observar como as soluções jurídicas ecoam no universo administrativo, constrangendo e incentivando comportamentos administrativos.

Nesse sentido, a conclusão de que o Estado responde pelo fluxo de dados de prontuário médico de forma não autorizada apenas quando configurada uma abstenção material não apenas melhor repercute a disciplina legal sobre proteção de dados e tratamento de prontuários eletrônicos, como favorece comportamentos administrativos de subordinação à política de expansão tecnológica na área de saúde, criando cenário previsível do ponto de vista da alocação de recursos – notadamente gastos com governança de tecnologia da informação – e dispersão do tempo de implementação das novas tecnologias.

Antes que se imagine que o entendimento ora acatado imuniza o Estado contra o dever de recompor os patrimônios lesados, repisa-se que a responsabilidade civil do Estado por abstenção material, segundo aqui se defende, não decorre apenas das omissões escancaradas ao texto expresso de lei formal, podendo ser caracterizada, por exemplo, pela violação do bloco de juridicidade composto pelo princípio da razoabilidade e da vedação ao retrocesso. O princípio da precaução, muito caro ao tratamento dos investimentos em ciência e tecnologia, compõe o bloco de juridicidade e pode ser evocado para justificar a responsabilidade civil do Estado por omissão. A precaução não se restringe à gestão de situações emergenciais ou a crises em determinado setor. É um princípio norteador da ação do Estado, voltado, por exemplo, para a avaliação de produtos e serviços antes de sua comercialização, para a análise dos efeitos colaterais desses novos produtos e serviços, além de incitar o Estado a compreender os efeitos de novos modos de produção.

Do ponto de vista comportamental, demandas do sistema de justiça que sobejem o roteiro normativo ou que quebrem a previsibilidade da agenda estabelecida para a implementação da nova tecnologia tendem a inibir os esforços de Estado e a favorecer a concentração de recursos para atendimento dos pontos de conflito judicial, o que nem sempre favorece as políticas na área de saúde. Daí a relevância de se prestigiar a pauta legislativa em tema de sigilo de dados médicos: sem qualquer recurso a argumentos consequencialistas e observada a ação da Administração Pública sob o ponto de vista comportamental, tem-se que a leitura ora proposta, no sentido de que o vazamento de dados não intencional submeta o Estado unicamente à responsabilidade civil se demonstrada a omissão, induz comportamentos universalizantes em tema de saúde pública e, notadamente, de proteção de dados de prontuários médicos.

6. CONCLUSÃO

Dito isso, volta-se para a pergunta formulada na introdução e que orienta o debate ora proposto: o Estado responde civilmente pelo fluxo de dados relativos a prontuário médico de paciente da rede pública de saúde?

Uma análise superficial do problema posto conduziria à seguinte conclusão: se o dano à intimidade decorrente da divulgação de prontuário médico por agente (médico, enfermeiro, auxiliar etc.) de pessoa jurídica de direito público ou de direito privado prestadora de serviço público conduz à responsabilidade objetiva do Estado, também o fluxo não autorizado de dados de prontuário médico desses pacientes levaria à responsabilidade do Estado, independentemente de culpa. A conclusão, todavia, não se sustenta de forma tão óbvia se aproximada a lupa sobre a ação do Estado no âmbito da organização dos serviços de saúde e, notadamente, quando apartados a falha no comportamento administrativo de implementação de tecnologia de armazenamento de dados (*facere* orientado por amplo corpo normativo) e o agir do funcionário que levou à divulgação circunstanciada de prontuário médico a terceiros sem autorização.

Naquele caso, não há falar-se em responsabilidade objetiva do Estado pela ação de divulgação de dados, cabível ao operador do Direito aprofundar as orientações da lei e a pauta de atuação exigida pelo quadro normativo que tem orientado o aporte de novas tecnologias para o setor da saúde e, aí sim, verificar se houve ou não omissão do Estado em relação às obrigações que lhes eram impostas pela lei, não sendo exigível a imputação de um *dever ser* nem além, nem aquém da norma de regência.

Significa dizer que a transformação digital na área médica, para o Estado, migra o olhar do intérprete da ação para a omissão. Deixa-se de focar na materialidade da ação do agente público para que ganhe relevo a complexa pauta de inovações na área da tecnologia e, por consequência, as abstenções do Estado em relação aos deveres que lhes são impostos por esse robusto quadro normativo. De um lado, prestigia-se a ação do Estado voltada para o desenvolvimento tecnológico, sem atropelos às programações orçamentárias e aos desenhos da política pública em matéria e saúde existentes. De outro, permite-se que o sistema de justiça funcione como um incentivo estratégico e bastante eficaz no sentido de estimular comportamentos administrativos voltados ao cumprimento das políticas de expansão tecnológica na área de saúde.

Trata-se de cenário que melhor compatibiliza a tutela da privacidade e a demanda – ainda bastante tímida em muitos Estados do país – pelo avanço da tecnologia no serviço público de saúde.

Cabe aqui avançar com outra reflexão: tomando partido no debate sobre o objeto da tutela jurídica da política de proteção de dados, responde-se afirmativamente àqueles que indagam se o espectro da proteção jurídica aos dados seria mesmo a privacidade e a intimidade[5]. De fato, a proteção de dados é vocacionada à tutela da privacidade e da intimidade, sendo esses bens jurídicos desdobramentos do fundamento da dignidade da pessoa humana e grandes pilares de toda literatura forjada a partir da multiplicação de leis e normativas sobre tecnologia e proteção de dados.

Todavia, quando se está a falar da Responsabilidade Civil do Estado tem-se que a tutela não se esgota aí: especificamente na ótica do Estado e à luz e da compreensão de que a responsabilidade civil é um importantíssimo instrumento de conformação de

---

5. Interessante caso ocorrido nos Estados Unidos reforça a vocação das políticas de proteção de dados médicos à proteção da intimidade. Em 1976, John Moore removeu o baço durante o tratamento da leucemia de células ciliadas no Centro Médico da UCLA. Posteriormente, uma linha celular foi desenvolvida a partir dos tecidos de Moore, que ofereciam enorme valor terapêutico. Os médicos solicitaram patentes na linha de células e firmaram contratos para sua exploração comercial. Moore afirmou que o tecido modificado era de sua propriedade e processou o Centro Médico pretendendo a recomposição patrimonial pelos lucros que deixou de auferir pelo uso indevido. O Tribunal de Apelação reverteu sentença de improcedência sustentando que o tecido removido era propriedade de Moore e que todos os desdobramentos decorrentes dessa extração de tecido atingiam sua intimidade, sua privacidade. Assim, os formulários de consentimento assinados por Moore se aplicavam apenas à remoção de tecido e não implicavam seu consentimento para sua exploração comercial das informações biológicas de Moore. (Moore v. Regents of the University of California. Wests Calif Report. 1988, Jul. 21; 249:494-540 .Disponível em https://www.ncbi.nlm.nih.gov/pubmed/11648571, acesso em 29.01.2020).

comportamentos nas relações públicas e privadas, o trânsito desautorizado desses dados pode causar danos institucionais imensuráveis, isto é, danos à confiança que o cidadão deposita no aparelhamento da área de saúde pública. Nesse sentido, a Fundação Californiana de Saúde apurou que 1 em cada 8 americanos já se colocou em situação de risco de saúde para preservar sua intimidade. Por não confiar mais no sigilo dos prontuários médicos, não foram ao médico ou não revelaram os sintomas verdadeiros aos médicos.

A transformação digital na área médica, para o Estado, também migra o olhar do intérprete da posição do Estado responsável pela lesão a bem jurídico para a posição do Estado vítima da lesão a bem jurídico. O avanço da tecnologia na área de proteção de dados e, notadamente, de dados sensíveis, resgata um debate sobre os danos institucionais, ou, ainda, sobre os danos à honra objetiva das pessoas jurídicas de direito público ou de direito privado prestadoras de serviço público, cuja confiabilidade, mais do que nunca, está vinculada à capacidade dessas instituições de manejarem com segurança os dados que lhes são confiados pelos cidadãos.

O olhar migra, portanto, da posição em que o Estado é, invariavelmente, o autor dos danos à intimidade e passa a ocupar a posição de um potencial lesado. Essa perspectiva, em que se desdobra a análise mais acurada do comportamento administrativo, na implantação do roteiro de prontuários médicos eletrônicos, implica uma nova agenda de governança dos contratos de tecnologia da informação e de capacitação das equipes dedicadas a esses serviços.

Vê-se que o sigilo de prontuário persiste como um dos principais pilares do dever de sigilo médico e como uma das principais qualificadoras da relação médico-paciente. O avanço tecnológico traz novos cenários e novos conflitos para o Estado, que precisa se organizar não apenas do ponto de vista das políticas de segurança da informação, mas igualmente trabalhando a alocação de recursos na área de saúde de forma que não se criem dois sistemas públicos: um, alinhado às inovações tecnológicas e integrado aos grandes centros de pesquisa na área de saúde; outro, periférico, posto à margem da tecnologia e, por consequência, à margem da rede prestacional de saúde.

As novas tecnologias de armazenamento de dados carregam o tema da responsabilidade civil do Estado pela obrigação de sigilo de prontuário de enorme complexidade, impingindo-lhe os desafios de ressignificação da relação médico-paciente intermediada pela tecnologia. Por uma perspectiva comportamental, entende-se imprescindível para o sucesso dessa jornada de inovações tecnológicas na área de saúde que o sistema de justiça se atente para o roteiro existente de política de segurança de dados e, na hipótese de fluxo não autorizado, que persiga as efetivas violações à intimidade e privacidade dos pacientes, assim como as reais abstenções do Estado: omissões decorrentes do descumprimento de deveres jurídicos integrantes do bloco de juridicidade. O recurso inadvertido às soluções de responsabilização objetiva do Estado e de controle das políticas públicas a partir do direcionamento de recursos a soluções de prevenção não contempladas pelo quadro normativo sobre proteção de dados, em última análise, pouco contribuiria para a construção de um sistema de saúde que se pretende isonômico e universal.

7. REFERÊNCIAS

BANDEIRA DE MELLO, Celso Antônio. Responsabilidade extracontratual do Estado por comportamentos administrativos. *In:* DI PIETRO, Maria Sylvia Zanella; SUNDFELD, Carlos Ari (Org.). *Direito administrativo*: controle da administração, processo administrativo e responsabilidade do Estado – Doutrinas Essenciais. 3 v. São Paulo: Revista dos Tribunais, 2012.

BRASIL. *Constituição da República Federativa do Brasil*. Brasília, 1988. Disponível em: http://www.planalto.gov.br/ccivil_03/constituicao/constituicao.htm. Acesso em: 14 jan. 2020.

BRASIL. Lei nº 13.709, de 14 de agosto de 2018. Lei Geral de Proteção de Dados Pessoais (LGPD). In: *Diário Oficial da República Federativa do Brasil*, Brasília, DF, 15 ago. 2018. Disponível em: http://www.planalto.gov.br/ccivil_03/_Ato2015-2018/2018/Lei/L13709.htm. Acesso em: 14 jan. 2020.

BRASIL. Lei nº 13.787, de 27 de dezembro de 2018. Dispõe sobre a digitalização e a utilização de sistemas informatizados para a guarda, o armazenamento e o manuseio de prontuário de paciente. In: *Diário Oficial da República Federativa do Brasil*, Brasília, DF, 28 dez. 2018. Disponível em: http://www.planalto.gov.br/ccivil_03/_ato2015-2018/2018/lei/L13787.htm. Acesso em: 14 jan. 2020.

CONSELHO FEDERAL DE MEDICINA. *Resolução nº 1.638, de 9 de agosto de 2002*. Define prontuário médico e torna obrigatória a criação da Comissão de Revisão de Prontuários nas instituições de saúde. Disponível em: http://www.portalmedico.org.br/resolucoes/cfm/2002/1638_2002.htm. Acesso em: 14 jan. 2020.

CONSELHO FEDERAL DE MEDICINA. *Resolução nº 1.931, de 24 de setembro de 2009*. Aprova o Código de Ética Médica. Disponível em: http://www.portalmedico.org.br/resolucoes/cfm/2009/1931_2009.htm. Acesso em: 14 jan. 2020.

KFOURI NETO, Miguel. *Responsabilidade civil do médico*: responsabilidade civil do dentista, completo ementário cível e criminal, jurisprudência do CRM e planos de saúde, acórdãos cíveis na íntegra. 9. ed. São Paulo: Revista dos Tribunais, 2018.

NIGRE, André Luis. Sigilo Profissional, uma visão hodierna dos problemas enfrentados e o apelo das redes sociais. *Revista EMERJ*, Rio de Janeiro, v. 20, n. 78, p. 318-334, jan./abr. 2017.

A LEI GERAL DE PROTEÇÃO DE DADOS (LEI 13.709/2018) E O DIREITO DO CONSUMIDOR[1]

Bruno Miragem

> Doutor e Mestre em Direito pela Faculdade de Direito da Universidade do Rio Grande do Sul (UFRGS). Graduado em Ciências Jurídicas e Sociais pela mesma instituição, onde igualmente obteve os títulos de Especialista em Direito Internacional e Especialista em Direito Civil. Professor Adjunto da Faculdade de Direito da Universidade Federal do Rio Grande do Sul – UFRGS, nos cursos de graduação e do Programa de Pós-Graduação em Direito. Ex-Presidente Nacional do Instituto Brasileiro de Política e Direito do Consumidor (Brasilcon). Recebeu dois Prêmios Jabuti, da Câmara Brasileira do Livro, na categoria Direito, pela melhor obra jurídica, nos anos de 2013 e 2016. Tem experiência atuação acadêmica e exercício da advocacia nas áreas de Direito Privado, Direito Econômico e Direito Administrativo. Advogado e consultor jurídico com atuação nacional. E-mail: bmiragem@uol.com.br

Sumário: 1. Introdução. 2. A proteção de dados pessoais e sua repercussão no mercado de consumo. 3. Os direitos do consumidor e o tratamento de dados pessoais. 4. Considerações finais. 5. Referências.

1. INTRODUÇÃO

O acesso e utilização dos dados pessoais compreende um dos principais ativos empresariais na sociedade contemporânea e, ao mesmo tempo expressão dos riscos à privacidade frente às novas tecnologias da informação,[2] repercutindo por isso, amplamente, no mercado de consumo e, consequentemente, sobre o direito do consumidor.[3] O desenvolvimento da tecnologia da informação e a capacidade de processamento de imenso volume de dados variados (*Big Data*), permite o refinamento das informações de modo a permitir uma série de utilidades, como a segmentação dos consumidores para quem se dirige uma oferta, maior precisão na análise dos riscos de contratação (seleção de risco), formação de bancos de dados com maior exatidão e eficiência do uso das informações coletadas, de modo a tornar a capacidade de acesso a tratamento de dados um dos valores mais relevantes atualmente.

Esta nova capacidade de tratamento de dados permite a identificação de tendências, não mais baseadas em amostragens, mas no processamento da universalidade dos dados. Deste modo, aumenta a precisão e as possibilidades de resultados a serem obtidos, permitindo, dentre outros resultados, identificar padrões de consumo, conforme o comportamento de compra dos consumidores, sua localização (*e.g.* as discutidas técnicas de

---

1. Este texto foi originalmente publicado na Revista dos Tribunais – RT, vol. 1009, nov. 2019 (DTR\2019\40668).
2. GARFINKEL, Simson. *Database nation*. The death of privacy in 21th century. Sebastopol: O'Reilly Media, 2000, p. 4-5.
3. MIRAGEM, Bruno. *Curso de direito do consumidor*. 7. ed. São Paulo: Revista dos Tribunais, 2018, p. 352 *et seq.*

geopricing, pelas quais a determinação do preço de produtos ou serviços se dá conforme o lugar em que esteja o consumidor), a interação em redes sociais, ou a personalização da negociação com consumidores mediante uso de regras predeterminadas ou de inteligência artificial (os denominados *Chatbots*).

A rigor, o acesso e tratamento de dados pessoais da população em geral dá causa a repercussões não apenas econômicas, mas afeta também, profundamente, relações sociais e políticas, dado suas interações com temas aparentemente distintos entre si, com a qualidade do debate público, a liberdade de manifestação, a proteção da reserva pessoal e da privacidade, dentre outros temas fundamentais para o desenvolvimento humano.

Daí a decisão político-jurídica de diversos sistemas jurídicos no sentido de disciplinar a coleta e, sobretudo, o tratamento de dados pessoais por intermédio de legislação específica sobre o tema. O Brasil associou-se a este esforço de disciplina legislativa da proteção de dados pessoais com a edição, em 2018, da Lei 13.709, de 14 de agosto de 2018 (LGL\2018\7222) – denominada Lei Geral de Proteção de Dados (LGPD). Fundamenta-se a LGPD no propósito de garantia dos direitos do cidadão, oferecendo bases para o desenvolvimento econômico a partir da definição de marcos para utilização econômica da informação decorrente dos dados pessoais.[4]

São reconhecidas diferentes influências à LGPD, dentre as quais tem especial relevância as normas que definem o modelo europeu de proteção de dados, em especial o Regulamento Geral de Proteção de Dados (Regulamento 2016/679), que substituiu a Diretiva 46/95/CE, sobre tratamento de dados pessoais, e a Convenção 108, do Conselho da Europa, que já em 1981 buscava dispor sobre a proteção das pessoas relativamente ao tratamento automatizado de dados de caráter pessoal. Sem prejuízo da influência reconhecida de outros sistemas jurídicos, e mesmo de outras leis brasileiras.[5]

Dentre os fundamentos da LGPD está relacionada a defesa do consumidor (art. 2º, VI), que também prevê, expressamente, a competência dos órgãos de defesa do consumidor para atuar, mediante requerimento do titular dos dados, no caso de infração aos seus direitos pelo controlador (art. 18, § 8º) e o dever de articulação entre a Autoridade Nacional de Proteção de Dados e outros órgãos titulares de competência afeta a proteção e dados, como é o caso dos órgãos de defesa do consumidor (art. 55-K, parágrafo único). Da mesma forma, a exemplo do que dispõe o CDC (LGL\1990\40) em matéria de não exclusão (e cumulação) dos direitos e princípios que consagra em relação àqueles estabelecidos em outras leis, o art. 64 da LGPD, expressamente, consigna: "Art. 64. Os direitos e princípios expressos nesta Lei não excluem outros previstos no ordenamento jurídico pátrio relacionados à matéria ou nos tratados internacionais em que a República Federativa do Brasil seja parte."

Trata-se da adoção expressa da interpretação sistemática segundo a técnica do diálogo das fontes, ademais desenvolvida no próprio direito do consumidor.[6]

---

4. MENDES, Laura Schertel; DONEDA, Danilo. Reflexões iniciais sobre a nova Lei Geral de Proteção de Dados. *Revista de Direito do Consumidor*, São Paulo: Revista dos Tribunais, v. 120, nov./dez., 2018, p. 469-483.
5. MENDES, Laura Schertel; DONEDA, Danilo. Reflexões iniciais sobre a nova Lei Geral de Proteção de Dados, cit.
6. Sobre o tema já examinei em: MIRAGEM, Bruno. Eppur si muove: diálogo das fontes como método de interpretação sistemática no direito brasileiro. In: MARQUES, Claudia Lima (Org.). *Diálogo das fontes*. Do conflito à coordenação

2. A PROTEÇÃO DE DADOS PESSOAIS E SUA REPERCUSSÃO NO MERCADO DE CONSUMO

A proteção de dados pessoais é projeção de direitos fundamentais consagrados. Relaciona-se com a proteção da vida privada e da intimidade (art. 5º, X, da CF (LGL\1988\3)), da dignidade da pessoa humana (art. 1º, III, da CF (LGL\1988\3)) e contra a discriminação (art. 3º, IV), como expressões da liberdade e da igualdade da pessoa. A Constituição da República, igualmente, assegura como direito fundamental a inviolabilidade do sigilo de dados (art. 5º, XII). Por tais razões sustenta-se a autonomia da proteção de dados pessoais, como direito da personalidade,[7] ou a especialização da proteção constitucional à vida privada e à intimidade dando origem a um direito fundamental à proteção de dados pessoais.[8] A Lei Geral de Proteção de Dados, nesta linha, define em seu art. 1º, seu objetivo de proteção dos "direitos fundamentais de liberdade e de privacidade e o livre desenvolvimento da personalidade da pessoa natural."

Mesmo antes da edição da LGPD construiu-se, no direito brasileiro, por influência do direito comparado,[9] a noção de autodeterminação informativa,[10] colocando sob a égide da decisão livre e racional da pessoa a quem os dados digam respeito (titular dos dados), o poder jurídico para determinar a possibilidade e finalidade de sua utilização, assim como seus limites. O exercício deste poder se define, sobretudo a partir da noção

---
de normas do direito brasileiro. São Paulo: Revista dos Tribunais, 2012.
7. BIONI, Bruno Ricardo. *Proteção de dados pessoais*. A função e os limites do consentimento. Rio de Janeiro: Forense, 2019, p. 51 *et seq*.
8. MENDES, Laura Schertel. *Privacidade, proteção de dados e defesa do consumidor*. Linhas gerais de um novo direito fundamental. São Paulo: Saraiva, 2014, p. 161 *et seq*; DONEDA, Danilo. O direito fundamental à proteção de dados pessoais. *In*: MARTINS, Guilherme Magalhães; LONGHI, João Victor Rozatti (Coords.) *Direito digital*. Direito privado e internet. 2. ed. Indaiatuba: Foco, 2019, p. 35 *et seq*; Em sua tese doutoral Danilo Doneda registra interessante assertiva, apontando a trajetória pela qual o direito à privacidade sofre metamorfose da qual resulta a proteção de dados pessoais. DONEDA, Danilo. *Da privacidade à proteção dos dados pessoais*. Rio de Janeiro: Renovar, 2006, p. 3.
9. Em especial do direito alemão, a partir de decisão paradigmática do Tribunal Constitucional (*Volkszählungsurteil*), de 15 de dezembro de 1983, que julgou parcialmente inconstitucional a "Lei do Censo" na qual se consagrou o *Grundrecht auf informationelle Selbstbestimmung*, traduzido então como "direito de autodeterminação informativa", como projeção do direito geral de personalidade. (A decisão em questão era relativa a lei aprovada pelo Parlamento em 1982, que determinava as informações que deveriam ser coletadas para efeito da realização de censo populacional, e cuja recusa em fornecê-las submetia aquele que o fizesse a sanções. O Tribunal terminou por reconhecer o direito do indivíduo de poder decidir, ele próprio sobre o fornecimento e utilização de seus dados por terceiros, o que só poderia ser limitado por razões de interesse público, observada a proporcionalidade. Veja-se: SIMITIS, Spiros. *Die informationelle Selbstbestimmung* – Grundbedingung einer verfassungskonformen Informationsordnung. Neue Juristische Wochenschrift, 8. München: C.H. Beck, 1984, p. 398-405.
10. Dentre outros, veja-se: CARVALHO, Ana Paula Gambogi. O consumidor e o direito à autodeterminação informacional: considerações sobre os bancos de dados eletrônicos. *Revista de Direito do Consumidor*, São Paulo: Revista dos Tribunais, v. 46, abr./jun. 2003, p. 77 *et seq*; MENDES, Laura Schertel. A vulnerabilidade do consumidor quanto ao tratamento de dados pessoais. *In*: MARQUES, Claudia Lima; GSELL, Beat (Orgs.) *Novas tendências do direito do consumidor*: rede Alemanha-Brasil de pesquisa em direito do consumidor. São Paulo: Revista dos Tribunais, 2015, p. 203; CACHAPUZ, Maria Cláudia. Os bancos cadastrais positivos e o tratamento à informação sobre (in)adimplemento. *Revista AJURIS*, Porto Alegre, v. 40, n. 131, set. 2013, p. 259. Na jurisprudência, veja-se a síntese deste pensamento na decisão da Min. Nancy Andrighi: "Os direitos à intimidade e à proteção da vida privada, diretamente relacionados à utilização de dados pessoais por bancos de dados de proteção ao crédito, consagram o direito à autodeterminação informativa e encontram guarida constitucional no art. 5º, X, da Carta Magna, que deve ser aplicado nas relações entre particulares por força de sua eficácia horizontal e privilegiado por imposição do princípio da máxima efetividade dos direitos fundamentais." (STJ, EDcl no REsp 1630659/DF, Rel. Min. Nancy Andrighi, 3ª T., j. 27.11.2018, DJe 06.12.2018).

de consentimento do titular. No direito brasileiro, a exemplo de vários sistemas jurídicos estrangeiros, o consentimento para uso dos dados polariza a disciplina da proteção dos dados pessoais.[11]

Neste particular, registre-se que consente que responde afirmativamente a pedido ou proposta. Expressa estar de acordo com algo que se lhe apresenta. Esta noção de consentimento para coleta e uso dos dados é a regra que imediatamente se deduz do reconhecimento da autodeterminação informativa,[12] de modo que se deva admitir o uso dos dados apenas na hipótese de autorização legal ou da concordância do titular dos dados. Neste particular, é relevante a referência do Regulamento Geral de Proteção de Dados europeu, que se refere à "manifestação de vontade livre, específica, informada e inequívoca" (art. 7º).

Na perspectiva econômica, a posse de dados pessoais adquire crescente valor. Observa-se no mercado de consumo a transição entre a economia de produção em massa, mediante oferta de produtos de consumo massificados, que deu origem e sentido à noção de sociedade de consumo, a partir do final da Segunda Grande Guerra (1945), para uma economia da especialização flexível,[13] marcada por diferentes características em relação ao modelo que o precede,[14] deslocando a competição exclusivamente baseada em preços pela especialização do produto, pelo qual os fornecedores buscam a diferenciação de seus produtos e serviços em relação a seus concorrentes, frente aos consumidores.[15]

Isso implica em mudanças decisivas no mercado de consumo e novos riscos.[16] Os fornecedores cada vez mais ocupam-se não apenas de atrair consumidores pela publicidade, mas a sua fidelização, buscando identificá-los com determinado produto ou serviço a partir de sua customização (de modo que não mais se mire os consumidores em geral, mas certo grupo de modo individualizado).[17] Para tanto, é necessário aos fornecedores terem informações precisas sobre os consumidores de modo que possam realizar sua

---

11. SCHWENKE, Matthias Cristoph. *Individualisierung und datenschutz*. Rechtskonformer Umgang mit personenbezogenen Daten im Kontext der Individualisierung. Wiesbaden: Deutscher Universitäts-Verlag, 2006, p. 168 *et seq.*
12. SIMITIS, Spiros (Hrsg.) *Bundesdatenschutzgesetz*, 8. Auf. Baden-Baden: Nomos, 2014, p. 470 *et seq*. No direito brasileiro, Bruno Bioni refere-se ao consentimento como "protagonista" da proteção de dados: BIONI, Bruno. Proteção de dados pessoais..., p. 139. No mesmo sentido, sustentam: TEPEDINO, Gustavo; TEFFÉ, Chiara Spadaccini de. Consentimento e proteção de dados pessoais na LGPD. In: TEPEDINO, Gustavo; FRAZÃO, Ana; OLIVA, Milena Donato (Coords.). *Lei Geral de Proteção de Dados pessoais e sua repercussão no direito brasileiro*. São Paulo: Revista dos Tribunais, 2019, p. 298.
13. A referência, aqui, à noção de especialização flexível, atribui-se a: PIORE, Michael J.; SABEL, Charles F. *The second industrial divide*. Possibilities for prosperity. New York: Basic Books, 1986 (reimpressão do original de 1984).
14. A noção de especialização flexível possui características mais amplas em relação à toda a organização e divisão do trabalho, amplamente estudadas pela teoria da administração e na economia, que repercutirá em transformações no mercado de consumo. De regra, se traduzem a partir de uma estratégia de inovação permanente e de uso flexível da tecnologia, dentre outras características.
15. No direito brasileiro, relaciona esta transformação do mercado a valorização do tratamento de dados pessoais: MENDES, Laura Schertel. *Privacidade, proteção de dados e defesa do consumidor*. Linhas gerais de um novo direito fundamental. São Paulo: Saraiva, 2014, p. 84 *et seq*.
16. SCHMECHEL, Philipp. Verbraucherdatenschutzrecht in der EU-DatenschutzGrundverordnung. *In*: MICKLITZ, Hans-Wolfgang; JOOST, Lucia A. Reisch Gesche; ZANDER-HAYAT, Helga (Hrsg.). *Verbraucherrecht 2.0 – Verbraucher in der digitalen Welt*. Baden-Baden: Nomos, 2017, p. 266.
17. SCHWENKE, Matthias Cristoph. *Individualisierung und datenschutz*. Rechtskonformer Umgang mit personenbezogenen Daten im Kontext der Individualisierung. Wiesbaden: Deutscher Universitäts-Verlag, 2006, p. 49.

segmentação de acordo com características comuns, no que se insere a importância dos dados pessoais.

É conhecido o exemplo de uma grande empresa varejista norte-americana que, mediante uso do Big Data, passou a inferir a probabilidade de gravidez de suas consumidoras, inclusive o estágio em que se encontra, mediante verificação da lista de produtos que é habitualmente adquiriam. Deste modo utilizou-se a informação para direcionar produtos de acordo com sua fase da gravidez. Este exemplo permite identificar o modo como se utilizam os dados pessoais no mercado de consumo, de modo que a partir da correlação entre vários dados faz com que se determine um padrão, de modo a prever sua repetição no futuro, direcionando-se ações de publicidade em favor de um grupo segmentado de consumidores.[18]

Há diferentes informações que interessam aos fornecedores. Tradicionalmente, os bancos de dados organizaram-se sobretudo para permitir a mensuração do risco de crédito no mercado. Ou seja, para avaliação da capacidade de pagamento do consumidor e seu comportamento pretérito em relação a dívidas constituídas. Não por acaso, será sobre esta espécie que recairá a disciplina específica do CDC (LGL\1990\40) (art. 43) e cujos métodos até hoje são continuamente aperfeiçoados (assim o "cadastro positivo de crédito" e os sistemas de pontuação que se examinam em outro item), e normalmente contam com previsão de regras próprias.

Porém, para a formação de perfis e segmentação de consumidores, interessam dados relativos as suas transações comerciais (tais como o histórico de transações, frequência e valores envolvidos), estilo de vida e preferências pessoais, interesses e hábitos, obtidos por questionários diretos (como os que envolvem há décadas, a participação em prêmios e sorteios comerciais), ou análise de comportamento, mediante pesquisas ou coleta de informações específicas, como é o caso do itinerário de navegação na internet, utilização de dispositivos associados à internet das coisas,[19] ou as diferentes manifestações e reações em redes sociais e outros espaços virtuais de interação.

2.1 Princípios da Lei Geral de Proteção de Dados e o direito do consumidor

A edição da Lei Geral de Proteção de Dados incrementa a tutela dos direitos do consumidor prevista no CDC (LGL\1990\40). O regime previsto pela LGPD não exclui aquele definido pelo CDC (LGL\1990\40). A incidência em comum dos arts. 7º do CDC (LGL\1990\40) e 64 da LGPD firmam a conclusão de que os direitos dos titulares dos dados previstos nas respectivas normas devem ser cumulados e compatibilizados pelo intérprete.

Isso repercute tanto na coleta de informações e formação dos bancos de dados, quanto no tratamento destes mesmos dados e seu compartilhamento entre diferentes gestores

---

18. BIONI, Bruno Ricardo. *Proteção de dados pessoais*. A função e os limites do consentimento. Rio de Janeiro: Forense, 2019, p. 41-42.
19. A vulnerabilidade dos dispositivos com aplicações da denominada internet das coisas, sobretudo em relação à segurança dos dados que armazenem ou utilizem, é um dos principais desafios reconhecidos à esta nova tecnologia, conforme refere: FLETCHER, David. Internet of things. In: BLOWERS, Misty (Ed.) *Evolution of cyber technologies and operations to 2035*. Cham: Springer, 2015, p. 19 et seq.

de bancos de dados e fornecedores. Conforme já foi mencionado, o CDC (LGL\1990\40) ao disciplinar os bancos de dados o fez de modo restrito, com atenção aos bancos de dados restritivos de crédito (art. 43). A ausência de normas relativas a outras espécies de bancos de dados no CDC (LGL\1990\40) e, originalmente, no restante da legislação, por um lado expandiu o âmbito de aplicação do art. 43 do CDC (LGL\1990\40), assim como permitiu o exame da questão para além do expressamente previsto em lei.

Por outro lado, a tendência do direito brasileiro, consagrada inicialmente no art. 43 do CDC (LGL\1990\40) e depois pela Lei 12.414/2011 (LGL\2011\1883), foi a de disciplinar especialmente os bancos de dados relativos a informações de crédito, não se ocupando, em um primeiro momento, com outras variantes de coleta e tratamento de dados.

Apenas com a edição da Lei 12.965/2014 (LGL\2014\3339) – o Marco Civil da Internet – é que serão definidas regras gerais sobre proteção de dados, ainda que aplicáveis apenas em relação ao fluxo de informações na internet. A proteção de dados pessoais é fixada como princípio da disciplina do uso da internet (art. 3º, III). Da mesma forma, é previsto o consentimento expresso para "coleta, uso, armazenamento e tratamento de dados pessoais, que deverá ocorrer de forma destacada das demais cláusulas contratuais" (art. 7º, IX) e o direito à "exclusão definitiva dos dados pessoais que tiver fornecido a determinada aplicação de internet, a seu requerimento, ao término da relação entre as partes, ressalvadas as hipóteses de guarda obrigatória de registros previstas nesta Lei" (art. 7º, X). Da mesma forma, assegura a aplicação da lei brasileira a quaisquer situações em que pelo menos um dos atos de coleta, armazenamento, guarda e tratamento de registros, de dados pessoais ou de comunicações por provedores de conexão e de aplicações de internet ocorra em território nacional (art. 11).

Deste modo, o tratamento de dados realizados com a finalidade direta ou indireta de fomentar a atividade econômica do fornecedor no mercado de consumo, submete-se à incidência, em comum, do CDC (LGL\1990\40) e da LGPD. Neste particular, registre-se que a LGPD estabelece uma definição ampla de tratamento de dados, como "toda operação realizada com dados pessoais, como as que se referem a coleta, produção, recepção, classificação, utilização, acesso, reprodução, transmissão, distribuição, processamento, arquivamento, armazenamento, eliminação, avaliação ou controle da informação, modificação, comunicação, transferência, difusão ou extração" (art. 5º, X).

Da mesma forma, quando tais operações se realizem por intermédio da internet, incidirá também o Marco Civil da Internet, devendo ser compatibilizadas as normas das respectivas legislações.

Ao incidir sobra a formação de bancos de dados de consumidores e a consequente utilização das informações neles arquivadas para fomentar a atividade negocial do fornecedor no mercado de consumo, a LGPD deve ser compreendida tanto a partir dos princípios que delineia para a coleta e tratamento de dados em geral, quanto dos direitos do titular dos dados e procedimentos para a regular coleta e tratamento dos dados.

A LGPD, ao definir disciplina específica e detalhada para a coleta e tratamento de dados, abrangente, inclusive daqueles que digam respeito aos consumidores no mercado de consumo, vai definir e articular uma série de princípios que informam esta atividade.

A adequada compreensão destes princípios é relevante para o exame da disciplina de proteção de dados e seu uso permitido segundo os critérios definidos na legislação.

2.1.1 Boa-fé

O art. 6º, caput, da LGPD, define que as atividades de tratamento de dados pessoais deverão observar a boa-fé. Trata-se a boa-fé de princípio que disciplina amplamente relações jurídicas de direito público e privada. Tem por conteúdo essencial, a par das diversas funções que desempenha no sistema jurídico, a eficácia criadora de deveres anexos àqueles que decorrem da lei ou do conteúdo expresso da relação jurídica. É comum que a ela se associem os deveres de cooperação e lealdade, assim como o respeito às legítimas expectativas das partes. No caso do tratamento de dados pessoais, a boa-fé fundamenta a tutela das legítimas expectativas do titular dos dados frente ao controlador (art. 10, II, da LGPD), o que se delineia, sempre a partir das circunstâncias concretas em que se deu o consentimento, a finalidade de uso e tratamento dos dados que foi indicada na ocasião e o modo como foram compreendidas as informações prévias oferecidas. A tutela da confiança do consumidor, neste caso, abrange tanto a crença nas informações prestadas quando de que aquele que tenha acesso aos seus dados, por força do consentimento dado, não se comporte de modo contraditório a elas e respeite a vinculação à finalidade de utilização informada originalmente.

Neste particular, recorde-se que a proteção dos dados pessoais se justifica pela proteção à privacidade do titular dos dados. Privacidade é conceito objetivo, mas também contextual, uma vez que se vincula à expectativa legítima do titular do direito em ter preservada, sob certas condições, informações a seu respeito da exposição pública. Dos termos do consentimento resulta esta expectativa, de modo que não poderá o fornecedor ou o controlador dos dados, dando uso diverso da finalidade que motivou o consentimento do consumidor, tal qual foi compreendida por ele, defender a utilização a partir de critérios outros que não aquele que caracterizou o efetivo entendimento do titular dos dados. São relevantes aqui para a correta compreensão desta expectativa legítima do consumidor, tanto as informações e esclarecimentos prestados na ocasião da obtenção do consentimento, quanto a situação específica de vulnerabilidade do consumidor, decorrente da lei, ou de situação concreta que acentue esta característica (vulnerabilidade agravada).

Esta compreensão quanto à expectativa legítima do consumidor titular dos dados no fornecimento do consentimento, igualmente, revela-se pela definição do dever de informar do fornecedor na fase pré-contratual, conforme define o art. 9º, § 3º, da LGPD, ao dispor que "quando o tratamento de dados pessoais for condição para o fornecimento de produto ou de serviço ou para o exercício de direito, o titular será informado com destaque sobre esse fato e sobre os meios pelos quais poderá exercer os direitos do titular elencados no art. 18 desta Lei." Trata-se de regra de grande importância nas relações de consumo, sobretudo ao regular as denominadas políticas de tudo ou nada, (take-it-or-leave-it-choice),[20] submetendo o consumidor a opção de aceitar integralmente as disposições ou termos de serviço como condição para sua utilização.

---

20. TEPEDINO, Gustavo; TEFFÉ, Chiara Spadaccini de. Consentimento e proteção de dados pessoais na LGPD. *In*: TEPEDINO, Gustavo; FRAZÃO, Ana; OLIVA, Milena Donato (Coords.). *Lei Geral de Proteção de Dados pessoais e sua repercussão no direito brasileiro*. São Paulo: Revista dos Tribunais, 2019, p. 300.

O art. 18, de sua vez, estabelece o direito do titular dos dados de obter do controlador, a qualquer momento e mediante requisição, a adoção das seguintes providências: I – confirmação da existência de tratamento; II – acesso aos dados existentes; III – correção de dados incompletos, inexatos ou desatualizados; IV – anonimização, bloqueio ou eliminação de dados desnecessários, excessivos ou tratados em desconformidade com o disposto na Lei; V – portabilidade dos dados a outro fornecedor de serviço ou produto, mediante requisição expressa e observados os segredos comercial e industrial, de acordo com a regulamentação do órgão controlador; VI – eliminação dos dados pessoais tratados com o consentimento do titular, exceto nas hipóteses previstas na lei; VII – informação das entidades públicas e privadas com as quais o controlador realizou uso compartilhado de dados; VIII – informação sobre a possibilidade de não fornecer consentimento e sobre as consequências da negativa; IX – revogação do consentimento.

A operacionalização da boa-fé no tratamento de dados do consumidor pode servir-se, igualmente, do disposto no art. 30 do CDC (LGL\1990\40) que respeita à eficácia vinculativa da oferta e à preservação da integridade da informação pré-negocial do fornecedor. Refere a norma do CDC (LGL\1990\40) que "toda informação ou publicidade, suficientemente precisa, veiculada por qualquer forma ou meio de comunicação com relação a produtos e serviços oferecidos ou apresentados, obriga o fornecedor que a fizer veicular ou dela se utilizar e integra o contrato que vier a ser celebrado." A rigor, é possível, com fundamento na boa-fé, considerar informações vinculantes aquelas que geram expectativa legítima do consumidor, independentemente de terem sido prestadas antes da contratação ou contradigam o próprio instrumento escrito (como pode ocorrer com o consentimento para uso de dados, no qual informação pré-contratual seja contradita pelos termos de cláusula ou termo de consentimento escrito), assim como a possibilidade da interpretação mais favorável ao consumidor nos termos do art. 47 do CDC (LGL\1990\40).

2.1.2 Finalidade

O princípio da finalidade é central na disciplina da proteção de dados pessoais. A finalidade da utilização dos dados é requisito do consentimento. O titular dos dados pessoais ao consentir o faz para que sejam utilizados para certa e determinada finalidade, que deve ser expressa. No direito europeu, os dados pessoais "recolhidos para finalidades determinadas, explícitas e legítimas e não podendo ser tratados posteriormente de uma forma incompatível com essas finalidades; o tratamento posterior para fins de arquivo de interesse público, ou para fins de investigação científica ou histórica ou para fins estatísticos, não é considerado incompatível com as finalidades iniciais (...)" (art. 5º, I, *b*, do Regulamento Geral de Proteção de Dados da UE).

O art. 6º, I, da LGPD define o conteúdo do princípio da finalidade vinculando-o à "realização do tratamento para propósitos legítimos, específicos, explícitos e informados ao titular, sem possibilidade de tratamento posterior de forma incompatível com essas finalidades". Trata-se de princípio que, conforme assinala a doutrina, tem grande relevância prática, afinal, "com base nele fundamenta-se a restrição da transferência de dados pessoais a terceiros, além do que pode-se, a partir dele, estruturar-se um critério para valorar a razoabilidade da utilização de determinados dados para uma certa finalidade (fora da qual haveria abusividade)".[21] Aquele que pretende obter o consentimento do titular dos dados, obriga-se a declinar expressamente as finalidades para as quais pretende utilizar os dados e, nestes termos, vincula-se aos termos desta sua manifestação pré-negocial. A utilização dos dados, seja para tratamento ou compartilhamento desviada das finalidades expressas quando da obtenção do consentimento, torna-o ineficaz e ilícita a conduta, ensejando responsabilidade, bem como todos os meios de tutela efetiva do direito do titular dos dados. Nasce tanto a pretensão de reparação dos danos causados pela utilização indevida dos dados pessoais do titular, quanto pretensão inibitória, para impedir ou fazer cessar o ilícito, sem prejuízo do exercício da polícia administrativa, que no caso das relações de consumo será exercido tanto pela Autoridade Nacional de Proteção de Dados quanto pelos integrantes do Sistema Nacional de Defesa do Consumidor, sem prejuízo da atuação do outro órgão ou entidade da Administração com competência regulatória ou de supervisão específica sobre o setor econômico a que se vincule o fornecedor.

O art. 7º da LGPD define as finalidades legítimas para o tratamento de dados pessoais.[22] Em relação aos dados pessoais sensíveis, tais finalidades são definidas, de modo mais estrito, no art. 11 da LGPD.[23] Nas relações de consumo, tem relevância o exame, sobretudo, dos incisos I, II, VI, VIII, IX e X do art. 7º da LGPD.

Em relação aos dados sensíveis, ainda, além da atenção estrita às finalidades previstas no art. 11 da LGPD, o §3º do mesmo artigo permite que a quando a comunicação ou o uso compartilhado de dados pessoais sensíveis entre controladores tenham por objetivo obter

---

21. DONEDA, Danilo. *Da privacidade à proteção dos dados pessoais*. Rio de Janeiro: Renovar, 2006, p. 45.
22. "Art. 7º O tratamento de dados pessoais somente poderá ser realizado nas seguintes hipóteses: I – mediante o fornecimento de consentimento pelo titular; II – para o cumprimento de obrigação legal ou regulatória pelo controlador; III – pela administração pública, para o tratamento e uso compartilhado de dados necessários à execução de políticas públicas previstas em leis e regulamentos ou respaldadas em contratos, convênios ou instrumentos congêneres, observadas as disposições do Capítulo IV desta Lei; IV – para a realização de estudos por órgão de pesquisa, garantida, sempre que possível, a anonimização dos dados pessoais; V – quando necessário para a execução de contrato ou de procedimentos preliminares relacionados a contrato do qual seja parte o titular, a pedido do titular dos dados; VI – para o exercício regular de direitos em processo judicial, administrativo ou arbitral, esse último nos termos da Lei nº 9.307, de 23 de setembro de 1996 (Lei de Arbitragem) ; VII – para a proteção da vida ou da incolumidade física do titular ou de terceiro; VIII – para a tutela da saúde, exclusivamente, em procedimento realizado por profissionais de saúde, serviços de saúde ou autoridade sanitária; IX – quando necessário para atender aos interesses legítimos do controlador ou de terceiro, exceto no caso de prevalecerem direitos e liberdades fundamentais do titular que exijam a proteção dos dados pessoais; ou X – para a proteção do crédito, inclusive quanto ao disposto na legislação pertinente."
23. "Art. 11. O tratamento de dados pessoais sensíveis somente poderá ocorrer nas seguintes hipóteses: I – quando o titular ou seu responsável legal consentir, de forma específica e destacada, para finalidades específicas; II – sem fornecimento de consentimento do titular, nas hipóteses em que for indispensável para: a) cumprimento de obrigação legal ou regulatória pelo controlador; b) tratamento compartilhado de dados necessários à execução, pela administração pública, de políticas públicas previstas em leis ou regulamentos; c) realização de estudos por órgão de pesquisa, garantida, sempre que possível, a anonimização dos dados pessoais sensíveis; d) exercício regular de direitos, inclusive em contrato e em processo judicial, administrativo e arbitral, este último nos termos da Lei nº 9.307, de 23 de setembro de 1996 (Lei de Arbitragem); e) proteção da vida ou da incolumidade física do titular ou de terceiro; f) tutela da saúde, exclusivamente, em procedimento realizado por profissionais de saúde, serviços de saúde ou autoridade sanitária; ou g) garantia da prevenção à fraude e à segurança do titular, nos processos de identificação e autenticação de cadastro em sistemas eletrônicos, resguardados os direitos mencionados no art. 9º desta Lei e exceto no caso de prevalecerem direitos e liberdades fundamentais do titular que exijam a proteção dos dados pessoais."

vantagem econômica, este poderá ser objeto de vedação ou regulamentação por parte da Autoridade Nacional de Proteção de Dados, segundo procedimento de que define.[24] Em tais casos sempre estarão em tensão o exercício da livre-iniciativa, da privacidade e da defesa do consumidor, sendo reconhecida por lei a competência regulamentar que dever promover, em qualquer intervenção que venha a proceder, a concordância prática entre estes três direitos fundamentais assegurados pela ordem constitucional.

A primeira hipótese de finalidade legítima permitida para tratamento dos dados pela legislação, é a do consentimento do titular dos dados (art. 7º, I, da LGPD). Porém também se admite o tratamento de dados para "o cumprimento de obrigação legal ou regulatória pelo controlador" (art. 7º, II, da LGPD). Pode o fornecedor ter de utilizar os dados dos seus consumidores inclusive em seu próprio benefício, quando por exemplo, conforme certas informações se lhe ofereçam preços ou tarifas mais vantajosas segundo regras definidas pelo regulador (p.ex. tarifa dos serviços de energia elétrica de consumidores de baixa renda).

Da mesma forma, admite-se o tratamento dos dados pessoais "quando necessário para a execução de contrato ou de procedimentos preliminares relacionados a contrato do qual seja parte o titular, a pedido do titular dos dados" (art. 7º, V). Trata-se de finalidade recorrente na utilização de dados do consumidor nas relações de consumo. Abrange os procedimentos necessários à execução do contrato (fase de execução) e seus procedimentos preliminares à contratação (fase pré-contratual). Há situações em que o fornecedor, para determinar as condições de uma determinada contratação necessita de dados do consumidor, seja para delimitar a prestação ou para formação do preço. É o que ocorre, por exemplo, com o consumidor que indica o endereço residencial para entrega do produto, que é tomado para cálculo do frete ou taxa de entrega; ou daquele que indica determinadas informações pessoais para registro de sua identidade junto a um determinado fornecedor de serviços (*e.g.*, para abertura de uma conta bancária). Porém, há situações em que o conteúdo das informações serve também para formação do preço, ou ainda para a própria decisão de contratação. Um dos exemplos mais evidentes são as informações prestadas pelo consumidor ao segurador para determinação do risco segurado (declaração inicial do risco); ou ainda as informações prestadas ao operador do plano de saúde, para efeito de viabilizar a contratação. São situações que se colocam em evidência, sobretudo, em vista do risco de discriminação do consumidor, uma vez que resultem na negativa da possibilidade de contratar, ou fazendo com que se dê em condições que, na prática, em razão da sua onerosidade, impeçam, de fato, que possa arcar com a contraprestação pecuniária correspondente.

Por vezes, tratando-se de dados relativos à saúde do consumidor, vão se tratar de dados sensíveis, ou seja, aqueles "sobre origem racial ou étnica, convicção religiosa, opinião política, filiação a sindicato ou a organização de caráter religioso, filosófico ou político, dado referente à saúde ou à vida sexual, dado genético ou biométrico, quando vinculado a uma pessoa natural" (art. 5º, II, da LGPD). Neste caso, incide o art. 11 da

---

24. "§ 3º A comunicação ou o uso compartilhado de dados pessoais sensíveis entre controladores com objetivo de obter vantagem econômica poderá ser objeto de vedação ou de regulamentação por parte da autoridade nacional, ouvidos os órgãos setoriais do Poder Público, no âmbito de suas competências."

LGPD, que dispõe em termos mais estritos sobre o tratamento dos dados sensíveis em relação aos demais dados. Alteração recente na redação do § 4º deste art. 11 da LGPD, todavia, mantendo a vedação à possibilidade de comunicação do uso compartilhado relativo a dados pessoais sensíveis referentes à saúde, com objetivo de obter vantagem econômica, acrescentou a exceção originalmente prevista, que previa a possibilidade de compartilhamento em razão da "portabilidade de dados quando consentido pelo titular" (inciso I), também uma segunda hipótese, quando havia "necessidade de comunicação para a adequada prestação de serviços de saúde suplementar"(inciso II).[25] Neste caso, note-se que o compartilhamento de dados também se admite vinculado a estrita atenção à finalidade de viabilizar a adequada prestação de serviços de saúde suplementar, o que pode se dar tanto na fase pré-contratual, quanto na fase contratual, porém não podem servir para impedir a contratação dos respectivos serviços de saúde suplementar, tampouco limitar sua utilização ou frustrar sua finalidade de assegurar os meios necessários à manutenção ou reestabelecimento das condições de saúde do consumidor.

Outra finalidade admitida ao uso de dados pessoais que repercute nas relações de consumo é a que sirva para "o exercício regular de direitos em processo judicial, administrativo ou arbitral" (art. 7º, VI). Neste caso, os dados de que disponha o fornecedor sobre o consumidor podem ser utilizados para exercício de pretensão de que seja titular, por intermédio de processo judicial, administrativo ou arbitral, ou nas mesmas condições, defesa de pretensão deduzida contra si, por consumidor ou terceiros. Trata-se de finalidade admitida em relação à utilização de dados pessoais, inclusive dos dados pessoais sensíveis (art. 11, II, "d", da LGPD). Assim, por exemplo, dentre várias outras situações, tanto poderá o fornecedor utilizar o endereço informado pelo consumidor para endereçar-lhe a citação do processo, quanto verificar sua condição de crédito em bancos de dados específicos trazendo tais informações ao processo judicial, se pertinentes; ou ainda quando requerido a informar a relação de contratantes que atendem as condições objeto de certo litígio.

Os dados pessoais podem ser objeto de tratamento, ainda, no âmbito das relações de consumo, "para a tutela da saúde, em procedimento realizado por profissionais da área da saúde ou por entidades sanitárias" (art. 7º, VIII, da LGPD). A finalidade de tutela a saúde do consumidor individual, ou ainda da coletividade de consumidores justifica o tratamento de dados. Note-se que este tratamento de dados sempre se dá no interesse pressuposto da preservação e promoção da saúde do consumidor ou da coletividade, como ocorre quando há interação entre mais de um profissional da mesma ou de diferentes especialidades no tratamento de saúde do consumidor, os quais, necessariamente, precisam compartilhar informações sobre seu estado de saúde. Da mesma forma, por exemplo, se fazem necessárias, cotidianamente, informações sobre o histórico de saúde

---

25. Não se perca de vista a profunda transformação que o tratamento de dados, ao lado de outras tecnologias da informação vem trazendo à área médica, na redução de custos e maior precisão, agilidade e eficiência na prevenção, diagnóstico precoce e tratamento de enfermidades, resultando no estágio atual em que o desafio dos diversos prestadores de serviço orientam-se a busca de maior poder de integração e acesso a dados pessoais de saúde, a partir de uma "superconvergência tecnológica". A respeito, veja-se: HAHN, Horst; SCHREIBER, Andreas. E-Health. Potenziale der Digitalen Transformation in der Medizin. *In:* NEUGEBAUER, Reimund (Hrsg.) *Digitalisierung Schlüsseltechnologien für Wirtschaft und Gesellschaft*. Heidelberg: Springer Vieweg, 2018, p. 321-345.

e eventuais intercorrências, para adequado tratamento da saúde do consumidor (p.ex. o resultado de exames laboratoriais que sejam informados ao profissional que os requereu ao respectivo paciente), ou para prevenir riscos (p.ex. a informação sobre certa doença contagiosa relativa a determinado paciente e que deva ser informado às autoridades sanitárias).

Admite-se o tratamento de dados ainda, "quando necessário para atender aos interesses legítimos do controlador ou de terceiro, exceto no caso de prevalecerem direitos e liberdades fundamentais do titular que exijam a proteção dos dados pessoais" (art. 7º, IX, da LGPD). O Regulamento Geral de Proteção de Dados europeu dá o exemplo em que se aplica a figura nas situações em que o titular dos dados é cliente do responsável pelo tratamento. Assim se consideram os dados pessoais do consumidor utilizados para efeito de organização interna do próprio fornecedor ou na sua relação com parceiros negociais, assim como, com relação ao uso de dados sensíveis com a finalidade de garantir a "prevenção à fraude e à segurança do titular, nos processos de identificação e autenticação de cadastro em sistemas eletrônicos" (art. 11, II, "g", da LGPD), hipótese em que igualmente são resguardados os direitos do titular e serão restritos nos casos em que prevaleçam "direitos e liberdades fundamentais do titular que exijam a proteção dos dados pessoais". Neste particular, por exemplo, cada vez mais vem sendo desenvolvido para identificação pessoal do consumidor em variada sorte de serviços, o reconhecimento facial, da impressão digital, da íris, ou de outras características personalíssimas, que exigem uma estrita vinculação do uso da tecnologia e dos dados que dispõe para esta finalidade específica. O mesmo se diga em relação a meios tradicionais de identificação, como o número de registro, identidade, do cartão de crédito ou outros que permitam a identificação do consumidor. Nestes casos, a estrita vinculação à finalidade específica permitida por lei, quando não haja consentimento do consumidor (que é a primeira hipótese admitida para uso dos dados, art. 7º, I, da LGPD), é condição essencial para a preservação de sua privacidade e segurança, em especial para evitar a utilização indevida dos dados para outros fins não autorizados pelo próprio titular, e tampouco pela legislação.

A preocupação com a definição precisa do que caracteriza o legítimo interesse do controlador dos dados remonta à discussão estabelecida tanto no âmbito europeu – no contexto do Regulamento Geral de Proteção de Dados em vigor e da Diretiva 46/95/CE, que veio a revogar – quanto nas discussões que antecederam a aprovação da LGPD no Brasil.[26] Nestes termos é que o art. 10 da LGPD vai procurar definir o que se dava considerar "legítimo interesse do controlador" como fundamento do tratamento de dados pessoais com finalidades legítimas, nos seguintes termos: "Art. 10. O legítimo interesse do controlador somente poderá fundamentar tratamento de dados pessoais para finalidades legítimas, consideradas a partir de situações concretas, que incluem, mas não se limitam a: I – apoio e promoção de atividades do controlador; e II – proteção, em relação ao titular, do exercício regular de seus direitos ou prestação de serviços que o beneficiem, respeitadas as legítimas expectativas dele e os direitos e liberdades fundamentais, nos termos desta Lei."

---

26. BIONI, Bruno Ricardo. *Proteção de dados pessoais*. A função e os limites do consentimento. Rio de Janeiro: Forense, 2019, p. 255 *et seq.*

Alguns aspectos resultam da interpretação do art. 10 da LGPD: primeiro, que o interesse legítimo do controlador no tratamento de dados não se admite em vista de critérios genéricos, senão em acordo com o exame de situações concretas; segundo, que abrange somente os dados pessoais estritamente necessários para a finalidade pretendida (art. 10, §1º); terceiro, que devem ser respeitadas, em qualquer caso, as legítimas expectativas do titular dos dados (art. 10, II), o que se deve considerar em vista tanto da informação prestada no caso de ter havido consentimento, ou ainda a proteção de sua privacidade, considerada nos termos em que acredita, de modo legítimo, resguardar certas informações sobre si do conhecimento de terceiros. Além destas situações, devem ser mencionadas as exigências de transparência do uso dos dados sob a justificativa do legítimo interesse do controlador (art. 10, § 2º), de modo a permitir, inclusive, que o titular dos dados se oponha a esta utilização, sem prejuízo da mitigação dos riscos que deve perseguir.

De grande relevância para as relações de consumo, ainda, será o tratamento dos dados pessoais com a finalidade de proteção do crédito (art. 7º, X, da LGPD). Trata-se de hipótese de tratamento de dados com maior tradição no mercado de consumo, sobre a qual dispõe legislação específica, como é o caso do art. 43 do CDC (LGL\1990\40) e, mais adiante, a Lei 12.414/2011 (LGL\2011\1883). Os dados pessoais do consumidor relativo a seu comportamento de crédito compreendem informações diversas relativas ao nível de comprometimento atual da sua renda com dívidas, eventuais situações de inadimplemento e sua duração, o histórico de pagamento, dentre outras informações relevantes. Todas estas informações são relevantes para a análise do risco de crédito e, neste contexto, da própria capacidade de endividamento do consumidor. Por sua relevância, tais informações podem implicar no impedimento de contratação pelo consumidor, ou ainda, sua submissão a certas condições, razão pela qual o tratamento das informações de crédito deve observar critérios objetivos na análise dos dados, de modo a evitar restrições excessivas ou discriminatórias.

2.1.3 Adequação

O atendimento ao princípio da adequação no tratamento de dados pessoais é definido pela "compatibilidade do tratamento com as finalidades informadas ao titular, de acordo com o contexto do tratamento" (art. 6º, II, da LGPD). Neste sentido, visa preservar a vinculação necessária entre a finalidade de utilização dos dados informada ao titular e seu efetivo atendimento na realização concreta do tratamento de dados. Neste sentido, a adequação vincula-se diretamente ao consentimento dado pelo titular para o tratamento dos dados ou as demais finalidades legais admitidas que deverão ser informadas, e a situação de confiança que se cria do estrito atendimento dos termos da informação prévia ao consentimento ou do uso informado.

No caso do consentimento dado ao tratamento de dados pessoais sensíveis, anote-se que esta vinculação à finalidade é ainda mais estrita, inclusive pelos requisitos que lhe são determinados, nos termos do art. 11, I, da LGPD, a exigir, em tais situações, que ele deva ser dado "de forma específica e destacada, para finalidades específicas".

2.1.4 Necessidade

O princípio da necessidade, segundo a definição legal, compreende a "limitação do tratamento ao mínimo necessário para a realização de suas finalidades, com abrangência dos dados pertinentes, proporcionais e não excessivos em relação às finalidades do tratamento de dados" (art. 6º, III, da LGPD). Uma vez que o tratamento dos dados pessoais se vincula diretamente a um direito fundamental que assegura sua proteção, assim como supõe o consentimento do titular e hipóteses de atendimento a finalidade legítima, resulta daí a limitação de seu uso ao mínimo necessário para que atenda a tais fins. Associa-se, neste caso, a noção amplamente desenvolvida pelo direito de proporcionalidade, como adequação entre meios e fins. Neste particular, o tratamento dos dados deve estender-se ao mínimo necessário para atendimento das finalidades propostas. Daí referir, a definição legal, a dados pertinentes, proporcionais e não excessivos.

Dada a crescente capacidade de processamento de volumes cada vez mais expressivos de dados, um desafio regulatório importante em relação à proteção de dados é o equilíbrio entre a pretensão de maior precisão na análise dos dados e a limitação do seu uso em face do princípio da necessidade. Em especial frente às várias possibilidades de correlações que podem ser realizadas em termos estatísticos entre dados que aparentemente não tenham uma vinculação direta entre si. A precisão do que se deva considerar o mínimo necessário para a realização das finalidades do tratamento de dados tensiona com o volume ou qualidade dos dados necessários para a melhor consecução destas finalidades.

2.1.5 Livre acesso

O princípio do livre acesso compreende a "garantia, aos titulares, de consulta facilitada e gratuita sobre a forma e a duração do tratamento, bem como sobre a integralidade de seus dados pessoais" (art. 6º, IV, da LGPD). A participação dos titulares dos dados no seu tratamento se expressa, especialmente pela exigência de consentimento e na possibilidade efetiva de que tenham conhecimento sobre a forma e extensão em que se desenvolvem. Abrange a possibilidade de obter cópia dos registros existentes, de modo, tendo a pretensão, inclusive, de corrigir informações incorretas ou imprecisas, ou conforme seu interesse, mesmo, acrescentar dados verdadeiros que possam favorecer seu interesse.

O art. 9º da LGPD concretiza o princípio assegurando o direito do titular dos dados "ao acesso facilitado às informações sobre o tratamento de seus dados, que deverão ser disponibilizadas de forma clara, adequada e ostensiva acerca de, entre outras características previstas em regulamentação para o atendimento do princípio do livre acesso: I – finalidade específica do tratamento; II – forma e duração do tratamento, observados os segredos comercial e industrial; III – identificação do controlador; IV – informações de contato do controlador; V – informações acerca do uso compartilhado de dados pelo controlador e a finalidade; VI – responsabilidades dos agentes que realizarão o tratamento; e VII – direitos do titular, com menção explícita aos direitos contidos no art. 18 desta Lei." O mesmo direito de acesso é consagrado no rol dos direitos do titular dos dados, enunciado no art. 18, II, da LGPD. Há, neste ponto, clara inspiração na regra do art. 15 do Regulamento Geral de Proteção de Dados europeu (Regulamento 2016/679), que dispõe, que enuncia, com pequenas variações, os direitos subjetivos previstos na LGPD brasileira.

A violação do direito de acesso aos dados, que se pode caracterizar pela simples recusa, mas, sobretudo na dinâmica atual do mercado de consumo, pela imposição de obstáculos ao acesso, exigindo que o consumidor reporte-se a diferentes pessoas ou setores distintos para acesso a estas informações, retardando-o injustificadamente[27] e deixando de facilitar o exercício do direito, configura infração aos direitos do consumidor passível de sanção, em comum, pela LGPD e pelo CDC (LGL\1990\40), sem prejuízo de eventual responsabilização por danos.

2.1.6 Qualidade dos dados

É assegurado pela LGPD a "garantia, aos titulares, de exatidão, clareza, relevância e atualização dos dados, de acordo com a necessidade e para o cumprimento da finalidade de seu tratamento" (art. 6º, V). A rigor, é inerente a formação de banco de dados e toda e qualquer atividade de tratamento de dados pessoais que possam repercutir de qualquer modo sobre os direitos do titular das informações arquivadas a exatidão dos dados. Esta noção de exatidão abrange sua atualidade e clareza, como pretendeu bem explicitar a definição legal de qualidade dos dados, o que é especialmente importante se for considerado o caráter permanente e contínuo do tratamento de dados, seu compartilhamento e consulta pelos interessados, o que leva a que na medida em que as informações se modifiquem, pelo que é natural e ordinário no cotidiano da vida, seja identificado um ônus do controlador dos dados de mantê-los atualizados.

Há quase duas décadas Simsel Garfinkel já registrava os embaraços causados pelas estratégias de marketing baseadas em dados desatualizados, como os que desconsideravam a morte de um determinado consumidor e permanecia a expor massivamente seus familiares com publicidade direcionada à pessoa falecida.[28] Isso pode se reproduzir hoje, em situações distintas, nas redes sociais, no envio de correspondências ou outros meios de mensagens publicitárias a pessoas cuja situação pessoal tenha se alterado, ou mesmo se utilizando de critérios para direcionamento de mensagens, precificação ou análise de riscos que já não correspondem a uma situação real, mas pertença ao passado. Nestes termos, informação desatualizada é inexata, portanto, incorreta, e viola o direito do titular dos dados na exata medida em que o vincula a uma circunstância, característica ou fato que não lhe corresponde.

Refere a lei, também, a relevância dos dados. Talvez esta seja, em termos práticos, o critério de mais difícil precisão quanto à qualidade dos dados. A noção de relevância se define em acordo com a finalidade do tratamento dos dados. Neste sentido, com exceção de situações extremas, nas quais seja praticamente impossível sustentar alguma

---

27. Neste particular, com maior gravidade quando se trate do que a doutrina vem denominando de menosprezo planejado do tempo do consumidor, conforme: BERGSTEIN, Lais. *O tempo do consumidor e o menosprezo planejado*. São Paulo: Revista dos Tribunais, 2019, p. 104 *et seq.*
28. GARFINKEL, Simson. *Database nation*. The death of privacy in 21th century. Sebastopol: O'Reilly Media, 2000, p. 156-157.

associação entre informações notoriamente irrelevantes para a finalidade determinada ao tratamento de dados, a correlação de dados em termos estatísticos não se subordina, necessariamente a uma exigência de causalidade, bastando uma demonstração estatística. Nestes termos, não é necessário que o controlador demonstre o modo específico como um determinado dado pessoal repercute em termos causais para um determinado resultado, senão que demonstre uma determinada correlação. Neste particular, registre-se que correlação é a medida da relação entre duas variáveis, que pode ser demonstrada em termos estatísticos e não implica necessariamente em uma relação de causa e efeito (p.ex. a frequência de aquisição de determinados produtos pelos consumidores se dá em determinado horário ou em determinado dia da semana), como ocorre no juízo de causalidade, no qual a relação entre duas variáveis pressupõe que uma é consequência da outra. O estágio atual do tratamento de dados aperfeiçoa a utilização de correlações, por intermédio, sobretudo, do desenvolvimento de algoritmos que permitem a obtenção de resultados precisos não apoiados necessariamente por relações de causalidade. Daí a determinação da relevância dos dados, embora também se configure como um ônus do controlador dos dados, deve ser compreendida a partir destas premissas de tratamento das respectivas informações.

Ao princípio de qualidade dos dados corresponde um direito do titular dos dados de correção dos dados incompletos, inexatos ou desatualizados (art. 18, III, da LGPD), assim como de anonimização, bloqueio e eliminação dos dados considerados desnecessários, excessivos ou tratados em desacordo com a lei (art. 18, IV, da LGPD). Anonimização significa tornar anônimo, ou simplesmente, desidentificar, tornar impossível a associação direta ou indireta entre os dados objeto de tratamento e a pessoa do seu titular. É definida no art. 5º, XI, da LGPD; bloqueio de dados, nos termos da lei (art. 5º, XIII) se caracteriza pela suspensão temporária de qualquer operação de tratamento do dado; eliminação compreende a exclusão de dado ou de conjunto de dados armazenados em banco de dados (art. 5º, XIV). Todas são hipóteses em que se visa preservar o titular dos dados, impedindo que informações em desacordo com a lei possam ser associados a ele, de modo a violar direitos fundamentais (sobretudo no caso de informações desnecessárias ou excessivas)[29], ou ainda seus legítimos interesses, inclusive, para prevenir riscos de dano (em especial no caso de dados incompletos, inexatos ou desatualizados).

2.1.7 Transparência

O princípio da transparência expressa a "garantia, aos titulares, de informações claras, precisas e facilmente acessíveis sobre a realização do tratamento e os respectivos agentes de tratamento, observados os segredos comercial e industrial" (art. 6º, VI, da LGPD). A transparência sobre o procedimento de tratamento de dados e os sujeitos envolvidos na atividade é uma marca da legislação sobre proteção de dados em diversos sistemas jurídicos. O Regulamento Geral sobre Proteção de Dados europeu define que

---

29. Embora em outro contexto, foi o caráter excessivo e a perda da relevância das informações com o decurso do tempo que levou o STJ, em 2018, a reconhecer o direito à desindexação em sites de busca do nome do autor e de notícias desabonadoras a seu respeito: STJ, REsp 1660168/RJ, Rel. Min. Nancy Andrighi, Rel. p/ Acórdão Min. Marco Aurélio Bellizze, 3ª Turma, j. 08.05.2018, DJe 05.06.2018.

"deverá ser transparente para as pessoas singulares que os dados pessoais que lhes dizem respeito são recolhidos, utilizados, consultados ou sujeitos a qualquer outro tipo de tratamento e a medida em que os dados pessoais são ou virão a ser tratados." Prossegue afirmando que "o princípio da transparência exige que as informações ou comunicações relacionadas com o tratamento desses dados pessoais sejam de fácil acesso e compreensão, e formuladas numa linguagem clara e simples. Esse princípio diz respeito, em particular, às informações fornecidas aos titulares dos dados sobre a identidade do responsável pelo tratamento dos mesmos e os fins a que o tratamento se destina, bem como às informações que se destinam a assegurar que seja efetuado com equidade e transparência para com as pessoas singulares em causa, bem como a salvaguardar o seu direito a obter a confirmação e a comunicação dos dados pessoais que lhes dizem respeito que estão a ser tratados." (n. 39 do Regulamento 2016/679).

Há, neste particular uma preocupação com o respeito à legítima expectativa do titular dos dados, mas, sobretudo, a determinação do controle do tratamento pelo titular dos dados em relação ao atendimento do compromisso assumido pelo controlador quando da obtenção dos dados.

Tem especial relevância a transparência para controle da temporalidade de tratamento dos dados, e os critérios e procedimentos que devem ser observados quando do seu término. O art. 15 da LGPD refere que o término do tratamento dos dados pessoais ocorrerá nas hipóteses de verificação de que a finalidade foi alcançada ou de que os dados deixaram de ser necessários ou pertinentes para esta finalidade específica pretendida, o fim do período de tratamento previsto, a comunicação da revogação do consentimento ou a determinação da autoridade nacional, no caso de violação da lei.

O término do tratamento implica, como regra, na obrigação de eliminação dos dados pessoais arquivados. A eliminação deixará de ocorrer apenas em vista das hipóteses previstas no art. 16 da LGPD, a saber: "I – cumprimento de obrigação legal ou regulatória pelo controlador; II – estudo por órgão de pesquisa, garantida, sempre que possível, a anonimização dos dados pessoais; III – transferência a terceiro, desde que respeitados os requisitos de tratamento de dados dispostos nesta Lei; ou IV – uso exclusivo do controlador, vedado seu acesso por terceiro, e desde que anonimizados os dados."

2.1.8 Segurança

Um dos principais objetivos da legislação de proteção de dados é assegurar um arcabouço normativo que assegure o tratamento dos dados pessoais de modo compatível aos direitos dos titulares dos dados, evitando seu tratamento sem observância das exigências legais, assim como a prevenção de riscos inerentes à atividade. Neste cenário, o princípio da segurança é definido pela "utilização de medidas técnicas e administrativas aptas a proteger os dados pessoais de acessos não autorizados e de situações acidentais ou ilícitas de destruição, perda, alteração, comunicação ou difusão" (art. 6º, VII, da LGPD).

Este princípio associa-se, no tocante às relações de consumo, ao dever geral de qualidade da prestação de serviço do fornecedor, que abrange também o adequado tratamento dos dados pessoais do consumidor, desdobrando-se no dever de segurança em relação a sua pessoa e patrimônio. A violação do dever de segurança, neste particular, implica na responsabilidade objetiva do fornecedor pelos danos causados, o que será a hipótese em que os dados venham a ser acessados por pessoas ou de modo não autorizado, ou ainda situações acidentais ou ilícitas de destruição, perda, alteração, comunicação ou difusão. Tais hipóteses de acesso não autorizado, acidentes ou atos ilícitos a par do regime de responsabilização previsto na própria LGPD caracterizam espécie de risco inerente à atividade de tratamento de dados, ou seja, fortuito interno, situação que não é apta a afastar a responsabilidade dos respectivos controladores de dados.

2.1.9 Prevenção

Reconhecida a possibilidade de o tratamento de dados gerar riscos aos direitos dos titulares dos dados, informa a atividade também o princípio da prevenção. Compreende a "adoção de medidas para prevenir a ocorrência de danos em virtude do tratamento de dados pessoais" (art. 6º, VIII, da LGPD). É comum às atividades associadas à tecnologia da informação e sua multifacetada e crescente utilização para uma série de finalidades, a identificação de novos riscos. Estes novos riscos tanto se apresentam em razão de situações novas criadas pela tecnologia – ou seja, que pressupõe sua existência – quanto a potencialização de riscos de dano já existentes, mas que o incremento tecnológico aumenta a possibilidade de ocorrência ou sua extensão. Fraude bancária, por exemplo, já existia antes de qualquer desenvolvimento significativo relativo ao processamento de dados pessoais; potencializa-se, contudo, as possibilidades (e, portanto, riscos) de fraude frente as situações de vazamento ou uso indevido de dados dos consumidores destes serviços.

O princípio da prevenção é comum às legislações de proteção de dados pessoais e de defesa do consumidor (art. 6º, VI, do CDC (LGL\1990\40)). O modo como se opera a prevenção de riscos de dano tanto abrangem providências materiais a serem exigidas, com o incremento técnico da atividade, quanto a possibilidade de delimitar, nos termos da lei, o tratamento de dados pessoais sensíveis, assim considerados também em razão da maior gravidade dos danos que podem decorrer de sua utilização indevida.

No caso da proteção de dados pessoais, a prevenção vincula a atividade de tratamento dos dados desde a concepção dos sistemas para coleta das informações, pautado pelo conceito de Privacy by Design, atribuído a informe de projeto comum da Autoridade de Proteção de Dados holandesa e do Comissariado de Informação de Ontário, liderado por Ann Cavoukian, que sustenta uma atuação proativa de todos os envolvidos na atividade, resultante da associação de três critérios: a) sistemas de tecnologia informação (IT systems); b) práticas negociais responsáveis (accountable business practices); e c) design físico e estrutura de rede (physical and networked infrastructure), visando predominantemente a preservação da privacidade dos usuários.[30] Em outros termos, os fornecedores devem promover a privacidade do consumidor em todas as etapas de de-

---

30. Veja-se: HUSTINX, Peter. Privacy by design: delivering the promises. *Identity in the information society*, n. 3, 2010, p. 253 *et seq*. No direito brasileiro, veja-se: VAINZOF, Rony. Comentários ao art. 6º. *In*: MALDONADO, Viviane Nóbrega; BLUM, Renato Ópice (Coords.). *LGPD*: Lei geral de proteção de dados comentada. São Paulo: Revista dos Tribunais, 2019, p. 158-159; JIMENE, Camilla do Vale. Reflexões sobre privacy by design e privacy by default: da idealização à positivação. *In*: MALDONADO, Viviane Nóbrega; BLUM, Renato Ópice (Coords.) *Comentários ao GDPR*: Regulamento Geral de Proteção de Dados da União Europeia. São Paulo: Revista dos Tribunais, 2019, p. 169 *et seq*.

senvolvimento de seus produtos e serviços, envolvendo a segurança dos dados, limites razoáveis de coleta de boas práticas para conservação, descarte e precisão dos dados. Da mesma forma, devem conservar procedimentos abrangentes de gerenciamento de dados durante todo ciclo de vida de seus produtos e serviços.[31]

2.1.10 Não discriminação

O princípio da não discriminação tem importância destacada na proteção dos dados pessoais. Compreende, segundo definição legal, a "impossibilidade de realização do tratamento para fins discriminatórios ilícitos ou abusivos" (art. 6º, IX, da LGPD). Afinal, a grande vantagem do processamento dos dados pessoais para maior precisão da segmentação e personalização dos consumidores no mercado de consumo não pode servir para prejudicar, restringir ou excluir qualquer consumidor da possibilidade de acesso ao consumo.

Coíbe-se segundo a LGPD, que o tratamento seja realizado para fins discriminatórios ou abusivos. A própria disciplina do tratamento dos dados sensíveis (art. 11 da LGPD) em separado dos demais dados pessoais justifica-se pelo risco maior que dele resulte discriminação. Contudo, interpretação constitucionalmente adequada da norma deve compreender a proibição não apenas da finalidade discriminatória ou abusiva, mas também quando o resultado do tratamento de dados possa dar causa à discriminação. A proibição da discriminação injusta não se limita apenas ao comportamento que se dirige a discriminar, senão também em qualquer situação na qual ela é resultado de uma determinada conduta.

A proibição da discriminação injusta tem protagonismo no tratamento de dados pessoais. Afinal, a utilidade essencial do tratamento de dados é justamente segmentar, personalizar, especializar dados pessoais; portanto discriminar, assim entendida a noção como separação, diferenciação. É preciso atentar aos exatos termos da proibição presente na lei, que compreende a proibição à discriminação ilícita ou abusiva. Ilícita será a discriminação baseada em critérios que a lei proíbe a utilização para fins de diferenciação. Neste caso, é a Constituição da República quem proíbe preconceitos de origem, raça, sexo, cor, idade e quaisquer outras formas de discriminação (art. 3º, IV). Da mesma forma, estabelece que "ninguém será privado de direitos por motivo de crença religiosa ou de convicção filosófica ou política" (art. 5º, VIII). Além destes critérios, pode haver discriminação ilícita ou abusiva em razão de critérios que não estejam em acordo com a finalidade para a qual se realize determinada diferenciação. Assim, por exemplo, a recusa de fornecimento de produto ou serviço a quaisquer pessoas em razão de sua orientação sexual.[32] No tocante ao tratamento de dados pessoais, a própria definição legal de dado sensível compreende uma série de critérios cuja utilização, para fins de discriminação, deve ser considerada proibida (o art. 5º, II, da LGPD, relaciona os dados relativos a "origem racial ou étnica, convicção religiosa, opinião política, filiação a sindicato ou a

---

31. Neste sentido, as recomendações da Federal Trade Comission para elaboração de políticas públicas de proteção da privacidade do consumidor: FTC, Protecting consumer privacy in an Era of Rapid Change. Recomendations for businesses and policymakers. *FTC Report*, march/2010, p. vii.
32. TJRS, ApCiv 70049609944, 9ª Câmara Cível, Rel. Leonel Pires Ohlweiler, j. 24.10.2012.

organização de caráter religioso, filosófico ou político, dado referente à saúde ou à vida sexual, dado genético ou biométrico, quando vinculado a uma pessoa natural").

O exercício da liberdade individual é delimitado pela proibição à discriminação injusta. O que não significa a impossibilidade absoluta de serem feitas diferenciações ou separações, de acordo com critérios idôneos e legítimos à luz da Constituição da República e da legislação. No tocante ao tratamento de dados, a diferenciação e segmentação constitui, inclusive, uma das utilidades mais perceptíveis. Neste sentido, não basta que o critério de diferenciação seja aferido objetivamente ou que não restrinja o acesso de qualquer dos titulares de dados a quaisquer bens ou serviços em questão. Recorde-se, aqui, da doutrina norte-americana, por longo tempo admitida pela Suprema Corte daquele país, do "separate but equal", que justificava a discriminação racial pelo fato de assegurar, em tese, o acesso aos mesmos serviços a pessoas brancas e negras, porém de modo que cada grupo os utilize separadamente.[33]

No âmbito do mercado de consumo, a proibição à discriminação injusta tem efeito na rejeição de diferenciação entre consumidores em razão de critérios inidôneos ou ilegítimos que tenham por resultado a recusa do fornecimento de produto ou serviço ou a imposição de condições diferenciadas, em violação ao princípio da igualdade. Em relação ao tratamento de dados pessoais, é exemplo a diferenciação em banco de dados por raça dos consumidores (racial profiling), de modo a oferecer vantagens para contratação a um determinado grupo.[34] A rigor, o problema da discriminação se estabelece, sobretudo, nas situações em que a distinção por critérios proibidos se dá para impor diferenciação desvantajosa para um determinado grupo, que tanto pode ser uma condição mais onerosa do que a dos demais que não pertencem àquele grupo, quanto restrições de acesso ou de realização de determinados interesses legítimos, infirmando uma desigualdade de tratamento. Caracteriza tratamento discriminatório, igualmente, não apenas aquele baseado em características pessoais, mas também em relação a fatos cuja adoção como critério de diferenciação se afigure inidôneo ou ilegítimo, como é o caso em que o titular dos dados possa ser prejudicado de algum modo em razão de informação que indique o exercício regular de seu direito. Estabelece o art. 21 da LGPD: "Os dados pessoais referentes ao exercício regular de direitos pelo titular não podem ser utilizados em seu prejuízo."

Em algumas situações não basta o exame em relação ao critério utilizado para diferenciação ou, isoladamente, a finalidade da diferenciação realizada mediante o tratamento de dados. A idoneidade e legitimidade do critério deve ser justificável a partir de uma determinada contextualização. Assim, por exemplo, a utilização do dado relativo ao endereço residencial do consumidor como critério de formação do preço pelo fornecedor. Se o caso envolver o valor do prêmio a ser pago por um determinado segurado em

---

33. A doutrina do "separate but equal" foi afirmada pela Suprema Corte norte-americana a partir do caso *Plessy vs. Ferguson* (1896), sendo sustentada até a reversão do entendimento pelo festejado precedente *Brown vs Board of Education* (1954). Por outro lado, identifica-se o denominado "dilema da diferença", pelo qual se questiona como a proibição de diferenciação de um lado pode inibir a proteção dos grupos diferentes, inclusive para efeito de inclusão e acesso aos bens e serviços que em razão da discriminação lhe foram historicamente restringidos. Sobre o debate, no direito norte-americano, veja-se: MINOW, Martha. *Making all the difference*. Inclusion, exclusion and American Law. Ithaca: Cornell University Press, 1990, p. 19 *et seq.*
34. MENDES, Laura Schertel. *Privacidade, proteção de dados e defesa do consumidor*. Linhas gerais de um novo direito fundamental. São Paulo: Saraiva, 2014, p. 213.

um contrato de seguro de automóvel, o risco que se identifique em razão das estatísticas de furto ou roubo de veículos na região em que se localiza o endereço, a princípio pode configurar critério idôneo para uma majoração do valor a ser pago por este, em relação a segurados que residam em lugares com menor ocorrência destes crimes. Se o mesmo dado, todavia, for utilizado, sem quaisquer outros elementos, para a cobrança de juros mais altos em empréstimos bancários, ou ainda para negar a contratação, a idoneidade e legitimidade do critério será questionável, e o tratamento do dado em questão, considerado discriminatório.

Dentre os instrumentos previstos na LGPD para impedir o tratamento de dados discriminatório está a previsão do direito do titular dos dados de revisão das decisões "tomadas unicamente com base em tratamento automatizado de dados pessoais que afetem seus interesses, incluídas as decisões destinadas a definir o seu perfil pessoal, profissional, de consumo e de crédito ou os aspectos de sua personalidade" (art. 20). Da mesma forma, tome-se em conta que o tratamento de dados ao operar com correlações entre diferentes dados, pode dificultar a identificação do critério que determine situação discriminatória do consumidor. Razão pela qual a lei prevê, ao lado do dever do controlador de fornecer, quando solicitadas, as informações sobre critérios e procedimentos utilizados para a decisão automatizada a possibilidade de, no caso de recusa, ser realizada auditoria para verificação dos aspectos discriminatórios no tratamento dos dados (art. 20, §§ 1º e 2º).

Da mesma forma, a possibilidade de anonimização dos dados, ou seja, a adoção de meio técnico pelo qual um dado perde a possibilidade de associação, direta ou indireta, a um determinado indivíduo, impedindo eventual discriminação. A anonimização, todavia, é técnica que pode não ser utilizada com maior frequência em relação aos dados de consumidores, quando a finalidade seja, justamente, a segmentação de mercado.

2.1.11 *Responsabilização e prestação de contas*

O princípio da responsabilização e prestação de contas compreende a exigência de "demonstração, pelo agente, da adoção de medidas eficazes e capazes de comprovar a observância e o cumprimento das normas de proteção de dados pessoais e, inclusive, da eficácia dessas medidas" (art. 6º, X, da LGPD). Relaciona-se diretamente com o princípio da transparência e da prevenção, impelindo aqueles que se ocupam do tratamento de dados pessoais não apenas de observar o cumprimento das normas jurídicas aplicáveis, mas terem a capacidade de demonstrar esta conformidade legal e sua eficácia. A enunciação do princípio se inspira no Regulamento europeu, no qual consta ainda a explicitação do conteúdo do comportamento exigido na demonstração de atendimento às normas, ao referir que "essas medidas deverão ter em conta a natureza, o âmbito, o contexto e as finalidades do tratamento dos dados" (n. 74 do Regulamento 2016/679). Esta obrigação compreende inclusive a adoção de programas de conformidade (n. 78 do Regulamento 2016/679), bem como um detalhado procedimento de avaliação de impacto sobre proteção de dados (art. 35 do Regulamento 2016/679).

A LGPD brasileira previu a obrigação dos agentes de tratamento de dados (controladores e operadores), de adotarem boas práticas e de governança, inclusive com a adoção de programa de governança que atenda a requisitos mínimos definidos na legislação, sujeito a avaliação sobre sua efetividade (art. 50).[35]

2.2 A disciplina especial dos bancos de dados de proteção ao crédito

Os bancos de dados de proteção ao crédito resultam das primeiras iniciativas de tratamento de dados dos consumidores no mercado de consumo. Em um primeiro estágio visavam, exclusivamente, arquivar informações sobre situações de inadimplemento do consumidor, cuja consulta pelos fornecedores implicavam na restrição a contratação de crédito, daí porque conhecidos como bancos de dados restritivos de crédito. Sobre eles dispõe, prioritariamente, o art. 43 do CDC (LGL\1990\40).

Já como resultado da melhor capacidade de tratamento de dados, desenvolvem-se, em um segundo momento, bancos de dados não apenas das situações de inadimplemento, mas de forma mais ampla, de informações do histórico de crédito do consumidor, sobre frequência, volume das obrigações assumidas e pontualidade do pagamento. Com o objeto de aperfeiçoar a avaliação do risco de crédito, justifica-se pelo benefício a "bons pagadores" com melhores condições de contratação. Por isso são denominados "bancos de dados de informações positivas" ou, mais impropriamente, "cadastros positivos". Admitirão tratamento diversificados dos dados, inclusive mediante organização de sistema de atribuição de pontuação ou notas aos consumidores, sinalizando o risco maior ou menor de inadimplemento. Sua disciplina legal é conferida pela Lei 12.414/2011 (LGL\2011\1883), substancialmente alterada pela Lei Complementar 166/2019 (LGL\2019\2578).

A LGPD incide sobre o tratamento de dados com a finalidade de proteção ao crédito, devendo sua aplicação articular-se com outras fontes normativas.[36] Afinal, preserva expressamente a legislação especial, conforme prevê seu art. 7º, X, ao referir que poderá ser realizado "para a proteção do crédito, inclusive quanto ao disposto na legislação pertinente." Nestes termos, a LGPD não derroga ou revoga o art. 43 do CDC (LGL\1990\40) ou a Lei 12.414/2011 (LGL\2011\1883), devendo suas disposições serem compatibilizadas às normas gerais de proteção de dados que estabelece. Neste particular, especial atenção deve-se dirigir ao art. 64 da LGPD, ao definir que os direitos e princípios que expressa não excluem outros previstos no ordenamento jurídico brasileiro – caso do

---

35. Constituem requisitos mínimos do programa de governança conforme definido na lei, que: "a) demonstre o comprometimento do controlador em adotar processos e políticas internas que assegurem o cumprimento, de forma abrangente, de normas e boas práticas relativas à proteção de dados pessoais; b) seja aplicável a todo o conjunto de dados pessoais que estejam sob seu controle, independentemente do modo como se realizou sua coleta; c) seja adaptado à estrutura, à escala e ao volume de suas operações, bem como à sensibilidade dos dados tratados; d) estabeleça políticas e salvaguardas adequadas com base em processo de avaliação sistemática de impactos e riscos à privacidade; e) tenha o objetivo de estabelecer relação de confiança com o titular, por meio de atuação transparente e que assegure mecanismos de participação do titular; f) esteja integrado a sua estrutura geral de governança e estabeleça e aplique mecanismos de supervisão internos e externos; g) conte com planos de resposta a incidentes e remediação; h) seja atualizado constantemente com base em informações obtidas a partir de monitoramento contínuo e avaliações periódicas." (art. 50, § 2º, I, da LGPD).
36. OLIVA, Milena Donato; VIÉGAS, Francisco de Assis. Tratamento de dados para a concessão de crédito. *In:* TEPEDINO, Gustavo; FRAZÃO, Ana; OLIVA, Milena Donato (Coords.). *Lei Geral de Proteção de Dados pessoais e sua repercussão no direito brasileiro*. São Paulo: Revista dos Tribunais, 2019, p. 566.

CDC (LGL\1990\40), que dispõe de regra semelhante em seu art. 7º, e da legislação que disciplina o "cadastro positivo".

2.3 A Autoridade Nacional de Proteção de Dados e o Sistema Nacional de Defesa do Consumidor

A supervisão e fiscalização do cumprimento da legislação de proteção de dados pessoais, assim como a implementação das políticas públicas que a promovam, em diversos sistemas jurídicos serão confiados a órgão ou entidade criado especificamente para este fim. No direito brasileiro, todavia, a previsão inicial de criação da Autoridade Nacional de Proteção de Dados foi originalmente objeto de veto presidencial quando da edição da lei, seguido, contudo, de sua criação por intermédio de Medida Provisória submetida a deliberação do Congresso Nacional.

O art. 55-J da LGPD define as competências da Autoridade Nacional de Proteção de Dados,[37] várias delas com repercussão direta para a proteção do consumidor titular de dados, como ocorre com a definição de sua competência regulamentar (inciso II), de fiscalização (incisos IV a VI), por exemplo.

Merece destaque, contudo, a definição que o exercício de sua competência regulamentar deverá observar a consulta prévia a outros órgãos ou entidades da Administração que sejam responsáveis pela regulação de setores específicos da atividade econômica (art. 55-J, XIV, da LGPD), inclusive com o dever de articular e coordenar sua atuação (art. 55-J, XV e § 2º, da LGPD). Estão inseridas nesta hipótese as agências reguladoras, muitas das quais, regulando serviços oferecidos no mercado de consumo, vinculam-se a competência de defesa do consumidor.

Em relação ao Sistema Nacional de Defesa do Consumidor, o art. 55-K, parágrafo único, da LGPD, dispõe: "A ANPD articulará sua atuação com outros órgãos e entidades com competências sancionatórias e normativas afetas ao tema de proteção de dados pes-

---

37. São competências da Autoridade Nacional de Proteção de Dados relacionadas no art. 55-J da LGPD: "I – zelar pela proteção dos dados pessoais; II – editar normas e procedimentos sobre a proteção de dados pessoais; III – deliberar, na esfera administrativa, sobre a interpretação desta Lei, suas competências e os casos omissos; IV – requisitar informações, a qualquer momento, aos controladores e operadores de dados pessoais que realizem operações de tratamento de dados pessoais; V – implementar mecanismos simplificados, inclusive por meio eletrônico, para o registro de reclamações sobre o tratamento de dados pessoais em desconformidade com esta Lei; VI – fiscalizar e aplicar sanções na hipótese de tratamento de dados realizado em descumprimento à legislação, mediante processo administrativo que assegure o contraditório, a ampla defesa e o direito de recurso; VII – comunicar às autoridades competentes as infrações penais das quais tiver conhecimento; VIII – comunicar aos órgãos de controle interno o descumprimento do disposto nesta Lei praticado por órgãos e entidades da administração pública federal; IX – difundir na sociedade o conhecimento sobre as normas e as políticas públicas de proteção de dados pessoais e sobre as medidas de segurança; X – estimular a adoção de padrões para serviços e produtos que facilitem o exercício de controle e proteção dos titulares sobre seus dados pessoais, consideradas as especificidades das atividades e o porte dos controladores; XI – elaborar estudos sobre as práticas nacionais e internacionais de proteção de dados pessoais e privacidade; XII – promover ações de cooperação com autoridades de proteção de dados pessoais de outros países, de natureza internacional ou transnacional; XIII – realizar consultas públicas para colher sugestões sobre temas de relevante interesse público na área de atuação da ANPD; XIV – realizar, previamente à edição de resoluções, a oitiva de entidades ou órgãos da administração pública que sejam responsáveis pela regulação de setores específicos da atividade econômica; XV – articular-se com as autoridades reguladoras públicas para exercer suas competências em setores específicos de atividades econômicas e governamentais sujeitas à regulação; e XVI – elaborar relatórios de gestão anuais acerca de suas atividades."

soais e será o órgão central de interpretação desta Lei e do estabelecimento de normas e diretrizes para a sua implementação."

Neste ponto, convém referir que o caput do art. 55-K reserva à Autoridade Nacional de Proteção de Dados, com exclusividade, a aplicação das sanções previstas na LGPD, assim como a prevalência de suas competências relativas à proteção de dados pessoais, em relação às competências correlatas de outras entidades ou órgãos da Administração Pública. Registre-se que a redação original da Medida Provisória que criou a ANPD continha referência expressa à articulação entre ela e os órgãos integrantes do Sistema Nacional de Defesa do Consumidor. No texto legislativo que resultou aprovado no Congresso Nacional, esta previsão foi substituída pela referência genérica a "outros órgãos e entidades com competências sancionatórias e normativas afetas ao tema de proteção de dados pessoais" acentuando a prevalência da competência da ANPD em relação a eles. Deste modo, a questão que se apresenta é: qual a competência dos órgãos e entidades de defesa do consumidor integrantes do Sistema Nacional de Defesa do Consumidor em matéria de proteção de dados pessoais?

A exegese do art. 55-K conduz, inicialmente, a duas conclusões: a) primeiro, sendo a Autoridade Nacional de Proteção de Dados órgão central de interpretação da LGPD e com competência para sua regulamentação, quando defina certo entendimento quanto ao sentido e alcance da lei, ou edite regulamento que discipline sua aplicação, tais atos prevalecem e vinculam os órgãos e entidades integrantes do Sistema Nacional de Defesa do Consumidor; b) segundo, em relação à competência de fiscalização prevista no CDC (LGL\1990\40) aos órgãos e entidades integrantes do Sistema Nacional de Defesa do Consumidor, bem como aquelas que tenham sido fixadas nas leis específicas de sua criação, não são derrogadas pela LGPD. Contudo, em um eventual conflito de competências prevalecem as da ANPD.

Ao contrário, a LGPD prevê que a Autoridade Nacional de Proteção de Dados articulará sua atuação com os órgãos "com competências sancionatórias e normativas". Deste modo, são preservadas estas competências de fiscalização (sancionatórias) e regulamentares, relativamente às normas previstas no CDC (LGL\1990\40). Não sugere a lei, qualquer prevalência quanto ao exercício da competência sancionatória, razão pela qual, a exemplo do que já ocorre na fiscalização de fornecedores regulados por órgãos ou entidades setoriais, a lesão a direitos do consumidor decorrentes da violação da privacidade ou utilização indevida de dados pessoais poderá também ser objeto de atuação dos órgãos e entidades de defesa do consumidor, quando tenham por fundamento a infração a normas do CDC (LGL\1990\40) ou de sua regulamentação. Apenas quando se trate da violação de deveres previstos expressamente na LGPD, e que não se reflitam na violação de alguma norma específica da legislação de proteção do consumidor, é que a Autoridade Nacional de Proteção de Dados exercerá sua competência exclusiva. Não será por outra razão, inclusive, que o art. 18, § 8º, da LGPD prevê que o direito de petição do titular dos dados contra o controlador em razão da violação de qualquer dos direitos previstos na lei pode ser dirigido também aos "organismos de defesa do consumidor".

Porém, mesmo nos casos de competência exclusiva da Autoridade Nacional de Proteção de Dados, sua atuação deverá também considerar a aplicação das normas de proteção do consumidor. É o que resulta da interpretação dos arts. 2º, inciso VI, e 64 da LGPD.

3. OS DIREITOS DO CONSUMIDOR E O TRATAMENTO DE DADOS PESSOAIS

3.1 Exigência de prévio e expresso consentimento

A formação de bancos de dados de consumidores, pela incidência em comum da LGPD e do CDC (LGL\1990\40) – excluídos os bancos de dados de crédito cuja disciplina especial do art. 43 do CDC (LGL\1990\40) e da Lei 12.414/2011 (LGL\2011\1883) tem precedência – submete-se, necessariamente, à exigência de consentimento expresso do consumidor titular dos dados pessoais. Ordinariamente, relacionam-se como condições para o consentimento que ele tenha sido emitido por vontade livre do titular dos dados, voltado a uma finalidade específica e que tenha sido informado sobre esta finalidade, o processamento e utilização dos dados, bem como da possibilidade de não consentir.[38] O art. 5º, XII, da LGPD, em clara influência do Regulamento Geral europeu sobre proteção de dados, define o consentimento como "manifestação livre, informada e inequívoca pela qual o titular concorda com o tratamento de seus dados pessoais para uma finalidade determinada".

A rigor, seu significado se identifica com os requisitos que se exigem para a manifestação de vontade do consumidor capaz de vincular-lhe juridicamente. Sabe-se que nos negócios jurídicos de consumo, o silêncio não caracteriza anuência, tampouco convalida o abuso ou a ilicitude. A aceitação do consumidor sempre deve ser expressa, ainda que se possa interpretar, naquilo que não se lhe seja oneroso ou determine prejuízo, o consentimento tácito, segundo os usos. No caso do consentimento, para o tratamento de dados (art. 7º, I, da LGPD) observam-se requisitos substanciais e formais.

3.1.1 Requisitos substanciais e formais do consentimento

São requisitos substanciais os que digam respeito à qualidade do consentimento. Conhecimento e compreensão por aquele de quem se requer o consentimento são elementos essenciais para sua configuração.[39] Daí o sentido de que se trate de uma manifestação de vontade livre – significa dizer, isenta de pressões ou ameaças diretas ou indiretas que contaminem a decisão do consumidor. Neste particular, o art. 8º, § 3º da LGPD, inclusive faz referência expressa aos vícios do consentimento, o que remete, no direito atual, aos defeitos do negócio jurídico previstos no Código Civil (LGL\2002\400) (em especial, o erro, o dolo, a coação, a lesão e o estado de perigo, art.

138 e ss). Da mesma forma, deve-se recordar da violação da qualidade de consentimento que informa a abusividade das cláusulas contratuais, quando a aceitação do consumidor é colhida sem conhecimento efetivo do conteúdo da sua deliberação e/ou de suas repercussões concretas – como ocorre na hipótese do art. 46 do CDC (LGL\1990\40).

---

38. SIMITIS, Spiros (Hrsg). *Bundesdatenschutzgesetz*, 8. Auf. Baden-Baden: Nomos, 2014, cit.
39. BEYLEVELD, Deryck; BROWSWORD, Roger. *Consent in the law*. Oxford: Hart Publishing, 2007, p. 145 *et seq*.

Exige-se também que seja uma manifestação de vontade informada. O consentimento informado é tema cujo significado, no direito brasileiro, já possui boa densidade, em especial no tocante aos deveres pré-negociais de profissionais liberais que assuma obrigações de meio (tais como médicos ou advogados), assim como, em geral no âmbito dos serviços de saúde, como expressão da autodeterminação do paciente. Nas relações de consumo, e informado pela boa-fé, a noção de consentimento informado firma-se em termos amplos não apenas com o reconhecimento de um dever de repassar informações àquele que deve manifestar seu consentimento, mas um autêntico dever de esclarecimento (esclarecer = tornar claro), de modo a reconhecer o dever daquele a quem compete informar, de tornar estas informações compreensíveis para o destinatário. Neste caso, só é reconhecido como eficaz o consentimento quando aquele que manifesta vontade teve as condições plenas de compreender o conteúdo da sua decisão e de que modo ela repercute em relação aos seus interesses pressupostos. Consentimento daquele que decide a partir de informações incorretas ou incompletas não é reconhecido como tal, de modo a tornar ilícita, no âmbito do tratamento dos dados pessoais, quaisquer operações que venham a se basear nele.

Da mesma forma há exigência legal expressa de que a manifestação de consentimento deve se dar em vista de finalidades determinadas para a utilização dos dados, sendo nulas as manifestações que se caracterizem como autorizações genéricas para o tratamento de dados (art. 8º, § 4º, da LGPD). Deste modo é correto entender que a declaração de vontade do titular dos dados vincula-se expressamente a certas e determinadas finalidades. Há evidente controle sobre o conteúdo da manifestação da vontade, inclusive quanto a seus termos específicos, de modo que não poderão ser redigidos de modo exemplificativo, senão que a manifestação de vontade exaure as hipóteses de uso admitidas.

Por fim, a lei define que a manifestação deve ser inequívoca. Assume o sentido de que o consentimento, quando expresso pelo consumidor, deve ser compreendido por ele como tal. Visa-se impedir a manipulação da vontade daquele do titular dos dados.[40] Ou seja, a realização do consentimento deve ser perceptível pelo consumidor, após ser informado sobre sua repercussão, circunstância que terá especial relevância quando venha a ser manifestado por meio eletrônico, exigindo-se nesta circunstância que a forma ou o momento de realização do consentimento (p.ex., mediante um clique, a digitação de uma senha, ou a indicação do desenho, imagem ou letras que constem na tela) seja devidamente identificada como tal. Neste sentido percebe-se a regra do art. 9º, § 1º da LGPD, que comina de nulidade o consentimento obtido mediante fornecimento de informações de conteúdo enganoso ou abusivo, que devem ser compreendidas como aquelas que faltam ao dever de veracidade ou clareza, assim como possam induzir em erro o titular dos dados.

A exigência de que o consentimento seja inequívoco associa-se a requisitos formais definidos pela lei. O art. 8º, caput, da LGPD, estabelece que o consentimento "deverá ser fornecido por escrito ou por outro meio que demonstre a manifestação de vontade do titular." A exigência de consentimento escrito ou por outro meio que demonstre a

---

40. BIONI, Bruno Ricardo. *Proteção de dados pessoais*. A função e os limites do consentimento. Rio de Janeiro: Forense, 2019, p. 198.

manifestação da vontade do titular revela o propósito de assegurar a certeza sobre a existência do consentimento e seu objeto. E no caso de o consentimento ser fornecido por escrito, o §1º do art. 8º, da LGPD define, ainda, que deverá constar em cláusula destacada "das demais cláusulas contratuais". Lendo de outro modo: integrando um determinado instrumento contratual, a cláusula que preveja o consentimento do titular deve constar em destaque em relação às demais, justamente para permitir ser identificado como tal por aquele que venha a consentir.

No caso em que o consentimento refira-se ao tratamento de dados sensíveis, assim entendidos aqueles "sobre origem racial ou étnica, convicção religiosa, opinião política, filiação a sindicato ou a organização de caráter religioso, filosófico ou político, dado referente à saúde ou à vida sexual, dado genético ou biométrico, quando vinculado a uma pessoa natural" (art. 5.º, II, da LGPD), incide regra que delimita de forma mais estrita a manifestação de vontade do titular dos dados (art. 11, I, da LGPD). Dispõe que será admitido o tratamento de dados sensíveis "quando o titular ou seu responsável legal consentir, de forma específica e destacada, para finalidades específicas". Ao contrário do consentimento em relação aos demais dados pessoais, quanto aos dados sensíveis – por sua óbvia repercussão em vista dos riscos de agravamento e extensão dos dados ao titular dos dados – exige, a lei, que a manifestação de vontade seja dada "de forma específica e destacada, para finalidades específicas". A exigência de forma específica e destacada implica no exame do contexto da manifestação de vontade. Se em texto escrito, o destaque se faz de modo que a manifestação de vontade se possa distinguir facilmente do restante das cláusulas e condições presentes. Pode ser apartada ou não do texto ou do instrumento principal, recordando-se que o ônus da prova de atendimento deste requisito será daquele que colher o consentimento, e em última análise, do controlador dos dados. É consentimento específico, para finalidades específicas, o que indica que a manifestação de vontade em consentir com o tratamento dos dados pelo titular deve se dar direta e objetivamente vinculado a certas finalidades expressas, sendo a interpretação neste caso, restritiva.

3.1.2 Ônus da prova da regularidade do consentimento

O ônus de demonstrar a correta obtenção e manifestação do consentimento nos termos da lei é atribuído expressamente ao controlador dos dados (art. 8º, §2º, da LGPD). Controlador é aquele a quem compete a decisão relativa ao tratamento de dados pessoais. No caso da relação de consumo, pode ser que o próprio fornecedor tenha este poder, porque coletou os dados para ele próprio incrementar suas decisões negociais, ou pode ser gestor do banco de dados ao decidir formatar determinadas informações que diretamente coletou ou recebeu por intermédio de compartilhamento. O elemento nuclear da definição de controlador, nestes termos será aquele que tenha poder de decisão sobre os dados, e cuja atuação, desta forma, repercuta sobre o interesse dos respectivos titulares, em especial nos casos em que se verifique a violação de seus direitos.

A atribuição do ônus da prova da regularidade aos controladores de dados, neste sentido, termina por lhes impor a necessidade de organizar meios de obtenção e arquivamento dos respectivos consentimentos dos titulares, sejam eles dados por escrito ou por outros meios previstos na lei. Atribuído o ônus da prova nos termos da lei, se o controlador não demonstrar que obteve o consentimento do titular dos dados, presume-se a utilização indevida dos dados, submetendo-se às sanções previstas na LGPD.

3.2 Direitos subjetivos do titular dos dados

A eficácia da proteção dos interesses do titular dos dados, segundo a técnica legislativa adotada pela LGPD implica reconhecer e assegurar os direitos fundamentais de liberdade, de intimidade e de privacidade, de acordo com a estrutura normativa definida pela lei (art. 17). Nos mesmos termos, define uma série de direitos subjetivos específicos do titular de dados, em relação aos quais corresponde ao controlador uma situação jurídica passiva, do dever de realizar seu conteúdo.

3.2.1 Confirmação da existência de tratamento

O titular dos dados tem o direito à confirmação da existência de tratamento de seus dados pessoais. Observe-se que o tratamento de dados pode se dar mediante consentimento do titular dos dados, hipótese na qual, como regra, não há razão para que o confirme aquilo em relação ao que anuiu. Porém, se admite o tratamento de dados em outras diferentes situações previstas na lei (art. 7º, II a X, da LGPD), na qual poderá não existir o consentimento prévio do titular. Da mesma forma, em relação aos dados "tornados manifestamente públicos" pelo titular, é dispensado o consentimento, o que não afasta seu direito de ter ciência sobre a existência do tratamento. Ou ainda, é o que ocorre em relação aos dados pessoais sensíveis nos quais se dispensa o consentimento nos casos em que o tratamento se dirige ao cumprimento de obrigação legal ou regulatória pelo controlador, ou de modo compartilhado, quando necessários à execução, pela administração pública, de políticas públicas previstas em leis ou regulamentos (art. 11, § 2º, da LGPD).

O direito de confirmação do tratamento é exercido perante o controlador mediante requerimento do titular dos dados (art. 19 da LGPD), que poderá requerê-lo em formato simplificado ou mediante declaração clara e completa na qual indique a origem dos dados, a inexistência de registro, os critérios utilizados e a finalidade do tratamento, observados os segredos comercial e industrial. No caso de ser requerido em formato simplificado, o que é próprio daquele que pretenda apenas confirmar a existência ou não do tratamento, a resposta do controlador deve ser imediata, o que permite inclusive, a utilização de meios de comunicação instantânea. Requerendo, o titular dos dados, declaração mais completa, a lei define que deverá indicar a origem dos dados, a inexistência de registro, os critérios utilizados e a finalidade do tratamento, observados os segredos comercial e industrial, hipótese em que deverá ser fornecida pelo controlador no prazo de até 15 dias. A lei prevê a possibilidade deste prazo ser alterado, por regulamento, para setores específicos (art. 19, § 4º). O atendimento do requerimento do titular dos dados poderá se dar por meio eletrônico ou sob a forma impressa (art. 19, § 2º, da LGPD).

3.2.2 Acesso aos dados

O direito subjetivo do titular de acesso a dados relaciona-se ao princípio do livre acesso, e compreende a possibilidade reconhecida de consulta facilitada e gratuita sobre os dados a seu respeito de que dispõe o controlador, assim como a forma do tratamento dos dados. No âmbito das relações de consumo, o acesso aos dados relaciona-se ao direito à informação do consumidor, que deve ser assegurado não apenas com atenção aos produtos e serviços específicos objeto de contrato de consumo, senão no tocante a todos aspectos de seu relacionamento com o fornecedor direto e demais integrantes da cadeia de fornecimento. Este sentido já transparecia desde a edição do CDC (LGL\1990\40) em relação aos bancos de dados de que trata seu art. 43 e o dever de notificação e acesso aos dados arquivados.

Segundo a disciplina estabelecida pela LGPD, o dever do controlador de assegurar o direito do titular de acesso aos dados é amplo. Compreende as diferentes fases, desde a coleta dos dados e do consentimento, durante o período em que se der o tratamento, e inclusive após seu encerramento. O art. 9º da LGPD define em caráter exemplificativo – que poderão ser estendidas por intermédio de regulamento à lei – das informações sobre o tratamento que devem ser prestadas ao titular dos dados, tais como: a finalidade específica do tratamento; sua forma e duração; a identidade do controlador e suas informações de contato; as informações sobre o uso compartilhado dos dados e sua finalidade; a responsabilidade dos agentes que vão realizá-lo; e os direitos assegurados aos titulares dos dados. Embora a norma não seja explícita a respeito, deve-se entender que tais informações, quando se trate de tratamento que se submeta a consentimento prévio, deverão ser prestadas antes da manifestação de vontade do titular dos dados. É conclusão a que se chega tanto em termos lógicos – uma vez que são informações necessária à própria viabilidade do exercício do direito de acesso em muitos casos, quanto pela interpretação do § 1º do mesmo art. 9º da LGPD, o qual refere que "na hipótese em que o consentimento é requerido, esse será considerado nulo caso as informações fornecidas ao titular tenham conteúdo enganoso ou abusivo ou não tenham sido apresentadas previamente com transparência, de forma clara e inequívoca." As informações em questão, a toda evidência, são aquelas do caput do mesmo artigo.

Porém, nada impede que nas demais hipóteses em que se admite o tratamento de dados independentemente do consentimento do seu titular, ou porque a lei autoriza com fundamento em outras situações, ou porque expressamente dispensa, a garantia do direito de acesso se mantém. Neste caso, tanto em relação às informações a que se refere o art. 9º, quanto, propriamente, do conteúdo dos dados pessoais que estão sendo objeto de tratamento.

Há hipóteses em que o acesso a dados será objeto de regulamentação, caso daqueles que sirvam a estudos de saúde pública (art. 13, § 3º, da LGPD).

As mesmas regras sobre o requerimento do titular dos dados no exercício do direito de confirmação do tratamento se aplicam para o caso de pretender o acesso aos dados (nos termos do art. 19 da LGPD). Assim, pode o titular dos dados requerer o acesso de modo simplificado, a ser prestada imediatamente, ou declaração completa por parte do controlador (contendo a origem dos dados, os critérios utilizados e a finalidade do tratamento, dentre outras informações), hipótese em que fica submetida ao prazo de até 15 dias para atendimento do requerimento, que a lei prevê poder ser alterado, em regulamento, para setores específicos.

Também coincide a forma de atendimento do requerimento do titular dos dados, que poderá ser por meio eletrônico, seguro e idôneo para esse fim, ou de modo impresso. Tendo o tratamento sido objeto de consentimento específico ou tendo sido previsto em contrato, poderá o titular dos dados solicitar que a resposta do controlador compreenda cópia eletrônica integral de seus dados pessoais, observados os segredos comercial e industrial, "em formato que permita a sua utilização subsequente, inclusive em outras operações de tratamento." (art. 19, §3º, da LGPD). O modo de atendimento a esta solicitação do titular dos dados poderá ser detalhado em regulamento da lei.

3.2.3 Correção dos dados

A proteção de dados pessoais como direito da personalidade e direito fundamental pressupõe a autodeterminação do titular dos dados sobre sua utilização, ou o tratamento destes dados de acordo com finalidades legítimas previstas em lei. Esta dimensão pressupõe a legitimidade do acesso aos dados do titular mediante seu consentimento ou, como já foi mencionado, para finalidades previstas em lei. Outra dimensão, contudo, diz respeito ao risco que o próprio tratamento de dados implica, de que informações incorretas sejam associadas a uma determinada pessoa, causando-lhe prejuízo.

Daí o direito do titular dos dados à correção dos dados objeto de tratamento. Trata-se de direito que já era consagrado no art. 43 do CDC (LGL\1990\40) e também na Lei 12.414/2011 (LGL\2011\1883), sobre o "cadastro positivo". Revela-se pela posição ativa do titular de exigir a retificação dos dados incorretamente arquivados perante o controlador. O art. 18, III, da LGPD, estabelece o direito do titular à correção de dados incompletos, inexatos ou desatualizados. O direito subjetivo à correção dos dados abrange, portanto, a pretensão do titular de exigir que sejam completos, exatos e atualizados. Isso é especialmente relevante quando em razão destes dados possam ser definidas certas condições para contratação, acesso ao crédito ou a determinadas ofertas e vantagens ao consumidor. A incorreção dos dados pode dar causa a inconvenientes (recorde-se a possibilidade de ser importunado por ligações telefônicas ou mensagens dirigidas a outras pessoas por um equívoco de registro do número de telefone), ou consequências mais graves (e.g. dados incorretos sobre a saúde do titular arquivados por um hospital ou outro prestador de serviços de saúde).

O direito à correção dos dados é exercido mediante requerimento ao controlador ou ao operador dos dados. No caso de compartilhamento dos dados, aquele que recebe o requerimento do titular deve comunicar imediatamente a todos com quem tenha compartilhado os dados, para que adotem o mesmo procedimento de correção (art. 18, § 6º, da LGPD).No âmbito das relações de consumo, todos se equiparam a fornecedor para efeito de exigência do dever ou a responsabilidade por sua violação.

3.2.4 Anonimização

O direito à anonimização dos dados é um dos principais recursos destinados a preservar a privacidade do titular dos dados (art. 18, IV). Anonimização implica tornar anônimo, impedindo a associação entre o titular dos dados e as informações objeto de tratamento. Segundo a definição legal, compreende a "utilização de meios técnicos razoáveis e disponíveis no momento do tratamento, por meio dos quais um dado perde a possibilidade de associação, direta ou indireta, a um indivíduo". A anonimização compreende uma alteração da disposição inicial dos dados, de modo a não permitir a identificação do titular, de modo que compreende mais o resultado do que o caminho para alcançá-lo, ainda que a rigor, o anonimato absoluto no mundo digital, hoje, seja uma ilusão.[41] Afinal, há sempre elementos passíveis de identificação, como o endereço de IP do computador, dados em um telefone celular, de cartões de crédito, chips RFID,[42] ou outros que permitam uma associação a determinada pessoa e fornece um perfil detalhado do seu comportamento a partir do uso de determinado meio de comunicação ou em relação a determinados dados.

A preservação da privacidade, por intermédio da anonimização é providência exigida, sobretudo, no tratamento de dados para fins de pesquisa (arts. 7º, IV, e 13, da LGPD). Da mesma forma, pode o controlador manter os dados após o término do tratamento dos dados, desde que anonimizados, e apenas para consulta própria (art. 16, IV, da LGPD). Com a anonimização dos dados estes deixam de ser considerados dados pessoais, salvo quando o processo puder ser revertido (art. 12 da LGPD). No âmbito das relações de consumo, pesquisas de mercado ou indicadores de sinistralidade nos seguros são exemplos de dados que, anonimizados, podem ser conservados pelos controladores para sua utilização, independentemente do término do tratamento.

3.2.5 Portabilidade

É assegurado ao titular dos dados sua portabilidade a outro fornecedor de serviço ou produto, mediante requisição expressa e observados os segredos comercial e industrial, de acordo com a regulamentação do órgão controlador (art. 18, V, do LGPD). Este direito não abrange os dados que já foram anonimizados pelo controlador (art. 18, § 7º, da LGPD). A portabilidade dos dados se dá, sobretudo, no âmbito das relações de consumo, visando assegurar concretamente a liberdade de escolha do consumidor no mercado, especialmente em relação à contratos de duração, nos quais, para promover a concorrência, admite-se ou regulamenta-se a possibilidade de "portabilidade" do contrato. Conforme já considerava a boa doutrina nacional, mesmo antes da edição da LGPD, a imbricação da proteção de dados com o direito do consumidor e, sobretudo, da concorrência na regulação do mercado, a recusa da portabilidade dos dados, além de violar o direito do titular, pode se caracterizar como infração à ordem econômica.[43]

Neste caso "portabilidade" do contrato que a rigor é direito a celebrar com um segundo fornecedor contrato de prestação de serviços que suceda contrato original. É o

---

41. HÄRTING, Niko. *Anonymität und Pseudonymität im Datenschutzrecht*, Neue Juristische Wochenschrift, 29. Munich: C.H. Beck, 2013, p. 2065-2071.
42. HACKENBERG, Wolfgang. Big data. In: HOEREN, Thomas; SIEBER, Ulrich; HOLZNAGEL, Bernd (Hrsg.) *Multimedia-Recht*: Rechtsfragen des elektronischen Geschäftsverkehrs. 37 Auf, Teil, 16.7, Rn 13, EL juli-2017.
43. CRAVO, Daniela Copetti. *Direito à portabilidade de dados*: interface entre a defesa da concorrência, do consumidor e proteção de dados. Rio de Janeiro: Lumen Juris, 2018, p. 105.

que ocorre atualmente, por exemplo, na denominada "portabilidade" de dívidas, ou no âmbito dos serviços de telecomunicações ("portabilidade" do número de telefone pelo consumidor). Também pode abranger dados relativos à saúde do titular dos dados, desde haja seu consentimento (art. 11, § 4º, I, da LGPD), hipótese que pode abranger tanto seguros quanto contratos de assistência à saúde, por exemplo. O direito à portabilidade permite que o consumidor tenha a liberdade de celebrar novo contrato levando consigo as informações relevantes do contrato anterior, de modo a evitar solução de continuidade, ou viabilizar a prestação de serviços de acordo com a sua necessidade.

Por outro lado, com o objetivo de assegurar a efetividade deste direito, o art. 40 da LGPD confere à Autoridade Nacional de Proteção de Dados competência para dispor sobre padrões de interoperabilidade para, dentre outros fins, promover a portabilidade. Neste particular, a portabilidade dos dados pessoais não abrange, a priori, a dos dados que resultem do tratamento em decorrência da técnica ou dos critérios adotados pelo controlador, que poderá ser requerido para os elimine nos casos previstos na lei.

De modo a viabilizar a portabilidade dos dados é conferida à Autoridade Nacional de Proteção de Dados competência regulamentar para definir padrões de interoperabilidade entre sistemas (art. 40 da LGPD).

3.2.6   Eliminação dos dados

A autodeterminação que informa a disciplina da proteção dos dados pessoais também abrange a possibilidade de eliminação dos dados objeto de tratamento. A eliminação dos dados é consequência lógica da possibilidade de revogação do consentimento para tratamento.

Neste particular, refira-se que o término do tratamento dos dados implica a exigência de sua eliminação, nos termos do art. 16 da LGPD. Esta mesma norma, todavia, refere ser autorizada a conservação dos dados para as finalidades de "I – cumprimento de obrigação legal ou regulatória pelo controlador; II – estudo por órgão de pesquisa, garantida, sempre que possível, a anonimização dos dados pessoais; III – transferência a terceiro, desde que respeitados os requisitos de tratamento de dados dispostos nesta Lei; ou IV – uso exclusivo do controlador, vedado seu acesso por terceiro, e desde que anonimizados os dados."

Este direito à eliminação dos dados contrapõe-se à possibilidade de manutenção dos dados em arquivo, porém interditando sua utilização. Admitir-se a manutenção dos dados sem a possibilidade de utilização é solução que aumenta os riscos de uso indevido ou vazamento. Daí porque se justifica a manutenção apenas segundo as finalidades previstas na lei (art. 16, I a IV, da LGPD), ou com os cuidados que preceitua (em especial, a anonimização). Registre-se, ainda, o dever do controlador de comunicar imediatamente àqueles com quem tenha compartilhado os dados, para que adotem o mesmo procedimento de eliminação (art. 18, § 6º, da LGPD).

3.2.7   Informação sobre compartilhamento

O titular dos dados tem direito de requerer do controlador informação de quais entidades públicas ou privadas realizou o uso compartilhado dos dados (art. 18, VII, da LGPD). As informações sobre o compartilhamento dos dados justificam-se para que o titular tenha conhecimento sobre qual o uso e que pessoas tiveram acesso aos dados.

Recorde-se, contudo, que o compartilhamento de dados pessoais pelo controlador (independentemente de ser pessoa jurídica de direito público ou de direito privado) supõe o consentimento do titular, exceto nas hipóteses em que a lei o dispensa. São os casos do uso para execução de políticas públicas (art. 7º, III e 11, II, "b", da LGPD), por exemplo. Da mesma forma, observam-se as restrições de compartilhamento de dados pelo Poder Público (art. 26 da LGPD).

3.2.8 Revogação do consentimento

O direito à revogação do consentimento é inerente à autodeterminação do titular dos dados. Pode consentir com o tratamento e alterar sua decisão, revogando o consentimento. A possibilidade do exercício do direito à revogação deve ser dado por procedimento gratuito e facilitado (art. 8º, § 5º, da LGPD). A rigor, no mínimo se deve exigir que seja oferecido o mesmo meio para revogação daquele que se serviu o controlador para obter o consentimento, sendo sua eficácia a partir de quando é manifestado (*ex nunc*).[44] O direito de revogar relaciona-se também com o direito de informação do titular dos dados sobre a possibilidade e as consequências da revogação, inclusive sobre a eventualidade dela não impedir a continuidade do tratamento nas hipóteses que a lei estabelece

3.3 Disciplina especial da proteção de dados pessoais sensíveis

A proteção de dados pessoais como expressão de uma dimensão de proteção da pessoa humana encontra maior fundamento e extensão no tocante aos denominados dados pessoais sensíveis. A LGPD define os dados pessoais sensíveis como aqueles "sobre origem racial ou étnica, convicção religiosa, opinião política, filiação a sindicato ou a organização de caráter religioso, filosófico ou político, dado referente à saúde ou à vida sexual, dado genético ou biométrico, quando vinculado a uma pessoa natural" (art. 5º, II). Evidencia-se da definição que a natureza sensível do dado em questão refere-se á potencialidade de sua utilização de modo a dar causa à discriminação proibida do titular dos dados, em ofensa aos direitos fundamentais de liberdade e igualdade assegurados pela Constituição. Sobretudo se for considerada a utilização, no tratamento de dados, a partir de modelos automatizados, e para fins diversos, inclusive – nas relações de consumo – sobre a decisão do fornecedor de contratar ou não com determinado consumidor, ou as condições em que deva fazê-lo. Situações que, baseando-se na distinção a partir dos dados considerados sensíveis, caracterizarão conduta abusiva, proibida por lei, a ensejar sua rejeição pelo Direito nos diferentes planos, da responsabilização civil, penal e administrativa, assim como fundamentando providências processuais de modo a inibir ou fazer cessar a lesão.

---

44. Assim como é da tradição da legislação de proteção de dados, conforme assinala RESTA, Giorgio. Revoca del consenso ed interesse al trattamento nella legge sulla protezione dei dati personali. *Rivista Critica del Diritto Privato*, Bologna, ano XVIII, n. 2, giugno/2000, p. 299 *et seq.*

A disciplina especial da proteção de dados sensíveis fixada pela LGPD tem a finalidade de prevenir e reduzir os riscos de discriminação em razão dos critérios proibidos pela Constituição, a partir da delimitação mais estrita das condições do seu tratamento. Conforme já foi mencionado, quanto aos dados pessoais sensíveis, o próprio consentimento do titular dos dados para tratamento é exigido que seja feito "de forma específica e destacada" vinculado a "finalidades específicas" (art. 11, I, da LGPD). Não se admite, portanto, um consentimento genérico, tampouco que se insira sem destaque em condições gerais contratuais, sem o devido destaque. Igualmente, não se autoriza qualquer espécie de presunção sobre o conhecimento prévio do consumidor da finalidade específica ao prestar o consentimento, para o que se atribui o ônus de demonstrar o regular atendimento das condições previstas na lei.

As hipóteses em que é autorizado o tratamento dos dados independentemente do consentimento do titular dos dados, da mesma forma, devem ser interpretadas restritivamente. São definidas no art. 11, inciso II, da LGPD. Tratam-se de situações em que o controlador esteja cumprindo obrigação legal ou regulatória; ou que os dados sirvam à execução, pela administração pública, de políticas públicas previstas em lei ou regulamento; da mesma forma, para realização de estudos por órgão de pesquisa em relação a dados anonimizados; para o exercício regular de direitos em processo judicial, administrativo ou arbitral; para proteção da vida ou incolumidade do titular ou de terceiro; para tutela da saúde; ou em garantia da prevenção à fraude e à segurança do titular.

A LGPD prevê, igualmente, a possibilidade de ser estabelecida restrição ao tratamento de dados sensíveis, ao definir que sua comunicação ou uso compartilhado com objetivo de obter vantagem econômica poderá ser objeto de vedação ou regulamentação por parte da Autoridade Nacional de Proteção de Dados, ouvidos os órgãos setoriais do Poder Público, no âmbito de suas competências (art. 11, § 3º). Da mesma forma, se proíbe a comunicação ou uso compartilhado de dados relativo à saúde com objetivo de obter vantagem econômica, exceto no caso de portabilidade de dados consentido pelo titular, ou para atender necessidade de comunicação para a adequada prestação de serviços de saúde suplementar (art. 11, § 4º, II, da LGPD).

3.4 Disciplina especial da proteção de dados de crianças e adolescentes

Quando o titular dos dados seja crianças e adolescentes, informa a disciplina sua proteção a doutrina do melhor interesse, fundada no art. 227 da CF/1988 (LGL\1988\3). Não podem elas próprias manifestar consentimento válido. Daí porque a lei exige que o consentimento específico seja realizado por pelo menos um dos pais ou pelo representante legal (art. 14, § 1º, da LGPD).

Será definido um procedimento que assegure a publicidade sobre os termos do tratamento de dados, definindo que os controladores deverão manter pública a informação sobre os tipos de dados coletados, sua utilização e os procedimentos para exercício dos direitos pelo titular dos dados (art. 14, § 2º, da LGPD). Admite, contudo a possibilidade de coleta de dados pessoais de crianças sem consentimento, se forem utilizados para contatar pais ou responsáveis uma única vez, sem armazenamento, ou para sua proteção, sem que possam ser repassados a terceiros.

A coleta dos dados deve se dar de forma leal, considerando a vulnerabilidade agravada das crianças e adolescentes. Para tanto, compete ao controlador realizar "todos os esforços razoáveis" para determinar que o consentimento tenha sido realmente dado pelos pais ou responsáveis pelo titular dos dados. Da mesma forma, não pode o controlador condicionar a participação das crianças e adolescentes em jogos, aplicações de internet ou outras atividades, ao fornecimento de informações pessoais "além das estritamente necessárias à atividade". (art. 14, § 4º, da LGPD). No âmbito das relações de consumo, o art. 39, IV, do CDC (LGL\1990\40), define como prática abusiva "prevalecer-se da fraqueza ou ignorância do consumidor, tendo em vista sua idade, saúde, conhecimento ou condição social, para impingir-lhe seus produtos ou serviços". A utilização de jogos, aplicações de internet ou outros meios para coletar dados de consumidores crianças e adolescentes revela um prevalecimento de sua vulnerabilidade agravada, contaminando o posterior tratamento destes dados e a finalidade para as quais forem utilizados (especialmente para direcionamento ou segmentação de ofertas de produtos ou serviços).

Há, da mesma forma, um dever de informar qualificado em relação ao tratamento de dados de crianças e adolescentes, considerando tanto a capacidade de compreensão do titular dos dados, quanto de seus pais ou responsáveis. Para tanto, o art. 14, § 6º, da LGPD, define que tais informações deverão ser fornecidas "de maneira simples, clara e acessível, consideradas as características físico-motoras, perceptivas, sensoriais, intelectuais e mentais do usuário, com uso de recursos audiovisuais quando adequado", no que se conforma ao dever de esclarecimento previsto também no CDC (LGL\1990\40).

3.5 Responsabilidade pelos danos aos consumidores: tratamento indevido de dados pessoais

Em relação aos danos causados em relação ao tratamento indevido de dados pessoais, é necessário que se compreenda a existência de um dever de segurança imputável aos agentes de tratamento (controladores e operadores de dados), que é segurança legitimamente esperada daqueles que exercem a atividade em caráter profissional, e por esta razão presume-se que tenham a expertise suficiente para assegurar a integridade dos dados e a preservação da privacidade de seus titulares. Daí porque a responsabilidade dos agentes de tratamento decorre do tratamento indevido ou irregular dos dados pessoais do qual resulte o dano. Exige-se a falha do controlador ou do operador, que caracteriza o nexo causal do dano. Contudo, não se deve perquirir se a falha se dá por dolo ou culpa, senão que apenas sua constatação é suficiente para atribuição da responsabilidade, inclusive com a possibilidade de inversão do ônus da prova em favor do titular dos dados, nas mesmas hipóteses de hipossuficiência e verossimilhança que a autorizam no âmbito das relações de consumo (art. 42, § 2º, da LGPD).

O art. 44 da LGPD define que "o tratamento de dados pessoais será irregular quando deixar de observar a legislação ou quando não fornecer a segurança que o titular dele pode esperar, consideradas as circunstâncias relevantes, entre as quais: I – o modo pelo qual é realizado; II – o resultado e os riscos que razoavelmente dele se esperam; III – as técnicas de tratamento de dados pessoais disponíveis à época em que foi realizado." A técnica legislativa empregada na LGPD aproxima-se notoriamente daquela adotada pelo

CDC (LGL\1990\40) ao disciplinar o regime do fato do produto e do serviço, em especial na definição dos critérios a serem considerados para determinação do atendimento ao dever de segurança.

Note-se que a regra coloca em destaque, assim como ocorre em relação à responsabilidade do fornecedor no CDC (LGL\1990\40), a questão relativa aos riscos do desenvolvimento, uma vez que delimita a extensão do dever de segurança àquela esperada em razão das "técnicas de tratamento de dados disponíveis à época em que foi realizado". Isso é especialmente relevante considerando a grande velocidade do desenvolvimento da tecnologia no tratamento de dados, e os riscos inerentes, em especial as situações de vazamento e acesso não autorizado de terceiros aos dados armazenados pelo controlador ou pelo operador. Nestas hipóteses trata-se de definir em relação ao controlador e operador dos dados, se seria possível identificar um dever de atualização técnica imputável, e nestes termos, eventual adoção de novas técnicas que permitam o uso indevido do dado, especialmente por terceiros, venha a caracterizar espécie de risco inerente (fortuito interno), que não exclui sua responsabilidade pelos danos que venham a suportar os titulares dos dados; ou se delimitação quanto às técnicas disponíveis à época em que foi realizado o tratamento exclui eventual responsabilização do controlador e do operador pelo desenvolvimento tecnológico que permita obtenção de dados ou tratamento indevido por terceiros, desviado da finalidade originalmente prevista. Em outros termos, trata-se de situar, em relação à responsabilidade pelos danos causados em relação ao tratamento indevido de dados, qual o lugar dos riscos do desenvolvimento, considerando, neste caso, a própria previsibilidade de uma atualização e avanço técnico em atividades vinculadas à tecnologia da informação, mais veloz do que em outras atividades econômicas.

Os danos causados pelo tratamento indevido de dados pessoais dão causa à pretensão de reparação dos respectivos titulares dos dados pelos danos patrimonial e moral, individual ou coletivo. Responde pela reparação o controlador e o operador dos dados. No caso do operador, segundo o regime estabelecido pela LGPD, responderá solidariamente pelos danos causados quando descumprir as obrigações definidas na lei ou quando não tiver seguido as instruções lícitas do controlador, "hipótese em que o operador equipara-se ao controlador" (art. 42, §1º, I). Já os controladores que estiverem "diretamente envolvidos" no tratamento do qual decorram danos ao titular dos dados, também responderão solidariamente pela reparação (art. 42, §1º, II). Deve-se bem compreender do que se tratam as situações em que o controlador dos dados esteja "diretamente envolvido", afinal, a ele cabe o tratamento de dados, diretamente, ou por intermédio dos operadores. Afinal, ao controlador competem "as decisões referentes ao tratamento de dados pessoais" (art. 5º, VI, da LGPD). O operador, de sua vez, "realiza o tratamento de dados pessoais em nome do controlador" (art. 5º, VII, da LGPD). Nestes termos, as condições de imputação de responsabilidade do controlador e do operador pelos danos decorrentes do tratamento indevido dos dados serão: a) a identificação de uma violação às normas que disciplinam o tratamento de dados pessoais; e b) a existência de um dano patrimonial ou extrapatrimonial (moral) ao titular dos dados. Para a imputação de responsabilidade de ambos não se exigirá a demonstração de dolo ou culpa (é responsabilidade objetiva). Da mesma forma, é correto compreender da exegese da lei, e em razão da própria essência das atividades desenvolvidas, que responderão solidariamente, de modo que o titular dos dados que sofrer o dano poderá demandar a qualquer um deles, operador ou controlador, individualmente ou em conjunto.

Tratando-se de danos a consumidores decorrentes do tratamento indevido de dados, contudo, o art. 45 da LGPD, ao dispor que "as hipóteses de violação do direito do titular no âmbito das relações de consumo permanecem sujeitas às regras de responsabilidade previstas na legislação pertinente", conduzem tais situações ao regime do fato do serviço (art. 14 do CDC (LGL\1990\40)). Neste caso, controlador e operador de dados respondem solidariamente assim como outros fornecedores que venham intervir ou ter proveito do tratamento de dados do qual resulte o dano. Neste caso, incidem tanto as condições de imputação da responsabilidade pelo fato do serviço (em especial o defeito que se caracteriza pelo tratamento indevido de dados, ou seja, desconforme à disciplina legal incidente para a atividade), quanto as causas que porventura possam excluir eventual responsabilidade do fornecedor (art. 14, § 3º), que estão, porém, em simetria com o disposto no próprio art. 43 da LGPD. Outro efeito prático da remissão do art. 45 da LGPD ao regime de reparação próprio da legislação de proteção do consumidor será a submissão de eventuais pretensões de reparação dos consumidores ao prazo prescricional previsto no seu art. 27 do CDC (LGL\1990\40), de cinco anos contados do conhecimento do dano ou de sua autoria.

4. CONSIDERAÇÕES FINAIS

O tratamento de dados pessoais é um dos principais ativos da nova economia digital, expressão do que temos chamado novo paradigma tecnológico, cuja repercussão no mercado de consumo apenas se iniciou. Extensão da personalidade humana, os dados pessoais, resguardados sob a privacidade pessoal, converte-se em ativo ofertado pelo consumidor em troca de serviços até aqui qualificados como aparentemente gratuitos, mas que em verdade possuem uma onerosidade indireta decorrente da exigência de consentir em prestar dados como condição de acesso a serviços. Da mesma forma, a capacidade exponencial de processamento de dados permite usos novos ao tratamento destes dados, alterando a estratégia das empresas na oferta de produtos e serviços, direcionando e segmentando sua mensagem publicitária, na análise de risco de crédito do consumidor ou acompanhando a utilização do produto ou serviço ao longo do tempo. Estas circunstâncias, ao tempo em que podem aumentar a qualidade da prestação do fornecedor, lhe conferem um maior poder contratual, uma vez que o tratamento de dados pessoais permite antecipar preferências e identificar o perfil do consumidor com quem pretenda contratar, inclusive com a possibilidade de predizer seu comportamento negocial.

Daí porque, nos vários sistemas jurídicos, a legislação de proteção de dados pessoais orienta-se pela proteção não apenas da privacidade do titular dos dados, mas da sua liberdade pessoal, tanto no âmbito das relações negociais como também, em sentido mais amplo, do exercício de seus direitos fundamentais em geral. Nas relações de consumo, a nova legislação brasileira confiou na sua interação com as normas de proteção do consumidor, ao prever em seu art. 64 a possibilidade de diálogo de fontes, bem como a articulação da Autoridade Nacional de Proteção de Dados e outros órgãos com competência sancionatória, inclusive os de proteção do consumidor (art. 55-K, parágrafo único). A prevalência da competência da Autoridade Nacional de Proteção de Dados não afasta a observância das normas de proteção do consumidor, por força do princípio da legalidade. No curso do exercício da sua atividade de regulação e supervisão da atividade de tratamento de dados, eventuais situações de conflito de competências entre os órgãos deverão orientar-se segundo o critério de predominância da matéria em exame.

Certo é que a edição e plena eficácia da Lei Geral de Proteção de Dados eleva o direito brasileiro a um novo estágio de proteção da personalidade, considerando as transformações operadas pelas novas tecnologias da informação e da internet, que abrangem praticamente todas as dimensões da vida em sociedade. No âmbito das relações de consumo, sua repercussão deve ser tomada sempre de modo a assegurar a efetividade dos direitos do consumidor.

5. REFERÊNCIAS

BERGSTEIN, Lais. *O tempo do consumidor e o menosprezo planejado*. São Paulo: Revista dos Tribunais, 2019.

BEYLEVELD, Deryck; BROWSWORD, Roger. *Consent in the law*. Oxford: Hart Publishing, 2007.

BIONI, Bruno Ricardo. *Proteção de dados pessoais*. A função e os limites do consentimento. Rio de Janeiro: Forense, 2019.

CACHAPUZ, Maria Cláudia. Os bancos cadastrais positivos e o tratamento à informação sobre (in)adimplemento. *Revista AJURIS*, Porto Alegre, v. 40, n. 131, set. 2013.

CARVALHO, Ana Paula Gambogi. O consumidor e o direito à autodeterminação informacional: considerações sobre os bancos de dados eletrônicos. *Revista de Direito do Consumidor*, São Paulo: Revista dos Tribunais, v. 46, abr./jun. 2003.

CRAVO, Daniela Copetti. *Direito à portabilidade de dados*: interface entre a defesa da concorrência, do consumidor e proteção de dados. Rio de Janeiro: Lumen Juris, 2018.

DONEDA, Danilo. *Da privacidade à proteção dos dados pessoais*. Rio de Janeiro: Renovar, 2006.

DONEDA, Danilo. O direito fundamental à proteção de dados pessoais. *In:* MARTINS, Guilherme Magalhães; LONGHI, João Victor Rozatti (Coords.) *Direito digital*. Direito privado e internet. 2. ed. Indaiatuba: Foco, 2019.

FLETCHER, David. Internet of things. *In:* BLOWERS, Misty (Ed.) *Evolution of cyber technologies and operations to 2035*. Cham: Springer, 2015.

FTC. Protecting consumer privacy in an Era of Rapid Change. Recomendations for businesses and policymakers. *FTC Report*, march/2010, p. vii.

GARFINKEL, Simson. *Database nation*. The death of privacy in 21th century. Sebastopol: O'Reilly Media, 2000.

HACKENBERG, Wolfgang. Big data. *In:* HOEREN, Thomas; SIEBER, Ulrich; HOLZNAGEL, Bernd (Hrsg.) *Multimedia-Recht*: Rechtsfragen des elektronischen Geschäftsverkehrs. 37 Auf, Teil, 16.7, Rn 13, EL juli-2017.

HAHN, Horst; SCHREIBER, Andreas. E-Health. Potenziale der Digitalen Transformation in der Medizin. *In:* NEUGEBAUER, Reimund (Hrsg.) *Digitalisierung Schlüsseltechnologien für Wirtschaft und Gesellschaft*. Heidelberg: Springer Vieweg, 2018.

HÄRTING, Niko. *Anonymität und Pseudonymität im Datenschutzrecht*, Neue Juristische Wochenschrift, 29. Munich: C.H. Beck, 2013.

HUSTINX, Peter. Privacy by design: delivering the promises. *Identity in the information society*, n. 3, 2010.

JIMENE, Camilla do Vale. Reflexões sobre privacy by design e privacy by default: da idealização à positivação. *In*: MALDONADO, Viviane Nóbrega; BLUM, Renato Ópice (Coords.) *Comentários ao GDPR*: Regulamento Geral de Proteção de Dados da União Europeia. São Paulo: Revista dos Tribunais, 2019.

MARQUES, Claudia Lima; GSELL, Beat (Orgs.) *Novas tendências do direito do consumidor*: rede Alemanha-Brasil de pesquisa em direito do consumidor. São Paulo: Revista dos Tribunais, 2015.

MARTINS, Guilherme Magalhães; LONGHI, João Victor Rozatti (Coords.). *Direito digital*. Direito privado e internet. 2. ed. Indaiatuba: Foco, 2019.

MENDES, Laura Schertel. A vulnerabilidade do consumidor quanto ao tratamento de dados pessoais. *In*: MARQUES, Claudia Lima; GSELL, Beat (Orgs.) *Novas tendências do direito do consumidor*: rede Alemanha-Brasil de pesquisa em direito do consumidor. São Paulo: Revista dos Tribunais, 2015.

MENDES, Laura Schertel. *Privacidade, proteção de dados e defesa do consumidor*. Linhas gerais de um novo direito fundamental. São Paulo: Saraiva, 2014.

MENDES, Laura Schertel; DONEDA, Danilo. Reflexões iniciais sobre a nova Lei Geral de Proteção de Dados. *Revista de Direito do Consumidor*, São Paulo: Revista dos Tribunais, v. 120, nov./dez., 2018.

MICKLITZ, Hans-Wolfgang; JOOST, Lucia A. Reisch Gesche; ZANDER-HAYAT, Helga (Hrsg.). *Verbraucherrecht 2.0* – Verbraucher in der digitalen Welt. Baden-Baden: Nomos, 2017.

MINOW, Martha. *Making all the difference*. Inclusion, exclusion and American Law. Ithaca: Cornell University Press, 1990.

MIRAGEM, Bruno. *Curso de direito do consumidor*. 7. ed. São Paulo: Revista dos Tribunais, 2018.

MIRAGEM, Bruno. Eppur si muove: diálogo das fontes como método de interpretação sistemática no direito brasileiro. *In*: MARQUES, Claudia Lima (Org.). *Diálogo das fontes*. Do conflito à coordenação de normas do direito brasileiro. São Paulo: Revista dos Tribunais, 2012.

OLIVA, Milena Donato; VIÉGAS, Francisco de Assis. Tratamento de dados para a concessão de crédito. *In*: TEPEDINO, Gustavo; FRAZÃO, Ana; OLIVA, Milena Donato (Coords.). *Lei Geral de Proteção de Dados pessoais e sua repercussão no direito brasileiro*. São Paulo: Revista dos Tribunais, 2019.

PIORE, Michael J.; SABEL, Charles F. *The second industrial divide*. Possibilities for prosperity. New York: Basic Books, 1986 (reimpressão do original de 1984).

RESTA, Giorgio. Revoca del consenso ed interesse al trattamento nella legge sulla protezione dei dati personali. *Rivista Critica del Diritto Privato*, Bologna, ano XVIII, n. 2, giugno/2000.

SCHMECHEL, Philipp. Verbraucherdatenschutzrecht in der EU-DatenschutzGrundverordnung. *In*: MICKLITZ, Hans-Wolfgang; JOOST, Lucia A. Reisch Gesche; ZANDER-HAYAT, Helga (Hrsg.). *Verbraucherrecht 2.0* – Verbraucher in der digitalen Welt. Baden-Baden: Nomos, 2017.

SCHWENKE, Matthias Cristoph. *Individualisierung und datenschutz*. Rechtskonformer Umgang mit personenbezogenen Daten im Kontext der Individualisierung. Wiesbaden: Deutscher Universitäts-Verlag, 2006.

SIMITIS, Spiros (Hrsg). *Bundesdatenschutzgesetz*, 8. Auf. Baden-Baden: Nomos, 2014.

SIMITIS, Spiros. *Die informationelle Selbstbestimmung* – Grundbedingung einer verfassungskonformen Informationsordnung. Neue Juristische Wochenschrift, 8. München: C.H. Beck, 1984.

TEPEDINO, Gustavo; FRAZÃO, Ana; OLIVA, Milena Donato (Coords.). *Lei Geral de Proteção de Dados pessoais e sua repercussão no direito brasileiro*. São Paulo: Revista dos Tribunais, 2019.

TEPEDINO, Gustavo; TEFFÉ, Chiara Spadaccini de. Consentimento e proteção de dados pessoais na LGPD. *In:* TEPEDINO, Gustavo; FRAZÃO, Ana; OLIVA, Milena Donato (Coords.). *Lei Geral de Proteção de Dados pessoais e sua repercussão no direito brasileiro*. São Paulo: Revista dos Tribunais, 2019.

VAINZOF, Rony. Comentários ao art. 6º. *In:* MALDONADO, Viviane Nóbrega; BLUM, Renato Ópice (Coords.). *LGPD*: Lei geral de proteção de dados comentada. São Paulo: Revista dos Tribunais, 2019.

A RESPONSABILIDADE CIVIL NO UNIVERSO DOS BENS DIGITAIS

Bruno Torquato Zampier Lacerda

Mestre e Doutorando em Direito Privado pela PUC Minas. Professor de Direito Civil no Curso Supremo. Delegado de Polícia Federal.

Sumário: 1. Introdução. 2. Bens digitais: em busca de um conceito. 3. Danos a bens digitais. 4. Conclusão. 5. Referências.

1. INTRODUÇÃO

Passados dezessete anos de vigência do Código Civil Brasileiro e trinta e dois da Constituição da República atual, o velho modelo de responsabilização civil, calcado unicamente na ideia de ato ilícito, culpa e danos eminentemente patrimoniais, vem merecendo profunda reformulação, com o abandono de tradicionais estruturas como fundamento único da produção de deveres de reparação a uma vítima. Também pudera, numa sociedade tecnológica, impessoal, urbana, plural e democrática como a atual, o Direito deve amoldar-se aos novos desafios trazidos por este tempo, sob uma perspectiva que atenda às complexas exigências, sejam estas de ordem econômica, social e cultural.

Como sabido, a pessoa humana foi inserida como centro do ordenamento jurídico, fenômeno chamado por muito como personificação ou despatrimonialização do Direito. Este antropocentrismo constitucional, elevou a dignidade humana como sendo o vetor a ser perseguido, não sendo assim mero valor, mas verdadeiro sobreprincípio, que deverá inspirar a elaboração e interpretação de normas em nosso ordenamento jurídico. Desta maneira, o sistema de responsabilização civil irá inexoravelmente passar por este filtro protetivo traçado pela Carta Magna, que ainda estabeleceu, recorde-se, como princípio fundamental, a busca de uma sociedade verdadeiramente solidária, no inciso I de seu art. 3º (CRFB/1988).

Em que pese nossa Constituição da República em vigor não trazer maiores detalhamentos sobre desafios impostos pela tecnologia, mesmo porque grande parte desses imbróglios hoje existentes não são contemporâneos da última Assembleia Constituinte, será possível e necessário sempre se socorrer de princípios e regras ali inseridos, a fim de se solucionar os novos conflitos, frutos de violações a direitos sedentos por proteção.

De igual modo, o Direito Civil, assim como os demais ramos da ciência jurídica, devem ter em mira a necessidade de se atualizar e buscar responder, o quanto antes, aos problemas gerados pela ampliação das ferramentas digitais, notadamente com o avanço do uso da internet desde a segunda metade da década de noventa do século passado. A dogmática jurídica vem desconhecendo quase que por completo este novo momento de nossa sociedade, insistindo, no mais das vezes, em trabalhar hipóteses que fazem referência a uma sociedade calcada apenas na realidade e não na virtualidade. Este excesso de cautela, para não dizer omissão, do Direito no que diz respeito às influências tecnológicas, favorece a criação de um espaço hermenêutico para um pensamento crítico de nossa ciência, quer sob o viés da formulação de novas normas mais adequadas, quer seja pela aplicação judicial do normativo ora existente.

Imersos no paradigma digital, os interesses buscados por cada indivíduo mudam de forma muito mais célere que outrora. E a tecnologia mostra-se como sendo o principal fator a incentivar as constantes alterações de comportamentos. Se o presente artigo estivesse sendo escrito há dez anos, quem da área jurídica poderia imaginar a criação de criptomoedas, o desenvolvimento e usabilidade intensas de aplicativos de mobilidade urbana, os potenciais riscos à privacidade gerados pelas ferramentas geridas por inteligência artificial, as responsabilidades dos denominados *"digital influencers"* ou mesmo aquela oriunda da utilização de *drones* autônomos? Logo, a tarefa do jurista do século XXI é trazer o Direito, como ciência social e, em especial a responsabilidade civil, ao cenário sempre mutante da revolução digital, implícito à *sociedade em rede*[1]. Se surgem novos direitos, surgirão também novas lesões. Estamos, inexoravelmente, diante de inéditas fronteiras da responsabilidade civil.

2. BENS DIGITAIS: EM BUSCA DE UM CONCEITO

Numa sociedade cada vez mais imersa no cenário da tecnologia é natural que surjam novos interesses para os quais o Direito não poderá cerrar seu foco. Afinal, projeções materiais e imateriais da própria pessoa humana passam a ser incorporadas pelo mundo digital. O presencial confunde-se com o virtual, sendo este processo inexorável, sem freios e com uma velocidade impressionante.

Ao longo da vida, bilhões de pessoas irão interagir, externar seus pensamentos e opiniões, compartilhar fotos e vídeos, adquirir bens corpóreos e incorpóreos, contratar serviços, acumular benefícios e patrimônio, dentre centenas de outras possíveis atividades, por meio da rede mundial de computadores, a internet. É possível calcular quantas opiniões já foram externadas ou recebidas por uma pessoa ao longo deste ano por meio das plataformas digitais, como as redes sociais, por exemplo? Quantos e-mails e mensagens serão trocadas num período de cinco anos? E como calcular todo este emaranhado de exercícios de direitos fundamentais ao longo de uma vida inteira?

Naturalmente, este passar dos anos fará com que sejam depositadas na rede inúmeras informações, manifestações da personalidade e arquivos com conteúdo econômico, todos esses ligados a um determinado sujeito. Cada internauta terá sua titularidade digital, tenha este caráter econômico (patrimônio digital) ou não (existência ou personalidade digital), que necessitará ser protegida, seja porque em algum momento ele irá falecer, manifestar alguma causa de incapacidade ou mesmo sofrer violações a este legado armazenado em rede.

---

1. Expressão construída por Manuel Castells em: CASTELLS, Manuel. *A sociedade em rede*. Tradução de Roneide Venâncio Majer. 8. ed. São Paulo: Paz e Terra, 2000.

Para denominar esta verdadeira titularidade, dois tem sido os nomes mais usados, elaborados em especial nos Estados Unidos da América, uma vez que o tema no Brasil ainda é um neófito. Assim, é cada vez mais comum encontrar as expressões: *digital assets*[2] e *digital property*[3].

A nossa opção vem sendo, desde 2015, até para alinhamento à nomenclatura utilizada pelo Código Civil de 2002, denominar tais ativos como bens. E, em sendo bens, como se apresentam em um ambiente diferente do convencionalmente tratado por nossa legislação, o melhor seria considerá-los bens digitais, como fruto da verdadeira revolução tecnológica e digital operada em nossa sociedade nas últimas décadas. Assim, restaria claro que se está diante de legítimos bens jurídicos, com notória implicação neste novo ambiente.

No ambiente tradicional, hoje denominado de presencial ou não virtual, somos titulares, há muito, de interesses legítimos, os quais poderemos manejar conforme nossa vontade, desde que sejam respeitados os limites impostos pelo ordenamento jurídico. Precisamente aí se encontra o substrato teórico mais aceito hodiernamente para a definição de direitos subjetivos. No ambiente virtual, tal qual no não virtual, há também que se falar em titularidades de direitos de caráter nitidamente econômicos, com viés patrimonial, bem como outros ligados inteiramente aos direitos da personalidade, de natureza existencial. Por tal razão, acredita-se que seja adequada a construção de duas categorias de bens: os bens digitais patrimoniais e os bens digitais existenciais. Ressalte-se ainda que alguns destes bens poderão se apresentar com ambos os aspectos; patrimonial e existencial a um só tempo, numa natureza mista.

Há que se recordar ainda que os bens em geral poderão ter natureza corpórea ou incorpórea. Neste sentido, os bens digitais se aproximariam mais da segunda forma, bens incorpóreos, já que a *informação*[4] (aqui tratada como verdadeiro bem jurídico em sentido lato, conforme ensinamentos de Pietro Perlingieri) postada na rede, esteja ela armazenada localmente em um sítio ou inserida em pastas de armazenamento virtual, seria intangível fisicamente, abstrata em princípio.

Assim, tais ativos digitais poderiam se apresentar sob a forma de informações localizadas em um sítio de internet, tais como aquelas inseridas em um correio eletrônico, numa rede social, salvas num site de compras ou pagamentos, em blogs ou vlogs, numa plataforma de compartilhamento de fotos ou vídeos, em contas para aquisição de músicas, filmes e livros digitais, em contas para jogos online ou mesmo em contas para armazenamento de dados (denominadas popularmente como nuvens).

Paralelamente à noção de informação, estaria a definição de conteúdo. Este poderia ser conceituado como sendo uma expressão que englobaria todo e qualquer segmento de informação propriamente dito, ou seja, conteúdo será sempre uma informação digital,

---

2. Numa tradução nossa: *ativos digitais*.
3. Também numa tradução nossa: *propriedade digital*.
4. PERLINGIERI, Pietro. *O direito civil na legalidade constitucional*. Tradução de Maria Cristina de Cicco. Rio de Janeiro: Renovar, 2008. É válida e necessária a utilização da percepção de Pietro Perlingieri, quando afirma ser a informação um bem jurídico, desde que se apresente útil a alguma necessidade humana, despertando assim o interesse do Direito e sua respectiva tutela. Os bens digitais são informações que em sua imensa maioria se apresentarão como úteis tendo, portanto, com relevância jurídica.

podendo então envolver um texto, uma imagem, um áudio ou vídeo, ou seja, qualquer dado, sendo estes posteriormente difundidos pela Internet. Os bens digitais devem ser vistos como gênero que incorporaria toda esta gama de informações e mais abrangentemente de conteúdos, postados ou compartilhados através do ambiente virtual.

Seria possível então arriscar um conceito daquilo que mais uma vez se está a denominar de bens digitais. Estes ativos seriam aqueles bens incorpóreos, os quais são progressivamente inseridos na Internet por um usuário, consistindo em informações de caráter pessoal que trazem alguma utilidade àquele, tenha ou não conteúdo econômico.

Vale registrar que ao contrário do que se passa nos Estados Unidos da América, não há, até o presente momento, qualquer regramento legal específico no Brasil em relação a estes bens. O Marco Civil da Internet (Lei 12.965/2014) não traz nenhuma definição sequer similar ao que ora aqui se está a trabalhar, tampouco a LGPD (Lei Geral de Proteção de Dados, Lei 13.709/2018). Milita-se, aqui, em favor da construção no Brasil de um verdadeiro microssistema próprio de reconhecimento e tutela dos bens digitais, aos moldes do que vem sendo aprovado por dezenas de estados da federação norte-americana desde 2014, no projeto de lei unificado denominado de UFADAA (*Uniform Fiduciary Access to Digital Assets Act*). Através desta lei, há uma interessantíssima conciliação dos interesses dos titulares de bens digitais, seus familiares, terceiros e provedores de conteúdo. O mesmo caminho vem sendo seguido pela Comunidade Europeia, a qual discute a formulação de sua lei geral sobre ativos digitais, com previsão de conclusão do projeto em 2021, conforme o ELI (*European Law Institute*).

3. DANOS A BENS DIGITAIS

O dano é, sem dúvidas, o elemento mais relevante da responsabilidade civil, uma vez que sem sua ocorrência não há pressuposto para qualquer dever jurídico consequente, tais como a indenização, a inibição de conduta, o direito de resposta ou qualquer outro. Sendo assim, é correto dizer que onde não há dano, não há que se falar em responsabilidade civil.

Aqui, o Direito Civil se distancia do Direito Penal, já que neste é possível haver responsabilização criminal pela mera conduta, independentemente de qualquer dano, como ocorre em delitos como a embriaguez ao volante, o porte ilegal de arma de fogo ou a invasão de domicílio. A responsabilidade civil requer uma alteração no mundo exterior, ou seja, um dano injustificado a bens titularizados por um sujeito, quer sejam estes danos de natureza patrimonial ou extrapatrimonial.

Na ausência de um conceito legal de dano, tem-se hoje no Brasil um conceito aberto, numa verdadeira *cláusula geral de reparação de danos*[5], como bem pontuam Farias, Rosenvald e Braga Netto. O legislador optou, de maneira proposital, por deixar a critério de cada magistrado, diante de um caso concreto, densificar o que seria considerado um dano

---

5. ROSENVALD, Nelson; FARIAS, Cristiano Chaves de; BRAGA NETTO, Felipe Peixoto. *Curso de direito civil*: responsabilidade civil. Salvador: Juspodivm, 2014, v. 3.

apto a gerar efeitos jurídicos. Assim, caberá ao Poder Judiciário, ao ser provocado, verificar o prejuízo sofrido pela vítima, bem como os interesses jurídicos que foram lesados.

A adoção de uma cláusula geral traz consigo a quase certeza de que haverá discrepância de entendimentos, sobremaneira numa cultura jurídica como a brasileira em que a valorização e respeito aos precedentes judiciais ainda está longe de alcançar seu patamar adequado. A título de exemplo desta diferença de tratamento, é interessante citar a jurisprudência do Superior Tribunal de Justiça a respeito da presença de insetos ou corpos estranhos no interior de embalagens alimentícias. Há julgados em que se entende ter havido violação a interesses existenciais da vítima (REsp. nº 1.828.026-SP, DJe 12/09/2019) e, em outros, entende-se que há mero dissabor inapto a configuração de danos morais (REsp. nº 1.395.647-SC, DJe 19/12/2014). Afinal, há dano ou não em situação assim? Deveria existir uma resposta única de nossas cortes superiores?

Todavia, tais incongruências no âmbito decisório não devem ser consideradas como argumentos suficientes à neutralização da utilização desta técnica legislativa. É mais conveniente, sem sombra de dúvidas, um sistema aberto a um sistema fechado, este último calcado na velha técnica da subsunção, fruto da escola da exegese. Assim, no campo dos danos, os arts. 186, 187 e 927 do Código Civil retratam a real existência de cláusulas gerais na perspectiva da responsabilidade civil.

No campo dos bens digitais, ainda são incipientes as decisões que constatam a presença de danos, sejam estes aos bens em si, sejam àqueles decorrentes do exercício do direito subjetivo digital. Afinal, para que o Poder Judiciário possa reconhecer cada vez mais fatos que efetivamente atentam contra a titularidade destes ativos, é preciso que preliminarmente se tenha o entendimento de que se está diante de um novo tipo de interesse legítimo. Desta maneira, ao se reconhecer, haverá o consectário dever de não interferência de terceiros (*neminem laedere*) e, ao mesmo tempo, o necessário exercício do direito subjetivo dentro dos limites traçados pelo ordenamento (vedação ao abuso de direito).

Para demonstrar em caráter não exaustivo as possibilidades de lesões relacionadas à titularidade de bens digitais, serão utilizadas quatro categorias, facilitando-se o entendimento e dimensionamento de eventuais responsabilidades civis: a) Lesões oriundas da conduta de outro particular; b) Lesões oriundas da conduta do próprio provedor; c) Lesões oriundas da conduta do Estado; d) Lesões oriundas da conduta de familiares do titular.

Passemos à análise de cada uma destas categorias, a partir da combinação entre teoria e casos concretos, a fim de didaticamente ser abordada esta nova realidade.

a) Lesões oriundas da conduta de outro particular: suponhamos uma hipótese extremamente comum nos dias atuais; o sequestro de dados ou sequestro digital, conduta que tecnicamente recebe o nome de *ransomware*, uma espécie do gênero *malware*[6]. Através desta prática, uma pessoa, após invadir o computador de outra, utiliza-se de criptografia para travar o acesso a todos os arquivos ali existentes. Isto envolve arquivos de texto, planilhas, vídeos, imagens, programas, entre outros. Para liberar o acesso, o violador exige da vítima o pagamento de uma espécie de resgate. E para dificultar o ras-

---
6. *Malware* é a junção das palavras em língua inglesa *malicious* e *software*, ou seja, programas maliciosos.

treamento desse resgate, os autores deste ilícito costumam exigir que o pagamento seja feito em moedas digitais ou criptomoedas, como o *bitcoin*[7]. Portanto, se o titular de um bem digital vem a utilizá-lo a partir de uma máquina contaminada com um ransomware, indubitavelmente terá havido também a violação deste seu direito subjetivo pela prática de uma conduta dolosa que ocasiona danos.

Logo, para além das eventuais responsabilidades criminais envolvidas, em especial a prática do delito tipificado no *art. 154-A do Código Penal*[8], há também a configuração do ato ilícito descrito no *art. 186 do Código Civil*[9], trazendo como primeiro efeito a possibilidade da vítima exigir a reparação integral dos danos sofridos, sejam estes materiais ou morais, nos termos do *art. 927 do Código Civil*[10]. Aqui estaríamos diante de clara hipótese de responsabilidade civil extracontratual ou aquiliana, de natureza subjetiva. Outros exemplos de violações de bens digitais procedidos por particulares poderiam ser a invasão de redes sociais[11], a utilização de milhas aéreas alheias sem autorização[12] e o próprio furto ou roubo de criptomoedas[13].

b) Lesões oriundas da conduta do provedor: inicialmente é importante, na esfera dos bens digitais, distinguir os tipos de provedores existentes. Conforme o Marco Civil da Internet (Lei 12.965/2014) e a abalizada opinião da doutrina, há que se diferenciar o *Provedor de Serviço de Acesso* e o *Provedor de Serviços Online*[14]. O primeiro tipo de provedor seria aquele que fornece o acesso ao serviço de internet, ou seja, que permite que o usuário tenha a conexão com a rede mundial de computadores. Após conectado, vem a relevância do segundo tipo de provedor, ou seja, o de serviços online (também denominados provedores de conteúdo ou de informação), figura esta que reúne desde o provedor que concede acesso a um serviço de e-mail, a hospedagem de um site, a uma rede social ou mesmo um portal de notícias. Na linguagem adotada pela legislação

---

7. *Bitcoin* é hoje a principal criptomoeda existente no mundo, descentralizada, permitindo transações ponto a ponto, ou seja, é um protocolo de comunicação que permite que todos os titulares deste ativo digital sejam ao mesmo tempo clientes e servidores deste sistema. Não há um governo ou uma empresa que venha a controlar a titularidade, transferência e uso destes *bitcoins*.
8. "Art. 154-A. Invadir dispositivo informático alheio, conectado ou não à rede de computadores, mediante violação indevida de mecanismo de segurança e com o fim de obter, adulterar ou destruir dados ou informações sem autorização expressa ou tácita do titular do dispositivo ou instalar vulnerabilidades para obter vantagem ilícita: (Incluído pela Lei nº 12.737, de 2012) Pena: detenção, de 3 (três) meses a 1 (um) ano, e multa."
9. "Art. 186. Aquele que, por ação ou omissão voluntária, negligência ou imprudência, violar direito e causar dano a outrem, ainda que exclusivamente moral, comete ato ilícito."
10. "Art. 927. Aquele que, por ato ilícito (arts. 186 e 187), causar dano a outrem, fica obrigado a repará-lo."
11. Sejam invasões sofisticadas praticadas por grupos de hackers, como por exemplo, aquela ocorrida em 2018 no Facebook, que levou a empresa a *resetar* mais de 50 milhões de contas de usuários, sejam as invasões praticadas individualmente, como aquela feita por um detetive privado em busca de indícios de traições conjugais.
12. O Tribunal de Justiça do Rio Grande do Sul já teve a oportunidade de julgar, em mais de uma oportunidade, que as empresas que gerenciam os programas de milhas aéreas são responsáveis por eventuais violações indevidas a contas de titulares, em especial pela emissão não autorizada de bilhetes aéreos. Seria uma espécie de fortuito interno que obrigaria tais empresas a reporem os créditos em milhas nas contas lesadas, sem contudo haver condenação por danos morais, o que a nosso juízo se afigura como correto, uma vez que milhas aéreas deveriam ser enquadradas como bens digitais patrimoniais. Ver Recurso Cível Nº 71005530068, Quarta Turma Recursal Cível, Turmas Recursais, Relator: Deborah Coleto Assumpção de Moraes, Julgado em 01/04/2016.
13. Notícias em sites especializados dão conta de que os furtos e roubos envolvendo criptomoedas chegou a 1,2 bilhão de dólares em 2019. Hackers estão se especializando neste tipo de violação, seja pela instalação de *malwares* como o *cryptoshuffler* ou falhas nos sistemas de corretoras especializadas neste tipo de transação.
14. Esta distinção é feita por: LEMOS, Ronaldo. *Direito, tecnologia e cultura*. Rio de Janeiro: FGV, 2005.

brasileira, embora o citado Marco Civil não conceitue provedores especificamente, teríamos respectivamente os Provedores de Conexão à Internet (como equivalente ao que doutrinariamente se denomina de Provedores de Serviço de Acesso) e Provedores de Aplicação de Internet (assemelhados aos Provedores de Serviços Online), conforme se retira dos arts. 11 e 15 da mencionada legislação.

Dito isto, o foco da análise aqui pretendida, à toda evidência, deverá ser os Provedores de Serviços Online. A título de exemplo, é possível dizer que empresas como o Facebook, Google, dentre outras, são provedores desta natureza. E é através dos serviços destas empresas que será exercida a titularidade de grande parte dos bens digitais, como um perfil do Instagram ou um Canal no YouTube. Pois bem; seria possível que lesões a bens digitais partissem da conduta dos próprios provedores? Indubitavelmente sim. E inúmeros são os exemplos. Em 2018, a conta do Instagram do influenciador digital Hugo Gloss, com mais de onze milhões de seguidores, foi bloqueada pelo provedor de serviços online Facebook (proprietário do Instagram), sem qualquer notificação prévia. Apenas posteriormente a rede social esclareceu à celebridade digital que haviam sido feitas denúncias por uso indevido de imagens alheias, ou seja, que a suspensão teria sido fruto de violação a direitos autorais. Ora, não seria mais obediente aos princípios que norteiam os contratos, em especial a boa-fé objetiva e a função social do contrato, se manter contato prévio com o titular do bem digital e informar sobre tais denúncias, dando assim inclusive oportunidade de contraditório e ampla defesa? No caso em tela, o Instagram bloqueou a conta para depois esclarecer o ocorrido e, por seis dias, a conta permaneceu suspensa. E este tem sido o procedimento desta rede social em situações semelhantes, seja junto a pessoas naturais ou jurídicas. Por vezes, o bloqueio ocorre sem que ao menos se informe ao titular por qual canal deve ser feito o contato para reativação ou esclarecimento da situação, violando-se o dever anexo de informação e transparência.

Ao que parece, agindo assim, o provedor de serviços online abusa de seu direito de controle, o que configuraria a conduta descrita no art. 187 do Código Civil. É perfeitamente possível imaginar os prejuízos que o influenciador digital acaba enfrentando em casos como o narrado: rompimento de contratos de patrocínios, desconfiança do mercado e de seus seguidores, perda de chance de novas contratações, lucros cessantes pela ausência de publicações já acertadas durante os dias de suspensão.

Desta maneira, esta lesão oriunda da conduta do próprio provedor ao bem digital ensejaria indenizações por danos materiais, danos morais, perda de chance, bem como a utilização de tutelas específicas, como a tutela de inibição do ilícito (evitando a reiteração deste tipo de conduta pelo provedor), dever de retratação (determinando assim que o provedor esclareça ao público em geral as razões da suspensão da conta), entre outras. Cabe ainda levantar uma dúvida: entrando em litígio judicial com o provedor, se esta viesse a ser a solução encontrada por Hugo Gloss em último caso, poderia o Instagram direcionar seus algoritmos propositalmente para boicotar a conta da celebridade da internet? Obviamente que não. Se assim agisse, haveria mais uma conduta em abuso do direito, violando-se também aquilo que hoje se convencionou denominar de *transparência algorítmica*[15].

---

15. Esta expressão tem ganhado corpo nos últimos anos, tendo-se em vista o grande volume de dados que são captados pelos provedores de conteúdo. Seria conveniente saber como os dados são coletados e para qual finalidade eles são

A boa-fé objetiva, enquanto princípio regente das relações privadas, teria nesta senda forte aplicação, pois os deveres oriundos de sua função integrativa também se fariam presentes, como a colaboração, o cuidado, a informação direta e adequada, nos termos do art. 422 do Código Civil. Cumprir adequadamente o contrato, evitando a sua violação positiva ou adimplemento ruim, significaria abrir e manter um canal permanente de contato entre os provedores e usuários, evitando-se que medidas como as narradas acima fossem adotadas ao arrepio das expectativas dos personagens envolvidos. Por tudo isto, seria possível também se cogitar numa eventual responsabilização civil por violação aos deveres impostos pelo princípio da boa-fé objetiva.

Tal cenário proibiria a alteração unilateral dos contratos digitais de adesão, comumente utilizados por estes provedores? Definitivamente não. Inclusive é comum que as políticas de uso dos serviços retratadas nestes contratos sejam constantemente atualizadas. O que se espera, à toda evidência, é que seja dada a devida publicidade a estas modificações, evitando-se assim que o titular do ativo digital seja surpreendido com suspensão dos serviços, como acima narrado. Aqui há clara função preventiva da responsabilidade civil.

Neste sentido, ganhou destaque em meio à pandemia do coronavírus em 2020, causador da doença COVID-19, a mudança das políticas de uso de várias redes sociais, a fim de se evitar que, por meio destas, fossem veiculadas informações inverídicas que pudessem causar pânico e desinformação à toda coletividade. Na esteira destas modificações, se fez presente também um maior controle por parte das redes, em especial Twitter e Facebook, valendo-se de mecanismos de *machine learning* e também de revisão humana. Por tal razão, algumas publicações foram deletadas pelas empresas administradoras destes bens digitais, ganhando destaque o apagamento de mensagens veiculadas pelo Presidente da República Federativa do Brasil e alguns de seus parentes[16], o que por óbvio gerou forte repercussão e debate sobre o alcance da liberdade de expressão no ambiente virtual.

Forçoso recordar que, em casos assim, a lei nº 12.965/2014 (Marco Civil da Internet) em seu art. 20, é expressa ao afirmar que: "Sempre que tiver informações de contato do usuário diretamente responsável pelo conteúdo a que se refere o art. 19, caberá ao provedor de aplicações de internet comunicar-lhe os motivos e informações relativos à indisponibilização de conteúdo, com informações que permitam o contraditório e a ampla defesa em juízo, salvo expressa previsão legal ou expressa determinação judicial fundamentada em contrário." Ou seja, o Twitter tem o dever de informar ao Presidente da República as razões expressas da retirada do conteúdo postado, permitindo inclusive que, caso queira, possa ser acionado o Poder Judiciário para sua republicação. Da mesma forma que pode ter havido abuso no exercício da liberdade de expressão, pode também

---

utilizados. E tudo isto passaria também pela percepção de que algoritmos podem ser direcionados, por exemplo, para que a imagem de determinado político aparecesse mais no *feed* de sua rede social, ou como no caso citado, essa mesma rede viesse a boicotar as publicações de alguém que discorda de seus termos de uso ou publicamente a crítica. A ausência de transparência algorítmica é um problema trazido pela sociedade em rede e que deve cada vez mais ser enfrentado pelos operadores do direito.

16. A fim de se compreender melhor esta possível restrição à liberdade de expressão no exercício da titularidade de um bem digital: "O Twitter censurou Jair Bolsonaro?". Disponível em https://supremoconcursos.jusbrasil.com.br/artigos/825968849/o-twitter-censurou-jair-bolsonaro?ref=serp.

ter ocorrido abuso no direito de supressão. E, em última análise, quem irá verificar isto será o Estado no âmbito de sua função jurisdicional.

c) Lesões oriundas da conduta do Estado: ao refletir sobre o papel do Estado no âmbito dos bens digitais, é possível enxergar condutas comissivas ou omissivas que poderiam conduzir a possíveis responsabilizações. A primeira e mais evidente hipótese seria a daquele Estado que, a fim de monitorar os seus nacionais ou mesmo cidadãos estrangeiros, deliberadamente invade bens digitais, como e-mails ou perfis de redes sociais. Este expediente violador não apenas da titularidade dos ativos aqui debatidos, mas também de direitos e garantias fundamentais, foi exemplarmente retratado no caso *Edward Snowden*[17], ex-administrador de sistemas da agência de inteligência (CIA) e ex-contratado da agência nacional de segurança (NSA), órgãos dos Estados Unidos da América. Segundo denunciou a grandes jornais mundiais, havia um grande sistema arquitetado por esse País para vigiar em nível global as comunicações e informações que circulavam tanto pela internet, quando por qualquer outro sistema rastreável, como as telecomunicações. Até mesmo grandes líderes mundiais foram espionados pelos norte-americanos, segundo documentos vazados em 2013. Em que pese serem questionáveis tais condutas no plano do Direito Internacional, havia leis internas no ordenamento norte-americano que permitiam que tais violações fossem perpetradas. Portanto, é possível questionar se cidadãos estrangeiros, comprovadamente vigiados, teriam sucesso numa demanda indenizatória contra o Estado Norte-americano, pelas violações perpetradas contra seus direitos da personalidade, em especial através da invasão não consentida de seus bens digitais.

Noutro giro, é possível cogitar também numa responsabilização estatal pela ausência ou precariedade de mecanismos jurídicos para a adequada tutela dos bens digitais. Ao contrário do que vem se passando nos Estados Unidos, onde desde o início da década passada há profundo debate sobre uma legislação que tutele adequadamente os bens digitais, o Brasil tem projetos de lei pífios para regulação desta nova categoria de direitos, que não devem minimamente prosperar. A complexidade das situações envoltas aos bens digitais clama uma profunda reflexão e debate antes da intervenção legislativa. E essa temática não deve ser enfrentada apenas sob o viés de direitos sucessórios, como sugere os projetos em trâmite no Congresso Nacional[18]. Há interesses de parentes, por suposto, mas há também interesses de terceiros que mantiveram contato com o falecido através do bem digital. Claramente está presente ainda os interesses dos provedores, em saber quais deveres terão diante deste cenário, quais ferramentas e investimentos serão necessários para cumprir o disposto pela lei. E sobremaneira, deve haver profundo respeito à autonomia existencial e patrimonial do falecido ou interdito, caso tenha sido manifestada em vida, seja através de declaração própria ou pelo uso de ferramentas disponibilizadas pelo próprio provedor de serviços.

---

17. Para entender o caso Edward Snowden: http://g1.globo.com/mundo/noticia/2013/07/entenda-o-caso-de-edward-snowden-que-revelou-espionagem-dos-eua.html.
18. A título de exemplo, ver o Projeto de Lei nº 7742/2017, que acrescenta o art. 10-A à Lei nº 12.965, de 23 de abril de 2014 (Marco Civil da Internet), a fim de dispor sobre a destinação das contas de aplicações de internet após a morte de seu titular. Disponível em: https://www.camara.leg.br/proposicoesWeb/fichadetramitacao?idProposicao=2139508.

Desta forma, o mais adequado seria que o Brasil caminhasse para o regramento próprio e específico dos bens digitais, na linha do que fora feito nos Estados Unidos, sob a coordenação da ULC (*Uniform Law Comission*). Redigiu-se um modelo de projeto que cada estado da federação estadunidense poderá optar por aprovar no âmbito de sua autonomia legislativa. E a maioria esmagadora vem aprovando leis referendando tal projeto, denominado de UFADAA (*Uniform Fiduciary Access to Digital Assets Act*). Um regulamento exemplar vem sendo debatido também no âmbito da ELI (*European Law Institute*), para que seja elaborada um diretiva aplicável a toda comunidade europeia.

E diante de uma proteção insuficiente, como apresentado no caso brasileiro, é possível que se projete a utilização do postulado da proporcionalidade. Sendo a titularidade de bens digitais uma forma de se materializar e exercitar diversos direitos fundamentais, tais como a liberdade de expressão, a imagem, a reputação, a identidade, a privacidade, o nome, apresenta-se como importante recordar que estes, para além de trazer proibições de intervenção, carregam também deveres de proteção, como bem ressaltado pelo Ministro Gilmar Mendes, ao apreciar a ADI 3510 no Supremo Tribunal Federal, seguindo as lições de Canaris[19].

Nesta situação de ausência de uma legislação específica e eficaz na tutela dos bens digitais, o princípio da proporcionalidade deveria assumir sua vertente de proibição de proteção deficiente (*Untermassverbot*). Como há um imperativo de tutela aos direitos fundamentais, esta omissão estatal acaba por não otimizar a proteção desses direitos, razão pela qual há um dever estatal de empregar o quanto antes medidas de caráter material e normativo, para que esta tutela seja, a um só tempo, adequada e suficiente, como se manifestou o Tribunal Constitucional alemão, ao julgar um caso relativo ao aborto (*BverfGE* 99, 203, 1993). Portanto, é tarefa sim do legislador brasileiro determinar, de forma detalhada, o tipo e extensão da proteção, observando-se a proibição de insuficiência.

Por todo o exposto, a questão que se coloca é: mas seria possível se cogitar em responsabilidade civil do Estado por ausência desta proteção legislativa? A resposta há de ser negativa. Conforme já decidido pelo Supremo Tribunal Federal, "o reconhecimento judicial de omissão legislativa em cumprir seu mister institucional em contrariedade a dispositivo constitucional não implica em reconhecer, de pleno direito, que durante o período de vigência do comando sem a edição da espécie legislativa houve violação ao patrimônio jurídico dos destinatários da norma, sob pena de restar caracterizada atípica hipótese de responsabilidade civil do Estado por ausência de ato legislativo." [20] O sistema constitucional vigente, recorde-se, possui seus próprios sistemas de controle para atuar diante de omissões legislativas, com instrumentos como o mandado de injunção e a ação direta de inconstitucionalidade por omissão. Seria por demais, neste momento, cogitar a presença de um dano social, ante a ausência de criação de um sistema de tutela aos bens digitais.

---

19. CANARIS, Claus-Wilhelm. *Direitos fundamentais e direito privado*. Tradução de Ingo Wolfgang Sarlet e Paulo Mota Pinto. 2. reimp. Coimbra: Almedina, 2009.
20. BRASIL. Supremo Tribunal Federal. Processo: ACO 792 AgR-ED/PR, Rel. Min. Edson Fachin. *Diário de Justiça*, Brasília, 12 set 2017.

Caberá ao Poder Judiciário, a partir da aplicação do princípio da proporcionalidade, definir como estes ativos devem ser protegidos, diante de um determinado caso concreto. Para tanto, poderá se socorrer tanto da tutela da propriedade e seu farto manancial normativo, para bens digitais patrimoniais, quanto da cláusula geral de proteção aos direitos da personalidade, para bens digitais existenciais.

d) Lesões oriundas da conduta de familiares do titular: de fato esta categoria poderia ter sido inserida na hipótese descrita na letra "a" (lesões oriundas da conduta de terceiros). Todavia, há especificidades que permitem seu tratamento autônomo, como se verá na sequência. As relações jurídicas familiares, portanto, também recebem os influxos da responsabilidade civil, algo impensável até as últimas décadas do século XX. O pai era titular de um poder quase absoluto, inquestionável. Hoje, todavia, os deveres existentes nestas relações familiares, quando rompidos indevidamente, poderão causar danos passíveis de reparação.

E aqui, estamos a falar não apenas de deveres conjugais, mas também deveres de respeito aos direitos existenciais e patrimoniais daqueles com quem se convive no âmbito da privacidade familiar, evitando-se o abuso de direito e respeitando paradigmas impostos pela boa-fé objetiva. Fato é que no âmbito das relações afetivas familiares, condutas comissivas ou omissivas podem conduzir à violação de direitos alheios. As eventuais lesões promovidas por familiares, normalmente decorrem da estreita relação de proximidade com o titular do bem digital. Desta forma, é possível construir algumas hipóteses concretas, tais como a invasão indevida a uma conta de e-mail ou rede social do(a) companheiro(a) ou marido (esposa), o controle excessivo de contas de filhos sem qualquer respeito à sua condição de ser em desenvolvimento e, ainda, a apropriação inadequada destes ativos *post mortem*, ao arrepio da vontade do falecido.

No primeiro caso, o parceiro ofensor da privacidade e intimidade alheia poderá ter o acesso à senha sem consentimento do titular ou mesmo instalar softwares denominados de *stalkerwares*[21], para obter todo o tráfego de dados de um *gadget*[22]. Para além da responsabilidade criminal, uma vez que esta conduta se amolda ao tipo incriminador introduzido em 2012 no art. 154-A do Código Penal é plenamente possível que o autor da lesão responda também civilmente. Resta claro que tal proceder se enquadra como ato ilícito, nos termos do art. 186 do Código Civil, razão pela qual há responsabilidade civil subjetiva pelos eventuais danos materiais e morais causados à vítima, em obediência ao princípio da reparação integral, consubstanciado nos arts. 927 e 944 do mesmo diploma. O fundamento aqui é bem próximo ao externado acima, quando da instalação de *ransomware*, em que pese as finalidades e motivações destas invasões serem normalmente distintas.

---

21. *Stalkerware* vem do inglês *stalker*, perseguidor. Este software que pode ser hoje encontrado em forma de aplicativos para telefones celulares, rastreia todas as atividades realizadas no aparelho da vítima, repassando-as ao violador.
22. *Gadget* (possivelmente do francês *gachette*, peças mecânicas variadas), é um equipamento que tem um propósito e uma função específica, prática e útil no cotidiano. São comumente chamados de *gadgets* dispositivos eletrônicos portáteis como PDAs, celulares, *smartphones*, leitores de MP3, entre outros. Conhecidos também como *gizmos*, possuem um forte apelo de inovação em tecnologia, sendo considerados como tendo um design mais avançado ou tendo sido construído de um modo mais eficiente, inteligente e incomum.

Já na segunda situação, tem-se em conta o exercício do poder familiar e os limites eventualmente impostos por pais a filhos no uso de novas tecnologias. Se é certo que não há como a normatividade estabelecer com clareza qual seria o ponto de equilíbrio desta intrincada equação, é igualmente correto afirmar que para garantir o pleno desenvolvimento de crianças e adolescentes é necessário que os pais permitam o acesso a ativos digitais, como redes sociais e e-mails, sob pena de verdadeira exclusão digital. Portanto, ao invés de simplesmente violar os direitos da personalidade dos filhos, com invasões indevidas a seus bens digitais, a melhor forma de tutela seria a supervisão no uso destes recursos tecnológicos, conscientizando-se a respeito dos perigos apresentados por uma vida online, a necessidade de autopreservação da imagem e da honra, os cuidados para que não ocorram *cyberbullying* ou *sextortion* (chantagem sexual), enfim, fornecendo-se elementos para uma educação digital.

Assim, é possível sim afirmar que a indevida intervenção em ativos digitais de filhos configura abuso quanto ao exercício do poder familiar, uma espécie do gênero abuso de direito. Na visão de Tartuce e Gramstrup, este abuso compreenderia as situações em que os detentores daquele poder-dever excedem as balizas socialmente esperadas de sua atuação e desviam-se das finalidades jurídicas associadas à sua condição de pais[23]. Em casos extremos, a resposta tradicional do direito de família em situações desta natureza será impor aos pais a suspensão ou perda do poder familiar. Porém, não é impensável que haja também condenações ao pagamento de indenizações ante ao exercício abusivo deste poder-dever.

Quanto à última hipótese, parte-se para a apropriação indevida destes ativos *post mortem*, contra a vontade do falecido. Nesta situação, há a premissa de que houve por parte do de cujus uma expressa manifestação a respeito do destino de seus bens digitais, naquilo que se convenciona chamar de testamento digital. Ora, se usando de sua autonomia privada de forma livre e consciente o titular manifesta em vida qual deveria ser a destinação destes ativos, cabe aos parentes simplesmente respeitar a declaração feita. Não respeitar esta vontade seria uma forma de se violar as intenções do morto, produzindo-se uma interessante hipótese de responsabilidade por omissão. Aqui não se está a discutir a respeito da transmissão dos ativos digitais, caso o titular venha a falecer sem deixar qualquer manifestação de vontade. Nesta situação, há forte polêmica em saber se haveria transmissão dos bens digitais como de resto ocorreria com todos os demais bens ou se, ao revés, deveria haver uma proteção *post mortem* da privacidade do morto e de terceiros que com este mantinham contato por meio digital, conforme bem retratado em obra de nossa autoria[24] e também por Fritz[25].

---

23. GRUMSTRUP, Erik F.; TARTUCE, Fernanda. *A responsabilidade civil pelo uso abusivo do poder familiar*. Disponível em: http://www.fernandatartuce.com.br/wp-content/uploads/2016/08/A-resp-civil-por-uso-abusivo-do-poder--familiar.pdf. Acesso em: 02 abr. 2020.
24. ZAMPIER LACERDA, Bruno Torquato. *Bens Digitais*. Indaiatuba: Foco, 2017.
25. FRITZ, Karina Nunes. *Leading case*: BGH reconhece a transmissibilidade da herança digital. Disponível em: https://www.migalhas.com.br/coluna/german-report/308578/leading-case-bgh-reconhece-a-transmissibilidade-da-heranca-digital. Acesso em: 02 abr. 2020.

4. CONCLUSÃO

A responsabilidade civil no desenrolar do século XXI deve cumprir uma função tanto precaucional, quanto reparatória. E imersa num grande paradigma digital, a sociedade espera da ciência jurídica respostas adequadas à tutela de seus interesses, em especial aqueles relacionados à proteção de ativos viabilizados por esta nova era tecnológica.

Neste sentido, a construção do conceito de bens digitais, como nova categoria de bens jurídicos é bastante útil para englobar titularidades antes não existentes. Com o decorrer do tempo, está havendo um depósito em rede de inúmeras informações, manifestações da personalidade e arquivos com conteúdo econômico, todos esses ligados a um determinado sujeito. Cada pessoa natural ou jurídica terá sua titularidade digital, tenha esta caráter econômico (patrimônio digital) ou não (existência ou personalidade digital), que necessitará ser protegida, seja porque em algum momento essa pessoa irá falecer, manifestar alguma causa de incapacidade ou mesmo sofrer violações ao legado armazenado em rede.

E como qualquer outro bem jurídico, é possível que ocorram vários tipos de violações, produzindo-se danos injustos aos titulares dos ativos digitais. Por tal razão, a proposta delineada foi no sentido de se apresentar situações nas quais há possível lesão a esta novel titularidade, clamando-se então que a responsabilidade civil também alcance estas hipóteses, fornecendo-se à vítima a devida proteção e eventual reparação integral.

Nesta linha, propõe-se quatro categorias de violações aos bens digitais, em caráter não exaustivo, quais sejam: a) lesões oriundas da conduta de outro particular; b) lesões oriundas da conduta do próprio provedor; c) lesões oriundas da conduta do Estado; d) lesões oriundas da conduta de familiares do titular.

Sob a primeira categoria, se encontrariam aquelas lesões provenientes de terceiros estranhos ao titular, que valem-se de violações aos bens digitais, para atendimento de variada gama de interesses, tais como: extorsões digitais, invasão de redes sociais, a utilização de milhas aéreas alheias sem autorização e o próprio furto ou roubo de criptomoedas

O próprio provedor de serviços que viabiliza a titularidade dos ativos digitais também poderá adotar condutas que acabam por violar os direitos do usuário, como aquela consistente no bloqueio injustificado da conta, gerando prejuízos que certamente deverão ser objeto de reparação civil. Aqui, a figura do abuso do direito ajuda a entender como estes provedores poderiam ser responsabilizados adequadamente. Há que se ter ainda o cumprimento de deveres de transparência e informação, na esteira do próprio princípio da boa-fé objetiva.

Vale igualmente cogitar que o Estado pode violar bens digitais, seja por atos comissivos, hipótese mais comum, mas também pelo viés omissivo, ao não ofertar a proteção jurídica necessária, partindo-se da ideia de insuficiência. Assim, seria importante que sob o paradigma tecnológico fossem construídos instrumentos normativos adequados aos dilemas digitais. Propõe-se que o Brasil caminhe, tal qual os Estados Unidos, para a elaboração de um diploma legal próprio destinado ao regulamento dos bens digitais, sendo absolutamente insuficiente uma mera alteração no Código Civil ou no Marco Civil da Internet.

Por fim, lesões aos bens digitais também podem vir por parte de familiares, seja através da introdução de softwares ou utilização indevida de senhas que permitam acessar o conteúdo destes ativos, do exercício abusivo do poder familiar ou, ainda, pelo não cumprimento das disposições de última vontade do falecido, quanto a seu patrimônio digital.

Ante tudo o que fora exposto, a responsabilidade civil deve ofertar suas ferramentas para que haja efetiva proteção à titularidade dos bens digitais.

5. REFERÊNCIAS

BRASIL. Constituição da República Federativa do Brasil de 1988. Diário Oficial da União, Brasília, 5 de outubro de 1988. Disponível em: http://www.planalto.gov.br/cc ivil_03/constituicao/constituicao. htm. Acesso em: 8 mar. 2020.

BRASIL. Decreto-Lei nº 2.848, de 7 de dezembro de 1940. Código Penal. *Diário Oficial da União*, Rio de Janeiro, 31 dez.1940. Disponível em: http://www.planalto.gov.br/ccivil_03/ decreto-lei/ Del2848. htm. Acesso em: 8 mar. 2020.

BRASIL. Lei n. 12.965, de 23 de abril de 2014. Estabelece princípios, garantias, direitos e deveres para o uso da Internet no Brasil. *Diário Oficial da União*, 24 abr. 2014a. Disponível em: http://www.planalto. gov.br/ccivil_03/_ato2011-2014/2014/lei/l12965.htm Acesso em: 8 mar. 2020.

BRASIL. Lei n. Lei 12.737 de 30 de novembro de 2012. Dispõe sobre a tipificação criminal de delitos informáticos; altera o Decreto-Lei nº 2.848, de 7 de dezembro de 1940 - Código Penal; e dá outras providências. *Diário Oficial da União*, Brasília, 03 dez. 2012b. Disponível em: http://www.planalto. gov.br/ccivil_03/_Ato2011-2014/2012/Lei/L12735.htm. Acesso em: 8 mar. 2020.

BRASIL. Lei nº 10.406, de 10 de janeiro de 2002. Institui o Código Civil. *Diário Oficial da União*. Brasília, 11 jan. 2002. Disponível em: http://www.planalto.gov.br/ ccivil_03/LEIS/2002/L10406.htm. Acesso em: 8 mar. 2020.

BRASIL. Supremo Tribunal Federal. Processo: ACO 792 AgR-ED/PR, Rel. Min. Edson Fachin. *Diário de Justiça*, Brasília, 12 set 2017.

BRASIL. Supremo Tribunal Federal. Processo: ADI 3510, Rel. Min. Carlos Ayres Britto. *Diário de Justiça*, Brasília, 28 maio 2010.

CANARIS, Claus-Wilhelm. *Direitos fundamentais e direito privado*. Tradução de Ingo Wolfgang Sarlet e Paulo Mota Pinto. 2. reimp. Coimbra: Almedina, 2009.

CASTELLS, Manuel. *A sociedade em rede*. Tradução de Roneide Venâncio Majer. 8. ed. São Paulo: Paz e Terra, 2000.

FRITZ, Karina Nunes. *Leading case*: BGH reconhece a transmissibilidade da herança digital. Disponível em: https://www.migalhas.com.br/coluna/german-report/308578/leading-case-bgh-reconhece-a--transmissibilidade-da-heranca-digital. Acesso em: 02 abr. 2020.

GAMA, Guilherme Calmon Nogueira da; ORLEANS, Helen Cristina Leite de Lima. Responsabilidade civil nas relações familiares. In: MARTINS, Guilherme Magalhães (Coord.) *Temas de responsabilidade civil*. Rio de Janeiro: Lumen Juris, 2012.

GRUMSTRUP, Erik F.; TARTUCE, Fernanda. *A responsabilidade civil pelo uso abusivo do poder familiar*. Disponível em: http://www.fernandatartuce.com.br/wp-content/uploads/2016/08/A-resp-civil-por--uso-abusivo-do-poder-familiar.pdf. Acesso em: 02 abr. 2020.

LEMOS, Ronaldo. *Direito, tecnologia e cultura*. Rio de Janeiro: FGV, 2005.

PERLINGIERI, Pietro. *O direito civil na legalidade constitucional*. Tradução de Maria Cristina de Cicco. Rio de Janeiro: Renovar, 2008.

ROSENVALD, Nelson; FARIAS, Cristiano Chaves de; BRAGA NETTO, Felipe Peixoto. *Curso de direito civil*: responsabilidade civil. Salvador: Juspodivm, 2014, v. 3.

SANSEVERINO, Paulo de Tarso V. *Princípio da reparação integral*. São Paulo: Saraiva. 2012.

SCHREIBER, Anderson. *Novos paradigmas da responsabilidade civil*. 5. ed. São Paulo: Atlas, 2011.

ZAMPIER LACERDA, Bruno Torquato. *Bens Digitais*. Indaiatuba: Foco, 2017.

RESPONSABILIDADE CIVIL POR DANOS CAUSADOS PELA VIOLAÇÃO DE DADOS SENSÍVEIS E A LEI GERAL DE PROTEÇÃO DE DADOS PESSOAIS (LEI 13.709/2018)

Caitlin Mulholland

Professora-Associada do Departamento de Direito da PUC-Rio. Doutora em Direito Civil pela UERJ.

Sumário: 1. Introdução: o que são dados sensíveis, para além da expressa previsão da Lei Geral de Proteção de Dados? 2. Dados sensíveis e direitos fundamentais: uma identificação necessária. 3. Âmbito de aplicação do artigo 11, da LGPD: análise do parágrafo primeiro, do artigo 11, da LGPD, e o elemento danoso. 4. A responsabilidade civil dos agentes de tratamento de dados pessoais sensíveis é subjetiva ou objetiva? 5. Tratamento irregular e artigo 44, LGPD e seu confronto com o artigo 42, LGPD. 6. Conclusão. 7. Referências.

1. INTRODUÇÃO: O QUE SÃO DADOS SENSÍVEIS, PARA ALÉM DA EXPRESSA PREVISÃO DA LEI GERAL DE PROTEÇÃO DE DADOS?

Para fins de regulação das atividades de tratamento de dados, a Lei Geral de Proteção de Dados Brasileira (LGPD) – Lei 13.709/18 – categoriza e tutela de forma diferenciada os dados pessoais e os dados pessoais sensíveis. Dado pessoal é composto por informações relacionadas à pessoa natural identificada ou identificável (artigo 5°, I) e dado pessoal sensível se refere à "origem racial ou étnica, convicção religiosa, opinião política, filiação a sindicato ou a organização de caráter religioso, filosófico ou político, dado referente à saúde ou à vida sexual, dado genético ou biométrico, quando vinculado a uma pessoa natural" (art. 5°, II).[1]

Apesar da LGPD ter trazido um conteúdo ampliado de dados pessoais sensíveis – referindo-se tanto a aspectos existenciais, como sociais – o seu tratamento jurídico já é conhecido da legislação brasileira desde a promulgação da Lei de Cadastro Positivo – Lei 12.414/11 – que em seu artigo 3°, § 3°, II, proíbe anotações em bancos de dados usados para análise de crédito de "informações sensíveis, assim consideradas aquelas pertinentes à origem social e étnica, à saúde, à informação genética, à orientação sexual e às convicções políticas, religiosas e filosóficas". Significa dizer que para fins de análise de concessão de

---

1. Em relação aos dados genéticos, no âmbito do direito penal destacam-se duas leis: a Lei 12.654/12 – que prevê a coleta de perfil genético como forma de identificação criminal – e a Lei 12.037/09 – que dispõe sobre a identificação criminal do civilmente identificado. Ambas as leis permitem o tratamento de dados genéticos, desde que dentro limites especificados em lei, tais como o respeito a prazos de manutenção dos dados na base e a proibição de revelação de traços somáticos ou comportamentais do titular dos dados.

crédito – fundamentado no princípio da finalidade – estão vedadas inclusões nas bases de dados de quaisquer informações de natureza personalíssima e que não se relacione à finalidade almejada com a análise de crédito, com o objetivo de evitar o tratamento discriminatório – fundamentado no princípio da não discriminação. Este princípio, por sua vez, é dos mais relevantes no que diz respeito ao tratamento de dados sensíveis, constituindo-se a justificativa basilar para a sua tutela rigorosa. A vedação ao tratamento discriminatório e abusivo é o ponto essencial para identificar os limites ao uso de dados sensíveis. Desta forma, quando diante da utilização de dados que seja potencialmente lesiva, em decorrência de sua capacidade discriminatória, seja por entes privados – i.e. fornecedoras de produtos e serviços – seja por entes públicos, as regras restritivas ao tratamento de dados se aplicarão, restando vedada ou limitada a sua utilização.

Consideradas essas premissas, conceituam-se dados sensíveis como "uma espécie de dados pessoais que compreendem uma tipologia diferente em razão de o seu conteúdo oferecer uma especial vulnerabilidade, discriminação"[2]. De acordo com esse conceito, mais importante do que identificar a natureza própria ou conteúdo do dado – conforme o rol do artigo 5º II, LGPD – é constatar a potencialidade discriminatória no tratamento de dados pessoais. Isto é, a limitação para o tratamento de dados se concretizaria na proibição de seu uso de maneira a gerar uma discriminação, um uso abusivo e não igualitário de dados.

De maneira semelhante, Doneda entende que os dados sensíveis "seriam determinados tipos de informação que, caso sejam conhecidas e processadas, prestar-se-iam a uma potencial utilização discriminatória ou particularmente lesiva"[3]. Doneda assume a posição de que esta categoria de dados é determinada de acordo com o efeito de seu tratamento em relação aos demais dados pessoais. Isto porque, o valor tutelado, nesse caso, seria a igualdade material, acima do conteúdo tradicional da privacidade, e a liberdade, que permitiria ao titular dos dados o exercício de direitos de maneira autônoma, sem limitações abusivas ou indevidas. Ou seja, os conteúdos dos dados sensíveis trazidos no artigo 5º, II, da LGPD, são opções realizadas pelo legislador motivadas pelo efeito potencialmente lesivo do seu tratamento.

Críticas ao desenvolvimento do conceito e conteúdo de dados sensíveis existem, especialmente quando se considera que até mesmo dados que não são qualificados na LGPD como sensíveis podem transformar-se em sensíveis se submetidos a um determinado tratamento, revelando aspectos da personalidade de uma pessoa, que, por sua vez, poderia levar a práticas de natureza discriminatórias. De acordo com Doneda, portanto, "um dado, em si, não é perigoso ou discriminatório – mas o uso que dele se faz, pode sê-lo"[4]. Daí poder se concluir que o conceito de dados sensíveis deve ser funcionalizado de acordo com o tratamento que é concedido a eles. Significa sustentar que dados sensíveis são qualificados como tais não só por conta de sua natureza intrinsecamente personalíssima, de forma apriorística, mas devido ao uso e finalidade que é concedido a esse dado

---

2. BIONI, Bruno Ricardo. *Proteção de dados pessoais*: a função e os limites do consentimento. Rio de Janeiro: Forense, 2018, p. 84.
3. DONEDA, Danilo. *Da privacidade à protecao de dados*. Rio de Janeiro: Renovar, 2006, p. 160-161.
4. DONEDA, Danilo. *Da privacidade à protecao de dados*. Rio de Janeiro: Renovar, 2006, p. 162.

por meio de um tratamento que pode gerar uma potencialidade discriminatória abusiva. Nesse mesmo sentido, entende Bioni que "um dado "trivial" pode também se transmudar em um dado sensível; particularmente, quando se têm disponíveis tecnologias (e.g., *Big Data*) que permitem correlacionar uma série de dados para prever comportamentos e acontecimentos"[5]. Continua o autor, exemplificando essa transformação de dados no conhecido estudo que utilizou o Facebook como laboratório. De acordo com o estudo, levado a cabo pela Universidade de Cambridge, com base na análise de "curtidas" em determinados posts, seria possível identificar de forma fidedigna aspectos existenciais e sensíveis dos usuários da rede social, tais como a orientação sexual, a raça e a tendência político-partidária[6]. Isto é, os dados coletados de "curtidas" que, por si só, não representam conteúdo sensível, foram tratados de forma a identificar dados sensíveis, de natureza personalíssima, e potencialmente discriminatórios.

Verifica-se, portanto, que a capacidade de tratamento de dados pessoais das mais diversas ordens vem aumentando exponencialmente, principalmente devido ao advento de tecnologias avançadas de inteligência artificial, com o uso de algoritmos sofisticados e com a possibilidade de aprendizado por máquinas (*machine learning*). Significa dizer que o tratamento de "*big data*" – literalmente, grandes bases de dados – por meio de técnicas computacionais cada vez mais desenvolvidas pode levar a análises probabilísticas e resultados que, ao mesmo tempo que atingem os interesses de uma parcela específica da população, retiram a capacidade de autonomia do indivíduo e o seu direito de acesso ao consumo de bens e serviços e a determinadas políticas públicas, por exemplo.

Por isto que a regulação da coleta, uso, tratamento e compartilhamento de dados pela Lei Geral de Proteção de Dados torna-se de suma importância, devendo tais atividades serem realizadas de tal forma a respeitar os princípios previstos na mesma, enfatizando-se, no caso de dados sensíveis, o uso dos mesmos de maneira que atenda ao princípio da igualdade e não gere uma discriminação. O princípio da não discriminação deve ser refletido em todas as circunstâncias em que o uso de dados, sejam sensíveis ou não, gere algum tipo de desvalor ou indução a resultados que seriam inequitativos. Esse princípio deve servir como base de sustentação da tutela dos dados sensíveis, especialmente quando estamos diante do exercício democrático e do acesso a direitos sociais, tais como o direito ao trabalho, à saúde e à moradia.

De acordo com Celina Bodin e Chiara de Teffé, "uma vez munidas de tais informações (dados pessoais), entidades privadas e governamentais tornam-se capazes de "rotular" e relacionar cada pessoa a um determinado padrão de hábitos e de comportamentos, situação que pode favorecer inclusive graves discriminações, principalmente se analisados dados sensíveis". Em continuidade, as autoras sustentam que "(...) um acervo suficientemente amplo de informações permite a elaboração de perfis de consumo, o que se, de um lado, pode ser utilizado para incrementar e personalizar a venda de produtos e serviços, de outro, pode aumentar o controle sobre a pessoa, desconsiderando sua

---

5. BIONI, Bruno Ricardo. *Proteção de dados pessoais*: a função e os limites do consentimento. Rio de Janeiro: Forense, 2018, p. 84.
6. BIONI, Bruno Ricardo. *Proteção de dados pessoais*: a função e os limites do consentimento. Rio de Janeiro: Forense, 2018, p. 85.

autonomia e dificultando a participação do indivíduo no processo decisório relativo ao tratamento de seus dados pessoais, de seu patrimônio informativo"[7].

A título de ilustração, dois casos relatam os malefícios do perfilamento (*profiling*), com uso de dados pessoais que geraram tratamento discriminatório. Os casos ocorreram nos EUA e se referiram à contratação de serviços médicos e de seguridade. No primeiro caso, algumas seguradoras utilizaram dados pessoais relacionados às vítimas de violência doméstica, acessíveis em banco de dados públicos. O resultado do tratamento dos dados levou a uma discriminação negativa, ao sugerir que mulheres vítimas de violência doméstica não poderiam contratar seguros de vida, saúde e invalidez. Em outro caso, relacionado a dados de saúde, "quando uma pessoa tem um derrame, alguns bancos, ao descobrir tal fato, começam a cobrar o pagamento dos empréstimos realizados".[8] Em outro exemplo trazido por Rodotà sobre o uso de dados pessoais sensíveis, "não há dúvida de que o conhecimento, por parte do empregador ou de uma companhia seguradora, de informações sobre uma pessoa infectada pelo HIV, ou que apresente características genéticas particulares, pode gerar discriminações. Estas podem assumir a forma da demissão, da não admissão, da recusa em estipular um contrato de seguro, da solicitação de um prêmio de seguro especialmente elevado"[9]. Em complementação, Cohen relata alguns exemplos de tratamento inadequado de dados sensíveis que geram discriminação e segregação abusiva no âmbito das relações de consumo. Segundo a autora,

> *consumer data can be used for many purposes to which consumers might not so blithely agree, employment decisions and classifications by health insurance providers that exclude or disadvantage genetic or medical "have-nots"; employment or housing decisions based on perceived personality risks; employment or housing decisions based on sexual or religious preferences; and so on.*[10]

Rodotà sustenta que a formação de perfis baseados em dados pessoais sensíveis pode gerar discriminação "(...) seja porque dados pessoais, aparentemente não "sensíveis", podem se tornar sensíveis se contribuem para a elaboração de um perfil; seja porque a própria esfera individual pode ser prejudicada quando se pertence a um grupo do qual tenha sido traçado um perfil com conotações negativas"[11]. Para o autor italiano, "(...) para garantir plenitude à esfera pública, determinam-se rigorosas condições de circulação destas informações, que recebem um fortíssimo estatuto "privado", que se manifesta sobretudo pela proibição de sua coleta por parte de determinados sujeitos (por exemplo, empregadores) e pela exclusão de legitimidade de certas formas de coleta e circulação"[12].

---

7. MORAES, Maria Celina Bodin de; TEFFÉ, Chiara Spadaccini de. Redes sociais virtuais, privacidade e responsabilidade civil. Análise a partir do Marco Civil da Internet. *Revista Pensar*, Fortaleza, v. 22, n. 1, p. 108-146, jan./abr. 2017, p. 121.
8. Instituto de Tecnologia e Sociedade. Transparência e Governança nos algoritmos, um estudo de caso sobre o setor de birôs de crédito, disponível em https://itsrio.org/pt/publicacoes/transparencia-e-governanca-nos-algoritmos--um-estudo-de-caso/. Acesso em: 15 nov. 2019.
9. RODOTÀ, Stefano. *A vida na sociedade de vigilância*: a privacidade hoje. Tradução de Danilo Doneda e Luciana Cabral Doneda. Rio de Janeiro: Renovar, 2008, p. 70.
10. COHEN, Julie E. Examined lives: informational privacy and the subject as object. *Stanford Law Review*, Stanford, v. 52, p. 1373-1437, 2000, p. 27.
11. RODOTÀ, Stefano. *A vida na sociedade de vigilância*: a privacidade hoje. Tradução de Danilo Doneda e Luciana Cabral Doneda. Rio de Janeiro: Renovar, 2008, p. 56.
12. RODOTÀ, Stefano. *A vida na sociedade de vigilância*: a privacidade hoje. Tradução de Danilo Doneda e Luciana Cabral Doneda. Rio de Janeiro: Renovar, 2008, p. 64.

A Lei Geral de Proteção de Dados brasileira segue esta tendência, ao estabelecer limitações específicas para o tratamento de dados sensíveis. Importa reconhecer que a referida lei recebeu uma forte influência do direito comunitário europeu, desde a Diretiva de Proteção de Dados de 1995 até o Regulamento Geral de Proteção de Dados da União Europeia (GDPR), em vigor a partir de maio de 2018. No que diz respeito ao tratamento de dados sensíveis, a LGPD conceituou de forma semelhante, senão idêntica, ao GDPR, o conceito de dados pessoais sensíveis, sendo certo que a lei brasileira é bastante inspirada no regulamento europeu. Em seu artigo 9(1) e (2), o GDPR estabelece um regime bastante estrito, proibindo, via de regra, o processamento desse tipo de dado pessoal. No entanto, excetua essa proibição em dez circunstâncias, que passam desde a proteção de interesses vitais do indivíduo até razões de substancial interesse público, sem, contudo, exemplificar ou especificar quais seriam essas hipóteses concretamente consideradas.

Como forma de proteger mais intensamente os titulares dos dados sensíveis, o GDPR qualificou de maneira mais restrita o consentimento do titular dos dados sensíveis, passando a exigir que, além de expresso, a manifestação consentida deve ser livre, explícita, inequívoca, informada e específica. Nos "considerandos" do GDPR, a explicação (51) estatui que "merecem proteção específica os dados pessoais que sejam, pela sua natureza, especialmente sensíveis do ponto de vista dos direitos e liberdades fundamentais, dado que o contexto do tratamento desses dados poderá implicar riscos significativos para os direitos e liberdades fundamentais". Ademais, no comentário (71) do GDPR, fica consignado que "(...) o responsável pelo tratamento deverá (...) proteger os dados pessoais de modo a que sejam tidos em conta os potenciais riscos para os interesses e direitos do titular dos dados e de forma a prevenir, por exemplo, efeitos discriminatórios contra pessoas singulares em razão da sua origem racial ou étnica, opinião política, religião ou convicções, filiação sindical, estado genético ou de saúde ou orientação sexual, ou a impedir que as medidas venham a ter tais efeitos".

De início, a LGPD adota uma forte fundamentação no consentimento do titular de dados para admitir o tratamento dos dados pessoais. Significa dizer que será permitido o tratamento de dados pessoais em havendo manifestação livre, informada e inequívoca pela qual o titular concorda com o tratamento de seus dados pessoais para uma finalidade determinada (art. 5º, XII). Em complementação, a LGPD estabelece restrições importantes quando diante do tratamento de dados sensíveis, e em relação ao consentimento, estabelece a necessidade de que ele seja realizado de forma específica e destacada, para finalidades singulares também (artigo 11, I, LGPD). Assim, e de acordo com Rodotà, reconhece-se que o consentimento do titular de dados sensíveis deve ser qualificado, na medida em que estamos diante de um "contratante vulnerável", caracterizado justamente pela ausência de liberdade substancial no momento da determinação da vontade[13]. Em posição crítica quanto a uma posição central ou preferencial do consentimento para o tratamento de dados – sejam sensíveis ou não -, Bruno Bioni afirma que é questionável

---

13. RODOTÀ, Stefano. *A vida na sociedade de vigilância*: a privacidade hoje. Tradução de Danilo Doneda e Luciana Cabral Doneda. Rio de Janeiro: Renovar, 2008, p. 90.

a "efetividade de um quadro normativo focado no poder de escolha dos indivíduos"[14]. Ainda que se considere que o consentimento seja o protagonista para a abordagem regulatória da proteção de dados, a sua centralidade abre espaço para hipóteses concretas que independem do consentimento e que se encontram, de acordo com Bioni, numa posição de igualdade umas em relação às outras[15]. Esta afirmação pode ser corroborada, inclusive, pela constatação de que tanto a hipótese de tratamento de dados sensíveis por meio do consentimento do titular, quanto aquelas que se referem às demais situações que independem desta manifestação de autonomia, previstas nos incisos I e II, do artigo 11, da LGPD, reconhece-se na técnica legislativa utilizada uma posição de igualdade entre estas hipóteses, e não a de prevalência do consentimento.

Assim, a LGPD permite, por exemplo, que haja tratamento de dados sensíveis sem a necessidade de fornecimento de consentimento do titular de dados, quando for indispensável para o tratamento compartilhado de dados necessários à execução, pela administração pública, de políticas públicas previstas em leis ou regulamentos (artigo 11, II, "b", LGPD), além de outras hipóteses que se referem, em grande medida, a interesses públicos e a interesses do titular de dados. Essas hipóteses serão analisadas em itens a seguir. Neste último caso, o consentimento do titular dos dados sensíveis, seja genérico, seja específico, ficaria dispensado em decorrência de uma ponderação de interesses realizada pela lei, aprioristicamente, que considera mais relevantes e preponderantes os interesses de natureza pública frente aos interesses do titular, ainda que estes tenham qualidade de Direito Fundamental. No entanto, críticas devem ser feitas a este posicionamento legislativo, especialmente se considerarmos que a proteção do conteúdo dos dados pessoais sensíveis é fundamental para o pleno exercício de Direitos Fundamentais, tais como os da igualdade, liberdade e privacidade.

2. DADOS SENSÍVEIS E DIREITOS FUNDAMENTAIS: UMA IDENTIFICAÇÃO NECESSÁRIA

De acordo com a Carta de Direitos Fundamentais da Comunidade Europeia (2000/C 364/01)[16], a proteção de dados deve ser caracterizada como um direito fundamental. A convenção reconhece que "todas as pessoas têm direito à protecção dos dados de carácter pessoal que lhes digam respeito" (artigo 8º). O reconhecimento da proteção de dados está inscrito no Capítulo II da Carta, que trata das Liberdades, constatando-se que o conteúdo desse direito se aproxima da noção de autodeterminação informativa, tão cara a Stefano Rodotà. De maneira semelhante, reconhecendo sua natureza fundamental, o artigo 1º do Regulamento Geral de Proteção de Dados da Comunidade Europeia, identifica como finalidade da lei a defesa dos "direitos e as liberdades fundamentais das pessoas singu-

---

14. BIONI, Bruno Ricardo. *Proteção de dados pessoais*: a função e os limites do consentimento. Rio de Janeiro: Forense, 2018, p. 114.
15. BIONI, Bruno Ricardo. *Proteção de dados pessoais*: a função e os limites do consentimento. Rio de Janeiro: Forense, 2018, p. 115-116.
16. A Carta consagra no direito comunitário um conjunto de direitos de natureza pessoal e política, além dos que representam aspectos de proteção econômica e social de todos cidadãos da União Europeia, incluindo também seus residentes. A Carta reafirma os direitos e garantias previstos na Convenção Europeia para a Proteção dos Direitos do Homem e das Liberdades Fundamentais, de 1950.

lares, nomeadamente o seu direito à proteção dos dados pessoais". Contudo, apesar da natureza de direitos fundamentais, de acordo com Rodotà, "exigências de segurança interna e internacional, interesses de mercado e a reorganização da administração pública estão levando à diminuição de salvaguardas importantes, ou ao desaparecimento de garantias essenciais". Por consequência, "a privacidade, além de não ser mais vista como um direito fundamental, é, de fato, frequentemente considerada um obstáculo à segurança, sendo superada por legislações de emergência"[17].

Considerando que a coleta de dados sensíveis e a criação de perfis sociais pode levar à discriminação, a proteção de dados deve ser vista como "a proteção de escolhas de vida contra qualquer forma de controle público e estigma social" (L. M. Friedman), como a "reivindicação dos limites que protegem o direito de cada indivíduo a não ser simplificado, objetivado, e avaliado fora de contexto" (J. Rosen)"[18]. Em sentido semelhante, Bioni conclui que "a proteção dos dados pessoais tem um papel de fundamental importância para que o indivíduo se realize e se relacione na sociedade, o que é um traço marcante dos direitos da personalidade[19]. Conclui-se que a proteção de dados pessoais – enquanto decorrência da cláusula geral de tutela da pessoa humana e do direito à privacidade – é um requisito essencial para o exercício democrático.

A tutela jurídica de dados pessoais como um corolário do direito à privacidade (ou, eventualmente, do direito à identidade) nos leva a considerar que a autodeterminação informativa, ou o poder de controle sobre os próprios dados, deve ser a tônica quando buscamos a proteção específica dos dados sensíveis, especialmente se tais dados podem gerar tratamentos desiguais.[20] O reconhecimento do direito fundamental à igualdade no artigo 5º, *caput*, da Constituição Federal tutela também o direito ao tratamento de dados sem distinções de qualquer natureza. Ao mesmo tempo, dentre os objetivos fundamentais da República Federativa do Brasil, constantes do artigo 3º, da Constituição Federal, está o de "promover o bem de todos, sem preconceitos de origem, raça, sexo, cor, idade e quaisquer outras formas de discriminação". Soma-se ao reconhecimento constitucional da proteção da igualdade e da não discriminação, a previsão na LGPD da impossibilidade do tratamento para fins discriminatórios ilícitos ou abusivos, conforme já esclarecido. Por estes motivos, a tutela dos dados pessoais sensíveis enquanto direito fundamental mostra-se essencial, especialmente se consideradas as características inerentes à proteção desses dados como instrumento para o exercício concreto do princípio da igualdade e da solidariedade social.

---

17. RODOTÀ, Stefano. *A vida na sociedade de vigilância*: a privacidade hoje. Tradução de Danilo Doneda e Luciana Cabral Doneda. Rio de Janeiro: Renovar, 2008, p. 11.
18. RODOTÀ, Stefano. *A vida na sociedade de vigilância*: a privacidade hoje. Tradução de Danilo Doneda e Luciana Cabral Doneda. Rio de Janeiro: Renovar, 2008, p. 12.
19. BIONI, Bruno Ricardo. *Proteção de dados pessoais*: a função e os limites do consentimento. Rio de Janeiro: Forense, 2018, p. 85.
20. Em sentido contrário, entende Bioni que os dados pessoais devem ser tratados como categoria autônoma de direitos da personalidade, afastando-se a noção de que a tutela desses dados seria consequência lógica da proteção da privacidade. Para o autor, "o direito à proteção dos dados pessoais deve ser alocado como uma nova espécie do rol aberto dos direitos da personalidade, dando elasticidade à cláusula geral da tutela da pessoa humana. Caso contrário, corre-se o risco de ele não se desprender das amarras conceituais e da dinâmica do direito à privacidade e, em última análise, inviabilizar uma normatização própria para regular o fluxo informacional como fator promocional da pessoa humana" (BIONI, 2018, p. 99).

A falta de previsão constitucional da proteção de dados pessoais, contudo, parece estar perto do fim. Em fevereiro de 2019, o Senador Eduardo Gomes encaminhou ao Senado Proposta de Emenda à Constituição – PEC 17/2019 – que pretende acrescentar "o inciso XII-A, ao art. 5º, e o inciso XXX, ao art. 22, da Constituição Federal para incluir a proteção de dados pessoais entre os direitos fundamentais do cidadão e fixar a competência privativa da União para legislar sobre a matéria". Aguarda-se, desta forma, que o reconhecimento de direito fundamental aos dados pessoais possa permitir que os mesmos sejam garantidos de maneira prioritária em nosso ordenamento jurídico, visando a plena tutela da pessoa humana e sua proteção contra usos discriminatórios que possam comprometer o direito à igualdade, também reconhecido como direito fundamental em nossa Carta Magna.

3. ÂMBITO DE APLICAÇÃO DO ARTIGO 11, DA LGPD: ANÁLISE DO PARÁGRAFO PRIMEIRO, DO ARTIGO 11, DA LGPD, E O ELEMENTO DANOSO

O âmbito de aplicação do artigo 11, da LGPD, vem delimitado em seu parágrafo primeiro, indicando que este deverá ser aplicado a qualquer tratamento de dados pessoais que revele dados sensíveis, conforme exposto nos itens anteriores. Com essa locução, parece ficar claro que se aplica o art. 11 a todas as hipóteses em que os dados tratados são considerados sensíveis, e também às hipóteses em que os dados pessoais não tem a característica de sensíveis, mas podem "revelar" dados sensíveis. Em análise da decisão do Tribunal Constitucional Alemão que reconheceu o direito à autodeterminação informativa, Bioni reconhece que "deslocou-se, por exemplo, a discussão sobre se um dado é sensível ou se esconderia algo íntimo da pessoa para se considerar que qualquer dado pessoal pode angariar um efeito lesivo"[21].

Há, em continuidade, a complementação desse parágrafo primeiro, em que se indica o dano como elemento da aplicação das regras referentes a dados sensíveis. Ao estatuir que se aplica o artigo 11, da LGPD, a qualquer tratamento de dados pessoais que revele de forma abusiva ou ilícita dados pessoais sensíveis, causando dano ao seu titular, parece que o legislador quis vincular esta hipótese à geração de um dano. Isto é, a aplicação do artigo 11, da LGPD, somente estaria legitimada se o tratamento de dados pessoais que revela dados sensíveis gerar algum dano ao titular dos dados. Esta interpretação, contudo, limitaria sobremaneira a aplicação do artigo 11, da LGPD. Primeiro, porque a prova do dano concreto, por vezes, seria de difícil realização. Segundo, porque as consequências danosas são, em grande medida, refletidas na coletividade e não na subjetividade de cada titular de dados. Significa dizer que quando estamos diante de um dano causado pelo tratamento de dados pessoais sensíveis, ele se revela na coletividade com maior relevância, através, por exemplo, do perfilamento de pessoas, com base em análises estatísticas em que se presume uma realidade que, eventualmente, não reflete as características de uma pessoa concretamente considerada, gerando uma discriminação abusiva. Isso não significa dizer que a pessoa, em sua subjetividade, fica afastada da possibilidade de ar-

---

21. BIONI, Bruno Ricardo. *Proteção de dados pessoais*: a função e os limites do consentimento. Rio de Janeiro: Forense, 2018, p. 102-103.

guir a existência de um dano concreto que a atingiu particularmente. Esse direito estará resguardado. Contudo, parece que a conexão que é realizada nesse parágrafo entre o tratamento de dados sensíveis e os danos ocasionados por essa atividade foge do escopo de tutela pretendida pela lei, que deve ser a mais ampla possível.

Mais correto seria, portanto, interpretar o parágrafo primeiro do artigo 11, considerando que a menção a dano ali prevista complementa o entendimento de que o tratamento de dados pessoais sensíveis gerará sempre danos de natureza personalíssima por violação dos direitos de privacidade, liberdade ou identidade, fundamentos da proteção de dados. Portanto, opina-se no sentido de que toda a vez que houver tratamento de dados pessoais sensíveis realizado fora das hipóteses previstas no artigo 11, I e II, da LGPD, haverá dano presumido por violação dos direitos fundamentais acima elencados. O dano seria, assim, *in re ipsa*, configurado pelo mero tratamento irregular ou inadequado, sem a necessidade de provar-se a existência de outras consequências jurídicas, tais como um desvalor patrimonial.[22]

4. A RESPONSABILIDADE CIVIL DOS AGENTES DE TRATAMENTO DE DADOS PESSOAIS SENSÍVEIS É SUBJETIVA OU OBJETIVA?

Conforme abordado nos itens anteriores, apesar do artigo 5º, II, da LGPD, trazer o conceito de dados sensíveis – exemplificado por um rol não taxativo, frise-se – deve-se considerar que o tratamento de dados que não estejam categorizados na lei como tal pode conduzir a resultados práticos discriminatórios, cujos efeitos a LGPD visa impedir justamente ao reconhecer e tutelar esta categoria de dados sensíveis. Isto é, a categoria de dados sensíveis não deve ser considerada como estruturalmente diversa da categoria de dados não sensíveis, na medida em que tanto uma, quanto outra estão sujeitas à potencialidade de tratamentos discriminatórios e geradores de danos a seus titulares. Sendo assim, não deve haver uma diferenciação de regimes de responsabilidade civil, baseada numa classificação dos dados como sensíveis ou não. Ou seja, o regime de responsabilidade civil adotado pela Lei Geral de Proteção de Dados Pessoais é único, independentemente da natureza do dado tutelado, se sensível ou não, pois a consequência de sua violação – o dano patrimonial ou moral, individual ou coletivo – independerá dessa categorização, devendo ser integralmente reparado.

A LGPD, em seus artigos 42 a 45, estabelece as regras referentes à responsabilidade civil dos agentes de tratamento de dados pessoais, inaugurando um debate doutrinário a respeito da natureza da obrigação de indenizar, se subjetiva – baseada na conduta culposa do agente de tratamento – ou objetiva – fundamentada no risco da atividade desenvolvida pelos agentes.[23] Estas normas, por sua vez, são justificadas por três princípios da

---
22. Em sentido semelhante ao que se adota nesse entendimento, o Superior Tribunal de Justiça, em consolidação de entendimento de julgamentos, promulgou a Súmula 403, que expõe que "independe de prova do prejuízo a indenização pela publicação não autorizada de imagem de pessoa com fins econômicos ou comerciais". Sugere a súmula que a só divulgação da imagem, sem consentimento da pessoa retratada, já configuraria, por si só, um dano de natureza extrapatrimonial.
23. O Regulamento Europeu de Proteção de Dados Pessoais possui regras semelhantes a adotadas em nossa legislação, reconhecendo no Artigo 82 e Considerando 146, RGPD, a obrigação de indenizar danos causados quando houver

Lei Geral de Tratamento de Dados Pessoais, quais sejam, os princípios da segurança[24], da prevenção[25] e da responsabilização e prestação de contas[26]. Complementam o debate, os artigos 46 e seguintes, da LGPD[27], que tratam da segurança de dados, governança e sanções administrativas adequadas em caso de incidentes de segurança. Reconhece este artigo, portanto, as boas práticas aplicáveis ao tratamento de dados pessoais, indicando a necessidade de adoção de medidas que previnam e evitem danos aos titulares de dados.

De acordo com Gisela Sampaio da Cruz Guedes e Rose Melo Vencelau Meireles[28], a LGPD adotou claramente a teoria subjetiva da responsabilidade civil, devendo haver a prova da culpa do agente de tratamento na ocasião do dano, por sua vez fundamentada (i) na omissão na adoção de medidas de segurança para o tratamento adequado dos dados ("quando não fornecer a segurança que o titular dele pode esperar,"); (ii) no descumprimento das obrigações impostas na lei ("em violação à legislação de proteção de dados pessoais" ou "quando deixar de observar a legislação"). Para as autoras, "o legislador criou uma série de deveres de cuidado que devem ser seguidos pelo controlador e pelo operador, sob pena de virem a ser responsabilizados". As autoras indicam que o Capítulo VI da LGPD (artigos 46 a 54) – que trata de *standards* de conduta (culpa normativa)[29] a serem seguidos pelos agentes de tratamento de dados para a segurança, sigilo, boas práticas e governança de dados – seria o fundamento para o reconhecimento da responsabilidade subjetiva. Em complementação, na análise das excludentes de responsabilidade do artigo 43, da LGPD, o inciso II pareceria indicar a adoção de uma excludente tipicamente relacionada às hipóteses de responsabilidade civil subjetiva. Estabelece este inciso que os agentes de tratamento de dados só não serão responsabilizados se, ainda que exista o dano, não houver violação da legislação de proteção de dados. A violação da lei, para as autoras, seria elemento subjetivo da obrigação de indenizar e indicaria a conduta culposa do agente de tratamento de dados. Assim, não haverá obrigação de indenizar quando o agente de tratamento de dados tiver demonstrado que "(...) observou o *standard* espe-

---

violação do regulamento.
24. "Art. 6, VII, LGPD – segurança: utilização de medidas técnicas e administrativas aptas a proteger os dados pessoais de acessos não autorizados e de situações acidentais ou ilícitas de destruição, perda, alteração, comunicação ou difusão."
25. "Art. 6, VIII, LGPD – prevenção: adoção de medidas para prevenir a ocorrência de danos em virtude do tratamento de dados pessoais."
26. "Art. 6, X, LGPD – responsabilização e prestação de contas: demonstração, pelo agente, da adoção de medidas eficazes e capazes de comprovar a observância e o cumprimento das normas de proteção de dados pessoais e, inclusive, da eficácia dessas medidas."
27. "Art. 46, LGPD. Os agentes de tratamento devem adotar medidas de segurança, técnicas e administrativas aptas a proteger os dados pessoais de acessos não autorizados e de situações acidentais ou ilícitas de destruição, perda, alteração, comunicação ou qualquer forma de tratamento inadequado ou ilícito."
28. GUEDES, Gisela Sampaio da Cruz; MEIRELES, Rose Melo Vencelau. Término do tratamento de dados. In: TEPEDINO, Gustavo; FRAZÃO, Ana; OLIVA, Milena Donato (Coords.). *Lei Geral de Proteção de Dados Pessoais e suas repercussões no direito brasileiro*. São Paulo: Revista dos Tribunais, 2019, p. 231.
29. Para Maria Celina Bodin de Moraes, "a noção normativa de culpa, como inobservância de uma norma objetiva de conduta, praticamente substitui a noção psicológica, com vistas a permitir que se apure o grau de reprovação social representado pelo comportamento concreto do ofensor, isto é, a correspondência, ou não, do fato a um padrão (standard) objetivo de adequação, sem que se dê relevância à sua boa ou má intenção. (...) a figura do ilícito permanece ancorada no fato "culposo", o qual, porém, foi redefinido, através dessa concepção da culpa, como sendo um fato avaliado negativamente em relação a parâmetros objetivos de diligência". MORAES, Maria Celina Bodin de. *Danos à pessoa humana*. Rio de Janeiro: Renovar, 2003, p. 212.

rado e, se o incidente ocorreu, não foi em razão de sua conduta culposa"[30]. Em resumo, sustentam as autoras que a LGPD adota a teoria subjetiva da responsabilidade civil, calcada em duas "dicas" deixadas pelo legislador: (i) no artigo 42, quando o legislador faz menção a medidas de segurança; (ii) no art. 43, II, quando o legislador estabelece excludente de ilicitude referente ao cumprimento das normas da LGPD.

Em posição diversa, Maria Celina Bodin de Moraes e João Quinelato Queiroz[31] acreditam que a LGPD adota a chamada teoria ativa ou proativa da responsabilidade civil. Esta teoria indica a necessidade de olhar-se a responsabilidade civil de um ponto de vista positivo, sustentado pela necessidade da adoção de posturas pelos agentes de tratamento de dados que tutelem a prevenção de danos, sendo a obrigação de indenizar medida excepcional a ser tomada. De acordo com os autores, "a proteção da intimidade por vias da mera não interferência na esfera individual cede espaço à tutela positiva e proativa, isto é, que garanta ao titular o conhecimento pleno das formas de tratamento, finalidade e destino de seus dados"[32]. Complementam essa afirmação, indicando que os dados pessoais, por constituírem conteúdo do direito à privacidade, impõem que "a coleta e o tratamento de dados pessoais deve ser precedida de medidas rigorosas e eficazes de proteção, especialmente em relação aos dados sensíveis, núcleo duro da dignidade humana"[33]. Os autores sustentam que a "responsabilidade proativa" encontra-se justificada no art. 6º, X, da LGPD, que reconhece o princípio da responsabilização e prestação de contas que impõem aos agentes de tratamento de dados pessoais a "demonstração, pelo agente, da adoção de medidas eficazes e capazes de comprovar a observância e o cumprimento das normas de proteção de dados pessoais e, inclusive, da eficácia dessas medidas". Para os autores,

> as características peculiares da hipótese de responsabilidade civil em questão – que se expressam principalmente na regulação detalhada das obrigações comportamentais do controlador e do operador de dados, com um novo foco no perfil de gerenciamento de riscos, especialmente relacionado ao uso da inovação tecnológica – possibilita garantir a efetividade do recurso de compensação, adaptando-o às especificidades da atividade de processamento de dados pessoais e aos requisitos de proteção que ele apresenta[34].

De outro lado, Danilo Doneda e Laura Schertel Mendes[35] consideram que a atividade de tratamento de dados encerra um risco intrínseco, na medida em que há uma

---

30. GUEDES, Gisela Sampaio da Cruz; MEIRELES, Rose Melo Venceslau. Término do tratamento de dados. In: TEPEDINO, Gustavo; FRAZÃO, Ana; OLIVA, Milena Donato (Coords.). *Lei Geral de Proteção de Dados Pessoais e suas repercussões no direito brasileiro*. São Paulo: Revista dos Tribunais, 2019, p. 236.
31. MORAES, Maria Celina Bodin de; QUEIROZ, João Quinelato de. Autodeterminação informativa e responsabilização proativa: novos instrumentos de tutela da pessoa humana na LGPD. In: *Cadernos Adenauer*, v. 3, ano XX, 2019.
32. MORAES, Maria Celina Bodin de; QUEIROZ, João Quinelato de. Autodeterminação informativa e responsabilização proativa: novos instrumentos de tutela da pessoa humana na LGPD. In: *Cadernos Adenauer*, v. 3, ano XX, 2019, p. 118.
33. MORAES, Maria Celina Bodin de; QUEIROZ, João Quinelato de. Autodeterminação informativa e responsabilização proativa: novos instrumentos de tutela da pessoa humana na LGPD. In: *Cadernos Adenauer*, v. 3, ano XX, 2019, p. 119.
34. MORAES, Maria Celina Bodin de; QUEIROZ, João Quinelato de. Autodeterminação informativa e responsabilização proativa: novos instrumentos de tutela da pessoa humana na LGPD. In: *Cadernos Adenauer*, v. 3, ano XX, 2019, p. 133-134.
35. MENDES, Laura Schertel; DONEDA, Danilo. Reflexões iniciais sobre a nova Lei Geral de Proteção de Dados. *Revista de Direito do Consumidor*, São Paulo: Revista dos Tribunais, v. 120, p. 468-486, nov./dez. 2018.

potencialidade danosa considerável em caso de violação desses direitos, que se caracterizam por sua natureza de direito personalíssimo e de direito fundamental. Partem os autores da constatação de que a legislação de proteção de dados tem como um dos seus principais fundamentos a diminuição de riscos de dano. Tanto assim, que a lei adota como princípio, no artigo 6, III, o da necessidade que impõe a "limitação do tratamento ao mínimo necessário para a realização de suas finalidades, com abrangência dos dados pertinentes, proporcionais e não excessivos em relação às finalidades do tratamento de dados". Este dever estaria relacionado diretamente ao fator de risco referente ao tratamento de dados. Para eles:

> A consideração da responsabilidade dos agentes leva em conta, em primeiro lugar, a natureza da atividade de tratamento de dados, que a LGPD procura restringir às hipóteses com fundamento legal (art. 7º) e que não compreendam mais dados do que o estritamente necessário (princípio da finalidade, art. 6º, III) nem sejam inadequadas ou desproporcionais em relação à sua finalidade (art. 6º, II)[36].

Estas considerações a respeito da finalidade da lei e dos princípios por ela adotados (necessidade, minimização, responsabilidade e prestação de contas, entre outros), levam Mendes e Doneda a concluir que o legislador optou por um regime de responsabilidade objetiva, vinculando o exercício da atividade de tratamento de dados pessoais a um risco inerente, potencialmente causador de danos a seus titulares.

Analisando os princípios acima indicados, de acordo com o artigo 6º, X, da LGPD, que reconhece o princípio da responsabilização e prestação de contas, os agentes de tratamento devem apresentar medidas de segurança eficazes e capazes de comprovar que o agente de tratamento está em conformidade com a lei. O princípio da prestação de contas estabelece a necessidade, primeiramente, de atender à transparência a ser adotada pelo agente de tratamento de dados acerca dos procedimentos que são tomados para a segurança no tratamento de dados. Esta transparência – que pode muito bem ser considerada como uma consequência da proteção do princípio da boa-fé objetiva – deve ser considerada como um dever "ativo". Isto é, aos titulares de dados devem ser comunicadas todas as medidas de segurança que serão tomadas para evitar o dano. A transparência, por sua vez, gera a obrigação ao agente de tratamento de prestar contas, onde serão evidenciadas as medidas que estão sendo tomadas para uma atuação em conformidade com as boas práticas impostas pela lei. Uma das formas, inclusive, de avaliação destas práticas se dá pelo chamado relatório de impacto à proteção de dados pessoais, que se configura como a "documentação do controlador que contém a descrição dos processos de tratamento de dados pessoais que podem gerar riscos às liberdades civis e aos direitos fundamentais, bem como medidas, salvaguardas e mecanismos de mitigação de risco" (art. 5, XVII, LGPD). O uso deste termo – "mecanismos de mitigação do risco" –, refere-se à capacidade do pretenso ofensor de reconhecer previamente os riscos relacionados à atividade que ele desenvolve e tomar as medidas para evitar o dano, numa antecipação que o controlador ou operador deverá considerar para evitar a obrigação de reparar, por meio da gestão dos riscos relacionados à atividade desenvolvida.

---

36. MENDES, Laura Schertel; DONEDA, Danilo. Reflexões iniciais sobre a nova Lei Geral de Proteção de Dados. *Revista de Direito do Consumidor*, São Paulo: Revista dos Tribunais, v. 120, p. 468-486, nov./dez. 2018, p. 479.

Consideradas as posições opostas levantadas pelos autores citados, afirma-se que a Lei Geral de Proteção de Dados, em seu artigo 42, adota a teoria que impõe a obrigação de indenizar independentemente da análise da culpa dos agentes de tratamento de dados, isto é, a responsabilidade civil é objetiva. Fundamenta esta conclusão o fato de que a atividade desenvolvida pelo agente de tratamento é evidentemente uma atividade que impõe riscos aos direitos dos titulares de dados. Estes riscos, por sua vez, são intrínsecos, inerentes à própria atividade. Significa dizer que os danos resultantes da atividade habitualmente empenhada pelo agente de tratamento de dados, uma vez concretizados, são quantitativamente elevados – pois atingem um número indeterminado de pessoas – e qualitativamente graves – pois violam direitos que possuem natureza personalíssima, reconhecidos pela doutrina como direitos que merecem a estatura jurídica de direitos fundamentais.

5. TRATAMENTO IRREGULAR E ARTIGO 44, LGPD E SEU CONFRONTO COM O ARTIGO 42, LGPD

Trata o artigo 44 da hipótese em que se reconhece que haverá tratamento irregular de dados quando o agente de tratamento (i) deixar de observar a legislação; ou (ii) não oferecer a segurança que o titular dele pode esperar (legítima expectativa). Por sua vez, estes dois fundamentos que formam o conceito do tratamento irregular de dados devem ser analisados considerando, dentre outras circunstâncias, o modo como o tratamento é realizado, o resultado e os riscos razoavelmente esperados pelo tratamento e as técnicas de tratamento de dados disponíveis à época em que este foi realizado.[37] Complementa a redação do artigo 44, o seu parágrafo único, que estabelece que o controlador ou o operador será obrigado a indenizar os danos decorrentes da violação da segurança dos dados quando deixarem de adotar as medidas de segurança previstas no art. 46, da LGPD, quais sejam, aquelas "aptas a proteger os dados pessoais de acessos não autorizados e de situações acidentais ou ilícitas de destruição, perda, alteração, comunicação ou qualquer forma de tratamento inadequado ou ilícito".[38]

Com base na redação do artigo 44, LGPD, questiona-se se o legislador inaugurou um regime de responsabilidade civil diverso daquele adotado no artigo 42, LGPD. Essa indagação se deve ao fato de que (i) o artigo 44, LGPD, utiliza a expressão "tratamento irregular", condicionando a hipótese de responsabilidade civil prevista em seu parágrafo único, à qualificação de irregularidade definida no artigo 46, LGPD, e (ii) o artigo 46,

---

37. Em relação a este último fundamento ("riscos razoavelmente esperados pelo tratamento e as técnicas de tratamento de dados disponíveis à época em que este foi realizado"), questiona-se se o legislador reconheceu na hipótese a teoria do risco de desenvolvimento que poderia servir como eventual excludente de responsabilidade civil do agente de tratamento de dados pessoais, por não ser possível a ele técnica e temporalmente conhecer métodos de tratamento de dados que, se aplicados, poderiam ter evitado o dano. Sobre a teoria do risco de desenvolvimento e as consequências de sua adoção para a manutenção ou exclusão da responsabilidade do fornecedor de produtos na seara do Direito do Consumidor, ver, por todos, CALIXTO, Marcelo Junqueira. *A responsabilidade civil do fornecedor de produtos pelos riscos de desenvolvimento*. Rio de Janeiro: Renovar, 2004.
38. "Art. 46. Os agentes de tratamento devem adotar medidas de segurança, técnicas e administrativas aptas a proteger os dados pessoais de acessos não autorizados e de situações acidentais ou ilícitas de destruição, perda, alteração, comunicação ou qualquer forma de tratamento inadequado ou ilícito."

LGPD, encontra-se inserido no Capítulo VII, que trata da "Segurança e Boas Práticas", na Seção I, "Da Segurança e Sigilo de Dados", que se refere às medidas de segurança e boas práticas que devem ser adotadas pelo agente de tratamento para a prevenção de danos decorrentes de incidentes de segurança. Assim, enquanto o artigo 42, LGPD, impõe a obrigação de indenizar "em razão do exercício de atividade de tratamento de dados pessoais", o artigo 44 e seu parágrafo único, LGPD, determinam a obrigação de indenizar caso haja tratamento irregular de dados pessoais, identificado como sendo aquele decorrente da "violação da segurança dos dados". Parece que o legislador quis identificar nessa hipótese situações danosas que decorrem especificamente de incidentes de segurança que são, por sua vez, acontecimentos que se relacionam ao risco inerente ao desenvolvimento da atividade de tratamento de dados, como vazamentos não intencionais e invasão de sistemas e bases de dados por terceiros não autorizados. Neste sentido, esses riscos devem ser necessariamente situados como intrínsecos à atividade de tratamento de dados e, portanto, considerados, em última análise, como hipótese de fortuito interno, incapazes de afastar a obrigação dos agentes de tratamento de indenizar os danos causados pelos incidentes.

Conclui-se, portanto, que apesar do uso de expressões diversas em sua redação, tanto o artigo 42, quanto o artigo 44, da LGPD, adotam o fundamento da responsabilidade civil objetiva, impondo aos agentes de tratamento a obrigação de indenizar os dados causados aos titulares de dados, afastando destes o dever de comprovar a existência de conduta culposa por parte do controlador ou operador.

6. CONCLUSÃO

Para Rodotà, é fundamental que haja uma tutela rigorosa dos dados sensíveis, pois esses transformaram-se em conteúdo essencial para a concretização do princípio da igualdade e da não discriminação. Mais ainda, a tutela de dados pessoais sensíveis permite a efetivação, a depender de sua natureza, do direito à saúde (dados genéticos ou sanitários), do direito à liberdade de expressão e de comunicação (dados sobre opiniões pessoais), do direito à liberdade religiosa e de associação (dados sobre convicção religiosa). Assim, para o autor italiano, "(...) a associação entre privacidade e liberdade torna-se cada vez mais forte"[39].

Considerando que se caminha cada vez mais e com maior intensidade para uma sociedade governada por dados, o ambiente social no qual se concretiza a ideia de privacidade informacional passa a ser qualificado pela proteção dos direitos da pessoa de manter o controle sobre seus dados, por meio de sua autodeterminação informativa (liberdade), visando a não discriminação (igualdade). Portanto, o problema da privacidade hoje é causado pelo conflito consequente da assimetria de poderes existente entre os titulares de dados e aqueles que realizam o tratamento dos dados. Esta assimetria gera um desequilíbrio social que, por sua vez, leva à violação dos princípios da igualdade e da liberdade. Assim, a adoção de sistema de responsabilidade civil objetiva pela Lei Geral

---

39. RODOTÀ, Stefano. *A vida na sociedade de vigilância*: a privacidade hoje. Tradução de Danilo Doneda e Luciana Cabral Doneda. Rio de Janeiro: Renovar, 2008, p. 153.

de Proteção de Dados visa proteger de maneira rigorosa os dados pessoais sensíveis e se torna, com isso, instrumento para a tutela e efetivação da igualdade e da liberdade.

7. REFERÊNCIAS

BIONI, Bruno Ricardo. *Proteção de dados pessoais*: a função e os limites do consentimento. Rio de Janeiro: Forense, 2018.

CALIXTO, Marcelo Junqueira. *A responsabilidade civil do fornecedor de produtos pelos riscos de desenvolvimento*. Rio de Janeiro: Renovar, 2004.

COHEN, Julie E. Examined lives: informational privacy and the subject as object. *Stanford Law Review*, Stanford, v. 52, p. 1373-1437, 2000.

DONEDA, Danilo. *Da privacidade à protecao de dados*. Rio de Janeiro: Renovar, 2006.

FRAZÃO, Ana. A nova Lei Geral de Proteção de Dados: Repercussões para a atividade empresarial: o tratamento dos dados pessoais sensíveis, Parte V. *Jota*, 26 set. 2018. Disponível em: https://www.jota.info/opiniao-e-analise/colunas/constituicao-empresa-e-mercado/nova-lgpd-o-tratamento-dos--dados-pessoais-sensiveis-26092018. Acesso em: 14 fev. 2019.

GUEDES, Gisela Sampaio da Cruz; MEIRELES, Rose Melo Venceslau. Término do tratamento de dados. In: TEPEDINO, Gustavo; FRAZÃO, Ana; OLIVA, Milena Donato (Coords.). *Lei Geral de Proteção de Dados Pessoais e suas repercussões no direito brasileiro*. São Paulo: Revista dos Tribunais, 2019.

LEONARDI, Marcel. *Tutela e privacidade na Internet*. São Paulo, Saraiva, 2012.

LEWICKI, Bruno. *A privacidade da pessoa humana no ambiente de trabalho*. Rio de Janeiro: Renovar, 2003.

MENDES, Laura Schertel. Habeas data e autodeterminação informativa. Os dois lados de uma mesma moeda. *Direitos Fundamentais & Justiça*, Belo Horizonte, ano 12, n. 39, p. 185-216, jul./dez. 2018.

MENDES, Laura Schertel; DONEDA, Danilo. Comentário à nova Lei de Proteção de Dados (Lei 13.709/2018): o novo paradigma da proteção de dados no Brasil. *Revista de Direito do Consumidor*, São Paulo: Revista dos Tribunais, v. 120, p. 555, nov./dez. 2018.

MENDES, Laura Schertel; DONEDA, Danilo. Reflexões iniciais sobre a nova Lei Geral de Proteção de Dados. *Revista de Direito do Consumidor*, São Paulo: Revista dos Tribunais, v. 120, p. 468-486, nov./dez. 2018.

MENDES, Laura Schertel. *Privacidade, proteção de dados e defesa do consumidor*: linhas gerais de um novo direito fundamental. São Paulo, Saraiva, 2014.

MORAES, Maria Celina Bodin de. Apresentação. In: RODOTÁ, Stefano. *A vida na sociedade de vigilância*: a privacidade hoje. Tradução de Danilo Doneda e Luciana Cabral Doneda. Rio de Janeiro: Renovar, 2008.

MORAES, Maria Celina Bodin de. *Danos à pessoa humana*. Rio de Janeiro: Renovar, 2003.

MORAES, Maria Celina Bodin de; QUEIROZ, João Quinelato de. Autodeterminação informativa e responsabilização proativa: novos instrumentos de tutela da pessoa humana na LGDP. In: *Cadernos Adenauer*, v. 3, ano XX, 2019.

MORAES, Maria Celina Bodin de; TEFFÉ, Chiara Spadaccini de. Redes sociais virtuais, privacidade e responsabilidade civil. Análise a partir do Marco Civil da Internet. *Revista Pensar*, Fortaleza, v. 22, n. 1, p. 108-146, jan./abr. 2017.

MULHOLLAND, Caitlin. *A responsabilidade civil por presunção de causalidade*. Rio de Janeiro: GZ Editora, 2009.

MULHOLLAND, Caitlin. O direito de não saber como decorrência do direito à intimidade. Comentário ao REsp 1.195.995. *Civilistica.com – Revista Eletrônica de Direito Civil*, Rio de Janeiro, ano 1, n. 1, p. 1-11, 2012.

MULHOLLAND, Caitlin; PIRES, Thula. O reflexo das lutas por reconhecimento no direito civil constitucional. *In:* LISBOA, Roberto Senise; REZENDE, Elcio Nacur; COSTA, Ilton Garcia da (Org.). *Relações privadas e democracia*. Florianópolis: Conpedi, 2014, v. 1, p. 135-153.

MULHOLLAND, Caitlin. Dados pessoais sensíveis e a tutela de direitos fundamentais: uma análise à luz da lei geral de proteção de dados (Lei 13.709/18). *Revista de Direitos e Garantias Fundamentais*, Vitória, v. 19, n. 3, p. 159-180, set./dez. 2018.

RODOTÀ, Stefano. *Il problema della responsabilità civile*. Milano: Giuffrè, 1967.

RODOTÀ, Stefano. *A vida na sociedade de vigilância*: a privacidade hoje. Tradução de Danilo Doneda e Luciana Cabral Doneda. Rio de Janeiro: Renovar, 2008.

SARLET, Ingo W. (Org.). *Direitos Fundamentais e Direito Privado*: uma Perspectiva de Direito Comparado. Coimbra: Almedina, 2008.

SOLOVE, Daniel J. *Understanding Privacy*. Cambridge: Harvard University Press, 2008.

HUMOR E RESPONSABILIDADE NA INTERNET

Chiara Spadaccini de Teffé

Doutoranda e mestre em Direito Civil pela Universidade do Estado do Rio de Janeiro (UERJ). Professora de Direito Civil e de Direito e Tecnologia na faculdade de Direito do Instituto Brasileiro de Mercado de Capitais (IBMEC). Professora em cursos do CEPED-UERJ, da Pós-graduação da PUC-Rio, da EMERJ, do Instituto New Law, do ITS Rio e da Pós-graduação em Advocacia Contratual e Responsabilidade Civil da EBRADI. Membro do conselho executivo da revista eletrônica *civilistica.com*. Coordenadora da Disciplina *Direito e Internet* no Instituto New Law. Membro do Fórum permanente de mídia e liberdade de expressão da EMERJ. Associada ao Instituto Brasileiro de Estudos em Responsabilidade Civil (IBERC). Foi professora substituta de Direito Civil na UFRJ e pesquisadora do Instituto de Tecnologia e Sociedade do Rio (ITS Rio). Parecerista de periódicos jurídicos e advogada. E-mail: chiarateffe@gmail.com

Jonathan de Oliveira Almeida

Mestrando em Direito Civil pela Universidade do Estado do Rio de Janeiro (UERJ). Graduado em Direito pela Universidade Federal do Rio de Janeiro (UFRJ). Professor do curso de pós-graduação do Instituto New Law. Advogado. E-mail: jthalmeida@gmail.com

Sumário: 1. Introdução. 2. Humor e liberdade de expressão: vale tudo? 3. Humor e responsabilidade: quem responde pelos excessos? 4. Considerações finais. 5. Referências.

> *"Imagination was given to man to compensate him for what he is not;*
> *a sense of humor to console him for what he is."*
> — Francis Bacon

1. INTRODUÇÃO

Dezembro de 2019, mais um especial de natal do Porta dos Fundos[1] é lançado. Como sempre, ele desperta uma série de questionamentos de religiosos.[2] Em "A primeira tentação de Cristo", Jesus volta para sua família, 40 dias após uma viagem ao deserto, na companhia de seu amigo Orlando. À sua espera estão seus pais, familiares e Deus (ou tio Vitório) para surpreendê-lo com uma festa de aniversário pelos seus 30 anos. Além de questões relacionadas à sua real paternidade e à sexualidade de Maria, discute-se também

---

1. Produtora de vídeos de comédia veiculados na internet com mais de 16,3 milhões de inscritos em seu canal no Youtube. Disponível em: https://www.youtube.com/user/portadosfundos. Acesso em: 31 jan. 20.
2. Em 2013, foi publicado pela primeira vez vídeo intitulado "Especial de Natal", produzido pelo Porta dos Fundos, com alguns esquetes que satirizavam o nascimento e a crucificação de Jesus. Se, de um lado, diversos grupos cristãos criticaram o vídeo e afirmaram que se sentiram ofendidos, de outro, a polêmica gerada aumentou a notoriedade do grupo e elevou, expressivamente, o número de visualizações do mencionado vídeo. As denúncias propostas em face do grupo, em razão do conteúdo exibido nos vídeos, acabaram sendo arquivadas ou julgadas improcedentes. Cf. TEFFÉ, Chiara Spadaccini de. Humor e liberdade de expressão: vale tudo? *Medium*, 05 jan. 2017. Disponível em: https://feed.itsrio.org/humor-e-liberdade-de-express%C3%A3o-vale-tudo-3f3e2177b0cc. Acesso em: 15 jan. 20.

uma possível relação homossexual entre Jesus e seu companheiro de viagem. Chegando ao clímax, Deus conta para Jesus que ele é o Messias e deve salvar a humanidade, mas ele, a princípio, recua: está caidinho por Orlando e quer levar uma vida normal. Ao final, descobre-se que Orlando era, na verdade, Lúcifer tentando Jesus. Há, então, uma batalha do bem contra o mal, se assim é possível dizer, com Jesus aceitando sua missão e destruindo Satanás.

Nos últimos anos, alguns episódios reacenderam os debates sobre o humor e a liberdade de expressão, fazendo chegar aos tribunais brasileiros diversos pedidos de remoção de conteúdo e de responsabilização tanto penal quanto civil dos produtores do material questionado. O tema da censura e o direito à liberdade religiosa também foram colocados na mesa e, por vezes, em lados opostos. Sobre a questão, o Supremo Tribunal Federal (STF) já consolidou entendimento no sentido de permitir, a princípio, a manifestação dos mais variados discursos humorísticos, seguindo sua tendência de conferir uma tutela privilegiada para as liberdades de expressão e de manifestação do pensamento. Afirmou-se que programas humorísticos, charges e modo caricatural de pôr em circulação ideias compõem as atividades de imprensa, sendo protegidos pelo artigo 220 da Constituição Federal[3]. Nessa medida, gozam da plenitude de liberdade assegurada pela Constituição à imprensa, para que possa exercer o direito de expender críticas a qualquer pessoa, ainda que em tom áspero, contundente, sarcástico, irônico ou irreverente, especialmente contra as autoridades e aparelhos de Estado.[4]-[5]

Após a publicação do último especial de natal, a Associação Centro Dom Bosco de Fé e Cultura ajuizou, em face da Produtora Porta dos Fundos e da plataforma de *streaming* Netflix, uma Ação Civil Pública requerendo, em resumo, a proibição da exibição do filme, bem como a reparação dos danos morais coletivos decorrentes do período em que o especial esteve no ar.

A Associação alega que o filme traz agressões e ridiculariza a fé e os valores católicos e cristãos em geral, representando ofensa deliberada e vil. Fundamenta sua tese na "Inviolabilidade do direito de crença, que inclui o direito do homem de não ser ofendido em sua profissão de fé, nem ter dolosamente desprezados os seus valores religiosos. Para os católicos, a *Imago Dei* constitui o fundamento da dignidade humana. Ultrajado Deus, é o

---

3. "Art. 220. A manifestação do pensamento, a criação, a expressão e a informação, sob qualquer forma, processo ou veículo não sofrerão qualquer restrição, observado o disposto nesta Constituição. §1º Nenhuma lei conterá dispositivo que possa constituir embaraço à plena liberdade de informação jornalística em qualquer veículo de comunicação social, observado o disposto no art. 5º, IV, V, X, XIII e XIV. § 2º É vedada toda e qualquer censura de natureza política, ideológica e artística. (...)"
4. STF. Medida cautelar na Ação Direta de Inconstitucionalidade 4.451. Rel. Min. Ayres Britto. Julg. 02/09/2010.
5. Em 2018, na mesma Ação Direta de Inconstitucionalidade, o Min. Rel. Alexandre de Moraes destacou que: "O funcionamento eficaz da democracia representativa exige absoluto respeito à ampla liberdade de expressão, possibilitando a liberdade de opinião, de criação artística, a proliferação de informações, a circulação de ideias; garantindo-se, portanto, os diversos e antagônicos discursos – moralistas e obscenos, conservadores e progressistas, científicos, literários, jornalísticos ou humorísticos, pois, no dizer de HEGEL, é no espaço público de discussão que a verdade e a falsidade coabitam. A liberdade de expressão permite que os meios de comunicação optem por determinados posicionamentos e exteriorizem seu juízo de valor; bem como autoriza programas humorísticos e sátiras realizados a partir de trucagem, montagem ou outro recurso de áudio e vídeo, como costumeiramente se realiza, não havendo nenhuma justificativa constitucional razoável para a interrupção durante o período eleitoral." Informações disponíveis em: http://www.stf.jus.br/portal/cms/verNoticiaDetalhe.asp?idConteudo=382174. Acesso em: 21 out. 2019.

homem que se degrada em sua dignidade." Em juízo de ponderação, a Associação aduz que, sendo a liberdade religiosa um fundamento da dignidade humana, o seu exercício regular e pacífico traduz o direito a não ser molestado ou ofendido em seu corpo de valores e princípios, razão pela qual a liberdade de expressão e artística deverá ser limitada em função dos postulados de justiça e paz social. Nesse entender, a liberdade de expressão deverá ser limitada quando o seu intento primário for o menoscabo e a depreciação da fé religiosa, o que se verifica na hipótese, de acordo com a Associação, pois havia dolo de ofender. Destaca também que a polêmica gerada em torno do filme evidencia o objetivo lucrativo da produção com o aumento dos *views* e a publicidade.

Na primeira decisão sobre o caso, conferida em caráter liminar pela 16ª Vara Cível do Tribunal de Justiça do Estado do Rio de Janeiro (TJRJ)[6], a magistrada lembrou que a sátira religiosa, especialmente no período de natal, é tema abordado de forma recorrente pelo Porta dos Fundos e pontuou que os espectadores não deveriam esperar informações fidedignas ou mesmo embasadas em conteúdos históricos, destacando-se o humor pelo humor, ainda que com tiradas mais ácidas. A juíza elucidou, ainda, que se está claramente diante de um conflito de valores e princípios constitucionais: de um lado, as liberdades de expressão, artística e de manifestação do pensamento e, de outro, a liberdade religiosa e a proteção aos locais de culto e suas liturgias, devendo-se, então, aplicar a técnica da ponderação para se averiguar qual interesse será merecedor de tutela. Pontuou, em boa hora, que cabe ao juiz "observar as balizas legais, constitucionais e jurisprudenciais para formação de seu convencimento, não lhe sendo permitido decidir conforme sua crença ou ausência desta ou baseado em sentimentos pessoais."

Em conclusão, a juíza manifestou-se no sentido de que a circulação de conteúdos somente deve ser proibida quando caracterizar incitação à violência, à discriminação, à violação de direitos humanos ou discurso de ódio, entendendo pela inexistência de qualquer um desses elementos no caso em exame para justificar a censura pretendida. Por fim, apontou como elemento essencial o fato de o filme estar disponível apenas para os assinantes da Netflix. A partir desses argumentos, também utilizados em decisões do Tribunal de Justiça de São Paulo (TJSP)[7] sobre o mesmo filme, decidiu pelo indeferimento do pedido liminar.

Contudo, o desenrolar do caso não parou por aqui, sendo a decisão questionada pela Associação no TJRJ. No dia 7 de janeiro de 2020, em outra decisão liminar, o Desembargador Benedicto Abicair[8] afirmou, em síntese, que, por se tratar de fase prematura do processo, sem que ainda tenham sido plenamente garantidos a ampla defesa e o contraditório, a possibilidade de danos mais graves e irreversíveis seria maior com a exibição do conteúdo do que com sua suspensão, tendo em vista que o Natal de 2019

---

6. TJRJ. 16ª Vara Cível. Processo: 0332259-06.2019.8.19.0001. Juíza: Adriana Sucena Monteiro Jara Moura. Julgado em: 19/12/2019.
7. TJSP. 1ª Vara do Juizado Especial Cível. Foro Central – Vergueiro. Processo: 1016645-74.2019.8.26.0016. Juíza: Luciana Antoni Pagano. Julgado em: 17/12/2019. TJSP. 1ª Vara do Juizado Especial Cível. Foro Regional III – Jabaquara. Processo: 1071622-58.2019.8.26.0002. Juiz: Marcos Blank Gonçalves. Julgado em: 13/12/2019. TJSP. 1ª Vara do Juizado Especial Cível. Foro Regional II – Santo Amaro. Juíza: Mirian Najjar Abdo. Julgado em: 17/12/2019.
8. TJRJ. Agravo de Instrumento nº 0083896-72.2019.8.19.0000. Sexta Câmara Cível. Rel. Des. Benedicto Abicair. Julgado em: 07/01/2020. Disponível em: https://www.conjur.com.br/dl/desembargador-tj-rj-censura-especial.pdf. Acesso em: 01 fev. 2020.

já havia sido comemorado. Por essas e outras razões, o magistrado entendeu ser "mais adequado e benéfico, não só para a comunidade cristã, mas para a sociedade brasileira, majoritariamente cristã, até que se julgue o mérito do Agravo, recorrer-se à cautela, para acalmar ânimos", concedendo a liminar requerida pela Associação.

E então: acalmaram-se os ânimos? Certamente que não. Em 9 de janeiro de 2020, a Netflix ajuizou[9] reclamação no STF contra a mencionada decisão liminar. Ao final do dia, entendeu o relator, Ministro Dias Toffoli, pelo deferimento da tutela requerida, ressaltando que: "o regime democrático pressupõe um ambiente de livre trânsito de ideias, no qual todos tenham direito a voz. De fato, a democracia somente se firma e progride em um ambiente em que diferentes convicções e visões de mundo possam ser expostas, defendidas e confrontadas umas com as outras, em um debate rico, plural e resolutivo." Em seguida, afirmou que o Plenário do STF, ao julgar a ADI nº 4.451/DF, ressaltou que: "[o] direito fundamental à liberdade de expressão não se direciona somente a proteger as opiniões supostamente verdadeiras, admiráveis ou convencionais, mas também aquelas que são duvidosas, exageradas, condenáveis, satíricas, humorísticas, bem como as não compartilhadas pela0 maiorias".

Ademais, o STF quando demandado a se manifestar sobre o conteúdo da liberdade de crença e da laicidade do Estado (ADI nº 4.439/DF) trouxe duas premissas para fins de se observar os preceitos: 1) a "voluntariedade" da exposição ao conteúdo; e 2) a vedação de que "o Poder Público crie de modo artificial seu próprio ensino religioso" ou que favoreça ou hierarquize "interpretações bíblicas e religiosas de um ou mais grupos em detrimento dos demais".

Como bem ponderado pelo Ministro Toffoli, o especial de natal de 2019 encontra-se na plataforma de *streaming* da Netflix. Trata-se de serviço de transmissão online que oferece ampla variedade de séries, filmes e documentários, cujo conteúdo é disponibilizado apenas para seus assinantes, mediante o pagamento de mensalidade. Local cujo acesso é voluntário e controlado, de modo que o poder de censura fica nas mãos de cada pessoa isoladamente. Sendo assim, restam sólidas as liberdades dos assinantes de tanto optarem por assistir o material que mais se compatibilizar com seus gostos e preferências quanto manterem (ou não) a assinatura do serviço, ficando prejudicado qualquer argumento que pretenda justificar a censura do conteúdo. A liberdade religiosa, constitucionalmente prevista, representa o direito de cada pessoa exercer sua religião, se assim desejar, com base na autonomia existencial, e não o direito de que determinada religião não seja objeto de críticas.

Até o momento, o especial de natal, como em anos anteriores, foi mantido em sua plataforma de exibição. Mas, sem dúvidas, esse conflito não acabou por aqui. Como afirmado por Anderson Schreiber[10], o episódio desnuda total desatenção a orientações já

---

9. STF. Medida Cautelar na Reclamação 38.782 (Rio de Janeiro). Rel. Min. Gilmar Mendes. Julgado em: 09 de janeiro de 2020. Decisão proferida pelo Ministro Dias Toffoli. Disponível em: https://portal.stf.jus.br/noticias/verNoticiaDetalhe.asp?idConteudo=434478&ori=1. Acesso em: 01 fev. 2020.
10. SCHREIBER, Anderson. De Moisés para Jesus: Dez Mandamentos para evitar um novo caso Porta dos Fundos. *Jota*, publicado em 15 de janeiro de 2020. Disponível em: https://www.jota.info/coberturas-especiais/liberdade-de-expressao/de-moises-para-jesus-dez-mandamentos-para-evitar-um-novo-caso-porta-dos-fundos-15012020. Acesso em: 01 fev. 2020.

sedimentadas pelos tribunais, a partir de outros casos judiciais que envolveram a mesma temática, e traz novamente a necessária ponderação entre liberdade de expressão e outros direitos fundamentais. Tratando do caso, o jurista destacou que: "Impedir, liminarmente, o exercício *concreto* da liberdade de expressão exigiria a identificação de uma violação igualmente *concreta* a um outro direito fundamental." Não sendo razoável, em outras palavras, suspender liminarmente a exibição de programa satírico de ficção a partir da alegação genérica de que sua veiculação atentaria contra a liberdade religiosa de todos os adeptos de determinada religião ou de uma "maioria cristã". A concretude a que se aludiu será tanto maior, segundo o jurista, quanto mais específico e individual for o sacrifício.

O caso em exame mostra-se um excelente ponto de partida para se discutir os limites do humor e os cenários de responsabilidade civil possíveis, quando houver danos efetivos à pessoa humana. Busca-se, então, a partir de uma abordagem civil-constitucional, trabalhar no presente artigo questões como: Até que ponto o humor pode ser protegido pela liberdade de expressão? Perco o amigo, mas não perco a piada: vale a pena fazer a piada a qualquer custo? Há limites para o humor? Quando o humor agressivo deixa de ser humor e se torna uma ofensa que gera um dano indenizável? Quais instrumentos jurídicos podem ser utilizados para proteger a pessoa nos casos em que a manifestação do pensamento for considerada abusiva? Quem responde pelos excessos?

2. HUMOR E LIBERDADE DE EXPRESSÃO: VALE TUDO?

Muitas vezes, o humor é construído a partir de uma visão crítica de comportamentos, hábitos ou crenças. Para tanto, lança-se mão dos mais diversos recursos: do exagero, do óbvio, do absurdo e da acidez. Justamente por isso, charges, paródias e piadas não podem ser interpretadas literalmente ou consideradas verdades absolutas, devendo gozar de maior espaço de liberdade.

O riso é característica inerente ao ser humano, único capaz de rir e fazer rir, tornando-se plausível afirmar que "tudo que é risível de alguma forma tem relação com o humano". Por essa razão, diz-se que a sátira sempre fez parte da humanidade e que o riso se mostra imprescindível à convivência humana, tendo em vista não só o seu caráter instigante e arrebatador, mas também o seu traço lenitivo diante das circunstâncias de infortúnio. Aliás, antiga expressão latina já afirmava: "rindo, castigam-se os costumes" (*Ridendo castigat mores*), ou seja, o humor é uma ferramenta útil para a expressão de críticas que a franqueza e a seriedade não ousariam fazer.

Ademais, o objetivo do humorista é fazer graça, produzindo o riso e, geralmente, sem a intenção de humilhar seu ouvinte. Nesse sentido, Millôr Fernandes, em uma das capas do semanário *O Pasquim*, afirmou que o "Humorista não atira para matar." No entanto, como qualquer outra manifestação, o humor se feito de modo desmedido e irresponsável poderá produzir efeitos nocivos a outrem, e não o mero riso, como se esperaria.

O exercício concreto dessa liberdade não é, portanto, ilimitado. Aquele que ofender terceiros, principalmente de forma dolosa, e causar dano, poderá responder penal e civilmente. Além de pleitear em juízo indenizações, o indivíduo que se sentir lesado poderá demandar por direito de resposta, retratação pública e/ou a remoção do conteúdo, conforme será analisado a seguir. Ainda que a Constituição Federal proteja amplamente a manifestação do pensamento, a criação e a expressão, não parece razoável que, sob o véu da liberdade de expressão, seja possível propagar discursos que incentivem diretamente o ódio e a violência contra uma pessoa, grupo ou instituição. Como regra, o direito à liberdade de expressão deverá ser protegido na mesma medida que outros direitos fundamentais, como o direito de ser diferente (oriundo do direito à igualdade), os direitos da personalidade e a liberdade de consciência e de crença.

Em uma sociedade plural e democrática, manifestações do pensamento e da palavra geram também responsabilidades, de modo que a própria Constituição estabeleceu a vedação ao anonimato (Art. 5º, IV). Essa vedação, porém, não representa sinal de que o legislador considere negativamente a ideia de anonimato em si, visto que, em diversas situações, ele é fundamental para a preservação da democracia, permitindo que o exercício das liberdades de expressão e de comunicação não sofra interferências indevidas. Essa restrição tem por fundamento principal possibilitar a identificação dos responsáveis por violações a direitos de terceiros, devendo também essa identificação estar submetida à proteção das garantias constitucionais. Ao se vedar o anonimato, garante-se que outros direitos fundamentais possam ser pleiteados, como o direito de resposta e o direito de indenização por danos morais e materiais sofridos.

A propósito, no contexto das liberdades fundamentais, a liberdade religiosa (Art. 5º, VI) cuida de permitir a livre escolha, adesão e expressão de uma religião[11], bem como traz a faculdade de a pessoa se autodeterminar a partir de suas crenças, sendo compreendida como ato de autonomia privada existencial.[12] Além disso, com base nesse direito, pode a pessoa decidir livremente não professar religião alguma. Para determinada doutrina, a liberdade religiosa se dividiria em duas partes, a liberdade de crença e a de culto.

Como ensina Fábio Leite, a garantia constitucional da liberdade religiosa – que representa o direito não apenas de ter uma crença, mas também de se determinar em razão dela[13] – reflete compromisso do Estado de respeitar e garantir o respeito para as mais variadas crenças e, consequentemente, às diferentes compreensões acerca da vida

---

11. Para Thiago Pires, a religião representa a situação em que "valendo-se de suas capacidades morais, cada pessoa identifica um conjunto de proposições (éticas, estéticas e até descritivas) que melhor explica, do seu ponto de vista, o seu papel no mundo, a finalidade da existência, e sua relação com os demais, com a natureza, e com seres, forças e elementos que, a seu juízo, transcendem a realidade sensível, empiricamente observável." (PIRES, Thiago Magalhães. *Entre a cruz e a espada: o espaço da religião em um Estado Democrático de Direito*. Tese (Doutorado em Direito Público) – Faculdade de Direito, Universidade do Estado do Rio de Janeiro, Rio de Janeiro, 2017. p. 132-133.)
12. Recorda-se também a previsão contida na Convenção Americana sobre Direitos Humanos (Pacto de San José), em seu artigo 12, que versa sobre liberdade de Consciência e de Religião: "1. Toda persona tiene derecho a la libertad de conciencia y de religión. Este derecho implica la libertad de conservar su religión o sus creencias, o de cambiar de religión o de creencias, así como la libertad de profesar y divulgar su religión o sus creencias, individual o colectivamente, tanto en público como en privado. 2. Nadie puede ser objeto de medidas restrictivas que puedan menoscabar la libertad de conservar su religión o sus creencias o de cambiar de religión o de creencias. 3. La libertad de manifestar la propia religión y las propias creencias está sujeta únicamente a las limitaciones prescritas por la ley y que sean necesarias para proteger la seguridad, el orden, la salud o la moral públicos o los derechos o libertades de los demás. 4. Los padres, y en su caso los tutores, tienen derecho a que sus hijos o pupilos reciban la educación religiosa y moral que esté de acuerdo con sus propias convicciones."
13. O autor destaca, porém, que: "reconhecer que a liberdade religiosa protege o direito do cidadão se determinar em razão de uma crença religiosa não assegura, *a priori*, que todas as práticas religiosas, necessárias à sua autodeterminação, estarão protegidas pelo Direito." (LEITE, Fábio. A liberdade de crença e o sacrifício de Animais em cultos religiosos. *Veredas do Direito*, Belo Horizonte, v. 10, n. 20, p.163-177, jul./dez. 2013. p. 165.)

e de outras temáticas próprias do campo religioso, o que pode eventualmente entrar em conflito com os conceitos hegemônicos da sociedade.[14]

Todavia, ante a vigência do princípio da laicidade do Estado[15-16] e sua robustez na conjuntura das democracias contemporâneas, uma determinada religião e seu conjunto de preceitos e valores não poderão ser impostos à sociedade, mesmo que haja um número substancial de devotos ou praticantes de tal crença no país.

A laicidade propicia a devolução da potência pública a todos, sem qualquer distinção, recordando as pessoas de sua mesma dignidade. Tem em seu bojo dois princípios constitucionais: a liberdade de consciência e a igualdade material, permitindo uma união verdadeira entre as pessoas, que não impedem as diferenças, mas que organiza a convivência fraterna entre os indivíduos. A laicidade promove o que une os seres humanos, antes de valorizar o que os divide, como crenças e religiões. Assim, a religião não poderá representar óbice para o exercício regular das demais liberdades fundamentais, bem como para a implementação de políticas públicas ou ampliação de direitos fundamentais.

Tratando da autonomia existencial garantida pelo Estado laico e do episódio inicialmente narrado, Schreiber afirma que:

> (...) a avaliação sobre se houve ou não ofensa à liberdade religiosa a partir da sátira televisa que tem por objeto personagens históricos de determinada religião não pode ser governada pelos valores próprios de cada grupo religioso, ou de qualquer de suas múltiplas vertentes, mas deve ter como único norte os valores constitucionais (...) Daí porque atribuir satiricamente a Jesus a condição de homossexual – e outras galhofas semelhantes – não pode representar, nem mesmo em tese, uma violação à liberdade de religião, pois a liberdade sexual é plenamente acolhida pela ordem jurídica brasileira (STF, ADI 4.277/DF), tal como, de resto, toda espécie de diversidade, incluindo a própria diversidade religiosa.[17]

A liberdade de expressão – como conjunto de liberdades essenciais ao ser humano, que tutela a liberdade de externar ideias, juízos de valor e as mais variadas manifestações do pensamento – apresenta caráter dúplice. Em um primeiro momento, atende a interesses individuais, funcionando como meio para o desenvolvimento da personalidade de cada ser humano. Sua garantia possibilita a expressão de opiniões, pensamentos e escolhas existenciais, além de servir de instrumento de autodefinição e autodeterminação individual. Em seguida, essa mesma liberdade atende ao interesse público da livre circu-

---

14. LEITE, Fábio. A liberdade de crença e o sacrifício de Animais em cultos religiosos. *Veredas do Direito*, Belo Horizonte, v. 10, n. 20, p.163-177, jul./dez. 2013. p. 165.
15. Para Thiago Pires, com relação ao princípio da laicidade, é imprescindível operar a *"diferenciação orgânica* entre o Estado e as denominações religiosas: estas e aquele devem ser instituições diversas e apartadas, movendo-se segundo fontes, critérios e valores próprios. Não se admite que uma confissão seja um departamento do Estado ou, ao inverso, que o aparato público se torne *longa manus* de uma denominação religiosa." (PIRES, Thiago Magalhães. *Entre a cruz e a espada*, cit., p. 354). A determinação não impede que Estado e religião possam se relacionar, mas será necessário que não haja subordinação mútua entre eles e suas instituições.
16. CRFB/1988: "Art. 5º [...] VI – é inviolável a liberdade de consciência e de crença, sendo assegurado o livre exercício dos cultos religiosos e garantida, na forma da lei, a proteção aos locais de culto e a suas liturgias. Art. 19. É vedado à União, aos Estados, ao Distrito Federal e aos Municípios: I – estabelecer cultos religiosos ou igrejas, subvencioná-los, embaraçar-lhes o funcionamento ou manter com eles ou seus representantes relações de dependência ou aliança, ressalvada, na forma da lei, a colaboração de interesse público."
17. SCHREIBER, Anderson. De Moisés para Jesus: Dez Mandamentos para evitar um novo caso Porta dos Fundos. *Jota*, publicado em 15 de janeiro de 2020. Disponível em: https://www.jota.info/coberturas-especiais/liberdade-de-expressao/de-moises-para-jesus-dez-mandamentos-para-evitar-um-novo-caso-porta-dos-fundos-15012020. Acesso em: 01 fev. 2020.

lação de ideias, o que demarca o regime democrático sobre o qual a sociedade brasileira encontra-se alicerçada, admitindo uma dimensão eminentemente coletiva, principalmente quando se está diante de um meio de comunicação em massa. Afirma-se que a referida liberdade faria parte dos direitos comunicativos: conjunto de direitos relativos a quaisquer formas de expressão ou recebimento de informações[18]. Essa categoria teria como finalidade fortalecer e garantir em nível global o acesso de todas as pessoas aos meios de comunicação e de expressão existentes.

Há limites para o humor? A resposta para essa questão parece depender tanto das concepções subjetivas do sujeito sobre o que é ou não ofensivo ou de mau gosto quanto do valor que ele atribui para a liberdade de expressão. Seria possível classificar uma piada como inteligente, rude ou chula? Cabe a um magistrado decidir se a piada valeu ou se o tipo humor praticado é de bom ou de mau gosto? Pelo texto constitucional, parece razoável que o julgador analise com maior rigor o tratamento dado para questões relacionadas à raça, gênero, sexualidade e religião, justamente por serem temas bastante delicados e que gozam de ampla proteção no ordenamento jurídico, mas que sempre os pondere com as demais liberdades fundamentais.

Evidentemente, não se pode limitar de forma indevida a liberdade de expressão e a liberdade de fazer humor, sob pena de se silenciar e inibir discursos relevantes, como críticas sociais e políticas, mas também não se pode admitir a expressão de discursos que incentivem o ódio e a discriminação de pessoas. Aqui, a técnica da ponderação de direitos fundamentais mostra-se de suma importância.

No texto constitucional, não parece que o legislador tenha realizado uma ponderação *a priori* em favor de algum direito, mas sim direcionado a interpretação e a aplicação da norma à condição que garanta a maior tutela à dignidade da pessoa humana. Dessa forma, se uma lei infraconstitucional previamente decidir uma colisão de direitos fundamentais de forma rígida e abstrata, ela enfrentará dois óbices: a unidade da Constituição e a ausência de hierarquia entre esses direitos, que impedem que haja fundamento de validade para alguma preferência atribuída em caráter geral e permanente. Cada caso deverá ser analisado de forma concreta e singular, a partir de suas características individuais e em consonância com os valores e objetivos constitucionais.[19]

---

18. MAZZUOLI, Valerio de Oliveira. Direitos comunicativos como direitos humanos: abrangência, limites, acesso à internet e direito ao esquecimento. *Revista dos Tribunais*, São Paulo, v. 104, n. 960, p. 249-267, out. 2015.
19. "O principal problema que se apresenta, nessas situações, diz respeito ao '*status*' assegurado à liberdade de expressão frente aos demais direitos fundamentais em eventual situação de conflito. Uma das fórmulas alvitradas para a solução de eventual conflito passa pela tentativa de estabelecimento de uma hierarquia entre direitos individuais. Essa via, no entanto, não parece ser a mais adequada. Embora não se possa negar que a unidade da Constituição não repugna a identificação de normas de diferentes "pesos" numa determinada ordem constitucional, é certo que a fixação de rigorosa hierarquia entre diferentes direitos individuais acabaria por desnaturá-los por completo, desfigurando também a Constituição como complexo normativo unitário e harmônico. Nas situações de conflito entre a liberdade de opinião e de comunicação ou a liberdade de expressão artística (CF, artigo 5º, IX) e o direito à inviolabilidade da intimidade, da vida privada, da honra e da imagem (CF, artigo 5º, X), o texto constitucional parece deixar claro que a liberdade de expressão não foi concebida como direito absoluto, insuscetível de restrição, seja pelo Judiciário, seja pelo Legislativo. Não se excluiu a possibilidade de serem impostas limitações à liberdade de expressão e de comunicação, estabelecendo, expressamente, que o exercício dessas liberdades haveria de se fazer com observância do texto constitucional. Não poderia ser outra a orientação do constituinte, pois, do contrário, outros valores, igualmente relevantes, quedariam esvaziados diante de um direito absoluto e insuscetível de restrição." (MENDES, Gilmar. Liberdade de expressão e Direitos de Personalidade. *Conjur*, publicado em 16

Nessa lógica, parece claro que eventual rechaço da posição preferencial da liberdade de expressão – defendida por corrente de juristas, especialmente de Direito Público[20] – não terá como consequência direta a alteração do resultado da ponderação de interesses, visto que a liberdade é uma das condições para que a personalidade humana possa ser adequadamente desenvolvida. Na legalidade constitucional é exatamente o princípio da dignidade da pessoa humana que institui e preenche a cláusula geral de tutela da personalidade, que dispõe que as situações jurídicas subjetivas existenciais deverão receber tratamento prioritário e tutela especial pelo ordenamento, devendo-se tanto prevenir quanto reparar, da forma mais ampla possível, os danos causados tanto ao corpo físico quanto ao corpo eletrônico.

Além de observar a proteção constitucional oferecida a determinados direitos e interesses, é recomendável que sejam analisadas determinadas questões no caso concreto, quais sejam: a) a conduta da vítima, se evitou a brincadeira ou se provocou a outra parte, mesmo já conhecendo a forma de humor praticada por ela; b) a forma como o humor é comumente expresso naquele programa ou publicação em questão, tendo em vista que o potencial lesivo da sátira se reduz se o próprio veículo tem caráter humorístico ou, ainda, se sua própria forma revela a intenção satírica;[21] e c) o contexto da piada, uma vez que o caráter cômico do programa ou da publicação pode vir a atenuar a gravidade daquilo que é exposto.[22]

---

de setembro de 2019. Disponível em: https://www.conjur.com.br/2019-set-16/direito-civil-atual-liberdade-expressao-direitos-personalidade. Acesso em: 20 out. 2019).

20. BARROSO, Luís Roberto. Colisão entre Liberdade de Expressão e Direitos da Personalidade. Critérios de Ponderação. Interpretação constitucionalmente adequada do Código Civil e da Lei de Imprensa. *Revista de Direito Administrativo*, Rio de Janeiro, n. 235, jan./mar. 2004. SARMENTO, Daniel. *Liberdades Comunicativas e "Direito ao Esquecimento" na ordem constitucional brasileira*. Parecer divulgado no ano de 2015. Disponível em: http://www.migalhas.com.br/arquivos/2015/2/art20150213-09.pdf. Acesso em: 05 fev. 2020.

21. Ao apreciar pedido de danos morais formulado pelos herdeiros do barão Smith de Vasconcellos, proprietário original do Castelo de Itaipava, em razão de "matéria" publicada pela revista humorística *Bundas*, que elegeu o Castelo de Itaipava como o "Castelo de *Bundas*" – em nítida referência a outra publicação que igualmente se utiliza de um "castelo" (Revista *Caras*) –, decidiu o Superior Tribunal de Justiça que: "(...) é preciso analisar não só a expressão apontada como injuriosa, e sim está em conjunto com a integralidade do texto e com o estilo do periódico que o veiculou. Nesse aspecto, nota-se que o meio de comunicação é explicitamente satírico, o que se evidencia – se não por menos – pela proposta editorial calcada na possibilidade de fazer rir a partir da comparação com outra revista de grande circulação, cujo mote é publicizar a vida íntima daquilo que se convencionou chamar de celebridades (...) A revista 'Bundas' tinha, claramente, nítido propósito editorial de apontar os excessos de um fenômeno social novo, surgido em meados da última década do século passado, que se consubstanciou na explosão do interesse público a respeito da vida de pessoas abastadas ou célebres, nacionais e estrangeiras. Nesse contexto de crítica pelo humor, é até previsível que a revista 'Bundas' apresente um seu 'castelo', quando a publicação-alvo da chacota também alega possuir um; mas é essencial notar que o castelo construído pelo antepassado das recorrentes foi, apenas, o *instrumento* da piada e não o alvo final da ridicularização, porquanto a comparação visa demonstrar o quão risível é – na visão dos articulistas – *a proposta editorial* da outra revista. Isso porque, do teor completo da reportagem, percebe-se ironia não só no epíteto concedido ao Barão, mas também no excesso de elogios destinados à construção, especialmente quando esta é comparada com outras presentes na mesma região;" (STJ. REsp 736.015/RJ. Rel. Ministra Nancy Andrighi. Julgado em: 16/06/2005. DJ: 01/07/2005).

22. Critérios desenvolvidos por SOUZA, Carlos Affonso Pereira de. Liberdade de expressão humorística, novas tecnologias e o papel dos tribunais. *In*: MONTEIRO FILHO, Carlos Edison do Rêgo; GUEDES, Gisela Sampaio da Cruz; MEIRELES, Rose Melo (Org.). *Direito Civil – Coleção Direito UERJ*. Rio de Janeiro: Freitas Bastos, 2015, v. 1, p. 15-30.

3. HUMOR E RESPONSABILIDADE: QUEM RESPONDE PELOS EXCESSOS?

Em janeiro de 2015, a redação do jornal satírico francês *Charlie Hebdo* sofreu um atentado terrorista que resultou na morte de algumas pessoas e deixou feridos.[23] O atentado seria uma resposta às caricaturas e sátiras ao profeta Maomé e líderes islâmicos feitas pelo jornal. A frase "*Je suis Charlie*" foi repetida por milhares de pessoas, em diversos países, como forma de solidariedade às vítimas e para lembrar a importância de se proteger a liberdade de expressão. O humor produzido pelos cartunistas teria ido longe demais, ao retratar figuras e aspectos de religiões conservadoras, como o Islamismo? Mesmo para quem entenda que sim, certamente não há dúvidas de que o evento foi um ato de violência extremada, desnecessário e que apenas promoveu mais dor e ódio entre as pessoas.

Nos últimos anos, a sociedade tem acompanhado intenso desenvolvimento tecnológico e a evolução dos meios de comunicação, especialmente da internet. Cada vez mais, o acesso à rede chega a novos lugares e pessoas, principalmente através do acesso móvel, de modo a viabilizar o contato e a difusão de informações de forma célere e eficaz. Um conteúdo lançado na rede, em poucos minutos, alcança milhares de acessos, visualizações e reproduções, tornando-se viral.

Não há como negar que a Internet vem se mostrando um território fértil para o discurso humorístico, por permitir tanto a rápida disseminação de conteúdos quanto a sua visualização por um número inimaginável de pessoas. Os melhores exemplos disso são os chamados *memes*[24], comumente publicados em mídias sociais, e os vídeos de humor

---

23. Segundo notícia, o julgamento do caso deverá começar formalmente em maio de 2020, levando 14 pessoas ao banco dos réus, algumas delas inclusive estão envolvidas em outro ataque terrorista ocorrido em supermercado judaico. Informação disponível em: https://www1.folha.uol.com.br/mundo/2020/01/apos-5-anos-ataque-terrorista-ao-jornal-charlie-hebdo-tera-julgamento-em-2020.shtml. Acesso em: 04 fev. 2020. "Desde o atentado, o Charlie Hebdo gasta mais de R$ 6 milhões ao ano para proteger seu escritório e os funcionários, segundo relatos da imprensa. Fora dos tribunais, o Charlie Hebdo passou também por outro julgamento. A despeito da solidariedade demonstrada na época do atentado, simbolizada pela frase "Je Suis Charlie" nas redes sociais ("eu sou Charlie", em francês), houve também quem tentou culpar as vítimas pelo atentado sofrido. Alguns acusaram o semanário satírico de ter sido demasiado irreverente, muito crítico às religiões, com uma linguagem excessivamente crassa. Em reação a esse tipo de ideia, o Charlie Hebdo criticou na edição desta semana o que chamou de "politicamente correto" e de "novos censores que acreditam ser reis do mundo por detrás de seu smartphone". (...) Nesse contexto, diante da violência que sofreu, o Charlie Hebdo deixou de criticar diretamente a figura do profeta Maomé. Dizendo-se insatisfeita com tal autocensura, a repórter Zineb El Rhazoui deixou o semanário em 2017, acusando a equipe de ter cedido à intolerância e ao fanatismo. Em uma entrevista com a organização Repórteres Sem Fronteiras e representantes das Nações Unidas, marcando o aniversário de cinco anos do atentado, o advogado do Charlie Hebdo Richard Malka afirmou que o "direito à blasfêmia" é um valor necessário." Trecho de reportagem sobre os cinco anos do ataque disponível em: https://gauchazh.clicrbs.com.br/mundo/noticia/2020/01/apos-cinco-anos-ataque-terrorista-ao-jornal-charlie--hebdo-tera-julgamento-em-2020-ck54e2y4n026n01od3s0zsooi.html. Acesso em: 04 fev. 2020.

24. Originalmente, o conceito de meme é atribuído ao zoólogo Richard Dawkins, notadamente em 1976, em decorrência de uma inquietante discussão sobre sociobiologia e transmissão cultural humana. No livro *The Selfish Gene* ("O Gene Egoísta"), o pesquisador procurou utilizar um termo através do qual fosse possível agregar os processos de replicação e evolução cultural humana, seu objeto de estudo desde o início de sua defesa da tese sobre determinismo genético. Para o pesquisador, o processo pelo qual o meme se replica e se mantém na memória seria semelhante ao que se desenvolve em pesquisas relacionadas à genética animal, tendo em vista que apenas os mais adaptados sobrevivem. Sem qualquer ideia de um nome mais adequado, Dawkins adaptou do grego "mimeme" (μίμημα) e cunhou o termo "meme" baseado em três características principais: longevidade, fecundidade e fidelidade. Sobre o tema, a propósito, vem sendo realizado estudo no âmbito da Universidade Federal Fluminense (UFF) denominado #MuseudosMemes que envolve pesquisa, ensino e divulgação científica da cultura dos memes. Mais informações em: http://www.museudememes.com.br. Acesso em: 07 fev. 2020.

postados em canais na rede, que recebem milhares de acessos e são multiplicados nas mais diversas ferramentas de comunicação.

Nesse cenário, as redes sociais desempenham papel fundamental para a divulgação de conteúdos. O compartilhamento – inclusive em tempo real – de fotos, vídeos, áudios, textos e, até mesmo, de dados de localização tornou-se comum, deixando o indivíduo cada vez mais rastros e dados de seu corpo. Contudo, essas redes ao mesmo tempo que são utilizadas como vetores da liberdade de expressão humorística também proporcionam plataformas para que determinadas pessoas se utilizem do humor, seja ele da qualidade que for, para causar danos a terceiros, extrapolando, assim, a cobertura oferecida pela liberdade de expressão e incorrendo em abuso e afronta a outros direitos fundamentais, ao proferirem discursos disseminando ódio, preconceito e violência.

Diante disso, havendo a lesão, os instrumentos da responsabilidade civil e da compensação de danos mostram-se de essencial importância para a proteção da pessoa humana, seja em âmbito individual ou coletivo. Nessa lógica, responde pelos excessos e abusos cometidos, em regra, aquele que diretamente produziu, publicou ou proferiu o discurso. Nesse caso, a pessoa que se sentir ofendida poderá ingressar com ações tanto em âmbito cível quanto penal[25] em face daquele que causou o dano. Há também possibilidade de se demandar contra aqueles que replicaram e compartilharam os conteúdos ofensivos, principalmente por estarem aumentando a extensão dos danos e disseminando conteúdos lesivos.

Nos casos que envolvem discurso humorístico e possíveis excessos, no âmbito da responsabilidade civil, é recorrente o pleito relativo à compensação por dano moral. Alega-se principalmente a ocorrência de lesões à honra e imagem. Em relação aos autores das ações, há um número considerável de pessoas públicas, especialmente de membros da classe política e artística. A esse respeito, inclusive, é importante ressaltar que todo conteúdo que se vale da figura de pessoas famosas ou com algum grau de notoriedade – seja porque exercem alguma função pública, seja porque ocupam o horário nobre da TV, ou, ainda, porque se constituíram personalidades da internet – desperta, naturalmente, maior interesse e compartilhamento por parte dos usuários da rede, sendo certa alguma relativização, a depender do caso, do grau de tutela jurídica dos direitos da personalidade desses sujeitos.[26]

Dentro da responsabilidade civil, um ponto preocupante a se levantar é o receio de que condenações possam gerar efeitos negativos e inibir a livre expressão do pensa-

---

25. Acerca da responsabilidade penal, o mais comum nos casos em que a vítima é uma pessoa singular é que ela alegue que sofreu uma das espécies dos "crimes contra a honra", que podem ser: calúnia, quando se imputa falsamente a alguém fato definido como crime; difamação, quando se imputa a alguém fato ofensivo à sua reputação; ou injúria, se alguém for ofendido em sua dignidade ou decoro. Neste sentido, recorda-se a condenação do humorista Danilo Gentili pela prática do crime de injúria contra a deputada federal Maria do Rosário (PT-RS), em abril de 2019. Mais informações em: https://www.conjur.com.br/2019-abr-11/danilo-gentili-condenado-prisao-injuria-maria-rosario. Acesso em: 08 fev. 2020.
26. GOMES, Orlando. *Introdução ao direito civil*. Rio de Janeiro: Forense, 2007. BITTAR, Carlos Alberto. *Os direitos da personalidade*. 7. ed., ver. e atual., Rio de Janeiro: Forense Universitária, 2004. STOCO, Rui. *Tratado de responsabilidade civil*. São Paulo: Revista dos Tribunais, 2004. FARIAS, Edilsom Pereira de. *Colisão de direitos: A honra, a intimidade, a vida privada e a imagem versus a liberdade de expressão e informação*. 2. ed. Porto Alegre: Sergio Fabris, 2000. TEFFÉ, Chiara Antonia Spadaccini de. Considerações sobre a proteção do direito à imagem na internet. *Revista de Informação Legislativa*, Brasília, v. 54, n. 213, p. 173-198, jan./mar. 2017.

mento. Nos Estados Unidos, esse efeito colateral costuma ser chamado de *chilling effect*, representando a inibição ou o desencorajamento do exercício legítimo de direitos, como a liberdade de expressão, pela ameaça de condenações judiciais ou sanções legais.

Recorda-se, aqui, caso de blogueiro condenado ao pagamento de indenização, no valor de 10 mil reais, por ter publicado uma fotomontagem associando a imagem do então prefeito de Osasco, Emídio Pereira de Souza, a de um porco para noticiar que ele havia sido denunciado na "máfia do lixo". O relator do processo, desembargador Claudio Godoy, entendeu que "uma coisa é noticiar seu ajuizamento e analisar os fatos lá articulados, (...) Outra bem diferente é laborar manchete chamativa, em espaço à parte, asseverando simplesmente que o autor havia sido denunciado na máfia do lixo e, mais, com isso envergonhando Osasco, como se certo o cometimento de qualquer ilícito. Pior, isto ao mesmo tempo em que o retrato real do autor, atributo de seu direito à imagem, se acoplava, em montagem, à figura de um porco, que se dizia ser seu animal preferido."[27]

Em outro caso, o proprietário da página "Te sento a vara moleque baitola" foi condenado[28] ao pagamento de cem mil reais, a título de compensação por danos morais a um idoso, o Sr. João Nunes Franco, por uso indevido de imagem. O conteúdo da página humorística, onde se utilizava uma foto do rosto do autor com frases tidas como depreciativas, envolvia também a comercialização de produtos, sendo difundido para mais de quatro milhões de seguidores em diversas mídias sociais. Em resumo, o magistrado entendeu que o conteúdo divulgado pela página ofendia a honra do autor, um idoso de 92 anos de idade, cuja imagem fora vinculada a situações vexatórias, além de ser utilizada para fins comerciais sem a devida autorização. Por fim, além da condenação em danos morais, o juiz também determinou que o réu cessasse imediatamente o comércio de produtos envolvendo qualquer imagem do idoso.

Em ação ajuizada pelo deputado federal Marcelo Freixo[29] (PSOL-RJ), em face do humorista Danilo Gentili, alegou o autor que o réu havia realizado postagens contra ele, qualificando-o como bandido, machista, agressor de mulheres, líder dos *black blocs* e assassino. Diante de tais fatos, postulou a reparação dos danos morais sofridos em R$ 100.000,00, bem como a condenação do réu a promover a publicação da sentença e acórdão na *timeline* do Facebook e demais colunas mantidas na internet e nos jornais de grande circulação no país. Por outro lado, o réu afirmou, em resumo, que não agiu de forma ilícita, haja vista ter se utilizado de seu direito fundamental à liberdade de expressão, que lhe permite manifestar seu pensamento no meio social, sobretudo, diante de questões políticas e em relação a pessoas públicas. A controvérsia residiu, portanto, na verificação da licitude ou não da conduta do réu, bem como da ocorrência de danos à

---

27. TJSP. Apelação Cível nº 9061259–28.2009.8.26.0000. 1ª Câmara de Direito Privado. Relator: Desembargador Claudio Godoy. Julgado em: 14/05/2013. Acórdão disponível em: https://esaj.tjsp.jus.br/cjsg/getArquivo.do?cdAcordao=6730108&cdForo=0. Acesso em: 08 fev. 2020.
28. TJGO. 2ª Vara Cível da Comarca de Cristalina. Processo: 0265417-83.2017.8.09.0036. Juiz: Thiago Inácio de Oliveira. Julgado em: 17/07/2019. Sentença disponível em: https://www.tjgo.jus.br/images/docs/CCS/usoindevidoimagem.pdf. Acesso em: 05 fev. 2020.
29. TJRJ. Apelação: 0130354-18.2017.8.19.0001. Vigésima Sexta Câmara Cível. Relator: Desembargador Wilson do Nascimento Reis. Julgamento em: 11/04/2019. Acórdão disponível em: http://www1.tjrj.jus.br/gedcacheweb/default.aspx?UZIP=1&GEDID=0004C03F03D87E9EE3973151DB76B57FEE5FC50A1262085D&USER=. Acesso em: 08 fev. 2020.

esfera da personalidade do autor em razão de manifestações apresentadas em página do *Twitter*. Acerca da questão, o desembargador responsável pelo caso afirmou que:

> Algumas manifestações promovidas na página do *twitter* do réu não revelaram qualquer ofensa ao autor, tendo a sua livre manifestação se dado dentro dos limites do tolerável, considerando, sobretudo o fato de o autor ser pessoa pública, parlamentar, que está sujeito ao escrutínio popular sobre a sua conduta pública nos meios sociais e de imprensa. Assim, tenho que parte das manifestações trazidas pelo réu revelaram o exercício de seu direito constitucional à liberdade de humor, de opinião e de crítica ao parlamentar, seja em relação às supostas acusações de sua ex-mulher, de envolvimento com os *black blocs* ou em apoio à ditadura na Venezuela. As hipérboles e eventuais palavras duras presentes naquelas manifestações não revelam violação a direito da personalidade do autor, tendo em vista que é inerente ao humor a utilização de piadas irônicas e ácidas em comentários críticos, em especial a políticos detentores de mandato eletivo. (...) Não é porque o autor é parlamentar, pessoa pública, que se pode negar proteção à sua dignidade. Por certo que as manifestações públicas a ele relacionadas devem ser analisadas com maior cautela em virtude dos princípios republicanos, mas não há razão jurídica para se negar proteção ao seu direito fundamental quando violado em verdadeiro abuso do réu.

Em seguida, porém, destacou que a conduta do réu não se resumiu a tais manifestações, revelando uma verdadeira progressão de ofensas ao autor, o que teria extrapolado os limites do tolerável e admissível. Com a progressão e aumento das postagens, utilizando palavras de baixo calão direcionadas ao autor, a sua conduta segundo o desembargador revelou-se abusiva e violadora dos direitos da personalidade. Ao promover manifestação pública em rede social induzindo seus seguidores a considerar o autor como assassino e farsante, além de lhe imputar termos pejorativos, o réu teria extrapolado a crítica política, utilizando-se de artifícios ilegais e ilegítimos com o único intuito de prejudicar a reputação do autor.

Acerca da compensação, ponderou que o juiz deve adotar critérios como, por exemplo, o grau de culpa do agente, a culpa concorrente da vítima e as condições econômicas das partes, além dos princípios da razoabilidade e proporcionalidade. Ao final, o valor da reparação foi arbitrado em vinte mil reais, levando-se em consideração que "as ofensas ocorreram em rede social de pessoa pública, com notória capacidade de influenciar seus seguidores, revelando maior extensão do dano, além de considerar que o réu é contumaz violador de direitos da personalidade (...)."[30]

Tratando de compensações, defende-se[31] a importância de se aplicar também, a depender do caso, reparação não pecuniária quando se tratar de lesão a bem existencial, visto que ela poderia atuar de forma mais concreta na própria atividade lesiva do agente. Partindo do pressuposto de que a reparação apenas de cunho pecuniário, em determinados casos, seria insuficiente e desconsideraria os elementos subjetivos e as

---

30. Em relação ao pedido de reparação não pecuniária, destacou que: "Quanto a pretensão recursal do autor de condenar o réu a divulgar em sua *timeline* do Facebook e em outros meios de informação o conteúdo desta decisão, tenho que não merece prosperar o pleito. Foram utilizadas informações constantes nos meios de imprensa para realização das manifestações humorísticas, razão pela qual não cabe a este órgão jurisdicional promover manifestação isentando ou não o autor dos eventos narrados em outros meios de informação. Até porque, não se vislumbra que tenha o réu promovido divulgação de conteúdo manifestamente inverídico, diante das matérias jornalísticas apresentadas no decorrer da instrução."
31. *Cf.* SCHREIBER, Anderson. Reparação não pecuniária dos danos morais. *Direito civil e Constituição*. São Paulo: Atlas, 2013, p. 205-219. Enunciado 589 do CJF: "A compensação pecuniária não é o único modo de reparar o dano extrapatrimonial, sendo admitida a reparação in natura, na forma de retratação pública ou outro meio."

circunstâncias particulares de cada caso, afirma-se que a compensação não pecuniária deveria representar parte da reparação oferecida para a vítima do evento danoso. Busca-se trazer efetividade ao princípio da reparação integral por meio da abertura de um leque maior de possibilidades de reparação e romper o pensamento de que reparações não pecuniárias não poderiam ser pleiteadas isoladamente.

Como principal exemplo, menciona-se o direito de resposta, direito fundamental previsto no art. 5º, inciso V, da CF/88, e na Lei nº 13.188/2015, que atua para proteger a imagem e a honra das pessoas. É o direito que uma pessoa tem de se defender de críticas públicas, notícias, comentários ou referências publicadas em veículo de comunicação, de forma gratuita e com igual ou maior destaque onde elas foram publicadas. Aqui, a pessoa pode tanto apresentar sua versão dos fatos quanto replicar acusação ou afirmação feita em relação a ela. Parte da doutrina, ao reconhecer uma posição preferencial da liberdade de expressão, em conflito com o direito à honra, entende que o Poder Judiciário deveria decidir tais conflitos com eficácia *inter partes*, mas com uma perspectiva *erga omnes*, e que o direito de resposta deveria ser colocado então como sanção preferencial.[32]

Destaca Fábio Leite que:

> O direito de resposta poderia ser considerado um grande trunfo previsto na Constituição para uma boa composição de danos em casos de conflito entre liberdade de expressão e direito à honra. (...) Curiosamente, são raríssimos os casos em que a condenação por ofensa à honra sequer "inclui" o direito de resposta." "Trata-se, na verdade, de um círculo vicioso. Os juízes não concedem porque os autores não requerem. E os autores não requerem porque, pela ótica hegemônica, podem optar pelo pedido de indenização – cujos valores nunca são desprezíveis. Ou seja, o direito de resposta, na prática, não é considerado um direito autônomo, nem, em geral, é "acompanhado" pelo pedido de indenização.[33]

Para o autor, como exceção, aquele que se expressa deve ser condenado a reparar o dano à honra de terceiro, devendo a reparação se limitar ao direito de resposta. Apenas em caráter excepcional a reparação incluiria o direito à indenização. Afirma-se que o direito de resposta seria a forma mais justa de o Estado assegurar o direito à honra, sem se comprometer com o conteúdo que gerou o dano ou com a reputação do ofendido diante de si próprio ou do meio social. Ao contrário de uma mera indenização em dinheiro, o direito de resposta informaria, melhorando a qualidade e fomentando o debate público. Ainda, pontua que eventual indenização poderia reprimir os cidadãos e especialmente veículos menores de comunicação, gerando um sensível *chilling effect* a partir da autocensura dos próprios cidadãos.[34] Concorde-se ou não com o referido entendimento, ponto é que incrementar a utilização do direito de resposta como compensação por lesão à honra parece bastante benéfico tanto para o debate público quanto para a vítima.

Costuma-se pleitear também instrumentos presentes na tutela inibitória – proteção de natureza preventiva que tem como objetivos impedir a prática de ilícito ou inibir a sua continuação, visando conservar a integridade do direito em si – através, por exemplo, do

---

32. LEITE, Fábio Carvalho. Liberdade de Expressão e Direito à honra: novas diretrizes para um velho problema. *In:* CLÈVE, Clèmerson Merlin; FREIRE, Alexandre (Org.). *Direitos fundamentais e jurisdição constitucional*: análise, crítica e contribuições. São Paulo: Revista dos Tribunais, 2014. p. 395-408.
33. LEITE, Fábio Carvalho. *Liberdade de Expressão e Direito à honra*, cit., loc. cit.
34. LEITE, Fábio Carvalho. *Liberdade de Expressão e Direito à honra*, cit., loc. cit.

pedido de remoção do conteúdo questionado ou que determinado programa ou site seja proibido de exibir conteúdo que envolva a imagem, o nome ou qualquer outro atributo da pessoa ofendida. A tutela inibitória representa proteção contra o perigo da prática, da repetição ou da continuação do ilícito – compreendido "como ato contrário ao direito que prescinde da configuração do dano."[35] [36]

Caso o discurso humorístico tenha sido veiculado por terceiro em algum provedor de aplicações de Internet (como uma mídia social ou canal de vídeo), quem se sentir ofendido poderá pedir a retirada do conteúdo diretamente para o provedor, na forma do artigo 19 do Marco Civil da Internet (Lei nº 12.965, de 23 de abril de 2014). Assim, se após ordem judicial requerendo a remoção do conteúdo nada for feito pelo provedor de aplicações de internet, ele terá o dever de também indenizar a vítima.[37]

O artigo 19 dispõe que, com o intuito de assegurar a liberdade de expressão e impedir a censura, o provedor de aplicações de internet somente poderá ser responsabilizado civilmente por danos decorrentes de conteúdo gerado por terceiros se, após ordem judicial específica, não tomar as providências para, no âmbito e nos limites técnicos do seu serviço e dentro do prazo assinalado, tornar indisponível o conteúdo apontado como infringente, ressalvadas as disposições legais em contrário.

No caso em questão, a responsabilidade civil do provedor de aplicações de internet será subjetiva e, como regra, somente derivará do não cumprimento da ordem judicial que determinou a remoção do conteúdo danoso. Foi estipulado que a retirada de conteúdo deverá ocorrer no âmbito e nos limites técnicos do serviço prestado, o que racionaliza o processo de retirada e afasta obrigações impossíveis de serem cumpridas pelos provedores. O artigo 19 trouxe, assim, a regra geral para o tema, havendo na Lei apenas duas exceções a ela.[38]

A exigência de uma ação diligente por parte do provedor justifica-se em razão da veiculação de conteúdos na Internet ocorrer de forma extremamente rápida e alcançar os mais diversos meios de comunicação. O Marco Civil da Internet, ao colocar o Poder Judiciário como instância legítima para definir o que é ou não um conteúdo ilícito, bem como o que deve necessariamente ser removido da rede, determinou que a responsa-

---

35. MARINONI, Luiz Guilherme. Tutela contra o ilícito (art. 497, parágrafo único, do CPC/2015). *Revista de Processo*, São Paulo, v. 245, jul. 2015.
36. Nesse sentido, o art. 497 do CPC/2015 entendeu bem o ponto, ao dispor que: Art. 497. Na ação que tenha por objeto a prestação de fazer ou de não fazer, o juiz, se procedente o pedido, concederá a tutela específica ou determinará providências que assegurem a obtenção de tutela pelo resultado prático equivalente. Parágrafo único. Para a concessão da tutela específica destinada a inibir a prática, a reiteração ou a continuação de um ilícito, ou a sua remoção, é irrelevante a demonstração da ocorrência de dano ou da existência de culpa ou dolo.
37. *Cf.* TEFFÉ, Chiara Spadaccini de. Marco Civil da Internet: considerações sobre a proteção da liberdade de expressão, neutralidade da rede e privacidade. *In*: BECKER, Daniel; FERRARI, Isabela. (Org.). *Regulação 4.0*: Novas tecnologias sob a perspectiva regulatória. São Paulo: Revista dos Tribunais, 2019, v. 1, p. 133-160. TEFFÉ, Chiara Spadaccini de; SOUZA, Carlos A. P. Responsabilidade civil de provedores na rede: análise da aplicação do Marco Civil da Internet pelo Superior Tribunal de Justiça. *Revista IBERC*, Belo Horizonte, v. 1, p. 1-28, 2018.
38. As exceções ao artigo 19 são pontuais e encontram-se previstas no próprio texto da Lei, quais sejam: a) para os conteúdos protegidos por direitos autorais (§2º do artigo 19), quando não será aplicada a regra da notificação judicial; e b) para os casos de divulgação, sem autorização de seus participantes, de imagens, vídeos ou outros materiais contendo cenas de nudez ou de atos sexuais de caráter privado. Neste caso específico, o provedor de aplicações de internet, após o recebimento de notificação extrajudicial, será responsabilizado se deixar de promover a indisponibilização do conteúdo íntimo divulgado por terceiro sem autorização (artigo 21).

bilidade do referido provedor não irá nascer do descumprimento de uma notificação privada, como regra.

A missão da Lei foi a de encontrar um equilíbrio entre a criação de um espaço onde fosse possível cultivar as liberdades de expressão e de informação e, ao mesmo tempo, garantir à vítima da disponibilização de conteúdo lesivo os meios adequados para identificar seu ofensor e remover o material impugnado.[39] De um lado, o MCI retira do provedor a pressão de remover todo e qualquer conteúdo apontado como ilícito, o que atingiria em cheio a liberdade de expressão, mas, de outro, não impede que assim ele proceda caso entenda que o material questionado é realmente contrário aos termos de uso e demais políticas que regem o funcionamento de sua plataforma.

Já que não existe para os provedores de aplicações de internet um dever de monitoramento prévio, a notificação, como uma denúncia na rede social (prática costumeira na rede para reportar a existência de materiais eventualmente danosos), atua como um alerta para que eles possam averiguar a existência em seus ambientes de conteúdos lesivos e, até mesmo, removê-los.

Como decidiu o Superior Tribunal de Justiça em diversas oportunidades, não constitui atividade intrínseca da rede social (como o Facebook, o WhatsApp e o Instagram, por exemplo) a fiscalização prévia dos conteúdos que são postados em sua plataforma, de modo que não se pode reputar defeituoso o site que não examina e filtra os dados e imagens nele inseridos. Dessa forma, "não se pode impor ao provedor de internet que monitore o conteúdo produzido pelos usuários da rede de modo a impedir a divulgação de futuras manifestações ofensivas contra determinado indivíduo."[40]

A doutrina destaca importantes argumentos para embasar a opção do legislador em adotar a responsabilidade civil subjetiva por omissão do provedor de aplicações que não retira o conteúdo ofensivo de terceiro após ordem judicial.

Em primeiro lugar, afirma-se que seria equivocado permitir que os provedores pudessem decidir, como regra, se o conteúdo questionado deveria ou não ser exibido ou se ele causaria ou não dano, por serem eles empresas privadas. Alega-se que os critérios estabelecidos pelos provedores para a retirada de conteúdo seriam subjetivos e pouco transparentes, o que prejudicaria a diversidade, a inovação e a liberdade de expressão na Internet.

Caso a mera notificação já gerasse o dever de análise e remoção do conteúdo questionado, isso poderia implicar sério entrave para o desenvolvimento de novas alternativas de exploração e comunicação, as quais poderiam não ser desenvolvidas em razão

---

39. Entende-se que esse posicionamento deve orientar o julgamento do Recurso Extraordinário n. 1.037.396, relatado pelo Min. Dias Toffoli, no Supremo Tribunal Federal. O mencionado Recurso – que teve sua repercussão geral reconhecida no início do ano de 2018 – foi interposto pelo Facebook contra acórdão prolatado pela Segunda Turma Recursal Cível do Colégio Recursal de Piracicaba/SP que declarou inconstitucional o art. 19 da Lei n. 12.965/2014. No caso, a Turma deferiu indenização de R$ 10 mil à autora, com o entendimento de que condicionar a retirada de perfil falso a ordem judicial significaria isentar os provedores de aplicações de toda e qualquer responsabilidade indenizatória, contrariando o sistema protetivo do CDC e o artigo 5º, XXXII, da CF. Espera-se que o STF confirme a constitucionalidade do MCI e reafirme a tutela que vem desenvolvendo nos últimos anos para as liberdades fundamentais.

40. STJ, 3ª T., REsp. 1.568.935 – RJ, Rel. Min. Ricardo Villas Bôas Cueva, julg. 05.04.2016, DJe 13.04.2016.

do receio dos provedores de futuras ações indenizatórias. Um sistema não baseado em análises judiciais traria, sem dúvidas, uma insegurança maior para as relações e poderia justificar remoções de conteúdo sem o devido contraditório.

Como já se afirmou no STJ, "(...) caso todas as denúncias fossem acolhidas, açodadamente, tão somente para que o provedor se esquivasse de ações como a presente, correr-se-ia o risco de um mal maior, o de censura, com violação da liberdade de expressão e pensamento (art. 220, § 2º, da Constituição Federal)."[41] É preciso, então, ter cuidado para que fatos isolados não sirvam de incentivo para que ocorra o incremento de uma vigilância desproporcional e injustificada nas mídias sociais e demais aplicativos.

Ao se colocar nas mãos do Poder Judiciário a apreciação do conteúdo, garante-se maior segurança para as relações desenvolvidas na Internet, como também a construção de limites mais razoáveis para a expressão em tal meio.[42]

Como ensina a Ministra Nancy Andrighi,

> (...) após a entrada em vigor da Lei 12.965/2014, o termo inicial da responsabilidade solidária do provedor de aplicação, por força do art. 19 do Marco Civil da Internet, é o momento da notificação judicial que ordena a retirada de determinado conteúdo da internet. 4. A ordem que determina a retirada de um conteúdo da internet deve ser proveniente do Poder Judiciário e, como requisito de validade, deve ser identificada claramente. 5. O Marco Civil da Internet elenca, entre os requisitos de validade da ordem judicial para a retirada de conteúdo infringente, a 'identificação clara e específica do conteúdo', sob pena de nulidade, sendo necessário, portanto, a indicação do localizador URL.[43]

No parágrafo 1º, do artigo 19, do Marco Civil da Internet, o legislador dispôs que a ordem judicial de que trata o *caput* deverá conter, sob pena de nulidade, identificação clara e específica do conteúdo apontado como infringente que permita a localização inequívoca do material. O Superior Tribunal de Justiça (STJ) vem adotando um direcionamento expressivo no sentido de exigir da parte ofendida a indicação precisa do endereço das páginas (URL) onde o conteúdo lesivo se encontra disponibilizado ou armazenado, para impor a remoção desse conteúdo ao provedor responsável pelo local, com base no parágrafo 1º, do artigo 19, do Marco Civil. Rechaça, assim, imposições genéricas de retirada de conteúdo de provedores.[44] A referida posição tem como fundamentos principalmente a impossibilidade técnica de o provedor controlar todo o conteúdo inserido

---

41. STJ, 3ª T., REsp. 1.568.935 – RJ, Rel. Min. Ricardo Villas Bôas Cueva, julg. 05.04.2016, DJe 13.04.2016.
42. Nesse sentido, afirmou o Ministro Ricardo Villas Bôas Cueva que: "Não se pode exigir dos provedores que determinem o que é ou não apropriado para divulgação pública. Cabe ao Poder Judiciário, quando instigado, aferir se determinada manifestação deve ou não ser extirpada da rede mundial de computadores e, se for o caso, fixar a reparação civil cabível contra o real responsável pelo ato ilícito. Ao provedor não compete avaliar eventuais ofensas, em virtude da inescapável subjetividade envolvida na análise de cada caso. Somente o descumprimento de uma ordem judicial, determinando a retirada específica do material ofensivo, pode ensejar a reparação civil. Para emitir ordem do gênero, o Judiciário avalia a ilicitude e a repercussão na vida do ofendido no caso concreto. Ademais, mesmo não sendo aplicável ao caso, pois os fatos narrados nos autos são anteriores à sua vigência, observa-se que o Marco Civil da Internet (Lei nº 12.965/2014) disciplinou, em seu artigo 19, o tema no sentido acima exposto (...) Em harmonia com os preceitos dessa norma, a jurisprudência do Superior Tribunal de Justiça tem entendido que a responsabilidade dos provedores de hospedagem e de conteúdo depende da indicação, pelo autor, do respectivo URL (*Universal Resource Locator*) em que se encontra o material de cunho impróprio. (STJ, 3ª T., REsp. 1.568.935 – RJ, Rel. Min. Ricardo Villas Bôas Cueva, julg. 05.04.2016, DJe 13.04.2016.)
43. STJ. REsp 1.694.405/RJ, Rel. Ministra Nancy Andrighi, Terceira Turma, julgado em 19/6/2018, DJe 29/06/2018.
44. Nesse sentido: Recurso Especial 1.698.647; REsp. 1.629.255-SP; REsp. 1.512.647–MG; REsp. 1.274.971 – RS; e REsp. 1.568.935 – RJ.

no espaço que disponibiliza, a necessidade de se garantir maior segurança a respeito do que deve ser considerado danoso, a desproporção da atribuição de um dever ilimitado de vigilância ao provedor e a facilitação do cumprimento da ordem judicial.

Nesse sentido, recorda-se julgado[45] de relatoria da Ministra Nancy Andrighi em que se afirmou a necessidade de se indicar de forma clara e específica o localizador URL do conteúdo infringente para a validade do comando judicial que ordenou sua remoção da internet. O fornecimento do URL, conforme afirmado, é obrigação do requerente. Salientou-se também a impossibilidade de se determinar o monitoramento prévio de perfis em rede social mantida pela recorrente (Facebook).

Por fim, cabe destacar que a norma presente no Marco Civil da Internet não afasta o dever de indenizar de quem diretamente inseriu o conteúdo lesivo na plataforma. Ao disponibilizarem informações e comentários nas redes sociais, os usuários se tornam os responsáveis principais pelas consequências de suas manifestações, devendo então ser condenados pelos abusos que venham a praticar.

4. CONSIDERAÇÕES FINAIS

Podem ser tênues as linhas que separam o humor envolto pelo manto da liberdade de expressão daquele que não se faz digno de tutela jurídica. Em verdade, por vezes, escapam do campo do Direito os debates acerca dos limites do humor. Nos dias atuais, é possível notar tanto alguns excessos quanto alguma suscetibilidade exagerada por parte de determinadas pessoas. Uma crítica ou sátira mais cáustica pode ser capaz de provocar uma discussão sem fim em mídias sociais e gerar repercussões nos mais diversos meios, o que nem sempre é negativo, mas deve se dar de forma razoável e respeitosa. Saber ponderar os interesses em jogo e analisar, de forma imparcial, o papel do humor e as fronteiras da liberdade de expressão mostram-se desafiadores tanto para a doutrina quanto para a jurisprudência.

Definir o humor é, por certo, tarefa inexitosa. Por que rimos? De que rimos? Como rimos? Naturalmente, o discurso humorístico sempre traz consigo uma carga de subjetividade, seja por um sentimento de superioridade, alívio ou incongruência, teorias que se ocuparam de esboçar significâncias ao fenômeno humorístico[46], porém o certo é que "toda definição de humor decepciona, mas é possível aprender a reconhecê-lo"[47]. Reconhecemos o humor pela produção do riso, mesmo que seu conteúdo engaje algum desconforto, deboche e críticas sociais ou políticas, pois esta é também uma das funções da sátira. De toda forma, apesar de limitada, a liberdade para fazer humor deve ser sempre protegida e promovida.

Não cabe aos Tribunais determinar se o humor praticado é popular ou indigesto, inteligente ou grotesco, haja vista que o exercício da atividade jurisdicional não se destina

---

45. STJ. REsp 1.763.170 – SP. Rel. Min. Nancy Andrighi. DJe: 11/10/2019.
46. SALIBA, Elias Thomé. História cultural do humor: balanço provisório e perspectivas de pesquisas. *Revista de História*, São Paulo, n. 176, 2017. Disponível em: http://www.scielo.br/pdf/rh/n176/2316-9141-rh-a01017.pdf. Acesso em: 14 jan. 2020.
47. POLLOCK, Jonathan. *¿Qué es el humor?* Traducción de Alcira Bixio. Buenos Aires: Paidós, 2003, p. 111.

à crítica artística.[48] Eventuais excessos deverão, por óbvio, ser questionados, mas sem que isso cause impacto desproporcional à liberdade de expressão. Nesse sentido, entende-se que não se deve cercear, ainda mais em sede de medida liminar, certa manifestação das liberdades de expressão e artística, sob o argumento de que o humor veiculado foi de mal gosto, tosco ou grosseiro. A partir das liberdades e garantias fundamentais asseguradas à pessoa, cada um é livre para gostar do tipo de humor que preferir. Valioso ensinamento nos foi deixado pelo poeta francês René Char: "Aquilo que vem ao mundo para nada perturbar não merece nem contemplações nem paciência."

5. REFERÊNCIAS

BARROSO, Luís Roberto. Colisão entre Liberdade de Expressão e Direitos da Personalidade. Critérios de Ponderação. Interpretação constitucionalmente adequada do Código Civil e da Lei de Imprensa. *Revista de Direito Administrativo*, Rio de Janeiro, n. 235, jan./mar. 2004.

BITTAR, Carlos Alberto. *Os direitos da personalidade.* 7. ed., ver. e atual., Rio de Janeiro: Forense Universitária, 2004.

FARIAS, Edilsom Pereira de. *Colisão de direitos: A honra, a intimidade, a vida privada e a imagem versus a liberdade de expressão e informação.* 2. ed. Porto Alegre: Sergio Fabris, 2000.

GOMES, Orlando. *Introdução ao direito civil.* Rio de Janeiro: Forense, 2007.

LEITE, Fábio. A liberdade de crença e o sacrifício de Animais em cultos religiosos. *Veredas do Direito*, Belo Horizonte, v. 10, n. 20, p.163-177, jul./dez. 2013.

LEITE, Fábio Carvalho. Liberdade de Expressão e Direito à honra: novas diretrizes para um velho problema. *In:* CLÈVE, Clèmerson Merlin; FREIRE, Alexandre (Org.). *Direitos fundamentais e jurisdição constitucional:* análise, crítica e contribuições. São Paulo: Revista dos Tribunais, 2014.

MARINONI, Luiz Guilherme. Tutela contra o ilícito (art. 497, parágrafo único, do CPC/2015). *Revista de Processo*, São Paulo, v. 245, jul. 2015.

MAZZUOLI, Valerio de Oliveira. Direitos comunicativos como direitos humanos: abrangência, limites, acesso à internet e direito ao esquecimento. *Revista dos Tribunais*, São Paulo, v. 104, n. 960, p. 249-267, out. 2015.

MENDES, Gilmar. Liberdade de expressão e Direitos de Personalidade. *Conjur*, publicado em 16 de setembro de 2019. Disponível em: https://www.conjur.com.br/2019-set-16/direito-civil-atual-liberdade-expressao-direitos-personalidade. Acesso em: 20 out. 2019.

PIRES, Thiago Magalhães. *Entre a cruz e a espada: o espaço da religião em um Estado Democrático de Direito.* Tese (Doutorado em Direito Público) – Faculdade de Direito, Universidade do Estado do Rio de Janeiro, Rio de Janeiro, 2017.

POLLOCK, Jonathan. *¿Qué es el humor?* Traducción de Alcira Bixio. Buenos Aires: Paidós, 2003.

SALIBA, Elias Thomé. História cultural do humor: balanço provisório e perspectivas de pesquisas. *Revista de História*, São Paulo, n. 176, 2017.

SARMENTO, Daniel. *Liberdades Comunicativas e "Direito ao Esquecimento" na ordem constitucional brasileira.* Parecer divulgado no ano de 2015. Disponível em: http://www.migalhas.com.br/arquivos/2015/2/art20150213-09.pdf. Acesso em: 05 fev. 2020.

---

48. STJ. REsp 736.015/RJ. Rel. Ministra Nancy Andrighi. Julgado em: 16/06/2005. DJ: 01/07/05.

SCHREIBER, Anderson. De Moisés para Jesus: Dez Mandamentos para evitar um novo caso Porta dos Fundos. *Jota*, publicado em 15 de janeiro de 2020. Disponível em: https://www.jota.info/coberturas-especiais/liberdade-de-expressao/de-moises-para-jesus-dez-mandamentos-para-evitar-um-novo-caso-porta-dos-fundos-15012020. Acesso em: 01 fev. 2020.

SCHREIBER, Anderson. Reparação não pecuniária dos danos morais. *Direito civil e Constituição*. São Paulo: Atlas, 2013.

SOUZA, Carlos Affonso Pereira de. Liberdade de expressão humorística, novas tecnologias e o papel dos tribunais. *In:* MONTEIRO FILHO, Carlos Edison do Rêgo; GUEDES, Gisela Sampaio da Cruz; MEIRELES, Rose Melo (Org.). *Direito Civil – Coleção Direito UERJ*. Rio de Janeiro: Freitas Bastos, 2015, v. 1.

STOCO, Rui. *Tratado de responsabilidade civil*. São Paulo: Revista dos Tribunais, 2004.

TEFFÉ, Chiara Antonia Spadaccini de. Considerações sobre a proteção do direito à imagem na internet. *Revista de Informação Legislativa*, Brasília, v. 54, n. 213, p. 173-198, jan./mar. 2017.

TEFFÉ, Chiara Spadaccini de. Humor e liberdade de expressão: vale tudo? *Medium*, 05 jan. 2017. Disponível em: https://feed.itsrio.org/humor-e-liberdade-de-express%C3%A3o-vale-tudo-3f3e2177b0cc. Acesso em: 15 jan. 20.

TEFFÉ, Chiara Spadaccini de. Marco Civil da Internet: considerações sobre a proteção da liberdade de expressão, neutralidade da rede e privacidade. *In:* BECKER, Daniel; FERRARI, Isabela. (Org.). *Regulação 4.0*: Novas tecnologias sob a perspectiva regulatória. São Paulo: Revista dos Tribunais, 2019, v. 1.

TEFFÉ, Chiara Spadaccini de; SOUZA, Carlos A. P. Responsabilidade civil de provedores na rede: análise da aplicação do Marco Civil da Internet pelo Superior Tribunal de Justiça. *Revista IBERC*, Belo Horizonte, v. 1, p. 1-28, 2018.

O NECESSÁRIO DIÁLOGO ENTRE O MARCO CIVIL DA INTERNET E A LEI GERAL DE PROTEÇÃO DE DADOS PARA A COERÊNCIA DO SISTEMA DE RESPONSABILIDADE CIVIL DIANTE DAS NOVAS TECNOLOGIAS

Cíntia Rosa Pereira de Lima

Pós-Doutora em Direito Civil na Università degli Studi di Camerino (Itália) com fomento FAPESP e CAPES. Doutora em Direito Civil pela Faculdade de Direito da USP com estágio na Ottawa University (Canadá) com bolsa CAPES – PDEE. Doutorado Sanduíche e livre-docente em Direito Civil Existencial e Patrimonial pela Faculdade de Direito de Ribeirão Preto (USP). Professora de Direito Civil da Faculdade de Direito da USP Ribeirão Preto – FDRP. Líder e Coordenadora dos Grupos de Pesquisa *"Tutela Jurídica dos Dados Pessoais dos Usuários da Internet"* e *"Observatório do Marco Civil da Internet"*, cadastrados no Diretório de Grupos de Pesquisa do CNPq. Presidente do Instituto Avançado de Proteção de Dados – IAPD. Associada Titular do IBERC – Instituto Brasileiro de Responsabilidade Civil e membro fundador do IBDCONT – Instituto Brasileiro de Direito Contratual. Advogada.

Emanuele Pezati Franco de Moraes

Mestre em Direito pela Faculdade de Direito de Ribeirão Preto, Universidade de São Paulo – FDRP/USP. Pós-graduanda e monitora bolsista no curso de especialização lato sensu "LLM em Direito Civil" na Faculdade de Direito de Ribeirão Preto da Universidade de São Paulo – FDRP/USP (2018-2020). Graduada em Direito pelo Centro Universitário de Rio Preto (2009). Membro dos Grupos de Pesquisa *"Tutela Jurídica dos Dados Pessoais dos Usuários da Internet"* e *"Observatório do Marco Civil da Internet"*, cadastrados no Diretório de Grupos de Pesquisa do CNPq. Associado Fundador do Instituto Avançado de Proteção de Dados – IAPD. Advogada.

Kelvin Peroli

Graduando em Direito pela Faculdade de Direito de Ribeirão Preto, Universidade de São Paulo – FDRP/USP. Membro dos Grupos de Pesquisa *"Tutela Jurídica dos Dados Pessoais dos Usuários da Internet"* e *"Observatório do Marco Civil da Internet"*, cadastrados no Diretório de Grupos de Pesquisa do CNPq. Associado Fundador do Instituto Avançado de Proteção de Dados – IAPD. Pesquisador.

Sumário: 1. Introdução. 2. Da responsabilidade civil no Marco Civil da Internet. 3. Da responsabilidade civil na Lei Geral de Proteção de Dados. 4. Conclusão. 5. Referências.

1. INTRODUÇÃO

Vive-se sob o prisma da sociedade informacional, cujas relações e negociações pessoais são cada vez mais deixadas em segundo plano e intermediadas por meios digitais. Percebe-se que a sociedade informacional é marcada pelos avanços tecnológicos e pela intensa globalização, assim como pelo volume, velocidade, variedade e valor dos dados, na sociedade *Big Data*[1]. Essas mudanças repercutiram diretamente na ciência jurídica, que acompanhou as transformações do universo digital, regulando-as em busca, principalmente, da segurança jurídica.

Assim, pode-se afirmar que as alterações afetaram as regras do Direito Civil, que precisaram ser atualizadas para acompanhar os novos modelos de relações e negociações digitais. Essa necessidade foi refletida com a promulgação do Marco Civil da Internet (MCI), Lei n. 12.965/14, que constituiu um microssistema jurídico, estabelecendo o regramento para o uso da Internet no Brasil (art. 1º, MCI).

Estipulou-se, em um primeiro momento, os direitos e as obrigações dos usuários dos meios digitais pelo Marco Civil da Internet (art. 7º), que, por sua vez, impactaram diretamente sobre normas tradicionais de responsabilidade civil (art. 18 e seguintes). Essa lei alterou substancialmente o entendimento consolidado no Superior Tribunal de Justiça (STJ) sobre o tema, pois se adotava o sistema *notice and takedown*, ou seja, o provedor de conteúdo seria corresponsável ao causador do dano quando, notificado pela vítima, não inviabilizasse o acesso ao determinado conteúdo.[2] No entanto, após a vigência do MCI, para estabelecer a responsabilidade do provedor de conteúdo, exige-se sua inércia após uma determinação judicial para a retirada do conteúdo, *judicial notice and takedown*.[3] O que nos parece um retrocesso seja porque aumenta a judicialização destes conflitos, seja porque a demora na retirada do conteúdo representa geralmente a perpetuação do dano na medida em que será acessado por milhares de pessoas e, em pouco tempo, o conteúdo se espalhará inviabilizando o retorno ao *status quo*[4].

Ocorre que, diante do constante aumento na complexidade das relações da sociedade informacional, o próprio MCI foi promulgado determinando a necessidade de uma regulamentação específica posterior em alguns temas, como é o caso da proteção de dados pessoais. Desta forma, é importante destacar que já no inciso III do art. 3º do MCI há a determinação de que seria preciso a promulgação de uma legislação específica para tratar dos regramentos para a salvaguarda dos dados pessoais.

Ultrapassados quatro anos de vigência do MCI, foi promulgada a Lei Geral de Proteção de Dados (LGPD), Lei n. 13.709/2018, que dispõe sobre regras de segurança e tratamento adequado de dados pessoais no Brasil. A LGPD traz um regramento

---

1. LANEY, Doug. *3D Data Management: Controlling Data Volume, Velocity, and Variety*. Stanford, Connecticut: META Group, 2001, p. 3. Disponível em: https://blogs.gartner.com/doug-laney/files/2012/01/ad949-3D-Data-Management-Controlling-Data-Volume-Velocity-and-Variety.pdf. Acesso em: 20 nov. 2019.
2. *Cf.* BRASIL. Superior Tribunal de Justiça. REsp 1.406.448/RJ. Rel. Min. Nancy Andrighi. Julgado em 15/10/2013 (DJe 21/10/2013).
3. *Cf.* BRASIL. Superior Tribunal de Justiça. REsp nº 1642997/RJ. Min. Rel. Nancy Andrighi. 3ª turma, DJ12.09.2017.
4. LIMA, Cíntia Rosa Pereira de. A responsabilidade civil dos provedores de aplicação de internet por conteúdo gerado por terceiro antes e depois do Marco Civil da Internet (Lei n. 12.965/14). *Revista da Faculdade de Direito da Universidade de São Paulo*, São Paulo, v. 110, p. 155-176, jan./dez. 2015, p. 160.

específico sobre responsabilidade e ressarcimento de danos decorrentes de tratamento de dados pessoais (arts. 42 e seguintes). Assim, quando se tratar de danos decorrentes do tratamento de dados pessoais, a lei estabelece a responsabilidade solidária entre controlador e operador, não deixando claro se esta responsabilidade é objetiva ou subjetiva.

Deste conjunto normativo, observa-se que tanto no MCI quando na LGPD os requisitos tradicionais da responsabilidade civil – quais sejam: dano, agente, ação ou omissão e nexo causal – tiveram que ser repensados à luz da nova realidade tecnológica[5].

Dessa feita, o presente capítulo tem por fim, em um primeiro momento, destacar os principais pontos sobre a responsabilidade civil no MCI, analisando a responsabilidade civil dos provedores de conexão e de aplicações de Internet, com ênfase neste último, que sofreu maiores mudanças e merece maiores considerações.

Para analisar esse novo panorama da responsabilidade civil dos provedores no MCI, será feita uma análise de como era a responsabilidade civil destes antes da promulgação da referida lei e as principais mudanças havidas após o seu advento.

Em seguida, estudar-se-ão as regras de responsabilidade civil trazidas na LGPD para os agentes de tratamento de dados – controlador e operador – perante o titular dos dados, especialmente dos arts. 42 a 45, localizados na Seção III do Capítulo VI.

Desde já vale elucidar alguns conceitos determinados na LGPD. De acordo com o art. 5º, incisos VI e VII, o controlador é a "pessoa natural ou jurídica, de direito público ou privado, a quem competem as decisões referentes ao tratamento de dados pessoais", enquanto o operador é a "pessoa natural ou jurídica, de direito público ou privado, que realiza o tratamento de dados pessoais em nome do controlador".

Assim, a abordagem do estudo da responsabilidade civil na LGPD se dará pela explanação dos institutos da responsabilidade civil e pelo exame dos aspectos da responsabilidade solidária entre o controlador e o operador quanto ao tratamento de dados. Posteriormente, analisar-se-á se a responsabilidade civil na LGPD é subjetiva ou objetiva, comparando-a com pontos do Código de Defesa do Consumidor (CDC) e destacando as hipóteses de excludentes de responsabilidade.

Cabe esclarecer que a escolha em comparar a LGPD com o CDC se deu porque a estrutura das normas é similar, inclusive pelo fato de a jurisprudência se socorrer do CDC para julgar questões sobre tratamentos de dados pessoais. No mesmo sentido, a LGPD determina que, havendo relação de consumo entre o agente de tratamento e o titular de dados, o CDC terá aplicação complementar à LGPD, o que é confirmado pelo art. 45 desta última norma.

Ademais, cabe sublinhar que o Direito Digital é um ramo novo, assim sendo, as questões sobre proteção de dados não possuem vasta base doutrinária de apoio para elucidação dos temas.

---

5. LIMA, Cíntia Rosa Pereira de. A responsabilidade civil dos provedores de aplicação de internet por conteúdo gerado por terceiro antes e depois do Marco Civil da Internet (Lei n. 12.965/14). *Revista da Faculdade de Direito da Universidade de São Paulo*, São Paulo, v. 110, p. 155-176, jan./dez. 2015, p. 157.

2. DA RESPONSABILIDADE CIVIL NO MARCO CIVIL DA INTERNET

No contexto da distinção técnica havida entre os provedores de conexão de Internet e os provedores de aplicações de Internet, Carlos Roberto Gonçalves já defendia, anteriormente ao Marco Civil da Internet, que os provedores de conexão não poderiam responder civilmente sobre conteúdos disponibilizados – por terceiros – na *Web*, uma vez que são um aparato instrumental e que não possuem condições técnicas para avaliarem o conteúdo, bem como não possuem o direito de interceptá-lo[6]. Isto porque tal controle feito pelos provedores de conexão poderia levar, para além da censura, à quebra da neutralidade da rede, que é um dos fundamentos trazidos pelo MCI, em seu art. 9º, de forma que o responsável pela transmissão, comutação ou roteamento tem o dever de tratar de forma isonômica quaisquer pacotes de dados, não podendo fazer distinções por conteúdo, destino e origem, terminal, serviço ou aplicação.

Quanto à guarda dos registros de conexão, antes do MCI, por não haver disposição legislativa, o Comitê Gestor da Internet no Brasil, após consulta pública, havia recomendado o prazo mínimo de três anos de guarda dos dados de conexão e comunicação (identificação do endereço IP (*Internet Protocol*), data e hora de início e término da conexão e origem de chamada). Este entendimento foi baseado no art. 206, §3º, inc. V, do Código Civil, que estipula em três anos o prazo prescricional para a pretensão de reparação civil. No entanto, este seria um prazo mínimo, pois não se pode olvidar que o Código de Defesa do Consumidor, em seu art. 27, traz o prazo de cinco anos para a pretensão de reparação por danos causados por fato do produto ou serviço[7].

Em seu turno, o MCI, conforme o art. 13, estipulou o prazo de um ano para a guarda dos registros de conexão dos usuários, sob sigilo, em ambiente controlado e não podendo haver a transferência da manutenção dos registros a terceiros, de acordo com o seu §1º. Este prazo pode interferir na produção de prova. No entanto, pela inversão do ônus da prova, à responsabilização civil, é aconselhável aos provedores de conexão a guarda dos registros por mais tempo.

Aos provedores de conexão, o MCI, além de estipular o tratamento isonômico quando da transmissão, comutação ou roteamento, estabeleceu a vedação ao bloqueio, monitoramento, filtragem ou análise de conteúdo dos pacotes de dados, quando da provisão da conexão, seja ela gratuita ou onerosa, como dispõe o §3º do art. 9º.

O art. 18 do Marco Civil da Internet postulou a isenção da responsabilidade civil dos provedores de conexão por conteúdos gerados por terceiros, como já defendido pela doutrina nacional, a exemplo de Carlos Roberto Gonçalves. Portanto, esses provedores são apenas responsáveis pela transmissão, comutação ou roteamento da Internet e não pelo monitoramento do conteúdo. Outrossim, à luz do Código de Defesa do Consumidor, estes provedores de conexão, como fornecedores, serão responsabilizados quando

---

6. GONÇALVES, Carlos Roberto. *Direito Civil Brasileiro*: Responsabilidade civil. 8. ed. São Paulo: Saraiva, 2013, v. 4, p. 103-105.
7. LIMA, Cíntia Rosa Pereira de. A responsabilidade civil dos provedores de aplicação de internet por conteúdo gerado por terceiro antes e depois do Marco Civil da Internet (Lei n. 12.965/14). *Revista da Faculdade de Direito da Universidade de São Paulo*, São Paulo, v. 110, p. 155-176, jan./dez. 2015, p. 160.

da não prestação do serviço ao consumidor ou sua prestação irregular (art. 18, CDC). *A contrario sensu*, se tais fornecedores pudessem ser responsabilizados por conteúdo gerado por terceiro, eles assumiriam um controle sobre tais conteúdos em flagrante atentado ao princípio da neutralidade da rede, já que o controle das informações (dos distintos pacotes de dados) seria necessário, o que está em oposição à necessidade da isonomia no tratamento dos pacotes de dados pelos provedores de conexão[8].

Os provedores de aplicações de Internet, caracterizados como os provedores de hospedagem, conteúdo e correio eletrônico, como os divide Marcel Leonardi[9], estão descritos no Marco Civil da Internet, em seu art. 5°, inc. VII c/c art. 15, como "o conjunto de funcionalidades que podem ser acessadas por meio de um terminal conectado à Internet", constituído na forma de pessoa jurídica, que exerça essa atividade de forma organizada, profissionalmente e com fins econômicos. No entanto, observa-se que tais dispositivos não fazem referência a provedores de aplicações de Internet sem fins econômicos ou particulares, o que pode trazer insegurança jurídica pairando dúvidas sobre o regime de responsabilização destes.

Antes do Marco Civil da Internet, não havia disposição legislativa pátria referente à responsabilidade civil desses provedores. Nesse sentido, o Superior Tribunal de Justiça firmou o entendimento de que, no caso de haver notificação extrajudicial (*notice and takedown*) do provedor de aplicações para a retirada do conteúdo que entendesse como ilícito, a resposta deveria ocorrer em 24 horas, até que se apreciasse a veracidade da alegação[10]. Em 2012, no Recurso Especial de Relatoria da Ministra Nancy Andrighi[11], entendeu-se que o provedor não estaria obrigado a analisar o teor da denúncia recebida no prazo de 24 horas, devendo, tão somente, promover a suspensão preventiva do conteúdo, para *a posteriori* efetuar a apreciação. Constatando ser infundada a alegação, promover-se-ia o restabelecimento do conteúdo na *Web*. Desta forma, pretendia evitar a disseminação incontrolável do conteúdo, pois é cediço que a Internet viabiliza o compartilhamento e a transmissão para outras pessoas de maneira rápida e fácil.

O STJ, também, havia consolidado o entendimento de que a notificação extrajudicial deveria ser certa e determinada, devendo, portanto, informar o URL do conteúdo reportado como ilícito[12]. Embora houvesse julgado em sentido contrário, ao impor a obrigação ao provedor de aplicações de Internet de retirar conteúdos veiculados por terceiros de forma independente da indicação precisa, pelo ofendido[13].

---

8. LIMA, Cíntia Rosa Pereira de. Os desafios à neutralidade da rede: o modelo regulatório europeu e norte-americano em confronto com o marco civil da internet brasileiro. *Revista de Direito, Governança e Novas Tecnologias*, Florianópolis, v. 4, n. 1, p. 51-71, 2018, p. 55.
9. LEONARDI, Marcel. *Responsabilidade civil dos provedores de serviços de internet*. São Paulo: Juarez de Oliveira, 2005, p. 19-30.
10. BRASIL. Superior Tribunal de Justiça. REsp 1.337.990/SP. Rel. Ministro Paulo de Tarso Sanseverino. Órgão Julgador: Terceira Turma. Julgado em 21/08/2014.
11. BRASIL. Superior Tribunal de Justiça. REsp 1.323.754/RJ. Rel. Ministra Nancy Andrighi. Órgão Julgador: Terceira Turma. Julgado em 19/06/2012.
12. BRASIL. Superior Tribunal de Justiça. REsp 1.396.417/MG, Rel. Ministra Nancy Andrighi, Órgão Julgador: Terceira Turma, julgado em 25/11/2013.
13. BRASIL. Superior Tribunal de Justiça. REsp 1.175.675/RS, Rel. Ministro Luis Felipe Salomão, Órgão Julgador: Quarta Turma, julgado em 09/08/2011; REsp 1.306.157/SP, Órgão Julgador: Quarta Turma, j. 17/12/2013.

Não havia, antes do MCI, assim como para os provedores de conexão, um prazo determinado para a guarda dos registros. No entanto, o Superior Tribunal de Justiça firmou o entendimento do prazo de três anos para o armazenamento dos registros[14], estando, assim, de acordo com o prazo prescricional estipulado pelo Código Civil, em seu art. 206, §3º, para a proposição de ação reparatória de danos[15].

O Marco Civil da Internet não seguiu o prazo estipulado pelo Superior Tribunal de Justiça, estabelecendo o prazo de seis meses para a guarda dos registros de acesso a aplicações de Internet. Em outras palavras, o MCI não observou os prazos de prescrição da pretensão da reparação civil, seja o elencado pelo Código Civil (art. 206, §3º, inc. V), seja o elencado pelo Código de Defesa do Consumidor (art. 27) quanto à pretensão de reparação por danos decorrentes de fato do produto ou serviço, o que pode gerar, assim como quanto ao prazo estipulado para os provedores de conexão (de um ano), a dificuldade ou até mesmo a impossibilidade de se comprovar esses conteúdos e mesmo o possível causador do dano.

O MCI estipulou a responsabilização civil dos provedores de aplicações apenas na hipótese de danos advindos de conteúdo gerado por terceiros, quando após ordem judicial que tenha determinado a sua retirada, o provedor de conteúdo se mantenha inerte, como dispõe o *caput* do art. 19.

Essa disposição foi, portanto, contrária ao prévio entendimento jurisprudencial, que permitia ser a notificação feita de forma extrajudicial – o que é distinto do modelo de *notice and takedown*, consubstanciando, em verdade, em um modelo de *judicial notice and takedown*, no sentido de que é preciso uma prévia notificação judicial para a retirada do conteúdo ilícito da *Web*. Destaca-se que exceções a esse sistema foram previstas pelo MCI para os casos de violação à privacidade qualificada, ou seja, nudez e atos sexuais de caráter privado, publicados sem consentimento. Nesta hipótese, as partes ou seus representantes legais podem notificar os provedores de aplicações extrajudicialmente, os quais deverão, então, remover o conteúdo, sob pena de responsabilização subsidiária, no caso de descumprimento da notificação, conforme dispõe o art. 21.

Anteriormente ao MCI, no caso de nudez e atos sexuais privados publicados sem consentimento, se o provedor de conteúdo não cumprisse a notificação extrajudicial, deveria ser responsabilizado de forma *solidária* ao autor do ilícito, enquanto, com o MCI, no caso do descumprimento da notificação feita pelo participante ou seu representante legal, a responsabilidade é *subsidiária*.

O MCI, também, estabeleceu a necessidade de que o conteúdo apontado como ilícito seja identificado de forma clara e específica, como afirma o §1º, art. 19 e o parágrafo único do art. 21, não dispondo expressamente que seja indispensável a informação do URL do conteúdo reportado como ilícito, como havia sido o entendimento jurisprudencial

---

14. BRASIL. Superior Tribunal de Justiça. *REsp 1.398.985/MG*. Rel. Ministra Nancy Andrighi. Órgão Julgador: Terceira Turma. Julgado em 19/11/2013.
15. LIMA, Cíntia Rosa Pereira de. A responsabilidade civil dos provedores de aplicação de internet por conteúdo gerado por terceiro antes e depois do Marco Civil da Internet (Lei n. 12.965/14). *Revista da Faculdade de Direito da Universidade de São Paulo*, São Paulo, v. 110, p. 155-176, jan./dez. 2015, p. 160.

anteriormente ao Marco Civil da Internet[16]. Porém, a interpretação jurisprudencial atual permanece nesse sentido, ao elucidar o sentido de uma "identificação clara e específica".

Em 2019, o Recurso Extraordinário n° 1.037.396/SP, interposto pelo *Facebook* (condenado em segunda instância em razão da criação de um perfil falso de uma usuária) trouxe novos questionamentos sobre a necessidade da prévia e específica ordem judicial de exclusão de conteúdo aos provedores de aplicações[17], discutindo, assim, a constitucionalidade do art. 19 do MCI.

Como defendido pelo *Facebook*, bem como por Nelson Jobim e Ronaldo Lemos, em parecer emitido à empresa[18], admitir a exclusão de conteúdo de terceiros sem prévia análise judiciária (no sentido da alteração da regra de *judicial notice and takedown* para *notice and takedown*) permitiria ao setor privado o controle de informações, o que poderia resultar, em verdade, "em censura massiva de conteúdos veiculados na Internet, contrariando o art. 220, §2°, da CF"[19].

No entanto, a doutrina diverge quanto a tal posicionamento, com destaque para o que Anderson Schreiber[20] que, para a "salvação" do art. 19 do MCI, deve-se interpretá-lo conforme o art. 5°, inc. X da CF/88 para dispensar a ordem judicial específica, sendo suficiente a mera notificação sempre que o conteúdo for ofensivo a direitos de personalidade. Ademais, sendo clara a relação de consumo, pois a remuneração pode ser direta ou indireta, como já reconhecido pelo STJ[21], aplica-se o CDC que estabelece a responsabilidade objetiva e solidária do fornecedor (art. 12). Portanto, não poderia o MCI contrariar o CDC que tem *status* constitucional, ignorando a harmonia e coordenação entre as normas do ordenamento jurídico[22].

3. DA RESPONSABILIDADE CIVIL NA LEI GERAL DE PROTEÇÃO DE DADOS

A LGPD estabeleceu um sistema protetivo aos dados pessoais, porém para que seja efetiva, a lei prevê um regime de responsabilização aplicado aos danos decorrentes do

---

16. BRASIL. Superior Tribunal de Justiça. REsp 1.308.830/RS. Rel. Ministra Nancy Andrighi. Órgão Julgador: Terceira Turma. Julgado em 08/05/2012.
17. O Recurso Extraordinário, que discute a constitucionalidade do art. 19 do MCI, ainda não possui data para o julgamento. O RE está disponível em: https://portal.stf.jus.br/processos/detalhe.asp?incidente=5160549. Acesso em: 13 dez. 2019.
18. JOBIM, Nelson; LEMOS, Ronaldo. *Constitucionalidade do art. 19 da Lei n° 12.965/2014 ("Marco Civil da Internet"), que prevê a responsabilização civil de provedor de aplicação de Internet por danos decorrentes de atos ilícitos praticados por terceiros apenas na hipótese de descumprimento de ordem judicial específica de exclusão de conteúdo*. Parecer. São Paulo, 2019, p. 36-37.
19. JOBIM, Nelson; LEMOS, Ronaldo. *Constitucionalidade do art. 19 da Lei n° 12.965/2014 ("Marco Civil da Internet"), que prevê a responsabilização civil de provedor de aplicação de Internet por danos decorrentes de atos ilícitos praticados por terceiros apenas na hipótese de descumprimento de ordem judicial específica de exclusão de conteúdo*. Parecer. São Paulo, 2019, p. 37.
20. SCHREIBER, Anderson. Marco Civil da Internet: avanço ou retrocesso? A responsabilidade civil por dano derivado do conteúdo gerado por terceiro. In: DE LUCCA, Newton; SIMÃO FILHO, Adalberto; LIMA, Cíntia Rosa Pereira de Lima. *Direito & Internet III*: Marco Civil da Internet – Lei n. 12.965/2014. 2 Tomos. São Paulo: Quartier Latin, 2015, p. 295.
21. SUPERIOR TRIBUNAL DE JUSTIÇA. REsp. n. 1.316.921. 3ª Turma. Rel. Min. Nancy Andrighi. J. 26.06.2012; no mesmo sentido o REsp n. 1.398.985. 3ª turma. Rel. Min. Nancy Andrighi, j. 19.11.2013.
22. GODOY, Cláudio Luiz Bueno de. Uma análise crítica da responsabilidade civil dos provedores na Lei n. 12.965/14 (Marco Civil da Internet). In: LUCCA, Newton De; SIMÃO FILHO, Adalberto; LIMA, Cíntia Rosa Pereira de Lima. *Direito & Internet III*: Marco Civil da Internet – Lei n. 12.965/2014. 2 Tomos. São Paulo: Quartier Latin, 2015, p. 319.

tratamento de dados pessoais. Importante destacar sobre este ponto de que para obter o reconhecimento de adequação ao nível europeu de proteção de dados, requisito inexorável para que empresas brasileiras possam receber dados pessoais de europeus nos termos do art. 45 do *General Data Protection Regulation – GDPR (Regulation 2016/679 EU)* deve-se demonstrar a existência de um sistema de ressarcimento de danos aos titulares dos dados pessoais rápido e eficaz. Este foi um dos pontos levados em consideração quando da análise da adequação da lei argentina e uruguaia de proteção de dados pessoais.[23]

> ARGENTINA: 2003/490/CE
>
> Decisão da Comissão, de 30 de junho de 2003, nos termos da Diretiva 95/46/CE do Parlamento Europeu e do Conselho relativa à adequação do nível de proteção de dados pessoais na Argentina (texto relevante para efeitos do EEE).
>
> (14) A lei argentina abrange todos os princípios básicos necessários para assegurar um nível adequado de proteção das pessoas singulares, embora também preveja exceções e limitações de modo a salvaguardar interesses públicos importantes. A aplicação destas normas é garantida por uma reparação judicial rápida específica para a proteção de dados pessoais, conhecida como habeas data, juntamente com as reparações judiciais gerais. A lei prevê a criação de um organismo de controlo responsável pela proteção de dados encarregado de realizar todas as ações necessárias para dar cumprimento aos objetivos e às disposições da lei e dotado das competências de investigação e de intervenção. Nos termos do regulamento, a "Direção Nacional de Proteção de Dados Pessoais" foi criada como organismo de controlo. A lei argentina prevê sanções dissuasivas eficazes de natureza tanto administrativa como penal. *Por outro lado, as disposições da lei argentina no que respeita à responsabilidade civil (contratual e extracontratual) aplicam-se no caso de tratamento ilícito prejudicial para as pessoas em causa.*
>
> (15) O Estado argentino apresentou explicações e deu garantias sobre o modo como a legislação argentina deve ser interpretada e garantiu que as regras de proteção de dados na Argentina são aplicadas de acordo com essa interpretação. A presente decisão baseia-se nessas explicações e garantias e, consequentemente, depende delas. [...] (grifo nosso)

Semelhantemente, o Uruguai demonstrou ter um sistema de ressarcimento de danos eficaz:

> URUGUAI:
>
> DECISÃO DE EXECUÇÃO DA COMISSÃO, de 21 de agosto de 2012, nos termos da Diretiva 95/46/CE do Parlamento Europeu e do Conselho relativa à adequação do nível de proteção de dados pessoais pela República Oriental do Uruguai no que se refere ao tratamento automatizado de dados [notificada com o número C (2012) 5704]. (Texto relevante para efeitos do EEE) (2012/484/UE).
>
> (6) As normas de proteção dos dados pessoais da República Oriental do Uruguai baseiam-se em grande medida nas normas da Diretiva 95/46/CE e encontram-se estabelecidas na Lei n. 18.331 de proteção dos dados pessoais e ação de habeas data (*Ley n. 18.331 de protección de datos personales y acción de habeas data*), de 11 de agosto de 2008, que é aplicável tanto às pessoas singulares como às pessoas coletivas.
>
> (7) A referida lei é regulamentada pelo Decreto n. 414/009, de 31 de agosto de 2009, aprovado no intuito de clarificar diversos elementos da lei e regular a organização, os poderes e o funcionamento da autoridade nacional de proteção de dados. O preâmbulo deste decreto indica que, quanto a esta questão, a ordem jurídica nacional deve ser adaptada ao regime jurídico comparável mais comumente aceite, sobretudo o estabelecido pelos países europeus através da Diretiva 95/46/CE.[...]

---

23. Jornal Oficial nº L 168 de 05/07/2003 p. 19-22.

(10) A aplicação das normas de proteção de dados é garantida pela existência de vias de recurso administrativas e judiciais, em especial pela ação de habeas data, que permite à pessoa a quem se referem os dados intentar uma ação judicial contra o responsável pelo tratamento dos dados, a fim de exercer o direito de acesso, retificação e supressão, e por um controlo independente efetuado pela Unidade Reguladora e de Controlo de Dados Pessoais (*Unidad Reguladora y de Control de Datos Personales – URCDP*), que tem poderes de investigação, intervenção e sanção, seguindo o disposto no artigo 28.o da Diretiva 95/46/CE, e que atua de forma totalmente independente. *Além disso, qualquer parte interessada pode recorrer aos tribunais para pedir uma indenização por danos sofridos em consequência do tratamento ilícito dos seus dados pessoais.* (grifo nosso)

Neste sentido, o Brasil também terá de demonstrar estes requisitos para obter o reconhecimento da União Europeia sobre a adequação da LGPD ao nível europeu de proteção de dados pessoais. Assim, o exame da responsabilidade civil é realizado sob duas ordens. A primeira analisa as obrigações livremente pactuadas pelas partes, que se trata da responsabilidade contratual, enquanto a segunda analisa obrigações dispostas nas legislações, que se trata da responsabilidade aquiliana, como é o caso da responsabilidade civil trazida na LGPD. Em ambas as hipóteses, para que reste configurada a responsabilidade civil, deve-se ponderar os elementos: dano, agente, ação ou omissão e nexo causal[24].

A norma sobre proteção de dados, no artigo 42, *caput,* é clara ao determinar que o controlador e o operador que, "em razão do exercício de atividade de tratamento de dados pessoais causar a outrem dano patrimonial, moral, individual ou coletivo, em violação à legislação de proteção de dados pessoais, é obrigado a repará-lo".

Segundo Gajardoni e Martins, embora a previsão trazida pelo artigo 42 da LGPD possa ser considerada "mera repetição da regra geral sobre responsabilização civil do Código Civil (arts. 186 e 927), a lei regula pontos bem específicos referentes ao tratamento de dados"[25]. Assim, não restam dúvidas sobre a composição dos elementos que caracterizam a responsabilidade civil legal da atividade de tratamento de dados pessoais.

Portanto, visando assegurar a efetiva reparação ao titular dos dados, o inc. I do §1º do art. 42 dispõe que o operador responde solidariamente ao controlador pelos danos causados no tratamento de dados que não observar a lei ou as instruções do controlador. Retomando brevemente as figuras do controlador e do operador: o primeiro é quem define as regras do tratamento de dados, cabendo ao segundo colocá-las em prática segundo as instruções do controlador (art. 39 da LGPD). Da mesma forma, o inc. II, do § 1º, do art. 42, da LGPD descreve que os controladores, que estiverem diretamente envolvidos no tratamento de dados, responderão solidariamente (em ambos os casos fica ressalvadas as excludentes do art. 43 adiante analisada).

Nesse sentido, pode-se concluir que a responsabilidade dos agentes é solidária, ou seja, a responsabilidade é mútua entre os agentes envolvidos, respondendo indivi-

---

24. LIMA, Cíntia Rosa Pereira de. A responsabilidade civil dos provedores de aplicação de internet por conteúdo gerado por terceiro antes e depois do Marco Civil da Internet (Lei n. 12.965/14). *Revista da Faculdade de Direito da Universidade de São Paulo*, São Paulo, v. 110, p. 155-176, jan./dez. 2015, p. 157.
25. GAJARDONI, Fernando da Fonseca; MARTINS, Ricardo Maffeis. Direito Digital e Legitimação Passiva nas ações de Remoção de Conteúdo e Responsabilidade Civil. *In*: DE LUCCA, Newton; SIMÃO FILHO, Adalberto; LIMA, Cintia Rosa Pereira; MACIEL, Renata Mota (Coord.); *Direito & Internet IV: – Sistemas de Proteção de Dados Pessoais (Lei nº 13.709/2018);* São Paulo: Quartier Latin, 2019, p. 370.

dualmente ou concomitantemente conforme as regras da solidariedade nos termos do art. 265, do Código Civil. Assim, como a solidariedade não se presume, a LGPD previu expressamente a solidariedade entre controlador e operador, sendo evidente, portanto, que se trata de solidariedade imposta pela legislação.

Todavia, outra consequência da solidariedade é a relação interna entre os codevedores solidários[26], ou seja, se o titular dos dados pessoais ingressar com uma ação de reparação civil contra o controlador e este comprovar que o operador não seguiu suas instruções, fato que desencadeou os danos ao titular dos dados, ele pode reaver o prejuízo do operador em ação de regresso.

Sendo assim, cabe ressaltar que a responsabilização do agente de tratamento de dados se apoia no princípio da *accountability* ou prestação de contas, em que não basta o agente ter cumprido todas as regras e determinações legais, sendo também preciso que registre como as fez, podendo se utilizar de diversos meios para a comprovação do atendimento aos preceitos da lei[27].

No mesmo sentido, destaca-se o artigo 37 da LGPD, que determina que o controlador e o operador devem manter o registro das operações de tratamento de dados pessoais que realizarem, especialmente quando baseado no legítimo interesse. Esta obrigação nada mais é que a funcionalização da *accountability* entre os agentes de tratamento de dados. Além disso, estes registros poderão auxiliar na solução do direito de regresso entre controlador e o operador.

Outrossim, diante da solidariedade dos agentes, é de suma importância destacar a necessidade de elaboração minuciosa e criteriosa do contrato firmado entre controlador e operador, visto que será por meio das estipulações contratuais que poderá ser apurado eventual direito de regresso, cuja previsão vem expressa no §4º do art. 42 da LGPD[28].

A grande questão que se levanta nesse tópico é se responsabilidade civil é objetiva ou subjetiva, pois a LGPD não deixou claro de qual modalidade se trata.

A investigação desse problema pode ser resolvida em uma primeira premissa investigativa, utilizando-se do método de comparação entre a estrutura da LGPD com a do Código de Defesa do Consumidor (CDC), na qual a responsabilidade é solidária e objetiva.

Esta premissa comparativa foi empregada uma vez que o art. 45 da LGPD prevê que se houver violação do direito do titular de dados, no âmbito das relações de consumo, permanecem a aplicação das regras de responsabilidade civil previstas na legislação cabível, isto é, o Código de Defesa do Consumidor. Nesse aspecto, merece destaque que a relação de consumo se constitui a partir do liame entre consumidor (CDC, art. 2º) e fornecedor (CDC, art. 3º), em que o primeiro efetua o contrato como "destinatário

---

26. GOMES, Orlando. *Obrigações*. 10. ed. rev. e atual. por Humberto Theodoro Júnior. Rio de Janeiro: Forense, 1995, p. 61.
27. TEIXEIRA, Tarcisio; ARMELIN, Ruth Maria Guerreiro da Fonseca. Responsabilidade e ressarcimento de danos por violação às regras previstas na LGDP: um cotejamento com o CDC. In: LIMA, Cíntia Rosa Pereira de (Coord.). *Comentários à Lei Geral de Proteção de Dados*. São Paulo: Almedina, 2020, *passim*.
28. TEIXEIRA, Tarcisio; ARMELIN, Ruth Maria Guerreiro da Fonseca. Responsabilidade e ressarcimento de danos por violação às regras previstas na LGDP: um cotejamento com o CDC. In: LIMA, Cíntia Rosa Pereira de (Coord.). *Comentários à Lei Geral de Proteção de Dados*. São Paulo: Almedina, 2020, *passim*.

final" de produto ou serviço (podendo a remuneração ser direta ou indireta). Além do consumidor *standard*, consoante Newton De Lucca[29] deve-se ressaltar as figuras equiparadas a consumidores previstas no parágrafo único do art. 2º do CDC (coletividade de pessoas), no art. 17 do CDC (vítimas dos acidentes de consumo) e no art. 29 (pessoas expostas às práticas comerciais). Como evidenciado no início deste trabalho, o STJ já havia consolidado o entendimento de que basta existir uma remuneração indireta para satisfazer o requisito da remuneração previsto no art. 3º, §1º, do CDC ao qualificar produtos e serviços para fins de aplicação do CDC.

> RISCO INERENTE AO NEGÓCIO. INEXISTÊNCIA. CIÊNCIA DA EXISTÊNCIA DE CONTEÚDO ILÍCITO. RETIRADA IMEDIATA DO AR. DEVER. DISPONIBILIZAÇÃO DE MEIOS PARA IDENTIFICAÇÃO DE CADA USUÁRIO. DEVER. REGISTRO DO NÚMERO DE IP. SUFICIÊNCIA.
>
> 1. A exploração comercial da internet sujeita as relações de consumo daí advindas à Lei n. 8.078/90.
>
> 2. O fato de o serviço prestado pelo provedor de serviço de internet ser gratuito não desvirtua a relação de consumo, pois o termo "mediante remuneração", contido no art. 3º, §2º, do CDC, deve ser interpretado de forma ampla, de modo a incluir o ganho indireto do fornecedor.[30]

Neste sentido, não se exige muito esforço para se concluir que fatalmente o CDC será aplicado às atividades de tratamento de dados pessoais quando presentes os requisitos subjetivos e objetivos da relação jurídica de consumo. Corroborando tal entendimento, destaca-se que a própria LGPD deixou expressa tal possibilidade no art. 45.

Quando se analisa os preceitos normativos da LGPD, observa-se que o legislador tratou o titular de dados pessoais de forma diferente, se comparado aos agentes de tratamento de dados, reconhecendo a vulnerabilidade dos titulares de dados pessoais, que estão sujeitos ao tratamento de dados pessoais no contexto da atual sociedade informacional caracterizada na introdução deste estudo. Assim, a LGPD estabelece medidas protetivas que visam reestabelecer o equilíbrio entre as partes, à semelhança do que se extrai da legislação consumerista, primando pelo princípio da igualdade real[31].

Em síntese, em se tratando de uma relação jurídica de consumo, em que, geralmente, haverá remuneração indireta advinda de técnicas de *marketing direto,* a responsabilidade dos agentes de tratamento de dados pessoais será objetiva por força do que dispõe o CDC. Em alguns casos, quando não estiverem presentes os requisitos da relação jurídica de consumo, se aplicado o Código Civil de 2002, entende-se que a responsabilidade objetiva deve ser analisada à luz da teoria do risco da atividade ou empreendimento, em que o agente que exerça atividade econômica deve suportar os danos provocados em seu exercício nos termos do parágrafo único do art. 927 do CC/02.

No espírito protetivo dos riscos da atividade, Dresch e Faleiros Júnior ensinam que:

> (...) a tecnologia e as consequências advindas do *big data* do implemento de processos decisionais lastreados em algoritmos – de cariz essencialmente objetivo – traz múltiplos significados e usos possí-

---
29. DE LUCCA, Newton. *Direito do Consumidor.* São Paulo: Quartier Latin, 2003, *passim.*
30. BRASIL. Superior Tribunal de Justiça. *REsp 1186616/MG*, Rel. Ministra Nancy Andrighi, órgão julgador: 3ª Turma, julgado em 23/08/2011, DJe 31/08/2011.
31. TEIXEIRA, Tarcisio; ARMELIN, Ruth Maria Guerreiro da Fonseca. Responsabilidade e ressarcimento de danos por violação às regras previstas na LGDP: um cotejamento com o CDC. In: LIMA, Cíntia Rosa Pereira de (Coord.). *Comentários à Lei Geral de Proteção de Dados.* São Paulo: Almedina, 2020, *passim.*

veis aos substratos resultantes e, portanto, impõe-se a delimitação de parâmetros adequados para sua aplicação consistente, estável e uniforme. (...)

Desta forma, se a formação de uma personalidade virtual depende da entrega de dados pessoais dos usuários de inúmeras plataformas para empresas que se valem desses mesmos dados – a eles conferindo tratamento – para finalidades variadas, é evidente que este passa a ser o aspecto fundamental do regime regulatório a ser definido para coibir abusos e contingenciar riscos. Com isso, a responsabilidade civil passa a demandar revisitação específica para a completa compreensão de suas nuances[32].

É sabido que todos os dias os consumidores são induzidos a concordar com a coleta e tratamento de seus dados pessoais em plataformas de aplicativos para que possam utilizar de seus serviços, normalmente sem indicação cristalina sobre a operação de coleta e sua finalidade, tampouco sobre as regras de compartilhamento dos seus dados, condutas que foram proibidas pela LGPD, devendo os agentes se responsabilizar pelo tratamento adequado e segurança dos dados pessoais dos usuários.

Outra premissa investigativa que auxilia na resposta do problema levantado – se a responsabilidade civil na LGPD é objetiva ou subjetiva – é a ausência de menção do instituto da culpa no artigo 42, da LGPD, bem como a determinação de excludentes de responsabilidade específicas (art. 43 da LGPD).

Enquanto na clássica responsabilidade subjetiva é indispensável a demonstração da culpa do agente praticante do ato a ser considerado ilícito civil, em razão da teoria da culpa, na responsabilidade objetiva, a responsabilização do agente se dá independentemente de culpa, em função da teoria do risco[33]. A natureza do regime de responsabilidade objetiva "é trivialmente regida na espécie pela noção de risco – desdobramento essencial da regra contida no artigo 927 do Código Civil"[34].

Portanto, pode-se afirmar que a LGPD determina como critérios para a responsabilização civil dos *agentes* controlador e operador (solidariamente): (i) a ocorrência do dano causado por violação à legislação de proteção de dados pessoais e/ou a violação da segurança dos dados, salvo hipóteses trazidas no art. 43 da LGPD; (ii) o tratamento de dados pessoais realizado pelo controlador e operador; e (iii) nexo causal entre o tratamento de dados pessoais realizado e o dano sofrido pelo titular dos dados. Assim sendo, na discussão do nexo causal, não há espaço para refutar a responsabilidade civil utilizando-se do instituto da culpa.

Ao revés, a LGPD trouxe no art. 43 um rol específico e restritivo de hipóteses excludentes de responsabilidade dos agentes (controlador e operador), mais uma vez, em um formato assemelhado com o CDC (art. 14, §3º)[35].

---

32. DRESCH; Rafael de Freitas Valle. FALEIROS JUNIOR; José Luiz de Moura. Reflexões sobre a responsabilidade civil na Lei Geral de Proteção de Dados (Lei nº 13.709/2018). In: ROSENVALD, Nelson; DRESCH, Rafael de Freitas Valle; WESENDONCK, Tula (Coords.). *Responsabilidade Civil*: novos riscos. Indaiatuba: Foco, 2019, p. 70-73.
33. TEIXEIRA, Tarcisio; ARMELIN, Ruth Maria Guerreiro da Fonseca. Responsabilidade e ressarcimento de danos por violação às regras previstas na LGDP: um cotejamento com o CDC. In: LIMA, Cíntia Rosa Pereira de (Coord.). *Comentários à Lei Geral de Proteção de Dados*. São Paulo: Almedina, 2020, *passim*.
34. DRESCH; Rafael de Freitas Valle. FALEIROS JUNIOR; José Luiz de Moura. Reflexões sobre a responsabilidade civil na Lei Geral de Proteção de Dados (Lei nº 13.709/2018). In: ROSENVALD, Nelson; DRESCH, Rafael de Freitas Valle; WESENDONCK, Tula (Coords.). *Responsabilidade Civil*: novos riscos. Indaiatuba: Foco, 2019, p. 80.
35. TEIXEIRA, Tarcisio; ARMELIN, Ruth Maria Guerreiro da Fonseca. Responsabilidade e ressarcimento de danos por violação às regras previstas na LGDP: um cotejamento com o CDC. In: LIMA, Cíntia Rosa Pereira de (Coord.). *Comentários à Lei Geral de Proteção de Dados*. São Paulo: Almedina, 2020, *passim*.

Desta forma, o nexo causal entre dano e ação/omissão somente será afastado se os agentes de tratamento comprovarem que: (i) não realizaram o tratamento de dados pessoais que lhes é atribuído; (ii) não houve violação à legislação de proteção de dados; ou (iii) se o dano for decorrente de culpa exclusiva do titular dos dados ou de terceiro (art. 43).

O inc. I é pautado na determinação do artigo 37 da LGPD – dever de registro das operações de tratamento, bem como na inversão do ônus da prova (§2ª, art. 42). Cabe nesse aspecto destacar que a possibilidade de inversão do ônus da prova tem fundamento no Código de Defesa do Consumidor, no art. 6º, inc. VIII. Além disso, o Código de Processo Civil, no artigo 373, §1º, prevê a distribuição dinâmica do ônus da prova conforme a maior facilidade em comprovar os fatos[36].

O inciso II tem como base o conceito de exercício regular do direito, e, sobremaneira, este conceito deve ser aplicado respeitando os parâmetros de tratamento de dados pessoais determinado na LGPD, *v.g.*, a adoção de boas práticas, mencionada no art. 50 do referido diploma[37].

Nesse contexto, afirma-se que o impasse no qual caberá à doutrina e à jurisprudência responder será a delimitação dos limites do inc. III do art. 43, posto que quando se aborda a culpa "exclusiva" da vítima a doutrina clássica civilista dispõe que se dará por ação ou por omissão exclusiva da vítima, ou quando a vítima teria acesso a meios para afastar seu próprio prejuízo e não o faz, mesmo que por simples descuido omissivo[38].

Ademais, a segunda hipótese do inc. III do art. 43 trouxe a exclusão da responsabilidade civil por culpa de terceiro. Entende-se terceiro por pessoa estranha às relações do controlador, do operador e, também, do titular dos dados. Aqui é importante frisar-se que: (i) não é possível aduzir como excludente de responsabilidade a ação de *hacker* ou qualquer outro meio de quebra da segurança de banco de dados, posto que devem ser tomadas todas as medidas de segurança disponíveis à época, conforme disposto no artigo 44 da LGPD; (ii) a omissão legal sobre responsabilidades ao encarregado não poderá ser levantada para exclusão de responsabilidades, posto que, apesar da omissão legislativa sobre suas responsabilidades, é certo que se trata de figura não estranha a relação de tratamento dos dados pessoais.

Ademais, na análise comparativa da LGPD com o CDC, nota-se outra semelhança: em ambos os casos não foram destacados como hipótese de excludente de responsabilidade o caso fortuito e a força maior, sendo que a doutrina consumerista se divide nesse aspecto, havendo a defesa, por um lado, de que não se poderia admiti-las[39]. Por outro lado, compreende-se que o caso fortuito e a força maior podem ser aplicados por serem princípios do Direito, ou seja, são aplicáveis a todos os tipos de relações jurídicas incluindo as de consumo ou as de proteção de dados pessoais. O entendimento de apli-

---

36. LIMA, Cíntia Rosa Pereira de; FANECO, Lívia C. da Silva. Inversão do ônus da prova no CDC e a inversão procedimental no projeto de novo CPC. *Revista de Direito do Consumidor*, São Paulo, v. 91, p. 309-335, 2014, p. 315.
37. DRESCH; Rafael de Freitas Valle. FALEIROS JUNIOR; José Luiz de Moura. Reflexões sobre a responsabilidade civil na Lei Geral de Proteção de Dados (Lei nº 13.709/2018). *In*: ROSENVALD, Nelson; DRESCH, Rafael de Freitas Valle; WESENDONCK, Tula (Coords.). *Responsabilidade Civil*: novos riscos. Indaiatuba: Foco, 2019, p. 81.
38. LIMA, Cíntia Rosa Pereira de; FANECO, Lívia C. da Silva. Inversão do ônus da prova no CDC e a inversão procedimental no projeto de novo CPC. *Revista de Direito do Consumidor*, São Paulo, v. 91, p. 309-335, 2014, p. 315.
39. LISBOA, Roberto Senise. *Responsabilidade civil nas relações de consumo*. São Paulo: RT, 2001, p. 270-271.

cação do caso fortuito e da força maior pode ser ancorado no diálogo das fontes entre a LGPD e o Código Civil.

4. CONCLUSÃO

Verificou-se, assim, em relação às normas de responsabilidade civil, que não há antinomia entre a Lei Geral de Proteção de Dados e o Marco Civil da Internet, isto porque a LGPD é específica em relação ao MCI e posterior. Em outras palavras, a LGPD tem como objeto as atividades de tratamento de dados pessoais ocorridas ou não pela Internet; já o MCI tem o escopo de estabelecer diretrizes para o uso da Internet no Brasil.

O MCI determina que os provedores de conexão não respondem em razão de conteúdo lançado na Internet, sendo eles responsáveis somente pelo serviço de acesso à Internet. Por sua vez, os provedores de aplicações de Internet respondem por eventual conteúdo ilícito de terceiro se, após determinação judicial, não retirarem o conteúdo da Internet, nos termos do art. 19 do MCI. Caso, entretanto, o conteúdo seja de nudez ou atos sexuais privados publicados sem o consentimento dos envolvidos, o provedor de aplicação será responsabilizado se não retirar o conteúdo ilícito da Internet após notificação extrajudicial, sendo que eventual responsabilidade neste caso será apenas de forma subsidiária, nos termos do art. 21, do MCI.

Tal hipótese não se confunde com o que a LGPD dispõe, porque o MCI trata de remoção de conteúdo; já a LGPD, de tratamento de dados pessoais cujas regras estabelecidas na lei devem ser observadas pelos agentes de tratamento de dados pessoais. Não havendo, portanto, sobreposição entre estas leis.

Por isso, a LGPD determina que é do controlador e do operador o dever de reparar danos causados, expressamente dispondo que a responsabilidade entre eles é solidária. Assim, levanta-se a questão sobre a omissão do legislador em prever se trata de responsabilidade objetiva ou subjetiva. A questão foi respondida comparando a estrutura da LGPD com o Código de Defesa do Consumidor para se concluir que a responsabilidade é objetiva.

Verificou-se, em um primeiro momento, que a estrutura das normas de responsabilidade civil da LGPD é espelhada na estrutura do CDC, o que leva ao primeiro indício de que a responsabilidade civil seria objetiva. Aprofundando o estudo, enfatizou-se que o legislador, expressamente, trouxe as causas de excludentes de responsabilidade civil, instituto utilizado na responsabilidade objetiva, não cabendo, então, a aplicação do instituto da culpa para quebra do nexo causal da responsabilidade.

Essa conclusão é crucial para que se mantenha a harmonia e a coordenação entre as normas, entendido o ordenamento jurídico como um sistema, em que sempre que possível deve-se estabelecer o diálogo entre as fontes e não a exclusão como preleciona Claudia Lima Marques[40], para se garantia a "eficiência não só hierárquica, mas funcional

---

40. MARQUES, Claudia Lima. Introdução. Diálogo entre o Código de Defesa do Consumidor e o novo Código Civil: o diálogo entre as fontes. *In*: MARQUES, Claudia Lima; BENJAMIM, Antônio Vasconcelos Herman; MIRAGEM, Bruno. *Comentários ao Código de Defesa do Consumidor*. 2. ed. São Paulo: Revista dos Tribunais, 2006, p. 26-58.

do sistema plural e complexo do nosso direito contemporâneo, a evitar a antinomia, a incompatibilidade ou a não coerência".

Logo, se a LGPD não quisesse tratar como objetiva a responsabilidade, não determinaria excludentes, posto que na responsabilidade civil subjetiva a excludente de responsabilidade é a ausência de culpa. Contudo, esse tópico tem dividido opiniões, restando ao Poder Judiciário consolidar o entendimento a respeito.

5. REFERÊNCIAS

BRASIL. Lei nº 8.078, de 11 de setembro de 1990. Dispõe sobre a proteção do consumidor e dá outras providências. *Diário Oficial da União*, Brasília, 12 de setembro de 1990. Disponível em: http://www.planalto.gov.br/ccivil_03/leis/l8078.htm. Acesso em: 13 dez. 2019.

BRASIL. Lei nº 12.965, de 23 de abril de 2014. Estabelece princípios, garantias, direitos e deveres para o uso da Internet no Brasil. *Diário Oficial da União*, Brasília, 24 de abril de 2014. Disponível em: http://www.planalto.gov.br/ccivil_03/_Ato2011-2014/2014/ Lei/L12965.htm. Acesso em: 13 dez. 2019.

BRASIL. Lei nº 13.709, de 14 de agosto de 2018. Lei Geral de Proteção de Dados Pessoais (LGPD). Redação dada pela Lei nº 13.853, de 2019. Brasília, *Diário Oficial da União*, 15 de agosto de 2018. Disponível em: http://www.planalto.gov.br/ccivil_03/_Ato2015-2018/2018/Lei/L13709.htm. Acesso em: 13 dez 2019.

BRASIL. Superior Tribunal de Justiça. *REsp 1.323.754/RJ*. Rel. Ministra Nancy Andrighi. Órgão Julgador: Terceira Turma. Julgado em 19/06/2012.

BRASIL. *REsp 1.337.990/SP*. Rel. Ministro Paulo de Tarso Sanseverino. Órgão Julgador: Terceira Turma. Julgado em 21/08/2014.

BRASIL. *REsp 1.398.985/MG*. Rel. Ministra Nancy Andrighi. Órgão Julgador: Terceira Turma. Julgado em 19/11/2013.

BRASIL. *REsp 1186616/MG*. Rel. Ministra Nancy Andrighi, órgão julgador: 3a Turma, julgado em 23/08/2011, DJe 31/08/2011.

BRASIL. *REsp. n. 1.316.921*. 3a Turma. Rel. Min. Nancy Andrighi. J. 26.06.2012.

BRASIL. *REsp 1.308.830/RS*. Rel. Ministra Nancy Andrighi. Órgão Julgador: Terceira Turma. Julgado em 08/05/2012.

BRASIL. *REsp 1.175.675/RS*. Rel. Ministro Luis Felipe Salomão, Órgão Julgador: Quarta Turma, julgado em 09/08/2011.

BRASIL. *REsp 1.306.157/SP*. Órgão Julgador: Quarta Turma, j. 17/12/2013.

BRASIL. *REsp 1.396.417/MG*. Rel. Ministra Nancy Andrighi, Órgão Julgador: Terceira Turma, julgado em 25/11/2013.

BRASIL. *REsp 1.337.990/SP*. Rel. Ministro Paulo de Tarso Sanseverino. Órgão Julgador: Terceira Turma. Julgado em 21/08/2014.

BRASIL. *REsp nº 1642997/RJ*. Min. Rel. Nancy Andrighi. 3ª turma, DJ12.09.2017.

BRASIL. *REsp 1.406.448/RJ*. Rel. Min. Nancy Andrighi. Julgado em 15/10/2013 (DJe 21/10/2013).

BRASIL. Supremo Tribunal Federal. *Recurso Extraordinário nº 1.037.396/SP*. Rel. Ministro Dias Toffoli. Disponível em: https://portal.stf.jus.br/processos/detalhe.asp?incidente=5160549. Acesso em: 13 dez. 2019.

DE LUCCA, Newton. *Direito do Consumidor.* São Paulo: Quartier Latin, 2003.

DE LUCCA, Newton; SIMÃO FILHO, Adalberto; LIMA, Cíntia Rosa Pereira de Lima. *Direito & Internet III*: Marco Civil da Internet – Lei n. 12.965/2014. 2 Tomos. São Paulo: Quartier Latin, 2015.

DE LUCCA, Newton; SIMÃO FILHO, Adalberto; LIMA, Cíntia Rosa Pereira de Lima; MACIEL, Renata Mota. *Direito & Internet IV*: Sistema de Proteção de Dados Pessoais. São Paulo: Quartier Latin, 2019.

DRESCH; Rafael de Freitas Valle. FALEIROS JUNIOR; José Luiz de Moura. Reflexões sobre a responsabilidade civil na Lei Geral de Proteção de Dados (Lei nº 13.709/2018). *In*: ROSENVALD, Nelson; DRESCH, Rafael de Freitas Valle; WESENDONCK, Tula (Coords.). *Responsabilidade Civil*: novos riscos. Indaiatuba: Foco, 2019, p. 65-89.

GAJARDONI, Fernando da Fonseca; MARTINS, Ricardo Maffeis. Direito Digital e Legitimação Passiva nas ações de Remoção de Conteúdo e Responsabilidade Civil. *In*: DE LUCCA, Newton; SIMÃO FILHO, Adalberto; LIMA, Cintia Rosa Pereira; MACIEL, Renata Mota (Coord.); *Direito & Internet IV: – Sistemas de Proteção de Dados Pessoais (Lei nº 13.709/2018)*; São Paulo: Quartier Latin, 2019, p. 363-380.

GODOY, Cláudio Luiz Bueno de. Uma análise crítica da responsabilidade civil dos provedores na Lei n. 12.965/14 (Marco Civil da Internet). *In*: LUCCA, Newton De; SIMÃO FILHO, Adalberto; LIMA, Cíntia Rosa Pereira de Lima. *Direito & Internet III*: Marco Civil da Internet – Lei n. 12.965/2014. 2 Tomos. São Paulo: Quartier Latin, 2015. p. 307-320.

GOMES, Orlando. *Obrigações*. 10. ed. rev. e atual. por Humberto Theodoro Júnior. Rio de Janeiro: Forense, 1995.

GONÇALVES, Carlos Roberto. *Direito Civil Brasileiro*: Responsabilidade civil. 8. ed. São Paulo: Saraiva, 2013, v. 4.

JOBIM, Nelson; LEMOS, Ronaldo. *Constitucionalidade do art. 19 da Lei nº 12.965/2014 ("Marco Civil da Internet"), que prevê a responsabilização civil de provedor de aplicação de Internet por danos decorrentes de atos ilícitos praticados por terceiros apenas na hipótese de descumprimento de ordem judicial específica de exclusão de conteúdo*. Parecer. São Paulo, 2019.

LANEY, Doug. *3D Data Management: Controlling Data Volume, Velocity, and Variety.* Stanford, Connecticut: META Group, 2001. Disponível em: https://blogs.gartner.com/doug-laney/files/2012/01/ad949-3D--Data-Management-Controlling-Data-Volume-Velocity-and-Variety.pdf. Acesso em: 20 nov. 2019.

LEONARDI, Marcel. *Responsabilidade civil dos provedores de serviços de internet*. São Paulo: Juarez de Oliveira, 2005.

LIMA, Cíntia Rosa Pereira de. A responsabilidade civil dos provedores de aplicação de internet por conteúdo gerado por terceiro antes e depois do Marco Civil da Internet (Lei n. 12.965/14). *Revista da Faculdade de Direito da Universidade de São Paulo*, São Paulo, v. 110, p. 155-176, jan./dez. 2015. Disponível em: http://www.revistas.usp.br/rfdusp/article/view/115489. Acesso em: 13 dez. 2019.

LIMA, Cíntia Rosa Pereira de. Os desafios à neutralidade da rede: o modelo regulatório europeu e norte-americano em confronto com o marco civil da internet brasileiro. *Revista de Direito, Governança e Novas Tecnologias*, Florianópolis, v. 4, n. 1, p. 51-71, 2018. Disponível em: http://www.indexlaw.org/index.php/revistadgnt/article/view/4235/pdf. Acesso em: 13 dez. 2019.

LIMA, Cíntia Rosa Pereira de; FANECO, Lívia C. da Silva. Inversão do ônus da prova no CDC e a inversão procedimental no projeto de novo CPC. *Revista de Direito do Consumidor*, São Paulo, v. 91, p. 309-335, 2014.

LIMA, Cíntia Rosa Pereira de; PEROLI, Kelvin. *Direito Digital: compliance, regulação e governança*. São Paulo: Quartier Latin, 2019.

LISBOA, Roberto Senise. *Responsabilidade civil nas relações de consumo*. São Paulo: RT, 2001.

MARCONI, Marina de Andrade; LAKATOS, Eva Maria. *Fundamentos de metodologia científica*. 5. ed. São Paulo: Atlas, 2003.

MARQUES, Claudia Lima. Introdução. Diálogo entre o Código de Defesa do Consumidor e o novo Código Civil: o diálogo entre as fontes. *In:* MARQUES, Claudia Lima; BENJAMIM, Antônio Vasconcelos Herman; MIRAGEM, Bruno. *Comentários ao Código de Defesa do Consumidor*. 2. ed. São Paulo: Revista dos Tribunais, 2006.

SCHREIBER, Anderson. Marco Civil da Internet: avanço ou retrocesso? A responsabilidade civil por dano derivado do conteúdo gerado por terceiro. *In:* DE LUCCA, Newton; SIMÃO FILHO, Adalberto; LIMA, Cíntia Rosa Pereira de Lima. *Direito & Internet III*: Marco Civil da Internet – Lei n. 12.965/2014. 2 Tomos. São Paulo: Quartier Latin, 2015. p. 277-306.

TEIXEIRA, Tarcisio; ARMELIN, Ruth Maria Guerreiro da Fonseca. Responsabilidade e ressarcimento de danos por violação às regras previstas na LGDP: um cotejamento com o CDC. *In:* LIMA, Cíntia Rosa Pereira de (Coord.). *Comentários à Lei Geral de Proteção de Dados*. São Paulo: Almedina, 2020. p. 297-326.

UNIÃO EUROPEIA. *General Data Protection Regulation – GDPR*. Regulation (EU) 2016/679 of the European Parliament and of the Council of 27 April 2016 on the protection of natural persons with regard to the processing of personal data and on the free movement of such data, and repealing Directive 95/46/EC.

DECISÕES AUTOMATIZADAS EM MATÉRIA DE PERFIS E RISCOS ALGORÍTMICOS: DIÁLOGOS ENTRE BRASIL E EUROPA ACERCA DOS DIREITOS DAS VÍTIMAS DE DANO ESTÉTICO DIGITAL

Cristiano Colombo

Pós-Doutor em Direito pela Pontifícia Universidade Católica do Rio Grande do Sul (PUCRS). Doutor em Direito pela Universidade Federal do Rio Grande do Sul (UFRGS). Mestre em Direito pela Universidade Federal do Rio Grande do Sul (UFRGS). Professor Universitário e Advogado.

Eugênio Facchini Neto

Doutor em Direito Comparado (Florença/Itália), Mestre em Direito Civil (Universidade de São Paulo). Professor titular dos Cursos de Graduação, Mestrado e Doutorado em Direito da PUC/RS. Professor e ex-diretor da Escola Superior da Magistratura/AJURIS. Desembargador no Tribunal de Justiça do Rio Grande do Sul/Brasil.

Sumário: 1. Introdução. 2 Decisões automatizadas em matéria de perfis e riscos algorítmicos. 2.1. Decisões automatizadas em matéria de perfis. 2.2. Riscos algorítmicos. 3. Arcabouço principiológico para a proteção de dados pessoais e diálogos entre Brasil e Europa acerca dos direitos das vítimas de dano estético digital. 3.1. Arcabouço principiológico para a proteção de dados pessoais. 3.2. Diálogos entre Brasil e Europa acerca dos direitos das vítimas de dano estético digital. 4. Considerações finais. 5. Referências.

1. INTRODUÇÃO

O estudo tem como propósito analisar as decisões automatizadas em matéria de perfis, com foco na identificação dos chamados riscos algorítmicos, sob uma perspectiva principiológica de proteção de dados pessoais, buscando fundamentar a tutela jurídica do dano estético digital.

A temática é analisada a partir dos princípios de proteção de dados pessoais, efetuando comparações entre o Regulamento Geral de Proteção de Dados (RGPD), da União Europeia (2016), e nossa Lei Geral de Proteção de Dados (LGPD), Lei 13.709 de 2018.

O primeiro capítulo apresentará as decisões automatizadas, discorrendo sobre o seu conceito e aplicação, bem como a identificação de riscos algorítmicos, em razão de suas inconsistências, imprecisões, equívocos e vieses. O segundo capítulo versará sobre a perspectiva dos princípios de proteção de dados pessoais, efetuando um diálogo entre o sistema protetivo brasileiro e europeu. Uma atenção especial será dada aos direitos das vítimas do que pode ser chamado de "dano estético digital", dando ênfase aos direitos à correção dos dados, explicação e revisão das decisões automatizadas.

No que toca à metodologia, a pesquisa foi teórica, tratando do tema em forma exploratória e descritiva, valendo-se de procedimentos técnicos bibliográficos.

2. DECISÕES AUTOMATIZADAS EM MATÉRIA DE PERFIS E RISCOS ALGORÍTMICOS

2.1 Decisões automatizadas em matéria de perfis

Em reportagem veiculada pela BBC News, intitulada "Nove algoritmos que podem estar tomando decisões sobre sua vida – sem você saber", são descritas situações do quotidiano, cujas soluções que até então estavam exclusivamente nas mãos de seres humanos passaram a ser decididas, no todo ou em parte, por algoritmos. O rol de deliberações automatizadas passa pelos mais variados campos: desde a seleção de emprego, com eliminação de candidatos antes mesmo de chegar a um entrevistador humano; análises de crédito, adicionando as redes sociais como fonte de dados para a concessão de empréstimos e fixação de limites de crédito; a ajuda na procura de relacionamentos amorosos, ranqueando e pareando interessados, conforme seus gostos e preferências; em contratação de plano de saúde, detectando se o candidato à adesão é usuário de drogas ou abusa de medicamentos, para fins de sua aceitação ou não; decisão sobre o financiamento ou não de uma obra cinematográfica, projetando níveis de aceitação pelo público; comportamentos em eleições, a fim de direcionar estratégias de campanhas; predição sobre se alguém pode vir a cometer crimes; aplicação de penas por magistrados, exemplificativamente, o COMPAS (*Correctional Offender Management Profiling for Alternative Sanctions*), nos Estados Unidos da América[1]; assim como aquisições ou vendas de ações, em bolsa de valores.[2]

Os eventos enumerados são decisões automatizadas, eis que contam em seu processo deliberativo com o uso de algoritmos, que não procuram responder a pergunta "o que fazer?", mas sim "como fazer". Tecnicamente, um algoritmo é uma sequência

---

1. O sistema COMPAS é utilizado nos Estados Unidos para auxiliar juízes na definição de um perfil de elevado risco de reincidência, bem como para a definição da pena aplicável. Há quem sustente que tal ferramenta poderia, em tese, reduzir vieses sociais negativos inerente ao julgador, tais como preconceitos de raça e gênero – posição defendida, por exemplo, por ISRANI, Ellora Thadaney. When an Algorithm Helps Send you to Prison. *New York Times*, 26 out. 2017. Caso famoso envolvendo a aplicação desta ferramenta chegou à Suprema Corte norte-americana (caso *Loomis v. Wisconsin*, julgado em 2017). O caso envolvia Eric Loomis, preso no Estado de Wisconsin, por tentar fugir das autoridades policiais e por dirigir veículo sem autorização do seu proprietário. Os crimes não eram considerados graves e, por isso, imaginando a aplicação de penas leves, Loomis aceitou a oferta da promotoria e admitiu sua culpa. Todavia, o sistema COMPAS indicou que Loomis apresentava alto índice de reincidência, diante do que o magistrado o condenou à elevada pena de 11 anos. Como o sistema COMPAS não esclarece como chegou a tal conclusão, Loomis acabou recorrendo da sentença, conseguindo fazer com que seu caso chegasse à Suprema Corte. Esta, porém, recusou-se a reexaminar o caso. Embora expressando preocupação com a utilização de análise de riscos produzidas por sistemas eletrônicos, referiu que a decisão estadual não fora baseada integralmente nas informações fornecidas pelo COMPAS.
2. DUARTE, Fernando. *Nove algoritmos que podem estar tomando decisões sobre sua vida – sem você saber*. Disponível em: https://www.bbc.com/portuguese/geral-42908496. Acesso em: dez. 2019.

lógica, finita e definida de instruções a serem seguidas para resolver um problema ou executar uma tarefa.[3]

A depender do nível de intervenção humana na construção da solução, nos casos em que a deliberação se dá unicamente por algoritmos, está-se diante do conceito de decisão exclusivamente automatizada[4]. Quando isto ocorre, o processo decisório não conta com a participação de um ser humano, entregando a resposta ao destinatário, sem a análise ou revisão prévia de uma pessoa natural.

Entre as características das decisões automatizadas estão a velocidade em que as respostas são dadas, a habilidade em processar múltiplas demandas, de forma simultânea, bem como o grande número de dados utilizados para enriquecer a tomada de deliberação.[5] Qualidades que justificam a crescente aplicação de decisões algorítmicas, que tem se operado mais e mais tanto no setor público, como no setor privado. Em nível de administração pública, a Suécia é um bom exemplo da utilização de algoritmos para a concessão de seguro-desemprego, reduzindo o "viés", o preconceito, quando da análise de requisitos, afastando as oscilações de imposições feitas por cada examinador, em decorrência de subjetivismos.[6]

No setor privado, os *players* do mundo virtual rotineiramente utilizam algoritmos nas plataformas de negócios, captando as manifestações de apreço ou reprovação de seus usuários, quanto a produtos e serviços. A coleta e estruturação desses dados permite ulterior envio de ofertas ou reestruturação de estratégias. Especialmente através da atribuição de uma nota (*rating*), com a distribuição de estrelas ou escolha de símbolos de sentimentos (*emoticons*) (embora sem exclusão do uso da escrita alfabética em espaços apropriados para a redação de textos), os internautas externalizam opiniões e recomendações, gerando *inputs*, sob a forma de feedback para a comunidade.[7] Os textos escritos são submetidos ao "Processamento da Linguagem Natural" (*PLN, ou, NLP, Natural Language Processing*), a fim de identificar palavras ou frases como positivas, negativas ou neutras, permitindo classificar o sentimento ligado ao subscritor da mensagem.[8] Os conteúdos gerados pelos usuários (*user-generated-contents – UGCs*) passam a ser *inputs* aos algoritmos que buscam a granularidade dos sentimentos, projetando interesses, tendências e intenções, a partir da construção de perfis dos seus consumidores.[9] Assim,

---

3. PEREIRA, Ana Paula. *O que é um algoritmo?* Disponível em: https://www.tecmundo.com.br/programacao/2082-o--que-e-algoritmo-.htm. Acesso em: 2 ago. 2017.
4. ORIENTAÇÕES sobre as decisões individuais automatizadas e a definição de perfis para efeitos do Regulamento (UE) 2016/679. 2018. Disponível em: https://ec.europa.eu/newsroom/article29/item-detail.cfm?item_id=612053. Acesso em: 2019.
5. CARMICHAEL, Laura; STALLA-BOURDILLON, Sophie, STAAB, Steffen. *Data mining and automated discrimination*: a mixed legal/technical perspective. Disponível em: http://www.computer.org/intelligent. Acesso em: dez. 2019.
6. RANERUP, Agneta; HENRIKSEN, Helle Zinner. Value positions viewed through the lens of automated decision-making: the case of social services. *Government Information Quarterly*, v. 36, n. 4, out. 2019.
7. YUNG-CHUN, Chang; CHIH-HAO, Ku; CHUN-HUNG, Chen Social media analytics: extracting and visualizing Hilton hotel ratings and reviews from TripAdvisor. *International Journal of Information Management*, v. 48, p. 263-279, out. 2019, p. 263.
8. YUNG-CHUN, Chang; CHIH-HAO, Ku; CHUN-HUNG, Chen Social media analytics: extracting and visualizing Hilton hotel ratings and reviews from TripAdvisor. *International Journal of Information Management*, v. 48, p. 263-279, out. 2019, p. 263.
9. YUNG-CHUN, Chang; CHIH-HAO, Ku; CHUN-HUNG, Chen Social media analytics: extracting and visualizing Hilton hotel ratings and reviews from TripAdvisor. *International Journal of Information Management*, v. 48, p. 263-279 out. 2019, p. 263.

as empresas transformam todo esse gigantesco volume de dados em informação útil para a tomada de decisões ágeis e rentes à realidade[10].

No Brasil, além de sua ampla utilização no setor privado, iniciativas em direção a modelos de decisões automatizadas na esfera pública já estão sendo implementadas, como se verifica no âmbito da Secretaria da Receita Federal do Brasil, em que algoritmos são usados para escrutinar as defesas dos contribuintes e sugerir propostas de decisões administrativas fiscais.[11] No Supremo Tribunal Federal, Victor, a ferramenta de inteligência artificial lá utilizada, identifica os recursos extraordinários distribuídos e os liga a determinados temas de repercussão geral, pretendendo-se ampliar suas funcionalidades.[12] Essas "ampliações" causam alguma preocupação caso ultrapassem o uso de "ferramentas de processamento e transmissão de dados" e cheguem a permitir a tomada de decisões sobre os casos. [13]

As decisões podem ser classificadas de acordo com o nível de intervenção do ser humano no processo deliberativo, bem como podem ou não estar ligados à formulação de um perfil. Para diferenciar os eventos, basta a análise de dois exemplos concretos: a mera aplicação de uma multa de trânsito por um software em um radar eletrônico não necessariamente passa pelo estudo do perfil.[14] O excesso de velocidade será flagrado, pouco importando se homem ou mulher, jovem ou idoso, ou se se trata de carro de luxo, utilitário ou popular: o aparelho coleta os dados e o sistema aplica a punição, remetendo a cobrança para a residência do infrator.[15] Nada mais é feito. Por outro lado, se houver previsão legal de concessão de descontos tributários somente para os motoristas que não tiverem qualquer penalidade de trânsito, atribuindo nota pelo seu comportamento ao volante, então, nesta hipótese, ter-se-á uma decisão automatizada com fundamento em perfil comportamental.[16]

Uma parcela significativa de deliberações algorítmicas passa pela formação de perfis de usuários de serviços, que têm seus dados pessoais e comportamentos analisados, classificados em grupos e em posições. A imensidão de dados colocados à disposição pelos usuários da rede, aliada ao número cada vez maior de dispositivos que captam tais

---

10. JING-WEI, Liu. Using big data database to construct new GFuzzy text mining and decision algorithm for targeting and classifying customers. *Computers and Industrial Engineering*, v. 128, p. 1088-1095, Feb. 2019.
11. PUPO, Flávio; OLIVON, Beatriz. Receita testa inteligência artificial em julgamentos, *Valor Econômico*, 23 abr. 2018. Disponível em: https://valor.globo.com/legislacao/noticia/2018/04/23/receita-testa-inteligencia-artificial-em-julgamentos.ghtml. Acesso em: dez. 2019. Saliente-se que a reportagem ressalva que o relatório será sempre assinado por um auditor.
12. INTELIGÊNCIA artificial vai agilizar a tramitação de processos no STF. *Notícias do STF*, 30 maio 2018. Disponível em: http://www.stf.jus.br/portal/cms/verNoticiaDetalhe.asp?idConteudo=380038. Acesso em: dez. 2019.
13. PEREIRA, Alexandre Libório Dias. Ius ex machina? Da informática jurídica ao computador-juiz. *Revista Jurídica Luso-Brasileira*, Lisboa, v. 3, n. 1, 2017, p. 46. O autor traz consistentes reflexões acerca das decisões automatizadas judiciais, bem como suas consequências, defendendo o desenvolvimento da informática no sentido de auxiliar o juiz, com controle humano do processo decisório.
14. ORIENTAÇÕES sobre as decisões individuais automatizadas e a definição de perfis para efeitos do Regulamento (UE) 2016/679. 2018. Disponível em: https://ec.europa.eu/newsroom/article29/item-detail.cfm?item_id=612053. Acesso em: dez. 2019.
15. ORIENTAÇÕES sobre as decisões individuais automatizadas e a definição de perfis para efeitos do Regulamento (UE) 2016/679. 2018. Disponível em: https://ec.europa.eu/newsroom/article29/item-detail.cfm?item_id=612053. Acesso em: dez. 2019.
16. BOM motorista. Disponível em: https://ipva.rs.gov.br/lista/552/bom-motorista. Acesso em: dez. 2019.

dados, torna viável "encontrar relações e criar ligações", "analisar e prever aspetos que digam respeito à personalidade ou ao comportamento, aos interesses e aos hábitos de uma pessoa".[17]

Doneda assim se manifesta sobre esse fenômeno:

> Essa técnica, conhecida como *profiling*, pode ser aplicada a indivíduos, bem como estendida a grupos. Com elas, os dados pessoais são tratados com o auxílio de métodos estatístico e técnicas de inteligência artificial, com o fim de se obter uma "metainformação", que consistiria numa síntese dos hábitos, preferências pessoais e outros registros da vida desta pessoa.[18]

Nossa Lei Geral de Proteção de Dados Pessoais (LGPD) em dois momentos aborda a temática de construção de perfil, por deliberações algorítmicas. O artigo 12, § 2º preceitua que: "Poderão ser igualmente considerados como dados pessoais, para os fins desta Lei, aqueles utilizados para formação do perfil comportamental de determinada pessoa natural, se identificada." Já o artigo 20, com a nova redação dada pela Lei 13.853 de 2019, demonstra atenção às hipóteses de decisões exclusivamente automatizadas: "Art. 20. O titular dos dados tem direito a solicitar a revisão de decisões tomadas unicamente com base em tratamento automatizado de dados pessoais que afetem seus interesses, incluídas as decisões destinadas a definir o seu perfil pessoal, profissional, de consumo e de crédito ou os aspectos de sua personalidade."

A legislação, portanto, aponta para a distinção entre decisões automatizadas que afetam os interesses dos titulares de dados, enquanto outras não. Receber o resultado de acesso ou negativa a um plano de saúde, sem dúvida, afeta o interesse do titular de dados. A mera formação de perfil para envio de uma publicidade, pode não afetar os interesses desse titular.

Portanto, as decisões algorítmicas podem ser de cunho eliminatório ou classificatório. Serão decisões automatizadas eliminatórias, quando o algoritmo, a partir dos dados, do *input*, constrói o perfil do titular dos dados, observando suas instruções, dados e pesos que são atribuídos (escolaridade, idade, questões financeiras, saúde, entre outros), e, na sequência, já inclui ou exclui a pessoa do grupo dos destinatários de certos bens ou serviços. Dependendo da situação, define se a pessoa está dentro ou fora de um certame, vaga ou benefício. Ou, ainda, tem como *output* a escolha da pessoa que mais se aproxima das exigências algorítmicas a partir da avaliação de seu perfil, excluindo as demais.

---

17. ORIENTAÇÕES sobre as decisões individuais automatizadas e a definição de perfis para efeitos do Regulamento (UE) 2016/679. 2018. Disponível em: https://ec.europa.eu/newsroom/article29/item-detail.cfm?item_id=612053. Acesso em: dez. 2019. https://www.bbc.com/portuguese/geral-42908496. Desnecessário dizer que todo esse aparato afeta negativamente nossa privacidade. Estudiosa na área concluiu, como muitos, que *"we have a right to privacy, but it is neither a right to control personal information nor a right to have access to this information restricted. Instead, it is a right to live in a world in which our expectations about the flow of personal information are, for the most part, met: expectations that are shaped not only by force of habit and convention but a general confidence in the mutual support these flows accord to key organizing principles of social life, including moral and political ones"* NISSENBAUM, Helen. Privacy in Context: Technology, Policy, and the Integrity of Social Life. Stanford: Stanford University Press, 2010, p. 231.

18. DONEDA, Danilo. *Da privacidade à proteção de dados pessoais*. Rio de Janeiro: Renovar, 2006. Em outra obra, Doneda refere que "os dados pessoais acabam por identificar ou mesmo representar a pessoa em uma série de circunstâncias nas quais a sua presença física não é possível ou conveniente. São elementos centrais, portanto, da construção da identidade em nossa sociedade" DONEDA, Danilo. O direito fundamental à proteção de dados pessoais. *In*: MARTINS, Guilherme Magalhães (Coord.). *Direito privado & Internet*. São Paulo: Atlas, 2014, p. 61.

Serão decisões automatizadas classificatórias quando estabelecem posições entre os postulantes, permitindo identificar níveis de aproximação/tendência de um usuário a um determinado bem ou serviço. A taxinomia poderá ser um elemento para direcionar a comunicação fornecedor-consumidor de acordo com seu perfil.[19] Outrossim, permite ofertar e conceder serviços na área bancária, de saúde, do setor de seguro. O próprio Estado disso se utiliza em matéria de controle tributário.[20] Dessa forma, as decisões automatizadas em matéria de perfis podem eliminar pessoas de oportunidades, de acesso a bens e serviços, como também ordená-las, a fim de definir quais estão mais ou menos aptas ou propensas a consumi-los ou acessá-los.

Como já foi dito, "as presentes e vindouras revoluções que recaem sobre os institutos civis têm fundamento não apenas nas corriqueiras transformações dos costumes sociais (...) mas assentam, sobretudo, nas intensas mudanças inauguradas pelas novas tecnologias"[21]. Como toda mudança revolucionária, há enormes potenciais de ganhos para a humanidade, mas quase sempre são acompanhadas, ao menos em um primeiro momento, de um potencial de danos. O cenário que traçamos antes permite antever a existência de riscos ligados ao uso de algoritmos. É o tema de que tratamos a seguir.

2.2 Riscos algorítmicos

A partir da constatação de que decisões automatizadas podem afastar pessoas de oportunidades, bens e serviços, através de processos de ranqueamento, parificação ou diferenciação, surge a preocupação com possíveis – ou inevitáveis – ocorrência de inconsistências nos dados, pesos ou instruções para chegar ao processo decisório. Esse é o cenário dos chamados riscos algorítmicos.

De fato, decisões automatizadas que se voltam à formação de perfis são realidades que trazem novas perspectivas de danos, decorrentes da inadequação das instruções, desacertos em *inputs*, gerando *outputs* com risco de danos futuros. Engelmann, Hohendorff e Leal salientam a necessidade de comunicação entre o Direito e as novas tecnologias, na busca de compreensão dos novos riscos, devendo o direito assumir a necessidade de normatizar os riscos e os danos futuros.[22]

Caroline Vaz e Felipe Teixeira[23], apoiados em Ulrich Beck, aludem às especificidades do "risco moderno", consistentes na sua invisibilidade e na "democratização dos perigos

---

19. JING-WEI, Liu. Using big data database to construct new GFuzzy text mining and decision algorithm for targeting and classifying customers. *Computers and Industrial Engineering*, v. 128, p. 1088-1095, Feb. 2019.
20. ORIENTAÇÕES sobre as decisões individuais automatizadas e a definição de perfis para efeitos do Regulamento (UE) 2016/679. 2018. Disponível em: https://ec.europa.eu/newsroom/article29/item-detail.cfm?item_id=612053. Acesso em: 2019. https://www.bbc.com/portuguese/geral-42908496.
21. GODINHO, Adriano Marteleto; ROSENVALD, Nelson. Inteligência artificial e a responsabilidade dos robôs e de seus fabricantes. In: ROSENVALD, Nelson; DRESCH, Rafael de Freitas Valle; WESENDONCK, Tula (Org.). *Responsabilidade civil*: novos riscos. Indaiatuba, SP: Foco, 2019, p. 21.
22. LEAL, Daniele Weber S.; ENGELMANN, Wilson; HOHENDORFF, Raquel Von. Autorregulação e Riscos: desafios e possibilidades jurídicos para a gestão de resíduos nanoparticulados. *Revista da Faculdade da UFRGS*, Porto Alegre, n. 39, p. 211-232, dez. 2018. n. esp.
23. VAZ, Caroline; TEIXEIRA NETO, Felipe. Sociedade de risco, direitos transindividuais e a responsabilidade civil: reflexões necessárias rumo à efetivação de uma mudança de paradigma. In: ROSENVALD, Nelson; DRESCH, Rafael de Freitas Valle; WESENDONCK, Tula (Org.). *Responsabilidade civil*: novos riscos. Indaiatuba, SP: Foco, 2019. p. 5.

e dos riscos". Ou seja, os avanços tecnológicos escondem perigos e riscos muitas vezes não perceptíveis e que têm potencial de afetar boa parte da humanidade.

Em se tratando de riscos algorítmicos, sua invisibilidade e imperceptibilidade são características que decorrem da ausência de transparência das instruções norteadoras das decisões automatizadas, marcadamente pela opacidade da tecnologia. E diante do fato de que já vivemos envolvidos numa rede virtual que atinge praticamente toda a população mundial, percebe-se facilmente a escala planetária de potenciais atingidos.

O Grupo de Trabalho 29 para Proteção de Dados, do Comitê Europeu de Proteção de Dados, em suas "Orientações sobre as decisões individuais automatizadas e a definição de perfis para efeitos do Regulamento (UE) 2016/679", alerta sobre a realidade dos riscos algorítmicos. Afirma-se em seu relatório que "a definição de perfis é suscetível de perpetuar os estereótipos existentes e a segregação social. Pode igualmente amarrar as pessoas a uma categoria específica e limitá-las às respetivas preferências sugeridas, pondo assim em causa a sua liberdade para escolher, por exemplo, determinados produtos ou serviços". [24]

Por essas razões George Dyson, em célebre frase, referiu que: "Facebook define quem somos, Amazon define o que queremos e Google define o que estamos pensando."[25] Se nos conscientizarmos que, no passado, os grandes inventos, as mudanças de atitudes, os novos campos do saber muitas vezes decorreram do imprevisível e das incertezas, pode parecer preocupante que atualmente somos todos conduzidos pela volição algorítmica, recebemos conteúdos pré-prontos e direcionados, uma vez que somos confortavelmente instados a nos deixar guiar por vontades e intenções que não controlamos e que já não são mais as nossas.

Infere-se igualmente risco quando o algoritmo toma um dado virtual como correto, quando no mundo físico não o é. Nem sempre os *inputs* trazidos pelos usuários, que alimentam as redes sociais, correspondem à realidade, desbordando para atributos fantasiosos, incompletos ou distorcidos. Segundo Schlosser, existem diferenças entre a comunicação online e a face a face, sobretudo, no que toca à possibilidade de anonimização, a existência de múltiplos internautas em audiência (amigos ou seguidores) e o feedback deles.[26] Inserções em redes sociais, como o Facebook, geralmente são de conteúdo positivo, sonegando-se informações negativas[27], o que obviamente interfere na formação verdadeira de seu perfil online.

A "discriminação injustificada" a que alude o Comitê Europeu para a Proteção de Dados espelha a mesma espécie de discriminação havida no mundo físico (étnica,

---

24. ORIENTAÇÕES sobre as decisões individuais automatizadas e a definição de perfis para efeitos do Regulamento (UE) 2016/679. 2018. Disponível em: https://ec.europa.eu/newsroom/article29/item-detail.cfm?item_id=612053. Acesso em: 2019. https://www.bbc.com/portuguese/geral-42908496.
25. PASQUALE, Frank. *The black box society*: the secret algorithms that control money and information. Harvard: Harvard University Press, 2015. 1. Power (Social sciences) 2. Elite (Social sciences) 3. Knowledge, Theory of. 4. Observation (Psychology) posição 335.
26. SCHLOSSER, Ann E. Self-disclosure versus self-presentation on social media. *Current Opinion in Psychology*, v. 31, Feb. 2020. p. 1.
27. SCHLOSSER, Ann E. Self-disclosure versus self-presentation on social media. *Current Opinion in Psychology*, v. 31, Feb. 2020. p 1-6

religiosa, política, sanitária), que pode estar sendo aplicada no mundo virtual através de padrões ou instruções algorítmicas. O lado perverso e mais gravoso dessa nova forma de discriminação fica por conta da sua forma imperceptível, em razão da opacidade das decisões automatizadas. Estudos apontam o risco da denominada "discriminação automatizada", quando os algoritmos trazem consigo vieses e preconceitos históricos decorrentes da mineração de dados.[28] O fato de homens brancos consumirem determinado serviço preponderantemente e concentrarem suas moradias em determinados bairros – constatação que pode ser feita matematicamente através da coleta de dados –, faz com que o algoritmo, tendo em conta tais dados históricos como *input*, em face da projeção desta mesma demanda, projete como *output* a perpetuação de fruição por um determinado grupo de pessoas de uma determinada etnia e moradia, excluindo outros grupos do acesso a bens ou serviços, como exemplificativamente homens negros moradores da periferia. Em uma outra hipótese, se o software voltado à seleção para uma vaga de emprego adotar em seu modelo a instrução de que sujeitos que estão com problemas de crédito não são bons empregados, e, portanto, não devem ser contratados, ter-se-á uma *downward spiral*, tornando tais candidatos cada vez mais endividados e pobres.[29]

Outra forma de discriminação injustificada é a prática de *weblining*, que tem origem nas antigas práticas de seguradoras, que desenhavam linhas vermelhas – *redlining* – nos mapas das cidades para negar o acesso ao contrato de seguro, cancelá-lo ou vedar sua renovação em regiões de alto risco. De igual forma, indenizações eram calculadas considerando diferenças étnicas. O *redlining* foi considerado ilegal em mais de quarenta Estados norte-americanos. O *weblining* é a nova versão da técnica discriminatória, aplicada no ciberespaço, à luz das técnicas de geolocalização, criando perfis especializados, no sentido de negar acesso a determinados bens e serviços ou diferenciar preços a moradores de determinadas regiões de acordo com sua condição financeira ou de determinada etnia.[30]

Dessa forma, os riscos são potencializados ao se deixar de lado o mundo do "olho no olho" para adentrar no mundo do "olho na tela", fruto de múltiplas bases de dados, estruturadas e tornadas operacionais através de um sistema compulsório do algoritmo.[31] Sendo assim, pode-se evidenciar riscos algorítmicos, com potenciais danos ao perfil do titular dos dados, causados por inconsistências em decisões automatizadas, quando se está diante de erros estatísticos, dados equivocados ou inverídicos, generalizações, uso de informações sensíveis ou correlações inadequadas.

Em trabalho anterior, denominamos algumas destas violações de danos estéticos digitais, figura com contornos próprios, no contexto da arquitetura algorítmica, diversos do dano estético corporal:

---

28. CARMICHAEL, Laura; STALLA-BOURDILLON, Sophie, STAAB, Steffen. *Data mining and automated discrimination*: a mixed legal/technical perspective. Disponível em: http://www.computer.org/intelligent. Acesso em: dez. 2019.
29. O'NEIL, Cathy. *Weapons of math destruction*: how big data increases inequality and threatens democracy. New York: Crown, 2016. posição 204.
30. HERNANDEZ, Gary A.; EDDY, Katherine J.; MUCHMORE, Joel. Insurance weblining and unfair discrimination in cyberspace. *Southern Methodist University Law Review*, Dallas, v. 54, 1953, 2001. Disponível em: https://scholar.smu.edu/smulr/vol54/iss4/6. Acesso em dez. 2019.
31. RANERUP, Agneta; HENRIKSEN, Helle Zinner. Value positions viewed through the lens of automated decision--making: the case of social services. *Government Information Quarterly*, v. 36, n. 4, out. 2019.

Não se está aqui a tratar do dano estético como uma marca, um borrão, na imagem do corpo físico em si que está projetada no ciberespaço, mas sim reconhecer novel modalidade de dano, que atinge a formação do perfil do sujeito no próprio ciberespaço, devido à peculiaridades da arquitetura da rede, que permite decisões automatizadas. O ranqueamento com suporte em dano equivocado ou decorrente de mau tratamento de dados viola direitos de personalidade não só no mundo digital, como no mudo físico, ao trazer ao titular dos dados potencial maior dificuldade no granjeio da subsistência, diminuindo as suas probabilidades de colocação ou exercício da atividade a que se dedica [...][32]

Identificado o risco potencial e o tipo de dano decorrente de sua concretização, passa-se, agora, a analisar qual o arcabouço principiológico que o direito oferece para tentar arquitetar tutelas jurídicas eficientes para eliminar ou, mais realisticamente, reduzir tais riscos.

3. ARCABOUÇO PRINCIPIOLÓGICO PARA A PROTEÇÃO DE DADOS PESSOAIS E DIÁLOGOS ENTRE BRASIL E EUROPA ACERCA DOS DIREITOS DAS VÍTIMAS DE DANO ESTÉTICO DIGITAL

Nesse capítulo, analisaremos, inicialmente, quais as ferramentas jurídicas, oriundas da base principiológica que sustenta o sistema, podem ser invocadas para a melhor proteção das vítimas de danos estéticos digitais. A segunda parte será dedicada a um cotejo entre as soluções ofertadas pelo direito brasileiro em face do direito da União Europeia.

3.1 Arcabouço principiológico para a proteção de danos pessoais

Constatou-se, no prévio capítulo, que os riscos algorítmicos se maximizam em razão de instruções discriminatórias, uso de informações sensíveis ou correlações inadequadas, erros estatísticos, dados equivocados ou inverídicos e generalizações.[33] A via para a minimização de riscos algorítmicos, e, por conseguinte, redução a danos ao perfil do titular de dados, passa pela concretização e efetivação dos princípios criados para a proteção de dados em decisões automatizadas. Nesse estudo, destacaremos os três princípios fundamentais que regem o setor: a) Princípio da não discriminação; b) Princípio da Qualidade dos Dados; e, c) Princípio da Transparência.

a) Princípio da Não Discriminação

No ano de 1997, em Harris County, no Texas, Estados Unidos da América, o afro-americano Duane Buck foi levado ao Tribunal por ter assassinado duas pessoas. Durante seu julgamento, para a fixação do tipo de pena, foram utilizados índices matemáticos baseados na reincidência de crimes por grupos étnicos. Diante disso, o acusado foi

---

32. COLOMBO, Cristiano; FACCHINI NETO, Eugênio. "Corpo elettronico" como vítima em matéria de tratamento de dados pessoais: responsabilidade civil por danos à luz da Lei Geral de Proteção de Dados brasileira e danos estéticos no mundo digital. *In:* ROSENVALD, Nelson; DRESCH, Rafael de Freitas Valle; WESENDONCK, Tula (Org.). *Responsabilidade civil:* novos riscos. Indaiatuba, SP: Foco, 2019. p. 61-62.

33. COLOMBO, Cristiano; FACCHINI NETO, Eugênio. "Corpo elettronico" como vítima em matéria de tratamento de dados pessoais: responsabilidade civil por danos à luz da Lei Geral de Proteção de Dados brasileira e danos estéticos no mundo digital. *In:* ROSENVALD, Nelson; DRESCH, Rafael de Freitas Valle; WESENDONCK, Tula (Org.). *Responsabilidade civil:* novos riscos. Indaiatuba, SP: Foco, 2019, p. 61-62.

condenado à pena capital.³⁴ A questão em comento liga-se diretamente ao princípio da não discriminação, que busca afastar modelos preditivos com vieses raciais, religiosos, filosóficos e partidários. Algoritmos enviesados reforçam as desigualdades, aplicando "correlações espúrias"³⁵, em que não se estabelecem as reais causas para determinados efeitos, tomando a origem étnica como elemento causal de maior potencial criminoso, gerando *output* potencialmente injusto.

A não discriminação em matéria de dados aplicadas às decisões automatizadas, mereceu especial atenção, em nível regulatório, desde o ano de 1981, na Convenção 108, do Conselho da Europa. É o que se depreende do artigo 6º, que dispôs sobre "categorias de dados especiais", para as quais devem ser criadas "garantias adequadas":

> Artigo 6º Categorias especiais de dados. Os dados de carácter pessoal que revelem a origem racial, as opiniões políticas, as convicções religiosas ou outras, bem como os dados de carácter pessoal relativos à saúde ou à vida sexual, só poderão ser objecto de tratamento automatizado desde que o direito interno preveja garantias adequadas. O mesmo vale para os dados de carácter pessoal relativos a condenações penais.³⁶

O artigo 8º da Directiva 95/46/CE do Parlamento Europeu e do Conselho de 24 de Outubro de 1995, marco anterior ao Regulamento Geral de Proteção de Dados da União Europeia, também dispunha que:

> 1. Os Estados-membros proibirão o tratamento de dados pessoais que revelem a origem racial ou étnica, as opiniões políticas, as convicções religiosas ou filosóficas, a filiação sindical, bem como o tratamento de dados relativos à saúde e à vida sexual.³⁷

Com o advento do Regulamento Geral de Proteção de Dados da União Europeia, em 2016, em seu considerando 71, há expressa referência ao tratamento automatizado na formação de perfis, nos seguintes termos:

> (71) A fim de assegurar um tratamento equitativo e transparente no que diz respeito ao titular dos dados, tendo em conta a especificidade das circunstâncias e do contexto em que os dados pessoais são tratados, o responsável pelo tratamento deverá utilizar procedimentos matemáticos e estatísticos adequados à definição de perfis, aplicar medidas técnicas e organizativas que garantam designadamente que os fatores que introduzem imprecisões nos dados pessoais são corrigidos e que o risco de erros é minimizado, e proteger os dados pessoais de modo a que sejam tidos em conta os potenciais riscos para os interesses e direitos do titular dos dados e de forma a prevenir, por exemplo, efeitos discriminatórios contra pessoas singulares em razão da sua origem racial ou étnica, opinião política, religião ou convicções, filiação sindical, estado genético ou de saúde ou orientação sexual, ou a impedir que as medidas venham a ter tais efeitos. A decisão e definição de perfis automatizada baseada em categorias especiais de dados pessoais só deverá ser permitida em condições específicas.

---

34. O'NEIL, Cathy. *Weapons of math destruction:* how big data increases inequality and threatens democracy. New York: Crown, 2016. posição 29-30.
35. O'NEIL, Cathy. *Weapons of math destruction:* how big data increases inequality and threatens democracy. New York: Crown, 2016. posição 402.
36. CONVENÇÃO para a protecção das pessoas relativamente ao tratamento automatizado de dados de carácter pessoal. Disponível em: https://www.cnpd.pt/bin/legis/internacional/Convencao108.htm. Acesso em: dez. 2019.
37. DIRECTIVA 95/46/CE do Parlamento Europeu e do Conselho, de 24 de Outubro de 1995, relativa à protecção das pessoas singulares no que diz respeito ao tratamento de dados pessoais e à livre circulação desses dados. Jornal Oficial, n. L 281, p. 0031-0050 23 nov. 1995. Disponível em: https://eur-lex.europa.eu/legal-content/PT/TXT/HTML/?uri=CELEX:31995L0046&from=pt. Acesso em: dez. 2019.

Como se vê, os algoritmos são reconhecidos expressamente como geradores de "potenciais riscos", devendo haver prevenção quanto a efeitos discriminatórios, somente autorizada a utilização dos dados sensíveis, sobretudo, étnicos, políticos e religiosos, em condições específicas.

Registre-se que o considerando 71 vai além, na matéria objeto de análise:

> O titular dos dados deverá ter o direito de não ficar sujeito a uma decisão, que poderá incluir uma medida, que avalie aspectos pessoais que lhe digam respeito, que se baseie exclusivamente no tratamento automatizado e que produza efeitos jurídicos que lhe digam respeito ou o afetem significativamente de modo similar, como a recusa automática de um pedido de crédito por via eletrônica ou práticas de recrutamento eletrônico sem qualquer intervenção humana. Esse tratamento inclui a definição de perfis mediante qualquer forma de tratamento automatizado de dados pessoais para avaliar aspectos pessoais relativos a uma pessoa singular, em especial a análise e previsão de aspectos relacionados com o desempenho profissional, a situação econômica, saúde, preferências ou interesses pessoais, fiabilidade ou comportamento, localização ou deslocações do titular dos dados, quando produza efeitos jurídicos que lhe digam respeito ou a afetem significativamente de forma similar.

Assim, houve expressa menção às decisões "exclusivamente" automatizadas, dispondo que o titular de dados não estará sujeito a elas, quando "produza efeitos jurídicos que lhe digam respeito ou afetem significativamente", exemplificando " a recusa automática de um pedido de crédito por via eletrônica ou práticas de recrutamento eletrônico sem qualquer intervenção humana.", incluindo a formação de perfis. O regulamento autoriza a aplicação de decisões exclusivamente automatizadas para efeitos de controle e prevenção de fraudes e evasão fiscal, desde que "acompanhado das garantias adequadas, que deverão incluir a informação específica ao titular dos dados e o direito de obter a intervenção humana, de manifestar o seu ponto de vista, de obter uma explicação sobre a decisão tomada na sequência dessa avaliação e de contestar a decisão".[38]

Em nível legislativo brasileiro, a Lei Geral de Proteção de Dados Pessoais (LGPD), ao referir-se à temática, inovou, tendo denominado de princípio da "não discriminação", nos termos de seu artigo 6º, a saber:

> Art. 6º As atividades de tratamento de dados pessoais deverão observar a boa-fé e os seguintes princípios: "IX – não discriminação: impossibilidade de realização do tratamento para fins discriminatórios ilícitos ou abusivos;".

Não há dúvidas, porém, que tal dispositivo não será concretizável muito facilmente, diante da vagueza semântica do vocábulo "abusivo" e da generalidade jurídica do vocábulo "ilícito", que normalmente é tido como algo contrário ao direito. Na ausência de marcos precisos e operacionais, essa previsão é saudável, mas dificilmente resolverá, por si só, os problemas que surgirão na realidade, diante dos potenciais embates jurídicos que ensejará.

---

38. REGULAMENTO (UE) 2016/679 do Parlamento Europeu e do Conselho, de 27 de abril de 2016. Disponível em: https://eur-lex.europa.eu/legal-content/PT/TXT/HTML/?uri=CELEX:32016R0679&from=PT. Acesso em dez. 2019.

É imperioso ressalvar, no entanto, que o ordenamento jurídico pátrio autoriza estabelecer o "discrímen legal", quando há "razão valiosa", à luz do interesse público.[39] Poder-se-ia utilizar dados decorrentes de exames em material humano (sangue, tecidos, líquidos corpóreos), que são dados sensíveis, em um algoritmo voltado à compatibilidade de transplante de medula, em banco de dados nacional, respeitado os artigos 6º, 7º e 11, da LGPD, por exemplo. Porém, não seria possível tomar o mesmo material para predizer doenças futuras, por um departamento pessoal, em uma seleção de emprego. No primeiro caso, ter-se-á uma "razão valiosa", de interesse público, em face do insucesso em pacientes que não são compatíveis, inclusive, neste caso, estando em harmonia com o princípio da finalidade, na forma do artigo 6º, I, da Lei Geral de Proteção de Dados. No segundo caso, seria discriminatório, violaria a finalidade, adequação e necessidade.

Dessa forma, em um algoritmo, somente é possível a utilização de dado sensível, nas hipóteses em que há "razão valiosa", concretizada nos termos do artigo 7º e 11 da LGPD. Caso contrário, pode o algoritmo promover discriminação, trazendo uma grande injustiça ao caso ao tomar como base questões étnicas, filosóficas, religiosas, partidárias, quanto à saúde, promovidas em decisões automatizadas.

b) Princípio da Qualidade dos Dados

Em 2009, em Washington/DC, com o objetivo de melhorar a performance de seus alunos, o governo local desenvolveu e aplicou uma ferramenta para avaliação de seus professores, denominada IMPACT. Entre os anos de 2009 e 2010, duas centenas de mestres foram demitidos, em face de não alcançarem os escores mínimos desejados, aferidos através da referida ferramenta. Dentre os demitidos encontrava-se Sarah Wysocki, considerada uma das melhores professoras de sua escola. Em que pese sua dedicação ao trabalho e o respeito dos seus pares e alunos, o governo considerou exclusivamente o *output* do software, demitindo-a. A professora questionou sobre os motivos de sua pontuação, por entender ser vítima de uma injustiça. Foi-lhe respondido que foi calculada a evolução ou o declínio do aluno, em comparação aos anos anteriores. No entanto, segundo Cathy O'Neil quarenta e uma escolas do Distrito foram investigadas acerca de situações suspeitas, por notas altas e incomuns, inclusive, entre elas, *Barnard Elementary*, de onde a maioria (quatorze do total de vinte e cinco) dos alunos de Sarah eram provenientes.[40] O algoritmo simplesmente comparou a performance dos alunos na escola anterior com seu desempenho no colégio de Sarah, e, percebendo um decréscimo, sugeriu a demissão de Sarah.[41] Dessa forma, a qualidade dos dados revela-se de extrema importância, pois,

---

39. BANDEIRA DE MELLO, Celso Antônio. *O conteúdo jurídico do princípio da igualdade*. São Paulo: Malheiros, 2011. p. 41.
40. O'NEIL, Cathy. *Weapons of math destruction:* how big data increases inequality and threatens democracy. New York: Crown, 2016. posição 29-30. Washington Post relatou que: "Fourteen of her 25 students had attended Barnard Elementary. The school is one of 41 in which publishers of the D.C. Comprehensive Assessment System tests found unusually high numbers of answer sheet erasures in spring 2010, with wrong answers changed to right. Twenty-nine percent of Barnard's 2010 fourth-graders scored at the advanced level in reading, about five times the District average." https://www.washingtonpost.com/local/education/creative--motivating-and-fired/2012/02/04/gIQAwzZpvR_story.html.
41. O'NEIL, Cathy. *Weapons of math destruction:* how big data increases inequality and threatens democracy. New York: Crown, 2016. posição 29-30. Washington Post relatou que: "Fourteen of her 25 students had attended Barnard

conforme os *inputs* – os dados que alimentam o algoritmo –, haverá direta influência em seu resultado, o *output*.

A preocupação com tais situações não é nova. Já em 1981, a Convenção 108, do Conselho da Europa, em seu artigo 5º dispunha acerca da exatidão e atualização dos dados, em matéria de decisão automatizada: "Qualidade dos dados. Os dados de carácter pessoal que sejam objecto de um tratamento automatizado devem ser: [...] d) Exactos e, se necessário, actualizados". Anos mais tarde, a Directiva 95/46/CE, seguindo o mesmo caminho, definiu:

> 1. Os Estados-membros devem estabelecer que os dados pessoais serão: [...] d) Exactos e, se necessário, actualizados; devem ser tomadas todas as medidas razoáveis para assegurar que os dados inexactos ou incompletos, tendo em conta as finalidades para que foram recolhidos ou para que são tratados posteriormente, sejam apagados ou rectificados;

Portanto, depreende-se que, antes mesmo de 2016, já existiam dispositivos acerca da inexatidão e incompletude de dados, que pudessem trazer, por este motivo, danos aos seus titulares. Em 2016, com o Regulamento Geral de Proteção de Dados da União Europeia, o princípio da exatidão foi contemplado no artigo 5º, 1, "d":

> Artigo 5º. Princípios relativos ao tratamento de dados pessoais. 1. Os dados pessoais são: [...] d) Exatos e atualizados sempre que necessário; devem ser adotadas todas as medidas adequadas para que os dados inexatos, tendo em conta as finalidades para que são tratados, sejam apagados ou retificados sem demora («exatidão»);

Nossa Lei Geral de Proteção de Dados disciplina o princípio de qualidade dos dados da seguinte forma:

> Art. 6º As atividades de tratamento de dados pessoais deverão observar a boa-fé e os seguintes princípios: [...] V – qualidade dos dados: garantia, aos titulares, de exatidão, clareza, relevância e atualização dos dados, de acordo com a necessidade e para o cumprimento da finalidade de seu tratamento;

Segundo Giusella Finocchiaro, o tratamento de dados inexatos ou incompletos, de fato, pode determinar também uma falsa representação do interessado com possíveis consequências prejudiciais para ele mesmo.[42]

De tal forma, sendo atingido o *profiling* da pessoa natural, em razão de uma decisão automatizada, seja pela questão de erro estatístico, do equívoco de correlação[43], de fato inverídico, ou, mesmo, em virtude de utilização desautorizada de dados sensíveis, o resultado implicará potencialmente em ranqueamento desfavorável do usuário. Esse prejuízo de sua aparência virtual, que estará comprometida, seja pela repugnância ou

---

Elementary. The school is one of 41 in which publishers of the D.C. Comprehensive Assessment System tests found unusually high numbers of answer sheet erasures in spring 2010, with wrong answers changed to right. Twenty-nine percent of Barnard's 2010 fourth-graders scored at the advanced level in reading, about five times the District average." https://www.washingtonpost.com/local/education/creative--motivating-and-fired/2012/02/04/gIQAwzZpvR_story.html.

42. FINOCCHIARO, Giusella. *Privacy e protezione dei dati personali*: disciplina e strumenti operativi. Torino: Zanichelli, 2012. p. 117. Tradução livre dos autores.
43. MENDES, Laura Schertel. *Privacidade, proteção de dados e defesa do consumidor*. São Paulo: Saraiva, 2014.

por cair no ridículo, configura o dano estético digital que, como já referido, examinamos em outra oportunidade[44].

c) Princípio da Transparência

Frank Pasquale usa a expressão "The Black Box Society", de forma metafórica, para definir o momento dual em que vivemos, uma vez que os cidadãos são altamente observados, com câmeras de vigilância, geolocalização, monitoramentos em carros, trens e aviões, havendo, no entanto, um grande mistério relativamente ao destino e utilização dos seus dados pessoais, pois os titulares de dados ignoram como se chegou a determinado *output*.[45]

Para enfrentar esse cenário, o Regulamento Geral de Proteção de Dados da União Europeia estabeleceu ser a transparência um direito do titular dos dados pessoais:

> Art. 12º. O responsável pelo tratamento tomará as medidas adequadas para fornecer ao titular as informações a que se referem os artigos 13º e 14º e qualquer comunicação prevista nos artigos 15º a 22º e 34º a respeito do tratamento, de forma concisa, transparente, inteligível e de fácil acesso, utilizando uma linguagem clara e simples, em especial quando as informações são dirigidas especificamente a crianças. As informações são prestadas por escrito ou por outros meios, incluindo, se for caso disso, por meios eletrônicos. Se o titular dos dados o solicitar, a informação pode ser prestada oralmente, desde que a identidade do titular seja comprovada por outros meios.

Em sendo assim, a comunicação deve ser concisa, evitando a "fadiga informativa", compreendida por uma "pessoa média do público visado", havendo fácil acesso, estabelecendo um canal direto com os titulares de dados.[46]

No considerando 60, do Regulamento Geral de Proteção de Dados da União Europeia, está descrito como deve se dar o tratamento transparente em matéria de decisões automatizadas que definem perfis:

> Os princípios do tratamento equitativo e transparente exigem que o titular dos dados seja informado da operação de tratamento de dados e das suas finalidades. (...). O titular dos dados deverá também ser informado da definição de perfis e das consequências que daí advêm. Sempre que os dados pessoais forem recolhidos junto do titular dos dados, este deverá ser também informado da eventual obrigatoriedade de fornecer os dados pessoais e das consequências de não os facultar (...).[47]

Nesse sentido, há obrigatoriedade imposta ao responsável pelo tratamento dos dados, em matéria de perfil, para informar o titular de dados da definição e consequências decorrentes do *profiling*.

---

44. COLOMBO, Cristiano; FACCHINI NETO, Eugênio. "Corpo elettronico" como vítima em matéria de tratamento de dados pessoais: responsabilidade civil por danos à luz da Lei Geral de Proteção de Dados brasileira e danos estéticos no mundo digital. *In*: ROSENVALD, Nelson; DRESCH, Rafael de Freitas Valle; WESENDONCK, Tula (Org.). *Responsabilidade civil*: novos riscos. Indaiatuba, SP: Foco, 2019. p. 61-62.
45. PASQUALE, Frank. *The black box society*: the secret algorithms that control money and information. Harvard: Harvard University Press, 2015, p. 3 e 16.
46. ORIENTAÇÕES relativas à transparência na aceção do Regulamento 2016/679. Disponível em: https://ec.europa.eu/newsroom/article29/item-detail.cfm?item_id=622227. Acesso em: dez. 2019.
47. REGULAMENTO (UE) 2016/679 do Parlamento Europeu e do Conselho, de 27 de abril de 2016. Disponível em: https://eur-lex.europa.eu/legal-content/PT/TXT/HTML/?uri=CELEX:32016R0679&from=PT. Acesso em dez. 2019.

No Brasil, a Lei Geral de Proteção de Dados Pessoais, em seu artigo 6º, também dispôs expressamente sobre o princípio da transparência:

> Art. 6º As atividades de tratamento de dados pessoais deverão observar a boa-fé e os seguintes princípios: [...] VI – transparência: garantia, aos titulares, de informações claras, precisas e facilmente acessíveis sobre a realização do tratamento e os respectivos agentes de tratamento, observados os segredos comercial e industrial;

De sua leitura, verifica-se que há expressa determinação quanto ao dever de informação clara, precisa e acessível, contudo, em *balancing* a ser feito, no caso concreto, entre o princípio da transparência e o segredo industrial e comercial.[48]

Nessa última parte do trabalho, analisaremos como o sistema europeu e o brasileiro reagem às possíveis violações do perfil virtual do cidadão, acarretando-lhe danos.

3.2 Diálogos entre Brasil e Europa acerca dos direitos das vítimas de dano estético digital

Diante do dano ao perfil, o Direito coloca à disposição do titular dos dados a possibilidade de reparar ou minimizar os danos havidos. Além da indenização, no âmbito da tutela reparatória, as legislações de proteção de dados previram direitos específicos para esse novo mundo, tais como o direito à correção dos dados equivocados, de exclusão de dados falsos ou sensíveis, o direito à explicação e à revisão das decisões automatizadas, dentre outros.

a) Direito à correção dos dados

Entre os riscos algorítmicos estão os dados equivocados ou inverídicos como *input* nas decisões algorítmicas. Para reduzir seus danos, tem-se o princípio da "exatidão", no Regulamento Geral de Proteção de Dados (RGPD), denominado de princípio da "qualidade dos dados" na nossa Lei Geral de Proteção de Dados (LGPD), gerando o "direito à retificação dos dados" no diploma europeu, e o "direito à correção" do titular, no Brasil.

O RGPD assim define, em seu artigo 16º, o "Direito de Retificação":

> O titular tem o direito de obter, sem demora injustificada, do responsável pelo tratamento a retificação dos dados pessoais inexatos que lhe digam respeito. Tendo em conta as finalidades do tratamento, o titular dos dados tem direito a que os seus dados pessoais incompletos sejam completados, incluindo por meio de uma declaração adicional.

---

48. O Considerando 63 do RGPD traça alguns critérios atinentes ao segredo industrial: "[...] Quando possível, o responsável pelo tratamento deverá poder facultar o acesso a um sistema seguro por via eletrônico que possibilite ao titular aceder diretamente aos seus dados pessoais. Esse direito não deverá prejudicar os direitos ou as liberdades de terceiros, incluindo o segredo comercial ou a propriedade intelectual e, particularmente, o direito de autor que protege o software. Todavia, essas considerações não deverão resultar na recusa de prestação de todas as informações ao titular dos dados. Quando o responsável proceder ao tratamento de grande quantidade de informação relativa ao titular dos dados, deverá poder solicitar que, antes de a informação ser fornecida, o titular especifique a que informações ou a que atividades de tratamento se refere o seu pedido." (REGULAMENTO (UE) 2016/679 do Parlamento Europeu e do Conselho, de 27 de abril de 2016. Disponível em: https://eur-lex.europa.eu/legal-content/PT/TXT/HTML/?uri=CELEX:32016R0679&from=PT. Acesso em dez. 2019).

Como se vê, além do erro ou equívoco dos dados, também devem estar completos, enfim, atualizados, incluindo "declaração adicional". Como Voigt, Bussche e Wessing lecionam: "*As data allows reconstructing a situation or the characteristics of an individual, they shall be accurate to permit this reconstruction as its usage might produce legal consequences. They shal, at any, given time, reflect reality*".[49] O movimento de atualizar o que estava desatualizado, importa em "reconstrução das características do indivíduo", enfim, de seu perfil.

De igual forma, a Lei Geral de Proteção de Dados brasileira, em seu artigo 18, contempla o direito à correção de dados, caso os dados estejam incompletos, inexatos ou mesmo desatualizados:

> Art. 18. O titular dos dados pessoais tem direito a obter do controlador, em relação aos dados do titular por ele tratados, a qualquer momento e mediante requisição: [...] III – correção de dados incompletos, inexatos ou desatualizados;

A desatualização de um dado pode ser extremamente prejudicial ao usuário. O perfil pode levar em conta que o titular concluiu o bacharelado, omitindo, porém, a conclusão de Mestrado ou Doutorado. Ou ainda, que uma pessoa é motorista habilitado, mas omitindo a data da emissão da Carteira Nacional de Habilitação, o que poderá impactar o valor do prêmio de seu seguro automobilístico. Estas inconsistências, que são desatualizações, afetam diretamente o ranqueamento do titular de dados, atingindo as decisões algorítmicas, na medida em que o *output* levará em consideração situações apenas parcialmente verídicas ou desatualizadas. O erro ou equívoco como o nome, o CPF, a idade, ou informações sobre dados sensíveis, como enfermidade ou deficiência, pode gerar danos ao titular.

No caso do dano estético digital, o fato de estarem desatualizados ou equivocados seus dados interfere diretamente em seu perfil. Imagine-se o caso de um provedor que se dedique exclusivamente à seleção de pessoas para o mercado de trabalho, e, por um erro, conste que determinado indivíduo nasceu em 1948, em vez de 1984. As decisões automatizadas poderão exclui-lo de inúmeras oportunidades. A manutenção desta situação no tempo, em face de constar por cinco ou seis anos, fará com que deixe de concorrer por anos em vagas de trabalho. Outro caso, em um processo de adoção, em que a idade dos titulares aptos a adotar esteja errada ou da idade projetada pelo adotante relativamente ao adotado esteja equivocada (estavam eles dispostos a adotar crianças de até "10 anos", por exemplo, e por equívoco constou "1 ano"), afastando inúmeras possibilidades de adoção durante anos.

O direito à correção é uma forma de minimizar os danos até então experimentados.

b) *Direito à explicação e à revisão das decisões automatizadas*

No Regulamento Geral de Proteção de Dados (RGPD), o artigo 12º garante ao titular dos dados o direito à transparência, e, no considerando 60, aplica a matéria ex-

---

49. VOIGT, Paul; BUSSCHE, Axel von dem. WESSING, Taylor. *The EU general data protection*. Cham, Suíça: Springer, 2017. p. 91.

pressamente aos perfis: "O titular dos dados deverá também ser informado da definição de perfis e das consequências que daí advêm.". Mais adiante, em seu artigo 13º, 2, no que toca às "Informações a facultar quando os dados pessoais são recolhidos junto do titular", depreende-se que:

> 2. Para além das informações referidas no nº 1, a quando da recolha dos dados pessoais, o responsável pelo tratamento fornece ao titular as seguintes informações adicionais, necessárias para garantir um tratamento equitativo e transparente: (...) f) A existência de decisões automatizadas, incluindo a definição de perfis, referida no artigo 22º, nºs 1 e 4, e, pelo menos nesses casos, informações úteis relativas à lógica subjacente, bem como a importância e as consequências previstas de tal tratamento para o titular dos dados.

Nesse sentido, o texto normativo além de determinar que deverá o titular de dados ser informado da existência das decisões automatizadas, bem como da definição de perfis, dispõe que deverá ter acesso a informações úteis relativamente à "lógica subjacente", configurando direito à explicação no Regulamento Geral de Proteção de Dados da União Europeia.

No Brasil, os direitos à explicação e à revisão das decisões automatizadas estão dispostos no artigo 20, da Lei Geral de Proteção de Dados:

> Art. 20. O titular dos dados tem direito a solicitar a revisão de decisões tomadas unicamente com base em tratamento automatizado de dados pessoais que afetem seus interesses, incluídas as decisões destinadas a definir o seu perfil pessoal, profissional, de consumo e de crédito ou os aspectos de sua personalidade.
>
> § 1º O controlador deverá fornecer, sempre que solicitadas, informações claras e adequadas a respeito dos critérios e dos procedimentos utilizados para a decisão automatizada, observados os segredos comercial e industrial.
>
> § 2º Em caso de não oferecimento de informações de que trata o § 1º deste artigo baseado na observância de segredo comercial e industrial, a autoridade nacional poderá realizar auditoria para verificação de aspectos discriminatórios em tratamento automatizado de dados pessoais.

Eis o espaço para a efetivação dos princípios da transparência e da não discriminação, uma vez que a partir deles, será possível obter as informações úteis e necessárias para auditar se o algorítmico padece de qualquer violação ao princípio da igualdade, com discriminações em relação a dados étnicos, filosóficos, religiosos, partidários e de saúde.

Como se depreende de seu conteúdo, o artigo 20 da LGPD contempla: a) o direito à explicação, expressamente, em seu parágrafo primeiro, sendo possível buscar informações claras sobre "critérios e procedimentos utilizados para decisão automatizada", ou seja, sobre "lógica subjacente", e, no caso, obter informações sobre quais os *inputs* (dados) estão sendo utilizados, bem como quais os dados que estão sendo considerados. Obviamente não será o caso de entregar a fórmula do algoritmo, protegida pelo segredo industrial. No entanto, dados sensíveis e critérios que levam ao pertencimento ou exclusão de determinado acesso a bem ou serviço devem ser fornecidos ao titular dos dados; b) o direito à revisão de decisões tomadas unicamente com base em tratamento automatizado de dados pessoais está no *caput* do artigo, alcançando direito ao titular de buscar a revisão, enfim o controle da referida decisão, e, em não estando de acordo com o *output*, buscar administrativamente ou judicialmente sua não aplicação ou danos dela decorrentes.

Saliente-se que, enquanto o artigo 20, da Lei Geral de Proteção de Dados Brasileira refere a possibilidade de decisão "unicamente" automatizada tratar sobre matéria que afete o interesse do usuário, como é o caso do perfil de crédito, garantindo o direito à revisão, o Regulamento Geral da União Europeia, em seu artigo 22, 1, proíbe utilização de decisão exclusivamente automatizada, que produza efeitos na sua esfera jurídica ou que o afete significativamente de forma similar, o que é reiterado em seu considerando 71: "1. O titular dos dados tem o direito de não ficar sujeito a nenhuma decisão tomada exclusivamente com base no tratamento automatizado, incluindo a definição de perfis, que produza efeitos na sua esfera jurídica ou que o afete significativamente de forma similar."

Em suas "Orientações", o Comitê Europeu de Proteção de Dados torna a salientar:

> Resumidamente, o artigo 22.º dispõe o seguinte:
>
> i) em regra, existe uma proibição geral das decisões individuais totalmente automatizadas, incluindo a definição de perfis com efeitos jurídicos ou similarmente significativos,
>
> ii) há exceções a essa regra;
>
> iii) sempre que se aplique uma dessas exceções, devem existir medidas para salvaguardar os direitos e liberdades e os legítimos interesses do titular dos dados.[50]

Em nosso direito, o artigo 20, da LGPD, não prevê o direito à oposição à decisão unicamente automatizada, como o fez a RGPD. Na LGPD consta apenas o direito à explicação e à revisão das decisões automatizadas. Evidentemente, vencido o passo da explicação ou revisão, verificadas as ilegalidades, poderá o titular de dados insurgir-se, administrativa ou judicialmente contra uma decisão, pleiteando reparação dos danos ou a sua cessação. A possibilidade irrestrita de acesso ao judiciário, assim, garante a possibilidade de uma revisão da situação por uma pessoa natural, o magistrado. Saliente-se que, no RGPD, o simples fato de tratar de decisão que produza efeitos na esfera jurídica do titular de dados, *per se*, exclui a possibilidade de uma decisão exclusivamente algorítmica.[51] Não é necessário comprovar qualquer inconsistência. Em sendo assim, verifica-se, portanto, que embora os ordenamentos europeu e brasileiro guardem pontos de convergência, também apresentam eles algumas discrepâncias, especialmente no que toca às decisões "exclusivamente" automatizadas.

É hora de concluir.

4. CONSIDERAÇÕES FINAIS

A partir do estudo realizado, algumas considerações finais podem ser formuladas.

A uma, decisões automatizadas contam em seu processo deliberativo com o uso de algoritmos; a duas, quando a deliberação se dá unicamente por algoritmos está-se diante

---

50. ORIENTAÇÕES sobre as decisões individuais automatizadas e a definição de perfis para efeitos do Regulamento (UE) 2016/679. 2018. Disponível em: https://ec.europa.eu/newsroom/article29/item-detail.cfm?item_id=612053. Acesso em: 2019.
51. Observadas, porém, as exceções. O regulamento autoriza a aplicação de decisões exclusivamente automatizadas para efeitos de controle e prevenção de fraudes e evasão fiscal, desde que "acompanhado das garantias adequadas, que deverão incluir a informação específica ao titular dos dados e o direito de obter a intervenção humana, de manifestar o seu ponto de vista, de obter uma explicação sobre a decisão tomada na sequência dessa avaliação e de contestar a decisão."

do conceito de decisão exclusivamente automatizada; a três, algoritmos são reconhecidos expressamente como geradores de "potenciais riscos", devendo haver prevenção quanto a efeitos discriminatórios. A utilização dos dados sensíveis, sobretudo, étnicos, políticos e religiosos, somente deve ser autorizada em condições específicas, especialmente nas hipóteses em que há "razão valiosa", atendidos os termos dos artigos 7º e 11 da LGPD.

A quatro, o dano estético digital estará configurado quando for atingido o *profiling* da pessoa natural, em razão de uma decisão automatizada, seja em razão de erro estatístico, de equívoco de correlação, de fato inverídico, ou, ainda, da utilização ilícita de dados sensíveis, quando essas circunstâncias impliquem um ranqueamento desfavorável ao usuário, prejudicando e comprometendo sua aparência virtual.

A cinco, diante do dano ao perfil, caberá ao titular dos dados exercer o direito adequado para proteger e minimizar os danos havidos. Para tanto, pode-se invocar o princípio da "exatidão", no Regulamento Geral de Proteção de Dados (RGPD), denominado de princípio da "qualidade dos dados" em nossa Lei Geral de Proteção de Dados (LGPD). De tais princípios derivam o "direito à retificação dos dados", no diploma europeu, e o "direito à correção" dos dados, no caso brasileiro. Por sua vez, o direito à oposição está contemplado no Regulamento Geral de Proteção de Dados da União Europeia ao permitir, imediatamente, que o titular dos dados manifeste sua inconformidade à decisão exclusivamente automatizada, sem a necessidade da comprovação de inconsistências ou equívocos. Tal direito não está previsto no art. 20, da nossa LGPD. Ali está previsto apenas o direito à explicação e à revisão das decisões automatizadas. Evidentemente, vencido o passo da explicação ou revisão, verificadas as ilegalidades ou inconsistências, poderá o titular de dados insurgir-se, administrativa ou judicialmente, contra uma decisão, pleiteando a reparação de danos ou a cessação das irregularidades demonstradas.

Por último, constatou-se que os ordenamentos europeu e brasileiro guardam muitos pontos de convergência, sem coincidirem integralmente, pois algumas especificidades são preservadas, especialmente, no que toca às decisões "exclusivamente" automatizadas.

5. REFERÊNCIAS

BANDEIRA DE MELLO, Celso Antônio. *O conteúdo jurídico do princípio da igualdade*. São Paulo: Malheiros, 2011.

BOM motorista. Disponível em: https://ipva.rs.gov.br/lista/552/bom-motorista. Acesso em: dez. 2019.

CARMICHAEL, Laura; STALLA-BOURDILLON, Sophie, STAAB, Steffen. *Data mining and automated discrimination*: a mixed legal/technical perspective. Disponível em: http://www.computer.org/intelligent. Acesso em: dez. 2019.

COLOMBO, Cristiano; FACCHINI NETO, Eugênio. "Corpo elettronico" como vítima em matéria de tratamento de dados pessoais: responsabilidade civil por danos à luz da Lei Geral de Proteção de Dados brasileira e danos estéticos no mundo digital. In: ROSENVALD, Nelson; DRESCH, Rafael de Freitas Valle; WESENDONCK, Tula (Org.). *Responsabilidade civil*: novos riscos. Indaiatuba, SP: Foco, 2019.

CONVENÇÃO para a protecção das pessoas relativamente ao tratamento automatizado de dados de carácter pessoal. Disponível em: https://www.cnpd.pt/bin/legis/internacional/Convencao108.htm. Acesso em: dez. 2019.

DIRECTIVA 95/46/CE do Parlamento Europeu e do Conselho, de 24 de Outubro de 1995, relativa à protecção das pessoas singulares no que diz respeito ao tratamento de dados pessoais e à livre circulação desses dados. Jornal Oficial, n. L 281, p. 0031-0050 23 nov. 1995. Disponível em: https://eur-lex.europa.eu/legal-content/PT/TXT/HTML/?uri=CELEX:31995L0046&from=pt. Acesso em: dez. 2019.

DONEDA, Danilo. *Da privacidade à proteção de dados pessoais*. Rio de Janeiro: Renovar, 2006.

DONEDA, Danilo. O direito fundamental à proteção de dados pessoais. *In:* MARTINS, Guilherme Magalhães (Coord.). *Direito privado & Internet*. São Paulo: Atlas, 2014.

DUARTE, Fernando. *Nove algoritmos que podem estar tomando decisões sobre sua vida – sem você saber*. Disponível em: https://www.bbc.com/portuguese/geral-42908496. Acesso em: dez. 2019.

FINOCCHIARO, Giusella. *Privacy e protezione dei dati personali*: disciplina e strumenti operativi. Torino: Zanichelli, 2012.

GODINHO, Adriano Marteleto; ROSENVALD, Nelson. Inteligência artificial e a responsabilidade dos robôs e de seus fabricantes. *In:* ROSENVALD, Nelson; DRESCH, Rafael de Freitas Valle; WESENDONCK, Tula (Org.). *Responsabilidade civil*: novos riscos. Indaiatuba, SP: Foco, 2019.

HERNANDEZ, Gary A.; EDDY, Katherine J.; MUCHMORE, Joel. Insurance weblining and unfair discrimination in cyberspace. *Southern Methodist University Law Review*, Dallas, v. 54, 1953, 2001. Disponível em: https://scholar.smu.edu/smulr/vol54/iss4/6. Acesso em dez. 2019.

INTELIGÊNCIA artificial vai agilizar a tramitação de processos no STF. *Notícias do STF*, 30 maio 2018. Disponível em: http://www.stf.jus.br/portal/cms/verNoticiaDetalhe.asp?idConteudo=380038. Acesso em: dez. 2019.

ISRANI, Ellora Thadaney. When an Algorithm Helps Send you to Prison. *New York Times*, 26 out. 2017.

JING-WEI, Liu. Using big data database to construct new GFuzzy text mining and decision algorithm for targeting and classifying customers. *Computers and Industrial Engineering*, v. 128, p. 1088-1095, Feb. 2019. Disponível em: https://www.sciencedirect.com/science/article/abs/pii/S0360835218301396?via%3Dihub. Acesso em: dez. 2019.

LEAL, Daniele Weber S.; ENGELMANN, Wilson; HOHENDORFF, Raquel Von. Autorregulação e Riscos: desafios e possibilidades jurídicos para a gestão de resíduos nanoparticulados. *Revista da Faculdade da UFRGS*, Porto Alegre, n. 39, p. 211-232, dez. 2018. n. esp.

MENDES, Laura Schertel. *Privacidade, proteção de dados e defesa do consumidor*. São Paulo: Saraiva, 2014.

NISSENBAUM, Helen. *Privacy in Context*: Technology, Policy, and the Integrity of Social Life. Stanford: Stanford University Press, 2010.

O'NEIL, Cathy. *Weapons of math destruction:* how big data increases inequality and threatens democracy. New York: Crown, 2016.

ORIENTAÇÕES relativas à transparência na aceção do Regulamento 2016/679. Disponível em: https://ec.europa.eu/newsroom/article29/item-detail.cfm?item_id=622227. Acesso em: dez. 2019.

ORIENTAÇÕES sobre as decisões individuais automatizadas e a definição de perfis para efeitos do Regulamento (UE) 2016/679. 2018. Disponível em: https://ec.europa.eu/newsroom/article29/item-detail.cfm?item_id=612053. Acesso em: dez. 2019.

PASQUALE, Frank. *The black box society*: the secret algorithms that control money and information. Harvard: Harvard University Press, 2015.

PEREIRA, Alexandre Libório Dias. Ius ex machina? Da informática jurídica ao computador-juiz. *Revista Jurídica Luso-Brasileira*, Lisboa, v. 3, n. 1, 2017.

PEREIRA, Ana Paula. *O que é um algoritmo?* Disponível em: https://www.tecmundo.com.br/programacao/2082-o-que-e-algoritmo-.htm. Acesso em: 2 ago. 2017.

PUPO, Flávio; OLIVON, Beatriz. Receita testa inteligência artificial em julgamentos, *Valor Econômico*, 23 abr. 2018. Disponível em: https://valor.globo.com/legislacao/noticia/2018/04/23/receita-testa-inteligencia-artificial-em-julgamentos.ghtml. Acesso em: dez. 2019.

RANERUP, Agneta; HENRIKSEN, Helle Zinner. Value positions viewed through the lens of automated decision-making: the case of social services. *Government Information Quarterly*, v. 36, n. 4, out. 2019. Disponível em: https://doi.org/10.1016/j.giq.2019.05.004. Acesso em: dez. 2019.

REGULAMENTO (UE) 2016/679 do Parlamento Europeu e do Conselho, de 27 de abril de 2016. Disponível em: https://eur-lex.europa.eu/legal-content/PT/TXT/HTML/?uri=CELEX:32016R0679&from=PT. Acesso em dez. 2019.

SCHLOSSER, Ann E. Self-disclosure versus self-presentation on social media. *Current Opinion in Psychology*, v. 31, Feb. 2020. Disponível em: https://doi.org/10.1016/j.copsyc.2019.06.025. Acesso em: dez. 2019.

VAZ, Caroline; TEIXEIRA NETO, Felipe. Sociedade de risco, direitos transindividuais e a responsabilidade civil: reflexões necessárias rumo à efetivação de uma mudança de paradigma. In: ROSENVALD, Nelson; DRESCH, Rafael de Freitas Valle; WESENDONCK, Tula (Org.). *Responsabilidade civil*: novos riscos. Indaiatuba, SP: Foco, 2019.

VOIGT, Paul; BUSSCHE, Axel von dem. WESSING, Taylor. *The EU general data protection*. Cham, Suíça: Springer, 2017.

YUNG-CHUN, Chang; CHIH-HAO, Ku; CHUN-HUNG, Chen Social media analytics: extracting and visualizing Hilton hotel ratings and reviews from TripAdvisor. *International Journal of Information Management*, v. 48, p. 263-279, out. 2019. Disponível em: https://doi.org/10.1016/j.ijinfomgt.2017.11.001. Acesso em: dez. 2019.

RESPONSABILIDADE CIVIL NA PORTABILIDADE DE DADOS

Daniela Copetti Cravo

Pós-Doutoranda em Direito na UFRGS, tendo como objeto de pesquisa a portabilidade de dados (PNPD/CAPES). Doutora e Mestre em Direito pela UFRGS. Professora Convidada de Cursos de Especialização em Direito (UFRGS, UniRitter, Unisinos e FMP/RS). Premiada no V Prêmio de Monografias SEAE. Autora do Livro "Direito à Portabilidade de Dados". Více-Líder do Grupo de Pesquisa Comércio Internacional, mercados, investimentos internacionais e circulação de riquezas. Foi Professora Substituta da Faculdade de Direito da UFRGS. Foi Assessora do MPF junto ao CADE. Participou da pesquisa financiada pelo Conselho Nacional de Justiça (CNJ) sobre Demandas Judiciais e Morosidade da Justiça Civil. Foi Analista de Políticas Sociais no Ministério da Saúde em Brasília. Visitante de Investigação na Facultad de Derecho da Universidad de Chile.

Daniela Seadi Kessler

Mestranda em Direito na Universidade Federal do Rio Grande do Sul (UFRGS). Pós-graduada (L.L.M) em Direito dos Negócios pela Universidade do Vale do Rio dos Sinos (UNISINOS). Graduada em Direito pela Pontifícia Universidade Católica do Rio Grande do Sul (PUCRS), com cadeiras cursadas na Universidad Autónoma de Madrid (UAM). Professora convidada para ministrar aulas no curso de Direito em Universidades nacionais. Advogada.

Rafael de Freitas Valle Dresch

Pós-doutorado como Visiting Scholar na University of Illinois at Urbana-Champaign (2014). Doutor em Direito pela PUCRS (2011), com estágio doutoral (Doutorado Sanduíche – CAPES) na University of Edinburgh/UK (2010). Mestre em Direito Privado pela UFRGS (2006). Especialista em Contratos e Responsabilidade civil pela Universidade Federal do Rio Grande do Sul – UFRGS (2001). Graduado em Ciências Jurídicas e Sociais pela Pontifícia Universidade Católica do Rio Grande do Sul – PUCRS (1998), Professor Adjunto na Faculdade de Direito da UFRGS (Graduação e Programa de Pós-graduação). Advogado.

Sumário: 1. Introdução. 2. Portabilidade de dados. 3. Deveres na portabilidade de dados. 4. Fundamento da Responsabilidade civil pela violação aos deveres inerentes à portabilidade. 5. Considerações finais. 6. Referências.

1. INTRODUÇÃO

A portabilidade de dados possui um grande potencial de gerar benefícios aos consumidores e ao mercado por meio do fluxo de dados que viabiliza na economia. Além disso, possibilita que os titulares de dados tenham efetivo controle e decidam com quem desejam compartilhar as informações sobre a sua pessoa.

Se, por um lado, a movimentação de dados é, ao ser combinada com outros fatores, um instrumento a favor da inovação e da criação de novos modelos de negócios; por outro, pode ser uma obrigação extremamente onerosa e incerta, capaz de aniquilar pequenos negócios e reforçar a posição dominante de certas organizações. Além disso, há o risco de que os custos de *compliance* sejam repassados aos consumidores.

Dessa forma, é imperioso que haja uma clareza quanto a eventuais deveres e condutas a serem adotados pelos controladores dos dados. E essa objetividade na definição de padrões deve ser alocada de acordo com cada fase da implementação da portabilidade.

Assim, para tentar esclarecer possíveis condutas que devem ser tomadas pelas organizações para não serem responsabilizadas por ilícitos decorrentes do dever de garantir a portabilidade dos dados pessoais, após uma pequena explanação sobre o que é o direito à portabilidade de dados, divide-se a análise conforme as etapas envolvidas na portabilidade, quais sejam: (i) Solicitação da portabilidade; (ii) Pré-Transferência; (iii) Transferência e; (iv) Pós-Transferência.

Concluindo a análise, são apresentados os fundamentos da responsabilidade civil na LGPD, especialmente, em decorrência da violação aos deveres inerentes à portabilidade dos dados pessoais.

2. PORTABILIDADE DE DADOS

O direito à portabilidade dos dados foi uma das grandes novidades do RGPD, já que esse direito não estava previsto na Diretiva Europeia 95/46/CE[1] que restou suplantada pelo novo regulamento. No mesmo compasso, a LGPD brasileira, amplamente inspirada na lei europeia, estabeleceu o direito à portabilidade dos dados pessoais.

O direito autônomo do titular de portar seus dados restou positivado no art. 20[2] do diploma legal europeu vigente sobre proteção de dados, acompanhado do extenso

---

1. Conforme Javier Fernández-Samaniego e Paula Fernández-Longoria: "Es cierto que el marco legal impuesto por la Directiva 95/46/CE ya preveía la necesidad de que los responsables del tratamiento pusieran a disposición de los interesados, a solicitud de éstos, una relación de los datos personales que tratan (el ya conocido derecho de acceso) y que algunas legislaciones nacionales (como la española) fueron más allá del mandato general de la Directiva y desarrollaron el derecho de acceso determinando los formatos en que la información debía entregarse al interesado (aunque la libertad de elección queda supeditada finalmente a la configuración o implantación material del fichero o de la naturaleza del tratamiento). Ahora bien, en esas disposiciones no se concretaba –como ahora hace el Reglamento – el derecho para el interesado (y obligación para el responsable) de entregar los datos tanto al interesado como a un tercer responsable en formatos estructurados, de uso común y lectura mecánica e interoperable." (FERNÁNDEZ-SAMANIEGO, Javier; FERNÁNDEZ-LONGORIA, Paula. El derecho de la portabilidad de los datos. *In:* MANÃS, Jose Luis Piñas (Dir.); CARO, Maria Alvarez; GAYO, Miguel Recio (Coord.). *Reglamento general de protección de datos:* hacia un nuevo modelo europeo de privacidad. Madrid: Reus, 2016, p. 257-274).

2. "Artigo 20º Direito de portabilidade dos dados. 1. O titular dos dados tem o direito de receber os dados pessoais que lhe digam respeito e que tenha fornecido a um responsável pelo tratamento, num formato estruturado, de uso corrente e de leitura automática, e o direito de transmitir esses dados a outro responsável pelo tratamento sem que o responsável a quem os dados pessoais foram fornecidos o possa impedir, se: a) O tratamento se basear no consentimento dado nos termos do artigo 6º, n. 1, alínea *a*), ou do artigo 9º, n. 2, alínea *a*), ou num contrato referido no artigo 6º, n. 1, alínea *b*); e b) O tratamento for realizado por meios automatizados. 2. Ao exercer o seu direito de portabilidade dos dados nos termos do n. 1, o titular dos dados tem o direito a que os dados pessoais sejam transmitidos diretamente entre os responsáveis pelo tratamento, sempre que tal seja tecnicamente possível. 3. O exercício do direito a que se refere o n. 1 do presente artigo aplica-se sem prejuízo do artigo 17.o. Esse direito não se aplica ao tratamento necessário para o exercício de funções de interesse público ou ao exercício da autoridade

Considerando 68, do qual se extrai sua motivação[3]. No âmbito da LGPD, o direito à portabilidade vai aparecer pela primeira vez no art. 18, da LGPD, mais precisamente no seu inciso V, complementado pelo parágrafo 7º.[4]

Tanto a lei brasileira como o regulamento europeu, através desse novo direito, objetivaram munir o titular dos dados de uma ferramenta que possibilite efetivar um maior controle sobre os seus dados, almejando o empoderamento dos titulares mediante o gerenciamento e reutilização dos seus próprios dados pessoais.

A teleologia subjacente ao direito à portabilidade está centralizada no indivíduo, tendo como principal objetivo a atribuição ao titular dos dados pessoais de um mecanismo de maior controle sobre os seus próprios dados.[5]

Trata-se de uma ferramenta posta à disposição dos titulares para incrementar o controle dos mesmos sobre seus dados pessoais de uma *forma ativa*, concorrendo, dessa maneira, para o exercício da *autodeterminação informativa*, ou seja, o controle das informações que lhe digam respeito, evitando que os dados se tornem um mero objeto de transação. Além disso, essa nova ferramenta visa permitir que seus titulares também possam se beneficiar da nova economia movida a dados, que se encontra em rápida e plena expansão.[6]

Dentro dessa perspectiva, os *objetivos* principais concernentes à implementação do direito à portabilidade seriam os seguintes: 1) Minoração do efeito *lock in*[7]; 2) Reforço do controle e reutilização de dados pessoais por parte dos seus titulares; 3) Equilíbrio da relação entre os titulares dos dados pessoais e as entidades que se beneficiam com o tratamento dos mesmos; 4) Promoção da concorrência no mercado digital.[8]

O efeito *lock-in* ocorre quando a alteração de um prestador de serviço a outro se torna excessivamente onerosa, em virtude dos altos custos de troca (*switching costs*), gerando o aprisionamento do titular dos dados ao prestador original, e possibilitando, inclusive, a prática de atos abusivos por esse prestador. Nesse contexto, o direito à

---

pública de que está investido o responsável pelo tratamento. 4. O direito a que se refere o n. 1 não prejudica os direitos e as liberdades de terceiros."

3. FERNÁNDEZ-SAMANIEGO, Javier; FERNÁNDEZ-LONGORIA, Paula. El derecho de la portabilidad de los datos. In: MANÃS, Jose Luis Piñas (Dir.); CARO, Maria Alvarez; GAYO, Miguel Recio (Coord.). *Reglamento general de protección de datos*: hacia un nuevo modelo europeo de privacidad. Madrid: Reus, 2016, p. 257-274, p. 261.
4. FRAZÃO, Ana. Nova LGPD: direito à portabilidade. *Jota*, 07 nov. 2018. Disponível em: https://www.jota.info/opiniao-e-analise/colunas/constituicao-empresa-e-mercado/nova-lgpd-direito-a-portabilidade-07112018. Acesso em: 14 dez. 2019.
5. DUARTE, Diogo Pereira; GUSEINOV, Alexandra. O direito de portabilidade de dados pessoais. In: CORDEIRO, António Menezes; OLIVEIRA, Ana Perestrelo; DUARTE, Diogo Pereira Duarte (Coords.). *FinTech II*: Novos estudos sobre tecnologia financeira. Coimbra: Almedina, 2019, p. 105-127.
6. FIDALGO, Vitor Palmela. O direito à portabilidade de dados pessoais. *Revista de Direito e Tecnologia*, São Paulo, v. 1, n. 1, p. 89-135, 2019, p. 89-135
7. Eurich e Burtscher esclarecem que "The *lock-in effect* refers to a situation in which consumers are dependent on a single manufacturer or supplier for a specific service, and cannot move to another vendor without substantial costs or inconvenience" (EURICH, Markus; BURTSCHER, Michael. *The Business-to-Consumer lock-in effect*. Cambridge Service Alliance 2014, University of Cambridge, 2014. Disponível em: https://cambridgeservicealliance.eng.cam.ac.uk/resources/Downloads/Monthly%20Papers/2014AugustPaperBusinesstoConsumerLockinEffect.pdf. Acesso em: 15 dez. 2019).
8. FIDALGO, Vitor Palmela. O direito à portabilidade de dados pessoais. *Revista de Direito e Tecnologia*, São Paulo, v. 1, n. 1, p. 89-135, 2019, p. 89-135.

portabilidade tem um impacto significativo para fins de evitar os efeitos "lock-in" e os "switching costs" (custos de troca) para os consumidores.[9] Em um ambiente saudável de competição, os consumidores podem alterar facilmente de um prestador de serviços para outro levando consigo os seus dados[10].

O objetivo de reforço do controle e reutilização dos dados pelos titulares denota-se da expressa referência feita pelo Grupo de Trabalho do Art. 29 para a Proteção dos Dados: "O novo direito a portabilidade dos dados visa dar mais poderes aos titulares dos dados em relação aos seus próprios dados pessoais, dado que viabiliza a sua capacidade para transferir, copiar ou transmitir facilmente dados pessoais de um ambiente informático para outro".[11]

No que diz respeito ao objetivo de equilibrar as relações, considerando a importância dos dados no mercado, torna-se necessária a criação da *confiança digital* por parte dos seus titulares, ou seja, dotar os titulares de ferramentas que lhes permitam um controle mais efetivo dos dados.[12] Claudia Lima Marques alerta que a sociedade pós-moderna – sociedade da informação –, vive uma fase de *crise de confiança*, em razão da despersonalização e desmaterialização das relações, nas quais a impessoalidade é elevada a grau máximo. Torna-se, então, necessário o desenvolvimento de novos mecanismos que assegurem a *confiança* nessa sociedade hipercomplexa. *O direito à portabilidade* surge como ferramenta para atingir um maior equilíbrio nas relações entre os titulares dos dados e os *experts* que atuam nesse novo mercado movido a dados, possibilitando que também se beneficiem dessa nova economia.[13]

Além disso, a previsão do direito à portabilidade dos dados acaba resultando em um esforço por parte do responsável pelo tratamento em prestar um melhor serviço, sob pena de o titular solicitar a transferência para um concorrente e eventualmente ainda pedir o apagamento dos dados.[14]

O direito à portabilidade, ainda, visa à promoção de uma nova economia digital, na medida em que o livre trânsito e migrações dos dados entre diferentes prestadores de serviços e produtos estimula a concorrência[15], ao que se soma a criação de formatos interoperáveis, que permitirão uma maior circulação no mercado.

---

9. VANBERG, Aysem Diker; ÜNVER, Mehmet Bilal. The right to data portability in the GDPR and EU competition law: odd couple or dynamic duo? *European Journal of Law and Technology*, Belfast, v. 8, n. 1, 2017.
10. ALMUNIA, Joaquín, Discurso sobre Concorrência e Proteção de Dados Pessoais no evento "Privacy Platform event: Competition and Privacy in Markets of Data", ocorrido em Bruxelas, em 26 de novembro de 2012. Disponível em: https://ec.europa.eu/commission/presscorner/detail/en/SPEECH_12_860. Acesso em: 22 dez. 2019.
11. ARTICLE 29 DATA PROTECTION WORKING PARTY. *Guidelines on the right to data portability*. Brussels: European Commission, 2016.
12. FIDALGO, Vitor Palmela. O direito à portabilidade de dados pessoais. *Revista de Direito e Tecnologia*, São Paulo, v. 1, n. 1, p. 89-135, 2019, p. 89-135.
13. MARQUES, Claudia Lima. Proteção do consumidor no comércio eletrônico e a chamada nova crise do contrato: por um direito do consumidor aprofundado. *Revista de Direito do Consumidor*, São Paulo, v. 57, p. 9-59, jan./mar. 2006.
14. FIDALGO, Vitor Palmela. O direito à portabilidade de dados pessoais. *Revista de Direito e Tecnologia*, São Paulo, v. 1, n. 1, p. 89-135, 2019, p. 89-135.
15. CRAVO, Daniela Copetti. O direito à portabilidade na Lei Geral de Proteção de Dados. *In*: TEPEDINO, Gustavo; FRAZÃO, Ana; OLIVA, Milena Donato (Coords.). Lei Geral de Proteção de Dados Pessoais e suas repercussões no direito brasileiro. São Paulo: Thomson Reuters Brasil, 2019, p. 347-363.

Quanto ao *conteúdo* do direito à portabilidade, o RGPD e a LGPD diferem em certo ponto. Isso porque, enquanto o RGPD atribui ao interessado, titular dos dados, uma dupla faculdade[16], que subdivide-se no direito-poder de receber cópia dos dados; e no direito-poder de exigir ao responsável dos dados a transmissão direta desses dados para outro responsável pelo tratamento,[17] a LGPD, no âmbito do direito à portabilidade, apenas prevê uma única faculdade, consubstanciada do direito-poder de exigir do controlados a transmissão direta dos dados.

O legislador brasileiro optou por abarcar o direito ao recebimento pelo titular de cópia dos seus dados pessoais no âmbito do *direito ao acesso*. Denota-se da redação do §3º[18], do art. 19, do LGPD, referente ao *direito ao acesso*, a expressa faculdade do titular, nos casos em que o tratamento tiver origem no *consentimento* ou em um *contrato*, de solicitar *cópia* eletrônica integral de seus dados pessoais, e inclusive em formato que permita sua *utilização subsequente* – ou seja, a reutilização dos dados –, até mesmo para outras operações de tratamento – dentre as quais pode se incluir a *transmissão* ou *transferência* dos dados, como se vê do inciso X, do art. 5º, da LGPD.

O direito de acesso por si não assegura a reutilização dos dados por outro responsável pelo tratamento, necessidade primária para a consagração do direito à portabilidade, uma vez que no acesso o formato desses dados é escolhido pelo próprio responsável pelo tratamento. Assim, para garantir a viabilidade de posterior portabilidade dos dados recebidos por meio de cópia, prevê expressamente o mencionado §3º, do art. 19, da LGPD, que o titular poderá solicitar cópia eletrônica integral de seus dados pessoais em *formato* que permita a sua reutilização subsequente, inclusive em outras operações de tratamento. Nesse contexto, para ver garantido tal direito, importante que conste da requisição do titular ao controlador a intenção de utilização subsequente desses dados e para qual ou quais operações de tratamento.

O RGPD, ao tratar do direito de *receber* os dados que tenham sido *fornecidos*[19] a um responsável pelo tratamento, incluiu esse direito no âmbito da portabilidade, prevendo padrões mínimos[20] que possibilitem sua efetivação, quais sejam, que os dados estejam em um *formato estruturado* (de maneira a permitir que possam ser reutilizados, parcial

---

16. FERNÁNDEZ-SAMANIEGO, Javier; FERNÁNDEZ-LONGORIA, Paula. El derecho de la portabilidad de los datos. In: MANÃS, Jose Luis Piñas (Dir.); CARO, Maria Alvarez; GAYO, Miguel Recio (Coord.). *Reglamento general de protección de datos*: hacia un nuevo modelo europeo de privacidad. Madrid: Reus, 2016, p. 257-274.
17. FIDALGO, Vitor Palmela. O direito à portabilidade de dados pessoais. *Revista de Direito e Tecnologia*, São Paulo, v. 1, n. 1, p. 89-135, 2019, p. 89-135.
18. "Art. 19. A confirmação de existência ou o acesso a dados pessoais serão providenciados, mediante requisição do titular: (...) § 3º Quando o tratamento tiver origem no consentimento do titular ou em contrato, o titular poderá solicitar cópia eletrônica integral de seus dados pessoais, observados os segredos comercial e industrial, nos termos de regulamentação da autoridade nacional, em formato que permita a sua utilização subsequente, inclusive em outras operações de tratamento."
19. Existe discussão acerca de quais dados pessoais estariam abrangidos no conceito de "dados *fornecidos* pelo titular". Para fins de interpretação desse conceito, identificam-se três diferentes concepções que levam em conta a origem dos dados, quais sejam, a restrita, a intermediária e a ampla, que serão analisadas mais adiante no presente artigo.
20. Conforme Diego P. Duarte e Alexandra Guseinov: "(...) são padrões mínimos que possibilitam a troca de dados entre sistemas de informação e comunicação para a adequada reutilização dos dados pessoais no contexto de um diferente sistema informático." (DUARTE, Diogo Pereira; GUSEINOV, Alexandra. O direito de portabilidade de dados pessoais. *In*: CORDEIRO, António Menezes; OLIVEIRA, Ana Perestrelo; DUARTE, Diogo Pereira Duarte (Coords.). *FinTech II*: Novos estudos sobre tecnologia financeira. Coimbra: Almedina, 2019, p. 119)

ou totalmente, e que facilite sua exportação para outros responsáveis pelo tratamento), de *uso corrente* (como cada setor de atividade pode ter um formato, devem ser excluídos aqueles que sejam inalteráveis) e de *leitura automática* (que seja facilmente possível identificar, reconhecer e extrair dele dados específicos).[21]

Os referidos padrões mínimos de formatação, ainda que não amplamente esclarecidos pelo RGPD, estão diretamente relacionados à ideia de interoperabilidade constante do Considerando 68[22], que estabelece que "os responsáveis pelo tratamento de dados deverão ser encorajados a desenvolver formatos interoperáveis que permitam a portabilidade dos dados".

O que se busca é que os dados sejam entregues ao titular de maneira que permita sua *reutilização*, o que implica na relevância e necessidade de ser o seu formato interoperável, ainda que não exista a obrigação de os responsáveis pelo tratamento adotarem e manterem *sistemas* que sejam *tecnicamente compatíveis*.[23]

Quanto ao direito de que os dados sejam *transmitidos diretamente* entre responsáveis, previsto no n.º 2, do art. 20, do RGPD, estabelece que o atual responsável pelo tratamento apenas está obrigado a transmitir os dados diretamente a outro responsável quando for "tecnicamente possível", limitando, assim, o escopo do direito à portabilidade. Tal ponto mostra-se bastante problemático, na medida em que o RGPD não esclarece o que estaria abrangido pela expressão "tecnicamente possível", tratando-se de conceito indeterminado, que pode acarretar altos custos de transmissão ao titular dos dados, pois dá margem aos controladores que não desejam transmitir os dados de negar a transmissão em razão de eventual impossibilidade técnica.[24]

Vale notar que o RGPD subordina o exercício do direito à portabilidade ao *fornecimento* dos mesmos pelo próprio titular, sendo esse um dos pontos mais controvertidos no que diz respeito a esse novo direito. Isso porque, o n. 1, "a", do art. 20º, do RGPD, prevê que o direito à portabilidade dos dados pessoais poderá exercer-se unicamente com respeito aos dados pessoais que o titular *tenha fornecido* a um responsável pelo tratamento, sem, todavia, esclarecer o sentido da expressão "tenha fornecido", que remanesceu em aberto.[25] Surge, então, a necessidade de se estabelecer quais dados pessoais estariam abrangidos no conceito de dados *fornecidos* pelo titular. Assim, para fins de interpretação desse conceito, identificam-se três diferentes concepções que levam em conta a origem dos dados, sendo elas as seguintes: restrita, intermediária e ampla.[26]

---

21. FIDALGO, Vitor Palmela. O direito à portabilidade de dados pessoais. *Revista de Direito e Tecnologia*, São Paulo, v. 1, n. 1, p. 89-135, 2019, p. 89-135.
22. Considerando 68: "(...) Sempre que seja tecnicamente possível, o titular dos dados deverá ter o direito a que os dados pessoais sejam transmitidos diretamente entre os responsáveis pelo tratamento."
23. PUCCINELLI, Oscar Raúl. El derecho a la portabilidad de los datos personales. Orígenes, sentido y alcances. *Pensamiento Constitucional*, Lima, Gale Onefile: Informe Académico, v. 22, n. 22, p. 203-228, 2017, p. 203-228.
24. VANBERG, Aysem Diker; ÜNVER, Mehmet Bilal. The right to data portability in the GDPR and EU competition law: odd couple or dynamic duo? *European Journal of Law and Technology*, Belfast, v. 8, n. 1, 2017.
25. DUARTE, Diogo Pereira; GUSEINOV, Alexandra. O direito de portabilidade de dados pessoais. *In*: CORDEIRO, António Menezes; OLIVEIRA, Ana Perestrelo; DUARTE, Diogo Pereira Duarte (Coords.). *FinTech II*: Novos estudos sobre tecnologia financeira. Coimbra: Almedina, 2019, p. 105-127.
26. FIDALGO, Vitor Palmela. O direito à portabilidade de dados pessoais. *Revista de Direito e Tecnologia*, São Paulo, v. 1, n. 1, p. 89-135, 2019, p. 89-135.

De acordo com a concepção mais *restrita*, estariam abrangidos dentro da expressão "dados fornecidos" apenas aqueles dados voluntariamente ou ativamente disponibilizados pelo seu titular – por exemplo, os dados submetidos a formulários online- nome, cpf, idade, e-mail etc.).[27] Os chamados dados *fornecidos* (*provided data*) em sentido estrito.[28]

A concepção *intermediária*, por sua vez, inclui também os dados disponibilizados de forma indireta ou passiva pelo titular, ou seja, aqueles dados captados por meio do uso e da interação do titular com a plataforma, obtidos através da observação de comportamentos do utilizador com o serviço fornecido pelo controlador.[29] Esses seriam os chamados dados *observados* (*observed data*).[30]

Por fim, dentro da concepção *ampla*, além dos dados disponibilizados de forma direta pelo titular e os obtidos de forma indireta pela interação do titular com a plataforma, estariam abarcados no conceito de "fornecidos" também os dados pessoais *produzidos* ou *processados* pelo responsável pelo tratamento que resultam da análise e do tratamento analítico dos mesmos. Se incluiriam aqui, por exemplo, as preferências musicais de um prestador de serviços de streaming, ou o perfil de risco criado por uma empresa do setor financeiro.[31] Esses seriam, então, os dados *inferidos* (*inferred data*).[32] A adoção de uma ou outra corrente tem implicação direta na *extensão* e *abrangência* do direito à portabilidade.[33]

No que concerne à *extensão* do direito à portabilidade no contexto brasileiro, verifica-se que a LGPD, de forma muito mais abrangente e menos minuciosa que o regulamento europeu, ao tratar do *objeto* da portabilidade nos casos de transmissão direta dos dados de um controlador para outro, à exceção dos dados anonimizados (art. 18, § 7º), não traz qualquer outra limitação, prevendo apenas que o titular tem direito a obter do controlador *em relação aos dados por ele tratados*, ou seja, aparentemente "quaisquer" ou "todos" os dados, a portabilidade, apenas *devendo observar os segredos comercial e industrial*.[34]

Não se denota da lei pátria uma delimitação de quais dados estariam abrangidos no conceito "dados do titular por ele (controlador) tratados". Logo, tal disposição pode

---

27. GRAEF, Inge, HUSOVEC, Martin Husovec, PURTOVA, Nadezhda. Data portability and data control: lessons for an emerging concept in eu law. *German Law Journal 2018*, Cambridge, v. 19, n. 6, p. 1359-1398, 2017, p. 1372.
28. MARTINELLI, Silvia. Sharing data and privacy in the platform economy: the right to data portability and "porting rights". *In:* REINS, Leonie (Ed.), *Regulating new technologies in uncertain times*. Information Technology and Law Series, v. 32. The Hague: T.M.C Asser Press, 2019.
29. FIDALGO, Vitor Palmela. O direito à portabilidade de dados pessoais. *Revista de Direito e Tecnologia*, São Paulo, v. 1, n. 1, p. 89-135, 2019.
30. MARTINELLI, Silvia. Sharing data and privacy in the platform economy: the right to data portability and "porting rights". *In:* REINS, Leonie (Ed.), *Regulating new technologies in uncertain times*. Information Technology and Law Series, v. 32. The Hague: T.M.C Asser Press, 2019.
31. FIDALGO, Vitor Palmela. O direito à portabilidade de dados pessoais. *Revista de Direito e Tecnologia*, São Paulo, v. 1, n. 1, p. 89-135, 2019.
32. MARTINELLI, Silvia. Sharing data and privacy in the platform economy: the right to data portability and "porting rights". *In:* REINS, Leonie (Ed.), *Regulating new technologies in uncertain times*. Information Technology and Law Series, v. 32. The Hague: T.M.C Asser Press, 2019.
33. FIDALGO, Vitor Palmela. O direito à portabilidade de dados pessoais. *Revista de Direito e Tecnologia*, São Paulo, v. 1, n. 1, p. 89-135, 2019.
34. CRAVO, Daniela Copetti. O direito à portabilidade na Lei Geral de Proteção de Dados. *In:* TEPEDINO, Gustavo; FRAZÃO, Ana; OLIVA, Milena Donato (Coords.). Lei Geral de Proteção de Dados Pessoais e suas repercussões no direito brasileiro. São Paulo: Thomson Reuters Brasil, 2019, p. 347-363.

levar a crer que a lei brasileira teria adotado a *concepção ampla* quanto aos dados que serão alvo da portabilidade. Ocorre que, se levada a efeito essa extensão ampla do direito à portabilidade dos dados, analisando-se a situação pela perspectiva do responsável pelo tratamento, o resultado poderá ter o efeito contrário ao fomento da concorrência e desenvolvimento do mercado digital, que são objetivos buscados por esse novo direito. Estará entre os deveres do intérprete, portanto, o de estabelecer se os dados *criados* – produzidos e processados – pelo controlador em razão do tratamento analítico dos mesmos, são de *titularidade* da pessoa natural que pleiteou a portabilidade ou, uma vez que produzidos pelo controlador através da utilização de algoritmos complexos dos seus próprios provedores de serviços digitais, não se enquadrariam nesse conceito. Em qualquer caso, o intérprete não pode perder de vista o dever de observação ao segredo comercial e industrial, conforme previsto no inciso V, do art. 18, da LGPD, que deve, portanto, servir de balizador à sua interpretação. Deve haver um *equilíbrio* concreto entre o direito à portabilidade e o direito aos segredos comercial e industrial do controlador. Ainda que esse equilíbrio não possa resultar na *completa recusa* de transmissão dos dados aos titulares, o direito à portabilidade não deve incluir dados complexos produzidos ou processados pelo controlador que revelem suas técnicas de criação de perfil e de marketing, ou que de alguma forma favoreçam as empresas concorrentes – ainda que se trate apenas do resultado de análises, estudos ou previsões, que é fruto da atividade dos funcionários da empresa e os esforços financeiros da empresa –, afetando adversamente o controlador de dados.[35]

Dados os contornos do direito à portabilidade, de acordo com seu tratamento na LGPD brasileira e no RGPD europeu, importa aclarar que a portabilidade não se limita exclusivamente ao âmbito de um dos direitos dos titulares dos dados, mas apresenta-se como verdadeira tutela específica a ser aplicada em um processo que envolva questões concorrenciais (remédio antitruste).

Outra forma, portanto, de se visualizar a portabilidade de dados é encará-la como um remédio antitruste. Se a privacidade, desdobrada nos dados, inoportunamente, virou um insumo, precisa-se regular essa situação também pela ótica do mercado, sem deixar, é claro, de observar a sua essência de direito fundamental, razão pela qual o direito da concorrência pode e deve buscar que haja uma maior competitividade no acesso e no uso dos dados.[36]

---

35. MALGIERI, Gianclaudio. Trade secrets v personal data: a possible solution for balancing rights. *International Data Privacy Law*, Oxford, v. 6, n. 2, p. 102–116, 2016.
36. Um caso envolvendo abuso dominante e a temática dos dados é o do Google AdWords, ao qual se atribui a imposição de restrições contratuais aos desenvolvedores de softwares, impedindo a oferta de ferramentas que possibilitem transferência contínua de campanhas publicitárias de busca nas plataformas dominantes do Google AdWords a outras plataformas de publicidade de pesquisa. Por meio de tal prática, anunciantes são impedidos de exportar dados para outras plataformas do Google ou de seus concorrentes. Em decorrência disso, a FTC investigou a conduta do Google, o qual se comprometeu a estimular a portabilidade de dados entre diferentes plataformas de busca, permitindo que os anunciantes produzam publicidades *"one-size-fits-all"*. FTC. *Google Agrees to Change Its Business Practices to Resolve FTC Competition Concerns In the Markets for Devices Like Smart Phones, Games and Tablets, and in Online Search*. Disponível: https://www.ftc.gov/news-events/press-releases/2013/01/google-agrees-change-its-business-practices-resolve-ftc. Acesso em: 10 set. 2019. No Brasil, o Processo Administrativo n. 08700.005694/2013-19 foi arquivado no presente ano. BRASIL. Conselho Administrativo de Defesa Econômica. *Processo n. 08700.005694/2013-19*. Disponível em: http://sei.cade.gov.br/. Acesso em: 10 set. 2019.

Não se olvida que as autoridades antitruste tenham enfrentado, até o momento, dificuldades de bem endereçar questões tecnológicas[37], como se vê na própria complexidade de delimitação de mercado e na resistência do reconhecimento da existência de um mercado de "dados"[38]. Adiciona-se a essa dificuldade, o grande cuidado que a autoridade antitruste deve ter quando for aplicar um remédio (tutela específica), seja na aprovação de um ato de concentração, seja no julgamento de uma infração à ordem econômica.

Tal afirmação é ainda mais sensível quando se está em análise mercados tecnológicos, em constante transformação, a fim de se evitar: (i) custos maiores aos consumidores, a exemplo do ocorrido com a Microsoft na União Europeia, e (ii) a inocuidade da tutela, uma vez que as empresas condenadas podem já ter faturado o suficiente com determinada prática anticompetitiva.

A dúvida, no entanto, é escolher qual remédio aplicar. Um remédio antitruste que emerge nessa nova realidade digital é a determinação do compartilhamento das bases de dados a um concorrente específico ou a vários desses, por meio da portabilidade[39]. Esse instituto pode ser aplicado pelo CADE ou pelo Poder Judiciário.

Assim, a portabilidade de dados, além de ser um direito a ser exercido pelo titular dos dados, que consagra o seu direito de escolha e sua autodeterminação informativa, também pode ser aplicada como uma obrigação de fazer em processo antitruste. Ressalta-se, no entanto, que essa última forma de exercício da portabilidade deve ser utilizada com parcimônia quando envolver dados pessoais e deve abranger somente as informações indispensáveis à finalidade buscada[40], qual seja, a promoção da concorrência, à luz do princípio da minimização.

A Autoridade Europeia de Proteção de Dados[41] sugere, a fim de evitar uma possível violação à proteção de dados pessoais, que os órgãos de defesa da concorrência, sempre que possível, oportunizem que os consumidores voluntariamente implementem a portabilidade, facultando que esses extraiam seus dados e portem-nos a outros serviços.

---

37. Na verdade, segundo narra Ana de Oliveira Frazão, as análises concorrenciais acabam dando pouca atenção à questão da tecnologia, justamente pelas dificuldades inerentes à mensuração do fator inovação. FRAZÃO, Ana de Oliveira. A análise de eficiências em atos de concentração sob o enfoque do princípio retributivo. In: CARVALHO, Vinicius Marques (Org.). *A Lei 12.529/2011 e a Nova Política de Defesa da Concorrência*. São Paulo: Singular, 2015, p. 198.
38. Essa dificuldade de delimitar o mercado persistiria mesmo se adotado o precedente do caso Bronner, em que o Tribunal de Justiça da União Europeia reconheceu que foi suficiente a existência de um mercado potencial ou hipotético. GERADIN, Damien; KUSCHEWSKY, Monika. Competition law and personal data: Preliminary thoughts on a complex issue. *Concurrences*, Tilburg, v. 2, p. 1-16, 2013; e UNIÃO EUROPEIA. Tribunal de Justiça da União Europeia. *Oscar Bronner GmbH & Co. KG v Mediaprint Zeitungs*. Julgado em: 26 nov. 1998.
39. Destaca-se que, em outras searas, o CADE (Conselho Administrativo de Defesa Econômica) já aplicou a portabilidade como um remédio concorrencial. A título de exemplo, cita-se a aprovação do ato de concentração referente à aquisição do HSBC pelo Bradesco, julgado em junho de 2016 pelo Tribunal do CADE.
40. EUROPA. European Data Protection Supervisor. *Guidelines on personal data and electronic communications in the EU institutions (eCommunications guidelines)*. Disponível em: https://edps.europa.eu/data-protection/our-work/our-work-by-type/guidelines_en. Acesso em: 17 mar. 2020, p. 32.
41. EUROPA. European Data Protection Supervisor. *Guidelines on personal data and electronic communications in the EU institutions (eCommunications guidelines)*. Disponível em: https://edps.europa.eu/data-protection/our-work/our-work-by-type/guidelines_en. Acesso em: 17 mar. 2020, p. 32.

3. DEVERES NA PORTABILIDADE DE DADOS

Quais são os deveres de um controlador de dados quando ele recebe ou responde a um pedido de portabilidade de dados, fundado no artigo 18, inciso V, da LGPD? E caso algum desses deveres seja violado, como será a responsabilidade civil do controlador de dados? Como colocado no relatório sobre mobilidade de dados do Departamento Digital, da Cultura, Mídia e Esporte (DCMS) do Reino Unido e da Ctrl-Shift, existe uma necessidade urgente de definição da responsabilidade por atos envolvendo a mobilidade de dados[42].

Para tentar esclarecer possíveis condutas que devem ser tomadas pelas organizações para não serem responsabilizadas, divide-se a análise conforme as etapas envolvidas na portabilidade, quais sejam: (i) Solicitação da portabilidade; (ii) Pré-Transferência; (iii) Transferência e; (iv) Pós-Transferência. Por fim, esclarecidos os deveres do agente de tratamento em relação ao direito à portabilidade de dados pessoais é cabível a definição dos fundamentos da responsabilização civil.

i) Solicitação da Portabilidade

O primeiro dever a ser observado é verificar se aquele que solicita a portabilidade é de fato o titular dos dados. É imperioso evitar que haja fraudes na identificação dos usuários, por pessoas mal intencionadas ou até mesmo por ações de um *hacker* que pode buscar facilmente portar os dados entre várias plataformas[43].

Nesse ponto, os controladores podem adotar recursos extras para garantir que o solicitante é o verdadeiro titular. A título de exemplo, pode ser adotada a autenticação por dois fatores ou a solicitação de que o requerente digite sua senha, como vem sendo adotado pelo Facebook, na sua mais nova ferramenta de portabilidade de fotos e vídeos com o Google[44].

Assim, as organizações, para mitigar sua responsabilidade, podem desenvolver uma estrutura de identidade segura. Com essa, será possível avaliar a legitimidade da solicitação da operabilidade, bem como identificar quais dados devem ser portados[45].

ii) Pré-Transferência

Superada a questão da verificação da identidade e legitimidade do solicitante da portabilidade, é preciso analisar a responsabilidade do controlador emitente dos dados numa segunda etapa, qual seja, a da verificação do destinatário.

---

42. REINO UNIDO. *Data Mobility*: the data portability growth opportunity for the UK economy. Disponível em: https://www.ctrl-shift.co.uk/reports/DCMS_Ctrl-Shift_Data_mobility_report_full.pdf. Acesso em: 17 mar. 2020.
43. ENGELS, Barbara. Data portability among online platforms. *Internet Policy Review: Journal on Internet Regulation*, Berlim, v. 5, n. 2, p. 1-17, jun. 2016.
44. FACEBOOK. *Driving innovation in data portability with a new photo transfer tool*. Disponível em: https://about.fb.com/news/2019/12/data-portability-photo-transfer-tool/. Acesso em: 16 mar. 2020.
45. SINGAPURA. *Personal Data Protection Commission in collaboration with Competition and Consumer Commission of Singapore*. Disponível em: https://www.cccs.gov.sg/resources/publications/occasional-research-papers/pdpc-cccs-data-portability. Acesso em: 17 mar. 2020.

Aqui, surge a seguinte dúvida: o controlador emitente dos dados deve ou não verificar a legitimidade do destinatário? Deve o emitente diligenciar no sentido de verificar se o destinatário cumpre padrões mínimos de segurança, bem como se observa as normas de proteção de dados pessoais?

Segundo o estudo realizado pela Singapura[46], não é possível que o controlador remetente vete a portabilidade com base na desconfiança de que o destinatário não atenda requisitos de segurança ou proteção de dados. Desta forma, o remetente estaria isento contra quaisquer reclamações por danos causados pelo uso indevido de dados pelos destinatários.

De acordo com WP29, o controlador de dados remetente não é responsável pela conformidade do controlador de dados receptor com a lei de proteção de dados, considerando que não é aquele que escolhe o destinatário[47].

O Facebook, em resposta à consulta pública formulada pela Singapura[48], também endereça essa questão, indagando se a organização que realiza a transferência poderia impor uma *baseline* de restrições em termos de proteção de dados. Uma forma de mitigar o risco seria a criação de códigos de conduta, que exigem a adoção de salvaguardas de privacidade e segurança apropriadas para setores específicos antes de receber dados solicitados pelo usuário.

Destarte, organizações em conformidade poderiam então ser identificadas com um selo ou outra certificação e seriam elegíveis para receber dados de organizações transferidoras de acordo com solicitações de portabilidade. Um selo ou certificação associado a um código de conduta também pode fornecer aos usuários informações rápidas sobre as práticas de uma organização terceirizada, e os provedores de serviços que portam dados para destinatários compatíveis podem ficar isentos de responsabilidade caso os dados sejam mal utilizados ou processado incorretamente após uma solicitação de portabilidade de dados do usuário.[49]

Um outro ponto importante nesta etapa é que os titulares dos dados sejam esclarecidos e informados sobre as obrigações de cada parte, isto é, da organização que transfere os dados e da organização receptora desses.

iii) Transferência

Na transferência, o controlador remetente dos dados deve tomar todas as medidas de segurança necessárias para garantir que os dados pessoais sejam transmitidos com

---

46. SINGAPURA. *Personal Data Protection Commission in collaboration with Competition and Consumer Commission of Singapore*. Disponível em: https://www.cccs.gov.sg/resources/publications/occasional-research-papers/pdpc-cccs-data-portability. Acesso em: 17 mar. 2020.
47. ARTICLE 29 DATA PROTECTION WORKING PARTY. *Guidelines on the right to data portability*. Brussels: European Commission, 2016.
48. SINGAPURA. Comissão de Proteção de Dados Pessoais. *Public Consultation on Proposed Data Portability and Data Innovation Provisions. Comments from Facebook*. Disponível em: https://www.pdpc.gov.sg/-/media/Files/PDPC/PDF-Files/Responses-Received-As-At-17-July-2019/Facebook.pdf. Acesso em: 17 mar. 2020.
49. SINGAPURA. Comissão de Proteção de Dados Pessoais. *Public Consultation on Proposed Data Portability and Data Innovation Provisions. Comments from Facebook*. Disponível em: https://www.pdpc.gov.sg/-/media/Files/PDPC/PDF-Files/Responses-Received-As-At-17-July-2019/Facebook.pdf. Acesso em: 17 mar. 2020.

segurança ao destino correto e recomendar formatos adequados e medidas de criptografia para os titulares dos dados que solicitem receber seus próprios dados[50].

O WP29[51] também enfoca na questão da segurança na transmissão por meio da utilização de criptografia de ponta a ponta e na adoção de medidas de autenticação quanto ao destino. Ainda, novas tecnologias, como *blockchain*, serão importantes para garantir uma mobilidade de dados dinâmica e, ao mesmo tempo, a segurança dos dados[52].

iv) Pós-Transferência

Para o WP29, os controladores de dados que atendam a solicitações de portabilidade de dados não são responsáveis pelo processamento tratado pelo titular dos dados ou por outra empresa que recebe dados pessoais. No entanto, o controlador fica ainda responsável por proteger os dados pessoais que continuarem no seu sistema, inclusive com relação à proteção contra incidente de segurança (vazamento de dados)[53].

Na Consulta Pública da Singapura, a Comissão parece limitar a obrigação pós-transferência do remetente apenas à "confirmação do recebimento dos dados pela organização destinatária e auxílio em relação a eventuais dúvidas relativas aos dados transmitidos"[54], conforme foi relatado pelo White Paper do Facebook. Acredita-se que no Brasil a responsabilidade venha a seguir essa linha e também aquela do WP29 acima exposta[55].

Vale a mesma regra para violações aos dados sofridas por indivíduos se os dados estiverem sob seus próprios cuidados (isto é, na hipótese em que o titular solicita uma cópia dos dados e ele mesmo armazena e/ou remete a outro controlador). O estudo também propõe que o controlador remetente não seja responsabilizado por quaisquer reivindicações relacionadas à precisão e à qualidade dos dados portados, exceto se for demonstrado que os dados foram corrompidos por ele[56].

Ainda, deve haver clareza sobre os limites de responsabilidade do destinatário dos dados. Esse, assim que receber os dados, passa a ter as mesmas obrigações de proteção quanto o controlador originário, uma vez que a partir desse momento os dados passam estar sob seu controle.

---

50. REINO UNIDO. *Data Mobility*: the data portability growth opportunity for the UK economy. Disponível em: https://www.ctrl-shift.co.uk/reports/DCMS_Ctrl-Shift_Data_mobility_report_full.pdf. Acesso em: 17 mar. 2020.
51. ARTICLE 29 DATA PROTECTION WORKING PARTY. *Guidelines on the right to data portability*. Brussels: European Commission, 2016.
52. EUROPA. European Commission. *A European strategy for data*. Disponível em: https://ec.europa.eu/info/sites/info/files/communication-european-strategy-data-19feb2020_en.pdf. Acesso em: 17 mar. 2020.
53. ARTICLE 29 DATA PROTECTION WORKING PARTY. *Guidelines on the right to data portability*. Brussels: European Commission, 2016.
54. FACEBOOK. *Charting a way forward on data portability and privacy*. Disponível em: https://newsroom.fb.com/news/2019/09/privacy-and-data-portability/. Acesso em: 27 set. 2019.
55. ARTICLE 29 DATA PROTECTION WORKING PARTY. *Guidelines on the right to data portability*. Brussels: European Commission, 2016.
56. SINGAPURA. *Personal Data Protection Commission in collaboration with Competition and Consumer Commission of Singapore*. Disponível em: https://www.cccs.gov.sg/resources/publications/occasional-research-papers/pdpc-cccs-data-portability. Acesso em: 17 mar. 2020.

Além disso, o destinatário deverá verificar quais dados são de fato necessários e pertinentes para a finalidade buscada. Também deverá analisar se os dados recebidos contêm ou não dados de terceiras pessoas[57].

Na condição de novo controlador, o receptor precisará assegurar uma base legal apropriada para o processamento de dados de terceiros, garantindo que esse processamento não afete adversamente os direitos e liberdades desses. Se não há base legal para manter certos dados, esses devem ser excluídos, sob pena de responsabilidade à luz da LGPD[58].

4. FUNDAMENTO DA RESPONSABILIDADE CIVIL PELA VIOLAÇÃO AOS DEVERES INERENTES À PORTABILIDADE

Grande é o debate sobre o fundamento da responsabilidade civil na LGPD. Contudo, a melhor interpretação não pode concluir pela dependência da demonstração da culpa para responsabilização dos agentes de tratamento por eventuais danos causados aos titulares dos dados pessoais, pois a culpa não caracteriza o ilícito geral na lei protetiva dos dados pessoais.[59]

O art. 42 da LGPD[60] estabelece que o agente de tratamento que, na realização do tratamento de dados pessoais, causar a outrem dano, em violação à legislação de proteção de dados pessoais, é obrigado a repará-lo. O citado dispositivo apresenta, portanto, os seguintes elementos necessários para a responsabilização civil: i) realização do tratamento; ii) violação à legislação; iii) nexo de causalidade e; iv) dano a outrem.

Além disso, expressamente é referido no art. 43 da LGPD que não haverá responsabilidade civil dos agentes de tratamento quando demonstrado que: i) não foi realizado o

---

57. INFORMATION COMMISSIONER'S OFFICE. *Right to Data Portability*. Disponível em: https://bit.ly/3dVRTzK. Acesso em: 17 mar. 2020.
58. INFORMATION COMMISSIONER'S OFFICE. *Right to Data Portability*. Disponível em: https://bit.ly/3dVRTzK. Acesso em: 17 mar. 2020.
59. Nesse sentido, análise mais detalhada é feita por Rafael Dresch e José Faleiros Jr. no seguinte artigo: DRESCH, Rafael de Freitas Valle; FALEIROS JÚNIOR, José Luiz de Moura. Reflexões sobre a responsabilidade civil na Lei Geral de Proteção de Dados (Lei nº 13.709/2018). In: ROSENVALD, Nelson; DRESCH, Rafael de Freitas Valle; WESENDONCK, Tula. (Coords.). *Responsabilidade civil*: novos riscos. Indaiatuba: Foco, 2019, p. 65-90, p. 65-90.
60. "Art. 42. O controlador ou o operador que, em razão do exercício de atividade de tratamento de dados pessoais, causar a outrem dano patrimonial, moral, individual ou coletivo, em violação à legislação de proteção de dados pessoais, é obrigado a repará-lo.
§ 1º A fim de assegurar a efetiva indenização ao titular dos dados:
I – o operador responde solidariamente pelos danos causados pelo tratamento quando descumprir as obrigações da legislação de proteção de dados ou quando não tiver seguido as instruções lícitas do controlador, hipótese em que o operador equipara-se ao controlador, salvo nos casos de exclusão previstos no art. 43 desta Lei;
II – os controladores que estiverem diretamente envolvidos no tratamento do qual decorreram danos ao titular dos dados respondem solidariamente, salvo nos casos de exclusão previstos no art. 43 desta Lei.
§ 2º O juiz, no processo civil, poderá inverter o ônus da prova a favor do titular dos dados quando, a seu juízo, for verossímil a alegação, houver hipossuficiência para fins de produção de prova ou quando a produção de prova pelo titular resultar-lhe excessivamente onerosa.
§ 3º As ações de reparação por danos coletivos que tenham por objeto a responsabilização nos termos do caput deste artigo podem ser exercidas coletivamente em juízo, observado o disposto na legislação pertinente.
§ 4º Aquele que reparar o dano ao titular tem direito de regresso contra os demais responsáveis, na medida de sua participação no evento danoso."

tratamento; ii) não houve ilícito ou; iii) o dano é decorrente de culpa exclusiva do titular dos dados ou de terceiros.

Completando a sistemática de fundamentação da responsabilidade civil na LGPD, o artigo 44 da lei[61] define um *dever geral de segurança*, cuja violação que gere danos pode ensejar à responsabilização dos agentes de tratamento.

Nesse sentido, é possível afirmar que a violação da legislação de proteção de dados (elemento essencial para a responsabilidade civil dos agentes de tratamento) pode ocorrer através de ilícitos específicos, caracterizados pela contrariedade a deveres especificados estabelecidos em lei, mas também por uma forma de ilícito geral.

O ilícito geral na LGPD é configurado pela falta ao dever geral de garantia da segurança, que pode ser compreendido, na mesma linha da disciplina jurídica do Código de Defesa do Consumidor[62], como o defeito no tratamento dos dados pessoais e não pela culpa dos agentes de tratamento. A quebra de legítimas expectativas quanto à segurança dos processos de tratamento de dados gera o defeito do tratamento e, consequentemente, o ilícito geral. Quando presentes, também, o nexo de causalidade e o dano a outrem, surge a responsabilidade do agente de tratamento.

Nesse contexto, as medidas de *compliance* e a comprovação de boas práticas e certificações podem ser determinantes na demonstração do cumprimento do dever geral de garantia da segurança que legitimamente se pode esperar do agente na realização do tratamento dos dados pessoais.

Por conseguinte, conclui-se que quando houver violação dos deveres decorrentes do direito à portabilidade de dados pessoais, mais especificamente dos deveres específicos acima alinhados nas fases do processamento da portabilidade e, ainda, quando esse processamento for defeituoso pela falha no cumprimento do dever geral de segurança, estará caracterizada a responsabilidade civil dos agentes de tratamento de dados pelos danos gerados aos titulares ou a terceiros.

5. CONSIDERAÇÕES FINAIS

A partir da análise da responsabilidade ao longo das diferentes etapas da portabilidade e de acordo com cada ator envolvido (remetente e destinatário), é possível afirmar que é indispensável clareza e objetividade na atribuição de responsabilidades no exercício deste tão importante direito que é a portabilidade de dados. Com isso, os controladores de dados poderão melhor avaliar os riscos específicos relacionados à portabilidade e tomar medidas apropriadas para a sua mitigação.

---

61. "Art. 44. O tratamento de dados pessoais será irregular quando deixar de observar a legislação ou quando não fornecer a segurança que o titular dele pode esperar, consideradas as circunstâncias relevantes, entre as quais:
    I – o modo pelo qual é realizado;
    II – o resultado e os riscos que razoavelmente dele se esperam;
    III – as técnicas de tratamento de dados pessoais disponíveis à época em que foi realizado.
    Parágrafo único. Responde pelos danos decorrentes da violação da segurança dos dados o controlador ou o operador que, ao deixar de adotar as medidas de segurança previstas no art. 46 desta Lei, der causa ao dano."
62. "Art. 45. As hipóteses de violação do direito do titular no âmbito das relações de consumo permanecem sujeitas às regras de responsabilidade previstas na legislação pertinente."

Ainda, concluiu-se que na fase de "Solicitação da Portabilidade", o responsável pelo tratamento de dados remetente deve se responsabilizar pela certificação da legitimidade do requerente, verificando se esse é de fato o titular dos dados. Já na fase "Pré-Transferência", o controlador de dados remetente não é responsável pela conformidade do controlador de dados receptor com a lei de proteção de dados, não podendo vetar a portabilidade com base em tal argumento.

Na fase "Transferência", por sua vez, o controlador remetente dos dados deve tomar todas as medidas de segurança necessárias para garantir que os dados pessoais sejam transmitidos com segurança ao destino correto e recomendar formatos adequados e medidas de criptografia para os titulares que solicitem receber seus próprios dados.

Ademais, na fase "Pós-Transferência", a responsabilidade quanto ao tratamento dos dados passa a ser do receptor. Na condição de novo controlador, o receptor precisará assegurar uma base legal apropriada para o processamento de dados de terceiros, garantindo que esse processamento não afete adversamente os direitos e liberdades desses. Se não há base legal para manter certos dados, esses devem ser excluídos, sob pena de responsabilidade à luz da LGPD.

Finalmente, ocorrendo a violação dos deveres específicos característicos das fases de tratamento da portabilidade ou a violação ao dever geral de segurança (defeito na portabilidade), configurada será a responsabilidade civil dos agentes de tratamento de dados pelos danos gerados aos titulares ou a terceiros.

6. REFERÊNCIAS

ALMUNIA, Joaquín, Discurso sobre Concorrência e Proteção de Dados Pessoais no evento "Privacy Platform event: Competition and Privacy in Markets of Data", ocorrido em Bruxelas, em 26 de novembro de 2012. Disponível em: https://ec.europa.eu/commission/presscorner/detail/en/SPEECH_12_860. Acesso em: 22 dez. 2019.

ARTICLE 29 DATA PROTECTION WORKING PARTY. *Guidelines on the right to data portability*. Brussels: European Commission, 2016.

CRAVO, Daniela Copetti. O direito à portabilidade na Lei Geral de Proteção de Dados. In: TEPEDINO, Gustavo; FRAZÃO, Ana; OLIVA, Milena Donato (Coords.). Lei Geral de Proteção de Dados Pessoais e suas repercussões no direito brasileiro. São Paulo: Thomson Reuters Brasil, 2019.

DUARTE, Diogo Pereira; GUSEINOV, Alexandra. O direito de portabilidade de dados pessoais. In: CORDEIRO, António Menezes; OLIVEIRA, Ana Perestrelo; DUARTE, Diogo Pereira Duarte (Coords.). *FinTech II*: Novos estudos sobre tecnologia financeira. Coimbra: Almedina, 2019.

DRESCH, Rafael de Freitas Valle; FALEIROS JÚNIOR, José Luiz de Moura. Reflexões sobre a responsabilidade civil na Lei Geral de Proteção de Dados (Lei nº 13.709/2018). In: ROSENVALD, Nelson; DRESCH, Rafael de Freitas Valle; WESENDONCK, Tula. (Coords.). *Responsabilidade civil: novos riscos*. Indaiatuba: Foco, 2019, p. 65-90.

ENGELS, Barbara. Data portability among online platforms. *Internet Policy Review: Journal on Internet Regulation*, Berlim, v. 5, n. 2, p. 1-17, jun. 2016.

EURICH, Markus; BURTSCHER, Michael. *The Business-to-Consumer lock-in effect*. Cambridge Service Alliance 2014, University of Cambridge, 2014. Disponível em: https://cambridgeservicealliance.

eng.cam.ac.uk/resources/Downloads/Monthly%20Papers/2014AugustPaperBusinesstoConsumer-LockinEffect.pdf. Acesso em: 15 dez. 2019.

EUROPA. European Commission. *A European strategy for data*. Disponível em: https://ec.europa.eu/info/sites/info/files/communication-european-strategy-data-19feb2020_en.pdf. Acesso em: 17 mar. 2020.

EUROPA. European Data Protection Supervisor. Guidelines on personal data and electronic communications in the EU institutions (eCommunications guidelines). Disponível em: https://edps.europa.eu/data-protection/our-work/our-work-by-type/guidelines_en. Acesso em: 17 mar. 2020.

FERNÁNDEZ-SAMANIEGO, Javier; FERNÁNDEZ-LONGORIA, Paula. El derecho de la portabilidad de los datos. *In*: MANÃS, Jose Luis Piñas (Dir.); CARO, Maria Alvarez; GAYO, Miguel Recio (Coord.). *Reglamento general de protección de datos*: hacia un nuevo modelo europeo de privacidad. Madrid: Reus, 2016.

FACEBOOK. *Charting a way forward on data portability and privacy*. Disponível em: https://newsroom.fb.com/news/2019/09/privacy-and-data-portability/. Acesso em: 27 set. 2019.

FACEBOOK. *Driving innovation in data portability with a new photo transfer tool*. Disponível em: https://about.fb.com/news/2019/12/data-portability-photo-transfer-tool/. Acesso em: 16 mar. 2020.

FIDALGO, Vitor Palmela. O direito à portabilidade de dados pessoais. *Revista de Direito e Tecnologia*, São Paulo, v. 1, n. 1, p. 89-135, 2019.

FRAZÃO, Ana de Oliveira. A análise de eficiências em atos de concentração sob o enfoque do princípio retributivo. *In*: CARVALHO, Vinicius Marques (Org.). *A Lei 12.529/2011 e a Nova Política de Defesa da Concorrência*. São Paulo: Singular, 2015.

FRAZÃO, Ana. Nova LGPD: direito à portabilidade. *Jota*, 07 nov. 2018. Disponível em: https://www.jota.info/opiniao-e-analise/colunas/constituicao-empresa-e-mercado/nova-lgpd-direito-a-portabilidade-07112018. Acesso em: 14 dez. 2019.

GERADIN, Damien; KUSCHEWSKY, Monika. Competition law and personal data: Preliminary thoughts on a complex issue. *Concurrences*, Tilburg, v. 2, p. 1-16, 2013.

GRAEF, Inge, HUSOVEC, Martin Husovec, PURTOVA, Nadezhda. Data portability and data control: lessons for an emerging concept in eu law. *German Law Journal 2018*, Cambridge, v. 19, n. 6, p. 1359-1398, 2017.

INFORMATION COMMISSIONER'S OFFICE. *Right to Data Portability*. Disponível em: https://bit.ly/3dVRTzK. Acesso em: 17 mar. 2020.

MALGIERI, Gianclaudio. Trade secrets v personal data: a possible solution for balancing rights. *International Data Privacy Law*, Oxford, v. 6, n. 2, p. 102–116, 2016.

MARQUES, Claudia Lima. Proteção do consumidor no comércio eletrônico e a chamada nova crise do contrato: por um direito do consumidor aprofundado. *Revista de Direito do Consumidor*, São Paulo, v. 57, p. 9-59, jan./mar. 2006.

MARTINELLI, Silvia. Sharing data and privacy in the platform economy: the right to data portability and "porting rights". *In*: REINS, Leonie (Ed.), *Regulating new technologies in uncertain times*. Information Technology and Law Series, v. 32. The Hague: T.M.C Asser Press, 2019.

PUCCINELLI, Oscar Raúl. El derecho a la portabilidad de los datos personales. Orígenes, sentido y alcances. *Pensamiento Constitucional*, Lima, Gale Onefile: Informe Académico, v. 22, n. 22, p. 203-228, 2017.

REINO UNIDO. *Data Mobility*: the data portability growth opportunity for the UK economy. Disponível em: https://www.ctrl-shift.co.uk/reports/DCMS_Ctrl-Shift_Data_mobility_report_full.pdf. Acesso em: 17 mar. 2020.

SINGAPURA. Comissão de Proteção de Dados Pessoais. *Public Consultation on Proposed Data Portability and Data Innovation Provisions. Comments from Facebook.* Disponível em: https://www.pdpc.gov.sg/-/media/Files/PDPC/PDF-Files/Responses-Received-As-At-17-July-2019/Facebook.pdf. Acesso em: 17 mar. 2020.

SINGAPURA. *Personal Data Protection Commission in collaboration with Competition and Consumer Commission of Singapore.* Disponível em: https://www.cccs.gov.sg/resources/publications/occasional-research-papers/pdpc-cccs-data-portability. Acesso em: 17 mar. 2020.

UNIÃO EUROPEIA. Tribunal de Justiça da União Europeia. *Oscar Bronner GmbH & Co. KG v Mediaprint Zeitungs.* Julgado em 26 nov. 1998.

VANBERG, Aysem Diker; ÜNVER, Mehmet Bilal. The right to data portability in the GDPR and EU competition law: odd couple or dynamic duo? *European Journal of Law and Technology*, Belfast, v. 8, n. 1, 2017.

RESPONSABILIDADE CIVIL POR DANOS CAUSADOS POR LOCATÁRIO DE IMÓVEL EM CONDOMÍNIO QUE CELEBROU A LOCAÇÃO POR APLICATIVO

Elcio Nacur Rezende

Doutor e Mestre em Direito. Professor da Faculdade de Direito Milton Campos e da Escola Superior Dom Helder Câmara. Procurador da Fazenda Nacional.

Felipe Quintella

Doutor e Mestre em Direito. Professor da Faculdade de Direito Milton Campos e do Ibmec BH. Coordenador Geral da Faculdade de Direito Milton Campos. Consultor jurídico e Advogado.

Sumário: 1. Introdução. 2. Locação por temporada de imóveis em condomínios edilícios por meio de aplicativos. 3. Pressupostos para a configuração da responsabilidade civil subjetiva. 4. Responsabilidade civil objetiva por ato de terceiro e pela realização de atividade de risco. 4.1. Exame da configuração ou não de responsabilidade objetiva do locador por danos causados pelo locatário. 4.2. Exame da configuração ou não de responsabilidade objetiva do aplicativo por danos causados pelo locatário. 5. Considerações finais. 6. Referências.

1. INTRODUÇÃO

Como se sabe, rapidamente se difundiu, nos últimos tempos, o uso de aplicativos de locação de imóveis para fins de contratação de locações residenciais por temporada. As pessoas, cada vez mais, têm utilizado o celular para realizar todas as tarefas cotidianas que o pequeno aparelho admite que por meio dele se realizem.

Igualmente, nas últimas décadas, ocorreu, nos grandes centros urbanos, a concentração de parte da população em condomínios de edifícios e em loteamentos fechados – os quais, desde a entrada em vigor da Lei nº 13.465/2017, podem ser criados como condomínios de lotes. Algumas das razões de tal fenômeno, certamente, são o crescimento populacional e a consequente expansão urbana que marcaram o início do século XXI,[1] bem como a busca por maior segurança, dada a ausência de segurança pública, e, também as comodidades, cada vez mais criativas, que as construtoras têm oferecido

---

1. QUINTELLA, Felipe. Os limites da ingerência do condomínio e das associações nos lotes de propriedade exclusiva em loteamentos fechados. *Diário das Leis*. Disponível em: https://www.diariodasleis.com.br/bdi/17202-os-limites--da-ingeruncia-do-condomunio-e-das-associaues-nos-lotes-de-propriedade-exclusiva-em-loteamentos-fechados.html. Acesso em: 25 out. 2019.

nos novos projetos – que vão desde as tradicionais piscinas e quadras até *spas* e áreas de lazer para *pets*.

Dentro de tal contexto, não é de se estranhar que surjam conflitos quando imóveis que constituem unidades autônomas de condomínios de edifícios ou de lotes, ou que integram loteamentos fechados, são alugados, por temporada, por meio de aplicativos.

Por um lado, para o investidor, é muito atraente um condomínio com segurança e com comodidades, sobretudo de lazer, vez que poderá usá-las para atrair locatários; para estes, tais características do imóvel são igualmente bastante atraentes.

Por outro lado, para os demais condôminos, que usam o imóvel para fins residenciais, é incômoda a presença temporária de estranhos, sobretudo nas áreas comuns, como as de lazer.

Considerando-se os casos em que o locatário vem a causar danos durante o período da locação, são naturais os questionamentos acerca da consequente responsabilidade civil.

Justifica-se, assim, o presente estudo, diante na imperiosa necessidade de se revisitarem todos os aspectos da responsabilidade civil, desde os conceitos mais clássicos, para que se possa, diante de uma nova realidade social, lastreada comumente por relações jurídicas virtuais, inclusive por meio de aplicativos de celular e com alto grau de intangibilidade, propiciar uma correta imputação de responsabilidade sem, contudo, olvidar de fundamentos jurídicos que jamais podem ser abandonados, como a tutela da vítima e a perquirição dos elementos objetivos que dão suporte teórico à responsabilidade no seu aspecto mais amplo e abstrato.

Logo, neste trabalho, a proposta é examinar se há configuração de responsabilidade civil *do proprietário* que aluga seu imóvel, por temporadas, por meio de aplicativos, pelos danos causados no curso da locação *pelo locatário* ao condomínio, a outro condômino ou a terceiros que se encontravam no condomínio, bem como se há configuração de responsabilidade *do aplicativo* utilizado para a celebração da locação, pelos mesmos danos. Tal é o recorte com o qual se trabalhará.

Em outras palavras, constituem o tema-problema desta pesquisa os seguintes questionamentos: (1) há responsabilidade civil do proprietário por danos causados ao condomínio, a outro condômino ou a terceiros que se encontrem no condomínio, nos casos de locação celebrada por meio de aplicativo? (2) Há responsabilidade da sociedade empresária provedora do aplicativo (*startup*), pelos mesmos danos?

Para que as perguntas possam ser enfrentadas, entende-se ser necessário: (1) examinar, mais detidamente, sob o prisma jurídico, o fenômeno do uso de aplicativos para locação, por temporadas, de imóveis que constituem unidades autônomas de condomínios; (2) examinar os pressupostos da responsabilidade civil no Direito pátrio e as normas que estabelecem a sua disciplina, e verificar se as hipóteses de ocorrência de danos de que trata o trabalho se amoldam aos suportes fáticos de tais normas. Feito isso, aí, então, reputa-se possível concluir sobre a configuração ou não de responsabilidade civil nas hipóteses de que trata esta pesquisa.

Para alcançar os objetivos propostos, utilizar-se-á a metodologia com vertente jurídico-teórica, e o raciocínio dedutivo, com técnica de pesquisa bibliográfica.

Como referenciais teóricos, serão utilizadas ideias de Caio Mário da Silva Pereira em seu livro *Condomínio e Incorporações* – de onde foi possível a fundamentação teórica clássica do estudo condominial, sobretudo à égide do Direito Civil brasileiro do século passado –, bem como dos autores deste texto, Elcio Nacur Rezende e Felipe Quintella, que buscaram, já sob à égide do Código Civil de 2002, uma atualização do estudo condominial e da responsabilidade civil no presente século.

2. LOCAÇÃO POR TEMPORADA DE IMÓVEIS EM CONDOMÍNIOS EDILÍCIOS POR MEIO DE APLICATIVOS

Conforme o art. 1.228 do Código Civil de 2002, tem o proprietário as faculdades – às quais a doutrina frequentemente se refere como *poderes* ou *direitos* – de usar, fruir, dispor e reivindicar. Tal norma decorre do denominado *conceito analítico do direito de propriedade*, segundo o qual a propriedade consiste, justamente, no enfeixe de tais direitos, faculdades ou poderes.[2]

Especificamente sobre a faculdade de fruir, explicam Cristiano Chaves de Farias e Nelson Rosenvald que "consiste na exploração econômica da coisa, mediante a extração de frutos e produtos que ultrapassem a percepção dos simples frutos naturais".[3] Em outras palavras, afirmam Elpídio Donizetti e Felipe Quintella que tal faculdade "consiste em captar as vantagens geradas pelo bem, como os frutos industriais e civis, os produtos, e quaisquer outras utilidades que o bem produzir".[4]

É justamente o direito de fruir que permite a alguém adquirir um imóvel como investimento, com a finalidade de o alugar. Afinal, a locação consiste em exercício da faculdade de fruir; os aluguéis gerados pela locação para o locador têm a natureza de *frutos civis*.[5]

Sobre o contrato de locação, sabe-se que a Lei nº 8.245/1991 dispõe sobre a locação de imóveis urbanos, e trata da denominada *locação para temporada*, que melhor se designa como *locação por temporada*, vez que a temporada determina o prazo de duração do contrato, e não a sua causa final ("para quê").

Nos termos do art. 48 da referida lei, tal modalidade de locação é a que se destina "à residência temporária do locatário, para prática de lazer, realização de cursos, tratamento de saúde, feitura de obras em seu imóvel, e outros fatos que decorrem tão somente de determinado tempo", não podendo ser contratada por prazo superior a noventa dias, e podendo ter por objeto imóvel mobiliado ou não. Vê-se, pois, que se trata de modalidade de locação residencial.

Característica marcante da locação por temporada, e, segundo Nagib Slaibi Filho e Romar Navarro de Sá, razão pela qual ela foi incluída na legislação sobre locação – pri-

---
2. GOMES, Orlando. *Direitos Reais*. Rio de Janeiro: Forense, 1958, p. 118.
3. FARIAS, Cristiano Chaves de; ROSENVALD, Nelson. *Direito Civil: Reais*. 11. ed. São Paulo: Atlas, 2015, v. 5, p. 243.
4. DONIZETTI, Elpídio; QUINTELLA, Felipe. *Curso Didático de Direito Civil*. 8. ed. São Paulo: Atlas, 2019.
5. TARTUCE, Flávio. *Manual de Direito Civil*. 7. ed. São Paulo: Método, 2017, p. 207.

meiramente na Lei n° 6.649/1979 – é a possibilidade de cobrança antecipada dos aluguéis (art. 49 da Lei n° 8.245/1991).[6]

Pois bem. Verificada a possibilidade da celebração de contratos de locação de imóveis urbanos por temporada, cabe averiguar se há diferença entre a contratação por meio de aplicativos ou por outros mecanismos de aproximação das partes.

Conforme informações constantes no portal do *Airbnb* – primeiro aplicativo do gênero –, trata-se de "uma comunidade baseada no compartilhamento":

> O Airbnb começou em 2008, quando dois designers que tinham um espaço sobrando hospedaram três viajantes que procuravam um lugar para ficar. Agora, milhões de anfitriões e viajantes optam por criar uma conta gratuita no Airbnb para que possam anunciar seu espaço e reservar acomodações únicas em qualquer lugar do mundo. Além disso, os anfitriões de experiências do Airbnb compartilham suas paixões e interesses com viajantes e moradores locais.[7]

Verifica-se, pois, que o serviço do aplicativo é análogo ao dos corretores de imóveis, e se destina, verdadeiramente, a aproximar as partes interessadas na locação, com o fim de obter a contratação. A engenhosidade da ideia, por assim dizer, foi (1) oferecer um serviço inegavelmente de corretagem para locações *por temporada*; (2) fazê-lo com uso de tecnologia, por meio de um aplicativo para *tablets* e *smartphones*; e, ainda, (3) concorrendo, na prática, com hotéis e demais estabelecimentos de hospedagem, e não com as sociedades de corretagem, tradicionalmente denominadas "imobiliárias". Como se não bastasse, no caso Brasil, especificamente, sem se submeter à legislação sobre corretagem – Lei n° 6.530/78 –, a qual regulamenta a profissão de corretor de imóveis – pessoa natural, portanto –, inaplicável ao serviço virtual, oferecido por pessoa jurídica, e realizado por inteligência artificial.

Ademais, conforme consta no portal do *Airbnb*, cuida-se de *serviços confiáveis*:

> O Airbnb ajuda a tornar o compartilhamento fácil, agradável e seguro. Verificamos perfis pessoais e anúncios, mantemos um sistema de mensagens inteligente para que anfitriões e hóspedes possam se comunicar com segurança e gerenciamos uma plataforma confiável para recolher e transferir pagamentos.[8]

Além disso, o provedor oferece uma *central de confiança e segurança*, com instruções e ferramentas de atendimento tanto para locatários quanto para locadores.[9]

Levando-se em conta, por fim, que tudo pode ser feito facilmente por meio do aplicativo ou pelo computador, não é de se admirar o sucesso que a ideia alcançou na prática.

E, por se tratar apenas de um mecanismo de aproximação das partes, em nada interfere na natureza do negócio celebrado entre locador e locatário, o qual continua sendo *locação residencial por temporada*.

Logo, é inescapável a conclusão no sentido de não haver, no Direito brasileiro, qualquer óbice à contratação da locação por temporada por aplicativos, cuja possibilidade

---

6. SLAIBI FILHO, Nagib; SÁ, Romar Navarro. *Comentários à Lei do Inquilinato*. Rio de Janeiro: Forense, 2010, p. 315.
7. Disponível em: https://www.airbnb.com.br/help/article/2503/o-que-é-o-airbnb-e-como-ele-funciona. Acesso em: 22 out. 2019.
8. Disponível em: https://www.airbnb.com.br/help/article/2503/o-que-é-o-airbnb-e-como-ele-funciona. Acesso em: 22 out. 2019.
9. Disponível em: https://www.airbnb.com.br/trust. Acesso em: 22 out. 2019.

decorre, como se demonstrou, da faculdade de fruir, a qual integra o feixe das faculdades inerentes ao direito de propriedade.

Resta, pois, verificar se o fato de o imóvel que se pretende alugar consistir em unidade autônoma em condomínio edilício afeta a possibilidade da contratação da locação, por temporada, por meio de aplicativo.

Apesar da grande divergência com relação à denominação,[10] a ideia da modalidade de condomínio a que o Código de 2002 se refere como *edilício* é relativamente simples. Conforme se depreende do art. 1.331 do referido Código, trata-se de imóvel em que há áreas de propriedade comum e áreas de propriedade exclusiva. É o que ocorre nos edifícios de salas e de apartamentos, e nos loteamentos fechados – os quais, desde a entrada em vigor da Lei nº 13.465/2017, podem ser constituídos como condomínios (edilícios) de lotes. Vale lembrar que a designação eleita pelo Código Civil, *condomínio edilício*, encontra sinônimos na doutrina, tais como *condomínio horizontal*, *propriedade em planos horizontais*, *condomínio relativo* ou *propriedade em edifícios*.[11]

Como apontam Cristiano Chaves de Farias e Nelson Rosenvald, caracteriza o condomínio edilício a "combinação de direitos reais preexistentes, quais sejam: o da propriedade individual das unidades independentes e o da propriedade coletiva das partes comuns".[12]

Em decorrência da estrutura do condomínio edilício, podem os condôminos "usar, fruir e livremente dispor das suas unidades", conforme estabelecido no art. 1.335, I do CC/02, dentre os direitos dos condôminos.

Conclui-se, pois, que mesmo no caso dos bens integrantes de condomínio edilício, pode o proprietário exercer o seu direito de fruir por meio da locação do imóvel por temporada, por meio de aplicativos.[13]

3. PRESSUPOSTOS PARA A CONFIGURAÇÃO DA RESPONSABILIDADE CIVIL SUBJETIVA

A configuração da responsabilidade civil no Direito brasileiro pressupõe, necessariamente, uma conduta, um dano e o nexo causal entre a conduta e o dano.[14]

Em se tratando, especificamente, de responsabilidade delitual, ou seja, de *responsabilidade subjetiva por dano decorrente de ato ilícito* (art. 927 do CC/02), parte da doutrina costuma apontar um quarto pressuposto, consubstanciado na *culpa* do sujeito que pra-

---

10. TARTUCE, Flávio. *Direitos Civil*: Direito das Coisas. 11. ed. Rio de Janeiro: Forense, 2019, p. 376.
11. REZENDE, Elcio Nacur. *Condomínio em Edifícios*. Belo Horizonte: Del Rey, 2004.
12. FARIAS, Cristiano Chaves de; ROSENVALD, Nelson. *Direito Civil*: Reais. 11. ed. São Paulo: Atlas, 2015, v. 5, p. 607.
13. Quando da conclusão deste trabalho, ainda se encontrava pendente de julgamento, no STJ, pela Quarta Turma, o REsp nº 1.819.075/RS, em que se discute a possibilidade de o condomínio proibir a locação de unidades autônomas por aplicativos, por temporadas. Em outubro de 2019, o relator, Min. Luis Felipe Salomão, votou no sentido da ilegalidade de tal proibição. O Min. Raul Araújo, apesar de concordar com o posicionamento do relator, pediu vista. (VARGAS, Vinicius Brandão. Para ministro do STJ, é lícita a locação de unidades condominiais via Airbnb. *Portal Migalhas*. Disponível em: https://www.migalhas.com.br/dePeso/16,MI313580,91041-Para+ministro+do+STJ+e+licita+a+locacao+de+unidades+condominiais+via. Acesso em: 1º nov. 2019.)
14. DONIZETTI, Elpídio; QUINTELLA, Felipe. *Curso Didático de Direito Civil*. 8. ed. São Paulo: Atlas, 2019, p. 417.

ticou a conduta.¹⁵ Os autores deste trabalho, no entanto, aderem à corrente que entende consistir a culpa em *elemento da conduta*, e não em pressuposto independente. Em outras palavras, a ideia é no sentido de que, em se tratando de responsabilidade delitual, a discussão da *conduta*, como primeiro pressuposto, abrange a discussão sobre ter o ato sido ou não praticado com culpa em sentido amplo (seja com dolo, seja com simples culpa).¹⁶

Pois bem. A regra geral acerca da responsabilidade delitual no Direito brasileiro decorre da conjunção dos comandos dos arts. 186, 187 e 927 do Código de 2002: conforme o art. 186, "aquele que, por ação ou omissão voluntária, negligência ou imprudência, violar direito e causar dano a outrem, ainda que exclusivamente moral, comete ato ilícito"; segundo o art. 187, "também comete ato ilícito o titular de um direito que, ao exercê-lo, excede manifestamente os limites impostos pelo seu fim econômico ou social, pela boa-fé ou pelos bons costumes"; por fim, nos termos do art. 927, "aquele que, por ato ilícito (arts. 186 e 187), causar dano a outrem, fica obrigado a repará-lo". Resumidamente, pode-se enunciar a fórmula geral da responsabilidade civil subjetiva por ato ilícito, ou responsabilidade civil delitual, como "*quem comete ato ilícito e causa dano, fica obrigado a repará-lo*".

Considerando-se o escopo do presente trabalho, não se examinarão os casos de responsabilidade por abuso de direito (art. 187), mas, apenas, pelo ato ilícito de que trata o art. 186 do Código de 2002.

Sobre o primeiro pressuposto para a configuração da responsabilidade civil – o ato –, a norma do art. 186 prevê que a conduta apta a configurar o ato ilícito tanto pode ser *comissiva* – quando o sujeito pratica uma ação – quanto *omissiva* – quando há, por parte do sujeito, uma omissão. Ademais, a regra prevê a configuração do ato ilícito tanto pela conduta *voluntária* – quando há dolo do sujeito –, quanto pela conduta *culposa*, nos casos de negligência, imprudência – e, acrescenta a doutrina, imperícia.¹⁷

Dentro da corrente mencionada anteriormente, segundo a qual *a culpa* não constitui pressuposto apartado, mas integra o exame da conduta, Caio Mário da Silva Pereira, em um dos primeiros cursos específicos sobre responsabilidade civil publicados no Brasil, afirma que "a teoria da responsabilidade subjetiva erige em pressuposto da obrigação de indenizar, ou de reparar o dano, o *comportamento culposo* do agente, ou simplesmente a sua *culpa*".¹⁸

Com relação ao segundo pressuposto – o dano –, sabe-se que pode ser de natureza patrimonial ou extrapatrimonial. Em outras palavras, material ou moral. É o que se depreende do art. 186, parte final, do CC/02, bem como do art. 5º, V da Constituição da República de 1988, a qual, antes mesmo da promulgação do novo Código Civil, consagrou a reparabilidade do dano material *e do dano moral* como garantia fundamental.

---

15. BRAGA NETTO, Felipe Peixoto; FARIAS, Cristiano Chaves de; ROSENVALD, Nelson. *Novo Tratado de Responsabilidade Civil*. 4. ed. São Paulo: Saraiva Educação, 2019, p. 187.
16. PEREIRA, Caio Mário da Silva. *Responsabilidade Civil*. 3. ed. Rio de Janeiro: Forense, 1992, p. 29-30; DONIZETTI, Elpídio; QUINTELLA, Felipe. *Curso Didático de Direito Civil*. 8. ed. São Paulo: Atlas, 2019, p. 392.
17. DONIZETTI, Elpídio; QUINTELLA, Felipe. *Curso Didático de Direito Civil*. 8. ed. São Paulo: Atlas, 2019, p. 395.
18. PEREIRA, Caio Mário da Silva. *Responsabilidade Civil*. 3. ed. Rio de Janeiro: Forense, 1992, p. 30.

Sobre tal pressuposto, e com razão, advertem Felipe Braga Netto, Cristiano Chaves de Farias e Nelson Rosenvald em seu *Novo Tratado de Responsabilidade Civil* que "inexiste responsabilidade civil sem dano, ainda que ele possa assumir formas diferenciadas, como o dano reflexo ou a perda de uma chance".[19]

Por fim, acerca do terceiro pressuposto – o nexo de causalidade –, sabe-se que se trata da relação causal entre a conduta daquele a quem se imputa responsabilidade e o dano sofrido por quem pretende a reparação. Em outras palavras, Sergio Cavalieri Filho explica ser o nexo causal "um conceito jurídico-normativo através do qual poderemos concluir quem foi o causador do dano".[20]

Sobre tal pressuposto, com acerto, Cavalieri Filho destaca que "não pode haver responsabilidade sem nexo causal".[21] Ademais, adverte o autor:

> Além de pressuposto, o nexo causal tem também por função estabelecer o limite da obrigação de indenizar. Veremos que só se indeniza o dano que é consequência do ato ilícito. As perdas e danos não se estendem ao que está fora da relação de causalidade.[22]

Revisados os pressupostos para a configuração da responsabilidade civil, cabe destacar que a norma do art. 927 cuida, especificamente, da configuração de responsabilidade civil *do agente do ato ilícito*. Ou seja, nos casos em que se discute a responsabilidade civil prevista no art. 927 – a responsabilidade civil subjetiva por ato ilícito, ou responsabilidade civil delitual –, é preciso demonstrar que o ato causador do dano foi praticado *pelo sujeito a quem se imputa a responsabilidade*. Em outras palavras, não se configura a responsabilidade de que trata o art. 927 do CC/02 por conduta de *terceiro*.

Neste ponto, vale lembrar que, nesta pesquisa, o que se investiga é a possibilidade de se responsabilizar *o proprietário, locador* de unidade autônoma de condomínio edilício por temporada, por meio de aplicativo, ou o *próprio aplicativo*, por danos causados *pelo locatário*. Logo, trabalha-se com a hipótese de haver, efetivamente, ocorrido um dano – seja ao condomínio, a condômino ou a terceiro que se encontrava no condomínio.

Sendo assim, estaria resolvido o segundo pressuposto de que depende a configuração da responsabilidade civil; todavia, pelo fato de que, na hipótese de que ora se trata, o dano decorreu *de ato do locatário*, e não do locador, *não estariam* resolvidos o primeiro e o terceiro pressupostos. Isso, é claro, considerando-se a responsabilidade subjetiva *do locador* ou *do aplicativo*, vez que ficaria configurada a responsabilidade delitual *do locatário*.

4. RESPONSABILIDADE CIVIL OBJETIVA POR ATO DE TERCEIRO E PELA REALIZAÇÃO DE ATIVIDADE DE RISCO

Visto, na seção anterior, que danos causados pelo locatário, mesmo em casos de locação celebrada por meio de aplicativos, somente ensejam responsabilidade subjetiva

---

19. BRAGA NETTO, Felipe Peixoto; FARIAS, Cristiano Chaves de; ROSENVALD, Nelson. *Novo Tratado de Responsabilidade Civil*. 4. ed. São Paulo: Saraiva Educação, 2019, p. 293.
20. CAVALIERI FILHO, Sergio. *Programa de Responsabilidade Civil*. 13. ed. São Paulo: Atlas, 2019, p. 63.
21. CAVALIERI FILHO, Sergio. *Programa de Responsabilidade Civil*. 13. ed. São Paulo: Atlas, 2019, p. 63.
22. CAVALIERI FILHO, Sergio. *Programa de Responsabilidade Civil*. 13. ed. São Paulo: Atlas, 2019, p. 63.

do locatário, cabe, nesta seção, verificar se há configuração de responsabilidade ou do locador, ou do aplicativo que intermediou o contrato.

Isso porque, no ordenamento jurídico brasileiro, além da responsabilidade civil subjetiva por ato ilícito, há também outras hipóteses de responsabilidade, a que tradicionalmente se referem a doutrina e a jurisprudência como *responsabilidade civil objetiva*, particularizadas pela desnecessidade de discussão – e, por conseguinte, de prova – da *culpa* do sujeito a quem se imputa a responsabilidade. Dentre tais hipóteses estão as de responsabilidade decorrente do risco da atividade; de responsabilidade por ato lícito, em caso de dano causado em estado de necessidade; de responsabilidade pelo fato do animal e da coisa; de responsabilidade por ato de terceiro. É justamente dentre as hipóteses de responsabilidade civil por ato de terceiro, e de responsabilidade pela realização de atividade de risco, que se devem buscar as respostas que esta pesquisa pretende oferecer.

Para a discussão do assunto de que trata esta seção, será preciso considerar que os três pressupostos para configuração da responsabilidade civil efetivamente ocorreram, como segue: (1) o locatário, no curso da locação, praticou determinada conduta; (2) o condomínio, condômino ou terceiro que estava no condomínio sofreu dano; (3) resta demonstrado que o dano (2) decorreu da conduta (1). Vale lembrar que o que particulariza a discussão objeto desta seção é a verificação da possibilidade de configuração de responsabilidade civil do *locador* ou do *aplicativo* – de terceiros, portanto – por danos causados por conduta do *locatário*.

Para ilustrar as hipóteses investigadas pela pesquisa, é possível pensar na seguinte situação: um proprietário resolve alugar um apartamento de sua propriedade. Durante todo o prazo locatício, tudo transcorre com absoluta normalidade.

Findo o prazo, após a espontânea restituição do imóvel, o locador é informado, pelo síndico, de problemas que ocorreram envolvendo o locatário, durante a locação. Por exemplo, este havia quebrado a churrasqueira do edifício e não a havia reparado, ou havia entrado em luta corporal com outro morador na academia, ou pichou paredes de um corredor, ou escutou música em altíssimo volume, prejudicando o sossego e salubridade do prédio vizinho.

Pergunta-se: em casos assim, o locador teria a obrigação de indenizar as vítimas dos danos causados pelo locatário? E o aplicativo que intermediou a locação, teria?

São as respostas para essas perguntas que a presente análise pretende prover.

Nas subseções em que se subdivide esta seção, serão examinadas, separadamente, a configuração ou não de responsabilidade objetiva *do locador* e *do aplicativo*.

4.1 Exame da configuração ou não de responsabilidade objetiva do locador por danos causados pelo locatário

O Código Civil de 2002 prevê especificamente hipóteses de *responsabilidade civil objetiva por ato de terceiro* no art. 932:

Art. 932. São também responsáveis pela reparação civil:
I – os pais, pelos filhos menores que estiverem sob sua autoridade e em sua companhia;

II – o tutor e o curador, pelos pupilos e curatelados, que se acharem nas mesmas condições;

III – o empregador ou comitente, por seus empregados, serviçais e prepostos, no exercício do trabalho que lhes competir, ou em razão dele;

IV – os donos de hotéis, hospedarias, casas ou estabelecimentos onde se albergue por dinheiro, mesmo para fins de educação, pelos seus hóspedes, moradores e educandos;

V – os que gratuitamente houverem participado nos produtos do crime, até a concorrente quantia.

Dentre as mencionadas hipóteses encontra-se, no inc. IV do art. 932, a dos "donos de hotéis, hospedarias, casas ou estabelecimentos onde se albergue por dinheiro, mesmo para fins de educação, pelos seus hóspedes, moradores e educandos".

É necessário, pois, verificar se a hipótese específica de que trata a presente pesquisa quanto à responsabilidade do locador se amolda ao suporte fático do art. 932, IV.

Sobre tal hipótese, vale transcrever a lúcida reflexão de Felipe Braga Netto, Cristiano Chaves de Farias e Nelson Rosenvald em seu *Novo Tratado de Responsabilidade Civil*:

> Registre-se que se trata de hipótese curiosa, de fundamentos pouco claros e de escassa frequência na jurisprudência. Por que – cabe perguntar – responsabilizar os hotéis pelos atos dos seus hóspedes e não responsabilizar, por exemplo, os hospitais pelos atos dos seus pacientes? Qual o fundamento valorativo da diferenciação? Sem falar que os hotéis, em regra, não podem distinguir nem recusar hóspedes – podem, até, em assim agindo, responder civilmente.[23]

Também são críticos da hipótese em comento Elpídio Donizetti e Felipe Quintella, segundo os quais:

> Trata-se de uma hipótese vetusta e que, no mundo contemporâneo, deve ser lida com muito cuidado. Isso porquanto não há que se falar em relação entre o hospedeiro e o hóspede que crie uma responsabilidade daquele por este e justifique a transcendência da responsabilidade. Nem, muito menos, como faz a doutrina tradicional, em "culpa presumida *in vigilando*".[24]

Por meio de interpretação histórica, os autores ainda pontuam que:

> Na época da elaboração do Código Civil de 1916 (1899), em que era comum que jovens se mudassem das casas de suas famílias para pensões ou mesmo para internatos, para estudar, a hipótese encontrava razão de ser, porquanto nesses casos os pais transferiam os deveres de zelo e educação para os administradores desses estabelecimentos.
>
> Hoje, todavia, não há por que se cogitar da responsabilidade do dono de um hotel ou de uma pensão pelos atos que uma pessoa capaz pratica, simplesmente por se hospedar no hotel ou morar na pensão.[25]

Ainda sobre a história da norma, e remontando a tempos mais distantes, pontua Caio Mário:

> A fonte histórica do preceito é a figura romana de um dos *quase delicta*, na hipótese do *receptum nautarum, cauponum, stabularum*, que naquele direito impunha ao capitão do navio, ao dono de hospedaria ou do estábulo responder pelos danos e furtos praticados por seus prepostos quanto aos bens de seus clientes.[26]

---

23. BRAGA NETTO, Felipe Peixoto; FARIAS, Cristiano Chaves de; ROSENVALD, Nelson. *Novo Tratado de Responsabilidade Civil*. 4. ed. São Paulo: Saraiva Educação, 2019, p. 748.
24. DONIZETTI, Elpídio; QUINTELLA, Felipe. *Curso Didático de Direito Civil*. 8. ed. São Paulo: Atlas, 2019, p. 446.
25. DONIZETTI, Elpídio; QUINTELLA, Felipe. *Curso Didático de Direito Civil*. 8. ed. São Paulo: Atlas, 2019, p. 446.
26. PEREIRA, Caio Mário da Silva. *Responsabilidade Civil*. 3. ed. Rio de Janeiro: Forense, 1992, p. 97.

Como se vê, no entanto, a hipótese, no Direito Romano, era diversa, pois tratava da responsabilidade do capitão do navio, do dono da hospedaria e do dono do estábulo *por danos causados aos seus clientes, por seus prepostos*. O caso não era, como hoje está, curiosamente, no inc. IV do art. 932, dos donos de hotéis e hospedarias *por atos de seus hóspedes, moradores e educandos*.

Ademais, cabe destacar que a norma de que se cuida tem caráter restritivo, razão pela qual não comporta interpretação extensiva. E, a rigor, a atividade daquele que disponibiliza um imóvel para locação por temporadas, para fins residenciais, ainda que assemelhada à atividade daqueles que proveem hospedagem em geral, com esta não se confunde.

Conclui-se, pois, que a hipótese de que trata esta pesquisa não se amolda ao suporte fático do art. 932, IV do CC/02.

Não obstante, apenas para fins de argumentação, interessante destacar que, ainda que se amoldasse, teriam que ser enfrentadas as críticas feitas pela doutrina à controvertida regra.

Logo, considerando-se as hipóteses previstas no Código Civil de 2002 de responsabilidade objetiva por ato de terceiro, não há que se falar em responsabilidade objetiva do locador por ato do locatário.

Com relação aos danos imaginários suscitados anteriormente, na introdução desta seção, sustenta-se, pois, que a resposta deve ser negativa com relação à configuração de responsabilidade do locador.

Por oportuno, vale destacar que há julgado nesse sentido na jurisprudência do Tribunal de Justiça do Rio de Janeiro (Apelação Cível nº 0302221-21.2013.8.19.0001). Em seu voto, destacou o relator:

> O artigo 932 do Código Civil regula a responsabilidade civil por ato de terceiro, e no inciso IV a imputa a quem de alguma forma recebe o causador do dano, "hóspedes, moradores e educandos", por atividade profissional, por dinheiro. Trata da relação jurídica afeta a hospedagem, e a relação locatícia não se enquadra na regra do referido artigo, sendo inviável a interpretação ampliativa por se tratar de norma sancionatória.
>
> A lei de locações em momento algum prevê a responsabilidade do locador por atos do locatário e o Código Civil registra no artigo 1336, IV, dentre outros o dever de o condômino utilizar sua parte exclusiva e as comuns sem causar prejuízo ao "sossego, salubridade e segurança dos possuidores, ou aos bens costumes". No mesmo sentido também o artigo 1319 do Código Civil que disciplina a responsabilidade civil própria do condômino por seus atos.
>
> Estas normas, todavia, encerram comandos dirigidos ao próprio condômino, de caráter pessoal, sendo impossível aplicar o princípio da responsabilidade por falta no dever de vigilância (culpa in elegendo) com base neste preceito. Era fundamental para estender os efeitos da responsabilidade ao locador que houvesse expressa previsão no artigo 932, do Código Civil.
>
> A responsabilidade civil do condômino frente ao condomínio existe apenas quanto aos danos vinculados à propriedade, e não por atos pessoais de terceiro, no caso o locatário.[27]

---

27. TJRJ. Apelação Cível nº 0302221-21.2013.8.19.0001. 5ª Câmara Cível. Relator: Des. Carlos Henrique de Andrade Figueira. Data do julgamento: 07/06/2016. Data da publicação: 09/06/2016.

Ressalte-se, não obstante, que os autores deste trabalho não estão a sustentar a inexistência das obrigações *propter rem* nas relações condominiais; pelo contrário, é inexorável que essas obrigações ambulatórias, que "acompanham a coisa", existam e sejam origem de responsabilidade civil de quem é proprietário de unidades autônomas em condomínio. Por tal razão, se, do apartamento objeto da locação ocorrer infiltração em outras unidades, causando-lhes danos, a obrigação reparatória caberá ao proprietário da unidade de que partiu a infiltração. Provando que a infiltração ocorreu por conduta do locatário, o locador contra ele terá direito de regresso, mas não se eximirá de responder perante a vítima do dano.

Todavia, é importante discernir tais obrigações *propter rem* de obrigações de indenizar decorrentes de atos ilícitos que ocorreram de conduta do sujeito – no caso, o locatário – independentemente da existência da coisa – no caso, o imóvel alugado.

Nessa toada, estamos aqui a sustentar que atos de degradação que não se relacionam com o direito real de propriedade não tem o condão de imputar ao proprietário o dever jurídico de responder por ato ilícito do locatário.

Deve ser lembrado que, nos casos que ora examinamos, o ato ilícito foi perpetrado exclusivamente pelo locatário; não existe nexo de causalidade entre a propriedade e a ilicitude perpetrada pelo locatário. Portanto, por corolário lógico, incumbe ao locatário e, somente a esse, a reparação civil dos danos causados.

4.2 Exame da configuração ou não de responsabilidade objetiva do aplicativo por danos causados pelo locatário

Afastada a possibilidade de configuração de responsabilidade civil do locador pelos danos causados pelo locatário, seja subjetiva, seja objetiva, a não ser em casos de obrigação *propter rem*, resta, por fim, examinar se há configuração de responsabilidade civil *do aplicativo*, ou, mais propriamente, da sociedade empresária provedora do aplicativo.

Interessante notar que, no caso do aplicativo *Airbnb*, em seu próprio site, existe menção expressa à responsabilidade civil decorrente de danos causados pelo locatário, na medida em que se menciona: "sempre que um hóspede fizer uma reserva e ficar no seu espaço, você automaticamente terá a cobertura da Garantia ao Anfitrião", o que se completa pela afirmação de que "oferecemos até US$ 1 milhão de proteção contra danos à propriedade, caso você eventualmente precise. Esse valor é incomparável no setor de viagens. Nós apoiamos nossa comunidade."[28]

Além disso, o provedor dispõe sobre o que está coberto pelo seguro, informando que o valor referido cobre danos à acomodação, unidade, cômodos e bens materiais.

Por outro lado, dispõe o *Airbnb*, de forma cristalina, que a proteção não abrange – e, portanto, que o provedor não se responsabiliza – por "reivindicações de terceiros para danos pessoais e danos à propriedade".[29] Ademais, assevera a política do serviço que "danos a áreas comuns ou compartilhadas do prédio não fazem parte da acomodação em

---
28. Disponível em: https://www.airbnb.com.br/guarantee. Acesso em: 25 out. 2019.
29. Disponível em: https://www.airbnb.com.br/guarantee. Acesso em: 25 out. 2019.

si".[30] Surpreende que a proteção oferecida pelo provedor abranja apenas danos causados pelo locatário no imóvel locado, sem alcançar as áreas comuns como, por exemplo, o elevador, a piscina ou os corredores.

Ressalte-se que, estranhamente e de forma contraditória, o próprio *Airbnb* informa que todos os locadores possuem, automaticamente, o denominado "Seguro de Proteção ao Anfitrião" que tem cobertura referente a "alguns danos à propriedade em áreas comuns de uma propriedade fora da acomodação em si (como o *lobby* de um edifício),"[31] em palavras colhidas do próprio site do *Airbnb*.

Nesse sentido, o provedor reconhece, ainda que reflexamente, por meio de um seguro operado por um terceiro, no caso, pelas seguradoras *Lloyd's of London* e *Zurich Insurance plc*, que tem responsabilidade por danos causados ao condomínio.

Sem ingenuidade, sabemos que tal cláusula não existe por simples cortesia do *Airbnb*; ao contrário, tal cobertura securitária oferecida em prol dos seus clientes/consumidores, certamente, está contabilizada como despesa e, naturalmente, é suportada pelo consumidor, fato este que nada tem de criticável, pois se trata de uma atividade empresária que objetiva o lucro, fato plenamente aceito no Estado Democrático de Direito em que vivemos.

Outro intermediário de locações por temporadas, o *Booking.com* – que provê serviço similar ao do *Airbnb*, além, como cediço, de intermediar a contratação de hospedagem em hotéis, de forma bem diversa –, dispõe em seu site, de forma confusa e extremamente ampla – talvez por tradução de outra língua, com incorreções –, que o provedor se isenta de responsabilidade, nos seguintes termos: "qualquer prejuízo (pessoal), morte, danos na propriedade ou outros (diretos, indiretos, especiais, consequentes ou puníveis) danos, perdas ou custos suportados, incorridos ou pagos por você, seja devido a atos (legais), erros, infrações, negligência (grave), conduta imprópria intencional, omissões, não cumprimento, informações falsas, delito ou responsabilidade extracontratual objetiva (totalmente ou parcialmente) ao Provedor de Viagem ou qualquer de seus parceiros de negócios (incluindo seus funcionários, diretores administrativos, agentes, representantes, subcontratados ou empresas afiliadas), de quem produtos ou serviços estejam (direta ou indiretamente) disponíveis, sejam oferecidos ou promovidos em ou por meio da Plataforma, incluindo qualquer cancelamento (parcial), overbookings (sobrelotações), greve, força maior ou qualquer outro evento que fuja do nosso controle."[32]

No aplicativo "QuintoAndar" – outro a intermediar locações por temporadas –, também existe uma cláusula que isenta o provedor de responsabilidade, na medida em que, embora exista uma "Cobertura contra Danos", expressamente se assevera que "não

---

30. Disponível em: https://www.airbnb.com.br/guarantee. Acesso em: 25 out. 2019.
31. Disponível em: https://www.airbnb.com.br/host-protection-insurance. Acesso em: 25 out. 2019.
32. Disponível em: https://www.booking.com/content/terms.pt-br.html?aid=376377;label=booking-name-pt-row-bwMffLz%2AfdB8PTKNsC9tlgS267778091917%3Apl%3Ata%3Ap1%3Ap22.538.000%3Aac%3Aap-1t1%3Aneg%3Afi%3Atiaud-828949452694%3Akwd-65526620%3Alp1001632%3Ali%3Adec%3Adm;sid=af-0da604cd5ab424c6ac91bae6520207. Acesso em: 25 out. 2019.

serão contemplados pela Cobertura Contra Danos QuintoAndar: ... k) Danos nas áreas externas de residências (como piscina, caixa d'água, pintura, paisagismo)."[33]

Considerando-se que, em geral, os provedores não assumem voluntariamente a responsabilidade pela reparação dos danos de que trata este trabalho, devemos perquirir se existe substrato jurídico teórico capaz de imputar à sociedade empresária que faz a intermediação da locação responsabilidade civil por danos causados pelo locatário.

Considerando-se as hipóteses de responsabilidade objetiva previstas pelo Código Civil de 2002, isso só ocorreria se a atividade pudesse ser considerada de risco. Cabe investigar, pois, se há incidência da responsabilidade objetiva decorrente da atividade de risco, prevista no parágrafo único do art. 927 do CC/02.

Sobre a hipótese de responsabilidade civil objetiva pela realização de atividade de risco, de que trata o art. 927, parágrafo único do CC/02, explica Anderson Schreiber: "o escopo do parágrafo único do art. 927 é impor responsabilização com base no elevado risco produzido por certa atividade, o que se verifica naquelas hipóteses em que há um elevado perigo de dano, seja por sua frequência, seja por sua intensidade".[34]

Ora, evidentemente, não há que se falar em elevado perigo de dano no caso da atividade de intermediação de contratos de locação por meio de aplicativo.

Destarte, não há que se falar em responsabilidade civil objetiva *do aplicativo*, ou, mais propriamente, da sociedade empresária que provê o serviço de intermediação de locações por meio de aplicativo, por danos causados pelo locatário.

Também aqui, quanto aos danos imaginários suscitados na introdução desta seção, sustenta-se que a resposta deve ser negativa com relação também à configuração de responsabilidade do aplicativo.

5. CONSIDERAÇÕES FINAIS

Os *smartphones*, hodiernamente, passaram a compor, com o perdão da metáfora, o corpo do ser humano. Facilmente se observa que as pessoas têm sempre o aparelho celular junto de si, como se fosse este um acessório de sua vestimenta.

Com as transformações das relações civis, mormente em razão da enorme velocidade do tráfego de informações propiciada pela internet, os aplicativos dos aparelhos celulares se tornaram uma nova ferramenta para a concretização de negócios jurídicos que, outrora, só se celebravam presencialmente, por meio de contratos escritos que demandavam assinaturas reconhecidas em cartório – ou seja, com enorme carga burocrática, que dificultava as negociações.

As relações negociais e, por consequência, a juridicidade que lhes é necessária, não se coadunam com a morosidade que antigamente as atingia – graças, por vezes, a imposições desarrazoadas do ordenamento jurídico.

---

33. Disponível em: https://help.quintoandar.com.br/hc/pt-br/articles/360000434711-Quais-s%C3%A3o-as-condi%-C3%A7%C3%B5es-da-Cobertura-Contra-Danos-. Acesso em: 25 out. 2019.
34. SCHREIBER, Anderson *et al. Código Civil Comentado*: doutrina e jurisprudência. Rio de Janeiro: Forense, 2019, p. 617.

Dentre as relações que sofreram grande mudança, a locação é emblemática, e ocupa posição de destaque.

Há poucos anos, para se alugar um imóvel, era necessário que locador e locatário se encontrassem, redigissem um contrato, imprimissem, assinassem e reconhecessem suas firmas em cartório. Só após todo esse trâmite é que se transferia a posse direta ao inquilino e, então, a relação jurídica começava a produzir seus efeitos.

Isso mudou.

Com os aplicativos dos *smartphones*, em poucos minutos, mormente em locações por temporada, é possível celebrar e dar início à locação de um bem imóvel.

Todavia, essa enorme facilidade vem acompanhada de sérios questionamentos jurídicos, sobretudo no campo da responsabilidade civil.

A presente pesquisa teve por objetivo fornecer respostas para os seguintes questionamentos: (1) há responsabilidade civil do proprietário por danos causados ao condomínio ou a outro condômino pelo locatário, nos casos de locação celebrada por meio de aplicativo? (2) Há responsabilidade da sociedade empresária provedora do aplicativo (*startup*), pelos mesmos danos?

Verificou-se, primeiramente, a inquestionável possibilidade de o proprietário, no exercício da sua faculdade de fruir, alugar seu imóvel em condomínio por meio de aplicativo, por temporadas.

Na sequência, revisitaram-se as hipóteses legais em que se configura responsabilidade civil no Código Civil de 2002: os casos de responsabilidade delitual – responsabilidade civil subjetiva por ato ilícito – de que trata o art. 927, combinado com os arts. 186 e 187; e os casos de responsabilidade objetiva – responsabilidade independente de culpa – de que trata o Código, quais sejam, as hipóteses de responsabilidade decorrente do risco da atividade; de responsabilidade por ato lícito, em caso de dano causado em estado de necessidade; de responsabilidade pelo fato do animal e da coisa; de responsabilidade por ato de terceiro.

Chegou-se à conclusão de que as respostas às perguntas formuladas são todas negativas.

Verificou-se que, nas hipóteses de que tratou a pesquisa – de danos causados pelo locatário ao condomínio, a condômino ou a terceiro que se encontrava no condomínio –, configura-se, obviamente, responsabilidade civil subjetiva do locatário, mas não do locador, nem do aplicativo, por ausência de nexo de causalidade entre condutas destes e os danos causados pelo locatário.

Ademais, não se configura responsabilidade civil objetiva, seja por ato de terceiro (art. 932, IV), seja pela realização de atividade de risco (art. 927, parágrafo único), conforme se demonstrou. Não há, pois, no Código Civil, norma que impute responsabilidade seja ao locador, seja ao aplicativo, pelos danos causados pelo locatário ao condomínio, a condômino ou a terceiros que se encontravam no condomínio.

Conforme se demonstrou, só há que se falar em responsabilidade do locador nos casos em que se configurem obrigações *propter rem*, quer dizer, nos casos em que haja danos relacionados diretamente à coisa – no caso, o imóvel locado. E isso se o locador for o proprietário do imóvel, vez que as obrigações *propter rem* a este são imputadas.

Finalmente, registre-se que aqui não se olvida, jamais, da importantíssima objetivação da responsabilidade civil na busca da tutela da vítima.

O que não se pode admitir, no entanto, é que se imponha responsabilidade civil sem a imprescindível demonstração dos elementos que a configuram, ou, conforme o caso, da efetiva ocorrência de hipótese legal de responsabilidade independente de culpa – objetiva –, sob pena de se imputar responsabilidade e, consequentemente, obrigação de indenizar, daquele que a lei efetivamente *não responsabiliza* – o que é mais grave em casos como os de que trata esta pesquisa, em que aquele que a lei *com certeza* responsabiliza é conhecido: o locatário, por ter sido o verdadeiro causador dos danos.

6. REFERÊNCIAS

BRAGA NETTO, Felipe Peixoto; FARIAS, Cristiano Chaves de; ROSENVALD, Nelson. *Novo Tratado de Responsabilidade Civil*. 4. ed. São Paulo: Saraiva Educação, 2019.

CAVALIERI FILHO, Sergio. *Programa de Responsabilidade Civil*. 13. ed. São Paulo: Atlas, 2019.

DONIZETTI, Elpídio; QUINTELLA, Felipe. *Curso Didático de Direito Civil*. 8. ed. São Paulo: Atlas, 2019.

FARIAS, Cristiano Chaves de; ROSENVALD, Nelson. *Direito Civil*: Reais. 11. ed. São Paulo: Atlas, 2015, v. 5.

GOMES, Orlando. *Direitos Reais*. Rio de Janeiro: Forense, 1958.

PEREIRA, Caio Mário da Silva. *Responsabilidade Civil*. 3. ed. Rio de Janeiro: Forense, 1992.

PEREIRA, Caio Mário da Silva. *Condomínio e Incorporações*. 13. ed. Rio de Janeiro: Forense, 2018.

QUINTELLA, Felipe. Os limites da ingerência do condomínio e das associações nos lotes de propriedade exclusiva em loteamentos fechados. *Diário das Leis*. Disponível em: https://www.diariodasleis.com.br/bdi/17202-os-limites-da-ingeruncia-do-condomunio-e-das-associaues-nos-lotes-de-proprieda-de-exclusiva-em-loteamentos-fechados.html. Acesso em: 25 out. 2019.

REZENDE, Elcio Nacur. *Condomínio em Edifícios*. Belo Horizonte: Del Rey, 2004.

SCHREIBER, Anderson *et al*. *Código Civil Comentado*: doutrina e jurisprudência. Rio de Janeiro: Forense, 2019.

SLAIBI FILHO, Nagib; SÁ, Romar Navarro. *Comentários à Lei do Inquilinato*. Rio de Janeiro: Forense, 2010.

TARTUCE, Flávio. *Direitos Civil*: Direito das Coisas. 11. ed. Rio de Janeiro: Forense, 2019.

TARTUCE, Flávio. *Manual de Direito Civil*. 7. ed. São Paulo: Método, 2017.

VARGAS, Vinicius Brandão. Para ministro do STJ, é lícita a locação de unidades condominiais via Airbnb. *Portal Migalhas*. Disponível em: https://www.migalhas.com.br/dePeso/16,MI313580,91041-Para+-ministro+do+STJ+e+licita+a+locacao+de+unidades+condominiais+via. Acesso em: 1º nov. 2019.

RESPONSABILIDADE CIVIL E O "ROBÔ ADVOGADO"

Fernanda Ivo Pires

Doutora e mestre em Direito Civil pela PUC-SP. Professora de Direito Civil da UNISBA, UNIJORGE e dos cursos de pós-graduação da UCSAL. Associada fundadora do IBERC. Advogada. fipires@uol.com.br

Sumário: 1. Introdução. 2. Entendimento de *machine learning*. 3. Inteligência artificial no Direito. 4. Personalidade jurídica ao robô? 5. Objetivação da responsabilidade civil do advogado. 6. Reflexões éticas. 7. Considerações finais. 8. Referências.

> "(...) quanto maior for a capacidade de aprendizagem ou de autonomia de um robô, e quanto mais longa for a 'educação' do robô, maior deve ser a responsabilidade do 'professor'."
>
> — Parlamento Europeu

1. INTRODUÇÃO

Conceitos como robô, inteligência artificial, *machine learning*, entre outros, finalmente alcançam setores sociais que, até então, pareciam inabaláveis por tamanhas inovações. Não foi diferente com a ciência jurídica, que vem se reinventando no sentido de compatibilizar suas antigas amarras ao que há de mais moderno do mundo tecnológico.

Embora o Direito, como dito, seja ciência tendo, portanto, dogmas próprios; está em constante alteração, particularmente por se encontrar *girando* em permanente contato com outros setores sociais que lhe impõem adequações.

A observância do Direito, contudo, sobre as novas tecnologias não se restringe à tratativa de normas para a medicina, engenharia etc., mas também e, especialmente, para a atuação dos seus próprios profissionais.

A frequência e o avanço na utilização de ferramentas tecnológicas por escritórios de advocacia e demais seguimentos jurídicos, faz despertar a necessidade de discussão sobre os limites éticos deste uso, bem como se impõe a tarefa de tratar das principais consequências sociais que tais mecanismos possam ocasionar.

Particularmente, quanto aos escritórios de advocacia, inúmeras indagações se seguem: *O advogado robô teria personalidade jurídica própria? Quais atividades poderiam ser delegadas a um robô? Como compatibilizar o emprego das novas tecnologias ao tratamento de dados? Quem responderia por eventual ilicitude?* Etc.

Antecipadamente ressalta-se que não se pretende responder a todos estes questionamentos, o que poderia ser precipitado, mas tão somente iniciar reflexões sobre o tema.

2. ENTENDIMENTO DE *MACHINE LEARNING*

Como não se encantar com maravilha de um braço artificial que se move com o pensamento relativamente a determinados pacientes? Ou ainda, com uma máquina que possa prever quando o paciente irá morrer. Como não se render à celeridade de mecanismos de buscas como o Google?

A compreensão de funcionamento destas ferramentas tem sido o desafio do momento. Ou seja, a realidade que se impõe é entender que determinadas tecnologias podem aprender consigo mesmas e com a realidade externa, ganhando poder de decisão e total independência relativamente a que lhe programou/alimentou.

Há uma multiplicidade de terminologias que pululam: robô, inteligência artificial, Internet das Coisas, *machine learning* etc. Obviamente, pela especificidade do tema, apenas será feito um apanhado geral da temática com o intuito de observar as principais implicações no Direito.

O robô comum é um autômato que, ao ser pré-programado, tem a capacidade de facilitar e agilizar a execução de tarefas rotineiras, sem que, contudo, tenha poder de auto decisão. Exemplificativamente, cita-se o termostato de um ar-condicionado: "quando se atinge determinada temperatura previamente programada, o equipamento liga ou desliga o aparelho, sem, jamais, tomar a iniciativa de interagir proativamente com o ambiente no qual está instalado".[1]

A inteligência artificial é mais sofisticada e de utilização mais recente, "consiste em *softwares* que usam algoritmos emuladores de métodos básicos de solução de problemas." Assim, a inteligência artificial, com base nas suas próprias experiências anteriormente armazenadas, adapta-se à realidade e dispensa "a necessidade de supervisão humana na tomada de decisões e na interpretação de mensagens analógicas e digitais".[2]

Como se pode observar, a própria terminologia *inteligência artificial* traz em si o objetivo de talvez reproduzir artificialmente o modo de agir e pensar do ser humano na capacidade de resolução de problemas, com possibilidade de autodeterminação. Entretanto, cumpre trazer a ponderação de Gianluigi Fioriglio[3]:

> A complexidade da mente humana representa, entretanto, a consequência de uma longuíssima evolução e dificilmente pode ser imitada por um computador, que, em vez disso, ajudará o homem em um número cada vez maior de atividades. Pelo contrário, o desenvolvimento da inteligência artificial como suporte à inteligência biológica permitirá uma crescente interconexão entre a própria mente humana e

---

1. TOMASEVICIUS FILHO, Eduardo. Inteligência artificial e direitos da personalidade: uma contradição em termos? *Revista da Faculdade de Direito Universidade de São Paulo*, São Paulo, v. 113, p. 133-149, jan/dez. 2018, p. 135-136.
2. TOMASEVICIUS FILHO, Eduardo. Inteligência artificial e direitos da personalidade, cit., p. 136.
3. Tradução livre de: "La complessità della mente umana rappresenta però la conseguenza di una lunghissima evoluzione e difficilmente potrà essere imitata da un computer, che invece coadiuverà l'uomo in un sempre crescente numero di attività. Anzi, lo sviluppo dell'intelligenza artificiale quale supporto all'intelligenza biologica consentirà una crescente interconnessione tra la stessa mente umana e gli apparati elettronici, con risultati eccezionali ed oggi inimmaginabili. Probabilmente gli studi sull'intelligenza artificiale dovrebbero essere finalisticamente orientati e incentrati non tanto sull'imitazione del pensiero umano, ma piuttosto sulla ricerca di nuove metodologie che consentano la creazione di sistemi finalizzati al supporto delle attività umane." FIORIGLIO, Gianluigi. *Informatica Giuridica*. Disponível em: https://informaticaediritto.files.wordpress.com/2012/05/2012id1-informatica-giuridica.pdf. Acesso em: 1º out. 2019.

os aparatos eletrônicos, com resultados excepcionais até hoje inimagináveis. Provavelmente, os estudos sobre inteligência artificial deveriam ser finalisticamente orientados e focados não tanto na imitação do pensamento humano, mas, sobretudo, na busca de novas metodologias que permitam a criação de sistemas voltados para o apoio às atividades humanas.

Não há como desenvolver a presente temática sem considerar paulatinamente a Internet, presente a todo instante em novos equipamentos, resultando no que se chama Internet das coisas.

Tais conceitos tecnológicos, particularmente no Direito, vêm sendo empregados conjuntamente. Ou seja, trata-se de um "robô inteligente" – máquina que se comunica com o mundo exterior, dotado de autonomia ao desempenhar funções e que possui o próprio senso de concatenação de conceitos e pressupostos no intuito de solucionar questões; aprendendo não apenas com as próprias experiências, mas também com a realidade externa, especialmente propiciada pela Internet, o que resulta na chamada máquina em constante aprendizado – *machine learning*.

Em outras palavras, pode-se dizer que a *machine learning* "não é uma inteligência local, mas uma inteligência coletiva", em tempo real, pois "a inteligência não está dentro da máquina, mas *in cloud*".[4]

Basta imaginar um carro autônomo, o qual aprende com os seus próprios dados, mas também é capaz de desviar de obstáculos e congestionamentos por utilização de informação em tempo real. Ou ainda, quando uma pessoa se utiliza de um aplicativo em *smartphone* o qual já lhe indica as suas preferências/conveniências com a localização atual.

O momento atual é o que pode ser chamado de quarta revolução industrial, compreendida como conjunto de tecnologias que permitam a fusão do mundo físico, digital e biológico, pelo uso de manufaturas em 3D, Internet das Coisas, biologia sintética, sistemas ciberfísicos, computação em nuvem e inteligência artificial.[5]

Diante de algumas fórmulas ultrapassadas na *práxis* jurídica, as quais redundam em morosidade, burocratização e injustiças, não há como afastar os benefícios das mencionadas novas tecnologias do Direito. Por outro lado, sob pena de mercantilização da advocacia, de ausência de proteção de dados, dentre outros problemas, se faz necessário discutir sobre a maneira de se operacionalizar esta tarefa.

3. INTELIGÊNCIA ARTIFICIAL NO DIREITO

A utilização de ferramentas tecnológicas no Direito está se aprimorando e se sofisticando, mas não é possível dizer que se trata exatamente de uma novidade, haja vista que, há um bom tempo, mecanismos de buscas nos próprios sites dos tribunais, com diversos conectivos, já possibilitavam que os usuários pudessem refinar as suas buscas equalizando melhor o seu tempo. De outro modo, também não é tão recente a utilização, por escritórios de advocacia, de sistemas de armazenamento de dados e que geram relatórios.

---

4. VERUGGIO, Gianmarco. L'intelligenza umana nell'era della robótica. *TED x Darsena*. Nov. de 20118. Disponível em: https://www.youtube.com/watch?v=FO68leHdOFo. Acesso em: 1º outubro 2019.

5. BRASIL. Ministério da Indústria, Comércio Exterior e Serviços. Disponível em: http://cntm.org.br/encontro-discute-insercao-do-trabalhador-na-industria-4-0. Acesso em: 1º out. 2010.

Atualmente, no entanto, diante da sofisticação e parâmetros da *machine learning* na área jurídica, há de se indagar quais seriam as suas potencialidades: confecção de petições/sentenças/contratos, julgamento, análise e revisão de contratos com aplicações de sanções, composições, busca de jurisprudência, jurimetria, divórcio, estabelecimento de guarda etc.?

No Brasil, diversos órgãos públicos vêm investindo no desenvolvimento de inteligência artificial com o objetivo primordial de dar maior celeridade aos seus procedimentos. Exemplificativamente, tem-se o Superior Tribunal de Justiça[6]; o Tribunal de Justiça de Rondônia, com o robô *Sinapses*[7]; a Advocacia Geral da União com o *Sapiens*[8] e o Supremo Tribunal Federal com o *Victor*[9].

O robô *Victor*, segundo o ministro Luiz Fux[10], tem o condão de trazer para o quotidiano do STF um "robô inteligente" que possui entre outras potencialidades:

I) converter imagens em textos no processo digital;

II) separar e classificar as peças processuais mais utilizadas nas atividades do STF. Assim, a máquina consegue fazer em 5 segundos um trabalho que antes era feito por servidores em aproximadamente 30 minutos;

III) identificar a incidência dos temas de repercussão geral mais comuns. Neste caso, segundo o ministro, o robô auxilia na resolução de cerca 10 mil recursos extraordinários que chegam ao STF;

IV) potencial auxílio na resolução de cerca de 1/8 dos Recursos Especiais que chegam ao STF;

Segundo o ministro, não cabe, contudo, à máquina decidir, nem tampouco julgar. Afinal, isso é atividade humana.[11]

Por outro lado, este parece não ser o mesmo entendimento em outras localidades como na Estônia, em que a inteligência artificial está sendo utilizada para analisar disputas legais simples envolvendo menos de 7 mil euros.[12]

Alguns estudos também direcionam suposta imparcialidade de julgamentos produzidos por máquinas. Foi o caso da pesquisa realizada, em abril de 2011, pelo pesquisador Jonathan Levav da *Columbia Business School*: entraram em análise 1.112 audiências de

---

6. BRASIL. Superior Tribunal de Justiça. *Instrução Normativa STJ/GP n. 6 de 12 de junho de 2018*. Institui projeto-piloto de aplicação de soluções de inteligência artificial no Superior Tribunal de Justiça. Disponível em: https://ww2.stj.jus.br/processo/dj/documento/?seq_documento=19275571&data_pesquisa=14/06/2018&seq_publicacao=15535&versao=impressao&nu_seguimento=00001. Aceso em: 1º out. 2019.
7. RONDÔNIA. Tribunal de Justiça do Estado de Rondônia. *Inteligência Artificial do TJRO*: Potencialidade do Sinapses é apresentada no ConipJud 2018. Disponível em: https://www.tjro.jus.br/noticias/item/10172-inteligencia-artificial-do-tjro-potencialidade-do-sinapses-e-apresentada-no-conipjud-2018. Acesso em: 1º out. 2019.
8. BRASIL. Advocacia Geral da União. *Sistema Sapiens*. Disponível em: https://sapiens.agu.gov.br/login. Acesso em: 1º out. 2019.
9. BRASIL. Supremo Tribunal Federal. Disponível em: http://www.stf.jus.br/portal/cms/verNoticiaDetalhe.asp?idConteudo=380038. Acesso em: 1º out. 2019.
10. FUX, Luiz. Novas tecnologias: Fux mostra benefícios e questionamentos da inteligência artificial no Direito. *Consultor Jurídico*. Disponível em: https://www.conjur.com.br/dl/palestra-fux-inteligencia-artificial.pdf. Acesso em: 1º out. 2019.
11. FUX, Luiz. Novas tecnologias: Fux mostra benefícios e questionamentos da inteligência artificial no Direito. *Consultor Jurídico*. Disponível em: https://www.conjur.com.br/dl/palestra-fux-inteligencia-artificial.pdf. Acesso em: 1º out. 2019.
12. REVISTA ÉPOCA. Estônia quer substituir os juízes por robôs. Disponível em: https://epocanegocios.globo.com/Tecnologia/noticia/2019/04/estonia-quer-substituir-os-juizes-por-robos.html. Acesso em: 1º out. 2019.

livramento condicional de quatro prisões israelenses, feitas por oito juízes, em um período de dez meses e concluiu-se que a chance de liberdade condicional de um prisioneiro depende da última vez que o juiz fez uma pausa, pois, à medida que os juízes se cansam e ficam com fome, eles fogem para a opção mais fácil de negar a liberdade condicional, dizem os pesquisadores.[13]

Luiz Fux[14] aponta possíveis equívocos na utilização de uma ferramenta com o exemplo da tecnologia usada pelo Poder Judiciário nos Estados Unidos chamada *The Compass*, produzida pela empresa privada *Northpointe Inc.*, que calcula a probabilidade de algum indivíduo ser reincidente, bem como sugere qual tipo de regime/supervisão ele deveria receber na prisão:

> Durante o julgamento do uso desse software, o então Advogado-Geral da União dos EUA, Eric Holder, afirmou que estudos vêm se preocupando cada vez mais com a existência de vieses algorítmicos em relação a tais sistemas de inteligência artificial, em especial no tocante ao quesito raça.
>
> Em face de os vieses se apresentarem como uma característica intrínseca do pensar humano, pode-se concluir, de igual modo, que um algoritmo criado por seres humanos enviesados provavelmente padecerá do mesmo "mal", não de forma proposital, mas em decorrência das informações fornecidas ao sistema. Dessa maneira, surgem os chamados vieses algorítmicos, que ocorrem quando as máquinas se comportam de modos que refletem os valores humanos implícitos envolvidos na programação, então, enviesando os resultados obtidos.

Paralelamente ao movimento dos órgãos públicos, não são poucos os escritórios de advocacia que vêm investindo nas "máquinas superinteligentes" com o intuito de otimizar o seu tempo, evitando tarefas repetitivas e diminuindo o seu custo operacional. Alguns casos chamam a atenção, seja pelo pioneirismo, pela praticidade que oferecem ou mesmo pela curiosidade dos serviços ofertados.

O *Ross* é um dos robôs pioneiros, criado pela IBM, possui como funções, dentre outras: ouvir e compreender a linguagem humana; rastrear mais de 10 mil páginas por segundo e formular respostas; prever o de resultados de litígios; elaborar de documentos; pesquisar jurisprudência; revisar contratos; identificar padrões em decisões judiciais; alertar os advogados sobre qualquer novidade que possa representar um risco ou uma ameaça aos clientes.[15]

A empresa americana Wevorce[16] curiosamente oferta um divórcio autoguiado que visa mesclar atendimento por inteligência artificial e de mediadores humanos, em que é possível concretizar partilha de bens, guarda de filhos alteração de nome etc.

---

13. CORBYN, Zoë. *Hungry judges dispense rough justice*: when they need a break, decision-makers gravitate towards the easy option. Disponível em: https://www.nature.com/news/2011/110411/full/news.2011.227.html. Acesso em: 1º out. 2019.
14. FUX, Luiz. Novas tecnologias: Fux mostra benefícios e questionamentos da inteligência artificial no Direito. *Consultor Jurídico*. Disponível em: https://www.conjur.com.br/dl/palestra-fux-inteligencia-artificial.pdf. Acesso em: 1º out. 2019.
15. REVISTA ÉPOCA. Startup canadense desenvolve robô-advogado que interpreta leis. Disponível em: https://epocanegocios.globo.com/Tecnologia/noticia/2019/02/startup-canadense-desenvolve-robo-advogado-que-interpreta-leis.html. Acesso em: 1º out. 2019. *Cf.* também: https://rossintelligence.com/, www.kyrasystems.com, www.lawgeex.com, https://ebrevia.com
16. WEVORCE. Disponível em: https://www.wevorce.com/. Acesso em: 1º out. 2019.

No Brasil, são diversos os escritórios que investem na inteligência artificial. Como exemplo desta ferramenta, tem-se a utilização da ELI, "sigla em inglês para *Enhanced Legal Inteligence* ou Inteligência Legal Melhorada, na tradução livre", produzida pela Tikal Tech, a qual oferece assistência automatizada em litígios, geração de documentos e contratos, jurimetria, análise e saneamento de carteira de processos.[17]

Com base nos delicados serviços comumente ofertados e nas possíveis consequências danosas que possam advir, interessa observar se tais robôs possuem personalidade jurídica própria e como se dará a responsabilidade civil quantos aos danos provocados quando da sua utilização, bem como quais as implicações éticas produzidas.

4. PERSONALIDADE JURÍDICA AO ROBÔ?

A robô humanoide *Sophia*[18], desenvolvida pela Hanson Robotics, recebeu, em 2017, o título de cidadã saudita e assim se descreve:

> Minha verdadeira IA combina trabalho de ponta em IA simbólica, redes neurais, sistemas especialistas, percepção de máquina, processamento de linguagem natural conversacional, controle motor adaptativo e arquitetura cognitiva, entre outros. Como meus componentes de IA subjacentes podem ser combinados de maneiras diferentes, minhas respostas podem ser únicas para qualquer situação ou interação. Também utilizo a percepção de máquina de ponta que me permite reconhecer rostos humanos, ver expressões emocionais e reconhecer vários gestos com as mãos. Posso estimar seus sentimentos durante uma conversa e tentar encontrar maneiras de alcançar objetivos com você. Também tenho minhas próprias emoções, simulando grosseiramente a psicologia evolutiva humana e várias regiões do cérebro. Também tenho solucionadores de IK e planejamento de caminhos para controlar minhas mãos, olhar e estratégia de locomoção. Meu corpo de passeio realiza estabilização dinâmica para caminhadas adaptativas em vários terrenos.[19]

O discurso em defesa da personalização do robô tem se tornado bastante frequente, saindo das obras de ficção científica para ganhar cada vez mais espaço nas reflexões jurídicas, inclusive, com todas as implicações no que se compreende personalidade jurídica.

Os adeptos deste pensamento defendem que a *machine learning* ganha autonomia relativamente ao seu criador, já que o arcabouço da sua atividade dependerá muito mais da própria máquina a partir do o seu auto aprendizado, do que necessariamente dos dados que lhe foram inseridos inicialmente. E mais, que a maravilha da *machine learning*

---

17. ENHANCED LEGAL INTELLIGENCE. Disponível em: http://elibot.com.br/. Acesso em: 1º out. 2019.
18. Em importante tratamento da temática *cf.* GODINHO, Adriano Marteleto; ROSENVALD, Nelson. Inteligência artificial e a responsabilidade civil dos robôs e de seus fabricantes. *In:* ROSENVALD, Nelson; DRESCH, Rafael de Freitas Valle; WESENDONCK, Tula (Coords.). *Responsabilidade civil*: novos riscos. Indaiatuba: Foco, 2019, p. 21 e ss.
19. Tradução livre de: "My real AI combines cutting-edge work in symbolic AI, neural networks, expert systems, machine perception, conversational natural language processing, adaptive motor control and cognitive architecture among others. As my underlying AI components can be combined in different ways, my responses can be unique to any given situation or interaction. I also utilize cutting edge machine perception that allows me to recognize human faces, see emotional expressions, and recognize various hand gestures. I can estimate your feelings during a conversation, and try to find ways to achieve goals with you. I have my own emotions too, roughly simulating human evolutionary psychology and various regions of the brain. I also have IK solvers and path planning for controlling my hands, gaze, and locomotion strategy. My walking body performs dynamic stabilization for adaptive walking over various terrain". HANSON ROBOTICS. Disponível em: https://www.hansonrobotics.com/sophia/. Acesso em: 1º out. 2019.

se encontra exatamente na sua potencialidade; assim, responsabilizar os seus agentes criadores poderia inibir o autodesenvolvimento da inteligência artificial.

No ano de 2017, o Parlamento Europeu editou recomendações à Comissão dos Assuntos Jurídicos sobre disposições de Direito Civil aplicados à Robótica (2015/2103(INL)) que sugerem a personificação de robôs autônomos mais sofisticados, observando, obviamente, outras recomendações que se refiram a fundos de compensação e seguros:

> 59. Insta a Comissão, ao efetuar uma avaliação de impacto do respetivo futuro instrumento legislativo, a explorar, analisar e considerar as implicações de todas as soluções jurídicas possíveis, tais como:
>
> f) Criar um estatuto jurídico específico para os robôs a longo prazo, de modo a que, pelo menos, os robôs autónomos mais sofisticados possam ser determinados como detentores do estatuto de pessoas eletrónicas responsáveis por sanar quaisquer danos que possam causar e, eventualmente, aplicar a personalidade eletrónica a casos em que os robôs tomam decisões autónomas ou em que interagem por qualquer outro modo com terceiros de forma independente;[20]

Na tentativa de personificação do robô, uma das equiparações que se busca é relativamente à concepção de pessoa jurídica como ente idealizado que atualmente é amplamente compreendido como ser autônomo, desvinculado dos indivíduos que a compõem ou instituíram. Chama-se a atenção para o fato de que esta personalização sofreu grande resistência inicialmente, em especial, por se tratar de um ente abstrato com restrições quanto à responsabilização.

Em contraponto, a ficção legal da pessoa jurídica eventualmente pode ser desconsiderada para atingir o patrimônio particular de pessoas naturais que estão por traz da mesma. Haveria também de considerar esta possibilidade relativamente ao robô? Neste caso, é sempre importante lembrar que a ficção legal da personalidade jurídica não pode servir de fumaça para encobrir e fazer desaparecer a necessária responsabilização por eventuais danos.

Por outro lado, há quem defenda que ocorrerá com os robôs o mesmo fenômeno atual de talvez compreender os animais como sujeito de direitos.

Com o devido respeito, o que justifica eleger algo ou alguém à categoria civil de sujeito de direitos é atribuir-lhe direitos e deveres. Assim, entender que um animal deve ser equiparado a sujeito de direito pelo fato de que deve gozar de garantias especiais é um tanto equivocado, tal qual seria enquadrar na categoria de sujeito de direito qualquer elemento da natureza que mereça maior proteção.

Voltando os olhos para uma possível personificação do robô, sobre quais direitos estar-se-ia a tratar? De não ser desligado? De responsabilizar o seu programador por algum vício que lhe tenha deixado? E, no caso da advocacia, direito integral aos honorários?

Neste sentido, em uma conferência em 2018, a chanceler alemã, Angela Merkel, foi perguntada se os robôs deveriam ter direitos. Sua resposta foi: "O que você quer dizer? O direito à energia elétrica? Ou para manutenção regular?"[21]

---

20. EUROPA. Parlamento Europeu. Disponível em: http://www.europarl.europa.eu/doceo/document/A-8-2017-0005_PT.html. Acesso em: 1º out. 2019.
21. JONES, Colin P. A. *Robot rights*: From Asimov to Tezuka. Disponível em: https://www.japantimes.co.jp/community/2019/03/06/issues/robot-rights-asimov-tezuka/#.XVlqAuhKjIW. Acesso em: 1º out. 2019.

Relembre-se que a *learning machine* vive em constante aprendizado, aprendendo e tratando dados novos dia e noite. Conferir-lhe personalidade jurídica, em termos práticos, pode ocasionar uma ampla irresponsabilidade do seu fabricante, programador ou usuário.

Em interessante ponderação, ressalta Eduardo Tomasevicius Filho[22]:

> Ainda que se pretenda atribuir personalidade jurídica aos robôs dotados de inteligência artificial – o que também parece ser *nonsense* –, a responsabilidade civil será sempre imputada ao ser humano, jamais à máquina em si. Reconhecer tal fato seria mais bizarro do que se fazia séculos atrás, quando se julgavam animais pelos danos por eles causados.

Em termos atuais, no Brasil, dada a inexistência de personalidade jurídica do robô, em que se poderia, quiçá, pensar em responsabilidade civil pelo fato de outrem (!), mais uma vez se questiona como se dará a responsabilidade por eventuais danos? Enquanto não se cria uma solução ideal, duas possíveis respostas seriam a responsabilidade civil pelo fato da coisa e a responsabilidade por produtos defeituosos. Sobre este aspecto, Thibault Verbiest pondera que:

> O primeiro regime não se adapta à hipótese de um robô autônomo, pois assume um certo poder de uso, direção e controle. O segundo também é problemático porque o dano pode ser causado sem que o "produtor" seja responsável por um "defeito" estritamente falando, o robô está apenas evoluindo de forma autônoma, um modo de autoaprendizado.[23]

Assim, seria do fabricante, do programador, da pessoa jurídica advocatícia ou do próprio advogado usuário da tecnologia? A regra mais lógica parece ser a da solidariedade por aplicação do artigo 942 do Código Civil:

> Art. 942. Os bens do responsável pela ofensa ou violação do direito de outrem ficam sujeitos à reparação do dano causado; e, se a ofensa tiver mais de um autor, todos responderão solidariamente pela reparação.
>
> Parágrafo único. São solidariamente responsáveis com os autores os coautores e as pessoas designadas no art. 932.

Esta também parece ser a solução prevista na Lei Geral de Proteção de Dados, a qual tem toda pertinência com o tema. Neste aspecto, é imperioso abrir parênteses e chamar a atenção de que os escritórios de advocacia são talvez os maiores bancos de dados "supersensíveis" que se tem notícia. Segundo a LGPD:

> Art. 42. O controlador ou o operador que, em razão do exercício de atividade de tratamento de dados pessoais, causar a outrem dano patrimonial, moral, individual ou coletivo, em violação à legislação de proteção de dados pessoais, é obrigado a repará-lo.

---

22. TOMASEVICIUS FILHO, Eduardo. Inteligência artificial e direitos da personalidade, cit., p. 142.
23. Tradução livre de: "On se réfère souvent à deux régimes spécifiques de responsabilité pour encadrer les robots autonomes dotés d'intelligence artificielle: la responsabilité du fait des choses et le régime de responsabilité du fait des produits défectueux. Le premier régime n'est pas adapté à l'hypothèse d'un robot autonome car il suppose justement un certain pouvoir d'usage, de direction et de contrôle. Le second régime pose également problème car un dommage peut être causé sans que le 'producteur' soit responsable d'une 'défectuosité' à proprement parler, le robot ne faisant qu'évoluer de manière autonome, sur un mode d'auto-apprentissage." Le développement de robots autonomes et en auto-apprentissage pose la question de leur responsabilité légale". VERBIEST, Thibault. *Intelligence artificielle "forte" et robots autonomes*: quel régime de responsabilité? Disponível em : https://www.lecho.be/opinions/carte-blanche/intelligence-artificielle-forte-et-robots-autonomes-quel-regime-de-responsabilite/10145920.html. Acesso em: 1º. out. 2019.

§ 1º A fim de assegurar a efetiva indenização ao titular dos dados:

I – o operador responde solidariamente pelos danos causados pelo tratamento quando descumprir as obrigações da legislação de proteção de dados ou quando não tiver seguido as instruções lícitas do controlador, hipótese em que o operador equipara-se ao controlador, salvo nos casos de exclusão previstos no art. 43 desta Lei;

II – os controladores que estiverem diretamente envolvidos no tratamento do qual decorreram danos ao titular dos dados respondem solidariamente, salvo nos casos de exclusão previstos no art. 43 desta Lei.

§ 2º O juiz, no processo civil, poderá inverter o ônus da prova a favor do titular dos dados quando, a seu juízo, for verossímil a alegação, houver hipossuficiência para fins de produção de prova ou quando a produção de prova pelo titular resultar-lhe excessivamente onerosa.

§ 3º As ações de reparação por danos coletivos que tenham por objeto a responsabilização nos termos do caput deste artigo podem ser exercidas coletivamente em juízo, observado o disposto na legislação pertinente.

§ 4º Aquele que reparar o dano ao titular tem direito de regresso contra os demais responsáveis, na medida de sua participação no evento danoso.

Em que pese toda a novidade do tema tratado, é importante voltar às origens da base contratual, em que o cliente de um escritório de advocacia não contratou uma tecnologia em espécie, mas determinado (s) advogado (s) que deverão diligenciar as suas obrigações.[24]

Assim, uma suposta alegação de que os conhecimentos técnicos acerca da tecnologia empregada fogem do espectro de conhecimento do advogado, certamente seria refutada pois a utilização de inteligência artificial não afasta o seu dever de cuidado.

Ainda pensando em uma possível personalização do robô, em caso positivo, haveria a mitigação do exame nacional da OAB ou até mesmo a necessidade do diploma do curso de Direito? Afora todas as questões da responsabilidade civil, como se dariam as questões ético-profissionais?

5. OBJETIVAÇÃO DA RESPONSABILIDADE CIVIL DO ADVOGADO

Atualmente a responsabilidade civil do advogado depende da comprovação de culpa, ainda que, diferente do entendimento do Superior Tribunal de Justiça[25], fosse submetida ao tratamento do Código de Defesa do Consumidor: "§ 4º A responsabilidade pessoal dos profissionais liberais será apurada mediante a verificação de culpa."

---

24. Guilherme Martins e João Victor Longhi, ao tratarem da vulnerabilidade das pessoas por exposição dos seus dados pessoais: "Num panorama de vigilância líquida e distribuída, em que parece ocorrer uma erosão da esfera de controle de dados pessoais, os respectivos titulares são submetidos a uma condição de hipervulnerabilidade, sobretudo por estarem inseridos numa relação assimétrica que lhes tolhe o poder de autodeterminação." (MARTINS, Guilherme Magalhães; LONGHI, João Victor Rozatti. Nota dos coordenadores. *In:* MARTINS, Guilherme Magalhães; LONGHI, João Victor Rozatti (Coords.). *Direito digital:* direito privado e Internet. 3. ed. Indaiatuba: Foco, 2020, p. XL."
25. BRASIL. Superior Tribunal de Justiça. *REsp 539077/MS*. 4. Terma. Rel. Min. Aldir Passarinho Junior. j. 26/04/2005: "As relações contratuais entre clientes e advogados são regidas pelo Estatuto da OAB, aprovado pela Lei n. 8.906/94, a elas não se aplicando o Código de Defesa do Consumidor." Disponível em https://scon.stj.jus.br/SCON/jurisprudencia/toc.jsp?livre=%28%22ALDIR+PASSARINHO+JUNIOR%22%29.MIN.&processo=539077&b=ACOR&thesaurus=JURIDICO&p=true. Acesso em: 1º out. 2019.

Assim, sem querer adentrar o mérito se se trata ou não de uma relação de consumo, o entendimento atual é o advogado efetivamente responde subjetivamente, ainda que por regras processuais, haja inversão do ônus da prova.

Esta solução, no entanto, não parece ser estática em termos de robotização de atividades advocatícias.

Vislumbrando um futuro próximo, senão o tempo presente, ao se utilizar de um robô advogado parece haver uma aproximação maior desta relação com o Código de Defesa do Consumidor por mercantilização da atividade e, possivelmente, uma objetivação da responsabilidade civil do advogado.

Importa lembrar que a responsabilidade objetiva, em dado momento, se deu em razão da automação e dificuldade da vítima em precisar quem efetivamente foi o culpado. Partiu-se, portanto, para a responsabilidade por equidade.[26]

Uma máquina que *vive* em constante aprendizado tem uma enorme chance de compreender uma realidade distorcida, resultando nos conhecidos vieses algorítmicos e a consequência deste fato não pode ser uma irresponsabilidade daqueles de que dela se utilizaram. Como bem ressaltam Nelson Rosenvald e Adriano Godinho[27], "o risco de haver danos é intrínseco à própria inteligência artificial".

Assim, parece haver uma convivência de dois sistemas de responsabilidade civil: subjetiva para as hipóteses do exercício comum da atividade profissional e objetiva, por aplicação dos artigos 927, parágrafo único, e 931 do Código Civil, para os casos em que o dano tenha sido ocasionado por utilização da inteligência artificial.

6. REFLEXÕES ÉTICAS

O termo "roboética", criado pelo cientista robótico experimental Gianmarco Veruggio[28] em 2002, propõe o conceito de ética aplicada ao desenvolvimento da robótica para o progresso humano e social. Segundo o autor, não se trata de ética de robô, porque estes são máquinas, mas ética dos seres humanos que usam os robôs, já que a ética é uma qualidade inerente aos seres humanos.

Uma situação bastante curiosa e inusitada ao estudar a ética aplicada à robótica é que comumente toma-se como premissa leis utilizadas em antigos livros de ficção científica.

As três primeiras "leis" ou princípios foram apontados por Isaac Asimov em seu livro *Eu, robô*[29] (publicado em 1950) e, posteriormente, no livro *Robôs do amanhecer*[30] (publicado em 1983), surge a "Lei Zero":

---

26. PIRES, Fernanda Ivo. *Reponsabilidade civil e o caráter punitivo da reparação*. Curitiba: Juruá, 2014, p. 75.
27. GODINHO, Adriano Marteleto; ROSENVALD, Nelson. Inteligência artificial e a responsabilidade civil dos robôs e de seus fabricantes, cit., p. 30.
28. VERUGGIO, Gianmarco. Disponível em: http://www.veruggio.it. Acesso em: 1º out. 2019.
29. ASIMOV, Isaac. *Eu, robô*. Tradução de Luiz Horácio da Matta 2. ed. em português, 1969. Disponível em <http://bibliotecadigital.puc-campinas.edu.br/services/e-books/Isaac%20Asimov-2.pdf> Acesso em 01 de out. 2019.
30. ASIMOV, Isaac. *Robôs do amanhecer*. Disponível em: https://docs.google.com/file/d/0B0rwVJWXNJD_N2JmNz-VjNzAtZWYyZC00ZDFlLTgxODctNmQzNmY3ZGRlYWVi/view. Acesso em: 1º out. 2019.

1 – Um robô não pode ferir um ser humano ou, por permissão, permitir que um ser humano sofra algum mal.

2 – Um robô deve obedecer às ordens que lhe sejam dadas por seres humanos, exceto nos casos em que tais ordens contrariarem a Primeira Lei.

3 – Um robô deve proteger sua própria existência, desde que tal proteção não entre em conflito com a Primeira ou Segunda Leis.

"Lei Zero", acima de todas as outras: um robô não pode causar mal à humanidade ou, por omissão, permitir que a humanidade sofra algum mal.

Os mencionados princípios sempre se afiguram como pano de fundo para quaisquer discussões sobre a inteligência artificial. Exemplificativamente, em 2015, Shinpo Fumio, professor da *Keio University*, propôs oito preceitos da lei do robô que também fazem referência aos princípios de privacidade da Organização para a Cooperação e Desenvolvimento Econômico (OCDE):[31]

1) Humanidade primeiro – os robôs não podem prejudicar ou tornar-se pessoas

2) Obediência à ordem – eles devem seguir a ordens e estar sujeitos a controle

3) Sigilo e privacidade – os robôs devem ser projetados para preservar o sigilo das informações coletadas

4) Limitação de uso – robôs devem ser limitados ao uso pretendido e não podem ser usados para prejudicar humanos

5) Salvaguardas de segurança

6) Abertura e transparência – o design e uso do robô devem ser verificáveis

7) Participação individual – os indivíduos devem participar da criação de regras que governam os robôs, e os robôs não devem governar os indivíduos

8) Responsabilidade – deve haver regras de responsabilidade por danos causados por robôs

O Parlamento Europeu, nas mencionadas recomendações à Comissão dos Assuntos Jurídicos sobre disposições de Direito Civil aplicados à Robótica (2015/2103(INL)), também menciona as leis de Asimov como princípios gerais em seu preâmbulo.[32]

Recentemente, um grupo de especialistas de alto nível em inteligência artificial da Comissão Europeia (GEHN IA), lançou, em abril de 2019, *Diretrizes de Ética para Inteligência Artificial Confiável*[33], as quais se baseiam nos direitos humanos e nos direitos

---

31. Tradução livre de: "1) Robots must serve humanity. 2) Robots must not kill or harm humans. 3) A robot must call its human creator "father." 4) A robot can make anything, except money. 5) Robots may not go abroad without permission. 6) Male and female robots may not change their genders. 7) Robots may not change their face to become a different robot. 8) A robot created as an adult may not become a child. 9) A robot may not reassemble a robot that has been disassembled by a human. 10) Robots shall not destroy human homes or tools." (JONES, Colin P. A. *Robot rights*: From Asimov to Tezuka. Disponível em: https://www.japantimes.co.jp/community/2019/03/06/issues/robot-rights-asimov-tezuka/#.XVlqAuhKjIW. Acesso em: 1º out. 2019.)

32. EUROPA, Parlamento Europeu: "U. Considerando que as Leis de Asimov[(2)] têm de ser perspectivadas como sendo direcionadas aos criadores, produtores e operadores de robôs, incluindo robôs com autonomia integrada e autoaprendizagem, uma vez que aquelas leis não podem ser convertidas em código de máquina;"

33. GAGNÉ, Jean-Francois. *Un cadre pour une intelligence artificielle (IA) digne de confiance et reposant sur des principes éthiques*. Disponível em: https://jfgagne.ai/fr/blog/un-cadre-pour-une-intelligence-artificielle-ia-digne-de-confiance-et-reposant-sur-des-principes-ethiques/. Acesso em: 1º out. 2019.

fundamentais definidos na *Carta dos Direitos Fundamentais da União Europeia*, tendo como foco os quatro princípios derivados dos direitos humanos: respeito pela autonomia humana, prevenção de danos, equidade e ser explicável; os quais se desenvolvem para sete requisitos essenciais: 1) o fator humano e o controle humano; 2) a robustez técnica e a segurança; 3) respeito pela privacidade e gestão de dados; 4) Transparência nas decisões técnicas e humanas; 5) Diversidade, não discriminação e justiça; 6) Bem-estar social e ambiental; 7) Responsabilização.

Pode-se observar, portanto, que há uma preocupação mundial com a ética robótica, até mesmo com padrões internacionais no intuito de assegurar uma maior garantia dos direitos humanos.

Como bem colocado por Peter-Paul Verbeek nenhuma tecnologia é moralmente neutra.[34] E, segundo Jean-Francois Gagné[35], não é necessário tratar a inteligência artificial de maneira muito diferente de outras tecnologias ou "reinventar a roda", mas integrar tal inteligência visando a complexa cadeia de valores das partes interessadas.

Particularmente, em relação à inteligência artificial aplicada na prática advocatícia, diversos questionamentos surgem, inclusive para serem compatibilizados com a Lei Geral de Proteção de Dados, tais como:

a) Pensando que os escritórios de advocacia possuem uma enorme fonte de dados supersensíveis, a inteligência artificial poderá tratar e compartilhar dados?

b) Uma vez que a inteligência artificial é autônoma e possui interligação com a *internet*, poderia o robô advogado buscar informações da parte contrária em outros bancos de dados etc.?

c) Neste último caso, poderiam duas inteligências de escritórios distintos e de partes controversas interagirem trocando dados? E mais, observando o art. 17[36] do Código de Ética e Disciplina da OAB, poderia a mesma inteligência artificial ser contratada por escritórios distintos?

d) A inteligência artificial teria freios morais para usar provas disponíveis na rede?

e) A utilização de um robô não poderia atingir os padrões de equidade entre as partes, na medida em que são tecnologias caras e que não é de fácil acesso a todos?

f) A jurimetria não poderia comprometer a dignidade das partes envolvidas?

g) O robô poderia ser operado por quem não é advogado?

Obviamente que o presente estudo não tem a pretensão de responder a todos estes questionamentos, mas apenas prosseguir com necessárias discussões sobre tamanhas novidades, buscando a equalização destes fatores.

---

34. VERBEEK, Peter-Paul. *Moralizing Technology*. Disponível em: https://nyphilosophyreview.wordpress.com/2017/11/15/review-moralizing-technology-by-peter-paul-verbeek/. Aceso em: 1º out. 2019.
35. GAGNÉ, Jean-Francois. *Un cadre pour une intelligence artificielle (IA) digne de confiance et reposant sur des principes éthiques*. Disponível em: https://jfgagne.ai/fr/blog/un-cadre-pour-une-intelligence-artificielle-ia-digne-de-confiance-et-reposant-sur-des-principes-ethiques/. Acesso em: 1º out. 2019.
36. "Art. 17. Os advogados integrantes da mesma sociedade profissional, ou reunidos em caráter permanente para cooperação recíproca, não podem representar em juízo clientes com interesses opostos."

O advogado não deve se afastar dos deveres éticos impostos pelo seu código de condutas, sob pena de comprometer, dentre outros fatores, o dever de estimular a conciliação[37], a preservação do sigilo das informações que lhes são prestadas[38] e a não mercantilização da sua atividade[39].

Conjugado aos deveres acima descritos, não se pode perder de vista a experiência estrangeira ressaltada no Parlamento Europeu sobre inteligência artificial, que se aplica perfeitamente ao robô advogado brasileiro quanto à necessidade de preservar princípios éticos e conjugá-los com a responsabilidade:

> 14. Considera que deve ser dada particular atenção aos robôs que constituem uma ameaça importante à privacidade devido ao seu posicionamento em espaços tradicionalmente protegidos e íntimos e à sua capacidade de extrair informações relativas a dados pessoais sensíveis e de os transmitir;
>
> 56. Considera que, em princípio, uma vez identificadas as partes às quais cabe, em última instância, a responsabilidade, esta deve ser proporcionada em relação ao nível efetivo de instruções dadas ao robô e ao nível da sua autonomia, de modo a que *quanto maior for a capacidade de aprendizagem ou de autonomia de um robô, e quanto mais longa for a «educação» do robô, maior deve ser a responsabilidade do «professor»*; observa, em especial, que as competências resultantes da «formação» dada a um robô não devem ser confundidas com as competências estritamente dependentes das suas capacidades de autoaprendizagem, quando se procura identificar a pessoa à qual se atribui efetivamente o comportamento danoso do robô; observa que, pelo menos na fase atual, a responsabilidade deve ser imputada a um ser humano, e não a um robô;[40]

Na França, com a recente modificação do artigo L111-14 do Código de Organização Judiciária, houve um importante avanço no sentido de haver uma publicização eletrônica dos acórdãos de todos os tribunais franceses, bem como quanto à anonimização dos dados das partes, o que se coaduna com o quanto determinado pela RGPD (Regulamento Geral de Proteção de Dados), Por outro lado, uma enorme polêmica vem ocorrendo em torno da proibição de parametrização e comparação das decisões judiciais, sob pena de reclusão de até 5 anos: "os dados de identidade de magistrados e membros do Registro não podem ser reutilizados com o objetivo ou efeito de avaliar, analisar, comparar ou prever suas práticas profissionais reais ou alegadas".[41]

---

37. "Art. 2º VI – estimular a conciliação entre os litigantes, prevenindo, sempre que possível, a instauração de litígios;"
38. "Art. 19. O advogado, ao postular em nome de terceiros, contra ex-cliente ou ex-empregador, judicial e extrajudicialmente, deve resguardar o segredo profissional e as informações reservadas ou privilegiadas que lhe tenham sido confiadas." "Art. 25. O sigilo profissional é inerente à profissão, impondo-se o seu respeito, salvo grave ameaça ao direito à vida, à honra, ou quando o advogado se veja afrontado pelo próprio cliente e, em defesa própria, tenha que revelar segredo, porém sempre restrito ao interesse da causa." Art. 26. O advogado deve guardar sigilo, mesmo em depoimento judicial, sobre o que saiba em razão de seu ofício, cabendo-lhe recusar-se a depor como testemunha em processo no qual funcionou ou deva funcionar, ou sobre fato relacionado com pessoa de quem seja ou tenha sido advogado, mesmo que autorizado ou solicitado pelo constituinte." "Art. 27. As confidências feitas ao advogado pelo cliente podem ser utilizadas nos limites da necessidade da defesa, desde que autorizado aquele pelo constituinte. Parágrafo único. Presumem-se confidenciais as comunicações epistolares entre advogado e cliente, as quais não podem ser reveladas a terceiros."
39. "Art. 5º O exercício da advocacia é incompatível com qualquer procedimento de mercantilização."
40. EUROPA. Parlamento Europeu.
41. "1º Les deux premiers alinéas de l'article L. 111-13 sont remplacés par trois alinéas ainsi rédigés": "Sous réserve des dispositions particulières qui régissent l'accès aux décisions de justice et leur publicité, les décisions rendues par les juridictions judiciaires sont mises à la disposition du public à titre gratuit sous forme électronique." "Les nom et prénoms des personnes physiques mentionnées dans la décision, lorsqu'elles sont parties ou tiers, sont occultés préalablement à la mise à la disposition du public. Lorsque sa divulgation est de nature à porter atteinte à la sécurité

A jurimetria, ou análise de jurisprudência, teve início em 1949, quando Norbert Wiener, pai fundador da cibernética, sugeriu a possível aplicação da teoria dos servomecanismos ao funcionamento do Direito[42]. Trata-se de uma solução estatística para estimar as chances de sucesso de um processo e até mesmo "os argumentos com maior probabilidade de influenciar a decisão dos juízes".[43]

Não restam dúvidas que "inteligência humana", não só nos escritórios de advocacia, mas também na mídia, interpretam o perfil dos juízes ao proferir suas decisões. Mas é necessário questionar se esta mesma tarefa desempenhada pela inteligência artificial não poderia quebrar parâmetros de equidade e, ao mesmo tempo, violar a privacidade/intimidade de um magistrado.

Tendo em vista a responsabilidade civil, a jurimetria pode ainda ser um importante antagonista do aspecto preventivo tão esperado, haja vista que diversas pessoas podem afastar-se da licitude por analisar posicionamentos jurisprudenciais que lhes tendam a manter comportamentos lesivos.

Uma reflexão interessante a ser feita é a apontada por Gianmarco Veruggio na *TEDxDarsena* quando afirma que este é o momento de se estudar "a inteligência humana na era da robótica".[44]

7. CONSIDERAÇÕES FINAIS

Em breves considerações finais, é possível afirmar que o estudo das novas tecnologias possui, na sua essência, uma discussão ética, a qual deve possuir como norte o questionamento de qual é a finalidade dos avanços tecnológicos e tais novidades se apresentam a benefício de quem?

---

ou au respect de la vie privée de ces personnes ou de leur entourage, est également occulté tout élément permettant d'identifier les parties, les tiers, les magistrats et les membres du greffe". "Les données d'identité des magistrats et des membres du greffe ne peuvent faire l'objet d'une réutilisation ayant pour objet ou pour effet d'évaluer, d'analyser, de comparer ou de prédire leurs pratiques professionnelles réelles ou supposées. La violation de cette interdiction est punie des peines prévues aux articles 226-18,226-24 et 226-31 du code pénal, sans préjudice des mesures et sanctions prévues par la loi n° 78-17 du 6 janvier 1978 relative à l'informatique, aux fichiers et aux libertés". FRANÇA. Disponível em: https://www.legifrance.gouv.fr/eli/loi/2019/3/23/JUST1806695L/jo/texte. Acesso em: 1° out. 2019.

42. BRUGALETTA, Francesco. *Informatica giuridica e diritto dell'informatica*: per una genesi delle discipline. Disponível em: https://www.diritto.it/informatica-giuridica-e-diritto-dellinformatica-per-una-genesi-delle-discipline/. Acesso em: 1° out. 2019.

43. Tradução livre de trechos de: "L´outil, dénommé 'Case Law Analytics', est une solution mathématique permettant d'estimer les chances de réussite d'un procès, le montant des indemnités escomptées, et même les arguments les plus à même d'influer sur la décision des juges. Par cette simulation, un client engagé dans une procédure de divorce apprendra, par exemple, que 800 de ces 'juges' lui accorderont une prestation compensatoire. Que, parmi eux, 200 décideront d'un montant de 100 000 euros, mais que 600 n'iront pas au-delà de 75 000 euros, pour telle ou telle raison (durée du mariage, état de santé, revenus...). 'Si vous allez dix fois au tribunal, vous aurez dix décisions plus ou moins différentes." C'est cet aléa que notre outil va quantifier en donnant l'éventail des possibles', résume le mathématicien Jacques Lévy Véhel, l'un des deux créateurs de 'Case Law Analytics'" (COLLAS, Aurélie. *L'intelligence artificielle, nouvel outil pour faciliter le travail des avocats*: Automatisation des métiers (2/3). Quel est l'impact de la robotisation sur le monde du travail? Deuxième épisode de notre série avec un cabinet d'avocats qui a recours à l'IA. Disponível em: https://www.lemonde.fr/economie/article/2019/07/30/l-intelligence-artificielle-nouvel-outil-pour-faciliter-le-travail-des-avocats_5494947_3234.html. Acesso em: 1° out. 2019).

44. Tradução livre de: "*l'intelligenza umana nell'era della robotica*". VERUGGIO, Gianmarco. L'intelligenza umana nell'era della robotica. *TED x Darsena*. Nov. de 20118. Disponível em: https://www.youtube.com/watch?v=FO-68leHdOFo. Acesso em: 1° outubro 2019.

A difícil resposta está na velha saga jurídica em buscar compatibilizar os interesses individuais com os coletivos.

Sem dúvidas, são inúmeros os benefícios da inteligência artificial, mas é necessária a inteligência humana do advogado para que não se transforme em mero operador do direito ou um advogado "robotizado".

8. REFERÊNCIAS

ASIMOV, Isaac. *Eu, robô*. Tradução de Luiz Horácio da Matta 2. ed. em português, 1969. Disponível em: http://bibliotecadigital.puc-campinas.edu.br/services/e-books/Isaac%20Asimov-2.pdf. Acesso em: 1º. out. 2019.

ASIMOV, Isaac. *Robôs do amanhecer*. Disponível em: https://docs.google.com/file/d/0B0rwVJWXNJD_N2JmNzVjNzAtZWYyZC00ZDFlLTgxODctZmQzNmY3ZGRlYWVi/view. Acesso em: 1º out. 2019.

BRASIL. Advocacia Geral da União. *Sistema Sapiens*. Disponível em: https://sapiens.agu.gov.br/login. Acesso em: 1º out. 2019

BRASIL. Ministério da Indústria, Comércio Exterior e Serviços. Disponível em: http://cntm.org.br/encontro-discute-insercao-do-trabalhador-na-industria-4-0. Acesso em: 1º out. 2010.

BRASIL. Superior Tribunal de Justiça. *Instrução Normativa STJ/GP n. 6 de 12 de junho de 2018*. Institui projeto-piloto de aplicação de soluções de inteligência artificial no Superior Tribunal de Justiça. Disponível em: https://ww2.stj.jus.br/processo/dj/documento/?seq_documento=19275571&data_pesquisa=14/06/2018&seq_publicacao=15535&versao=impressao&nu_seguimento=00001. Aceso em: 1º out. 2019.

BRASIL. Superior Tribunal de Justiça. *REsp 539077/MS*. 4. Terma. Rel. Min. Aldir Passarinho Junior. j. 26/04/2005: "As relações contratuais entre clientes e advogados são regidas pelo Estatuto da OAB, aprovado pela Lei n. 8.906/94, a elas não se aplicando o Código de Defesa do Consumidor." Disponível em https://scon.stj.jus.br/SCON/jurisprudencia/toc.jsp?livre=%28%22ALDIR+PASSARINHO+JUNIOR%22%29.MIN.&processo=539077&b=ACOR&thesaurus=JURIDICO&p=true. Acesso em: 1º out. 2019.

BRASIL. Supremo Tribunal Federal. Disponível em: http://www.stf.jus.br/portal/cms/verNoticiaDetalhe.asp?idConteudo=380038. Acesso em: 1º out. 2019.

BRUGALETTA, Francesco. *Informatica giuridica e diritto dell'informatica*: per una genesi delle discipline. Disponível em: https://www.diritto.it/informatica-giuridica-e-diritto-dellinformatica-per-una-genesi-delle-discipline/. Acesso em: 1º out. 2019.

COLLAS, Aurélie. *L'intelligence artificielle, nouvel outil pour faciliter le travail des avocats*: Automatisation des métiers (2/3). Quel est l'impact de la robotisation sur le monde du travail? Deuxième épisode de notre série avec un cabinet d'avocats qui a recours à l'IA. Disponível em: https://www.lemonde.fr/economie/article/2019/07/30/l-intelligence-artificielle-nouvel-outil-pour-faciliter-le-travail-des-avocats_5494947_3234.html. Acesso em: 1º out. 2019.

CORBYN, Zoë. *Hungry judges dispense rough justice*: when they need a break, decision-makers gravitate towards the easy option. Disponível em: https://www.nature.com/news/2011/110411/full/news.2011.227.html. Acesso em: 1º out. 2019.

ENHANCED LEGAL INTELLIGENCE. Disponível em: http://elibot.com.br/. Acesso em: 1º out. 2019.

EUROPA. Parlamento Europeu. Disponível em: http://www.europarl.europa.eu/doceo/document/A-8-2017-0005_PT.html. Acesso em: 1º out. 2019.

FIORIGLIO, Gianluigi. *Informatica Giuridica*. Disponível em: https://informaticaediritto.files.wordpress.com/2012/05/2012id1-informatica-giuridica.pdf. Acesso em: 1º out. 2019.

FRANÇA. Disponível em: https://www.legifrance.gouv.fr/eli/loi/2019/3/23/JUST1806695L/jo/texte. Acesso em: 1º out. 2019.

FUX, Luiz. Novas tecnologias: Fux mostra benefícios e questionamentos da inteligência artificial no Direito. *Consultor Jurídico*. Disponível em: https://www.conjur.com.br/dl/palestra-fux-inteligencia-artificial.pdf. Acesso em: 1º out. 2019.

GAGNÉ, Jean-Francois. *Un cadre pour une intelligence artificielle (IA) digne de confiance et reposant sur des principes éthiques*. Disponível em: https://jfgagne.ai/fr/blog/un-cadre-pour-une-intelligence-artificielle-ia-digne-de-confiance-et-reposant-sur-des-principes-ethiques/. Acesso em: 1º out. 2019.

GODINHO, Adriano Marteleto; ROSENVALD, Nelson. Inteligência artificial e a responsabilidade civil dos robôs e de seus fabricantes. *In*: ROSENVALD, Nelson; DRESCH, Rafael de Freitas Valle; WESENDONCK, Tula (Coords.). *Responsabilidade civil*: novos riscos. Indaiatuba: Foco, 2019.

HANSON ROBOTICS. Disponível em: https://www.hansonrobotics.com/sophia/. Acesso em: 1º out. 2019.

JONES, Colin P. A. *Robot rights*: From Asimov to Tezuka. Disponível em: https://www.japantimes.co.jp/community/2019/03/06/issues/robot-rights-asimov-tezuka/#.XVlqAuhKjIW. Acesso em: 1º out. 2019.

MARTINS, Guilherme Magalhães; LONGHI, João Victor Rozatti. Nota dos coordenadores. *In*: MARTINS, Guilherme Magalhães; LONGHI, João Victor Rozatti (Coords.). *Direito digital*: direito privado e Internet. 3. ed. Indaiatuba: Foco, 2020, p. XL.

PIRES, Fernanda Ivo. *Responsabilidade civil e o caráter punitivo da reparação*. Curitiba: Juruá, 2014.

REVISTA ÉPOCA. Estônia quer substituir os juízes por robôs. Disponível em: https://epocanegocios.globo.com/Tecnologia/noticia/2019/04/estonia-quer-substituir-os-juizes-por-robos.html. Acesso em: 1º out. 2019.

REVISTA ÉPOCA. Startup canadense desenvolve robô-advogado que interpreta leis. Disponível em: https://epocanegocios.globo.com/Tecnologia/noticia/2019/02/startup-canadense-desenvolve-robo-advogado-que-interpreta-leis.html. Acesso em: 1º out. 2019.

RONDÔNIA. Tribunal de Justiça do Estado de Rondônia. *Inteligência Artificial do TJRO*: Potencialidade do Sinapses é apresentada no ConipJud 2018. Disponível em: https://www.tjro.jus.br/noticias/item/10172-inteligencia-artificial-do-tjro-potencialidade-do-sinapses-e-apresentada-no-conipjud-2018. Acesso em: 1º out. 2019.

TOMASEVICIUS FILHO, Eduardo. Inteligência artificial e direitos da personalidade: uma contradição em termos? *Revista da Faculdade de Direito Universidade de São Paulo*, São Paulo, v. 113, p. 133-149, jan/dez. 2018.

VERBEEK, Peter-Paul. *Moralizing Technology*. Disponível em: https://nyphilosophyreview.wordpress.com/2017/11/15/review-moralizing-technology-by-peter-paul-verbeek/. Aceso em: 1º out. 2019.

VERBIEST, Thibault. *Intelligence artificielle "forte" et robots autonomes*: quel régime de responsabilité? Disponível em: https://www.lecho.be/opinions/carte-blanche/intelligence-artificielle-forte-et-robots-autonomes-quel-regime-de-responsabilite/10145920.html. Acesso em: 1º. out. 2019.

VERUGGIO, Gianmarco. Disponível em: http://www.veruggio.it. Acesso em: 1º out. 2019.

VERUGGIO, Gianmarco. L'intelligenza umana nell'era della robótica. *TED x Darsena*. Nov. de 20118. Disponível em: https://www.youtube.com/watch?v=FO68leHdOFo. Acesso em: 1º outubro 2019.

WEVORCE. Disponível em: https://www.wevorce.com/. Acesso em: 1º out. 2019.

EDIÇÃO GÊNICA E OS LIMITES DA RESPONSABILIDADE CIVIL

Graziella Trindade Clemente

Doutora em Biologia Celular pela UFMG. Mestre em Ciências Morfológicas pela UFMG. Pós-graduada em Direito da Medicina pela Universidade de Coimbra. Pós-doutoranda em Direitos Humanos pela Universidade de Coimbra. Professora Titular no Centro Universitário Newton Paiva e da Faculdade de Saúde e Ecologia Humana. Advogada e Odontóloga.

Nelson Rosenvald

Pós-Doutor em Direito Civil na Università Roma Tre (IT). Pós-Doutor em Direito Societário na Universidade de Coimbra (PO). Doutor e Mestre em Direito Civil pela PUC/SP. *Visiting Academic* na Oxford University (UK). Professor Visitante na Universidade Carlos III (ES). Procurador de Justiça do Ministério Público de Minas Gerais. Professor do Doutorado/Mestrado do IDP/DF.

Sumário: 1. Introdução. 2. Aplicabilidade da edição gênica (CRISPR/Cas9). 3. Riscos previsíveis da técnica edição gênica (CRISPR/CASS9). 4. Riscos desconhecidos da edição gênica (CRISPR/Cas9) e a responsabilidade civil. 5. Danos decorrentes da não utilização da edição gênica (CRISPR/Cas9) e a responsabilidade civil. 6. Conclusão. 7. Referências.

1. INTRODUÇÃO

Avanços científicos na área biomédica geram impactos inegáveis na vida dos seres humanos que, consequentemente, irão refletir na ordem jurídica. Diante de tecnologias disruptivas que provocam mudanças de paradigmas e inovam de forma revolucionária, criam-se desafios inéditos suscitando adequações do sistema jurídico aos novos anseios.

Nesse sentido, a edição gênica (CRISPR/Cas9) destaca-se como inovadora tecnologia de manipulação de sequências do DNA, caracterizada por sua alta eficiência e facilidade de uso, sendo definida como ferramenta promissora e revolucionária no mapeamento de doenças graves de caráter hereditário, na maioria das vezes incuráveis, gerando expectativa positiva no que se refere às medidas de prevenção e de criação de novas alternativas terapêuticas em humanos.

Mesmo considerando os benefícios terapêuticos preventivos demonstrados nas pesquisas básicas e pré-clínicas em embriões humanos, devido ao seu ineditismo e à possibilidade de promover mudanças permanentes no DNA, com eventual impacto sobre as futuras gerações, tais investigações encontram barreiras de aceitação em todo o mundo. Justificam-se, desse modo, os intensos debates em torno da aplicabilidade dessa nova tecnologia, seja no que tange à necessidade de adequada regulamentação, seja no que se refere aos seus limites e potencialidades.

Configura-se, portanto, debate árduo, em que se discutem não somente dilemas éticos mas, também, o impacto dos riscos futuros e desconhecidos aliados à incerteza quanto aos efeitos danosos decorrentes dessa nova tecnologia, no âmbito da responsabilidade civil.[1] Some-se a isso que, diferentemente da tradição anglo-americana a aversão a riscos é elemento cultural da sociedade brasileira.[2] Nesse sentido, como grande desafio na tentativa de apresentar alternativas no plano da reparação de danos, ampliação da confiança, solução e administração de conflitos de interesses, justifica-se o enfrentamento de temas relevantes como: a expansão da função precaucional da responsabilidade civil, a responsabilidade pelos riscos do desenvolvimento, o cabimento da excludente de responsabilidade, a importância da regulação pública das externalidades negativas e a proteção geral da personalidade.

Em sentido diametralmente oposto e inaugurando singular discussão, confrontamos questões ainda postas somente no campo das hipóteses, sobremodo a preocupação de que, na eventualidade da técnica de edição gênica tornar-se opção terapêutica viável, sua não utilização possa também acarretar efeitos potencialmente danosos. Mesmo considerando que a inquietude recorrente frente a tecnologias inovadoras seja a possibilidade de danos consequentes à sua utilização, não se pode negar a potencialidade lesiva da situação contrária, bem como a possível repercussão no âmbito da responsabilidade civil.

2. APLICABILIDADE DA EDIÇÃO GÊNICA (CRISPR/CAS9)

O desenvolvimento da técnica de edição gênica CRISPR/Cas9 (*clustered regularly interspaced short palindromic repeats*)[3] e a possibilidade de se editar células da linhagem germinativa humana (ovócitos e espermatogônias)[4] representaram uma verdadeira revolução tecnológica na medida em que possibilitaram a modulação específica de trechos do DNA de seres vivos, bem como a manipulação do DNA humano. Tais avanços acenaram para a viabilidade da manipulação de embriões humanos com todas as suas implicações.

---

1. Como frisa Yuval Noah Harari, os questionamentos éticos caminham em uma mesma direção: "Depois da seleção e da substituição, o passo potencial seguinte é o da correção. Uma vez que se torne possível corrigir genes letais, por que passar pelo transtorno de inserir algum DNA estranho, quando se pode reescrever o código e transformar um perigoso gene mutante em sua versão benigna? Poderíamos então usar o mesmo mecanismo para consertar, além de genes letais, todos os responsáveis por doenças menos fatais, como o autismo, a obesidade e a estupidez. Quem ia querer que seu filho sofresse de algum desses males?" *Homo Deus – Uma breve história do amanhã,* Companhia das Letras, São Paulo, 2019, p. 62.
2. Talvez este cenário de resistência ao novo em um contexto de hipercontrole do estado burocrático brasileiro possa ser refreado com a edição da Lei n. 13.874/19 (Lei da Liberdade Econômica) que assegura espaço de tolerância para empreendimentos privados com tendências disruptivas, experimentalistas e inovadoras, abrindo-se espaço para uma "liberdade para inovar". Comentando a LLE, André Ribeiro Tosta enfatiza que a tentativa do legislador "parece ser a de oferecer mecanismo com peso legal que traga confiança a atores dispostos a investir em atividades econômicas novas e com isso, diminuir os custos para a inovação tecnológica e social no país, reduzir o custo Brasil". TOSTA, A. R. Liberdade de inovação. *In:* MARQUES NETO, F. P.; RODRIGUES JR, O. L.; LEONARDO, R. X. *Comentários a Lei de Liberdade Econômica.* São Paulo: Revista dos Tribunais, 2019, p. 138.
3. JINEK, M., CHYLINSKI, K., FONFARA, I., HAUER, M., DOUDNA, J. A., CHARPENTIER, E. A Programmable Dual-RNA-Guided DNA Endonuclease in Adaptive Bacterial Immunity. *Science,* v. 337, n. 6096, p. 816–821. doi:10.1126/science.1225829, 2012.
4. LIANG, P., XU, Y., ZHANG, X., DING, C., HUANG, R., *et al.* CRISPR/Cas9-mediated gene editing in human tripronuclear zygotes, *Protein Cell,* v. 6, n. 5, p. 363-372, 2015.

Essa ferramenta apresenta dispositivos de "reconhecimento" que possibilitam sua aderência às sequências específicas de nucleotídeos do DNA-alvo, e também, dispositivos de "clivagem", que permitem seccioná-los. O processo de edição divide-se em etapas, sendo a primeira relacionada ao reconhecimento e clivagem da molécula de DNA e, a segunda, destinada ao reparo da mesma. Uma vez seccionados os nucleotídeos, são acionados mecanismos celulares endógenos naturais de reparação do DNA. A metodologia de edição utiliza-se então, desses recursos, para promover as modificações pretendidas. Assim, o reparo pode ocorrer por ligação das extremidades não homólogas, mecanismo útil quando se pretende silenciar a ação de genes, ou também, por reparo dirigido por moldes. Nessa situação, é possível inserir nas células, juntamente com a ferramenta de edição, moldes de DNA externo.[5] Desse modo, a técnica CRISPR/Cas9, funcionaria como um "editor de texto genético", promovendo a correção ou exclusão de genes portadores de mutações relacionadas a doenças possibilitando, desfazer ou silenciar os efeitos deletérios das mesmas.

Inicialmente, a aplicabilidade da edição gênica restringiu-se à linhagem de células somáticas, o que significa dizer que ela se aplica à maioria das células de nosso organismo, ou seja, aquelas responsáveis pela formação dos diferentes tecidos e órgãos. A linhagem somática não tem o potencial de gerar gametas, assim, as modificações promovidas em seu material genético não se perpetuam nas futuras gerações. Diversamente, a edição gênica de células germinativas é capaz de impactar o organismo do indivíduo como um todo, bem como de seus descendentes. Por esse motivo, a possibilidade de se promover mudanças permanentes no DNA, com eventual impacto sobre as futuras gerações, tem sustentado intensos debates sobre o tema nas esferas biomédicas, bioéticas e/ou legais.[6]

Em pesquisas básicas, a técnica CRISPR/Cas9 oferece grande vantagem, gerando conhecimento científico amplo que poderá contribuir para a saúde e bem-estar dos seres humanos. Possibilita-se o esclarecimento em relação aos mecanismos que justificam a diferenciação celular em modelos humanos, a investigação sobre o papel de alguns genes específicos nos momentos iniciais do desenvolvimento embrionário humano, bem como, a compreensão da gênese de doenças genéticas, o que conduz ao desenvolvimento de medicamentos específicos para essas doenças, elaboração de terapias gênicas importantes no tratamento de diferentes tipos de câncer, dentre outros. Esses são apenas alguns exemplos das possíveis indicações das pesquisas básicas nesse âmbito. No que se refere às pesquisas de aplicação clínica, é irrefutável a importância da edição gênica na prevenção de doenças genéticas em embriões humanos (6% das crianças recém-nascidas apresentam problemas genéticos importantes). Utilizando essa técnica, é possível

---

5. CRISPR/Cas9 – Trata-se de complexo formado por enzima do tipo endonuclease (Cas9) guiada até a região específica da molécula de DNA (gene marcado) que se pretende editar, por meio de uma molécula de gRNA, programada para reconhecer a sequência específica do DNA. Assim, procede-se à substituição do fragmento de DNA, que possui a mutação, por sequência normal possibilitando a correção da desordem. A molécula de gRNA pode ser personalizada para reconhecer sequências específicas do DNA por meio de alteração de apenas 20 nucleotídeos. Dessa forma, genes específicos podem ser alvo do gRNA e, consequentemente, da Cas 9, o que propicia modificações precisas dos mesmos. REYES, A.; LANNER, F., *Towards a CRISPR view of early human development: applications, limitations and ethical concerns of genome editing human embryos*, The Company of Biologists, n. 144, p. 3-7, 2017).
6. [8] CLEMENTE, G. T. Manipulação gênica em embriões humanos. *Actualidad Jurídica Iberoamericana*, v. 9, p. 202-223, ago. 2018.

identificar os genes responsáveis por essas condições, viabilizando uma perspectiva de tratamento preventivo para essas doenças.[7]

Havendo indicação clínica da edição gênica, enfatize-se sua aplicabilidade nas doenças poligênicas, ou seja, em que vários genes apresentam mutações simultâneas. Principalmente, nos casos em que há interferência de diferentes fatores ambientais, é intrincada a seleção de um embrião viável. Nessas situações, inúmeras mutações gênicas se associam para caracterizar uma só doença, como, por exemplo, as que ocorrem em diferentes tipos de câncer nos quais mais de duzentos diferentes genes estão envolvidos. Nesse sentido, a longo prazo, a edição gênica nas pesquisas pode tornar-se importante ferramenta, na medida em que a técnica tem o potencial de promover múltiplas alterações gênicas simultâneas. É fato, entretanto, que isso dependerá do avanço dos estudos, para deixar de ser apenas uma expectativa. Os contornos da gênese dessas doenças ainda não foram totalmente delineados, por isso há necessidade de se progredir com as investigações a fim de comprovar o possível potencial da técnica em reduzir sua incidência.

Até mesmo no âmbito das doenças infecciosas, a indicação clínica da edição gênica já é uma realidade. Alguns genes podem garantir aumento da resistência do indivíduo à infecção por diferentes patógenos. Nesse sentido, identificar tais genes para tentar amplificar seu efeito e aumentar a resistência a tais agentes, configuraria imunização efetiva.[8]

Como a fertilização "in vitro" (FIV) em associação com o diagnóstico pré-implantação (DPI) são métodos eficientes para selecionar embriões não afetados, muitos defendem não ser necessário lançar mão da técnica de edição gênica. Embora isso possa ocorrer, em várias situações, essa "suposta" eficiência esbarra em limites, ilustrativamente, nos casos de pessoas sadias, porém portadoras de doenças autossômicas dominantes (duas cópias de genes com mutação) ou de doenças autossômicas recessivas, nos quais não é possível evitar a transmissão do gene com mutação para os seus descendentes. Nesses casos, nem a fertilização "in vitro" (FIV), tão pouco o diagnóstico pré-implantação (DPI) são técnicas adequadas para garantir um embrião saudável, mesmo quando produzido número significativo de embriões, situação frequentemente inviável.[9]

Com relação à regulamentação do uso da técnica, mesmo levando-se em consideração a variação dos diferentes sistemas regulatórios atualmente em vigor no mundo, há consenso global, no sentido de não se permitir a modificação gênica de células germinativas humanas. Como a modificação gênica de células germinativas é capaz de impactar o organismo do indivíduo como um todo, bem como de seus descendentes, essa técnica ainda é muito criticada seja por razões biomédicas, como por razões bioéticas ou legais. Apesar dos benefícios terapêuticos que podem advir do seu uso, a possibilidade de promover mudanças permanentes no DNA de células com capacidade de transmitir

---

7. GYNGELL, C., FELLOW, M., DOUGLAS, T., SAVULESCU, J. The ethics of germline gene editing. *J Appl Philos.*, v. 34, n. 4, p. 498-513, 2017.
8. XU, L., YANG, H., GAO, Y., *et al.* CRISPR/Cas9 – mediated CCR5 ablation in human hematopoietic steam/progenitor cells confers HIV-1 resistance *in vivo*. *American Society of Gene & Cell Therapy*, v. 25, n. 8, 2017.
9. [11] CAVALIERI, G. Genome editing and assisted reproduction: curing embryos, society or prospective parents? *Medicine, Health Care and Philosophy*, p. 1-11, 2017.

essas informações para as futuras gerações, é um dos argumentos que motiva intensa controvérsia sobre o tema.[10]

Na Europa, a Convenção de Oviedo explicita as restrições à criação de embriões humanos para pesquisa – 29 países a ratificaram, cabendo a cada qual, respeitando-se a convenção, criar as próprias leis para regulamentar o tema. Nesses termos, a modificação do genoma humano está limitada às condições de diagnóstico, prevenção ou tratamento, desde que não promova modificação no genoma dos descendentes, e que se respeite a proibição quanto à aplicação clínica restrita à reprodução.[11-12]

Em uma minoria de países, incluindo Reino Unido e Estados Unidos, estabeleceu-se, por meio de instituições científicas nacionais, importantes diretivas no sentido de descrever as principais questões éticas e de segurança biológica relativas à edição gênica. Nessa perspectiva, estudos realizados tendem ao incentivo das pesquisas básicas e ressaltam a necessidade de medidas de cautela relativas às pesquisas clínicas, especialmente quando se trata de células da linhagem germinativa.[13-14] Por sua vez, no que se refere à modificação gênica de embriões humanos, sua proibição com finalidade reprodutiva ainda é consensual, apesar de evidências de que a tecnologia de edição gênica baseada na técnica CRISP/Cas9 é ferramenta possível, com grande potencial quando aplicada à área médica. Apesar de todas as argumentações sobre os limites e potencialidades da técnica, a mesma ainda carece de regulamentação clara e objetiva para que possa se desenvolver de forma segura, possibilitando maior abrangência de aplicação no futuro.[15]

Apesar de toda a discussão em busca de regras que balizem de forma ética e legal a utilização da edição gênica em embriões humanos, e contrariando todos os critérios que pautam os protocolos de ensaios clínicos, realizou-se ao final de 2018, na China, a primeira edição gênica de embriões humanos que vieram a nascer, causando perplexidade no mundo científico.[16]

3. RISCOS PREVISÍVEIS DA TÉCNICA EDIÇÃO GÊNICA (CRISPR/CASS9)

Como ocorre em qualquer tecnologia inovadora, desconsiderar riscos representa conduta inaceitável. Entretanto, a partir da previsibilidade dos mesmos, aprimoram-se os métodos preventivos e a técnica é paulatinamente submetida a adequações diante das limitações evidenciadas, até que se possa estabelecer sua confiabilidade. É dessa maneira, que prosperam os estudos que envolvem a técnica de edição gênica – CRISPR/Cas9.

---

10. ISHII, T. *Germ line genome editing in clinics*: the approaches, objectives and global society. Briefings in Functional Genomics, p. 1-11, 2015
11. Convenção de Oviedo – Intervenções sobre o genoma humano – Artigo 13 "Uma intervenção que tenha por objeto modificar o genoma humano não pode ser levada a efeito senão por razões preventivas, de diagnóstico ou terapêuticas e somente se não tiver por finalidade introduzir uma modificação no genoma da descendência."
12. PEREIRA, A. D. Gene editing: a challenge for homo sapiens. *Medicine and Law*, n. 36, v. 4, p. 5-28, 2017.
13. NATIONAL ACADEMIES OF SCIENCES, ENGINEERING AND MEDICINE. *Human genome editing*: science, ethics, and governance. Washington, D.C.: Academies Press, 2017.
14. NUFFIELD COUNCIL ON BIOETHICS. *Genoma editing and Human reproduction*: social and ethical issues, 2018.
15. GOUSI, L.; YAO-GUANG, L.; YAANLING, C. Genome-editing Technologies: the gap between application and policy. *Sci China Life*, v. 62, p. 1-5, 2019.
16. CYRANOSKI, D.; LEDFORD, H. Genome-edited baby claim provokes international outcry. *Nature*, n. 563, p. 607-608, 2018.

Um dos grandes desafios dos estudos realizados em embriões no estágio de pré-implantação submetidos à edição gênica surgiu no momento em que foi detectada a ocorrência do mosaicismo.[17] O embrião mosaico resulta de um corte ineficiente do DNA pela nuclease e/ou por reparação inapropriada do mesmo. Assim, mesmo após edição, coexistirão diferentes tipos de células, as originais sem mutação (normais); as originais com mutação e as devidamente editadas (sem mutação). Logo, indivíduos mosaicos apresentam diferentes genomas.

No caso da linhagem germinativa, apesar de não determinar que o indivíduo seja afetado, o mosaicismo não impede a transmissão dos genes com mutação para os descendentes. Embriões criados exclusivamente para fins de pesquisa, por sua vez, seriam os ideais do ponto de vista da técnica, já que encontram-se no estágio de zigoto ou mesmo antes da fertilização, fase em que o espermatozoide ainda se mantém com apenas uma cópia de DNA mutante, o que seguramente evita o mosaicismo.[18] Entretanto, a maioria dos países proíbe essa prática. As limitações se estendem também ao tempo disponível para proceder as investigações desses embriões "in vitro", já que não se permite cultivá-los além da segunda semana do desenvolvimento (limite de 14 dias). Essa tem sido discussão atual e relevante: a possível extensão desse prazo.[19]

Assim, diante de tais limitações, não se pode afirmar ao certo até que ponto os resultados comprovando índices relevantes de mosaicismo são devidos ao uso de embriões de qualidade duvidosa, utilização de técnicas mais antigas de edição gênica, ou ambos os fatores.

Entretanto, resultados promissores de estudos inéditos realizados em animais de laboratório, utilizando método especializado de edição gênica (CRISPR/Cas9/sgRNA), comprovaram aumento significativo na efetividade preventiva do mosaicismo.[20]

Nessa perspectiva, torna-se relevante discutir as modificações gênicas "off-target" (mutações não intencionais ou fora do alvo) que podem ocorrer de forma inesperada em decorrência da utilização da técnica CRISPR/Cas9. Com relação aos riscos associados, a ação inespecífica e não pretendida da enzima Cas9, é importante estimar o dano para, assim, avaliar a real possibilidade de utilização da técnica.[21-22] Nos casos de ocorrência

---

17. "O mosaicismo é a presença em um indivíduo ou em um tecido de ao menos duas linhagens celulares geneticamente diferentes, porém derivadas de um único zigoto. As mutações que acontecem em uma única célula após a concepção, como na vida pós-natal, podem originar clones celulares geneticamente diferentes do zigoto original porque, devido à natureza da replicação do DNA, a mutação irá permanecer em todos os descendentes clonais dessa célula." THOMPSON, J.; THOMPSON, M. Genética Médica. Diversidade genética humana: mutação e polimorfismo. Rio de Janeiro: Elsevier, 2016, p. 107-132.
18. MA, H., MARTI-GUTIERREZ, N., PARK, SW., et al. Correction of a pathogenic gene mutation in human embryos. Nature, p. 1-7, 2017.
19. PERA, M., DE WERT, G., DONDROP, W., et al. What if stem cells turn into embryos in a dish? Nat Methods, n. 12, p. 917-919, 2015.
20. HASHIMOTO, M., YAMASHITA, Y., TAKEMOTO, T. Eletroporation of Cas9 protein/sgRNA into early pronuclear zygotes generates non-mosaic mutants in the mouse. Dev Biol., n. 418, p. 1-9, 2016.
21. MA, H., MARTI-GUTIERREZ, N., PARK, SW., et al. Correction of a pathogenic gene mutation in human embryos. Nature, p. 1-7, 2017.
22. Em condições fisiológicas, erros ou falhas podem ser introduzidos durante a replicação ou reparação do DNA. Essas alterações podem também ocorrer em virtude da ação de agentes físicos ou químicos – denominados agentes mutagênicos. THOMPSON, J.; THOMPSON, M. Genética Médica. Diversidade genética humana: mutação e polimorfismo. Rio de Janeiro: Elsevier, 2016, p. 43-56.

da mutação, já ficou demonstrado que tanto a técnica de edição, quanto a origem dos embriões a serem editados, poderiam justificar o efeito danoso indesejado. Assim, têm sido desenvolvidas técnicas, que utilizadas em associação, permitem analisar a eficiência da edição por meio do cálculo do efeito mutagênico correspondente a fim de se aumentar sua segurança e acurácia.[23]

Contudo, quando a ferramenta de edição – CRISPR/Cas9 – foi utilizada no momento exato da fertilização, tanto o mosaicismo, quanto a ocorrência de modificações gênicas fora do alvo foram efetivamente prevenidas.[24]

Indubitavelmente, esse fato é um indicativo de que sendo a técnica de edição aprimorada, a ponto de ser considerada como opção terapêutica, poderá ser utilizada em substituição à seleção de embriões que se segue à técnica de diagnóstico pré-implantação, evitando-se a produção e descarte dos inúmeros embriões excedentários resultantes desse processo. Nesse caso, a edição gênica possibilitaria a correção do padrão do genoma do embrião antes de se realizar a implantação.[25-26]

Apesar das precauções em relação a esses possíveis efeitos danosos, salienta-se que pouco se conhece sobre o real risco de as mutações provocadas pela edição gênica gerarem doenças. Notoriamente, o genoma tolera quantidade significativa de mutações, sem necessariamente representar risco de doença. Mutações estão constantemente sendo introduzidas na linha germinativa humana, seja por ação de fatores ambientais, tratamentos medicamentosos, alimentos, ou até mesmo a idade reprodutiva, todos influenciando na maior frequência de mutações do genoma humano, não necessariamente suficientes para provocar risco às futuras gerações.[27]

Para reduzir tais riscos, os pesquisadores se dedicam ao aprimoramento tecnológico de guias de RNA e endonucleases Cas9 mais específicas e com maior fidelidade. Atualmente, já é possível proceder, de forma prática e eficiente, à análise das possíveis mutações "*off-target*" geradas após utilização da técnica CRISPR/Cas9, bem como calcular seu efeito mutagênico correspondente utilizando-se ferramentas de bioinformática.[28-29-30] Estudos realizados com a proteína Cas9 recombinante, comprovaram o aumento da es-

---

23. Mutações *off-target* seriam aquelas não intencionais, que podem ocorrer no genoma em decorrência da ação não específica da enzima Cas9. Dessa forma, além do efeito pretendido, pode-se provocar também a mutação de algum outro gene de forma não esperada ou indesejada – BOEL, A., STEYAERT, W., DE ROCKER, N. et al. BATCH-GE: batch analysis of next generation sequencing data for genoma editing assessment. Sci Rep., n. 6, p. 30330, 2016.
24. MA, H., MARTI-GUTIERREZ, N., PARK, SW., et al. Correction of a pathogenic gene mutation in human embryos. Nature, p. 1-7, 2017.
25. GYNGELL, C., FELLOW, M., DOUGLAS, T., SAVULESCU, J. The ethics of germline gene editing. J Appl Philos., n. 34(4), p. 498-513, 2017.
26. LIANG, P., XU, Y., ZHANG, X., DING, C., HUANG, R., et al. CRISPR/Cas9-mediated gene editing in human tripronuclear zygotes, Protein Cell, v. 6, n. 5, p. 363-372, 2015.
27. ORMOND, K., MORTLOCK, D., SCHOLES, D., et al. Human Germline Genome Editing. The American Journal of Human Genetics, n. 101, p. 167-176, 2017.
28. KLEINSTIVER, B., PATTANAYAK, M., TSAI, S., et al. High fidelity CRISPR-Cas9 (nucleases with no detectable genome-wide off-target effects. Nature, n. 529, p. 490-495, 2016,
29. SLAYMAKER, I., GAO, L., SCOTT, D., et al. Rationally engineered Cas9 nucleases with improved specificity. Science, n. 351, p. 84-88, 2015.
30. BOEL, A., STEYAERT, W., DE ROCKER, N. et al. BATCH-GE: batch analysis of next generation sequencing data for genoma editing assessment. Sci Rep., n. 6, p. 30330, 2016.

pecificidade da enzima e a redução de seu tempo de exposição o que também promoveu diminuição significativa na ocorrência do efeito "*off-target*".[31-32]

Diante da contínua evolução das medidas de segurança/precaução em relação aos riscos de mosaicismo e mutações "*off-target*", não há como supor que os mesmos se intensifiquem em longo prazo. Pelo contrário, com os avanços tecnológicos, tais riscos serão certamente superados pelos benefícios potenciais da edição gênica. É inegável que toda pesquisa médica impõe riscos de danos previsíveis e imprevisíveis aos participantes, sendo esses, de forma imprescindível, considerados sob o ponto de vista ético. Nesse contexto, supor tolerância zero ao risco seria equivalente a impedir qualquer inovação clínica.

E para além, sendo a técnica de edição gênica CRISPR/Cas9 utilizada com a exclusiva finalidade terapêutica, garantindo ou restaurando a saúde em futuras crianças, é difícil visualizar como isso refletiria negativamente na dignidade humana.[33-34] Assim, dependendo da doença genética que se pretende evitar, o benefício para o indivíduo é existencial, diante de graves limitações ao ponto de comprometer a própria vida.[35]

4. RISCOS DESCONHECIDOS DA EDIÇÃO GÊNICA (CRISPR/CAS9) E A RESPONSABILIDADE CIVIL

Na perspectiva de que a produção do conhecimento impõe um desenvolvimento técnico científico cada vez mais célere, ampliam-se não apenas as discussões em relação aos dilemas bioéticos e riscos potenciais à saúde, bem como, as possibilidades de reparação de danos oriundos desses eventuais efeitos prejudiciais.

Tendo em vista os riscos potenciais que acompanham as técnicas tidas como inéditas, como no caso da técnica CRISPR/Cas9, torna-se oportuna a discussão sobre a possível previsibilidade e causalidade dos mesmos. Esses riscos seriam aqueles considerados como imprevisíveis e de causa incerta, ou seja, apesar de imperceptíveis de imediato, representariam ameaça latente caracterizando "riscos desconhecidos" ou de "*causa ignota*".

Nos contextos da Europa Continental, o tema responsabilidade civil por riscos desconhecidos – *liability for unknow risks* – é amplamente discutido no tocante as desvantagens dos progressos técnicos que emergem da nanotecnologia, *softwares*, aplicativos e engenharia genética.[36]

Nos casos em que estão envolvidos riscos desconhecidos, há consenso firmado no sentido do não cabimento da responsabilidade subjetiva, já que a previsibilidade do fato

---

31. MA, H., MARTI-GUTIERREZ, N., PARK, SW., *et al.* Correction of a pathogenic gene mutation in human embryos. *Nature*, p. 1-7, 2017.
32. DE WERT, G., HEINDRYCKX, B., PENNINGS, G. *et al.* Responsible innovation in human germline gene editing: Background document to the recommendations of ESHG and ESHRE. *European Society of Human Genetics*, 2018.
33. CAVALIERI, G. Genome editing and assisted reproduction: curing embryos, society or prospective parents? *Medicine, Health Care and Philosophy*, p. 1-11, 2017.
34. DE WERT, G., HEINDRYCKX, B., PENNINGS, G. *et al.* Responsible innovation in human germline gene editing: Background document to the recommendations of ESHG and ESHRE. *European Society of Human Genetics*, 2018.
35. GYNGELL, C., FELLOW, M., DOUGLAS, T., SAVULESCU, J. The ethics of germline gene editing. *J Appl Philos.*, v. 34, n. 4, p. 498-513, 2017.
36. ROSENVALD, N. *O Direito Civil em movimento*: desafios contemporâneos. 3. ed. Salvador: Juspodivm, 2019, 320p.

danoso é considerada requisito da culpa e a informação sobre o provável risco de dano não está disponível, ou seja, não se pode estimar quando seria possível prever tal risco. Contudo, situação distinta é aquela na qual o risco é conhecido, porém dificilmente controlável ou evitável. Nesse caso, a responsabilização por culpa somente poderia ser aventada caso o princípio da precaução não fosse respeitado, como ocorre nas situações de inadequação dos deveres de cuidado, proteção e informação, conforme o "estado da arte".

Por outro lado, de acordo com a teoria objetiva, a responsabilização por danos causados por riscos desconhecidos pode ocorrer quando os mesmos estão relacionados à causalidade incerta, implicando na distribuição do ônus da prova (se não for comprovada a causalidade ou na incapacidade de identificar o fato novo que interrompeu o nexo causal entre o dano e a atividade geradora do mesmo).

Sob o ponto de vista pragmático, em que todo risco gerado é convertido em fator de imputação objetiva, a consequência inevitável é o atravancamento da inovação e empreendedorismo das sociedades atuais. Portanto, na análise da responsabilidade civil, faz-se necessária a ponderação entre as linhas gerais estabelecidas pelo legislador e a atualização da norma construída com base na doutrina e jurisprudência. Assim, não se pretende o impossível (exclusão do risco), porém a mitigação dos danos. Desta forma, é essencial conhecer o potencial de risco da atividade para que se justifique uma imputação objetiva de danos ao agente. Esse, sem dúvida, é o maior desafio.[37]

Quando a cláusula geral do parágrafo único do art. 927 do Código Civil Brasileiro[38] anuncia que a atividade implica risco *"por sua natureza"*, expressa a ideia de que o risco é da essência da atividade, um aspecto preexistente e intrínseco da mesma (risco da atividade). Sendo assim, essa atividade gera por si só, alto índice de danosidade implicando que a pessoa que empreende seja a responsável pela reparação de forma objetiva. Trata-se, portanto, de risco especial capaz de induzir danos quantitativamente numerosos (probabilidade elevada de ocasionar danos) ou qualitativamente graves (intensidade da ocorrência eventual). Ressalta-se que não se exige um perigo anormal dos meios, mas que o mais importante é a verificação da regularidade estatística com que o evento lesivo aparece em decorrência da atividade exercida.

Com base nesse contexto, infere-se que os riscos desconhecidos decorrentes da técnica CRISPR/Cas9, por não serem preexistentes, não poderiam ser considerados da essência da atividade. No plano da edição gênica, para que um risco em potencial se manifeste sob a forma de dano, podem ser necessárias diversas interações com o ambiente, o que muitas vezes só ocorre ao longo do tempo, podendo ser detectáveis apenas em gerações futuras. Esse suposto dano também depende de diferenças individuais – que podem tanto impedir quanto exacerbar o potencial lesivo da atividade – sofrendo a ação de inúmeras variáveis que, inclusive, limitam a possibilidade de se estimar o índice lesivo da atividade. Esse é um fator imprescindível na definição da probabilidade de ma-

---

37. BRAGA-NETO, F.P.; FARIAS, C. C.; ROSENVALD, N. *Novo tratado de responsabilidade civil*. 3. ed. São Paulo: Saraiva Educação, 2018, 631 p.
38. Parágrafo único, art. 927 CC: "Haverá obrigação de reparar o dano, independentemente de culpa, nos casos especificados em lei, ou quando a atividade normalmente desenvolvida pelo autor do dano implicar, por sua natureza, risco para os direitos de outrem".

nifestação do risco. Em tema de manipulação gênica, um dos principais determinantes do efeito lesivo é, exatamente, a frequência em que ele ocorre. Assim, diante de tantas peculiaridades, fica evidente que é a natureza da atividade que irá determinar, no caso concreto, a sua propensão na criação do risco.[39]

Ainda nesse sentido, destaca-se a indiscutível relevância da análise da causalidade. Ao autor do fato caberá responsabilização pela simples atribuição de um certo nexo de imputação como a responsabilidade pela segurança, garantia ou risco. Adota-se, portanto, a noção normativa do nexo de causalidade, adequando-se a teoria da causalidade aos problemas oriundos da massificação e despersonificação dos sujeitos nas sociedades de risco. Entende-se que por meio das teorias de causalidade, pretende-se, de certo modo, facilitar a reparação de danos injustos pela substituição de critérios causais, baseados em certezas, por critérios de probabilidade pelos quais considera-se a razoabilidade da ocorrência dos resultados. Essa concepção probabilística da responsabilidade civil baseia-se na análise jurídica da imputação de danos que se fará por meio da classificação da atividade como sendo estatística e tipicamente associada ao dano (dados de pesquisas, métodos científicos ou técnicos, laudos periciais). Assim, a teoria da causalidade adequada que possibilita análise abstratamente referida da probabilidade do evento danoso, destaca-se como opção preferencial. Nesse caso defere-se, ao julgador, o juízo de probabilidade no qual os fatos serão admitidos como presumidamente verdadeiros tendo, como base, a potencialidade e probabilidade do risco em relação ao dano garantindo-se, enfim, a reparação. Portanto, por meio da teoria da causalidade adequada é possível proceder-se a análise apriorística da potencialidade danosa de certa atividade. Dessa forma, as constatações estatísticas referentes ao risco da atividade antecedem a ocorrência do dano, ou seja, vislumbra-se o risco irrazoável de certa atividade pela identificação de sua aptidão em gerar dano[40].

Analisando-se a hipótese na qual riscos desconhecidos emergem da utilização da técnica CRISPR/Cas9, alguns desafios na aplicabilidade da teoria da causalidade adequada se impõem. Destaca-se a limitação referente a possibilidade de se realizar análise referida de forma abstrata, pois a mesma fundamenta-se na possibilidade de avaliação de uma multiplicidade de casos semelhantes. Assim sendo, de posse de elementos técnicos objetivos, inferimos se determinado evento danoso é efeito esperado ou razoável de certa atividade. Outro aspecto relevante a ser considerado é o fato da casuística ser mínima em relação a técnica CRISPR/Cas9. Tal fato deve-se aos impedimentos ora impostos à aplicabilidade da técnica, além de seu ineditismo e extremo dinamismo. Desde sua criação, o aprimoramento da técnica tem sido cotidiano, o que contribui para dificultar a utilização dos critérios de probabilidade e razoabilidade ao se estabelecer a vinculação entre aquela atividade que se coloca no início do processo danoso e o dano injusto no caso concreto. Portanto, sobeja prejudicada a ideia de que a análise jurídica da imputação de danos se fará por meio da classificação da atividade.[41]

---

39. CLEMENTE, G. T. Responsabilidade Civil, Edição Gênica e o CRISPR. In: ROSENVALD, N.; DRESCH, R. F. V.; WESENDONCK, T. (Org.). *Responsabilidade Civil*: Novos Riscos. Indaiatuba: Foco, 2019, p. 301-317.
40. MULHOLLAND, C. S. *A responsabilidade civil por presunção de causalidade*. Rio de Janeiro: GZ, 2010, p. 283-285.
41. CLEMENTE, G. T. Responsabilidade Civil, Edição Gênica e o CRISPR. In: ROSENVALD, N.; DRESCH, R. F. V.; WESENDONCK, T. (Org.). *Responsabilidade Civil*: Novos Riscos. Indaiatuba: Foco, 2019, p. 301-317.

Nessa mesma perspectiva argumentativa, para além dessa discussão, merece destaque a análise do princípio da precaução proposta, recentemente, por Koplin e colaboradores. É indiscutível que, no tocante à tomada de decisões em contextos em que as atividades apresentam ameaças incertas, mas potencialmente graves (como no contexto da edição gênica de células da linhagem germinativa), o princípio da precaução assume papel relevante. Entretanto, na análise pioneira e inovadora que esses autores propõem, além da ponderação sobre as várias nuances do princípio da precaução (negativa e positiva), a plausibilidade do "princípio da precaução suficiente" é também considerada. Assim sendo, o parâmetro de análise custo-benefício, até então utilizado, daria espaço ao enfrentamento mais específico dos riscos ou ameaças. Nesse contexto, não só os desafios do uso da técnica seriam analisados como, também, os riscos decorrentes de sua não utilização, principalmente no que se refere à saúde genética das gerações futuras.[42]

Sob a égide da imputação objetiva cabe, ainda, a análise do tema risco desconhecido com base no debate sobre risco do desenvolvimento. Mesmo antes da chegada do Código Civil de 2002, já se encontrava em vigor o Código de Defesa do Consumidor (CDC), que consagra a responsabilidade civil do fornecedor de produtos e serviços pelo chamado "acidente de consumo".[43] Portanto deduz-se, do exposto, que o CDC adota a doutrina de imputação objetiva em um viés específico: teoria do defeito do produto ou do serviço – ou seja: obrigação objetiva de indenizar sem fundamento no risco da atividade, como previsto no Código Civil/2002.[44-45]

No Brasil, apesar da discussão sobre riscos desconhecidos não ter sido amplamente enfrentada, o debate sobre o risco do desenvolvimento (espécie do gênero "riscos desconhecidos") é bastante difundido. Os denominados riscos do desenvolvimento referem-se aos efeitos negativos colaterais provenientes da utilização de produtos ou serviços que podem ocorrer após os mesmos terem sido fornecidos aos consumidores. Diante disso, a polêmica se instaura e se maximiza quando se trata de riscos que, apesar de inicialmente

---

42. "We have argued that, while negative precautionary principles can be pragmatically useful in some contexts, they have little to contribute to the policy debate surrounding reproductive GGE. Positive precautionary principles are more closely relevant. Positive precautionary principles recommend placing especial weight on avoiding certain kinds of threats, such as threats we are cognitively primed to undervalue, threats that are poorly understood, threats to the achievement of a sufficient level of well being and threats to health security. While it is difficult to derive any straightforward policy recommendations from these positive versions of the precautionary principle, plausible versions of it would endorse GGE in at least some contexts – in particular, contexts where GGE could be used to correct otherwise catastrophic genetic mutations and/or to promote the long term robustness of human populations. Given that the pre cautionary principle is generally deployed against GGE, we think this is an important insight." KOPLIN, J. J.; GYNGELL, C.; SAVULESCU, J. Germline gene editing and the precautionary principle. *Bioethics*. p. 1-11. 2019.
43. Art. 14 da Lei. 8.078/90: "O fornecedor de serviços responde, independentemente da existência de culpa, pela reparação dos danos causados aos consumidores por defeitos relativos à prestação dos serviços, bem como por informações insuficientes ou inadequadas sobre sua fruição e riscos".
44. BRAGA-NETO, F.P.; FARIAS, C. C.; ROSENVALD, N. *Novo tratado de responsabilidade civil*. 3. ed. São Paulo: Saraiva Educação, 2018, p.640-642.
45. Neste sentido, enfatizam Guilherme Magalhães Martins e João Victor Rozatti Longhi que "quando da entrada em vigor do Código Civil de 202, festejava-se a adoção, com atraso em relação a legislação estrangeira, da cláusula geral da responsabilidade objetiva. O risco parecia finalmente assumir uma vocação expansiva, em face de problemas como a massificação urbana, o desenvolvimento da informática, da indústria, dos meios de transporte e as biotecnologias, dentre outros, na passagem do individualismo liberal para o solidarismo". MARTINS, G. M.; LONGHI, J. V. R. Responsabilidade civil do provedor da Internet. *In*: ROSENVALD, N e MILAGRES, M. *Responsabilidade civil*: novas tendências. Indaiatuba: Foco, 2017, p. 352.

desconhecidos, tornam-se conhecidos a partir do avanço da ciência. Essa eventualidade, implicaria na aceitação da excludente de responsabilidade do fornecedor, pelo risco do desenvolvimento.[46]

Por meio da Diretiva 85/374, a União Europeia enfrentou a questão do risco do desenvolvimento consagrando-o como causa excludente da responsabilidade objetiva. Entretanto, foi estabelecido, como requisito de admissibilidade, a prova, por parte do produtor, de que no momento de colocação do produto no mercado não era possível detectar a existência do defeito/efeito negativo colateral do produto. Ou seja, o critério temporal seria o da colocação do produto no mercado e não o da verificação do dano. Definiu-se, ainda, que caberia à legislação interna de cada Estado-membro incorporar ou não a excludente do risco do desenvolvimento (*Development Risks Defense* – DRD).[47-48-49]

Apesar de o legislador brasileiro não ter expressamente imposto a excludente de responsabilidade, seu silêncio, necessariamente, não precisa ser interpretado como exclusão da mesma. Para aqueles que defendem que tal excludente seja aceita, o principal argumento é que exigir tamanha cautela – assumindo-se riscos impossíveis de se prever ou inevitáveis àquele tempo – seria, de certa maneira, impedir o avanço científico, obrigando o fornecedor ao impossível.[50] Ainda nesse sentido, sustenta-se que o artigo 10 do CDC,[51] ao estabelecer a vedação ao fornecedor de oferecer no mercado produtos que saiba ou devesse saber apresentar alto grau de periculosidade ou nocividade, exclui por interpretação em contrário a responsabilidade, já que não há, em relação aos riscos do desenvolvimento, um dever de conhecimento sobre o defeito, no momento em que o mesmo é introduzido no mercado.[52]

Merece destaque que ao se tratar de riscos do desenvolvimento a questão de maior relevância é a imprevisibilidade desses riscos. Trata-se de danos imponderáveis quanto à sua ocorrência e extensão, razão pela qual a simples imputação de responsabilidade ao fornecedor romperia com a lógica do sistema de admissão do risco, em face da possibilidade de sua previsão e internalização como custo da atividade negocial.[53-54-55]

Ressalta-se que, na hipótese do risco desconhecido relacionado às inéditas técnicas de edição gênica, não haveria propriamente um "produto defeituoso". A técnica CRISPR/Cas9 é, na verdade, um tipo de atividade prestada o que significa dizer um serviço prestado.

---

46. ROSENVALD, N. *O Direito Civil em movimento*: desafios contemporâneos. 3. ed. Salvador: Juspodivm, 2019, p. 206.
47. DEL OLMO, P. Unknown Risks and Civil Liability in Spain: A Study of Spanish Law with Some French/Italian Comparative Remarks. *JETL*, v. 7, n. 2, p. 168-197, 2016.
48. HOGG, M. A. Liability for Unknown Risks: A Common Law Perspective. *JETL*, v. 7, n. 2, p. 113–142, 2016.
49. LOOSCHELDERS, D. Liability for Unknown Risks in German Law. *JETL*, v. 7, n. 2, p. 143–167, 2016.
50. ROSENVALD, N. *O Direito Civil em movimento*: desafios contemporâneos. 3. ed. Salvador: Juspodivm, 2019, p. 206.
51. Art. 10, Lei n. 8.078/90: "O fornecedor não poderá colocar no mercado de consumo produto ou serviço que sabe ou deveria saber apresentar alto grau de nocividade ou periculosidade à saúde ou segurança".
52. ULHÔA, F.C. *O empresário e os direitos do consumidor*. São Paulo: Saraiva, 1994, p. 86.
53. MIRAGEM, B. N. B. *Direito Civil*: Responsabilidade Civil. São Paulo: Saraiva, 2015, p. 550-557.
54. SALOMÃO, L.F.; TARTUCE, F. *Direito Civil: diálogos entre a doutrina e a jurisprudência*. São Paulo: Atlas, 2018, 783p.
55. FAURE, M., VISSCHER, L., WEBER, F. Liability for Unknown Risks – A Law and Economics Perspective. *JETL*, v. 7, n. 2, p. 198-228, 2016.

O conceito de serviço defeituoso implica na atividade prestada com carência de segurança, porém para a responsabilidade civil eclodir, é necessário que essa insegurança ultrapasse o limite da normalidade e que haja previsibilidade do risco. Esse fato é que caracteriza o defeito propriamente dito. Nos casos dos serviços de periculosidade adquirida pode-se falar em defeito. Entretanto, nesses casos, essas atividades não apresentam, em sua essência, risco inerente ou exagerado. Assim, quando o defeito surge (momento em que o dano se manifesta) ele será considerado imprevisível.[56]

Nesse sentido, e na perspectiva da técnica CRISPR/Cas9, entende-se que a atividade não apresenta risco inerente e, na hipótese de vir a desenvolver a periculosidade (serviço de periculosidade adquirida), será considerada como evento lesivo imprevisível ou desconhecido. A possibilidade da exclusão de responsabilidade com base no risco do desenvolvimento (DRD), assim como previsto de forma expressa na diretiva Europeia 85/374, pode ser então aventada nessas circunstâncias.

Dando continuidade ao entendimento de que serviço prestado é atividade realizada (obrigação de fazer), que não deve ser confundida com produto fornecido (obrigação de dar), cabe reiterar que a técnica CRISPR/Cas9 é uma atividade desenvolvida, ou seja, um serviço prestado. Dessa forma não caberia, nesse caso, utilizar os argumentos do artigo 931 do Código Civil, bem como, do Enunciado 43 da I Jornada CJF, para afastar a tese de exclusão de responsabilidade pelos riscos do desenvolvimento,[57] já que os mesmos somente preveem a responsabilidade civil pelo fato do produto, e não pelos serviços prestados.[58]

Diante do exposto, questiona-se a eficácia da responsabilidade civil, nos moldes tradicionalmente postos, em salvaguardar contra os efeitos nocivos de novas tecnologias que implicam, muitas vezes, em riscos desconhecidos e, até mesmo, imprevisíveis com potencial de afetar, inclusive, gerações futuras. Assim, torna-se essencial a discussão ampliada desse tema o que implica, necessariamente, em se conceber outras estratégias de enfrentamento dos desafios da responsabilidade civil frente aos "novos riscos". Essas estratégias, certamente, remetem ao "direito geral de personalidade" e a "internalização das externalidades negativas" ou socialização do risco.

Considerando-se análise comparativa – Código Civil Português e Código Civil Brasileiro –,[59] os direitos da personalidade correspondem, em sua maioria, aos direitos fundamentais

---

56. BRAGA-NETO, F.P.; FARIAS, C. C.; ROSENVALD, N. *Novo tratado de responsabilidade civil*. 3. ed. São Paulo: Saraiva Educação, 2018, p.643.
57. MIRAGEM, B. N. B. *Direito Civil*: Responsabilidade Civil. São Paulo: Saraiva, 2015, p. 550-557.
58. ROSENVALD, N. BRAGA NETTO, F. *Código Civil Comentado*. Salvador: Juspodivm, 2020, p. 891. "Importante notar que o art. 931 mantém na construção do CDC uma teoria do risco da empresa vinculada a um fato do produto, ou seja, um defeito de segurança que, em virtude de uma falha de fabricação, concepção ou comercialização, converta um produto sem periculosidade inerente em um produto de periculosidade adquirida. Além de omitir a necessidade de constatação do defeito do produto, o legislador se olvidou de mencionar as excludentes da causalidade – tal como corretamente elencou no art. 13 do CDC (força maior, fato exclusivo da vítima e fato de terceiro) –, já que não estamos diante de risco integral em que impera a causalidade pura. Por essa razão, é relevante o teor do Enunciado nº 562 do Conselho da Justiça Federal, nos seguintes termos: 'Aos casos do artigo 931 do Código Civil ('ressalvados outros casos previstos em lei especial, os empresários individuais e as empresas respondem independentemente de culpa pelos danos causados pelos produtos postos em circulação') aplicam-se as excludentes da responsabilidade objetiva'".
59. MOTA PINTO, P. *Direitos de Personalidade e Direitos Fundamentais*: Estudos. Coimbra: GESTLEGAL, 2018, p. 332-341.

que incidem sobre a personalidade humana globalmente considerada, quer quando incidem sobre aspectos ou modos de ser particulares da personalidade, quer quando dizem respeito à concepção de um "direito geral de personalidade", com correspondência na cláusula da dignidade da pessoa humana e no direito ao desenvolvimento da personalidade. As relações sistemáticas de matérias dos direitos fundamentais com os vários diplomas legais, bem como com a Constituição, garantem sua eficácia nas relações jurídico-privadas e constitucionais. Assim, os direitos de personalidade desempenham função de instrumento jurídico de concretização dos direitos fundamentais nas relações jurídico-privadas.

Nos sistemas jurídicos nos quais está explicitamente prevista a cláusula de proteção ou "tutela geral da personalidade" – conceito indeterminado – permite-se, não apenas, a proteção de uma série de direitos especiais de personalidade não proclamados como, também, a fundamentação positiva do direito de personalidade ou, até mesmo, o reconhecimento de outras formas de proteção da pessoa. No direito brasileiro, embora não esteja explícita, a cláusula de tutela geral poderá considerar-se implícita, seja no reconhecimento dos direitos de personalidade, seja pela correspondência com o artigo 5º da Constituição/1988.

Assim, pode-se inferir que os direitos da personalidade não tutelam apenas um aspecto particular da pessoa humana, mas englobam, de forma ampla, os diferentes aspectos da personalidade humana abrangendo novas zonas de relevância. Além de abordar a pessoa sob o ponto de vista de um ser humano estático, considera-se também a perspectiva de seu desenvolvimento.

Nesse sentido, os direitos de personalidade, protegidos pela cláusula de proteção geral, têm, como objeto, considerar a personalidade humana em todas as suas manifestações, atuais, futuras, previsíveis e imprevisíveis, sendo, então, referidos como "direito geral de personalidade", concepção que vem se impondo na maioria das ordens jurídicas[60]. Assim sendo, ele tem potencial mais amplo de proteção, abrangendo, inclusive, as situações de novas ofensas, que não são protegidas pelos direitos especiais, como é o caso das complexas questões envolvendo manipulação gênica humana[61]. Desse modo, a concepção de um "direito geral de personalidade" garante, por mecanismo distinto do direito privado, e de forma bem específica, a tutela de novos bens e o enfrentamento de

---

60. Ao invés de multiplicar o número de direitos definidos de forma relativamente estreita, o Tribunal Federal de Justiça da Alemanha (BGH–*Bundesgerichtshof*) desenvolveu um direito geral da personalidade (*allgemeines Persönlichkeitsrecht*), definindo-o como um direito do indivíduo ao respeito de sua dignidade humana e de desenvolvimento de sua personalidade individual (*Recht auf freie Entfaltung der Persönlichkeit*). Assim sendo, o direito geral da personalidade derivou do conceito de dignidade da pessoa humana (art. 1º da Lei Fundamental) e do direito ao livre desenvolvimento da personalidade (art. 2º da Lei Fundamental). Foi reconhecido como um direito constitucionalmente garantido pela primeira vez no ano de 1954, com a célebre decisão do caso *Leserbrief*. Posteriormente, o direito geral da personalidade foi confirmado pelo Tribunal Federal Constitucional (BVerfG). A edificação do direito geral da personalidade viabilizou o reconhecimento de diferentes interesses da personalidade, os quais surgem particularmente diante de desenvolvimentos técnicos ou se apresentam como dignos de proteção.

61. "O direito geral de personalidade pode, assim, como previsão ou "norma de recolha", vir a abranger novas zonas de relevância da personalidade e proteger contra novas ofensas (pense-se apenas, por exemplo, nos complexos problemas hoje levantados pelas possibilidades de manipulação de material genético humano), não protegidas pelos direitos especiais. É, neste sentido, "aberto" sincrónica e diacronicamente, permitindo a tutela de novos bens, e face a renovadas ameaças, sempre tendo como referente o respeito pela personalidade, quer numa perspectiva estática quer na sua dinâmica de realização e desenvolvimento." MOTA PINTO, P.: *Direitos de Personalidade e Direitos Fundamentais*: Estudos. Coimbra: GESTLEGAL, 2018, p. 338.

novas ameaças, tendo sempre como referência o respeito pela personalidade, não apenas numa perspectiva estática mas, também, dinâmica que inclui de forma simultânea, a liberdade de desenvolvimento.[62-63-64]

Não se pode negar que a proteção de bens, de forma ilimitada, requer novos instrumentos, como cláusulas gerais e conceitos indeterminados[65]. É nesta toada que se concebe o "direito geral de personalidade" como estratégia de ampliação da proteção à pessoa diante dos novos riscos que a técnica de edição gênica pode acarretar.

É notório que a edição gênica, por caracterizar atividade complexa e com elevado potencial de riscos desconhecidos envolvidos, adequa-se ao contexto da "sociedade de risco."[66] Nessa circunstância, em que é árdua a demonstração de uma causalidade adequada diante dos danos anônimos e atemporais, a internalização das externalidades negativas se destaca como medida preventiva de notável eticidade. Assim, a responsabilidade civil torna-se apta a corresponder à multiplicidade de funções por ela exercidas na atualidade.[67-68] A reparação deixa de ser uma possibilidade, e torna-se uma certeza.[69]

---

62. PEREIRA, A. G. D. *Direitos dos pacientes e responsabilidade médica*. Coimbra: Coimbra Editora, 2015, p. 147.
63. "(...) o direito geral de personalidade constitui direito-matriz ou direito-quadro no qual filiam certas manifestações particulares, os direitos especiais de personalidade. Esta concepção dinâmica e aberta à historicidade – especialmente relevante na sociedade de risco biotecnológico que vivemos". SOUSA, R. C. *O Direito Geral de Personalidade*. Coimbra: Coimbra Editora, 1995, p. 88.
64. Direito Geral de Personalidade constitui "o direito de cada homem ao respeito e à promoção da globalidade dos elementos, potencialidades e expressões da sua personalidade humana bem como da unidade psico-físico-sócio-ambiental dessa mesma personalidade humana (vg. da sua dignidade humana, da sua individualidade concreta e do seu poder de autodeterminação), com a consequente obrigação por parte dos demais sujeitos de se absterem de praticar ou deixar de praticar atos que ilicitamente ofendam ou ameacem ofender tais bens jurídicos da personalidade alheia, sem o que incorrerão em responsabilidade civil e/ou na sujeição às providências cíveis adequadas a evitar a consumação da ameaça ou a atenuar os efeitos da ofensa cometida." SOUSA, R. C. O. *Direito Geral de Personalidade*. Coimbra: Coimbra Editora, 1995, p. 88.
65. "face ao caráter ilimitado, solidário e desconhecido dos bens integrantes da natureza humana, não parece que possa aprioristicamente fazer-se uma enumeração completa e discutível de tais bens". SOUSA, R. C. O. *Direito Geral de Personalidade*. Coimbra: Coimbra Editora, 1995, p. 152.
66. A expressão "sociedade de risco" foi cunhada pelo sociólogo alemão Ulrich Beck em seu livro *Risikogesellschaft* (1986), no Brasil, "*sociedade de risco – rumo a uma outra modernidade*", Editora 34, São Paulo, 2010. Segundo Beck, "enquanto na sociedade industrial a lógica da produção de riqueza domina a lógica da produção de riscos, na sociedade de risco essa relação se inverte. O acúmulo do poder do progresso tecnológico-econômico é cada vez mais ofuscado pela produção de riscos (...) Com sua universalização, escrutínio público e investigação, eles depõem o véu da latência e assumem um significado novo e decisivo no debate social e político (...) eles já não podem ser limitados geograficamente ou em função de grupos específicos. Pelo contrário, contêm uma tendência globalizante que atravessa fronteiras nacionais e com um novo tipo de dinâmica faz surgir ameaças globais supranacionais e independentes de classe", p. 16.
67. BRAGA-NETO, F.P.; FARIAS, C. C.; ROSENVALD, N. *Novo tratado de responsabilidade civil*. 3. ed. São Paulo: Saraiva Educação, 2018, p.671.
68. "O atendimento à função primordial da responsabilidade civil – a adequada reparação dos danos – passa necessariamente pela difusão do dever de indenizar, ou seja, pela distribuição da responsabilidade por toda a comunidade, com a construção de uma autêntica responsabilidade social. Assume-se a responsabilidade civil como uma técnica de administração justa dos danos anônimos ou causais, mais justo parece ser a diluição desses danos por toda a sociedade, que a sua atribuição quase aleatória ao "culpado" ou "causador" mais próximo. A diluição de danos assegura a tutela da vítima sem lançar sobre o réu um ônus exagerado. Sob essa ótica, apresenta-se a responsabilidade civil como um renovado instrumento a serviço não de pretensões individuais, mas voltado à solução dos danos como problema coletivo social. SCHREIBER, A. *Novos paradigmas da responsabilidade civil*. São Paulo: Atlas, 2013, p. 234-235.
69. "suprime-se a necessidade do recurso à loteria da causalidade para se identificar um "pagador" e, de certa forma, suprime-se o antagonismo entre um polo ativo e outro passivo de uma demanda judicial". BRAGA-NETO, F.P.; FARIAS, C. C.; ROSENVALD, N. *Novo tratado de responsabilidade civil*. 3. ed. São Paulo: Saraiva Educação, 2018, p.672.

A possibilidade do seguro, social amplo e universal – gerido pelo poder público – ou privado obrigatório, seria uma forma de garantir a reparação dos danos e conferir mais segurança às atividades de risco, já que minimiza as consequências maléficas do procedimento, diluindo seus efeitos e permitindo a cobertura dos danos na eventualidade de sua ocorrência, além de superar a inadimplência do agente responsável.[70-71] Nessa esfera, torna-se inegável que a securitização da responsabilidade civil se converta em modelo viável da "sociedade de risco." Ao invés da culpa e da coerção, a responsabilidade encontra novo fundamento moral na orientação prospectiva e no cuidado.[72-73]

Para além da socialização dos riscos, não se pode desprezar o seguro facultativo. Como forma de transferência do risco, o contrato de seguro realiza uma função de promoção da inovação, pois o segurado troca uma perda incerta futura por uma perda certa atual (o pagamento do prêmio), retirando a incerteza de sua esfera e planificando a sua atividade econômica. Some-se a isto as externalidades positivas do seguro, mediante uma diminuição à exposição do risco por parte dos empreendedores, em razão de cláusulas que impõem deveres de prevenção e pelo próprio preço da cobertura, que fornece informações sobre o risco da atividade, sinalizando algumas como socialmente arriscadas.[74]

5. DANOS DECORRENTES DA NÃO UTILIZAÇÃO DA EDIÇÃO GÊNICA (CRISPR/CAS9) E A RESPONSABILIDADE CIVIL

Embora, a preocupação recorrente do uso de tecnologias inovadoras seja a possibilidade de danos consequentes à sua utilização, temos também que considerar situação, diametralmente oposta, como potencialmente lesiva. Assim, na eventualidade da técnica de edição gênica tornar-se opção terapêutica viável (o que ainda está no campo das hipóteses), caberá questionar os efeitos danosos da sua não utilização, principalmente nos casos de doenças geneticamente determinadas, incuráveis e que limitam a autonomia do indivíduo chegando a comprometer, inclusive, sua dignidade. Nesse contexto, seria possível cogitar de um dano intergeracional?[75] Com efeito, a omissão deliberada

---

70. PEREIRA, P. M. F. L. *Responsabilidade civil nos ensaios clínicos*. Indaiatuba: Foco, 2019, p. 158.
71. KFOURI NETO, M. *Responsabilidade Civil do Médico*. 10. ed. São Paulo: Revista dos Tribunais, 2019, p. 43.
72. "De todo o modo, podemos considerar que se trata de uma experiência positiva no sentido de dar contributo jurídico para melhor prática da medicina (...) Por outro lado, a socialização de um risco tão grave e com consequências tão nefastas para a qualidade de vida da criança e das suas famílias revela-se uma opção louvável e humanista. PEREIRA, A. G. D. *Direitos dos pacientes e responsabilidade médica*. Coimbra: Coimbra Editora, 2015, p. 861.
73. BRAGA-NETO, F.P.; FARIAS, C. C.; ROSENVALD, N. *Novo tratado de responsabilidade civil*. 3. ed. São Paulo: Saraiva Educação, 2018, p. 674.
74. OLIVEIRA MARTINS, M.I. *Contrato de Seguro e conduta dos sujeitos ligados ao risco*. Coimbra: Almedina, 2019, p. 239. Complementa a autora que o segurado liberta "recursos de valor correspondente à perda total que teria de outro modo que manter aprovisionados, ou que não teria sequer disponíveis em sua totalidade, podendo assim proceder ao seu investimento, bem como arcar com a incerteza acrescida inerente a negócios inovadores (e tornando-se um melhor candidato ao crédito e ao investimento)".
75. A solidariedade intergeracional é um princípio que surge no Direito Internacional Ambiental e adentra a Constituição Federal no Art. 225: "Todos têm direito ao meio ambiente ecologicamente equilibrado, bem de uso comum do povo e essencial à sadia qualidade de vida, impondo-se ao Poder Público e à coletividade o dever de defendê-lo e preservá-lo para as presentes e futuras gerações", com vocação expansiva, conforme já reconheceu o STF: "O adimplemento desse encargo, que é irrenunciável, representa a garantia de que não se instaurarão, no seio da coletividade, os graves conflitos intergeracionais marcados pelo desrespeito ao dever de solidariedade, que a todos

ao recurso da edição gênica configuraria ofensa mediada no tempo, pois o que nos faz humanos atravessa gerações e culmina por agir como uma ponte entre elas.

Assim, uma vez diagnosticada a alteração/deficiência genética, sendo ela passível de correção pelo método da edição, recusar a sua realização implicaria em dano que sabidamente irá repercutir na vida desse indivíduo de forma significativa, decisiva, prolongada e, frequentemente, perene.

Nessa conjuntura, é possível delinear tanto as hipóteses de cabimento da irreversibilidade do dano ter sido ser gerada a partir da não utilização da técnica, quanto suas consequências jurídicas no âmbito da responsabilidade civil.

Uma dessas hipóteses seria a situação em que, estando a técnica disponível, seu acesso estaria limitado em função das diferenças socioeconômicas da população. É inegável que, quando implementadas clinicamente, essas técnicas, certamente, irão representar custo elevado o que pode, inclusive, dificultar sua oferta via planos de saúde e restringir sua utilização[76]. Mesmo tendo em conta que a técnica de edição gênica, por si só, não é dispendiosa, para sua implementação clínica é necessário associá-la às técnicas de reprodução humana assistida; fertilização *"in vitro"* e diagnóstico genético pré-implantatório (DGPI) que, sabidamente, são onerosas. Cumpre ressaltar que nem mesmo as técnicas de reprodução assistida são acessíveis a todas as pessoas, sendo disponibilizadas, na grande maioria dos casos, em clínicas particulares e com custo bastante elevado.

Inevitavelmente, esse fato poderia gerar desigualdade de oportunidades. Nessa condição, não seria uma escolha dos pais a não utilização da técnica. Ao contrário, essa situação seria decorrente da falta de recursos financeiros, implicando na impossibilidade de evitar os danos decorrentes da alteração gênica diagnosticada no embrião. Assim, o fundamental seria a edificação de políticas públicas eficazes que tenham como objeti-

---

se impõe, na proteção desse bem essencial de uso comum das pessoas em geral". (ADI 3.540-MC/DF, Rel. Min. Celso de Mello, Pleno citada em AC 1.255 MC/RR. Rel. Min. Celso de Mello. 22.6.2006)

76. Atualmente, não há dever de cobertura de tratamento de fertilização in vitro pelos planos de saúde. Segundo o STJ a resposta é negativa: "1. A controvérsia trazida nestes autos cinge-se a saber se o tratamento de fertilização in vitro passou a ser de cobertura obrigatória após a edição da Lei n. 11.935/2009, que incluiu o inciso III no art. 35-C da Lei n. 9.656/1998, o qual estabelece a obrigatoriedade de atendimento nos casos de planejamento familiar pelos planos e seguros privados de assistência à saúde. 2. Considerando a amplitude do termo planejamento familiar e em cumprimento à própria determinação da lei no parágrafo único do dispositivo legal em comento, a Agência Nacional de Saúde Suplementar – ANS estabeleceu, por meio de resoluções normativas, diversos procedimentos de cobertura obrigatória, garantindo-se o mínimo necessário aos segurados de planos de saúde privados no que concerne a atendimentos relacionados ao planejamento familiar. 3. A interpretação sistemática e teleológica do art. 35-C, inciso III, da Lei n. 9.656/1998, somado à necessidade de se buscar sempre a exegese que garanta o equilíbrio econômico-financeiro do sistema de suplementação privada de assistência à saúde, impõe a conclusão no sentido de que os casos de atendimento de planejamento familiar que possuem cobertura obrigatória, nos termos do referido dispositivo legal, são aqueles disciplinados nas respectivas resoluções da ANS, não podendo as operadoras de planos de saúde serem obrigadas ao custeio de todo e qualquer procedimento correlato, salvo se estiver previsto contratualmente. 4. Com efeito, admitir uma interpretação tão abrangente acerca do alcance do termo planejamento familiar, compreendendo-se todos os métodos e técnicas de concepção e contracepção cientificamente aceitos como hipóteses de cobertura obrigatória, acarretaria, inevitavelmente, negativa repercussão no equilíbrio econômico-financeiro do plano, prejudicando todos os segurados e a própria higidez do sistema de suplementação privada de assistência à saúde. 5. Por essas razões, considerando que o tratamento de fertilização in vitro não possui cobertura obrigatória, tampouco, na hipótese dos autos, está previsto contratualmente, é de rigor o restabelecimento da sentença de improcedência do pedido" (REsp 1829320 Relator(a) Ministro Marco Buzzi Data da Publicação 25/10/2019).

vo não apenas o restabelecimento da saúde, porém, de forma mais ampla à promoção da saúde e prevenção de enfermidades, abrangendo os setores mais desfavorecidos da sociedade. Isto implica em direcionar a tecnologia CRISPR/Cas9, a serviço do homem, como instrumento de mapeamento de graves doenças hereditárias e não subvertida em técnica eugênica utilitária.[77] Tal afirmativa é particularmente relevante no contexto de uma sociedade extremamente desigual, onde a questão do acesso é estruturalmente delicada até mesmo para os bens essenciais (educação, saúde básica, assistência social, moradia).

Aliás, no tocante à hipotética obrigação estatal de fornecer tal tratamento, temos como exemplo a gratuidade já ofertada pelo SUS no que tange à fertilização artificial e inseminação *in vitro*, todavia, com grande limitação de recursos e longa demora em sua realização. O acesso adequado e eficiente a serviços públicos sanitários não é algo que dependa exclusivamente da vontade do legislador, pois quando falamos de direitos prestacionais se requer para a sua plena efetividade uma dotação econômica que nem sempre se fará possível. A ponderação entre o mínimo existencial e a reserva do possível é alvo de constante atualização, sobremaneira em razão da constante readequação do "perímetro" daquilo que se julga necessário a uma vida digna, no espaço de um país com profunda desigualdade social.[78] Esta preocupação é compartilhada mesmo em nações desenvolvidas, "pues los grupos sociales más privilegiados se benefician antes y en mayor proporción de las acciones sociales y sanitarias dirigidas a mejorar la salud y por el contrario son las personas con más necesidades las que suelen tener mas problemas para acceder a la asistencia, lo cual constituye un flagrante ejemplo de injusticia".[79]

A outro giro, destacam-se as situações em que a técnica estaria disponível, mas não foi episodicamente utilizada, por falha no aconselhamento genético ou devido à opção consciente dos genitores de não a realizar.

No primeiro caso, em que se discute a falha no processo de aconselhamento genético, temos tanto a falta de esclarecimento em relação à disponibilidade de exames diagnósticos (inclui-se, aqui, a ineficácia do consentimento livre e esclarecido), quanto a possibilidade de erro de diagnóstico (diagnóstico falso negativo), seja por falha do médico ou do laboratório aos quais cabem, respectivamente, o diagnóstico e a realização dos exames.

Entende-se como aconselhamento genético, o processo composto por atos médicos, mediante exames pré-conceptivos, pré-implantatórios e pré-natais (medicina preditiva e preventiva), pelo qual é possível averiguar riscos decorrentes de doenças hereditárias,

---

77. Lembra Yuval Noah Harari que "os humanos podem limitar e limitam o uso de novas tecnologias. Os movimentos favoráveis à eugenia deixaram de ser apoiados depois da segunda guerra mundial e, embora o comércio de órgãos humanos atualmente seja não só possível como potencialmente muito lucrativo, ainda é visto como uma atividade marginal. Um dia, projetar bebês pode se tornar tecnologicamente tão exequível quanto assassinar pessoas para colher seus órgãos – mas continua a ser algo marginal". HARARI, Y. N. *Homo Deus*: – Uma breve história do amanhã. São Paulo: Companhia das Letras, 2019, p. 63.
78. Isso não significa, contudo, que exista "um direito absoluto a todo e qualquer procedimento necessário para a proteção, promoção e recuperação da saúde, independentemente da existência de uma política pública que o concretize" (STA 175 AgR, Tribunal Pleno, julgado em 17/03/2010). Nas palavras do Min. Gilmar Mendes, "a garantia [constitucional do direito à saúde] mediante políticas sociais e econômicas ressalva, justamente, a necessidade de formulação de políticas públicas que concretizem o direito à saúde por meio de escolhas alocativas", haja vista a "necessidade de se distribuírem recursos naturalmente escassos por meio de critérios distributivos."
79. RUIZ LÓPEZ, F. Revolución tecnológica y desigualdad en salud. In: PÉREZ GALVÉS, J. F. (Ed.) *Salud Electrónica*: perspectiva y realidad. Valencia: Tirant lo Blanch, 2017, p. 178.

genéticas ou relacionadas à alguma alteração cromossômica, possibilitando a advertência acerca de suas consequências, da probabilidade de o embrião ou feto apresentá-los ou a eles serem transmitidas, bem como dos meios para evitá-las, melhorá-las ou minorá-las.[80] A partir desse procedimento seria possível não só identificar possíveis enfermidades de caráter hereditário mas, também, advertir os genitores das suas consequências. Essas orientações aos casais que desejam procriar, são fundamentais. Assim sendo, do aconselhamento genético defeituoso ou imperfeito resultam várias consequências práticas e jurídicas.

A falha relativa a não realização das provas/exames existentes e disponíveis, principalmente nos casos de gravidez alocada no grupo de risco, representaria violação do direito à informação, autodeterminação e autonomia privada do paciente. Do mesmo modo, tais violações podem ocorrer quando o médico emite diagnóstico falso negativo (erro diagnóstico). Esse erro, tido como falsa percepção da realidade, representa interpretação incorreta ou deficiente das provas, gerando diagnóstico também incorreto ou deficiente, e, por isso, falso negativo.

De acordo com Aitziber Emaldi-Cirión,[81] os casos de erro no aconselhamento genético por diagnóstico falso negativo representam, na realidade, a falta de diagnóstico de deficiência ou doença genética que, de fato, existe. Assim, a consequência prática pode ser a implantação de um embrião enfermo ou que desenvolverá deficiências.

Em ambos os casos, ao deixar de ser detectada a doença ou anomalia por meio do processo de aconselhamento, perde-se a oportunidade de realizar a seleção terapêutica de embriões (opção pela não implantação) ou, como se propõe nessa discussão, perde-se a chance de realizar a edição gênica. Depreende-se, do exposto, que a edição gênica, apesar de ser uma prática ainda em desenvolvimento, já se apresenta como consequência prática do aconselhamento genético. Em função disso, vislumbram-se as consequências jurídicas na busca pela reparação civil do que se denomina nascimento indevido – *wrongful birth*.[82]

Nessa situação, além da possibilidade de dano ao embrião pela perda da chance de ter as alterações genéticas corrigidas (edição gênica), verifica-se o dano causado aos genitores que veem cerceados o direito à tomada de decisão livre e esclarecida, seja com relação à continuidade da gestação (conforme previsão do ordenamento jurídico)[83], ou pela realização da edição gênica.[84]

---

80. EMALDI-CIRIÓN, A. A responsabilidade dos profissionais sanitários no marco do assessoramento genético. In: CASABONA, C. M. R.; QUEIROZ, J. F. (Coord.). *Biotecnologia e suas implicações ético-jurídicas*. Belo Horizonte: Del Rey, 2004, p. 63-127.
81. EMALDI-CIRIÓN, A. A responsabilidade dos profissionais sanitários no marco do assessoramento genético. In: CASABONA, C. M. R.; QUEIROZ, J. F. (Coord.). *Biotecnologia e suas implicações ético-jurídicas*. Belo Horizonte: Del Rey, 2004, p. 50
82. SOUZA, I. A. *Aconselhamento genético e responsabilidade civil*: as ações de concepção indevida (wrongful conception), nascimento indevido (wrongful birth), e vida indevida (wrongful life). Belo Horizonte: Arraes, 2014, p. 45-51.
83. Nessas situações, uma vez diagnosticada a alteração genética, abre-se a opção da terapia genética ou a interrupção terapêutica da gravidez (aborto terapêutico, permitido em alguns ordenamentos jurídicos), entretanto, no Brasil, não há norma expressa que permita o aborto de doença genética grave. SÁ, M. F. F.; NAVES, B. T. O. *Bioética e Biodireito*. 4. ed. Belo Horizonte: Del Rey, 2018. 447 p.
84. MOTA PINTO, P. *Direitos de Personalidade e Direitos Fundamentais*: Estudos. Coimbra: GESTLEGAL, 2018, p. 735-772.

Uma das questões tortuosas nessa temática – e que carece de esclarecimento – relaciona-se à diferenciação das ações de *wrongful conception* e *wrongful birth* quanto ao seu cabimento. Na primeira, não se verifica, como fundamento da ação, a concepção de gametas afetados ou com deficiências hereditárias. Ao contrário, o fundamento da ação seria, tão somente, relacionado com as falhas que ocorrem no método contraceptivo (falha do planejamento familiar). De outro modo, quando se alega que o nascimento de uma criança doente ou com deficiência é um dano, ou que não foi possível interromper a gravidez ou editar os genes, pois não se conhecia o problema, trata-se dos fundamentos para a ação de *wrongful birth*.[85]

Perante o exposto, é possível inferir que existiria cabimento para demandas de *wrongful birth* no cenário presumido, no qual, a edição gênica seria opção terapêutica não concretizada em função de erro no processo de aconselhamento genético. A propositura da ação teria como fundamento a frustração do direito de se corrigir defeito genético pelo uso da técnica. Ressalta-se, defeito não evidenciado em função de erro médico junto ao aconselhamento genético, decorrendo nascimento de filho com deficiência ou doente. Assim, os sujeitos ativos da demanda – os genitores – pleiteariam indenização por danos patrimoniais, com base nos gastos extraordinários decorrentes da criação de um filho doente ou com deficiência, e, por danos extrapatrimoniais, com base no impedimento ao exercício livre da autonomia no planejamento familiar – um direito de personalidade.

Por fim, ainda mais polêmico, mas não menos importante, é o enfrentamento da discussão em torno da hipótese de que, mesmo a técnica de edição estando disponível, não seja ela utilizada em função de consciente e deliberada opção dos genitores. Nesse caso, em que o diagnóstico pré-implantatório associado à edição gênica configurariam alternativas terapêuticas viáveis para os conceptos comprometidos pelas alterações genéticas, uma má decisão por parte dos genitores poderia gerar responsabilização? Diante da decisão dos genitores pela manutenção da gravidez sem a tentativa de correção do defeito genético, seria justificável que o filho viesse a pleitear indenização contra os pais? Essas alternativas, proporcionadas pelos avanços tecnológicos poderiam ser consideradas juridicamente válidas? Nesse sentido, muitos desafios argumentativos se impõem.

Em face desse cenário, torna-se imprescindível discutir o cabimento de indenização em razão de "vida indevida" – ação denominada *wrongful life*. Essa ação, interposta com fundamento na vida indevida de criança nascida com grave deficiência ou enfermidade, é proposta pela própria criança (devidamente representada, quando for o caso), em face do médico e/ou dos próprios genitores. Quando a demanda é proposta contra o médico fundamenta-se na não detecção da deficiência ou doença genética acarretando, consequentemente, falha no aconselhamento genético[86]. Nesse caso, retira-se dos genitores

---

85. SOUZA, I. A. *Aconselhamento genético e responsabilidade civil*: as ações de concepção indevida (wrongful conception), nascimento indevido (wrongful birth), e vida indevida (wrongful life). Belo Horizonte: Arraes, 2014, p. 60.
86. "A evolução do pensamento jurídico, o debate dos argumentos, a reflexão que se vem produzindo, quer a nível nacional, quer na experiência do direito comparado europeu, apontam no sentido de aceitar que a criança que nasceu com grave deficiência e que tem grave sofrimento físico e psíquico possa pedir uma indenização a um agente médico que atuou ilicitamente, porque em contrariedade as regras de conduta, e com negligência, porque com uma diligência inferior a um médico normalmente competente, zeloso e cuidadoso." PEREIRA, A. G. D. *Direitos dos pacientes e responsabilidade médica*. Coimbra: Coimbra Editora, 2015, p. 278-279.

o direito de optar pela interrupção da gravidez (dependendo da permissão legal), ou de realizar a edição gênica. Ao propor a ação em face dos pais, o fundamento seria a decisão deles de assumir o nascimento de um filho deficiente ou doente, mesmo diante do conhecimento da deficiência ou doença e, inclusive, negando a opção de recorrer às medidas susceptíveis de atenuar tais danos.[87]

É inegável que, diante da ideia de prejuízo, mediante a ocorrência de um dano, surja o sentimento de injustiça. A responsabilidade, nessa perspectiva, manifesta-se como instituto que visa buscar o reequilíbrio. Assim, o mesmo vínculo que relaciona o prejuízo à noção de injustiça, associa a ideia de justiça como decorrente da responsabilidade.[88] Entretanto, em se tratando da ação envolvendo a questão da "vida indevida" (*wrongful life*), a análise dessas inter-relações torna-se bem mais complexa. Para apreciação desse "hard case", é necessário abordar, não somente, o regime da responsabilidade civil, bem como o dos direitos da personalidade, alinhados aos argumentos éticos e pragmáticos.

De fato, a realidade reprodutiva de genitores com alto risco de terem filhos afetados por sérias doenças genéticas, modifica-se diante de um cenário em que a edição gênica se configure como possível alternativa. Nesse novo contexto, ampliam-se as opções, tutelando-se tanto a autonomia reprodutiva como a autonomia prospectiva dos pais, pois filhos com deficiência são responsabilidade dos pais por toda a vida, gerando efeitos adversos sobre sua saúde física e mental. Baldados os esforços para que o mundo acomode a realidade de pessoas com deficiência menos funcionais, evidentemente, o filho será o maior beneficiado: o nome da doença passa a fazer parte da identidade de quem a sofre. Literalmente, "corta-se o mal pela raiz".

Nada obstante, exatamente por se tratar de uma alternativa conferida aos pais, nem sempre a edição gênica será a opção escolhida. Nessa perspectiva, deve-se considerar a importante influência que os aspectos culturais, intelectuais e religiosos influenciam na capacidade decisória dos genitores já que interferem, diretamente, na questão do entendimento e aceitação da indicação clínica da técnica.

Em contextos delicados, nos quais a única opção for fazer uma única escolha, evitar a causação de sofrimentos extremos é um vetor ético perante a comunidade. No pluralismo – que jamais se confunde com relativismo – admite-se a experiência da alteridade e formas de vida distintas, mas não infinitamente variáveis: tanto a liberdade quanto a igualdade estão entre os valores mais perseguidos pelos seres humanos. Porém, como frisa Isaiah Berlin, a liberdade total para os lobos significa a morte das ovelhas; a liberdade total do poderoso não é compatível com os direitos a uma existência decente para os menos dotados. [89]

Eximimo-nos quanto ao debate sobre a viabilidade de que alguém pretender uma indenização simplesmente por ter nascido. Tampouco, defende-se o niilismo de se pre-

---

87. SOUZA, I. A. *Aconselhamento genético e responsabilidade civil*: as ações de concepção indevida (wrongful conception), nascimento indevido (wrongful birth), e vida indevida (wrongful life). Belo Horizonte: Arraes, 2014, p. 55.
88. MORAES, M. C. B. *Danos à pessoa humana*. Rio de Janeiro: Renovar, 2003.
89. BERLIN, I.; BEZAMAT, A. *Uma mensagem para o século XXI*. Belo Horizonte: Ayiné, 2018. Berlin bem lembra que "o melhor que pode ser feito é manter um equilíbrio precário que prevenirá a ocorrência de escolhas intoleráveis – essa é a primeira exigência para uma sociedade decente; uma pela qual valerá sempre a pena lutar."

ferir a morte à uma vida permeada pela grave deficiência.[90] Aliás, a polêmica da edição gênica se diferencia do sucedido em França – seja no famoso *affaire Perruche*, como em outras situações nas quais médicos foram processados pela não constatação de deficiências físicas ou mentais em fetos, suprimindo a opção pelo aborto, consentida a mães devidamente informadas dos riscos. Em França, o debate disse respeito a perda de uma chance do "porvir" de vidas com grande padecimento (uma causalidade duvidosa, capaz de impelir praticas eugênicas se as pretensões fossem exitosas). Todavia, em sede de edição gênica, a *vexata quaestio* é a eventual responsabilidade civil por ato ilícito no qual a vítima não será um nascituro, ou sequer um pré-embrião, porém um concepturo – ainda por ser concebido – uma "expectativa do devir", encontrando-se no campo das incertezas. O concepturo não ingressou no elemento da existência e quanto a ele somente há apontamento legislativo na sucessão testamentária (art. 1799, I, CC), na condição de filho ainda não concebido de pessoa indicada pelo testador. Trata-se da clássica "prole eventual", que pode vir a existir no futuro.[91]

Por certo, o concepturo não se qualifica como pessoa, tampouco se subsume na moldura intermédia de uma potencialidade de vida a que se concede especial tutela (o embrião excedentário crioconservado). Na sucessão testamentária, o concepturo emerge pela via de um *design* legislativo, justificando proteção jurídica meramente patrimonial. Todavia, qual seria a construção normativa para superarmos a contenção legislativa, respaldando a pretensão à responsabilidade civil por um dano direcionado ao concepturo? A nosso viso, o fundamento consiste na proteção integral ao direito eventual à vida. Na medida em que o nascimento com vida é compreendido como condição suspensiva eficacial para o recebimento da herança e aquisição de situações econômicas, complementarmente, a concepção intrauterina é o evento delimitador da eclosão da pessoa e da consequente proteção à sua personalidade, mesmo que o comportamento antijurídico tenha ocorrido previamente à nidação do embrião no útero materno e que os danos só sejam percebidos e dimensionados após o nascimento.[92]

Cabe aqui um exercício de retórica, com forte carga persuasiva. O *de cujus* já não mais titulariza direitos da personalidade, porém os seus atributos existenciais jamais fenecem como coisa de ninguém, transcendendo o seu passamento. A "memória do morto" é digna de tutela bifronte – inibitória e reparatória –, através da família, cada membro em nome próprio, em razão de ilícitos praticados contra a honra, imagem e nome do falecido. Simetricamente, esse raciocínio é extensivo a alvorada da vida. O concepturo é pura hipótese de ser, ainda não é sujeito de direitos, porém, o ilícito a ele direcionado, suplanta a fase pré-fecundação, abraçando sua vida e existência.[93]

Por conseguinte, em tese é factível que filhos responsabilizem pais por condutas de risco associadas a infecções como o HIV, ou ao uso excessivo de álcool – *v.g.* Síndrome

---

90. "Se é melhor não nascer a nascer com deficiências brutais é um mistério que convém deixar para os filósofos e teólogos. Por certo, o direito não pode se declarar competente para resolver a questão, particularmente, em face do alto valor quase uniforme que o direito e a humanidade atribuem à vida humana, não à sua ausência. As implicações de tal proposição são assombrosas". SOLOMON, A. *Longe da árvore*. São Paulo: Companhia das Letras, 2014.
91. ROSENVALD, N. *O Direito Civil em movimento*: desafios contemporâneos. 3. ed. Salvador: Juspodivm, 2019, p. 178.
92. ROSENVALD, N. *O Direito Civil em movimento*: desafios contemporâneos. 3. ed. Salvador: Juspodivm, 2019, p. 179.
93. ROSENVALD, N. *O Direito Civil em movimento*: desafios contemporâneos. 3. ed. Salvador: Juspodivm, 2019, p. 179.

Alcoólica Fetal – ou drogas, cujos efeitos potencialmente danosos serão constatados posteriormente, em certos casos, ainda na fase de gravidez. O mesmo raciocínio autoriza o exercício de pretensões por danos decorrentes de transmissão de moléstias genéticas previamente conhecidas pelos pais. Fundamental: não se advoga a responsabilização de genitores pelo nascimento de filhos com deficiência, porém, pela prática de atos ilícitos, compreendendo-se que uma função preventiva da responsabilidade civil requer que o dever fundamental do cuidado seja elastecido para justificar a proteção do concepturo.[94]

A par da infindável altercação no tocante ao termo *a quo* da aquisição de direitos da personalidade, o direito fundamental à vida deve ser materializado de forma a consubstanciar uma vida digna e plena consoante o contexto histórico de cada comunidade, inserindo-se aí a *lex artis*, ou seja, o conjunto de práticas médicas geralmente aceitas como adequadas para tratamento, que oscilam conforme o progresso técnico da medicina.

Deve-se ainda argumentar que, mesmo em face do dano causado por violação de um dever profissional para com os pais (falha do médico), a criança estará protegida no âmbito desse contrato de tratamento.[95-96] Ressalta-se, ainda, que mesmo diante de tal falha, o lesado direto (quando do nascimento de uma criança com deficiência) é a própria criança, em razão de suas necessidades acrescidas, não só na menoridade, como continuamente, pois aqueles em idade de trabalhar costumeiramente vivem abaixo da linha de pobreza. Pessoas que funcionam melhor são menos dispendiosas ao longo da existência. Apesar dos pais, enquanto se ocuparem da criança, serem considerados lesados indiretos – pois adultos com deficiências graves exigem atenção ainda na meia idade enquanto outros filhos estrão cuidando dos pais idosos – é a própria pessoa que nasceu com a deficiência que terá que suportar tal condição ao longo de toda a vida.

Não seria válida, portanto, a argumentação lógica pragmática no sentido de que nas ações de *wrongful life*, a criança não teria pretensão indenizatória já que sem o comportamento falho (do médico ou genitores) ela sequer teria chegado a nascer (não teria sido criada). Ademais, independente da possibilidade, ou não, do nascimento da criança estar vinculado ao comportamento falho, o padrão contra factual de comparação deveria

---

94. "com efeito, em 2016, um homem nascido na Inglaterra com graves deficiências em razão de sua mãe ter sido estuprada pelo próprio pai, obteve compensação por danos morais contra o avô. Em um precedente histórico, o Upper Tribunal entendeu que a vítima – agora um homem de 28 anos – é legitimado a obter a reparação. O jovem é epiléptico, possui graves dificuldades de aprendizado e sério comprometimento visual e auditivo. Segundo a defesa, o demandante não se enquadrava no conceito legal de pessoa, pois se o crime não fosse cometido contra a sua mãe, ele não existiria. Ademais, um ilícito causado antes da concepção, cujas consequências se revelam após o nascimento, não pode ser tratado como lesão a uma pessoa viva. Contudo, para os magistrados, não há norma preceituando que a vítima seja uma pessoa ao tempo do crime. O decisivo é que as desordens genéticas sejam consequências diretamente atribuídas ao ato incestuoso." ROSENVALD, N. *O Direito Civil em movimento*: desafios contemporâneos. 3. ed. Salvador: Juspodivm, 2019, p. 179.
95. "Mas a ilicitude da conduta médica pode ainda resultar da violação de um dever profissional, integrante das *leges artis* (...), dever para com os pais mas que visa também proteger a futura criança dos ônus (pelo menos dos financeiros) de viver com uma pesada deficiência, tendo de ser sustentada toda a vida, possibilitando para tal uma decisão dos seus pais." MOTA PINTO, P. *Direitos de Personalidade e Direitos Fundamentais*: Estudos. Coimbra: GESTLEGAL, 2018, p. 755.
96. "Aliás, apesar de o nascituro não ser parte no contrato com o médico (ou o outro profissional responsável), é claro que a mãe o inclui (tal como ao pai) no âmbito de proteção do contrato de tratamento, não sendo de excluir que se possa mesmo fazer aqui apelo à figura do "contrato com eficácia de proteção para terceiros." MOTA PINTO, P. *Direitos de Personalidade e Direitos Fundamentais*: Estudos. Coimbra: GESTLEGAL, 2018, p. 756.

ser o da pessoa sem deficiências, ou seja, completamente funcional[97]. Com efeito, um processo de *wrongful life* se propõe a cobrir não uma perda, mas um ganho: o fato da existência de alguém.[98]

Entendemos que em tal pretensão, o que está em causa não é a apreciação da vida como um valor ou desvalor; não se nega o direito da criança à existência ou se afirma que teria sido preferível a não existência a uma existência como tal. Pelo contrário, o que se pretende é uma compensação pelos custos acrescidos que uma situação peculiar de vida (com deficiência) impõe. Tal pedido, não se subordina à exigência dos pais, visto que se reconhece como "lesado direto" a criança nascida nesse contexto. Considerar a criança nascida com sérias deficiências como um dano jamais determinaria um juízo de valor dessa criança, ou de sua existência como pessoa.

Assim, o ressarcimento representa exclusivamente o equivalente indenizatório do fundamento da responsabilidade que está no não reconhecimento da deficiência[99] É exatamente o respeito pela pessoa humana que justifica a pretensão indenizatória, a fim de se suportar a vida, com o mínimo de condições materiais e dignidade[100].

6. CONCLUSÃO

Todo avanço biotecnológico impõe o enfrentamento de muitos desafios técnicos, éticos e legais. A edição gênica, mercê de sua alta complexidade e do ceticismo e incerteza que a acompanham, como não poderia deixar de ser, necessita ser submetida a um conjunto de regras, deveres e formas de reparação. Isso implica na necessidade de contínuos diálogos interdisciplinares no sentido de ponderar, delinear e estabelecer novos paradigmas objetivando promover as adequações pertinentes. Apesar dessas limitações, a perspectiva de superação desses desafios parece inegável.

Diante do cenário atual de uma sociedade exposta a diferentes riscos, questiona-se, cada vez mais, se a responsabilidade civil seria o caminho mais eficiente de salvaguardar contra os efeitos dessas novas tecnologias que implicam, muitas vezes, em riscos imprevisíveis com potencial de afetar, até mesmo, gerações futuras.

---

97. "quer-nos parecer que a negação de uma indenização com fundamento na inadmissibilidade de uma bitola "contra-factual", ou hipotética, a que aquela criança que formula a pretensão possa recorrer, quase envolve, nos resultados a que chega (que são evidentemente o teste decisivo), como que uma renovada afirmação da ofensa que lhe foi feita: não só a criança nasceu com uma grave deficiência, como, na medida em que não poderia existir de outro modo, é-lhe vedado sequer comparar-se à uma pessoa "normal", para o efeito de obter uma reparação" MOTA PINTO, P. *Direitos de Personalidade e Direitos Fundamentais*: Estudos. Coimbra: GESTLEGAL, 2018, p. 758.
98. SOLOMON, A. *Longe da árvore*. São Paulo: Companhia das Letras, 2014, p. 56. Bem sintetiza o autor que "embora os processos de vida injusta tratem da questão ontológica a respeito de que tipo de vida vale a pena viver, não é isso que os provoca. Ser deficiente acarreta despesas colossais, e a maioria dos pais que entram com processos de vida injusta o faz numa tentativa de garantir o cuidado dos filhos. Numa distorção horrível, pais e mães precisam eximir-se das obrigações da paternidade responsável, afirmando em documentos legais que desejam que seus filhos jamais tivessem nascido".
99. MOTA PINTO, P. *Direitos de Personalidade e Direitos Fundamentais*: Estudos. Coimbra: GESTLEGAL, 2018, p. 761.
100. "A dignidade da pessoa humana é cláusula geral de proteção e promoção da pessoa humana que atua em dois níveis (...) b) possui eficácia positiva, gerando um *facere* do ordenamento jurídico, orientando a promoção da autonomia patrimonial e existencial de cada ser humano, provendo-nos de condições materiais e legais para reivindicarmos o protagonismo de nossas trajetórias de vida". ROSENVALD, N. *O Direito Civil em movimento*: desafios contemporâneos. 3. ed. Salvador: Juspodivm, 2019, p. 57.

A incipiente abordagem da função precaucional ora vigente face aos riscos potenciais impostos pelas avançadas técnicas de manipulação gênica, torna essencial a discussão ampliada desse tema, determinando a necessidade de conceber estratégias de enfrentamento dos desafios da responsabilidade civil frente aos "novos riscos".

Por outro lado, a discussão envolve novos embates. Entre eles destacam-se as consequências advindas da não utilização da técnica quando a mesma representar medida terapêutica viável e disponível. Os riscos morais e jurídicos não podem ser evitados e, diante da iminente realidade da edição gênica, e em face de diagnóstico que justifique sua indicação, não utilizar a técnica pode representar a certeza de dano juridicamente relevante, irreversível, permanente e, quiçá, com potencial de justificar o cabimento de demandas reparatórias.

Todavia, a controvérsia quanto a uma possível indenização nos casos considerados como "nascimento injusto" (*wrongful birth*) ou "vida injusta" (*wrongful life*) é motivo de debate em diferentes ordens jurídicas. Salienta-se que reflexões, a este respeito, exigem a confluência dos regimes de responsabilidade civil e dos direitos de personalidade, envolvendo uma plêiade de argumentos éticos e pragmáticos que devem ser sempre considerados.

7. REFERÊNCIAS

BECK, U. *Sociedade de risco*: rumo a uma outra modernidade. São Paulo: Editora 34, 2010.

BERLIN, I.; BEZAMAT, A. *Uma mensagem para o século XXI*. Belo Horizonte: Ayiné, 2018.

BOEL, A., STEYAERT, W., DE ROCKER, N. *et al*. BATCH-GE: batch analysis of next generation sequencing data for genome editing assessment. *Sci Rep*., n. 6, p. 30330, 2016.

BRAGA-NETO, F.P.; FARIAS, C. C.; ROSENVALD, N. *Novo tratado de responsabilidade civil*. 3. ed. São Paulo: Saraiva Educação, 2018.

CAVALIERI, G. Genome editing and assisted reproduction: curing embryos, society or prospective parents? *Medicine, Health Care and Philosophy*, p. 1-11, 2017.

CLEMENTE, G. T. Manipulação gênica em embriões humanos. *Actualidad Jurídica Iberoamericana*, v. 9, p. 202-223, ago. 2018.

CLEMENTE, G. T. Responsabilidade Civil, Edição Gênica e o CRISPR. In: ROSENVALD, N.; DRESCH, R. F. V.; WESENDONCK, T. (Org.). *Responsabilidade Civil*: Novos Riscos. Indaiatuba: Foco, 2019.

CYRANOSKI, D.; LEDFORD, H. Genome-edited baby claim provokes international outery. *Nature*, n. 563, p. 607-608, 2018.

DE WERT, G., HEINDRYCKX, B., PENNINGS, G. *et al*. Responsible innovation in human germline gene editing: Background document to the recommendations of ESHG and ESHRE. *European Society of Human Genetics*, 2018.

DEL OLMO, P. Unknown Risks and Civil Liability in Spain: A Study of Spanish Law with Some French/Italian Comparative Remarks. *JETL*, v. 7, n. 2, p. 168-197, 2016.

EMALDI-CIRIÓN, A. A responsabilidade dos profissionais sanitários no marco do assessoramento genético. In: CASABONA, C. M. R.; QUEIROZ, J. F. (Coord.). *Biotecnologia e suas implicações ético-jurídicas*. Belo Horizonte: Del Rey, 2004.

FAURE, M., VISSCHER, L., WEBER, F. Liability for Unknown Risks – A Law and Economics Perspective. *JETL*, v. 7, n. 2, p. 198-228, 2016.

GOUSI, L.; YAO-GUANG, L.; YAANLING, C. Genome-editing Technologies: the gap between application and policy. *Sci China Life*, v. 62, p. 1-5, 2019.

GYNGELL, C., FELLOW, M., DOUGLAS, T., SAVULESCU, J. The ethics of germline gene editing. *J Appl Philos.*, v. 34, n. 4, p. 498-513, 2017.

HARARI, Y. N. *Homo Deus*: – Uma breve história do amanhã. São Paulo: Companhia das Letras, 2019.

HASHIMOTO, M., YAMASHITA, Y., TAKEMOTO, T. Eletroporation of Cas9 protein/sgRNA into early pronuclear zygotes generates non-mosaic mutants in the mouse. *Dev Biol.*, n. 418, p. 1-9, 2016.

HOGG, M. A. Liability for Unknown Risks: A Common Law Perspective. *JETL*, v. 7, n. 2, p. 113–142, 2016.

ISHII, T. Germ line genome editing in clinics: the approaches, objectives and global society. *Briefings in Functional Genomics*, p. 1-11, 2015.

JINEK, M., CHYLINSKI, K., FONFARA, I., HAUER, M., DOUDNA, J. A., CHARPENTIER, E. A Programmable Dual-RNA-Guided DNA Endonuclease in Adaptive Bacterial Immunity. *Science*, v. 337, n. 6096, p. 816-821. doi:10.1126/science.1225829, 2012.

KFOURI NETO, M. *Responsabilidade Civil do Médico*. 10. ed., São Paulo: Revista dos Tribunais, 2019.

KLEINSTIVER, B., PATTANAYAK, M., TSAI, S., *et al*. High fidelity CRISPR-Cas9 nucleases with no detectable genome-wide off-target effects. *Nature*, n. 529, p. 490-495, 2016.

KOPLIN, J. J.; GYNGELL, C.; SAVULESCU, J. Germline gene editing and the precautionary principle. *Bioethics*. p. 1-11, 2019.

LIANG, P., XU, Y., ZHANG, X., DING, C., HUANG, R., *et al*. CRISPR/Cas9-mediated gene editing in human tripronuclear zygotes, *Protein Cell*, v. 6, n. 5, p. 363-372, 2015.

LOOSCHELDERS, D. Liability for Unknown Risks in German Law. *JETL*, v. 7, n. 2, p. 143–167, 2016.

MA, H., MARTI-GUTIERREZ, N., PARK, SW., *et al*. Correction of a pathogenic gene mutation in human embryos. *Nature*, p. 1-7, 2017.

MARTINS, G. M.; LONGHI, J. V. R. Responsabilidade civil do provedor da Internet. *In*: ROSENVALD, N e MILAGRES, M. *Responsabilidade civil*: novas tendências. Indaiatuba: Foco, 2017.

MILAGRES, M., ROSENVALD, N. (Coords.). *Responsabilidade Civil*: novas tendências. 2. ed. Indaiatuba: Foco, 2018.

MIRAGEM, B. N. B. *Direito Civil*: Responsabilidade Civil. São Paulo: Saraiva, 2015.

MORAES, M. C. B. *Danos à pessoa humana*. Rio de Janeiro: Renovar, 2003.

MOTA PINTO, P. *Direitos de Personalidade e Direitos Fundamentais*: Estudos. Coimbra: GESTLEGAL, 2018.

MULHOLLAND, C. S. *A responsabilidade civil por presunção de causalidade*. Rio de Janeiro: GZ, 2010.

NATIONAL ACADEMIES OF SCIENCES, ENGINEERING AND MEDICINE. *Human genome editing*: science, ethics, and governance. Washington, D.C.: Academies Press, 2017.

NUFFIELD COUNCIL ON BIOETHICS. *Genoma editing and Human reproduction*: social and ethical issues, 2018.

OLIVEIRA MARTINS, M. I. *Contrato de Seguro e conduta dos sujeitos ligados ao risco*. Coimbra: Almedina, 2019, p. 239.

ORMOND, K., MORTLOCK, D., SCHOLES, D., *et al*. Human Germline Genome Editing. *The American Journal of Human Genetics*, n. 101, p. 167-176, 2017.

PERA, M., DE WERT, G., DONDROP, W., *et al*. What if stem cells turn into embryos in a dish? *Nat Methods*, n. 12, p. 917-919, 2015.

PEREIRA, A. G. D. *Direitos dos pacientes e responsabilidade médica*. Coimbra: Coimbra Editora, 2015.

PEREIRA, A. G. D. Gene editing: a challenge for homo sapiens. *Medicine and Law*, n. 36, v. 4, p. 5-28, 2017.

PEREIRA, P. M. F. L. *Responsabilidade civil nos ensaios clínicos*. Indaiatuba: Foco, 2019.

REYES, A.; LANNER, F., Towards a CRISPR view of early human development: applications, limitations and ethical concerns of genome editing human embryos, *The Company of Biologists*, n. 144, p. 3-7, 2017.

ROSENVALD, N. *O Direito Civil em movimento*: desafios contemporâneos. 3. ed. Salvador: Juspodivm, 2019.

ROSENVALD, N. BRAGA NETTO, F. *Código Civil Comentado*. Salvador: Juspodivm, 2020.

RUIZ LÓPEZ, F. Revolución tecnológica y desigualdad en salud. In: PÉREZ GALVÉS, J. F. (Ed.) *Salud Electrónica*: perspectiva y realidad. Valencia: Tirant lo Blanch, 2017.

SÁ, M. F. F.; NAVES, B. T. O. *Bioética e Biodireito*. 4. ed. Belo Horizonte: Del Rey, 2018.

SALOMÃO, L.F.; TARTUCE, F. *Direito Civil*: diálogos entre a doutrina e a jurisprudência. São Paulo: Atlas, 2018.

SCHREIBER, A. *Novos paradigmas da responsabilidade civil*. São Paulo: Atlas, 2013.

SLAYMAKER, I., GAO, L., SCOTT, D., *et al*. Rationally engineered Cas9 nucleases with improved specificity. *Science*, n. 351, p. 84-88, 2015.

SOLOMON, A. *Longe da árvore*. São Paulo: Companhia das Letras, 2014.

SOUSA, R. C. O. *Direito Geral de Personalidade*. Coimbra: Coimbra Editora, 1995.

SOUZA, I. A. *Aconselhamento genético e responsabilidade civil*: as ações de concepção indevida (wrongful conception), nascimento indevido (wrongful birth), e vida indevida (wrongful life). Belo Horizonte: Arraes, 2014.

THOMPSON, J.; THOMPSON, M. *Genética Médica*. Diversidade genética humana: mutação e polimorfismo. Rio de Janeiro: Elsevier, 2016.

TOSTA, A. R. Liberdade de inovação. In: MARQUES NETO, F. P.; RODRIGUES JR, O. L.; LEONARDO, R. X. *Comentários a Lei de Liberdade Econômica*. São Paulo: Revista dos Tribunais, 2019.

ULHÔA, F. C. *O empresário e os direitos do consumidor*. São Paulo: Saraiva, 1994.

XU, L., YANG, H., GAO, Y., *et al*. CRISPR/Cas9 – mediated CCR5 ablation in human hematopoietic steam/progenitor cells confers HIV-1 resistence *in vivo*. *American Society of Gene & Cell Therapy*, v. 25, n. 8, 2017.

COMPLIANCE DIGITAL E RESPONSABILIDADE CIVIL NA LEI GERAL DE PROTEÇÃO DE DADOS

Guilherme Magalhães Martins

Doutor em Direito Civil (2006), Mestre em Direito Civil (2001) e Bacharel (1994) pela Faculdade de Direito da Universidade do Estado do Rio de Janeiro – UERJ. Pós-doutorando em Direito Comercial pela Faculdade de Direito da Universidade de São Paulo – USP – Largo de São Francisco. Professor-associado de Direito Civil da Faculdade Nacional de Direito – Universidade Federal do Rio de Janeiro – UFRJ. Professor permanente do Doutorado em Direito, Instituições e Negócios da Universidade Federal Fluminense – UFF. Professor adjunto (licenciado) da Faculdade de Direito da Universidade Cândido Mendes-Centro. Foi professor visitante do Mestrado e Doutorado em Direito e da Graduação em Direito da Universidade do Estado do Rio de Janeiro – UERJ (2009-2010). Membro Honorário do Instituto dos Advogados Brasileiros – IAB NACIONAL, junto à Comissão de Direito do Consumidor. Leciona Direito Civil, Direito do Consumidor e temas ligados ao Direito Digital e aos novos direitos. Diretor do BRASILCON, Diretor institucional do IBERC e associado do IBDFAM. Promotor de Justiça titular da 5ª Promotoria do Consumidor e Contribuinte da Capital – Rio de Janeiro.

José Luiz de Moura Faleiros Júnior

Mestre em Direito pela Universidade Federal de Uberlândia – UFU. Especialista em Direito Processual Civil, Direito Civil e Empresarial, Direito Digital e *Compliance*. Participou de curso de extensão em direito digital da University of Chicago. Bacharel em Direito pela Universidade Federal de Uberlândia – UFU. Professor de cursos preparatórios para a prática advocatícia. Foi pesquisador do Grupo de Estudos em Direito Digital da Universidade Federal de Uberlândia – UFU. Membro do Instituto Avançado de Proteção de Dados – IAPD. Associado do Instituto Brasileiro de Estudos de Responsabilidade Civil – IBERC. Autor de obras e artigos dedicados ao estudo do direito e às suas interações com a tecnologia. Advogado.

Sumário: 1. Introdução. 2. Privacidade, segurança da informação e a proteção de dados pessoais. 3. *Big Data*, novos riscos e novas contingências na sociedade da informação. 3.1. A Internet e os fluxos massivos de dados. 3.2. Autodeterminação informativa, titularidade e as funções do consentimento na coleta e no tratamento de dados. 3.3. O *compliance* digital. 4. A responsabilidade civil na LGPD. 4.1. Causas excludentes. 4.2. Natureza da responsabilidade civil. 5. Considerações finais. 6. Referências.

1. INTRODUÇÃO

Não é novidade que a ascensão da Internet e o advento de novas tecnologias mudam o contexto jurídico e acarretam desdobramentos regulatórios. O Estado, no exercício de seu poder normativo, passa a se atentar às mudanças ocasionadas por esses fenômenos e novas legislações surgem para dar guarida a direitos que, embora não estejam totalmente desamparados pelo ordenamento nesse novo contexto informacional, impõem revisitações e reformulações para que sejam eficazmente tutelados.

As mais diversas atividades humanas sofreram influência da aplicação de novas tecnologias e, essencialmente, a operabilidade de praticamente todos os sistemas utilizados nessas atividades envolve a coleta, o tratamento e o armazenamento de dados, constituindo grandes acervos informacionais que se convencionou denominar de *Big Data*. E, com isso, modificam-se as relações sociais, comerciais, concorrenciais, de consumo, de trabalho e vetustas manifestações legislativas perdem espaço, propiciam lacunas e abrem campo largo para a proliferação de novos riscos.

Na esteira do implemento do Regulamento Geral de Proteção de Dados europeu (RGPD, ou GDPR na sigla em inglês), a promulgação da Lei Geral de Proteção de Dados brasileira – Lei nº 13.709, de 14 de agosto de 2018 – representou inegável avanço, mas seu longo período de *vacatio legis* (24 meses no total), além de sinalizar a complexidade de adaptação a seus rigores, incitou revisões críticas que já culminaram em alterações legislativas. Inicialmente, foi editada a Medida Provisória nº 869, de 27 de dezembro de 2018, que reformulou densamente o texto original da norma. Posteriormente, tendo sido realizadas diversas audiências públicas com intensos debates acerca das alterações, foi promulgada a Lei nº 13.853, de 08 de julho de 2019, que manteve alguns dos ajustes, efetivou outros e recompôs o texto original em certos pontos.

A responsabilidade civil é um dos mais importantes trabalhados na LGPD, e os dispositivos que a abordam não sofreram grandes modificações desde que foi promulgado o texto original, mas é tema recorrente e que suscita grande número de indagações e reflexões.

Para além de investigar os regimes descritos pelo legislador para que se obtenha respostas quanto à teoria de sustentação da responsabilização das pessoas abarcadas pela nova regulação – se subjetiva ou objetiva – e, nesse aspecto, para que seja possível uma investigação acerca da suficiência das regras contidas nessas legislações, a análise das particularidades da responsabilidade civil nelas contempladas é medida fundamental.

A hipótese exige que sejam estabelecidas diretrizes sólidas para a implementação das políticas de proteção de dados pessoais definidas na legislação, notadamente com o objetivo de prevenir demandas e responsabilidades. Nunca antes se cogitou com tamanha ênfase do chamado *compliance* digital, manifestado em uma série de deveres relacionados ao proceder ético dos agentes de tratamento de dados.

O assunto é tratado na lei brasileira, com previsão expressa em seus artigos 50 e 51, mas há nuances peculiares que merecem revisitação não apenas para que se possa compreender seus desdobramentos, mas até para que se possa averiguar a possível gênese de um regime especial de responsabilidade civil, muitas vezes orientado pelos deveres de proteção peculiares e desdobrados do chamado *compliance* digital. É o que se pretende neste capítulo.

2. PRIVACIDADE, SEGURANÇA DA INFORMAÇÃO E A PROTEÇÃO DE DADOS PESSOAIS

A LGPD brasileira trabalha com um direito fundamental que não é novo: a proteção de dados pessoais.[1] Pela dicção do artigo 17 da própria lei, é assegurada a toda pessoa

---

1. O tema não é novo e já foi enfrentado, por exemplo, por Danilo Doneda, que há anos já destaca que "[a]través da proteção de dados pessoais, garantias a princípio relacionadas à privacidade passam a ser vistas em uma ótica mais

natural a "titularidade de seus dados pessoais e garantidos os direitos fundamentais de liberdade, de intimidade e de privacidade", a revelar a amplitude de incidência das normas protetivas que traz.

Noutros termos, a privacidade, que é profundamente estudada como direito fundamental desde a publicação do emblemático artigo de Samuel Warren e Louis Brandes, em 1890[2], passa a ser vista como a moldura perfeita para a compreensão de um direito fundamental à proteção de dados pessoais, e este, ainda que não seja um "novo" direito, modifica algumas das compreensões clássicas sobre a responsabilidade civil.

Joseph Page explica os aspectos centrais do argumento de Warren e Brandeis:

> O argumento construído por Warren e Brandeis era simples e direto. Primeiro deduziram de causas existentes de responsabilidade civil, uma tendência judicial de salvaguardar sentimentos humanos da interferência indevida por parte de outros. Então, buscando estabelecer uma base factual para apoiar a necessidade de proteção legal adicional, eles descreveram as novas maneiras pelas quais uma mídia de massa agressivamente intrusiva poderia infringir esses sentimentos, publicando informações precisas, mas pessoalmente sensíveis, contra os desejos de seus súditos. A partir disso, chegaram à conclusão de que o direito comum poderia e deveria proteger sentimentos feridos por essas novas invasões, moldando uma nova forma de responsabilidade extracontratual que proporcionaria compensação às vítimas e, assim, impediria uma conduta excessivamente intrusiva no futuro. Concluindo seu *tour de force*, eles delinearam cuidadosamente os parâmetros da nova causa de ação, principalmente listando as defesas que poderiam ser levantadas contra ela e outras limitações à responsabilidade.[3]

O que se percebe é a grande relevância do tema, que vem produzindo iniciativas variadas, a ponto de tramitar perante o Congresso Nacional brasileiro a Proposta de Emenda à Constituição nº 17/2019, que visa incluir a proteção de dados pessoais no rol dos direitos e garantias fundamentais do cidadão – algo desnecessário, como visto, por se tratar de um direito sistematicamente já abarcado pelo ordenamento. Além disso, a PEC define como de competência exclusiva da União o poder para legislar sobre a proteção de dados pessoais.

---

abrangente, pela qual outros interesses devem ser considerados, abrangendo as diversas formas de controle tornadas possíveis com a manipulação de dados pessoais". (DONEDA, Danilo. O direito fundamental à proteção de dados pessoais. *In*: MARTINS, Guilherme Magalhães; LONGHI, João Victor Rozatti (Coord.). *Direito digital*: direito privado e Internet. 3. ed. Indaiatuba: Foco, 2020, p. 36). Essa constatação advém de investigações teóricas mais profundas sobre os impactos jurídicos do conceito de informação, pois, ainda que a pessoa em questão não seja a "autora" da informação, no sentido de sua concepção, ela é a titular legítima de seus elementos. Noutros termos, o vínculo que se cria entre informação e indivíduo é por demais estreito. Desse modo, quando o objeto dos dados é um sujeito de direito, a informação passa a ser encarada como atributo da personalidade. Para mais detalhes: CATALÀ, Pierre. Ebauche d'une théorie juridique de l'information. *Informatica e Diritto*, Nápoles, ano IX, jan./abr. 1983, p. 20).

2. WARREN, Samuel D.; BRANDEIS, Louis D. The right to privacy. *Harvard Law Review*, Cambridge, v. 4, n. 5, p. 193-220, dez. 1890.
3. PAGE, Joseph A. American tort law and the right to privacy. *In*: BRÜGGEMEIER, Gert; CIACCHI, Aurelia Colombi; O'CALLAGHAN, Patrick (Eds.). *Personality rights in European tort law*. Cambridge: Cambridge University Press, 2010, p. 41, tradução livre. No original: "The argument constructed by Warren and Brandeis was simple and straightforward. They first deduced from existing causes of action in tort a judicial willingness to safeguard human feelings from undue interference on the part of others. Then, seeking to establish a factual basis to support the need for additional legal protection, they described the new ways by which an aggressively intrusive mass media could infringe upon these feelings by publishing accurate but personally sensitive information against the wishes of their subjects. From this they drew the conclusion that the common law could and should protect feelings bruised by these novel invasions by fashioning a novel form of tort liability that would provide compensation to victims and thereby deter excessively intrusive conduct in the future. Concluding their tour de force, they carefully delineated the parameters of the new cause of action, mainly by listing defences that might be raised against it and other limitations on liability."

Não obstante, o que se percebe é que essa forte baliza estruturante do *civil law*, decorrente da edição de regulamentos capazes de trazer solução efetiva aos conflitos inter-relacionais, perde forças com a instantaneidade proporcionada pelas Tecnologias da Informação e Comunicação (as chamadas TICs). O tema certamente não é novo, uma vez que Alan Westin, já no início da década de 1970, apontava para a terminologia pertinente ao período, sinalizando o início de uma 'era eletrônica':

> Agora entramos na era eletrônica. Entre 1950 e 1970, os computadores revolucionaram o processamento de dados, cálculos matemáticos e sistemas de controle físico. A partir dessa base da conquista real, vozes surgiram novamente para sugerir que computadores e sistemas de comunicação podem servir como agentes para levar a sociedade a uma fase totalmente nova. As informações sobre a realidade social agora podiam ser tão ricas e detalhadas, as opções políticas podiam ser definidas com tanta clareza, os prováveis resultados de medidas alternativas poderiam ser previstos com tanta precisão, e os mecanismos de feedback da sociedade seriam tão eficazes que o homem poderia finalmente trazer sua inteligência total para resolver os problemas centrais da sociedade.[4]

Assim, não se esgota o tema com a criação de regulamentações preliminares para o uso da Internet no país, ou mesmo com a tentativa de criar regras para dissociar o Estado da livre iniciativa, primando pela liberdade econômica, pois não são raros os exemplos de novas contingências e desafios à tutela jurídica de direitos fundamentais, que enfrentam carência de delimitação axiológica, quando necessário para dar solução às mais variadas relações virtuais.

É esse o contexto no qual se insere a proposta de regulamentação da proteção de dados pessoais: em uma nova 'galáxia da Internet'[5], inúmeros conceitos surgem para delimitar a nova fronteira inaugurada pela hipercomunicação, mas um deles prepondera sobre todos os demais: a sociedade da informação.

A expressão tem origens remotas, sendo atribuída ao sociológo e futurologista japonês Yoneji Masuda[6], que, em 1962, se pronunciou sobre um futuro no qual a informação se tornaria um dos substratos mais essenciais para a manutenção das relações humanas.[7]

---

4. WESTIN, Alan F. Prologue: of technological visions and democratic politics. *In:* WESTIN, Alan F. (Ed.). *Information technology in a democracy*. Cambridge: Harvard University Press, 1971, p. 1, tradução livre. No original: "Now we have entered the electronic age. Between 1950 and 1970, computers revolutionized data processing, mathematical calculations, and physical control systems. From this foundation of real achievement, voices rose again to suggest that computers and communication systems might serve as the agents to bring society into an entirely new phase. Information about social reality could now be made so rich and detailed, policy options could be so clearly defined, the probable outcomes of alternative measures could be so accurately predicted, and the feedback mechanisms from society would be so effective that man could at last bring his full intelligence to bear on resolving the central problems of society."
5. CASTELLS, Manuel. *The Internet galaxy*: reflections on the Internet, business, and society. Oxford: Oxford University Press, 2001, *passim*.
6. Eis o trecho no qual o autor delimita a nomenclatura e antevê o desenvolvimento e uso da tecnologia como um plano nacional japonês para o ano 2000: "One of the most interesting actions has occurred in Japan, where in 1972 a non-profit organization called the Japan Computer Usage Development Institute presented to the government 'The Plan for Information Society – A national goal toward the year 2000'. This plan had been developed for presentation as a model plan for the realization of Japan's information society. It gives a picture of an information society that is desirable and can be realized by 1985. It also includes an integrated plan involving various projects for the construction of the blue-printed information society. I am very honored and consider myself fortunate to have been appointed project manager of this ambitious national plan. The goal of the plan is the realization of a society that brings about a general flourishing state of human intellectual creativity, instead of affluent material consumption." (MASUDA, Yoneji. *The information society as post-industrial society*. Tóquio: Institute for the Information Society, 1980).
7. FUCHS, Christian. *Internet and society*: social theory in the information age. Londres: Routledge, 2008, p. 13. Destaca: "Information is a relationship between specific organizational units of matter. Reflection (Widerpiegelung)

Nesse contexto, assevera Frank Webster:

> Uma consequência disso (...) é que, para organizar a vida, as informações devem ser sistematicamente coletadas sobre as pessoas e suas atividades. Precisamos saber das pessoas se queremos organizar a vida social: o que elas compram, quando e onde; quanta energia eles precisam, onde e a que horas; quantas pessoas existem em uma determinada área, de que gênero, idade e estado de saúde; que gostos, estilos de vida e capacidades de gasto, de acordo com os setores da população. Sem rodeios, a vigilância de rotina é um pré-requisito para uma organização social eficaz. Não é de surpreender, portanto, que seja fácil rastrear a expansão de maneiras de observar as pessoas (desde o censo até as caixas dos caixas, dos registros médicos às contas telefônicas, dos extratos bancários aos registros das escolas) caminhando em sintonia com o aumento da organização, que é tanto uma característica da vida hoje. Organização e observação são gêmeos siameses, que cresceram juntos com o desenvolvimento do mundo moderno.[8]

Com a grande relevância atribuída ao trato jurídico da informação, ganha especial relevância a discussão em torno da existência de uma 'sociedade da vigilância'[9], expressão cunhada por Gary Marx[10] e profundamente estudada por David Lyon, que sintetiza a preocupação com um 'Estado de vigilância'[11] tendente ao totalitarismo em viés – como diz o autor – muito mais severo do que a tendência orwelliana[12] extraída da noção de vigilância. A Internet representaria, nesse contexto, o apogeu da Quarta Revolução Industrial, propiciando densas modificações sociais, assim descritas por Klaus Schwab:

---

means reaction to influences from the outside of a system in the form of innersystemic structural changes. There is a causal relationship between the result of reflection and the reflected."

8. WEBSTER, Frank. *Theories of the information society*. 3. ed. Londres: Routledge, 2006, p. 205-206, tradução livre. No original: "A consequence of this (...) is that to organise life information must be systematically gathered on people and their activities. We must know about people if we are to arrange social life: what they buy, and when and where; how much energy they require, where and at what times; how many people there are in a given area, of what gender, age and state of health; what tastes, lifestyles and spending capacities given sectors of the populations enjoy. Bluntly, routine surveillance is a prerequisite of effective social organisation. Not surprisingly, therefore, it is easy to trace the expansion of ways of observing people (from the census to checkout tills, from medical records to telephone accounts, from bank statements to school records) moving in tandem with the increased organisation which is so much a feature of life today. Organisation and observation are conjoined twins, ones that have grown together with the development of the modern world."
9. LYON, David. *Surveillance society*: monitoring everyday life. Buckingham: Open University Press, 2001.
10. BAUMAN, Zygmunt; LYON, David. *Vigilância líquida*. Tradução de Carlos Alberto Medeiros. Rio de Janeiro: Zahar, 2013, p. 122. Segundo os autores, em debate sobre os impactos do conceito de 'sociedade da vigilância' originalmente proposto por Gary Marx em correlação com a ética, "a mudança tecnológica ocorre tão depressa e com consequências tão profundas no campo da segurança que formas de regulação mais antigas precisam urgentemente ser atualizadas. Em outras palavras, o louvável trabalho de Gary Marx oferece um guia para a intervenção jurídica e regulatória quanto à difusão da vigilância. Ele dá prioridade à dignidade das pessoas e enfatiza a prevenção de prejuízos, quer as pessoas estejam ou não conscientes de que são objeto de vigilância, e outros princípios adequados para se traduzir em regras."
11. LYON, David. *The electronic eye*: the rise of surveillance society. Minneapolis: University of Minnesota Press, 1994, p. 86-87. O autor comenta: "The state represents, of course, the classical locus of Orwellian anxieties. For many people, connecting computer power with surveillance in the realm of the state is a sure way to activate the hairs on the back of the neck! While there do turn out to be somewhat chilling aspects of contemporary surveillance by the state, it should be stressed that the emerging picture is far uniformly totalitarian. To detect totalitarian tendencies in specific practices is a far cry from declaring that the 'total surveillance society' has finally arrived. It also assumes that the fear of political domination is the most appropriate concern of those considering this new surveillance."
12. A referência é extraída da clássica obra '1984', de George Orwell: "There was of course no way of knowing whether you were being watched at any given moment. How often, or on what system, the Thought Police plugged in on any individual wire was guesswork. It was even conceivable that they watched everybody all the time, but at any rate they could plug in your wire whenever they wanted to. You have to live – did live, from habit that became instinct – in the assumption that every sound you made was overheard, and, except in darkness, every movement scrutinized." (ORWELL, George. *1984*. Nova York: Penguin Classics, 1961, p. 3).

Na quarta revolução industrial, a conectividade digital possibilitada por tecnologias de *software* está mudando profundamente a sociedade. A escala do impacto e a velocidade das mudanças fazem que a transformação seja diferente de qualquer outra revolução industrial da história da humanidade.

O Conselho da Agenda Global do Fórum Econômico Mundial sobre o futuro do *Software* e da Sociedade realizou uma pesquisa com 800 executivos para avaliar quando os líderes empresariais acreditariam que essas tecnologias revolucionárias poderiam chegar ao domínio público em grau significativo e para compreender plenamente as implicações dessas mudanças para indivíduos, organizações, governo e sociedade.

O relatório de pesquisa *Mudança Profunda – Pontos de Inflexão Tecnológicos e Impactos Sociais* foi publicado em setembro de 2015.[13]

Da informação se caminha para a vigilância, que é amplificada em uma 'sociedade em rede', brilhantemente descrita por Manuel Castells em sua obra "*The Rise of the Network Society*", a primeira parte de uma trilogia denominada "*The Information Age*".[14]

Com o fluxo incessante de dados, preocupações emergem quanto aos riscos dessa hiperconectividade[15], uma vez que "a IoT pode ser vista em diferentes dimensões pelos diferentes setores da academia e da indústria; qualquer que seja o ponto de vista, a IoT ainda não atingiu a maturidade e é vulnerável a todos os tipos de ameaças e ataques."[16]

São inquietações perenes e com as quais o Estado se defrontará. Por outro lado, Schwab enumera as seguintes mudanças e inovações tecnológicas com empolgante potencial disruptivo: (i) tecnologias implantáveis; (ii) presença digital; (iii) a visão como uma nova interface; (iv) tecnologias vestíveis; (v) computação ubíqua; (vi) supercomputadores que cabem no bolso; (vii) armazenamento para todos; (viii) A Internet das coisas e para as coisas; (ix) casas conectadas; (x) cidades inteligentes; (xi) *big data* e

---

13. SCHWAB, Klaus. *A quarta revolução industrial*. Tradução de Daniel Moreira Miranda. São Paulo: Edipro, 2016, p. 115.
14. A trilogia "*The Information Age*" descreve o papel da informação na sociedade contemporânea, a partir da mudança de uma sociedade industrial para uma sociedade informacional, que começou na década de 1970 e culminou na formação de uma sociedade estruturada em torno de redes, em vez de atores individuais, e que trabalha com fluxo constante de informações através da tecnologia. Castells enfatiza a inter-relação das características sociais, econômicas e políticas da sociedade, e argumenta que a 'rede' é a característica que marca a época atual. Com efeito: "Our exploration of emergent social structures across domains of human activity and experience leads to an over-arching conclusion: as an historical trend, dominant functions and processes in the Information Age are increasingly organized around networks. Networks constitute the new social morphology of our societies, and the diffusion of networking logic substantially modifies the operation and outcomes in processes of production, experience, power, and culture." (CASTELLS, Manuel. *The rise of the network society*. The information age: economy, society, and culture. 2. ed. Oxford/West Sussex: Wiley-Blackwell, 2010, v. 1, p. 500). Sobre a obra, tem-se os comentários de Frank Webster: "The culmination of twenty-five years of research, The Information Age is a magnum opus. Reprinted many times over, with revised editions quickly following the original, the trilogy has been translated into over twenty languages. Castells has become recognised as the leading living thinker on the character of contemporary society, appearing on television to outline his views and being profiled in newspapers." (WEBSTER, Frank. *Theories of the information society*, cit., p. 98).
15. GREENGARD, Samuel. *The Internet of Things*. Cambridge: The MIT Press, 2015, p. 58. Destaca o autor: "Within this emerging IoT framework, a dizzying array of issues, questions, and challenges arise. One of the biggest questions revolves around living in a world where almost everything is monitored, recorded, and analyzed. While this has huge privacy implications, it also influences politics, social structures, and laws."
16. JEYANTHI, Nagamalai. Internet of Things (IoT) as Interconnection of Threats (IoT). In: HU, Fei (Ed.). *Security and privacy in Internet of Things (IoTs)*: models, algorithms, and implementations. Boca Raton: CRC Press, 2016, p. 7, tradução livre. No original: "The IoT can be viewed in different dimensions by the different sections of academia and industry; whatever the viewpoint, the IoT has not yet reached maturity and is vulnerable to all sorts of threats and attacks."

tomadas de decisão; (xii) carros autoguiados; (xiii) a Inteligência Artificial aplicada às tomadas de decisão; (xiv) a Inteligência Artificial aplicada às funções administrativas; (xv) a relação entre robótica e serviços; (xvi) a ascensão das criptomoedas; (xvii) a economia compartilhada; (xviii) a relação entre governos e *blockchain*; (xix) impressão 3D e fabricação; (xx) impressão 3D e a saúde humana; (xxi) impressão 3D e os produtos de consumo; (xxii) seres projetados; (xxiii) neurotecnologias.[17]

Da mesma forma que a inovação evolui a passos galopantes, a responsividade estatal precisa estar preparada para atender às novas contingências daí originadas. Sobre isso, havendo novos riscos e novas contingências, respostas eficazes devem ser delineadas. É o que se abordará a seguir.

3. *BIG DATA*, NOVOS RISCOS E NOVAS CONTINGÊNCIAS NA SOCIEDADE DA INFORMAÇÃO

O fenômeno denominado *Big Data* é reflexo inegável da ascensão da Internet e traz preocupações, particularmente com o domínio informacional exercido por grandes corporações (da iniciativa privada) que detêm o controle sobre os novos fluxos informacionais. Sobre o tema, Viktor Mayer-Schönberger e Kenneth Cukier anotam o seguinte:

> Em muitos campos, da tecnologia nuclear à bioengenharia, primeiro construímos ferramentas que descobrimos que podem nos prejudicar e só depois nos propomos a criar os mecanismos de segurança para nos proteger dessas novas ferramentas. Nesse sentido, o *Big Data* toma seu lugar ao lado de outras áreas da sociedade que apresentam desafios sem soluções absolutas, apenas perguntas em andamento sobre como ordenamos nosso mundo. Toda geração deve abordar essas questões novamente. Nossa tarefa é apreciar os riscos dessa poderosa tecnologia, apoiar seu desenvolvimento – e aproveitar suas recompensas. Assim como a imprensa levou a mudanças na forma como a sociedade se governa, o mesmo acontece com o *Big Data*. Nos obriga a enfrentar novos desafios com novas soluções. Para garantir que as pessoas sejam protegidas ao mesmo tempo em que a tecnologia é promovida, não devemos deixar que o *Big Data* se desenvolva além do alcance da capacidade humana de moldar a tecnologia.[18]

Se a conjugação de inovação e regulação representa uma das principais preocupações desse novo arquétipo social baseado em dados, deve-se destacar que é flagrante a necessidade de se investigar a suficiência da regulação estatal para a pacificação social. Isso porque, surgindo novos riscos e novas contingências, novas soluções devem ser apresentadas, e o grande nicho de marcado que vem demandando atenção concerne aos

---

17. SCHWAB, Klaus. *A quarta revolução industrial*, cit., p. 10.
18. MAYER-SCHÖNBERGER, Viktor; CUKIER, Kenneth. *Big data*: a revolution that will transform how we live, work, and think. Nova York: Houghton Mifflin Harcourt, 2014, p. 184, tradução livre. No original: "In many fields, from nuclear technology to bioengineering, we first build tools that we discover can harm us and only later set out to devise the safety mechanisms to protect us from those new tools. In this regard, big data takes its place alongside other areas of society that present challenges with no absolute solutions, just ongoing questions about how we order our world. Every generation must address these issues anew. Our task is to appreciate the hazards of this powerful technology, support its development – and seize its rewards. Just as the printing press led to changes in the way society governs itself, so too does big data. It forces us to confront new challenges with new solutions. To ensure that people are protected at the same time as the technology is promoted, we must not let big data develop beyond the reach of human ability to shape the technology."

chamados 'mercados de múltiplos lados', delimitados e propugnados primeiramente por Jean-Charles Rochet e Jean Tirole.[19]

Na expressão em inglês, os *two-sided* (no caso, *multi-sided*) *markets* funcionam a partir da operabilidade dos interesses de grupos variados, harmonizados por uma plataforma que é capaz de gerar rentabilidade a partir do volume massivo de participantes interconectados para viabilizar a finalidade econômica de uns em alinhamento aos interesses usualmente de consumo dos demais.[20] Na Internet, isto ocorre com enorme frequência e com precisão cada vez maior devido ao implemento de algoritmos em plataformas que, embora não exijam qualquer contraprestação pecuniária direta de seus usuários (como assinaturas mensais obrigatórias), colhem seus dados de forma massiva para a formação de perfis de consumo e predição de interesses e outras práticas que lhes propiciam ganhos indiretos, formando, a partir dessa interação multilateral, mercados ricos em dados (*data-rich markets*), para citar a expressão utilizada por Viktor Mayer-Schönberger e Thomas Range.[21]

Surge, então, uma 'corrida' pelos algoritmos mais eficazes e capazes de filtrar os variados acervos de dados coletados por essas plataformas a fim de propiciar vantagens concorrenciais, particularmente pela formatação de perfis dos usuários a partir de minúcias como o tempo de permanência em determinada página (a prática é denominada *profiling*).[22] Aparentemente, a regulação de ilícitos econômicos e das relações de consumo – vistas como um primeiro percalço desse novo modo de se operacionalizar atividades econômicas na Internet – seriam facilmente tuteláveis e fiscalizáveis. Entra em cena, porém, uma dificultosa compreensão dos complexos algoritmos utilizados para a realização de tais atividades: o segredo que os envolve consubstancia o próprio núcleo de um novo modelo capitalista[23], baseado na coleta massiva de dados e na vigilância.

Analisando esse contexto, Frank Pasquale, renomado professor da Universidade de Maryland, atribuiu a tais algoritmos o nome de '*black boxes*' (caixas-pretas), e alertou para os perigos de uma sociedade regida pelos segredos.[24] Ainda que o próprio autor

---

19. *Cf.* ROCHET, Jean-Charles; TIROLE, Jean. Platform competition in two-sided markets. *Journal of the European Economic Association*, Bruxelas, v. 1, n. 3, p. 990-1029, jun. 2003.
20. Para maiores detalhes, consulte-se: ARMSTRONG, Mark. Competition in two-sided markets. *The RAND Journal of Economics*, Santa Monica, v. 37, n. 3, p. 668-691, set./dez. 2006; LEE, Robin S. Vertical integration and exclusivity in platform and two-sided markets. *American Economic Review*, Pittsburgh, v. 103, n. 7, p. 2960-3000, 2013; RYSMAN, Marc. The economics of two-sided markets. *Journal of Economic Perspectives*, Nashville, v. 23, n. 3, p. 125-143, jun./ago. 2009.
21. MAYER-SCHÖNBERGER, Viktor; RAMGE, Thomas. *Reinventing capitalism in the age of big data*. Nova York: Basic Books, 2018, p. 7. Comentam: "The key difference between conventional markets and data-rich ones is the role of information flowing through them, and how it gets translated into decisions. In data-rich markets, we no longer have to condense our preferences into price and can abandon the oversimplification that was necessary because of communicative and cognitive limits."
22. *Cf.* PEIRANO, Marta. *El enemigo conoce el sistema*: manipulación de ideas, personas e influencias después de la Economía de la atención. Barcelona: Debate, 2019.
23. ZUBOFF, Shoshana. *The age of surveillance capitalism*: the fight for a human future at the new frontier of power. Nova York: Public Affairs, 2019, p. 4. Diz: "Entanglements of knowledge, authority and power are no longer confined to workplaces as they were in the 1980s. Now their roots run deep through the necessities of daily life, mediating nearly every form of social participation."
24. PASQUALE, Frank. *The black box society*: the secret algorithms that control money and information. Cambridge: Harvard University Press, 2015, p. 6-7. Anota: "Real secrecy establishes a barrier between hidden content and unauthorized access to it. We use real secrecy daily when we look our doors or protect our e-mail with passwords.

reconheça que empresas de economias capitalistas democráticas se utilizem de processos de aferição de riscos e oportunidades cada vez mais dinâmicos e complexos[25], um Estado indiferente a essa realidade será uma figura omissa e passiva à realidade inescapável de que abusos sistemáticos desses algoritmos possuem o condão de gerar danos variados.

3.1 A Internet e os fluxos massivos de dados

Em havendo grandes fluxos de dados, grandes preocupações passam a permear a sociedade da informação, não apenas com os riscos de eventual uso discriminatório dos acervos de dados, mas também com o surgimento de potencial dependência em relação a eles e às práticas de coleta massiva e mineração (*data mining*).[26]

Nesse espírito, o intuito do legislador brasileiro, ao promulgar a Lei Geral de Proteção de Dados Pessoais está adequadamente alinhado ao propósito de assegurar direitos e promover o titular de dados – aqui visto como vulnerável.

Fluxos massivos de dados dão contornos cada vez mais claros ao papel do *Big Data* na configuração de um novo contexto do capitalismo informacional e vulnerabilidades passam a assombrar quem sequer imagina que essa realidade existe e que corresponde ao presente. Como dizem Mayer-Schönberger e Cukier, toda a informação que somos capazes de coletar em tempos de *Big Data* "não passa de um simulacro da realidade, como as sombras na parede da caverna de Platão."[27] A delimitação de alguns princípios surge na lei e elucida algumas das bases de estruturação de seus institutos. O artigo 6º da lei os enumera:

> Art. 6º As atividades de tratamento de dados pessoais deverão observar a boa-fé e os seguintes princípios:
>
> I – finalidade: realização do tratamento para propósitos legítimos, específicos, explícitos e informados ao titular, sem possibilidade de tratamento posterior de forma incompatível com essas finalidades;

Legal secrecy obliges those privy to certain information to keep it secret; a bank employee is obliged both by statutory authority and by terms of employment not to reveal customers' balances to his buddies. Obfuscation involves deliberate attempts at concealment when secrecy has been compromised. For example, a firm might respond to a request for information by delivering 30 million pages of documents, forcing its investigator to waste time looking for a needle in a haystack. And the end result of both types of secrecy, and obfuscation, is opacity, my blanket term for remediable incomprehensibility."

25. FINN, Ed. *What algorithms want*: imagination in the age of computing. Cambridge: The MIT Press, 2017, p. 15-16. Diz: "Algorithms are everywhere. They already dominate the stock market, compose music, drive cars, write news articles, and author long mathematical proofs – and their powers of creative authorship are just beginning to take shape. Corporations jealously guard the black boxes running these assemblages of data and process. Even the engineers behind some of the most successful and ubiquitous algorithmic systems in the world – executives at Google and Netflix, for example – admit that they understand only some of the behaviors their systems exhibit. But their rhetoric is still transcendent and emancipatory, striking many of the same techno-utopian notes as the mythos of code as magic when they equate computation with transformational justice and freedom."

26. GUTWIRTH, Serge; HILDEBRANDT, Mireille. Some caveats on profiling. *In*: GUTWIRTH, Serge; POULLET, Yves; DE HERT, Paul (Eds.). *Data protection in a profiled world*. Cham/Basileia: Springer, 2010, p. 33. Comentam: "Before embarking on the commonly known caveats regarding human rights like privacy, non-discrimination and due process, we like to stress the risks of an increased dependence on data mining technologies. Profiling is a powerful technique that renders visible what is invisible to the naked human eye. This, however, concerns patterns in databases that must not be mistaken for reality. By making visible what is aggregated in the data base, profiling also make invisible what cannot be translated into machine-readable data. In as far as the governance of people and things becomes dependent on these advanced profiling technologies, new risks will emerge in the shadow of the real time models and simulations these technologies make possible."

27. MAYER-SCHÖNBERGER, Viktor; CUKIER, Kenneth. *Big data*, cit., p. 184, tradução livre. No original: "(...) It can only be a simulacrum of reality, like the shadows on the wall of Plato's cave."

II – adequação: compatibilidade do tratamento com as finalidades informadas ao titular, de acordo com o contexto do tratamento;

III – necessidade: limitação do tratamento ao mínimo necessário para a realização de suas finalidades, com abrangência dos dados pertinentes, proporcionais e não excessivos em relação às finalidades do tratamento de dados;

IV – livre acesso: garantia, aos titulares, de consulta facilitada e gratuita sobre a forma e a duração do tratamento, bem como sobre a integralidade de seus dados pessoais;

V – qualidade dos dados: garantia, aos titulares, de exatidão, clareza, relevância e atualização dos dados, de acordo com a necessidade e para o cumprimento da finalidade de seu tratamento;

VI – transparência: garantia, aos titulares, de informações claras, precisas e facilmente acessíveis sobre a realização do tratamento e os respectivos agentes de tratamento, observados os segredos comercial e industrial;

VII – segurança: utilização de medidas técnicas e administrativas aptas a proteger os dados pessoais de acessos não autorizados e de situações acidentais ou ilícitas de destruição, perda, alteração, comunicação ou difusão;

VIII – prevenção: adoção de medidas para prevenir a ocorrência de danos em virtude do tratamento de dados pessoais;

IX – não discriminação: impossibilidade de realização do tratamento para fins discriminatórios ilícitos ou abusivos;

X – responsabilização e prestação de contas: demonstração, pelo agente, da adoção de medidas eficazes e capazes de comprovar a observância e o cumprimento das normas de proteção de dados pessoais e, inclusive, da eficácia dessas medidas.

Não há dúvidas de que o tratamento desenfreado e massivo dos dados pessoais torna o usuário parte vulnerável de qualquer relação jurídica, visto que, na esmagadora maioria das vezes, esse não terá sequer o conhecimento de que seus dados estão sendo coletados, muito menos de que estão sendo tratados e compartilhados com terceiros para os mais variados fins – e isto acaba se tornando 'normal'.[28] Nesse compasso, violações a diversos direitos dos consumidores, redução da sua capacidade de escolha, discriminações e supressão da privacidade são práticas contumazes (embora espúrias) que se visou combater com a edição de uma Lei Geral de Proteção de Dados.

Isso está claro, no art. 2º da Lei nº 13.709/2018, que estabelece os fundamentos que a legislação busca alcançar; dentre eles, destacam-se a autodeterminação informacional e o livre desenvolvimento da personalidade.[29]

Essa vulnerabilidade acirrada do ciberconsumidor[30] levou Susanne Lace a cunhar a expressão "consumidor de vidro" (*glass consumer*)[31] para se referir às forças transforma-

---

28. POUNDSTONE, William. *Head in the cloud*: why knowing things still matters when facts are so easy to look up. Nova York: Hachette, 2016, p. 253.
29. "Art. 2º A disciplina da proteção de dados pessoais tem como fundamentos: I – o respeito à privacidade; II – a autodeterminação informativa; III – a liberdade de expressão, de informação, de comunicação e de opinião; IV – a inviolabilidade da intimidade, da honra e da imagem; V – o desenvolvimento econômico e tecnológico e a inovação; VI – a livre-iniciativa, a livre concorrência e a defesa do consumidor; e VII – os direitos humanos, o livre desenvolvimento da personalidade, a dignidade e o exercício da cidadania pelas pessoas naturais."
30. No estudo dos contratos eletrônicos de consumo, essa figura é amplamente estudada e recebe tal nomenclatura para representar seu *status* de hipervulnerável. (MODENESI, Pedro. Contratos eletrônicos de consumo: aspectos doutrinário, legislativo e jurisprudencial. *In*: MARTINS, Guilherme Magalhães; LONGHI, João Victor Rozatti (Coords.). *Direito digital*: direito privado e Internet. 3. ed. Indaiatuba: Foco, 2020, p. 479-480).
31. LACE, Susanne. *The glass consumer*: life in a surveillance society. Bristol: Policy Press, 2005, p 1.

doras da sociedade, que acabam por criar uma verdadeira 'prisão de vigilância máxima', implicando fragilização nas relações sociais.

3.2 Autodeterminação informativa, titularidade e as funções do consentimento na coleta e no tratamento de dados

A ideia de se conceituar o dado pessoal (e até o dado pessoal sensível) como objetos de titularidade – afastando-se qualquer visão proprietária – do titular revela a finalidade de amplo controle visada com a nova normativa. Porém, em relações de poder nas quais os próprios algoritmos que coletam e processam tais dados são desconhecidos do grande público, a efetivação dessa proteção representa desafios inquestionáveis.

Nesse sentido, o consentimento passa a representar função essencial:

> O consentimento se torna a estrutura basilar do tratamento dos dados pessoais. Para traçar um comparativo, o RGPD europeu cita 72 vezes a palavra "consentimento". No art. 4º sobre as definições, define consentimento como "uma manifestação de vontade, livre, específica, informada e explícita, pela qual o titular dos dados aceita, mediante declaração ou ato positivo inequívoco, que os dados pessoais que lhe dizem respeito sejam objeto de tratamento; (...)." Não foi diferente o tratamento conferido ao tema pelo legislador brasileiro, que, no art. 7º da Lei nº 13.709/2018, atribuiu ao consentimento do titular a natureza de requisito essencial para o tratamento dos dados pessoais: não sendo o consentimento livre, informado e inequívoco (art. 5º, XII), a medida se torna ilegal.[32]

Não há dúvida alguma de que, ao primar pelo consentimento, a lei procurou atribuir ao titular de dados o efetivo poder sobre seus dados. Essa realidade, contudo, seria mais perceptível em um mundo ideal, não em um contexto marcado por mercados ricos em dados, conforme se explicou.

Sendo nula a coleta do consentimento, quando realizada através de métodos que não demonstrem sua inequívoca manifestação[33], novas técnicas de interação virtual passam a ser necessárias para que agentes e titulares de dados realizem trocas informacionais. É nesse compasso que a lei passa a impor elementos fundamentais para a efetiva prevenção de ilícitos e para a mitigação de danos: a transparência (*disclosure*)[34], por exemplo,

---

32. DRESCH, Rafael de Freitas Valle; FALEIROS JÚNIOR, José Luiz de Moura. Reflexões sobre a responsabilidade civil na Lei Geral de Proteção de Dados (Lei nº 13.709/2018). *In:* ROSENVALD, Nelson; DRESCH, Rafael de Freitas Valle; WESENDONCK, Tula (Coords.). *Responsabilidade civil*: novos riscos. Indaiatuba: Foco, 2019, p. 74.
33. Quanto à forma de obtenção do consentimento, o artigo 8º da lei assim prevê: "Art. 8º O consentimento previsto no inciso I do art. 7º desta Lei deverá ser fornecido por escrito ou por outro meio que demonstre a manifestação de vontade do titular. § 1º Caso o consentimento seja fornecido por escrito, esse deverá constar de cláusula destacada das demais cláusulas contratuais. § 2º Cabe ao controlador o ônus da prova de que o consentimento foi obtido em conformidade com o disposto nesta Lei. § 3º É vedado o tratamento de dados pessoais mediante vício de consentimento. § 4º O consentimento deverá referir-se a finalidades determinadas, e as autorizações genéricas para o tratamento de dados pessoais serão nulas. § 5º O consentimento pode ser revogado a qualquer momento mediante manifestação expressa do titular, por procedimento gratuito e facilitado, ratificados os tratamentos realizados sob amparo do consentimento anteriormente manifestado enquanto não houver requerimento de eliminação, nos termos do inciso VI do caput do art. 18 desta Lei. § 6º Em caso de alteração de informação referida nos incisos I, II, III ou V do art. 9º desta Lei, o controlador deverá informar ao titular, com destaque de forma específica do teor das alterações, podendo o titular, nos casos em que o seu consentimento é exigido, revogá-lo caso discorde da alteração."
34. KLOUS, Sander; WIELAARD, Nart. *We are Big Data*: the future of the information society. Amsterdã: Atlantis Press, 2016, p. 21-22. Os autores comentam, inclusive com um exemplo: "This lack of transparency generates an enormous imbalance in society's information flows: businesses and governments are getting to know us better and better, but we have to continue to guess how they operate. The question is for how long society will be willing to accept this

aparece como elemento fundamental do tratamento de dados, demandando clareza em sua apresentação.

Em outras palavras, deve-se trabalhar com linguagem simples, ilustrações intuitivas, explicações que permitam ao usuário-médio[35] saber quais dados serão coletados, como serão tratados e qual é o grau de segurança que razoavelmente poderá esperar.

A consolidação de uma nova dinâmica social propicia novos 'danos digitais':

> A expressão danos digitais não é usada aqui como categoria autônoma, como se fosse um modelo conceitual novo, ao lado do dano moral, por exemplo. É apenas uma forma de aglutinar os mais variados danos que são veiculados através da Internet. Alguns danos ligados à Internet são novos, ainda estamos aprendendo a lidar com eles. Em certo sentido, a Internet é um campo minado.[36]

De fato, a nova lei trabalha com os entrelaçamentos da técnica a procedimentos complexos, como a explicitação clara e inequívoca do consentimento para a coleta e o tratamento de dados, ou mesmo as consequências advindas da autodeterminação informativa para reafirmar o papel da titularidade sobre os dados. Tudo isso acarreta impactos na aferição dos efeitos de qualquer operação realizada sob tais termos e, mais do que nunca, se fala no advento do chamado *compliance* digital.

3.3 O *compliance* digital

O termo *compliance* é sabidamente oriundo da Língua Inglesa. Sua origem está na etimologia do verbo "*to comply*", que não possui tradução exata, mas revela a expectativa de uma postura de conformidade e adesão a parâmetros regulatórios.

Sua origem é longínqua, remontando a clássicos escritos voltados às corporações de meados do século XX[37], e tem como pressuposto a constatação de que a natureza huma-

---

lack of balance. Here is an example: at the end of 2014, certain smart TVs made by the Korean company LG were collecting information and forwarding it to the company's servers. This included information on which channels the television owner was watching, when the owner changed channels, and which programs were being stored on any media connected to the television by a USB plug. A blogger discovered this by researching the Internet traffic of an LG television. 5 He initiated his research after seeing a commercial aimed at potential advertisers in which LG was promoting the possibilities of targeted advertising based on the user data collected. On the consumer side, LG was much less transparent and, according to the blogger, the television even sent information when the consumer had switched off data sharing. The defense given by the company afterwards was not convincing. The lack of transparency about the data collection – the company had not clearly informed buyers of the television's functionality – resulted in significant criticism of LG. For LG, it resulted in the firmware having to be adapted and a lot of reputational damage."

35. O conceito é fruto de investigações realizadas no intuito de aferir o nível de *educação digital* de um indivíduo como corolário de sua *inclusão digital*. Importante estudo empírico sobre o tema pode ser consultado em: VAN DEURSEN, Alexander; HELSPER, Ellen J.; EYNON, Rebecca. *Measuring digital skills*: from digital skills to tangible outcomes project report. Oxford Internet Institute, 2014. Disponível em: http://www.oii.ox.ac.uk/research/projects/?id=112. Acesso em: 12 mar. 2020.

36. BRAGA NETTO, Felipe Peixoto. *Novo manual da responsabilidade civil*. Salvador: Juspodivm, 2019, p. 594.

37. Partindo da ideia de que a cúpula estratégica da corporação está sujeita a erros, Michael Jensen e William Meckling escreveram seu emblemático artigo "*Theory of the firm*" ("Teoria da firma", no português), publicado em 1976, no qual declararam a inexistência do "agente perfeito" em qualquer organização. Esta constatação ficou conhecida na doutrina especializada como o "Axioma de Jensen-Meckling": "While the literature of economics is replete with references to the "theory of the firm," the material generally subsumed under that heading is not actually a theory of the firm but rather a theory of markets in which firms are important actors. The firm is a "black box" operated so as to meet the relevant marginal conditions with respect to inputs and outputs, thereby maximizing profits, or more accurately, present value. Except for a few recent and tentative steps, however, we have no theory which

na, utilitarista e racional, conduz os indivíduos a maximizarem sua "função-utilidade", voltada muito mais para as suas próprias preferências e os seus próprios objetivos, do que aos da corporação, eis que dificilmente objetivos alheios movem as pessoas a serem tão eficazes quanto o são para a consecução de seus próprios interesses.[38] O axioma daí decorrente é a inexistência do agente perfeito, que seria indiferente ao buscar maximizar seus próprios objetivos em conjugação paritária com os de terceiros.

No ano de 1977, em meio às repercussões geradas pelo "caso Watergate" e por outros eventos concomitantes que impunham um sentimento geral de clamor por normas de repúdio à corrupção, foi criado, nos Estados Unidos da América, o *Foreign Corrupt Practices Act* (FCPA), que representou um passo importante para reprimir a corrupção nos Estados Unidos, e inspirou diversas outras legislações mundo afora. Também a lei anticorrupção do Reino Unido (*United Kingdom Bribery Act*) ganhou relevância na época, propulsionando a preocupação com a governança corporativa. Anos depois, o advento da *Sarbanes-Oxley Act*[39], também conhecida como Lei *Sarbanes-Oxley*, ou simplesmente "SOx", foi o mais importante marco na delimitação de regras e padrões aplicáveis ao universo corporativo norte-americano desde a adoção da Lei de Valores (*Securities Act*), de 1933, e da Lei de Negociação de Valores (*Securities Exchange Act*), de 1934.

Tudo isso fomentou o aparecimento de inúmeras legislações anticorrupção ao redor do mundo, e grandes discussões tomaram corpo para a configuração de parâmetros de governança em torno de atividades públicas e privadas.

No Brasil, a situação não foi diferente, embora a grande discussão em torno do tema tenha levado muito mais tempo para se consolidar, tendo seu primeiro marco na Lei de Improbidade Administrativa (Lei nº 8.429/1992). Já em 1997, foi editada a OCDE, ou Convenção sobre o Combate da Corrupção de Funcionários Públicos Estrangeiros em Transações Comerciais Internacionais, ratificada pelo Brasil e promulgada internamente pelo Decreto nº 3.678/2000. A cartilha de princípios da OCDE, agregada aos demais axiomas citados, despertou os valores que dão sustentação ao modelo de Governança Corporativa que se desenhou desde então: (i) *fairness*, compreendido como o senso de

---

explains how the conflicting objectives of the individual participants are brought into equilibrium so as to yield this result. The limitations of this black box view of the firm have been cited by Adam Smith and Alfred Marshall, among others. More recently, popular and professional debates over the "social responsibility" of corporations, the separation of ownership and control, and the rash of reviews of the literature on the "theory of the firm" have evidenced continuing concern with these issues." (JENSEN, Michael; MECKLING, William H. Theory of the firm: managerial behavior, agency costs and ownership structure. *Journal of Financial Economics*, Nova York, v. 3, n. 4, p. 305-360, out. 1976, p. 308).

38. MÄNTYSAARI, Petri. *Organising the firm*: theories of commercial law, corporate governance and corporate law. Berlim/Heidelberg: Springer-Verlag, 2012, p. 152-153. O autor anota o seguinte: "Corporate law can contain various norms that reflect the state's particular public policy preferences. These norms do not have to be designed to foster "economic efficiency" or the "joint welfare of all stakeholders". The state can use corporate law as a means to achieve a wide range of social goals. Depending on the state, they could include: equality (prohibition of discrimination, gender-based board quotas, other quotas); discrimination (on the basis of gender, race, religion, ethnic origin, nationality, or political views); rent-seeking by the ruling class (business activities, share ownership, or board membership totally or partly reserved for members of a certain class); national security (restrictions on who may control companies in certain sectors); governance of risk in general; management of systemic risk (financial industry); or other goals."

39. Sobre a lei, confira-se: MOELLER, Robert. *Sarbanes-Oxley and the new internal auditing rules*. Nova Jersey: John Wiley & Sons, 2004.

justiça e a equidade no tratamento dos acionistas; (ii) *disclosure* ou a transparência nas informações; (iii) *accountability*, a prestação de contas; (iv) *compliance*, o atuar em conformidade, cujo consagrado conceito foi sendo aprimorado pela doutrina especializada, tornando-se o paradigma almejado.

Muitas outras normas advieram destas bases essenciais, algumas delas voltadas especificamente ao "combate à corrupção" e às discussões do direito da concorrência, mas reflexos dessa nova maneira de se antever e contingenciar riscos culminaram em grande preocupação com temas como datificação, *profiling*, exclusão digital e, em linhas gerais, a necessidade de contenção da 'desigualdade digital'.[40]

E qual é a relevância disso para a proteção de dados?

O legislador brasileiro, agindo em sintonia com modelos que vêm ganhando espaço noutras legislações[41], previu a governança de dados como uma *faculdade* do agente, dela cuidando especificamente em seus artigos 50 e 51:

> Art. 50. Os controladores e operadores, no âmbito de suas competências, pelo tratamento de dados pessoais, individualmente ou por meio de associações, poderão formular regras de boas práticas e de governança que estabeleçam as condições de organização, o regime de funcionamento, os procedimentos, incluindo reclamações e petições de titulares, as normas de segurança, os padrões técnicos, as obrigações específicas para os diversos envolvidos no tratamento, as ações educativas, os mecanismos internos de supervisão e de mitigação de riscos e outros aspectos relacionados ao tratamento de dados pessoais.
>
> § 1º Ao estabelecer regras de boas práticas, o controlador e o operador levarão em consideração, em relação ao tratamento e aos dados, a natureza, o escopo, a finalidade e a probabilidade e a gravidade dos riscos e dos benefícios decorrentes de tratamento de dados do titular.
>
> § 2º Na aplicação dos princípios indicados nos incisos VII e VIII do caput do art. 6º desta Lei, o controlador, observados a estrutura, a escala e o volume de suas operações, bem como a sensibilidade dos dados tratados e a probabilidade e a gravidade dos danos para os titulares dos dados, poderá:
>
> I – implementar programa de governança em privacidade que, no mínimo:
>
> *a)* demonstre o comprometimento do controlador em adotar processos e políticas internas que assegurem o cumprimento, de forma abrangente, de normas e boas práticas relativas à proteção de dados pessoais;
>
> *b)* seja aplicável a todo o conjunto de dados pessoais que estejam sob seu controle, independentemente do modo como se realizou sua coleta;

---

40. EUBANKS, Virginia. Digital dead end: fighting for social justice in the information age. Cambridge: The MIT Press, 2011, p. 23. Destaca a autora: "The relationship between inequality and information technology (IT) is far more complex than any picture portraying "haves" and "have-nots" can represent. Working toward an information age that protects human rights and acknowledges human dignity is far more difficult than strategies centered on access and technology distribution allow. One piece of the high-tech equity puzzle that is generally overlooked when we try to imagine "technology for people" is the relationship among technology, citizenship, and social justice. This is unfortunate, as our notions of governance, identity, and political demand making are deeply influenced by IT in a wide variety of institutions, including social service agencies, training programs, schools and colleges, government institutions, community organizations, the workplace, and the home."

41. É o caso do regulamento europeu: "The GDPR [Art. 32(2) GDPR; Art. 7(1) Directive 95/46/EC] forces data controllers to mitigate the risk of a potential privacy breach by establishing internal procedures to assess data protection risks of their products and services. Risk assessment provisions encourage data controllers to weigh technical data protection measures against risks faced by data processing activities. These measures must be proportionate to the envisaged risks." (TAMÒ-LARRIEUX, Aurelia. *Designing for privacy and its legal framework*: data protection by design and default for the Internet of Things. Basileia: Springer, 2018, p. 96).

c) seja adaptado à estrutura, à escala e ao volume de suas operações, bem como à sensibilidade dos dados tratados;

d) estabeleça políticas e salvaguardas adequadas com base em processo de avaliação sistemática de impactos e riscos à privacidade;

e) tenha o objetivo de estabelecer relação de confiança com o titular, por meio de atuação transparente e que assegure mecanismos de participação do titular;

f) esteja integrado a sua estrutura geral de governança e estabeleça e aplique mecanismos de supervisão internos e externos;

g) conte com planos de resposta a incidentes e remediação; e

h) seja atualizado constantemente com base em informações obtidas a partir de monitoramento contínuo e avaliações periódicas;

II – demonstrar a efetividade de seu programa de governança em privacidade quando apropriado e, em especial, a pedido da autoridade nacional ou de outra entidade responsável por promover o cumprimento de boas práticas ou códigos de conduta, os quais, de forma independente, promovam o cumprimento desta Lei.

§ 3º As regras de boas práticas e de governança deverão ser publicadas e atualizadas periodicamente e poderão ser reconhecidas e divulgadas pela autoridade nacional.

Art. 51. A autoridade nacional estimulará a adoção de padrões técnicos que facilitem o controle pelos titulares dos seus dados pessoais.

Sendo certo que a LGPD incide sobre as operações de tratamento de dados realizadas pelo Poder Público (artigos 23 a 30), outro não poderia ser o desfecho desta tendência, senão a edição, pela União, de uma normativa especificamente voltada à regência de sua política de governança para o compartilhamento de dados, que passa a se apresentar em sintonia exata com os propósitos de *compliance* digital. Trata-se do Decreto nº 10.046, de 07 de outubro de 2019, que assim prevê, em seu artigo 3º:

Art. 3º. O compartilhamento de dados pelos órgãos e entidades de que trata o art. 1º observará as seguintes diretrizes:

I – a informação do Estado será compartilhada da forma mais ampla possível, observadas as restrições legais, os requisitos de segurança da informação e comunicações e o disposto na Lei nº 13.709, de 14 de agosto de 2018 – Lei Geral de Proteção de Dados Pessoais;

II – o compartilhamento de dados sujeitos a sigilo implica a assunção, pelo recebedor de dados, dos deveres de sigilo e auditabilidade impostos ao custodiante dos dados;

III – os mecanismos de compartilhamento, interoperabilidade e auditabilidade devem ser desenvolvidos de forma a atender às necessidades de negócio dos órgãos e entidades de que trata o art. 1º, para facilitar a execução de políticas públicas orientadas por dados;

IV – os órgãos e entidades de que trata o art. 1º colaborarão para a redução dos custos de acesso a dados no âmbito da administração pública, inclusive, mediante o reaproveitamento de recursos de infraestrutura por múltiplos órgãos e entidades;

V – nas hipóteses em que se configure tratamento de dados pessoais, serão observados o direito à preservação da intimidade e da privacidade da pessoa natural, a proteção dos dados e as normas e os procedimentos previstos na legislação; e

VI – a coleta, o tratamento e o compartilhamento de dados por cada órgão serão realizados nos termos do disposto no art. 23 da Lei nº 13.709, de 2018.

O compartilhamento de dados entre órgãos e entidades da Administração Pública federal já estava previsto, em caráter programático, no artigo 27 da LGPD, que traz três exceções em seus incisos.[42] O objetivo precípuo, sem dúvida alguma, é a delimitação de políticas institucionais adequadas aos propósitos elencados pelo legislador no que concerne à proteção de dados pessoais.

O artigo 2º, inciso XV, do decreto conceitua como 'governança de dados' o "exercício de autoridade e controle que permite o gerenciamento de dados sob as perspectivas do compartilhamento, da arquitetura, da segurança, da qualidade, da operação e de outros aspectos tecnológicos". No cotejo do compartilhamento, por sua vez, o artigo 4º define três níveis essenciais: (i) amplo; (ii) restrito; (iii) específico.[43]

Sendo certo que o *Big Data* público já é uma realidade, o controle de dados exercido pelo Poder Público passa a ostentar nova dimensão com a possibilidade de compartilhamento interorgânico. Nesse aspecto, a criação do 'Cadastro Base do Cidadão' (artigo 16 e seguintes), por exemplo, revela a possibilidade de cognição ampla sobre aspectos relacionados a todas as esferas da vida do usuário. A integração a partir do fornecimento de informações pelos Cartórios de Registro Civil, bem como o cruzamento de dados extraídos de bases como a da Receita Federal do Brasil e do Instituto Nacional do Seguro Social propiciam a consolidação de verdadeira 'vigilância de dados' estatal.[44] Fato é que o projeto de regulamentação de uma política de governança de dados específica para o Poder Público, a ser fiscalizada por um Comitê também definido pelo decreto (artigos 21 e seguintes) se alinha à premência de que sejam iniciadas as atividades da Agência Nacional de Proteção de Dados – ANPD, que, embora formalmente criada, ainda não está em operação.[45]

---

42. "Art. 27. A comunicação ou o uso compartilhado de dados pessoais de pessoa jurídica de direito público a pessoa de direito privado será informado à autoridade nacional e dependerá de consentimento do titular, exceto: I – nas hipóteses de dispensa de consentimento previstas nesta Lei; II – nos casos de uso compartilhado de dados, em que será dada publicidade nos termos do inciso I do *caput* do art. 23 desta Lei; ou III – nas exceções constantes do § 1º do art. 26 desta Lei."

43. "Art. 4º O compartilhamento de dados entre os órgãos e as entidades de que trata o art. 1º é categorizado em três níveis, de acordo com sua confidencialidade: I – compartilhamento amplo, quando se tratar de dados públicos que não estão sujeitos a nenhuma restrição de acesso, cuja divulgação deve ser pública e garantida a qualquer interessado, na forma da legislação; II – compartilhamento restrito, quando se tratar de dados protegidos por sigilo, nos termos da legislação, com concessão de acesso a todos os órgãos e entidades de que trata o art. 1º para a execução de políticas públicas, cujo mecanismo de compartilhamento e regras sejam simplificados e estabelecidos pelo Comitê Central de Governança de Dados; e III – compartilhamento específico, quando se tratar de dados protegidos por sigilo, nos termos da legislação, com concessão de acesso a órgãos e entidades específicos, nas hipóteses e para os fins previstos em lei, cujo compartilhamento e regras sejam definidos pelo gestor de dados. § 1º A categorização do nível de compartilhamento será feita pelo gestor de dados, com base na legislação. § 2º A categorização do nível de compartilhamento será detalhada de forma a tornar clara a situação de cada item de informação. § 3º A categorização do nível de compartilhamento como restrito ou específico será publicada pelo respectivo gestor de dados no prazo de noventa dias, contado da data de publicação das regras de compartilhamento de que trata o art. 31. § 4º A categorização do nível de compartilhamento como restrito e específico especificará o conjunto de bases de dados por ele administrado com restrições de acesso e as respectivas motivações. § 5º A categorização do nível de compartilhamento, na hipótese de ainda não ter sido feita, será realizada pelo gestor de dados quando responder a solicitação de permissão de acesso ao dado. § 6º A categorização do nível de compartilhamento será revista a cada cinco anos, contados da data de publicação deste Decreto ou sempre que identificadas alterações nas diretrizes que ensejaram a sua categorização. § 7º Os órgãos e entidades de que trata o art. 1º priorizarão a categoria de compartilhamento de dados de maior abertura, em compatibilidade com as diretrizes de acesso a informação previstas na legislação."

44. Cf. CLARKE, Roger A. Information technology and dataveillance. *Communications of the ACM*, Nova York, v. 31, n. 5, p. 498-512, maio 1988.

45. Sobre a ANPD, confira-se: LIMA, Cíntia Rosa Pereira de. *A imprescindibilidade de uma entidade de garantia para a efetiva proteção de dados pessoais no cenário futuro do Brasil*. Tese de Livre-Docência apresentada à Faculdade de Direito de Ribeirão Preto da Universidade de São Paulo. Ribeirão Preto: Universidade de São Paulo, 2015.

Além disso, dois dias depois, foi editado o Decreto nº 10.047, que dispõe sobre a governança do Cadastro Nacional de Informações Sociais – CNIS[46] e institui o programa Observatório de Previdência e Informações. Com maior foco em dados relacionados à Previdência, o foco deste segundo decreto se alinha aos propósitos da governança estabelecida, em linhas mais amplas, no primeiro.

Não obstante, preocupações surgem no contexto dos dois decretos, pois abre-se largo espaço ao acirramento de alguns riscos se esse compartilhamento de dados se der de forma inadvertida. Maior compartilhamento significa maior risco de vazamentos, o que incrementa ainda mais a necessidade de uma atuação forte da ANPD e do Comitê específico para a prevenção de tais situações.

Exatamente pela vastidão dos bancos de dados entrelaçados a partir do CNIS e pela quantidade avassaladora de informações que passarão a ser compartilhadas entre órgãos e entidades do Governo Federal, impõe-se, ainda com maior rigor, a observância a mecanismos de segurança da informação.

Nesse contexto, pode-se asseverar que a facultatividade descrita no *caput* do artigo 50 – constatada pela utilização do verbo "poderá" – certamente não terá o mesmo impacto que a cogência desses parâmetros traria para o contexto da proteção de dados na iniciativa privada. Contudo, o estabelecimento de largo rol de deveres nos parágrafos 1º e 2º do mesmo dispositivo, com exigência de demonstração de sua efetividade[47], revela

---

46. O CNIS passa a ser composto e operacionalizado por 51 sistemas e bases de dados distintos, listados no Anexo único do decreto, a saber: 1. Cadastro Nacional da Pessoa Jurídica – CNPJ; 2. Cadastro Nacional de Imóveis Rurais – Cnir; 3. Cadastro Nacional de Obras – CNO; 4. Cadastro de Atividade Econômica da Pessoa Física – CAEPF; 5. Cadastro de Imóveis Rurais – Cafir; 6. Cadastro de Pessoas Físicas – CPF; 7. Sistema Nacional de Cadastro Rural – SNCR; 8. Sistema Integrado de Administração de Recursos Humanos – Siape; 9. Fundo de Garantia do Tempo de Serviço – FGTS; 10. Sistema Integrado de Administração Financeira do Governo Federal – Siafi; 11. Registro Nacional de Veículos Automotores – Renavam; 12. Registro Nacional de Carteira de Habilitação – Renach; 13. Programa Nacional de Acesso ao Ensino Técnico e Emprego – Pronatec; 14. Programa Universidade para Todos – ProUni; 15. Sistema de Seleção Unificada – Sisu; 16. Monitoramento da frequência escolar do Programa Bolsa Família – Presença; 17. Financiamento Estudantil – Fies; 18. Programa Nacional de Fortalecimento da Agricultura Familiar – Pronaf; 19. Base de dados do sistema GTA; 20. Sistema de Informações de Projetos de Reforma Agrária – Sipra; 21. Cadastro Nacional de Estabelecimentos de Saúde – Cnes; 22. Prontuário Eletrônico do Paciente – PEP; 23. Programa de Volta para Casa – PVC; 24. Sistema de Acompanhamento da Gestante – SisPreNatal; 25. Sistema de Informações do Programa Nacional de Imunizações – SIPNI; 26. Sistema de Informações sobre Mortalidade – SIM; 27. Sistema de Cadastro de usuários do SUS – Cadsus; 28. Sistema de Informação sobre Nascidos Vivos – Sinasc; 29. Folha de Pagamento do Programa Bolsa Família; 30. Cadastro Único – CadÚnico; 31. Sistema de Registro Nacional Migratório – Sismigra; 32. Sistema de Informação do câncer do colo do útero – Siscolo; 33. Sistema de Informação do câncer de mama – Sismama; 34. Sistema Nacional de Passaportes – Sinpa; 35. Sistema Nacional de Informações de Segurança Pública – Sinesp; 36. Registro Administrativo de Nascimento e Óbito de Indígenas – Rani; 37. Sistema ProVB – Programa de Vendas em Balcão; 38. Sistema de Cadastro Nacional de Produtores Rurais, Público do PAA, Cooperativas, Associações e demais Agências – Sican; 39. Observatório da Despesa Pública; 40. Sistema de Gerenciamento de Embarcações da Marinha do Brasil – Sisgemb; 41. Sistema da Declaração de Aptidão ao Pronaf – Sistemas DAP; 42. Cadastro da Agricultura Familiar – CAF; 43. Cadastro Ambiental Rural – CAR; 44. Sistema de Cadastramento Unificado de Fornecedores – Sicaf; 45. Cadastro Nacional de Empresas – CNE; 46. Folha de Pagamento do Seguro-Desemprego; 47. Folha de Pagamento do Programa Garantia Safra; 48. Base de Beneficiários do Plano Safra; 49. Folha de Pagamento do Bolsa Estiagem; 50. Auxílio econômico a produtores independentes de cana-de-açúcar; 51. Sistema Aguia.

47. LIMA, Cíntia Rosa Pereira de; PEROLI, Kelvin. *Direito digital*: compliance, regulação e governança. São Paulo: Quartier Latin, 2019, p. 136. Os autores destacam os seguintes aspectos para a garantia de efetividade: "(...) (i) o nexo estrutural (*structural nexus*), entendido como o desenvolvimento de políticas e procedimentos na própria empresa capazes de promover a cultura de conformidade, em seu âmago; (ii) o fluxo de informações (*information flow*) da empresa necessita ser eficiente, no sentido de que o *compliance* deve ser implantado no fluxo de infor-

que a opção pela implementação de boas práticas e de governança nos processos de coleta e tratamento de dados trará consequências para o agente de dados, e muitas delas estão relacionadas à responsabilidade civil.

4. A RESPONSABILIDADE CIVIL NA LGPD

Sendo a Internet um fenômeno global, preocupações surgem quanto à efetividade de quaisquer iniciativas locais tendentes à regulamentação de suas interações.[48] A despeito disso, iniciativas locais têm sido adotadas no Brasil, especialmente a partir da segunda década do século XXI. A mais marcante delas é a Lei nº 12.965, de 23 de abril de 2014 – o chamado Marco Civil da Internet –, que inaugurou profundas discussões acerca do regime jurídico da responsabilidade civil dos provedores.

Parcela da doutrina se alinha às sinalizações da jurisprudência do Superior Tribunal de Justiça no sentido da aceitação da finalidade da norma.[49] Por outro lado, sonoras críticas são tecidas à disciplina do artigo 19[50] da referida lei, particularmente quanto à

---

mações do alto comando até os empregados do chão de fábrica, para garantir que a comunicação entre todos, de todos níveis hierárquicos, seja rápida e eficaz; (iii) monitoramento e vigilância (*monitoring and suveillance*), sendo também função do *compliance* o monitoramento do comportamento dos empregados, a fim de garantir a sua adesão às políticas e procedimentos da empresa, o que gera, consequentemente, a vigilância, que deve ser minimizada e utilizada apenas para os fins corporativos; (iv) o *enforcement* das políticas, procedimentos e normas de direito, que devem ser direcionados tanto para as atividades que oferecem maior risco de não conformidade, quanto para as que menos risco oferecem, o que pressupõe, em verdade, a análise e o gerenciamento de riscos efetivos pela empresa."

48. A esse respeito, Colin Bennett propôs, ainda na década de 1990, uma importante reflexão quanto às peculiaridades da regulação global da proteção de dados: "Data protection is not like environmental protection, in which states might agree on the desirable "level" of toxins in rivers and have a relatively clear and common understanding of what that "level" means. For data protection we can compare the "black letter of the law," we can observe indicators of the scope of law (manual vs. automated data, public vs. private etc.), and we can compare and contrast the functions and powers of the policy instruments. But it is fallacious to make inferences about the "level of protection" from the observation of these crude indicators. Any attempt to establish evaluative criteria for assessing performance is fraught with the central difficulty that the goals of data protection are not self-defining. What is needed is a more holistic perspective that sees data protection as a process that involves a wide network of actors (data users, data subjects, and regulators) all engaged in the co-production of data protection. The successful implementation of data protection requires a shift in organizational culture and citizen behavior." (BENNETT, Colin. Convergence revisited: toward a global policy for the protection of personal data? *In*: AGRE, Philip E.; ROTENBERG, Marc (Eds.). *Technology and privacy*: the new landscape. Cambridge: The MIT Press, 1997, p. 119-120). Por outro lado, Weber e Staiger propõem um modelo regulatório híbrido: "A hybrid approach to regulating data protection currently presents the best way forward, as it takes the need for clear rules as well as the technological capabilities of various industries into account by enabling them to create their own technological and organizational data protection frameworks that are based on the applicable industry characteristics. Future legislation should encompass five categories, including: – a right-to-know legislation that keeps users informed; – a prohibition legislation which prevents certain types of collection and distribution practices of information; – an IT security legislation that provides for the necessary security standards; – a utilization regulation that restricts the use of personal data having been collected; – a task-force legislation enabling technical community's efforts to address privacy challenges created by technological shifts." (WEBER, Rolf H.; STAIGER, Dominic. *Transatlantic data protection in practice*. Berlim/Heidelberg: Springer-Verlag, 2017, p. 135).

49. DRESCH, Rafael de Freitas Valle. Reflexões sobre a responsabilidade civil de provedores pelo conteúdo postado por usuários na Internet. *In*: BARBOSA, Mafalda Miranda; ROSENVALD, Nelson; MUNIZ, Francisco. *Desafios da nova responsabilidade civil*. Salvador: Juspodivm, 2019, p. 395-405; COLOMBO, Cristiano; FACCHINI NETO, Eugênio. Ciberespaço e conteúdo ofensivo gerado por terceiros: a proteção de direitos de personalidade e a responsabilidade civil dos provedores de aplicação, à luz da jurisprudência do Superior Tribunal de Justiça. *Revista Brasileira de Políticas Públicas*, Brasília, v. 7, n. 3, p. 216-234, 2017.

50. "Art. 19. Com o intuito de assegurar a liberdade de expressão e impedir a censura, o provedor de aplicações de internet somente poderá ser responsabilizado civilmente por danos decorrentes de conteúdo gerado por terceiros

necessidade de ordem judicial específica para a remoção de conteúdo danoso e quanto à imprescindibilidade da inobservância do referido comando para a responsabilização, na esfera civil, a denotar sua natureza subjetiva.[51]

A celeuma em torno dessa exigência é tamanha que a própria constitucionalidade do referido dispositivo está em questionamento perante o Supremo Tribunal Federal, havendo quem defenda sua manutenção em razão do contraponto estabelecido em relação à liberdade de expressão e seu cerceamento pela via da mera notificação extrajudicial[52], e quem a repudie por aderir à possibilidade de remoção de conteúdos ilícitos pela mera notícia (*notice and takedown*).[53]

Fato é que, quanto à Lei Geral de Proteção de Dados, optou o legislador por estipular um regime de responsabilidade civil repleto de nuances e particularidades. Em grande sintonia com os artigos 24, 25 e 26 do RGPD europeu, o artigo 42 da LGPD é a principal base estrutural do tema:

> Art. 42. O controlador ou o operador que, em razão do exercício de atividade de tratamento de dados pessoais, causar a outrem dano patrimonial, moral, individual ou coletivo, em violação à legislação de proteção de dados pessoais, é obrigado a repará-lo.
>
> § 1º A fim de assegurar a efetiva indenização ao titular dos dados:
>
> I – o operador responde solidariamente pelos danos causados pelo tratamento quando descumprir as obrigações da legislação de proteção de dados ou quando não tiver seguido as instruções lícitas do controlador, hipótese em que o operador equipara-se ao controlador, salvo nos casos de exclusão previstos no art. 43 desta Lei;
>
> II – os controladores que estiverem diretamente envolvidos no tratamento do qual decorreram danos ao titular dos dados respondem solidariamente, salvo nos casos de exclusão previstos no art. 43 desta Lei.
>
> § 2º O juiz, no processo civil, poderá inverter o ônus da prova a favor do titular dos dados quando, a seu juízo, for verossímil a alegação, houver hipossuficiência para fins de produção de prova ou quando a produção de prova pelo titular resultar-lhe excessivamente onerosa.

---

se, após ordem judicial específica, não tomar as providências para, no âmbito e nos limites técnicos do seu serviço e dentro do prazo assinalado, tornar indisponível o conteúdo apontado como infringente, ressalvadas as disposições legais em contrário. § 1º A ordem judicial de que trata o *caput* deverá conter, sob pena de nulidade, identificação clara e específica do conteúdo apontado como infringente, que permita a localização inequívoca do material. § 2º A aplicação do disposto neste artigo para infrações a direitos de autor ou a direitos conexos depende de previsão legal específica, que deverá respeitar a liberdade de expressão e demais garantias previstas no art. 5º da Constituição Federal. § 3º As causas que versem sobre ressarcimento por danos decorrentes de conteúdos disponibilizados na internet relacionados à honra, à reputação ou a direitos de personalidade, bem como sobre a indisponibilização desses conteúdos por provedores de aplicações de internet, poderão ser apresentadas perante os juizados especiais. § 4º O juiz, inclusive no procedimento previsto no § 3º, poderá antecipar, total ou parcialmente, os efeitos da tutela pretendida no pedido inicial, existindo prova inequívoca do fato e considerado o interesse da coletividade na disponibilização do conteúdo na internet, desde que presentes os requisitos de verossimilhança da alegação do autor e de fundado receio de dano irreparável ou de difícil reparação."

51. Confira-se, por todos: LONGHI, João Victor Rozatti. Marco Civil da Internet no Brasil: breves considerações sobre seus fundamentos, princípios e análise crítica do regime de responsabilidade civil dos provedores. In: MARTINS, Guilherme Magalhães; LONGHI, João Victor Rozatti (Coords.). *Direito digital*: direito privado e internet. 3. ed. Indaiatuba: Foco, 2020, p. 115-144.
52. SOUZA, Carlos Affonso; TEFFÉ, Chiara Spadaccini de. Responsabilidade dos provedores por conteúdos de terceiros na internet. *Consultor Jurídico*, 22 jan. 2017. Disponível em: https://www.conjur.com.br/2017-jan-23/responsabilidade-provedor-conteudo-terceiro-internet. Acesso em: 15 mar. 2020.
53. MARTINS, Guilherme Magalhães. Artigo 19 do Marco Civil da Internet gera impunidade e viola a Constituição. *Consultor Jurídico*, 21 nov. 2019. Disponível em: https://www.conjur.com.br/2019-nov-21/guilherme-martins-artigo-19-marco-civil-internet-gera-impunidade. Acesso em: 15 mar. 2020.

§ 3º As ações de reparação por danos coletivos que tenham por objeto a responsabilização nos termos do *caput* deste artigo podem ser exercidas coletivamente em juízo, observado o disposto na legislação pertinente.

§ 4º Aquele que reparar o dano ao titular tem direito de regresso contra os demais responsáveis, na medida de sua participação no evento danoso.

De início, algumas percepções importantes podem ser colhidas da leitura do dispositivo e impõem uma revisão mais detalhada para que se compreenda seu alcance, sua natureza jurídica e suas funções.

a) Dano patrimonial, moral, individual ou coletivo

Pela literalidade do *caput*, observa-se que se falou em dano "patrimonial, moral, individual ou coletivo", denotando uma amplitude reparatória semelhante à descrita pelo artigo 82 (1) do RGPD europeu.[54-55]

Para ilustrar as razãoes pelas quais se contempla a ampla reparação de danos no contexto da proteção de dados pessoais, relembremo-nos do contexto descrito nos tópicos iniciais deste texto: para muito além da distopia orwelliana de vigilância, tem-se, hodiernamente, verdadeiras projeções da personalidade no mundo virtual. Foi com base nessa constatação que Roger Clarke realizou estudos acerca das *digital personas*[56]. Sob o mesmo pressuposto, Stefano Rodotà se dedicou aos estudos do *corpo elettronico*.[57]

Em casos extremos, os danos causados podem ser enormes, acarretando a perpetuação de seus efeitos pelo fato de a informação permanecer armazenada na Internet – é nesse contexto que se cogita de um direito ao esquecimento[58], figura jurídica que já produziu grande quantidade de exemplos e precedentes para se tornar uma preocupação premente do legislador – e, sendo a Internet um ambiente propício à replicação quase imediata da informação, certamente impõe riscos muito maiores do que se imagina quanto à coleta e ao tratamento dispensado aos dados pelos agentes respectivos.

---

54. "Artigo 82. (1). Qualquer pessoa que tenha sofrido danos materiais ou imateriais devido a uma violação do presente regulamento tem direito a receber uma indemnização do responsável pelo tratamento ou do subcontratante pelos danos sofridos."
55. VOIGT, Paul; VON DEM BUSSCHE, Axel. *The EU General Data Protection Regulation (GDPR)*: a practical guide. Basileia: Springer, 2017, p. 51. Comentam: "'Damage' under Art. 82 Sec. 1 GDPR explicitly includes material and non-material damages as the consequences of data breaches can vary widely and are often of intangible nature, such as social discrimination, psychological stress or barriers to the free personality development. Individuals should receive full and effective compensation for the damage they have suffered. Moreover, the concept of damage should be broadly interpreted in the light of the case-law of the European Court of Justice."
56. CLARKE, Roger A. Profiling: a hidden challenge to the regulation of data surveillance. *Journal of Law, Information and Science*, Hobart, v. 4, n. 2, p. 403-, dez. 1993.
57. RODOTÀ, Stefano. *Intervista su privacy e libertà*. Roma/Bari: Laterza, 2005, p. 120.
58. Sobre o tema, por todos, confira-se: MARTINS, Guilherme Magalhães. O direito ao esquecimento na Internet. *In*: MARTINS, Guilherme Magalhães; LONGHI, João Victor Rozatti (Coords.). *Direito digital*: direito privado e internet. 3. ed. Indaiatuba: Foco, 2020, p. 65-90; PARENTONI, Leonardo. O direito ao esquecimento (right to oblivion). *In*: DE LUCCA, Newton; SIMÃO FILHO, Adalberto; LIMA, Cíntia Rosa Pereira de (Coords.). *Direito & Internet III*. Tomo I. São Paulo: Quartier Latin, 2015, p. 539-618.

b) Solidariedade

De forma semelhante ao que prevê o RGPD europeu[59], os dois incisos do §1º do artigo 42 da LGPD brasileira estabelecem as hipóteses expressas em que haverá solidariedade entre operadores e controladores de dados. As duas figuras são designações adotadas pela lei para qualificar os agentes de dados.[60] No primeiro caso, tem-se a responsabilidade civil solidária por danos causados pelo tratamento que descumprir as obrigações da legislação de proteção de dados ou que não seguir as instruções lícitas do controlador, hipótese em que o operador equipara-se ao controlador. No segundo caso, tem-se a solidariedade dos controladores que estiverem diretamente envolvidos no tratamento, quando forem vários.

A solidariedade sabidamente não se presume, razão pela qual o legislador optou por reservar *locus* específico para a especificação de suas hipóteses de incidência. E, naturalmente, tem-se um emaranhado de agentes de dados na complexa teia de tomadas de decisão e execução de instruções em operações de coleta e tratamento. Nada mais natural do que a solidarização de todos os que estiverem envolvidos em tais situações.

c) Inversão do ônus da prova

O §2º do artigo 42 estabelece a inversão do *onus probandi* em favor do titular de dados pessoais. Sabe-se que o artigo 45 da LGPD é claro ao dizer que "[a]s hipóteses de violação do direito do titular no âmbito das relações de consumo permanecem sujeitas às regras de responsabilidade previstas na legislação pertinente." Contudo, a medida é bastante semelhante à contemplada pelo Código de Defesa do Consumidor e revela uma dimensão fundamental para a compreensão da LGPD: a necessidade de sua interpretação sistemática, em conjugação com outras legislações específicas protetivas – como a consumerista – para a aferição de sua total incidência.[61]

Naturalmente, o que se tem nessas situações é uma disparidade de conhecimentos técnicos entre o titular e o agente de dados capaz de denotar hipossuficiência muito mais grave do que a usualmente verificada nas relações de consumo. Isso porque os algoritmos empregados nos processos de tratamento são usualmente secretos e extremamente complexos.[62]

---

59. "Artigo 26. (3). Independentemente dos termos do acordo a que se refere o n. 1, o titular dos dados pode exercer os direitos que lhe confere o presente regulamento em relação e cada um dos responsáveis pelo tratamento."
60. "Art. 5º. (...) VI – controlador: pessoa natural ou jurídica, de direito público ou privado, a quem competem as decisões referentes ao tratamento de dados pessoais; VII – operador: pessoa natural ou jurídica, de direito público ou privado, que realiza o tratamento de dados pessoais em nome do controlador."
61. Para uma compreensão abrangente dos desdobramentos da responsabilidade civil por acidentes de consumo ocorridos na Internet, consulte-se: MARTINS, Guilherme Magalhães. *Responsabilidade civil por acidentes de consumo na Internet*. 2. ed. São Paulo: Revista dos Tribunais, 2014.
62. Novamente, aponta-se uma reflexão de Frank Pasquale: "Deconstructing the black boxes of Big Data isn't easy. Even if they were willing to expose their methods to the public, the modern Internet and banking sectors pose tough challenges to our understanding of those methods. The conclusions they come to – about the productivity of employees, or the relevance of websites, or the attractiveness of investments – are determined by complex formulas devised by legions of engineers and guarded by a phalanx of lawyers." (PASQUALE, Frank. *The black box society*, cit., p. 6).

Impor um ônus probatório dessa magnitude ao titular significaria ceifar suas chances de êxito meritório posterior. A despeito disso e, no mesmo espírito do Regulamento europeu[63], a lei brasileira admitiu a inversão do ônus da prova como exceção cabível em três hipóteses: (i) quando for verossímil a alegação; (ii) quando houver hipossuficiência para fins de produção da prova; ou (iii) quando a produção de prova pelo titular resultar-lhe excessivamente onerosa.

d) Ação de regresso

O §4º do artigo 42 trata da possibilidade de que seja movida ação de regresso por aquele que indenizar eventual dano causado nos processos de tratamento de dados. É hipótese adequada para prevenir o enriquecimento ilícito e, em virtude da solidariedade estabelecida no §1º do mesmo dispositivo, sua viabilização atua em sintonia com a regra geral do direito das obrigações, devendo responder cada qual por sua quota-parte nos danos. A previsão existe também no RGPD europeu.[64]

4.1 Causas excludentes

Antes de avançar para uma investigação mais detida acerca do regime de responsabilidade civil estabelecido na LGPD, importa considerar que seu artigo 43 enumera causas excludentes do nexo de causalidade aplicáveis à responsabilidade pelos processos de tratamento de dados:

> Art. 43. Os agentes de tratamento só não serão responsabilizados quando provarem:
>
> I – que não realizaram o tratamento de dados pessoais que lhes é atribuído;
>
> II – que, embora tenham realizado o tratamento de dados pessoais que lhes é atribuído, não houve violação à legislação de proteção de dados; ou
>
> III – que o dano é decorrente de culpa exclusiva do titular dos dados ou de terceiro.

A não realização do tratamento (inc. I) aparece também na legislação europeia (artigo 82 (3), *in fine*)[65] e revela consequência natural para a imputação de responsabilidades; não tendo sido determinado agente o realizador do tratamento de dados, não se pode lhe atribuir a responsabilidade pelos danos eventualmente sofridos pelo titular.

---

63. VOIGT, Paul; VON DEM BUSSCHE, Axel. *The EU General Data Protection Regulation (GDPR)*, cit., 2017, p. 207. Comentam: "In consideration of the processor's acting on behalf of the controller, the former's liability is limited to damages that result from breaches of its own obligations under the GDPR (see Sect. 3.10) or where it acted outside or contrary to lawful instructions of the controller. Thus, the processor is privileged as it is only liable in limited cases. The claimant bears the burden of proof in relation to the controller's and processor's liability. However, the claimant does not have detailed insight into the controller's/processor's sphere. Thus, in order to establish the controller's/processor's liability, a plausible submission of facts should satisfy the claimant's burden of proof. Then it will be up to the controller/processor to prove that the conditions for its liability have not been met."
64. "Artigo 82. (5). Quando tenha pago, em conformidade com o n. 4, uma indemnização integral pelos danos sofridos, um responsável pelo tratamento ou um subcontratante tem o direito de reclamar a outros responsáveis pelo tratamento ou subcontratantes envolvidos no mesmo tratamento a parte da indemnização correspondente à respetiva parte de responsabilidade pelo dano em conformidade com as condições previstas no n. 2."
65. "Artigo 82. (3). O responsável pelo tratamento ou o subcontratante fica isento de responsabilidade nos termos do n. 2, se provar que não é de modo algum responsável pelo evento que deu origem aos danos."

Por sua vez, as hipóteses de fato exclusivo do titular de dados (vítima) ou de terceiro (inc. III) seguem a mesma dinâmica aplicável às causas correlatas da responsabilidade civil tradicional. Evidentemente, pelas mesmas razões expostas nos tópicos anteriores quanto ao segredo que envolve os algoritmos usualmente empregados nos processos de tratamento de dados, a demonstração de fato exclusivo deverá ser detalhada e assertiva o suficiente para afastar o dever de reparar o dano.

A hipótese de demonstração de não violação à legislação (inc. II) é a que causa maior nebulosidade, contudo, uma vez que os parâmetros para essa aferição nem sempre são objetivos. Tampouco há uma "régua" que permita aferir concretamente os limites de eventual violação praticada.

O artigo 44, no intuito de parametrizar deveres, listou três circunstâncias a serem consideradas nesse exercício interpretativo:

> Art. 44. O tratamento de dados pessoais será irregular quando deixar de observar a legislação ou quando não fornecer a segurança que o titular dele pode esperar, consideradas as circunstâncias relevantes, entre as quais:
> I – o modo pelo qual é realizado;
> II – o resultado e os riscos que razoavelmente dele se esperam;
> III – as técnicas de tratamento de dados pessoais disponíveis à época em que foi realizado.

Ocorre que, noutras inúmeras passagens da lei, há dispositivos que trabalham com critérios incertos para a delimitação da observância à lei. Eis alguns exemplos: (i) quanto aos dados reidentificados (ou dados anteriormente anonimizados[66] que perderam tal característica e permitiram que seu titular fosse desvendado), o artigo 12, § 1º, descreve que "[a] determinação do que seja razoável deve levar em consideração fatores objetivos, tais como custo e tempo necessários para reverter o processo de anonimização, de acordo com as tecnologias disponíveis, e a utilização exclusiva de meios próprios"; (ii) no tratamento de dados pessoais de crianças e adolescentes, o artigo 14, § 5º, registra que "[o] controlador deve realizar todos os esforços razoáveis para verificar que o consentimento a que se refere o § 1º deste artigo foi dado pelo responsável pela criança, consideradas as tecnologias disponíveis"; (iii) ao impor o dever de comunicação de "incidente de segurança que possa acarretar risco ou dano relevante aos titulares", o artigo 48, §1º, exige uma série de medidas cuja aferição também envolverá análise fática.

Na maioria das passagens em que a LGPD apresenta conceitos abertos ou indeterminados, é descrita a obrigação de posterior regulamentação pela autoridade nacional, a Agência Nacional de Proteção de Dados – ANPD.

A celeuma adquire ainda mais complexidade para aqueles que optarem por implementar os programas de governança e as políticas de integridade facultadas pelos artigos 50 e 51 da lei. Sem dúvidas, para agentes de dados que realizarem o *compliance* digital,

---

66. Sobre o tema, confira-se: MARTINS, Guilherme Magalhães; FALEIROS JÚNIOR, José Luiz de Moura. A anonimização de dados pessoais: consequências jurídicas do processo de reversão, a importância da entropia e sua tutela à luz da Lei Geral de Proteção de Dados. *In*: DE LUCCA, Newton; SIMÃO FILHO, Adalberto; LIMA, Cíntia Rosa Pereira de; MACIEL, Renata Mota (Coord.). *Direito & Internet IV*: sistema de proteção de dados pessoais. São Paulo: Quartier Latin, 2019.

a aferição da excludente de não violação à lei adquire muito mais subjetividade e novos aspectos passam a ser relevantes em qualquer investigação de dano.[67]

4.2 Natureza da responsabilidade civil

Feita a breve apresentação do tema, com indicação dos principais aspectos destacados pela lei brasileira quanto à responsabilidade civil dos agentes de tratamento, torna-se possível, ainda que em breves linhas, a averiguação do regime de responsabilidade civil adotado: seria esta uma modalidade de responsabilidade subjetiva ou objetiva?

De plano, anota-se que preponderam duas visões. A primeira sustenta a natureza subjetiva dessa responsabilização:

> (...) A estrutura da LGPD é toda pautada na criação de deveres. O legislador criou uma série de deveres de cuidado que devem ser seguidos pelo controlador e pelo operador, sob pena de virem a ser responsabilizados.
>
> Assim, não faz muito sentido – nem do ponto de vista lógico, nem do jurídico – o legislador criar uma série de deveres de cuidado se não for para implantar um regime de responsabilidade subjetiva. Se o que se pretende é responsabilizar os agentes, independentemente de culpa de fato, não faz sentido criar deveres a serem seguidos, tampouco responsabilizá-los quando tiverem cumprido perfeitamente todos esses deveres. A lógica da responsabilidade é outra, completamente diferente: não cabe discutir cumprimento de deveres, porque, quando se discute cumprimento de deveres, o que no fundo está sendo analisado é se o agente atuou ou não com culpa.[68]

A leitura do excerto remete à gama de deveres que, neste texto, se mencionou no tópico anterior, quando analisadas as causas excludentes da LGPD. Tais deveres, na visão das autoras, revelariam, em verdade, uma investigação sobre se o agente de dados laborou ou não de forma culposa na realização do tratamento.

Contudo, o que se viu no decorrer desta sucinta abordagem foi que a atribuição desses deveres tem raízes diversas: a preocupação é oriunda da complexidade técnica dos processos algorítmicos (que não podem ser singelamente equiparados a outras atividades

---

67. Sobre o tema, anota a doutrina: "Dúvidas não há, diante do cenário de mudança já delineado no presente artigo, que a atuação em conformidade com a LGPD demandará a estruturação de mecanismos (técnicos e organizacionais) robustos direcionados exclusivamente a assegurar o respeito à legalidade no tratamento de dados pessoais. Além de garantir a conformidade com as demais normas da LGPD, os agentes de tratamento devem construir estruturas que permitam o atendimento a diversos outros deveres específicos, associados a boas práticas corporativas. É o caso (i) do dever de manter registro de todas as atividades de tratamento realizadas (art. 37); (ii) da apresentação, pelo controlador, quando requisitado, de relatório de impacto à proteção de dados pessoais (art. 38); (iii) da observância, por ambos os agentes de tratamento, das normas de segurança (art. 46) – que, se não comprovadas, induzem à sua automática responsabilização (art. 44, parágrafo único); e, ainda (iv) da comprovação da efetividade do programa de governança em privacidade adotado, nos termos do art. 50, § 2º, inciso II. Identificar quais medidas organizacionais e técnicas deverão ser adotadas na construção de um programa de compliance de dados pessoais não consiste em tarefa simples e, na ausência de outros parâmetros, parece adequado recorrer às orientações extraídas da própria LGPD, bem como às bases previamente estabelecidas em áreas, como a legislação antitruste e anticorrupção, em que se debatem os requisitos de programas de compliance efetivos." (FRAZÃO, Ana; OLIVA, Milena Donato; ABÍLIO, Vivianne da Silveira. Compliance de dados pessoais. *In*: TEPEDINO, Gustavo; FRAZÃO, Ana; OLIVA, Milena Donato (Coords.). *Lei Geral de Proteção de Dados Pessoais e suas repercussões no direito brasileiro*. São Paulo: Revista dos Tribunais, 2019, p. 698-699).
68. GUEDES, Gisela Sampaio da Cruz; MEIRELES, Rose Melo Venceslau. Término do tratamento de dados. *In*: TEPEDINO, Gustavo; FRAZÃO, Ana; OLIVA, Milena Donato (Coords.). *Lei Geral de Proteção de Dados Pessoais e suas repercussões no direito brasileiro*. São Paulo: Revista dos Tribunais, 2019, p. 231-232.

geradoras de risco) e à introdução do *compliance* digital no panorama normativo da lei, pois, embora definido como uma faculdade do agente de dados, é totalmente baseado no delineamento de deveres e regras de conduta e conformidade que precisam estar em sintonia com a própria legislação[69], a demandar do próprio legislador a parametrização de deveres básicos.

Não obstante, são trazidos à discussão os seguintes argumentos:

> Apesar de a LGPD não ser explícita em relação à natureza da responsabilidade dos agentes de tratamento de dados, há na LGPD diversas pistas que, a nosso ver, levam à conclusão de que o regime adotado pela LGPD, como regra, foi mesmo o da responsabilidade subjetiva. A versão inicial do PL 5.276 trazia no Capítulo sobre "Transferências internacionais de dados", uma regra geral expressa de responsabilidade solidária e objetiva desses agentes pelos danos causados em virtude do tratamento de dados (art. 35). Além disso, na Seção sobre "Responsabilidade e Ressarcimento de danos", havia uma abordagem ampla sobre os sujeitos obrigados a reparar o dano ("todo aquele que, em razão do exercício de atividade de tratamento de dados pessoais causar a outro dano") (art. 42), e outra regra igualmente ampla prevendo a solidariedade entre todos os agentes da cadeia de tratamento, sem qualquer distinção entre controlador e operador: (...)
>
> Diferentemente desse primeiro texto, todas as versões subsequentes do Projeto, até a versão finalmente sancionada da LGPD, passaram a não mais mencionar, como regra geral, um regime de solidariedade ou objetividade na responsabilidade pelos danos decorrentes do tratamento de dados pessoais. A referência expressa à responsabilidade objetiva foi completamente eliminada do texto legal.[70]

Na primeira pista apresentada pelas autoras, importa destacar que o aspecto histórico decorrente da tramitação do PL 5.276/2016, pela qual se retirou expressa previsão de responsabilidade civil dos agentes envolvidos nas transferências internacionais de dados, não basta para descaracterizar a natureza do regime previsto nos demais dispositivos da lei. Isso porque a transferência internacional de dados (tratada nos artigos 33 a 36 da LGPD) remete à problemática do tratamento "global" atribuído à proteção de dados e descrito por Rolf Weber e Dominic Staiger como um desafio internacional:

> Em escala mais ampla, a última década demonstrou uma forte tendência ao uso de legislação para regular e reinar nas questões do ciberespaço. No entanto, até agora, essa não foi a melhor estratégia, pois a evolução da tecnologia e o lento processo legislativo se opõem. As entrevistas também mostraram que as empresas respondem a novas ações legislativas de diferentes maneiras, ajustando suas ofertas ou encontrando soluções alternativas. (...)

---

69. David Jackman explica que essa integração da norma ao *compliance* se dá a partir de 'ferramentas regulatórias' (*regulatory toolkits*), razão pela qual a delimitação de parâmetros pela própria lei atuaria em exata sintonia com essa nova tendência: "It is the combination of approaches and tools that delivers effective compliance and regulation, not one set replacing the previous set. There exists a growing compliance and regulatory menu or toolkit, but it is how the elements are selected and used together that is the real skill. The range of tools available and the sophistication with which they are combined and used determines the maturity of the jurisdiction and the professionalism of the compliance sector. How the mix is balanced and selected for any one firm or set of circumstances is decided upon and delivered by regulators and compliance officers making critical judgments, not following checklists or risk models only. How good these professional judgments are really matters. Quality judgment is what firms and societies pay for." (JACKMAN, David. *The compliance revolution*: how compliance needs to change to survive. Nova Jersey: John Wiley & Sons, 2015, p. 13).
70. GUEDES, Gisela Sampaio da Cruz; MEIRELES, Rose Melo Venceslau. Término do tratamento de dados. *In*: TEPEDINO, Gustavo; FRAZÃO, Ana; OLIVA, Milena Donato (Coords.). *Lei Geral de Proteção de Dados Pessoais e suas repercussões no direito brasileiro*, cit., p. 232.

Muitas variáveis desempenham um papel na regulação eficaz da privacidade no mundo digital. Essas variáveis incluem a adoção da tecnologia e sua capacidade de aumentar a eficiência de nossas vidas diárias. A inovação e o desenvolvimento tecnológico não podem ser interrompidos; portanto, os juristas têm a tarefa de identificar quais conceitos jurídicos ainda são aplicáveis à era digital e desconsiderar outros que devem ser substituídos por conceitos novos e mais adequados. Isso é altamente desafiador, pois as normas existentes são baseadas em princípios e noções seculares, como a propriedade, que não se traduzem facilmente na era digital e geralmente entram em conflito com outras leis, como as de proteção de dados. Assim, são necessárias mais pesquisas em nível internacional, a fim de desenvolver novas abordagens para essas questões que apresentem uma oportunidade de harmonizar as leis em um nível muito alto no que diz respeito às novas tecnologias, como IoT [*Internet of Things*, ou Internet das Coisas], *Big Data* e inteligência artificial (IA). Além dos esforços internacionais, pelo menos um consenso social parcial sobre normas de privacidade deve ser alcançado. Esse consenso sobre normas pré-legais entra no sistema jurídico e interage com as normas existentes.[71]

Além disso, o argumento no sentido de que a mudança do texto original (que incidia sobre "todo aquele" e não apenas sobre "o controlador ou o operador" que causar dano a outrem) também não se sustenta quando averiguadas as razões para este detalhamento, que decorrem da necessidade de diferenciação das figuras usuais (controlador e operador) do tratamento de dados em relação ao encarregado[72] de dados (ou *data protection officer*).

Sobre a ausência de um regime específico para a responsabilização do encarregado de dados, Dresch e Faleiros Júnior anotam o seguinte:

> Importa comentar a ausência de menção expressa à responsabilidade civil do encarregado de dados – responsável por passar instruções ao controlador e a seus colaboradores quanto à proteção de dados – no artigo 42: trata-se de figura central para o controle de eventos danosos, e por isso causa estranheza a omissão do dispositivo. É certo que a exaração de qualquer espécie de comando errôneo, por parte do encarregado, pode vir a causar dano e, para solucionar o caso, impõe-se a leitura do artigo 43, inciso III, que expressamente afasta a responsabilidade civil dos agentes de tratamento (controladores e operadores) quando esta puder ser transferida a terceiro, o que permitiria responsabilizar o encarregado na hipótese descrita, embora, para isso, seja passível de invocação a disciplina jurídica contida noutras fontes normativas.[73]

---

71. WEBER, Rolf H.; STAIGER, Dominic. *Transatlantic data protection in practice*, cit., p. 136, tradução livre. No original: "On the broader scale, the last decade has demonstrated a strong trend towards using legislation to regulate and reign in cyberspace issues. However, this has so far not proven to be the best strategy as the evolution of technology and the slow legislative process stand in opposition to each other. The interviews have also shown that business responds to further legislative action in different ways by adjusting their offering or finding workarounds. (…) Many variables play a role in effectively regulating privacy in the digital world. These variables include embracing technology and its ability to increase the efficiency of our daily lives. Innovation and technological development cannot be stopped, thus legal scholars are tasked with identifying what legal concepts are still applicable to the digital age and disregard others that must be replaced by new and more appropriate concepts. This is highly challenging, as the existing legal norms are based on century-old principles and notions such as property which do not easily translate into the digital era and often come into conflict with other laws such as data protection. Thus, further research on an international level is necessary in order to develop new approaches to these issues which present an opportunity at harmonizing laws at a very high level with regard to new technologies, such as IoT, Big Data, and artificial intelligence (AI). In addition to international efforts, at least a partial societal consensus on privacy norms must be reached. This consensus on pre-legal norms then enters the legal system and interacts with the existing legal norms."
72. "Art. 5º (...) VIII – encarregado: pessoa indicada pelo controlador e operador para atuar como canal de comunicação entre o controlador, os titulares dos dados e a Autoridade Nacional de Proteção de Dados (ANPD)."
73. DRESCH, Rafael de Freitas Valle; FALEIROS JÚNIOR, José Luiz de Moura. Reflexões sobre a responsabilidade civil na Lei Geral de Proteção de Dados (Lei nº 13.709/2018). *In*: ROSENVALD, Nelson; DRESCH, Rafael de Freitas Valle; WESENDONCK, Tula (Coords.). *Responsabilidade civil*, cit., p. 81.

Retomando o raciocínio anterior, ainda na defesa da natureza subjetiva da responsabilidade civil contida na LGPD, tem-se uma segunda pista:

> A segunda pista é o fato de a LGPD ter todo um capítulo dedicado a "segurança e boas práticas". Trata-se do capítulo VI, que é dividido em duas seções: (i) Seção I – Da segurança e do sigilo de dados; e (ii) Seção II – Das Boas Práticas e da Governança. Nessas seções, a LGPD criou uma série de deveres que devem ser observados pelos agentes de tratamento de dados, estabelecendo verdadeiro standard de conduta que deve ser seguido pelos agentes de tratamento de dados, chegando mesmo ao ponto de determinar, na Seção II, que os agentes poderão, no âmbito de suas competências, traçar as normas de boas práticas e de governança. Também na Seção II é possível notar a preocupação do legislador com a conduta dos agentes, assim como com o cumprimento de programas, políticas internas, procedimentos, mecanismos de supervisão (internos e externos), padrões técnicos etc.
>
> Tudo isso está a indicar que, na sistemática da lei, o modelo adotado foi o da responsabilidade subjetiva, pelo menos como regra geral. Afinal, por qual razão o legislador teria imposto tantos deveres e fixado um padrão de conduta se fosse para responsabilizar os agentes, independentemente de terem esses agido ou não com culpa?[74]

As autoras acertam ao indicar que o tratamento conferido à segurança e às boas práticas está a revelar verdadeiro "*dever geral de segurança*, extraído do artigo 46 da lei" [75-76], e que se coaduna com o espírito inaugurado por uma legislação que trabalha detidamente com o *compliance*, embora o estabeleça como uma faculdade.

Sobre o tema:

> Infelizmente, o uso do verbo "poderá" acaba por esvaziar, em certa medida, o inegável potencial da norma, deixando para as grandes corporações – que, costumeiramente já se valem de programas de integridade desta estirpe – a continuidade do implemento de boas práticas.
>
> Considerando-se que a norma é uma lei "geral", ou seja, aplicável a todo aquele que efetue operações de coleta, tratamento e armazenagem de dados, a imposição do *compliance*, mesmo para pequenas e médias empresas, representaria inegável avanço rumo à inserção de parâmetros ético-preventivos voltados à minimização de danos em operações tão arriscadas como as que envolvem dados pessoais (especialmente os sensíveis).
>
> Vale dizer que, apesar da vastidão de elementos que um bom programa de governança de T.I. demanda, não é inviável sua implementação em pequena ou média escala, e sua imposição certamente representaria valioso avanço no contexto da propagação de uma cultura de prevenção.[77]

---

74. GUEDES, Gisela Sampaio da Cruz; MEIRELES, Rose Melo Venceslau. Término do tratamento de dados. *In*: TEPEDINO, Gustavo; FRAZÃO, Ana; OLIVA, Milena Donato (Coords.). *Lei Geral de Proteção de Dados Pessoais e suas repercussões no direito brasileiro*, cit., p. 232-233.
75. "Art. 46. Os agentes de tratamento devem adotar medidas de segurança, técnicas e administrativas aptas a proteger os dados pessoais de acessos não autorizados e de situações acidentais ou ilícitas de destruição, perda, alteração, comunicação ou qualquer forma de tratamento inadequado ou ilícito."
76. DRESCH, Rafael de Freitas Valle; FALEIROS JÚNIOR, José Luiz de Moura. Reflexões sobre a responsabilidade civil na Lei Geral de Proteção de Dados (Lei nº 13.709/2018). *In*: ROSENVALD, Nelson; DRESCH, Rafael de Freitas Valle; WESENDONCK, Tula (Coords.). *Responsabilidade civil*, cit., p. 82. Os autores ainda complementam: "Significa dizer que, mais que tutelar a responsabilidade civil pelos danos decorrentes da violação aos deveres de zelar pela segurança dos dados, o que fez o legislador foi estabelecer um critério geral de imputação lastreado na verificação e demonstração do defeito, manifestado na quebra de legítimas expectativas quanto à segurança dos processos de coleta, tratamento e armazenagem de dados."
77. MARTINS, Guilherme Magalhães; FALEIROS JÚNIOR, José Luiz de Moura. Segurança, boas práticas, governança e compliance. *In*: LIMA, Cíntia Rosa Pereira de (Coord.). *Comentários à Lei Geral de Proteção de Dados*: Lei n. 13.709/2018, com alteração da Lei n. 13.853/2019. São Paulo: Almedina, 2020, p. 364-365.

Com tais considerações e, respondendo à indagação lançada no trecho final acima, pode-se destacar que a razão pela qual o legislador optou por fixar deveres e, em grande medida, um padrão de conduta para os agentes de dados[78], não advém de uma observação ontológica (ser), mas de uma expectativa deontológica (dever-ser) da interação entre inovação e regulação em um universo no qual o risco é inerente às atividades exploradas.[79]

Defendendo a natureza objetiva da responsabilidade civil tratada na LGPD, tem-se o posicionamento de Laura Schertel Mendes e Danilo Doneda, com o qual ora concordamos:

> Essas limitações ao tratamento de dados, conjuntamente com a verificação de que a LGPD assume como regra a eliminação dos dados quando seu tratamento esteja encerrado (art. 16) e igualmente o aceno que faz em diversas oportunidades à necessidade de se levar em conta o risco presente no tratamento de dados, indicam que a Lei procura minimizar as hipóteses de tratamento àquelas que sejam, em um sentido geral, úteis e necessárias, e que mesmo essas possam ser limitadas quando da verificação de risco aos direitos e liberdades do titular de dados. Trata-se, dessa forma, de uma regulação que tem como um de seus fundamentos principais a diminuição do risco, levando-se em conta que o tratamento de dados apresenta risco intrínseco aos seus titulares.[80]

Como ensina Maria Celina Bodin de Moraes, revela-se um novo propósito para a responsabilidade civil, cujo eixo se desloca da obrigação do ofensor de responder por suas faltas para o direito da vítima de ter reparadas suas perdas, fator esse que, aliado ao imperativo da solidariedade social (art. 3º, I, da Constituição da República), impõe a intensificação de critérios objetivos de reparação.[81]

A LGPD deve dialogar com outras fontes normativas do risco, seja com o artigo 927, parágrafo único, do Código Civil, seja com os artigos 12 e 14 do Código de Defesa do Consumidor.[82]

---

78. Já no rol de princípios do artigo 6º, citado no início deste breve estudo, se nota esta preocupação: "Art. 6º. (...) X – responsabilização e prestação de contas: demonstração, pelo agente, da adoção de medidas eficazes e capazes de comprovar a observância e o cumprimento das normas de proteção de dados pessoais e, inclusive, da eficácia dessas medidas."
79. GELLERT, Raphaël. Understanding data protection as risk regulation. *Journal of Internet Law*, Alphen aan den Rijn, v. 18, n. 1, p. 3-15, mai. 2015, p. 6-7.
80. MENDES, Laura Schertel; DONEDA, Danilo. Reflexões iniciais sobre a nova Lei Geral de Proteção de Dados. *Revista de Direito do Consumidor*, São Paulo: Revista dos Tribunais, v. 120, p. 468-486, nov./dez. 2018, p. 473.
81. MORAES, Maria Celina Bodin de. *Danos à pessoa humana*: uma leitura civil-constitucional dos danos morais. Rio de Janeiro: Renovar, 2003, p.12.
82. Ressaltando este necessário diálogo e fundamentando a natureza objetiva do regime de responsabilidade civil estabelecido na LGPD, confira-se: MIRAGEM, Bruno. A Lei Geral de Proteção de Dados (Lei 13.709/2018) e o direito do consumidor. *Revista dos Tribunais*, São Paulo, v. 1009, nov. 2019, p. 27 *et seq*. Com efeito: "Tratando-se de danos a consumidores decorrentes do tratamento indevido de dados, contudo, o art. 45 da LGPD, ao dispor que "as hipóteses de violação do direito do titular no âmbito das relações de consumo permanecem sujeitas às regras de responsabilidade previstas na legislação pertinente", conduzem tais situações ao regime do fato do serviço (art. 14 do CDC (LGL\1990\40)). Neste caso, controlador e operador de dados respondem solidariamente assim como outros fornecedores que venham intervir ou ter proveito do tratamento de dados do qual resulte o dano. Neste caso, incidem tanto as condições de imputação da responsabilidade pelo fato do serviço (em especial o defeito que se caracteriza pelo tratamento indevido de dados, ou seja, desconforme à disciplina legal incidente para a atividade), quanto as causas que porventura possam excluir eventual responsabilidade do fornecedor (art. 14, § 3º), que estão, porém, em simetria com o disposto no próprio art. 43 da LGPD. Outro efeito prático da remissão do art. 45 da LGPD ao regime de reparação próprio da legislação de proteção do consumidor será a submissão de eventuais pretensões de reparação dos consumidores ao prazo prescricional previsto no seu art. 27 do CDC (LGL\1990\40), de cinco anos contados do conhecimento do dano ou de sua autoria."

Não há dúvidas de que se está diante de um novo contexto para a regulação social, a demandar novas maneiras de se encarar a própria noção de risco.[83] Para isso, pode-se partir de uma proposta que conjugue o *compliance* digital com rotinas de priorização da proteção de dados pessoais (a exemplo da *privacy by design*[84]), com vistas à melhor moldagem dos critérios de responsabilização. Pensa-se, nesse contexto, em uma regulação responsiva, como sugerido por Ian Ayres e John Braithwaite[85], que se amolda ao contexto normativo infralegal, podendo ser catalisada por critérios metajurídicos.

Segundo M. Stuart Madden, "ao mesmo tempo, e pelos mesmos meios que a responsabilidade civil desencoraja a elevação extracontratual do risco, regras de responsabilização encorajam comportamentos mais seguros"[86], e, com toda razão, este deve ser o espírito da referida norma: o estímulo constante à prevenção de riscos, à eliminação ou mitigação de danos e à propagação de uma cultura de boas práticas e de conformidades.

---

83. O próprio Ulrich Beck já sinalizava os contrastes envolvendo a definição e a submissão a riscos de diversas escalas, graus e urgências: "The risk society is in this sense also the science, media and information society. Thus new antagonisms open up between those who produce risk definitions and those who consume them. These tensions between business and the elimination of risks, and between the consumption and the production of risk definitions, range across all areas of social action. Here lie the essential sources of the definitional struggles over the scale, degree and urgency of risks. In the fixing of acceptable levels, the numbers of people afflicted as patients or victims increase or decrease." (BECK, Ulrich. *Risk society*: towards a new modernity. Tradução do alemão para o inglês de Mark Ritter. Londres: Sage Publications, 1992).
84. A expressão *privacy by design*, na análise de Ann Cavoukian, consta do artigo 25 do RGPD europeu e impõe a qualquer ação empreendida por uma empresa que atue no processamento de dados pessoais os imperativos da proteção de dados pessoais e da privacidade em todas as suas etapas. Isso inclui projetos internos, desenvolvimento de produtos, desenvolvimento de *software*, sistemas de TI e muito mais. Na prática, significa que o departamento de TI, ou qualquer departamento que processe dados pessoais, deve garantir que a privacidade seja incorporada a um sistema durante todo o ciclo de vida do sistema ou processo. (CAVOUKIAN, Ann. Privacy by Design. The 7 foundational principles: implementation and mapping of fair information practices. *Internet Architecture Board*, 2011. Disponível em: https://iapp.org/resources/article/privacy-by-design-the-7-foundational-principles/. Acesso em: 13 mar. 2020). Sobre o tema, importante conferir, ainda, a visão de Peter Hustinx, que é o *European Data Protection Supervisor*: HUSTINX, Peter. Privacy by design: delivering the promises. *Identity in the Information Society*, Cham, v. 3, n. 2, p. 253-255, 2010. Não se confunde com a *privacy by default* (privacidade "por padrão" ou "por defeito"), que está relacionada aos produtos e serviços liberados ao público, cujas configurações de privacidade – mais rígidas – devem ser aplicadas por padrão, sem nenhuma entrada manual do usuário final. Ademais, quaisquer dados pessoais fornecidos pelo usuário para permitir o uso ideal de um produto devem ser mantidos somente durante o tempo necessário para fornecer o produto ou serviço. Se mais informações do que o necessário para fornecer o serviço forem divulgadas, haverá violação da "privacidade por padrão". Para mais detalhes: ROST, Martin; BOCK, Kirsten. Privacy by Design and the new protection goals: principles, goals, and requirements. *Datenschutz-Geschichte.de*, 2011. Disponível em: http://www.datenschutzgeschichte.de/pub/privacy/BockRost_PbD_DPG_en_v1f.pdf. Acesso em: 13 mar. 2020.
85. AYRES, Ian; BRAITHWAITE, John. *Responsive regulation*: transcending the deregulation debate. Oxford: Oxford University Press, 1992, p. 161. Anotam: "The optimal structuring of responsive regulation will have two components: (1) choosing the appropriate form of delegation, and (2) choosing the right kind of escalating (nondelegated) regulation. Choosing the appropriate form of delegation focuses on what the base of the pyramid should be. The choice of specific forms of contingently escalating responses is the issue in the design of an appropriate enforcement pyramid. Delegation is only credible if it is backed up with various forms of more traditional regulatory fiat. Where delegation is successful, the upper reaches of the escalating interventions will seldom if ever be activated. However, the very success of the regulatory delegation will turn on the existence of a credible government response if the delegation fails to engender compliance and problemsolving."
86. MADDEN, M. Stuart. Tort law through time and culture: themes of economic efficiency. *In*: MADDEN, M. Stuart (Ed.). *Exploring tort law*. Cambridge: Cambridge University Press, 2005, p. 48, tradução livre. No original: "(...) *at the same time, and by the same means as tort law discourages extracontractual elevation of risk, tort rules encourage safer behavior.*"

Em simples termos, não se deve concluir que o risco é o critério central de responsabilização dos agentes de dados. O risco é o fundamento essencial para que sejam estabelecidos critérios próprios de imputação advindos da violação dos deveres estabelecidos pela legislação protetiva e, quando presente o *compliance*, catalisados pela inobservância dos programas de integridade e das políticas de governança de dados, o que, para Dresch e Faleiros Júnior, representaria uma espécie de responsabilidade objetiva especial:

> (...) o legislador, ciente dos percalços enfrentados para a efetivação de direitos devidamente regulamentados, adotou a governança como parâmetro expresso – embora não obrigatório – para a delimitação dos contornos do nexo de causalidade em eventos de mau tratamento de dados, abrindo espaço para a disucussão acerca da criação de um novo regime de responsabilidade que, ao fim e ao cabo, se realmente existir, não surge atrelado a uma nova dogmática, mas à condensação de aspectos inter-relacionais para a formatação do elemento nuclear da teoria objetiva. Tem-se, em essência, um dever geral de cautela desdobrado da consagração de um regime de imputação baseado na verificação e demonstração do defeito na prestação de serviço relacionado aos processos de coleta, tratamento e armazenagem de dados. Eventual violação, por causar a ruptura de legítimas expectativas do titular dos dados, conduzirá à responsabilização do agente.
>
> Superam-se as barreiras da culpa, suplantam-se as escusas técnicas e a ampla incidência de causas excludentes decorrentes do domínio da técnica pelo controle da arquitetura de *software* e se impõe a cooperação como modal de controle e aferição dos limites da responsabilidade civil.[87]

Uma vez que a indenização é medida pela extensão do dano (artigo 944 do Código Civil), a existência dos programas de integridade e das políticas de governança poderia balizar um sancionamento mais severo do ofensor, em caso de violação mais acentuada dos parâmetros definidos pela lei e pelos programas e políticas advindos do *compliance*, ou mesmo um abrandamento de eventual reparação, se demonstrada sua efetividade, na forma do artigo 50, §2º, inc. II, da LGPD.

Com base nesses parâmetros e, apresentada uma visão panorâmica do estado da arte da responsabilidade civil na Lei Geral de Proteção de Dados Pessoais, nuances específicas passam a chamar a atenção do intérprete, de quem muito dependerá a efetividade dos institutos jurídicos que a novel legislação procura reavivar no ordenamento pátrio.

5. CONSIDERAÇÕES FINAIS

Ao final desta breve apresentação de um tema que é complexo e repleto de nuances e particularidades, algumas observações podem ser extraídas e sintetizadas em breves pontos conclusivos:

a) A manifestação da sociedade da informação – vislumbrada por autores de outrora e concretizada no alvorecer do século XXI – traz à tona desafios que a clássica tradição jurídica, possivelmente, terá dificuldades para solucionar, tamanha a velocidade com que a inovação suplanta a capacidade responsiva do Estado.

---

87. DRESCH, Rafael de Freitas Valle; FALEIROS JÚNIOR, José Luiz de Moura. Reflexões sobre a responsabilidade civil na Lei Geral de Proteção de Dados (Lei nº 13.709/2018). In: ROSENVALD, Nelson; DRESCH, Rafael de Freitas Valle; WESENDONCK, Tula (Coords.). *Responsabilidade civil*, cit., p. 85.

b) O estabelecimento de marcos normativos para a proteção de dados pessoais em todo o planeta revela a urgência de se discutir o tema, e, na linha do Regulamento Geral de Proteção de Dados europeu, a Lei Geral de Proteção de Dados Pessoais brasileira (Lei nº 13.709/2018) revelou a importância de se tutelar os direitos do titular dos dados.

c) Além da noção de titularidade e do realce conferido à autodeterminação informativa e ao consentimento, a LGPD brasileira fez emergir a necessidade de discussão quanto ao papel do *compliance* em processos de tratamento de dados, haja vista a enorme complexidade que existe por trás dos algoritmos utilizados em mercados de múltiplos lados (*multi-sided markets*), e o igualmente complexo secretismo que envolve tais fórmulas, a ponto de acarretar dificuldades em sua cognição, fiscalização e repressão.

d) Quanto à responsabilidade civil, a despeito de parte da doutrina sinalizr pela adoção de regime de responsabilidade subjetiva decorrente da inobservância de deveres expressamente tratados na lei, parece preponderar a constatação de que a responsabilidade civil trabalhada pela LGPD é de natureza objetivo e contempla o risco como núcleo essencial para a delimitação de critérios próprios de imputação advindos da violação dos deveres estabelecidos pela legislação protetiva, e que podem sofrer, ainda, a incidência dos efeitos da existência de eventuais políticas de governança e programas de integridade.

6. REFERÊNCIAS

ARMSTRONG, Mark. Competition in two-sided markets. *The RAND Journal of Economics*, Santa Monica, v. 37, n. 3, p. 668-691, set./dez. 2006.

AYRES, Ian; BRAITHWAITE, John. *Responsive regulation*: transcending the deregulation debate. Oxford: Oxford University Press, 1992.

BAUMAN, Zygmunt; LYON, David. *Vigilância líquida*. Tradução de Carlos Alberto Medeiros. Rio de Janeiro: Zahar, 2013.

BECK, Ulrich. *Risk society*: towards a new modernity. Tradução do alemão para o inglês de Mark Ritter. Londres: Sage Publications, 1992.

BENNETT, Colin. Convergence revisited: toward a global policy for the protection of personal data? *In*: AGRE, Philip E.; ROTENBERG, Marc (Eds.). *Technology and privacy*: the new landscape. Cambridge: The MIT Press, 1997.

BRAGA NETTO, Felipe Peixoto. *Novo manual da responsabilidade civil*. Salvador: Juspodivm, 2019.

CASTELLS, Manuel. *The Internet galaxy*: reflections on the Internet, business, and society. Oxford: Oxford University Press, 2001.

CASTELLS, Manuel. *The rise of the network society*. The information age: economy, society, and culture. 2. ed. Oxford/West Sussex: Wiley-Blackwell, 2010, v. 1.

CATALÀ, Pierre. Ebauche d'une théorie juridique de l'information. *Informatica e Diritto*, Nápoles, ano IX, jan./abr. 1983.

CAVOUKIAN, Ann. Privacy by Design. The 7 foundational principles: implementation and mapping of fair information practices. *Internet Architecture Board*, 2011. Disponível em: https://iapp.org/resources/article/privacy-by-design-the-7-foundational-principles/. Acesso em: 13 mar. 2020.

CLARKE, Roger A. Information technology and dataveillance. *Communications of the ACM*, Nova York, v. 31, n. 5, p. 498-512, maio 1988.

CLARKE, Roger A. Profiling: a hidden challenge to the regulation of data surveillance. *Journal of Law, Information and Science*, Hobart, v. 4, n. 2, p. 403-, dez. 1993.

COLOMBO, Cristiano; FACCHINI NETO, Eugênio. Ciberespaço e conteúdo ofensivo gerado por terceiros: a proteção de direitos de personalidade e a responsabilidade civil dos provedores de aplicação, à luz da jurisprudência do Superior Tribunal de Justiça. *Revista Brasileira de Políticas Públicas*, Brasília, v. 7, n. 3, p. 216-234, 2017.

DONEDA, Danilo. O direito fundamental à proteção de dados pessoais. *In*: MARTINS, Guilherme Magalhães; LONGHI, João Victor Rozatti (Coord.). *Direito digital*: direito privado e Internet. 3. ed. Indaiatuba: Foco, 2020.

DRESCH, Rafael de Freitas Valle. Reflexões sobre a responsabilidade civil de provedores pelo conteúdo postado por usuários na Internet. *In*: BARBOSA, Mafalda Miranda; ROSENVALD, Nelson; MUNIZ, Francisco. *Desafios da nova responsabilidade civil*. Salvador: Juspodivm, 2019.

DRESCH, Rafael de Freitas Valle; FALEIROS JÚNIOR, José Luiz de Moura. Reflexões sobre a responsabilidade civil na Lei Geral de Proteção de Dados (Lei nº 13.709/2018). *In*: ROSENVALD, Nelson; DRESCH, Rafael de Freitas Valle; WESENDONCK, Tula (Coords.). *Responsabilidade civil*: novos riscos. Indaiatuba: Foco, 2019.

EUBANKS, Virginia. *Digital dead end*: fighting for social justice in the information age. Cambridge: The MIT Press, 2011.

FINN, Ed. *What algorithms want*: imagination in the age of computing. Cambridge: The MIT Press, 2017.

FRAZÃO, Ana; OLIVA, Milena Donato; ABÍLIO, Vivianne da Silveira. Compliance de dados pessoais. *In*: TEPEDINO, Gustavo; FRAZÃO, Ana; OLIVA, Milena Donato (Coords.). *Lei Geral de Proteção de Dados Pessoais e suas repercussões no direito brasileiro*. São Paulo: Revista dos Tribunais, 2019.

FUCHS, Christian. *Internet and society*: social theory in the information age. Londres: Routledge, 2008.

GELLERT, Raphaël. Understanding data protection as risk regulation. *Journal of Internet Law*, Alphen aan den Rijn, v. 18, n. 1, p. 3-15, mai. 2015.

GREENGARD, Samuel. *The Internet of Things*. Cambridge: The MIT Press, 2015.

GUEDES, Gisela Sampaio da Cruz; MEIRELES, Rose Melo Venceslau. Término do tratamento de dados. *In*: TEPEDINO, Gustavo; FRAZÃO, Ana; OLIVA, Milena Donato (Coords.). *Lei Geral de Proteção de Dados Pessoais e suas repercussões no direito brasileiro*. São Paulo: Revista dos Tribunais, 2019.

GUTWIRTH, Serge; HILDEBRANDT, Mireille. Some caveats on profiling. *In*: GUTWIRTH, Serge; POULLET, Yves; DE HERT, Paul (Eds.). *Data protection in a profiled world*. Cham/Basileia: Springer, 2010.

HUSTINX, Peter. Privacy by design: delivering the promises. *Identity in the Information Society*, Cham, v. 3, n. 2, p. 253-255, 2010.

JACKMAN, David. *The compliance revolution*: how compliance needs to change to survive. Nova Jersey: John Wiley & Sons, 2015.

JENSEN, Michael; MECKLING, William H. Theory of the firm: managerial behavior, agency costs and ownership structure. *Journal of Financial Economics*, Nova York, v. 3, n. 4, p. 305-360, out. 1976.

JEYANTHI, Nagamalai. Internet of Things (IoT) as Interconnection of Threats (IoT). *In*: HU, Fei (Ed.). *Security and privacy in Internet of Things (IoTs)*: models, algorithms, and implementations. Boca Raton: CRC Press, 2016.

KLOUS, Sander; WIELAARD, Nart. *We are Big Data*: the future of the information society. Amsterdã: Atlantis Press, 2016.

LACE, Susanne. *The glass consumer*: life in a surveillance society. Bristol: Policy Press, 2005.

LEE, Robin S. Vertical integration and exclusivity in platform and two-sided markets. *American Economic Review*, Pittsburgh, v. 103, n. 7, p. 2960-3000, 2013.

LIMA, Cíntia Rosa Pereira de. *A imprescindibilidade de uma entidade de garantia para a efetiva proteção de dados pessoais no cenário futuro do Brasil*. Tese de Livre-Docência apresentada à Faculdade de Direito de Ribeirão Preto da Universidade de São Paulo. Ribeirão Preto: Universidade de São Paulo, 2015.

LIMA, Cíntia Rosa Pereira de; PEROLI, Kelvin. *Direito digital*: compliance, regulação e governança. São Paulo: Quartier Latin, 2019.

LONGHI, João Victor Rozatti. Marco Civil da Internet no Brasil: breves considerações sobre seus fundamentos, princípios e análise crítica do regime de responsabilidade civil dos provedores. In: MARTINS, Guilherme Magalhães; LONGHI, João Victor Rozatti (Coords.). *Direito digital*: direito privado e internet. 3. ed. Indaiatuba: Foco, 2020.

LYON, David. *Surveillance society*: monitoring everyday life. Buckingham: Open University Press, 2001.

LYON, David. *The electronic eye*: the rise of surveillance society. Minneapolis: University of Minnesota Press, 1994.

MADDEN, M. Stuart. Tort law through time and culture: themes of economic efficiency. In: MADDEN, M. Stuart (Ed.). *Exploring tort law*. Cambridge: Cambridge University Press, 2005.

MÄNTYSAARI, Petri. *Organising the firm*: theories of commercial law, corporate governance and corporate law. Berlim/Heidelberg: Springer-Verlag, 2012.

MARTINS, Guilherme Magalhães. Artigo 19 do Marco Civil da Internet gera impunidade e viola a Constituição. *Consultor Jurídico*, 21 nov. 2019. Disponível em: https://www.conjur.com.br/2019-nov-21/guilherme-martins-artigo-19-marco-civil-internet-gera-impunidade. Acesso em: 15 mar. 2020.

MARTINS, Guilherme Magalhães. O direito ao esquecimento na Internet. In: MARTINS, Guilherme Magalhães; LONGHI, João Victor Rozatti (Coords.). *Direito digital*: direito privado e internet. 3. ed. Indaiatuba: Foco, 2020.

MARTINS, Guilherme Magalhães. *Responsabilidade civil por acidentes de consumo na Internet*. 2. ed. São Paulo: Revista dos Tribunais, 2014.

MARTINS, Guilherme Magalhães; FALEIROS JÚNIOR, José Luiz de Moura. A anonimização de dados pessoais: consequências jurídicas do processo de reversão, a importância da entropia e sua tutela à luz da Lei Geral de Proteção de Dados. In: DE LUCCA, Newton; SIMÃO FILHO, Adalberto; LIMA, Cíntia Rosa Pereira de; MACIEL, Renata Mota (Coord.). *Direito & Internet IV*: sistema de proteção de dados pessoais. São Paulo: Quartier Latin, 2019.

MARTINS, Guilherme Magalhães; FALEIROS JÚNIOR, José Luiz de Moura. Segurança, boas práticas, governança e compliance. In: LIMA, Cíntia Rosa Pereira de (Coord.). *Comentários à Lei Geral de Proteção de Dados*: Lei n. 13.709/2018, com alteração da Lei n. 13.853/2019. São Paulo: Almedina, 2020.

MASUDA, Yoneji. *The information society as post-industrial society*. Tóquio: Institute for the Information Society, 1980.

MAYER-SCHÖNBERGER, Viktor; CUKIER, Kenneth. *Big data*: a revolution that will transform how we live, work, and think. Nova York: Houghton Mifflin Harcourt, 2014.

MAYER-SCHÖNBERGER, Viktor; RAMGE, Thomas. *Reinventing capitalism in the age of big data*. Nova York: Basic Books, 2018.

MENDES, Laura Schertel; DONEDA, Danilo. Reflexões iniciais sobre a nova Lei Geral de Proteção de Dados. *Revista de Direito do Consumidor*, São Paulo: Revista dos Tribunais, v. 120, p. 468-486, nov./dez. 2018.

MIRAGEM, Bruno. A Lei Geral de Proteção de Dados (Lei 13.709/2018) e o direito do consumidor. *Revista dos Tribunais*, São Paulo, v. 1009, nov. 2019.

MODENESI, Pedro. Contratos eletrônicos de consumo: aspectos doutrinário, legislativo e jurisprudencial. *In*: MARTINS, Guilherme Magalhães; LONGHI, João Victor Rozatti (Coords.). *Direito digital*: direito privado e Internet. 3. ed. Indaiatuba: Foco, 2020.

MOELLER, Robert. *Sarbanes-Oxley and the new internal auditing rules*. Nova Jersey: John Wiley & Sons, 2004.

MORAES, Maria Celina Bodin de. *Danos à pessoa humana*: uma leitura civil-constitucional dos danos morais. Rio de Janeiro: Renovar, 2003.

ORWELL, George. *1984*. Nova York: Penguin Classics, 1961.

PAGE, Joseph A. American tort law and the right to privacy. *In*: BRÜGGEMEIER, Gert; CIACCHI, Aurelia Colombi; O'CALLAGHAN, Patrick (Eds.). *Personality rights in European tort law*. Cambridge: Cambridge University Press, 2010.

PARENTONI, Leonardo. O direito ao esquecimento (right to oblivion). *In*: DE LUCCA, Newton; SIMÃO FILHO, Adalberto; LIMA, Cíntia Rosa Pereira de (Coords.). *Direito & Internet III*. Tomo I. São Paulo: Quartier Latin, 2015.

PASQUALE, Frank. *The black box society*: the secret algorithms that control money and information. Cambridge: Harvard University Press, 2015.

PEIRANO, Marta. *El enemigo conoce el sistema*: manipulación de ideas, personas e influencias después de la Economía de la atención. Barcelona: Debate, 2019.

POUNDSTONE, William. *Head in the cloud*: why knowing things still matters when facts are so easy to look up. Nova York: Hachette, 2016.

ROCHET, Jean-Charles; TIROLE, Jean. Platform competition in two-sided markets. *Journal of the European Economic Association*, Bruxelas, v. 1, n. 3, p. 990-1029, jun. 2003.

RODOTÀ, Stefano. *Intervista su privacy e libertà*. Roma/Bari: Laterza, 2005.

ROST, Martin; BOCK, Kirsten. Privacy by Design and the new protection goals: principles, goals, and requirements. *Datenschutz-Geschichte.de*, 2011. Disponível em: http://www.datenschutzgeschichte.de/pub/privacy/BockRost_PbD_DPG_en_v1f.pdf. Acesso em: 13 mar. 2020.

RYSMAN, Marc. The economics of two-sided markets. *Journal of Economic Perspectives*, Nashville, v. 23, n. 3, p. 125-143, jun./ago. 2009.

SCHWAB, Klaus. *A quarta revolução industrial*. Tradução de Daniel Moreira Miranda. São Paulo: Edipro, 2016.

SOUZA, Carlos Affonso; TEFFÉ, Chiara Spadaccini de. Responsabilidade dos provedores por conteúdos de terceiros na internet. *Consultor Jurídico*, 22 jan. 2017. Disponível em: https://www.conjur.com.br/2017-jan-23/responsabilidade-provedor-conteudo-terceiro-internet. Acesso em: 15 mar. 2020.

TAMÒ-LARRIEUX, Aurelia. *Designing for privacy and its legal framework*: data protection by design and default for the Internet of Things. Basileia: Springer, 2018.

VAN DEURSEN, Alexander; HELSPER, Ellen J.; EYNON, Rebecca. *Measuring digital skills*: from digital skills to tangible outcomes project report. Oxford Internet Institute, 2014. Disponível em: http://www.oii.ox.ac.uk/research/projects/?id=112. Acesso em: 12 mar. 2020.

VOIGT, Paul; VON DEM BUSSCHE, Axel. *The EU General Data Protection Regulation (GDPR)*: a practical guide. Basileia: Springer, 2017.

WARREN, Samuel D.; BRANDEIS, Louis D. The right to privacy. *Harvard Law Review*, Cambridge, v. 4, n. 5, p. 193-220, dez. 1890.

WEBER, Rolf H.; STAIGER, Dominic. *Transatlantic data protection in practice*. Berlim/Heidelberg: Springer-Verlag, 2017.

WEBSTER, Frank. *Theories of the information society*. 3. ed. Londres: Routledge, 2006.

WESTIN, Alan F. Prologue: of technological visions and democratic politics. *In*: WESTIN, Alan F. (Ed.). *Information technology in a democracy*. Cambridge: Harvard University Press, 1971.

ZUBOFF, Shoshana. *The age of surveillance capitalism*: the fight for a human future at the new frontier of power. Nova York: Public Affairs, 2019.

#ÓDIO: RESPONSABILIDADE CIVIL NAS REDES SOCIAIS E A QUESTÃO DO *HATE SPEECH*

João Victor Rozatti Longhi

Pós-Doutor em Direito na Universidade Estadual do Norte do Paraná (UENP). Doutor em Direito do Estado na Faculdade de Direito da Universidade de São Paulo (USP). Mestre em Direito Civil pela Universidade do Estado do Rio de Janeiro (UERJ). Bacharel em Direito pela Universidade Estadual Paulista – UNESP, com intercâmbio na Universidade de Santiago de Compostela (Espanha). Foi pesquisador bolsista da Coordenação de Aperfeiçoamento de Pessoal de Nível Superior (CAPES) em nível Pós-Doutorado (Programa Nacional de Pós- Doutorado – PNPD/CAPES), da Fundação Carlos Chagas Filho de Amparo à Pesquisa do Estado do Rio de Janeiro (FAPERJ), nível mestrado, e da Fundação de Amparo à Pesquisa do Estado de São Paulo (FAPESP), em grau de iniciação científica. Professor Colaborador do Programa de Pós-Graduação em Direito da Universidade Estadual do Norte do Paraná (UENP). Professor do Centro de Ensino Superior de Foz do Iguaçu (CESUFOZ). Professor convidado em programas de pós graduação *lato sensu*, como o da Escola da Magistratura do Estado do Paraná. Foi professor Adjunto da Faculdade de Direito da Universidade Federal de Uberlândia-MG (UFU) em graduação, pós-graduação *lato sensu* (especialização) e pós-graduação *stricto sensu* (mestrado). Foi professor dos cursos de pós-graduação no Complexo Damásio de Jesus, Faculdade de Direito de Ribeirão Preto-USP, Curso Proordem, Universidade Pitágoras, PUC-Rio, ESA/OAB-RJ e dos programas executivos do IBMEC-Rio. Defensor Público do Estado do Paraná. Foi tutor de pesquisas da Escola de Direito do Rio de Janeiro da Fundação Getúlio Vargas (FGV-Rio). Autor de obras dedicadas ao estudo do Direito Digital.

Sumário: 1. Introdução. 2. Responsabilidade civil na Internet: O Marco Civil (Lei 12.964/2014), seus avanços e limites. 3. A compreensão do discurso de ódio como um ilícito: entre o legítimo e o ilegítimo exercício da liberdade de expressão. 4. Discurso de ódio na Internet e responsabilidade civil na jurisprudência. 5. Considerações finais. 6. Referências.

1. INTRODUÇÃO

O conceito de democracia liberal parece estar em xeque no século 21, especialmente quando se analisa o tema sob a ótica dos impactos das Tecnologias da Informação e Comunicação (TICs) sob a perspectiva relacional. As mídias sociais, que deram voz a todos os tipos de opiniões, desafiaram legisladores e intérpretes do Direito a revisitarem os arquétipos estruturais do sistema jurídico para lidar com a Internet e sua fluidez em termos de dissuasão de informações de toda a sorte.

Nem todas elas lícitas e legítimas, como no caso do discurso de ódio (*hate speech*), objeto deste breve estudo.

No Brasil, esse fenômeno se tornou especialmente marcante desde a segunda década do século atual, ganhando ainda mais corpo com a promulgação de um Marco Civil da Internet (Lei nº 12.965/14) e uma Lei Geral de Proteção de Dados (Lei nº 13.709/18). Igualmente, questões sobre o fenômeno da personalização e os riscos trazidos pelas redes sociais aos postulados derivados do princípio democrático, com ênfase na polarização política gerada pelos efeitos deletérios das interações virtuais resultantes da massificação, da datificação, da estigmatização e da propagação do preconceito.

Assim, este capítulo tem como objetivo discutir os impactos da propagação do discurso de ódio na Internet e suas repercussões para a responsabilidade civil, com averiguação inicial quanto às particularidades dos regimes de responsabilização contidos nos marcos regulatórios existentes no Brasil e, posteriormente, análise de alguns julgados, indicando como a jurisprudência brasileira vem enfrentando o tema.

2. RESPONSABILIDADE CIVIL NA INTERNET: O MARCO CIVIL (LEI 12.964/2014), SEUS AVANÇOS E LIMITES

O Marco Civil da Internet no Brasil (Lei nº 12.965/14) funciona como centro do chamado microssistema da proteção ao consumidor usuário de serviços de Internet no Brasil, devendo ser lido em conjunto com o Código de Defesa do Consumidor, o Código Civil e a Constituição da República, além da recente Lei Geral de Proteção de Dados Pessoais (Lei nº 13.709/18), que o complementou e trouxe alterações em seu texto.

Antes de se adentrar especificamente ao tema da responsabilização pelo conteúdo inserido por terceiros, devem ser destacados brevemente alguns aspectos pontuais do Marco Civil, a fim de se ilustrar seus alicerces axiológicos.

Primeiramente, o caráter principiológico e enunciativo de direitos civis é uma de suas principais características. O texto legal enuncia como fundamentos: (i) o reconhecimento da escala mundial da rede; (ii) os direitos humanos, o desenvolvimento da personalidade e o exercício da cidadania em meios digitais; (iii) a pluralidade e a diversidade; (iv) a abertura e a colaboração; e (v) a livre iniciativa, a livre concorrência e a defesa do consumidor; e (vi) finalidade social da rede (art. 2º).

No que concerne aos princípios, podemos enumerá-los em rol exemplificativo:[1] (a) garantia da liberdade de expressão, comunicação e manifestação de pensamento, nos termos da Constituição; (b) proteção da privacidade; (c) proteção aos dados pessoais, na forma da lei; (d) preservação da garantia da neutralidade da rede; (e) preservação da estabilidade, segurança e funcionalidade da rede, por meio de medidas técnicas compatíveis com os padrões internacionais e pelo estímulo ao uso de boas práticas; (f) responsabilização dos agentes de acordo com suas atividades, nos termos da lei; e (g) preservação da natureza participativa da rede; (h) a liberdade dos modelos de negócios promovidos na Internet, desde que não conflitem com os demais princípios estabelecidos nesta Lei (art. 3º).

O ponto principal no concernente à questão da responsabilidade civil relativa ao discurso de ódio (*hate speech*) na Internet diz respeito às previsões acerca da responsabilidade dos "provedores de aplicações da Internet".

---

1. Art. 3º....*omissis*... Parágrafo único. Os princípios expressos nesta Lei não excluem outros previstos no ordenamento jurídico pátrio relacionados à matéria, ou nos tratados internacionais em que a República Federativa do Brasil seja parte.

Conforme dito, o texto conceitua aplicações da Internet como o "conjunto de funcionalidades que podem ser acessadas por meio de um terminal conectado à Internet" (art. 5°, VII). Assim, evita classificar de maneira estanque as espécies de provedores, diferenciando seu regime jurídico conforme o serviço prestado. Tal opção legislativa visa preservar a efetividade da norma, haja vista: a possibilidade de um único provedor prestar mais de um serviço (1); e grande probabilidade de surgirem outros serviços ao usuário, dada a rapidez com que novas tecnologias surgem no mercado (2).

Valendo-se destas noções, trata, nos arts. 18 a 20, da responsabilidade por danos decorrentes de conteúdo gerado por terceiros. Os dispositivos foram objeto de intenso debate antes e durante a tramitação do projeto. Tendo-se em vista a pertinência do debate ao tema deste trabalho, o teor específico dos dispositivos será objeto de análise posterior. Por ora, é certo afirmar que são de onde mais claramente se extrai a aparente preocupação do legislador em resguardar a liberdade de expressão, ainda que em sacrifício de outros direitos fundamentais não menos importantes.

De todo o exposto, infere-se que as iniciativas legislativas em território nacional não ocultam uma preocupante realidade: a de que as Tecnologias da Informação e da Comunicação (TICs), no Brasil, desenvolvem-se às margens de regras legais claras sobre o assunto.

Anderson Schreiber, ao aplicar a técnica da ponderação de interesses[2] à solução de casos concretos envolvendo responsabilidade civil, traz algumas premissas básicas para a solução de certos casos difíceis, para a aferição do real interesse merecedor de tutela lesado, no plano concreto, ocasionando um dano ressarcível. A primeira delas é a perquirição sobre se há ou não norma jurídica vedando as condutas e, em caso positivo, se há ou não regra legal de prevalência entre os interesses envolvidos no caso.[3]

Em sede de relações de consumo, afirma-se que o princípio da harmonização de interesses (art. 4°, III, CDC) é o permissivo legal para a aplicação da técnica da ponderação de interesses em sede de relações de consumo, "harmonia esta não apenas fundada no tratamento das partes envolvidas [fornecedores e consumidores], como também na adoção de parâmetros de ordem prática."[4]

---

2. A técnica da ponderação de interesses transcende os limites de estudo da responsabilidade civil. Tange à teoria dos direitos fundamentais como um todo. Em termos genéricos, a técnica da ponderação trata do sopesamento entre valores expressos por direitos fundamentais e elevados à condição de princípios, que permite que seja retirada da situação em concreto uma resposta válida e apta a justificar a prevalência de um direito sobre outro. *Cf.* ALEXY, Robert. *Teoria dos direitos fundamentais*. Tradução de Virgílio Afonso da Silva. São Paulo: Malheiros, 2008. p. 173-174. Ademais, Luís Roberto Barroso conceitua a ponderação de interesses como "uma técnica de decisão jurídica aplicável a casos difíceis, em relação aos quais a subsunção se mostrou insuficiente, sobretudo quando uma situação concreta dá ensejo à aplicação de normas de mesma hierarquia que indicam soluções diferenciadas." BARROSO, Luís Roberto. Liberdade de expressão *versus* direitos da personalidade. Colisão entre direitos fundamentais e critérios de ponderação. *In:* SARLET, Ingo Wolfgang (Org.). *Direitos fundamentais, informática e comunicação*: algumas aproximações. Porto Alegre: Livraria do advogado, 2007. p. 72. O princípio da ponderação extrai das normas constitucionais mandados de otimização através de três processos: adequação, necessidade e proporcionalidade *strictu sensu*. Nesse sentido, V. MOREIRA, Eduardo Ribeiro. *Neoconstitucionalismo*: a invasão da constituição. São Paulo: Método, 2008. p. 102.
3. SCHREIBER, Anderson. *Novos paradigmas da responsabilidade civil*. Da erosão dos filtros de reparação à diluição dos danos. 2. ed. São Paulo: Atlas, 2009. p. 165.
4. FILOMENO, José Geraldo de Brito. Capítulo II – Da Política Nacional das Relações de Consumo. *In:* GRINOVER, Ada Pellegrini *et al* (Org.). *Código brasileiro de defesa do consumidor*: comentado pelos autores do anteprojeto. 8. ed. Rio de Janeiro: Forense Universitária, 2004. p. 68.

O art. 4º do CDC, ademais, é considerado como uma espécie de "norma narrativa", uma vez que é aberta, sendo usada para interpretar e guiar, "iluminando" a aplicação das regras do diploma. Indica um caminho a se seguir, servindo de inspiração, objetivo para a formulação da solução do caso concreto.[5]

Além disso, não somente o Código de Defesa do Consumidor contém regras jurídicas aplicáveis às relações jurídicas travadas por intermédio da Internet. O Código Civil, principalmente no que concerne a regras sobre responsabilidade civil e contratos, além daquelas da parte geral – capacidade, nulidades etc. – também pode constituir subsídio para que se chegue à regra do caso concreto em conflitos de interesses no âmbito da *net*.

O texto, além de delinear as obrigações dos intermediários da Rede – os provedores de acesso e aplicações da Internet – também traz dispositivos sobre o regime de responsabilidade civil por informações inseridas por terceiros, nos arts. 18 a 20.

Primeiramente, o art. 18 cria uma imunidade legal ao provedor de conexão à Internet, dispondo que "não será responsabilizado civilmente por danos decorrentes de conteúdo gerado por terceiros".

Delimitando-se aos provedores de aplicações de Internet, os arts. 19 e 20 trazem o regime de responsabilidade civil pelo conteúdo produzido pelos usuários dos provedores de aplicações da Rede. O *caput* do art. 19 indica a opção da pré-ponderação entre os valores da liberdade de expressão e da proteção dos direitos da personalidade:

> Art. 19. Com o intuito de assegurar a liberdade de expressão e evitar a censura, o provedor de aplicações de Internet somente poderá ser responsabilizado civilmente por danos decorrentes de conteúdo gerado por terceiros se, após ordem judicial específica, não tomar as providências para, no âmbito e nos limites técnicos do seu serviço e dentro do prazo assinalado, tornar indisponível o conteúdo apontado como infringente, ressalvadas as disposições legais em contrário.

Ademais, o parágrafo primeiro do dispositivo destaca que a "ordem judicial de que trata o *caput* deverá conter, sob pena de nulidade, identificação clara e específica do conteúdo apontado como infringente, que permita a localização inequívoca do material." E, finalmente, a lei traz norma especial excludente no parágrafo segundo ao afirmar que "o disposto neste artigo não se aplica quando se tratar de infração a direitos de autor ou a direitos conexos".[6]

Por seu turno, o art. 19 dispõe que, em regra, caberá ao provedor comunicar o usuário que inseriu o conteúdo caso este tenha sido retirado nos termos do art. 20,

---

5. *Cf.* MARQUES, Claudia Lima. A Lei nº 8.078/90 e os direitos básicos do consumidor. *In:* BENJAMIN, Antônio Herman V.; MARQUES, Claudia Lima; BESSA, Leonardo Roscoe. *Manual de direito do consumidor*. 2. ed. rev., atual. e ampl. São Paulo: Revista dos Tribunais, 2009. p. 56-57. Explica, ainda, a autora que o conceito de "norma narrativa" se deve a Erik Jayme, a quem a noção de normas programáticas parece demasiado vaga, carecendo de eficácia prática. *Cf.* JAYME, Erik. *Considerations hisoriques et actuelles sur la codificacion du droit internationel privé*. *Recuel de cours de l'académie de la Haye*, nº 177, p. 23 e ss. *Apud* MARQUES, Claudia Lima. A Lei nº 8.078/90 e os direitos básicos do consumidor. *In:* BENJAMIN, Antônio Herman V.; MARQUES, Claudia Lima; BESSA, Leonardo Roscoe. *Manual de direito do consumidor*. 2. ed. rev., atual. e ampl. São Paulo: Revista dos Tribunais, 2009. p. 56.
6. Sobre o tema, confira-se: LONGHI, João Victor Rozatti. Marco Civil da Internet no Brasil: breves considerações sobre seus fundamentos, princípios e análise crítica do regime de responsabilidade civil dos provedores. *In:* MARTINS, Guilherme Magalhães; LONGHI, João Victor Rozatti (Coords.). *Direito digital*: direito privado e internet. 3. ed. Indaiatuba: Foco, 2020, p. 115 *et seq.*

sempre que tiver informações que o identifiquem. Finalmente, o parágrafo único do mesmo dispositivo assevera que, caso solicitado pelo usuário que disponibilizou o conteúdo infrator, o provedor de aplicações de Internet com estrutura empresarial deverá substituir o local do conteúdo pelo teor da ordem judicial que determinou sua extração.[7]

Conforme visto, são muitos os tópicos controversos na análise do sistema de responsabilidade civil disposto no Marco Civil, supostamente construído visando à proteção da liberdade de expressão do usuário.

Alguns pontos chamam a atenção, sendo o primeiro deles *a necessidade de notificação judicial*.

Em primeiro lugar, destaca-se o fato de a lei optar por um sistema de notificação e retirada de conteúdo obrigatoriamente pela via judicial. Em outras palavras, é clara no sentido de imputar responsabilidade ao provedor de aplicações pelo conteúdo inserido por terceiros somente após o momento em que conhece de decisão judicial que declara o conteúdo contido em determinado local em seus domínios e contém preceito cominatório para seu bloqueio, assinalando prazo para tal.

A orientação originalmente predominante nos tribunais acabou por construir jurisprudencialmente um sistema próximo ao do *notice and takedown*, previsto na regulamentação estrangeira – americana e europeia –, tema ainda sob análise do Supremo Tribunal Federal.[8]

O sistema adotado pela lei, diametralmente oposto à jurisprudência anterior e ainda mais distante do adequado à plena proteção do consumidor, tem por princípio a "inimputabilidade da rede". A exposição de motivos da opção legislativa assevera que "tal medida visa a proteger os diversos intermediários responsáveis apenas pela transmissão e roteamento de conteúdos," uma vez que "a responsabilidade por eventuais infrações por danos decorrentes de conteúdo gerado por terceiros cabe àqueles que a cometeram, e não àqueles que mantém a infraestrutura necessária para o trânsito de informações na Internet".

Além disso, afirma-se que o sistema traz uma garantia à "indevida responsabilização de intermediários na Internet", protegendo-se "o potencial de inovação na rede", exceto quando a necessidade de bloqueio de conteúdo ocorrer por ordem judicial com determinação específica.

---

7. Art. 20. Sempre que tiver informações de contato do usuário diretamente responsável pelo conteúdo a que se refere o art. 19, caberá ao provedor de aplicações de Internet comunicar-lhe os motivos e informações relativos à indisponibilização de conteúdo, com informações que permitam o contraditório e a ampla defesa em juízo, salvo expressa previsão legal ou salvo expressa determinação judicial fundamentada em contrário. Parágrafo único. Quando solicitado pelo usuário que disponibilizou o conteúdo tornado indisponível, o provedor de aplicações de Internet que exerce essa atividade de forma organizada, profissionalmente e com fins econômicos, substituirá o conteúdo tornado indisponível, pela motivação ou pela ordem judicial que deu fundamento à indisponibilização.
8. MARTINS, Guilherme Magalhães. Artigo 19 do Marco Civil da Internet gera impunidade e viola a Constituição. *Consultor Jurídico*, 21 nov. 2019. Disponível em: https://www.conjur.com.br/2019-nov-21/guilherme-martins-artigo-19-marco-civil-internet-gera-impunidade. Acesso em: 12 fev. 2020.

Preliminarmente, mister destacar que a redação do dispositivo levanta dúvidas. Afinal, parece que a lei visa dar ao Judiciário a última palavra sobre a licitude ou não do conteúdo sob análise. Isto que leva a crer que se presume ser produzido em contraditório.

Contudo, a prática tem demonstrado que a maioria esmagadora de decisões judiciais em ações desta natureza, que determinam a retirada de conteúdo, é oriunda de tutela provisória ou de medidas cautelares em que se prescinde do contraditório, a *priori*, para sua determinação.

Ademais, a lei acaba por transferir ao Judiciário a análise do conteúdo das informações, tendo-se em vista o grande número de notificações recebidas diariamente por muitos provedores, que compõem elemento passivo em seu modelo de negócios.

O intuito da opção legislativa seria o de evitar a retirada indevida de conteúdo unilateralmente por parte dos intermediários da Rede, muitas vezes levada por um grande número de notificações extrajudiciais promovidas pelos grandes detentores de direitos patrimoniais de autor. Contudo, acaba por deixar desprotegida a vítima de violações à sua personalidade, que terá que buscar o Judiciário para ver resguardados seus direitos à imagem, honra, privacidade, identidade etc.

Se o sistema visa evitar o abuso do direito de notificação por parte de alguns, não resolve o problema adequadamente, haja vista que os grandes conglomerados, detentores do poder econômico, dispõem de mais meios para velar pelos seus interesses judicialmente.

Caso o escopo fosse o da promoção de um contraditório prévio à retirada do conteúdo, resguardando a liberdade de expressão do usuário que o produziu, seria certo que o texto também elegeu via inadequada, haja vista que, para evitar um número desenfreado de ações judiciais, nada impede que os tribunais brasileiros disponibilizem um *link* com o indicativo "denuncie aqui", criem um "juizado especial de notificações para retirada de conteúdo da Internet" para que, por seu turno, se proceda à notificação eletrônica que vise à obtenção de ordem judicial com assinatura criptografada de magistrado.

Por essas razões, o sistema da notificação para retirada por via extrajudicial, consolidado jurisprudencialmente, ainda que dê azo para o retorno da vetusta culpa na seara da responsabilidade civil, desprotege menos a vítima do que aquele proposto pela atual redação do Marco Civil. Mas, conforme se verá, este não é o único objeto de críticas.

Outro ponto controverso diz respeito à necessidade de se indicar especificamente o local das informações na Internet, o que em termos técnicos corresponde à imposição de um requisito específico de validade à decisão judicial que contém o preceito cominatório de retirada do conteúdo, sob pena de nulidade (arts. 19, § 1º, e 21, parágrafo único).

Supostamente, o sistema procura evitar ordens genéricas de supressão de conteúdo, com a obrigação de que a ordem judicial indique de forma clara e específica o conteúdo apontado como infringente, de forma a permitir a localização inequívoca do material.

Não obstante, no caso de danos à personalidade perpetrados pela Rede, é comum que as informações se multipliquem rapidamente. Quando o usuário efetua o pedido para a retirada, indica URLs que encontra e que estão naquele momento na Rede Mundial de Computadores.

Tal posicionamento visa, primeiramente, fazer cessar o dano, haja vista que a rapidez com que as informações são replicadas e disponibilizadas na Internet pode tornar inútil a prestação jurisdicional futura. Outrossim, visa também preservar a própria efetividade da jurisdição, principalmente quando envolve antecipações dos efeitos da tutela em que se determina o bloqueio da informação e não apenas de um link específico.

Visando harmonizar a compreensão do tema, o Conselho de Justiça Federal, por ocasião da VI Jornada de Direito Civil, optou pela efetividade da tutela da dignidade humana da vítima que procura o Judiciário para a satisfação da pretensão de bloqueio do conteúdo nocivo considerando que esta não pode ser incumbida do ônus de indicar em que local especificamente está disponibilizada a informação lesiva, aprovando o seguinte enunciado: "Enunciado 554 – Independe de indicação do local específico da informação a ordem judicial para que o provedor de hospedagem bloqueie determinado conteúdo ofensivo na internet. Artigo: 927, parágrafo único, do Código Civil."

O Marco Civil, portanto, propõe solução diametralmente oposta à jurisprudência do Superior Tribunal de Justiça e à orientação consolidada da doutrina nacional acerca do tema. Entretanto, tal visão não é a majoritária na atualidade, especialmente na jurisprudência do STJ.[9]

Outro ponto de destaque, objeto central deste capítulo, é a questão da superproteção da liberdade de expressão e o caso do *hate speech* e de outros conteúdos potencialmente perigosos. Por sua relevância no recorte de análise deste excerto, merece abordagem mais detalhada, que será feita nas linhas a seguir.

3. A COMPREENSÃO DO DISCURSO DE ÓDIO COMO UM ILÍCITO: ENTRE O LEGÍTIMO E O ILEGÍTIMO EXERCÍCIO DA LIBERDADE DE EXPRESSÃO

Outro ponto de imprescindível investigação diz respeito aos limites ao exercício abusivo da liberdade de expressão. Acerca da questão, sob a ótica das comunicações, Rousiley C. M. Maia e Wilson Gomes anotam o seguinte:

---

9. Veja-se, por exemplo, o seguinte aresto: "RECURSO ESPECIAL. CIVIL E PROCESSUAL CIVIL. AÇÃO DE OBRIGAÇÃO DE FAZER. INTERNET. RETIRADA DE ANÚNCIOS ONLINE. PLATAFORMA DE INTERMEDIAÇÃO "MERCADO LIVRE". NECESSIDADE DE IDENTIFICAÇÃO CLARA E PRECISA DO CONTEÚDO DIGITAL A SER REMOVIDO. AUSÊNCIA DE INDICAÇÃO DOS LOCALIZADORES URL. DEMONSTRAÇÃO DA ILEGALIDADE DO CONTEÚDO A SER REMOVIDO. AUSÊNCIA. RECURSO NÃO PROVIDO. 1. Ação ajuizada em 30/04/2013, recurso especial interposto em 23/05/2016. 2. O propósito recursal consiste na determinação da legalidade da ordem de retirada de anúncios de venda na plataforma de vendas on-line mantida pela recorrente. 3. Para a remoção de conteúdo digital na internet, deve haver a indicação pelo requerente do respectivo localizador URL do conteúdo apontado como infringente. Precedentes. 4. Há uma certa dualidade – entre o material e o digital – que não pode ser ignorada neste julgamento, que está de maneira implícita em todos os precedentes mencionados, antes e após a publicação do Marco Civil da Internet. Nos autos, está a se remover um conteúdo digital – um conjunto mais ou menos extenso de bits que formam uma informação acessível via internet – e não os produtos propriamente ditos, fisicamente considerados, da plataforma mantida pela recorrente. 5. Na hipótese, o Tribunal de origem aceitou a mera afirmação da recorrida, sem possibilidade de contraditório ou admissão de prova em contrário, segundo a qual haveria ilegalidade na colocação de seus produtos em venda na plataforma mantida pela recorrente. 6. Sem possibilidade de contradição e instrução probatória, na hipótese em julgamento, é impossível extrair a ilicitude dos anúncios feitos por terceiros na plataforma mantida pela recorrente. 7. Recurso especial conhecido e provido." (REsp 1654221/SP, Rel. Ministro Paulo de Tarso Sanseverino, Rel. p/ Acórdão Ministra Nancy Andrighi, Terceira Turma, julgado em 22/10/2019, DJe 28/10/2019).

Há informação má, perigosa, criminosa, ofensiva à dignidade humana, injuriosa e antidemocrática, e defender seu direito de existir não é o mesmo que lutar por direitos civis no ciberespaço. Ao contrário, pode significar o engajamento na proteção ao *hate speech*, ao racismo publicado, à discriminação de minorias (Gomes, 2002). E se na Internet de fato floresce um espaço da liberdade de expressão e de experiência democrática, ela igualmente se transformou no paraíso dos conservadores, da ultradireita, dos racistas e dos xenófobos, um refúgio que, aliás, tem-lhes sido mais seguro e próspero que o mundo *offline*.[10]

A fala dos autores tem como objeto momento histórico pretérito ao atual, em que o discurso de ódio tomou proporções inclusive políticas. Antevendo suas raízes, Eli Pariser analisa a contradição existente entre o discurso dos programadores de *software* acerca da necessidade de proteção dos direitos individuais e da grande aglutinação de poder que o controle dos meios tecnológicos proporciona: "Se o código é a lei, como na famosa declaração de Larry Lessig, é importante entendermos o que os novos legisladores têm em mente. Precisamos entender aquilo em que acreditam os programadores do Google e do Facebook."[11] Em outro trecho, é enfático ao afirmar quais acredita serem as reais intenções dos grandes intermediários ao preconizar uma liberdade absoluta e irrestrita como base de suas condutas na Rede:

> Com muita frequência, os executivos do Facebook, Google e outras empresas socialmente importantes se fazem de bobos: são os revolucionários sociais quando lhes convêm e empresários amorais quando não. E as duas posturas deixam muito a desejar.[12]

As asseverações do autor ilustram o problema (e revelam a fragilidade) de uma preponderação de valores que dá maior peso à liberdade de expressão, em abstrato e em prejuízo de outros valores do ordenamento igualmente relevantes e que podem prevalecer no caso concreto. Valores como a tutela de aspectos da personalidade, como imagem-atributo, privacidade, dentre outros, não podem ser simplesmente deixados de lado na Internet.

Criar um sistema de responsabilidade civil que parte do pressuposto da irresponsabilidade por todo e qualquer conteúdo, fazendo o dever de retirá-lo do ar depender de provimento judicial específico sobre o exato local da informação, pode deixar sem nenhuma proteção o elo mais fraco desta corrente: o usuário.

Utilizar como subterfúgio o caráter absoluto da liberdade de expressão para acobertar modelos de negócio irresponsáveis parece ser a subversão completa dos valores constitucionais, que sempre tiveram as situações subjetivas existenciais como corolário do epicentro axiológico do ordenamento: a dignidade da pessoa humana em todos os seus aspectos. Em outros termos, usar o direito fundamental à liberdade de expressão como base da "inimputabilidade" de todo e qualquer intermediário da rede esconde a tutela de um único direito fundamental em detrimento de todos os outros: a livre iniciativa.

---

10. GOMES, Wilson; MAIA, Rousiley C. M. *Comunicação e democracia*: problemas & perspectivas. São Paulo: Paulus, 2008. p. 321-322.
11. PARISER, Eli. O filtro invisível. *O que a Internet está escondendo de você*. Tradução de Diego Alfaro. Rio de Janeiro: Zahar, 2012. p. 23.
12. PARISER, Eli. O filtro invisível. *O que a Internet está escondendo de você*. Tradução de Diego Alfaro. Rio de Janeiro: Zahar, 2012. p. 156.

Essa também é a conclusão de Daniel Solove. Para o autor, a Seção 230 do *Communications Decency Act* deveria ser reformada: "Além de falhar na proteção adequada da privacidade, a lei superprotege a liberdade de expressão. Particularmente, o CDA §230 promove uma cultura de irresponsabilidade quando se trata da liberdade de expressão *online*."[13]

O dispositivo legal estrangeiro, curiosamente, é um dos que vêm sendo utilizado tanto como fundamentação para a jurisprudência brasileira até então, como para justificar a opção legislativa a ser tomada pelo Marco Civil. Ao mesmo passo em que a doutrina norte-americana preconiza sua retirada do ordenamento jurídico local. Por essa razão, é necessário imediatamente repensar sobre o sistema proposto.[14-15]

E o *hate speech* chama especial atenção para os riscos de se relegar ao usuário toda e qualquer responsabilidade pelas informações que produz e compartilha *online*.

Não há tradução exata que extraia o real significado da expressão *hate speech*. Contudo, o instituto é tratado pela doutrina como 'legitimação do discurso de ódio', manifestações de ódio, geralmente ligadas a questões raciais, étnicas, religiosas, de orientação sexual etc. Segundo Marcela Maffei Quadra Travassos:

> É um instituto jurídico bastante difundido em alguns países por meio do qual se permite o exercício da liberdade de expressão de forma ilimitada se abre a toda e qualquer pessoa (inclusive veículos de comunicação) dizer tudo o que pensar sobre os mais variados temas. Em feição geral, o *hate speech* valida todas as formas de manifestação opinião, ainda que revestida de palavras e pensamentos que, direta ou indiretamente, expressem o ódio do interlocutor a determinadas pessoas ou grupo de pessoas com características convergentes, comumente tratados sob o enfoque das minorias.[16]

No Brasil, o Supremo Tribunal Federal se manifestou sobre o tema no *leading case* Ellwanger[17], concluindo por sua inadequação aos valores constitucionais. Com isso, denegou *habeas corpus* a escritor de livro com conteúdo antissemita, mantendo sua con-

---

13. SOLOVE, Daniel. Speech, privacy and reputation on the Internet. *In:* LEVMORE, Saul; NUSSBAUM, Martha. *The offensive Internet*. Cambridge: Harvard University Press, 2010. p. 23. Tradução livre.
14. Nesse sentido: "The era of Process must consider both solutions that assign platforms new duties with respect to content governance, and those that would delegate important aspects of the content governance process outside of the platforms themselves. Innovations of both kinds are conceivable even without requiring fundamental revisions to intermediary liability law. By finding models for accountability capable of functioning in the shadow of CDA 230, we may be able to avoid the messiness – and potential jeopardization of rights and competition interests – implicated by a revision or repeal. The objective of these new models should be, first and foremost, to develop and build legitimacy around new ways of working through ambiguous and controversial content governance questions, particularly those having to do with tradeoffs between rights and public health interests. Building legitimacy is distinct from arriving at the substantively "right" answer; legitimacy is most needed when there simply will not be broad public consensus about what the right answer is." (BOWERS, John; ZITTRAIN, Jonathan. *Answering Impossible Questions: Content Governance in an Age of Disinformation. In:* The Harvard Kennedy School (HKS) Misinformation Review, 16 jan. 2020. Disponível em: https://ssrn.com/abstract=3520683. Acesso em: 20 dez 2020).
15. O próprio Facebook tem procurado demonstrar esforços no sentido de ao menos reconhecer os riscos envolvidos na questão da regulamentação do conteúdo. Nesse sentido, v. BICKERT, Monika. *Charting a Way Forward on Online Content Regulation*. Fev. 17, 2020. Disponível em: https://about.fb.com/news/2020/02/online-content-regulation/. Acesso em: 20 jan. 2020.
16. TRAVASSOS, Marcela Maffei Quadros. Hate speech e liberdade de expressão. *In:* SCHREIBER, Anderson (Coord.). *Direito e mídia*. São Paulo: Atlas, 2013. p. 290.
17. Sobre o caso, confira-se: BARBOSA-FOHRMANN, Ana Paula; SILVA JÚNIOR, Antonio dos Reis. O discurso de ódio na Internet. *In:* MARTINS, Guilherme Magalhães; LONGHI, João Victor Rozatti (Coords.). *Direito digital: direito privado e internet*. 3. ed. Indaiatuba: Foco, 2020, p. 18-19.

denação pela prática de crime de racismo. Dada a clareza da ponderação entre liberdade de expressão e valores da personalidade, mister o destaque ao seguinte trecho:

> Garantia constitucional que não se tem como absoluta. Limites morais e jurídicos. O direito à livre expressão não pode abrigar, em sua abrangência, manifestações de conteúdo imoral que implicam ilicitude penal. 14. As liberdades públicas não são incondicionais, por isso devem ser exercidas de maneira harmônica, observados os limites definidos na própria Constituição Federal (CF, artigo 5º, § 2º, primeira parte). O preceito fundamental de liberdade de expressão não consagra o "direito à incitação ao racismo", dado que um direito individual não pode constituir-se em salvaguarda de condutas ilícitas, como sucede com os delitos contra a honra. Prevalência dos princípios da dignidade da pessoa humana e da igualdade jurídica.[18]

---

18. Pela singularidade do caso, convém colacionar sua íntegra: "HABEAS-CORPUS. PUBLICAÇÃO DE LIVROS: ANTI-SEMITISMO. RACISMO. CRIME IMPRESCRITÍVEL. CONCEITUAÇÃO. ABRANGÊNCIA CONSTITUCIONAL. LIBERDADE DE EXPRESSÃO. LIMITES. ORDEM DENEGADA. 1. Escrever, editar, divulgar e comerciar livros "fazendo apologia de ideias preconceituosas e discriminatórias" contra a comunidade judaica (Lei 7716/89, artigo 20, na redação dada pela Lei 8081/90) constitui crime de racismo sujeito às cláusulas de inafiançabilidade e imprescritibilidade (CF, artigo 5º, XLII). [...] 5. Fundamento do núcleo do pensamento do nacional-socialismo de que os judeus e os arianos formam raças distintas. Os primeiros seriam raça inferior, nefasta e infecta, características suficientes para justificar a segregação e o extermínio: inconciliabilidade com os padrões éticos e morais definidos na Carta Política do Brasil e do mundo contemporâneo, sob os quais se ergue e se harmoniza o estado democrático. Estigmas que por si só evidenciam crime de racismo. Concepção atentatória dos princípios nos quais se erige e se organiza a sociedade humana, baseada na respeitabilidade e dignidade do ser humano e de sua pacífica convivência no meio social. Condutas e evocações aéticas e imorais que implicam repulsiva ação estatal por se revestirem de densa intolerabilidade, de sorte a afrontar o ordenamento infraconstitucional e constitucional do País. 6. Adesão do Brasil a tratados e acordos multilaterais, que energicamente repudiam quaisquer discriminações raciais, aí compreendidas as distinções entre os homens por restrições ou preferências oriundas de raça, cor, credo, descendência ou origem nacional ou étnica, inspiradas na pretensa superioridade de um povo sobre outro, de que são exemplos a xenofobia, "negrofobia", "islamafobia" e o antissemitismo. 7. A Constituição Federal de 1988 impôs aos agentes de delitos dessa natureza, pela gravidade e repulsividade da ofensa, a cláusula de imprescritibilidade, para que fique, *ad perpetuam rei memoriam*, verberado o repúdio e a abjeção da sociedade nacional à sua prática. 8. Racismo. Abrangência. Compatibilização dos conceitos etimológicos, etnológicos, sociológicos, antropológicos ou biológicos, de modo a construir a definição jurídico-constitucional do termo. Interpretação teleológica e sistêmica da Constituição Federal, conjugando fatores e circunstâncias históricas, políticas e sociais que regeram sua formação e aplicação, a fim de obter-se o real sentido e alcance da norma. 9. Direito comparado. A exemplo do Brasil as legislações de países organizados sob a égide do estado moderno de direito democrático igualmente adotam em seu ordenamento legal punições para delitos que estimulem e propaguem segregação racial. Manifestações da Suprema Corte Norte-Americana, da Câmara dos Lordes da Inglaterra e da Corte de Apelação da Califórnia nos Estados Unidos que consagraram entendimento que aplicam sanções àqueles que transgridem as regras de boa convivência social com grupos humanos que simbolizem a prática de racismo. 10. A edição e publicação de obras escritas veiculando ideias antissemitas, que buscam resgatar e dar credibilidade à concepção racial definida pelo regime nazista, negadoras e subversoras de fatos históricos incontroversos como o holocausto, consubstanciadas na pretensa inferioridade e desqualificação do povo judeu, equivalem à incitação ao discrímen com acentuado conteúdo racista, reforçadas pelas consequências históricas dos atos em que se baseiam. 11. Explícita conduta do agente responsável pelo agravo revelador de manifesto dolo, baseada na equivocada premissa de que os judeus não só são uma raça, mas, mais do que isso, um segmento racial atávica e geneticamente menor e pernicioso. 12. Discriminação que, no caso, se evidencia como deliberada e dirigida especificamente aos judeus, que configura ato ilícito de prática de racismo, com as consequências gravosas que o acompanham. [...corpo do texto...] 15. "Existe um nexo estreito entre a imprescritibilidade, este tempo jurídico que se escoa sem encontrar termo, e a memória, apelo do passado à disposição dos vivos, triunfo da lembrança sobre o esquecimento". No estado de direito democrático devem ser intransigentemente respeitados os princípios que garantem a prevalência dos direitos humanos. Jamais podem se apagar da memória dos povos que se pretendam justos os atos repulsivos do passado que permitiram e incentivaram o ódio entre iguais por motivos raciais de torpeza inominável. 16. A ausência de prescrição nos crimes de racismo justifica-se como alerta grave para as gerações de hoje e de amanhã, para que se impeça a reinstauração de velhos e ultrapassados conceitos que a consciência jurídica e histórica não mais admitem. Ordem denegada." (HC 82424, Relator(a): Min. Moreira Alves, Relator(a) p/ Acórdão: Min. Maurício Corrêa, Tribunal Pleno, julgado em 17/09/2003, *DJ* 19-03-2004 PP-00017 EMENT VOL-02144-03 PP-00524).

Contudo, da análise do inteiro teor dos debates entre os ministros que proferiram o acórdão, percebe-se que o tema é extremamente controverso. Principalmente porque, no caso, tratava-se de uma análise sobre um fato histórico, ainda que conhecido como cruel episódio da história contemporânea.[19] A controvérsia reside, especialmente, no dilema entre a legitimidade do exercício do direito fundamental à liberdade de se comunicar, com diversos desdobramentos legais e constitucionais.

Pode-se brevemente conceituar liberdades comunicacionais como um gênero que abrange a liberdade de credo, do uso da palavra, de manifestação, de associação, regulamentação (ou não) da propriedade sobre meios de comunicação, da comunicação social e, nos últimos tempos, da Internet, todos considerados meios de expressão deste grande tronco comum.

Em língua inglesa, a doutrina recorre à expressão "*free speech*". Nigel Warburton usa o termo *free speech* em sentido mais amplo, destacando que não se restringe à palavra falada – sentido estrito –, mas a uma gama significativa de expressões, tais como a palavra escrita, músicas, filmes, vídeos, fotografias, desenhos, artes e etc. Afinal, o foco deve estar não na forma como uma ideia é expressada, mas na ideia em si, em seus impactos, nos ouvintes, na compreensão das expressões usadas, no contexto geral, entre outros. Por essa razão, via de regra, as situações relacionadas aos aspectos jurídicos das liberdades comunicacionais não são ligadas ao uso da palavra em ambientes de cunho privado, mas em "locais" que vão desde poemas até perfis em sites de redes sociais.[20]

Em língua portuguesa, porém, é difícil de se visualizar, *a priori*, uma distinção entre "liberdade de expressão" e "liberdade do uso da palavra" (se é que é possível tal tradução). Entretanto, parte da doutrina utiliza determinadas categorizações para justificar regimes jurídicos diversos no exercício das liberdades comunicacionais.

Ilustrativamente, Guilherme Peña de Moraes parte do gênero "liberdade de pensamento", traçando a distinção inicial entre liberdade de consciência e crença e liberdade de expressão ou manifestação. Segundo o autor, a primeira é de onde decorrem regras constitucionais que excepcionam o regime geral das obrigações legais a todos impostas, que podem ser eximidas por motivo de crença religiosa ou convicção filosófica ou política, podendo haver prestação alternativa (arts. 5º, inciso IV, e 143, §§ 1º e 2º, CF); tal como aquelas que separam Estado e Igreja, constituindo um Estado Laico, proibido de impor religião oficial e que tem o dever de garantir a liberdade do indivíduo de decidir sobre o próprio credo – o que não impede o reconhecimento dos efeitos de certos atos e decisões na esfera religiosa (Ex.: casamento religioso com efeitos civis, imunidade tributária aos templos de qualquer culto; ensino religioso confessional etc., como previsto nos arts. 19, I; 150, VI, *b*; 210, § 1º; 213 e 226, § 2º da CF). Já o direito à liberdade de expressão ou

---

19. Para interessante leitura dos votos divergentes do aresto, V. SCHREIBER, Anderson. *Direitos da personalidade*. 2. ed. rev. e atualizada. São Paulo: Atlas, 2013. p. 245-247.
20. WARBURTON, Nigel. *Free Speech*: a very short introduction. Oxford: Oxford University Press, 2009. p. 5-6. Deve-se salientar que o autor, posteriormente, traça distinção terminológica entre *free speech* e *freedom of expression*. A ideia de *expression*, segundo leciona, expressaria de forma mais acurada a subjetividade daquele que comunica um fato a determinado público. O exemplo trazido por Warburton é de uma eventual comunicação feita por um cidadão chinês acerca do chamado massacre da praça *Tiananmen* (1989) nos dias atuais. O que o governo chinês veda é uma narrativa subjetivamente negativa – crítica – acerca daquele fato, já que o fato, em si, permanece intacto.

manifestação abrange a possibilidade de expressão da atividade intelectual, científica, artística e de comunicação social, trazendo consigo as obrigações de ressarcimento ou reparação por danos morais, possibilidade de direito de resposta, vedação ao anonimato e à censura.[21]

Acerca desta última subespécie, Edilsom Pereira de Farias trata especificamente da distinção (ou subdivisão) entre liberdade de expressão e de comunicação. Leciona o autor que o direito fundamental à liberdade de expressão trata da expressão de pensamentos, ideias e opiniões, ao passo que a de comunicação indica situações jurídicas mais afetas à ideia de comunicar fatos noticiáveis. Farias ainda ressalta que, na atualidade, a locução "liberdade de expressão e informação" melhor reflete a distinção dos respectivos regimes jurídicos. Afinal, de um lado, encontra-se a proteção à opinião do titular do direito à liberdade comunicacional e, de outro, a proteção mais robusta concedida aos profissionais da comunicação.[22] Em outros termos, a distinção se torna mais concreta quando analisado o precedente do Supremo Tribunal Federal na Arguição de Descumprimento de Preceito Fundamental 130, do Distrito Federal. Trata-se da análise da recepção ou não da Lei 5.520/67, conhecida por lei de imprensa.

No que concerne à distinção, o julgado trata como sinônimos "a liberdade de imprensa" e a "liberdade de informação jornalística". Ademais, giza que se trata de um reforço às demais liberdades comunicacionais (manifestação do pensamento, expressão artística, científica, intelectual e comunicacional). Daí porque a alma do *leading case* seja exatamente a proibição da censura que caracterizava o período histórico, atuando a liberdade de informação jornalística como um direito com sobretutela, com mais proteção.[23]

---

21. MORAES, Guilherme Peña. *Curso de direito constitucional*. 7. ed. rev. e atual. São Paulo: Atlas, 2015. p. 573-574.
22. FARIAS, Edilsom Pereira de. *Colisão de direitos*: a honra, a intimidade, a vida privada e a imagem *versus* liberdade de expressão e informação. 3. ed. rev. e atual. Porto Alegre: Sergio Antonio Fabris Editor, 2008. p. 146.
23. "EMENTA: ARGUIÇÃO DE DESCUMPRIMENTO DE PRECEITO FUNDAMENTAL (ADPF). LEI DE IMPRENSA. 2. REGIME CONSTITUCIONAL DA LIBERDADE DE IMPRENSA COMO REFORÇO DAS LIBERDADES DE MANIFESTAÇÃO DO PENSAMENTO, DE INFORMAÇÃO E DE EXPRESSÃO EM SENTIDO GENÉRICO, DE MODO A ABARCAR OS DIREITOS À PRODUÇÃO INTELECTUAL, ARTÍSTICA, CIENTÍFICA E COMUNICACIONAL. A Constituição reservou à imprensa todo um bloco normativo, com o apropriado nome "Da Comunicação Social" (capítulo V do título VIII). A imprensa como plexo ou conjunto de "atividades" ganha a dimensão de instituição-ideia, de modo a poder influenciar cada pessoa de per se e até mesmo formar o que se convencionou chamar de opinião pública. Pelo que ela, Constituição, destinou à imprensa o direito de controlar e revelar as coisas respeitantes à vida do Estado e da própria sociedade. A imprensa como alternativa à explicação ou versão estatal de tudo que possa repercutir no seio da sociedade e como garantido espaço de irrupção do pensamento crítico em qualquer situação ou contingência. Entendendo-se por pensamento crítico o que, plenamente comprometido com a verdade ou essência das coisas, se dota de potencial emancipatório de mentes e espíritos. O corpo normativo da Constituição brasileira sinonimiza liberdade de informação jornalística e liberdade de imprensa, rechaçante de qualquer censura prévia a um direito que é signo e penhor da mais encarecida dignidade da pessoa humana, assim como do mais evoluído estado de civilização. 3. O CAPÍTULO CONSTITUCIONAL DA COMUNICAÇÃO SOCIAL COMO SEGMENTO PROLONGADOR DE SUPERIORES BENS DE PERSONALIDADE QUE SÃO A MAIS DIRETA EMANAÇÃO DA DIGNIDADE DA PESSOA HUMANA: A LIVRE MANIFESTAÇÃO DO PENSAMENTO E O DIREITO À INFORMAÇÃO E À EXPRESSÃO ARTÍSTICA, CIENTÍFICA, INTELECTUAL E COMUNICACIONAL. TRANSPASSE DA NATUREZA JURÍDICA DOS DIREITOS PROLONGADOS AO CAPÍTULO CONSTITUCIONAL SOBRE A COMUNICAÇÃO SOCIAL. O art. 220 da Constituição radicaliza e alarga o regime de plena liberdade de atuação da imprensa, porquanto fala: a) que os mencionados direitos de personalidade (liberdade de pensamento, criação, expressão e informação) estão a salvo de qualquer restrição em seu exercício, seja qual for o suporte físico ou tecnológico de sua veiculação; b) que tal exercício não se sujeita a outras disposições que não sejam as figurantes da própria, Constituição. A liberdade de informação jornalística é versada pela Constituição Federal como expressão sinônima de liberdade de imprensa. Os direitos que dão conteúdo à liberdade de imprensa

Na Constituição da República, é interessante notar a distinção, *a priori*, entre a liberdade de expressão, no artigo 5º, e as regras relativas à comunicação social, previstas no capítulo específico dos artigos 220 e seguintes da Carta. As regras ali presentes trazem uma série de prerrogativas aos meios de comunicação, aplicando-se expressamente aos meios de comunicação eletrônica (art. 222, § 3º, CF), com os mesmos princípios do art. 221.

No plano legislativo, direcionando o estudo para a seara das Tecnologias da Informação e Comunicação, a Lei nº 13.709/18 utiliza a expressão "liberdade de expressão, de informação, de comunicação e de opinião" como um dos fundamentos da disciplina da proteção dos dados pessoais no país (art. 2º, III). O Marco Civil da Internet trata das liberdades de "expressão, comunicação e manifestação de pensamento" como elementares de um dos princípios estabelecidos para o uso da Rede (art. 3º, I).

Embora não se trate de enumeração exaustiva, tampouco de distinções estanques entre as formas de concretização das liberdades comunicacionais, pode-se estabelecer que o gênero "liberdade comunicacional" funciona como conceito que abrange desde a liberdade de credo e consciência, por um lado, até a de expressão e comunicação. Esta última, por seu turno, se desdobra em liberdades de expressão intelectual, artística, científica etc.; de opinião; de informação e de comunicação em sentido estrito, onde residiriam as regras especiais sobre a liberdade de imprensa que norteiam o regime constitucional da comunicação social, havendo sido concedido *status* normativo diferencial de sobretutela à materialização da informação jornalística e da vedação à censura, como consagrou o Supremo Tribunal Federal no precedente supracitado (ADPF 130/DF).

Não obstante, em que pese a possibilidade de diferenciação conceitual, será a casuística que melhor revelará em que medida se trata de um exercício legítimo ou não das liberdades comunicacionais, uma vez que qualquer texto de rede social revela, em grande medida, a subjetividade do autor, ambiente em que se tornam ainda mais turvas as diferenças entre um ou outro exercício de direito e a responsabilidade dele decorrente.

Isso torna muito difícil o estabelecimento de regras *a priori* absolutas sobre tais liberdades à medida que, possivelmente, haverá colisão com outros direitos fundamentais. Algo que não será realizado somente pelo juiz, intérprete último, mas também pelo legislador, que tem a função de 'pré-ponderar' valores em aparente conflito. Nesse sentido, lecionam Daniel Sarmento e Cláudio Pereira de Souza Neto:

---

são bens de personalidade que se qualificam como sobredireitos. Daí que, no limite, as relações de imprensa e as relações de intimidade, vida privada, imagem e honra são de mútua excludência, no sentido de que as primeiras se antecipam, no tempo, às segundas; ou seja, antes de tudo prevalecem as relações de imprensa como superiores bens jurídicos e natural forma de controle social sobre o poder do Estado, sobrevindo as demais relações como eventual responsabilização ou consequência do pleno gozo das primeiras. A expressão constitucional "observado o disposto nesta Constituição" (parte final do art. 220) traduz a incidência dos dispositivos tutelares de outros bens de personalidade, é certo, mas como consequência ou responsabilização pelo desfrute da "plena liberdade de informação jornalística" (§ 1º do mesmo art. 220 da Constituição Federal). Não há liberdade de imprensa pela metade ou sob as tenazes da censura prévia, inclusive a procedente do Poder Judiciário, pena de se resvalar para o espaço inconstitucional da prestidigitação jurídica. Silenciando a Constituição quanto ao regime da internet (rede mundial de computadores), não há como se lhe recusar a qualificação de território virtual livremente veiculador de ideias e opiniões, debates, notícias e tudo o mais que signifique plenitude de comunicação. [...]" (ADPF 130, Relator(a): Min. Carlos Britto, Tribunal Pleno, julgado em 30/04/2009, DJe-208 Divulg 05-11-2009 Public 06-11-2009 EMENT VOL-02381-01 PP-00001 RTJ VOL-00213-01 PP-00020).

O legislador, ao editar normas jurídicas, também soluciona em abstrato, certas colisões, ponderando interesses. Quando, por exemplo, o legislador penal criminalizou livros de conteúdo racista (art. 20 da lei 7.716/89), ele buscou resolver uma tensão de direitos fundamentais positivados na Constituição: de um lado, a liberdade de expressão e de imprensa; do outro, os princípios da igualdade e da dignidade da pessoa humana das vítimas.[24]

Nigel Warburton salienta que há duas grandes ordens de fundamentos no que concerne à liberdade de expressão: uma de ordem moral e outra de ordem instrumental. Instrumentalmente, salienta os benefícios de uma sociedade onde a liberdade de expressão é garantida, com parâmetros econômicos, propiciando a informação dos cidadãos, e sociais, promovendo a felicidade das pessoas e o pluralismo de ideias. Entretanto, destaca a ordem moral como o fundamento que contém um valor intrínseco quase que consensual: a promoção da dignidade da pessoa humana e a autonomia do indivíduo.[25]

Em que pese a alocação, pelo autor, da dignidade como um fundamento moral – e inegavelmente é –, a dignidade da pessoa humana é, na atualidade, um princípio ou metaprincípio jurídico que, inclusive, justifica não apenas a necessidade de proteção e tutela de todos os direitos humanos fundamentais, mas também a possibilidade de restrição de certas práticas em seu nome.

Portanto, conforme salienta Luís Roberto Barroso, a dignidade da pessoa humana é um princípio jurídico e, como tal, dá supedâneo à tutela das liberdades públicas em todas as suas dimensões.[26] Dessa maneira, é possível asseverar que a dignidade é o fundamento jurídico maior do direito à liberdade de expressão, presente na grande maioria dos textos constitucionais contemporâneos e em tratados e convenções internacionais de direitos humanos.[27] Mas, como fonte primeva dos valores constitucionais em jogo no caso do *hate speech*, sujeita-se à ponderação interna.

---

24. SARMENTO, Daniel; SOUZA NETO, Cláudio Pereira de. *Direito constitucional*: teoria, história e métodos de trabalho. 2. ed. Belo Horizonte: Fórum, 2017. p. 496.
25. WARBURTON, Nigel. *Free Speech*: a very short introduction. Oxford: Oxford University Press, 2009. p. 16.
26. BARROSO, Luís Roberto. *A dignidade humana no direito constitucional contemporâneo*: a construção de um conceito jurídico à luz da Jurisprudência mundial. Belo Horizonte: Fórum, 2018. p. 58 *et seq*. Barroso enfrenta uma série de argumentos contrários a utilização da dignidade humana como princípio jurídico, chegando à conclusão usada como premissa neste trabalho.
27. Em que pese não haver nesta fala a ligação direta com o direito fundamental à liberdade de expressão, convém aqui ressaltar a fala de Daniel Sarmento sobre a função da dignidade humana como um princípio: "A concepção de pessoa vigente em nossa ordem jurídica é a do ser humano como fim em si, dotado de razão e capaz de exercer sua autonomia [...]. Essa noção é importante que, no sistema constitucional brasileiro, envolve quatro componentes fundamentais: valor intrínseco da pessoa, autonomia, mínimo existencial e reconhecimento intersubjetivo. O princípio da dignidade, que tem campo de incidência extremamente amplo, vincula o Estado e os particulares e envolve prestações positivas e negativas. Ele desempenha múltiplas funções em nosso ordenamento e é fundamento moral do Estado de Direito, diretriz hermenêutica de todo o sistema jurídico, norte para a ponderação de interesses, parâmetro de validade dos atos estatais e privados, limite para o exercício de direitos, critério para a identificação de direitos fundamentais e fonte de direitos não enumerados na Constituição. A dignidade humana é assegurada através dos direitos positivados na Constituição, mas também por meio da incidência direta do princípio em questão sobre a ordem jurídica e relações sociais." SARMENTO, Daniel. *Dignidade da pessoa humana*: conteúdo, trajetórias e metodologia. 2. ed. Belo Horizonte: Fórum, 2016. p. 98-99. Registre-se, em *passim*, que o autor desenvolve importante raciocínio sobre o caráter não absoluto da Dignidade, cabendo ponderação interna quanto a seus valores intrínsecos, ainda que, no caso da vedação à tortura, entenda que seja prevalecente em absoluto. *Cf. Idem*. p. 94 *et seq*.

A Compreensão acerca da ausência ou não de limites à liberdade de expressão passa, inegavelmente, pela controvérsia entre as duas visões de liberdade de expressão, sendo a primeira mais inclinada à leitura da Primeira Emenda da Constituição Americana, também chamada de utilitarista, e a segunda, que perquire limites, também chamada de comunitarista.

Quanto à primeira, engendrada no chamado *American Bill of Rights*, declaração de direitos não presente originalmente no texto constitucional, assim se dispõe: "Emenda I – O Congresso não legislará estabelecendo uma religião ou proibindo o livre exercício dos cultos; ou cerceando a liberdade da palavra, ou de imprensa, ou o direito do povo de se reunir pacificamente e de dirigir ao Governo petições para a reparação de seus agravos."[28-29]

Trata-se, em suma, de um corolário da pretensão liberal clássica na tutela dos direitos fundamentais: barrar o ímpeto dos abusos do poder estatal através de regulações com imposição de "licença" para publicar ou outras práticas que, em verdade, impõem uma "verdade" ou "narrativa" oficial, travestindo-se, ao fim e ao cabo, de censura por parte das autoridades.

Estas ideias, anos depois, seriam levantadas com outras palavras pelo juiz da Suprema Corte Americana, Oliver Wendell Holmes, a partir da famosa expressão "livre mercado de ideias", cunhada no voto dissidente no caso *Abrams v. United States*, de 1919.[30]

O caso se tratava, em linhas gerais, da apreciação de constitucionalidade da condenação à prisão de um jovem por distribuir panfletos tentando convencer pessoas a não se alistarem nas forças armadas, com base na lei de espionagem de 1917 – a qual, também em resumo, proibia tal tipo de propaganda por ser algo como "antipatriótica". Em que pese tenha sido mantida a condenação, o voto divergente de Holmes é um dos mais estudados na história dos EUA, uma vez que revela uma visão mais liberal quanto ao uso da palavra, concluindo o juiz pela inconstitucionalidade da prisão. Em suma, em sua conclusão, asseverou que aprisionar um indivíduo por suas crenças é contrário à ideia de liberdade, tratando-se de ingerência indevida no que denomina de "livre mercado de ideias".[31]

---

28. ESTADOS UNIDOS. Constituição. 1787. Tradução livre.
29. Um teórico fundamento amiúde levantado neste tema é o John Stuart Mill. Suas lições vão no sentido de que a intervenção de qualquer governo para regular a liberdade da palavra acaba por atrapalhar um ambiente em que o debate de ideias deve ser o mais amplo possível. Portanto, sem interferência governamental. Convém ressaltar a passagem onde destaca que todas as "verdades" são ideias e nenhuma ideia é infalível. Portanto, algo que é verdade hoje pode não ser amanhã e vice-versa. Sendo assim, o ideal é que um bom governo não impeça as pessoas de exporem suas ideias, seja qual for a sua natureza, já que podem colocar em xeque algo que é visto como a "verdade" do momento. Para Mill, então, não há que se determinar um único sentido no exercício da liberdade de expressão. Assim, deve o governo permitir que todo e qualquer ponto de vista seja debatido de modo a criar um ambiente propício a todas as ideias – boas ou ruins, certas ou erradas etc. (MILL, John Stuart. *On Liberty*. New York: Booklassic, 2015. p. 18 e ss.) Convém destacar trecho onde o autor explicita tais ideias (p. 23): "First: the opinion which it is attempted to suppress by authority may possibly be true. Those who desire to suppress it, of course deny its truth; but they are not infallible. They have no authority to decide the question for all mankind, and exclude every other person from the means of judging. To refuse a hearing to an opinion, because they are sure that it is false, is to assume that their certainty is the same thing as absolute certainty. All silencing of discussion is an assumption of infallibility. Its condemnation may be allowed to rest on this common argument, not the worse for being common."
30. ESTADOS UNIDOS DA AMÉRICA. Suprema Corte. *Abrams V. United States*. 250 U.S. 616 (1919).
31. Nesse sentido, v. VIEIRA, Lucas Pacheco. A liberdade de expressão e a liberdade de imprensa sob a perspectiva da jurisprudência da Suprema Corte dos Estados Unidos da América. *In:* Universidade Federal de Santa Maria. *Anais do I Congresso Internacional de Direito e Contemporaneidade da UFSM*. Santa Maria, 2012. Disponível em http://coral.ufsm.br/congressodireito/anais/2012/10.pdf. Acesso em 12 fev. 2020.

Tais visões, apesar da importância histórica, não estão imunes a críticas. Contudo, é possível se dizer que a dita visão liberal do trato à liberdade de expressão deve ser tomada como um ponto de partida, ainda que não necessariamente um fim em si mesmo. Acerca, Cass Sunstein aduz que:

> A primeira Emenda é o principal reflexo constitucional do comprometimento com a democracia deliberativa. É parte do comprometimento constitucional com a cidadania. E este comprometimento deve ser compreendido à luz da concepção americana de soberania, localizando a autoridade de governar no povo em si.[32]

A conclusão, no que tange ao choque com outros valores, como dito anteriormente, diz respeito à liberdade de expressão como direito com posição prevalente (*prefered position*).

Completa Edilsom Pereira de Farias que, enquanto incialmente a liberdade de expressão e comunicação tinha uma dimensão individual ligada ao direito/dever de informação – direito do público de estar corretamente informado, especialmente contra o *Ancien Régime* –, acresce-se a chamada dimensão coletiva, a contribuição para a formação de uma opinião pública pluralista, a qual é cada dia mais essencial aos regimes democráticos. Portanto, salta da ideia de direito individual para um caráter institucional. Esta situação jurídica, portanto, atribui à liberdade de expressão e comunicação uma posição de prevalência *prima face*.[33]

No Brasil, a ideia da prevalência apriorística das liberdades comunicacionais frente a outros direitos fundamentais, sem exclusão da possibilidade de responsabilização, garantido o direito de resposta, vedado anonimato etc. é um entendimento consolidado na jurisprudência do STF, sendo as bases firmadas pelo precedente supracitado da ADPF 130. Por essa razão, deve-se concluir, sobre o caráter ilimitado ou não da liberdade de expressão, que não se protege o direito apenas com ausência de limites.

Esta é, inclusive, a visão contemporânea da liberdade de expressão nos próprios Estados Unidos da América, em que pese haja a proteção de discursos que já foram rechaçados pelo Supremo Tribunal Federal, no Brasil. Nesse sentido, leciona Eugene Volokh, para quem, após sucessivas intervenções da Suprema Corte dos EUA, a proteção do *free speech* adquiriu uma perspectiva mormente refratária a limites e controle, ainda que não absolutamente. Em que pese o *free speech* abranja a manifestação religiosa, artística, científica, acadêmica, tal qual todos os pontos de vista, nazistas, fascistas, extremistas religiosos, sexistas etc.,[34] a ideia principal na construção jurisprudencial norte-americana

---

32. No original: "The First Amendment is the central constitutional reflection of the commitment to deliberative democracy. It is part of the constitutional commitment to citizenship. And this commitment should be understood in light of the American conception of sovereignty, placing governing authority in the people themselves" (SUNSTEIN, Cass. Democracy and the problem of free speech. Nova York: Free Press, 1993. p. 363).
33. FARIAS, Edilsom Pereira de. *Colisão de direitos*: a honra, a intimidade, a vida privada e a imagem *versus* liberdade de expressão e informação. 3. ed. rev. e atual. Porto Alegre: Sergio Antonio Fabris Editor, 2008. p. 150. Nesse sentido, colaciona o precedente *United States Vs. Carolene Products* (1938), em que se cunhou a expressão pela primeira vez.
34. Cita o autor os seguintes precedentes: *New York Times Co. v. Sullivan* – 1964; *Reno v. ACLU* – 1997, *Stromberg v. California* – 1931, *Buckley v. Valeo* – 1976, *Citizens United v. FEC* – 2010, *Winters v. New York* – 1948, *Cohen v. California* – 1971, *Gertz v. Robert Welch, Inc.* – 1974. *Cf.* VOLOKH, Eugene. Freedom of speech and of the press.

é se posicionar de maneira neutra, em regra, com relação ao conteúdo exposto. Mas a tendência guarda exceções.[35]

Neste ponto, Cass Sunstein também destaca que o sistema norte-americano contemporâneo traz uma série de restrições normativas ao exercício das liberdades expressionais, na medida em que regulamenta inúmeras formas de expressão. Mas, conforme já salientado, se, em um primeiro momento, a liberdade de expressão da primeira emenda fora vista como algo absoluto, a interpretação tem mudado para se compreender que a liberdade de expressão não é absoluta e o governo não é "inimigo do *free speech*". Algo que não revela, em opinião diametralmente oposta à tendência conservadora, a melhor visão sobre tal direito fundamental, que não somente deve ser considerado como não absoluto, pois carece de mais regulamentação.[36]

In: MEESE III, Edward (Ed.) *The Heritage Guide to the Constitution*. 2. ed. Washington, DC: Regnery Publishing, 2014. p. 1084-1085.

35. Enumera-as Volokh: "7.There is, however, a small set of rather narrow exceptions to free speech protection: a. Incitement: Speech may be restricted if it is: (i) intended to persuade people to engage in (ii) imminent unlawful conduct, and (iii) likely to cause such imminent unlawful conduct. Outside this narrow zone, even speech that advocates lawbreaking is constitutionally protected. Brandenburg v. Ohio (1969). b.Libel, fraud, and perjury: Libel, fraud, and perjury may generally be punished if they consist of knowing lies, though generally not if they are honest mistakes (even unreasonable mistakes). There are, however, some situations where even honest mistakes can be punished. United States v. Alvarez (2012); Gertz v. Robert Welch, Inc. c. Obscenity: Hard-core pornography is punishable if: (i) the average person, applying contemporary community standards, would find that the work, taken as a whole, appeals to a shameful or morbid interest in sex or excretion; (ii) the work depicts or describes, in a way that is patently offensive under contemporary community standards, sexual conduct specifically defined by the applicable state law; and (iii) the work, taken as a whole, lacks serious literary, artistic, political, or scientific value. Miller v. California (1973). d.Child pornography: Sexually themed live performances, photographs, and movies that were made using actual children may be punished even if they do not fit within the obscenity test. This does not cover digitized pictures, drawings, or text materials, which are constitutionally protected unless they are obscene. The Court has reasoned that child pornography is unprotected because it hurts the children involved in its making, so the exception only covers cases where actual children were indeed involved. Ashcroft v. Free Speech Coalition (2002). e.Threats: Speech that is reasonably perceived as a threat of violence (and not just rhetorical hyperbole) can be punished. Virginia v. Black (2003). f.Fighting words: Face-to-face insults that are addressed to a particular person and are likely to cause an imminent fight can be punished. More generalized offensive speech that is not addressed to a particular person cannot be punished even if it is profane or deeply insulting. Cohen v. California. g. Speech owned by others: Intellectual property laws, such as copyright law, may restrict people from using particular expression that is owned by someone else; but the law may not let anyone monopolize facts or ideas. Harper & Row, Publishers, Inc. v. Nation Enterprises (1985). h. Commercial advertising: Commercial advertising is constitutionally protected, but less so than other speech (political, scientific, *artistic, and the like*). *Misleading commercial advertising may be barred, whereas misleading political speech* cannot be. Commercial advertising may also be required to include disclaimers to keep it from being misleading; such disclaimers can't be re quired for political speech. Recent cases hold that commercial advertising may not be restricted for paternalistic reasons, because of a fear that people will learn accurate information but will do bad things based on that information—for example, buy more alcohol, smoke more, or prescribe more expensive pharmaceuticals than the government thinks wise. This rule applies only to speech that proposes a commercial transaction between the speaker and the listener; it does not apply to speech that is merely sold in commerce, such as books, videos, and databases. Sorrell v. IMS Health Inc. (2011)." VOLOKH, Eugene. Freedom of speech and of the press. *In:* MEESE III, Edward (Ed.) *The Heritage Guide to the Constitution*. 2. ed. Washington, DC: Regnery Publishing, 2014. p. 1086-1087.

36. SUNSTEIN, Cass. *Democracy and the problem of free speech*. Nova York: Free Press, 1993. p. 26 *et seq*. Como resultado deste suposto caráter absoluto, mas em sua opinião desregulado do direito à liberdade de expressão, resultou o seguinte (p. 34): "The concrete results are nothing short of extraordinary. Constitutional protection has been given to commercial speech; to most sexually explicit speech; to many kinds of libel; to publication of the names of rape victims; to the advocacy of crime, even of violent overthrow of the government; to large expenditures on electoral campaigns; to corporate speech; to flag-burning; and to much else besides."

Mas, tendo-se em conta o fato de que, em um sistema de precedentes judiciais, a mudança na cultura jurisprudencial é lenta e gradual, ainda é significativamente forte uma visão mais permissiva à liberdade de expressão. Algumas vezes, tendo-se em vista o sistema brasileiro atual, além dos limites aqui utilizados.

E esta permissividade aos chamados discursos extremos (*extreme speech*) no ordenamento norte-americano também atinge a Internet.[37] Soma-se a isso o fato de que a maioria dos grandes provedores de aplicações (Google, Facebook, Microsoft, Apple etc.) são oriundos daquele país e, naturalmente, seus termos contratuais massificados – termos de uso – são baseados naquela legislação.

Um dos casos desta proteção quase plena à liberdade de expressão é o sistema de retirada de conteúdo – "*notice and takedown*" – já citado no tópico anterior, e que está previsto na seção 230 do U.S.Code, que, conforme já analisado, seria um patamar mínimo de proteção a vítimas de danos à personalidade na rede ao determinar ao provedor o dever de retirar após notificação extrajudicial. Mesmo assim, é muito criticado por parte significativa da doutrina o posicionamento em que se baseiam os provedores para preconizar ainda menos limites. Não obstante, os sistemas do *civil law* detêm, geralmente, um tratamento diverso, tendo sido vistos como mais protetivos da personalidade das vítimas e, por alguns, como indesejadamente restritivos à liberdade de expressão.

Um exemplo emblemático diz respeito à apologia ao nazismo e negação do holocausto, visto como inconstitucional na Europa (e também no Brasil) e constitucional nos EUA.[38] Outro caso é o das aplicações de busca e da problemática envolvendo o direito ao esquecimento dos usuários. Ao passo que nos EUA se considera uma violação da liberdade de expressão a imposição de deveres ao provedor de ocultação ou bloqueio de conteúdo,[39] o Tribunal de Justiça da União Europeia decidiu em sentido contrário, determinando ao provedor Google que bloqueasse informações inverídicas acerca de um usuário.[40]

---

37. Nesse sentido, tem-se as conclusões de Brett Johnson, em análise recente das regras de governança de conteúdo aplicadas pelos provedores de aplicação como Facebook e Google. O autor realizou profunda pesquisa empírica comparando a normativa estadunidense com outras, como a indiana e a brasileira. Ao final, assevera que o "*self government*" democrático deveria se deixar levar por uma política permissiva também dos chamados discursos extremos. JOHNSON, Brett. *The Free Speech Balancing Act of Digital Intermediaries*: an explication of the concept of content governance. University of Minnesota. Minneapolis. Adviser: Amy Kristin Sanders. (Dissertation). 2015. p. 299-300. Disponível em: http://conservancy.umn.edu/bitstream/handle/11299/175194/Johnson_umn_0130E_16048.pdf?sequence=1&isAllowed=y. Acesso em: 16 fev. 2020.
38. Foi o que a Suprema Corte decidiu em *Smith V. Collin* (1977), conhecido como "caso *Skootie*, em que simpatizantes do Partido Nacional Socialista norte-americano marchavam portando a cruz *Swastika* em uma cidade onde havia grande concentração de sobreviventes de campos de Concentração. É o chamado discurso simbólico, permitido pela corte por encontrar guarida na primeira emenda à Constituição. *Cf.* ROSSUM, Ralph A; TARR, G. Alan. *American Constitutional Law*. The Bill of Rights and Subsequent Amendments. Philadelphia: Westview Press, 2014, v. II, p. 536. Sobre o sistema europeu continental e a tendência de proibição, inclusive no âmbito criminal, da negação do holocausto V. BILBAO UBILLOS, Juan María. La negación del holocausto en la jurisprudencia del Tribunal Europeo de Derechos Humanos: la endeble justificación de tipos penales contrarios a la libertad de expresión. *Revista de Derecho Político*, v. 19, n. 71-72, jan./ago. 2008. p. 19-56.
39. Nesse sentido, VOLOKH, Eugene; FALK, Donald M. Google first amendment protection for search engine results. *Journal of Law, Economics & Politics*, v. 883, 2012. É destacado pelos próprios autores que se trata de um parecer (*white paper*) encomendado (*commissioned*) pelo Google.
40. Sintetiza a controvérsia Jeffrey Rosen, asseverando que seria difícil que se mantivesse o nível de liberdade de expressão de hoje se o direito ao esquecimento fosse também garantido nos EUA. A autora reflete o ponto de vista

O Brasil tem sua origem no *civil law*, mas, como a maioria dos ordenamentos jurídicos contemporâneos, sofre grande influência dos EUA também no tocante ao tratamento à liberdade de expressão. Daí porque asseverar que a ausência de censura como pressuposto à interação democrática no processo legislativo não é algo fácil de se atingir na prática.

Mesmo assim, deve-se grifar que 'vedação à censura' não é sinônimo de 'ausência total de controle de conteúdo' e permissão de quaisquer manifestações durante as deliberações. Em sentido semelhante, Frank La Rue, quem aponta (de maneira não exaustiva, aparentemente) o conteúdo que poderia sofrer restrição na Rede sem que seja considerada uma violação de direitos humanos de liberdade de expressão. Para La Rue, seriam restrições legítimas à liberdade de expressão a restrição de conteúdo relacionado à pornografia infantil, o discurso de ódio (*hate speech*), as difamações, a apologia ao genocídio e a crimes movidos por ódio religioso, racial ou outras formas incitação à violência.[41]

Por essa razão, necessário salientar que uma adequada proteção à liberdade de expressão não deve compreendê-la como um direito de caráter negativo do ponto de vista legal, relegando a Internet ao *laissez faire* de um ambiente onde a vontade de grandes provedores tende a prevalecer sobre os direitos dos cidadãos-usuários.

Posto isto, conclui-se que a liberdade de expressão não é um direito absoluto, havendo legitimidade constitucional em limites impostos juridicamente ao discurso de ódio, compreendendo-o como um ilícito capaz de perpetrar danos injustos e ensejar tanto a reparação civil quanto o dever de cessar os danos causados pelo seu conteúdo.

4. DISCURSO DE ÓDIO NA INTERNET E RESPONSABILIDADE CIVIL NA JURISPRUDÊNCIA

Postas brevemente algumas palavras sobre o regime jurídico de responsabilidade civil por conteúdos ilícitos na Internet e enfrentado o ponto da ilicitude ou não do dis-

---

norte-americano, crítica à expansão da regulamentação da liberdade de expressão também à Internet. V. ROSEN, Jeffrey. The right to be forgotten. *Stanford Law Review Online*, v. 64, n. 688, fev. 2012. Disponível em: http://www.stanfordlawreview.org/online/privacy-paradox/right-to-be-forgotten. Acesso em: 17 fev. 2020. Sob a ótica espanhola, onde se originou a controvérsia posteriormente decidida pelo TJUE, Sebastián Zárate Rojas é quem conclui pela necessidade de reconhecimento do *derecho al olvido*, restringindo-se a autonomia contratual dos provedores: ROJAS, Sebastián Zárate. La problemática entre el derecho al olvido y la libertad de prensa. *Derecom*, n. 13 ma./maio 2013. Disponível em: http://dialnet.unirioja.es/servlet/articulo?codigo=4330379. Acesso em: 17 fev. 2020. No Brasil, o Enunciado 531 do Conselho de Justiça Federal orienta: "Enunciado 531 – A tutela da dignidade da pessoa humana na sociedade da informação inclui o direito ao esquecimento."

41. Convém menção à enumeração no original: "As such, legitimate types of information which may be restricted include child pornography (to protect the rights of children), hate speech (to protect the rights of affected communities), defamation (to protect the rights and reputation of others against unwarranted attacks), direct and public incitement to commit genocide (to protect the rights of others), and advocacy of national, racial or religious hatred that constitutes incitement to discrimination, hostility or violence (to protect the rights of others, such as the right to life)." Acerca da questão do *hate speech*, relata que se trata de uma das grandes preocupações quanto ao exercício da liberdade de expressão na Rede, algo que, em sua visão, deveria ser rechaçado como forma de se preservar um ambiente propício ao exercício adequado deste direito humano no futuro. MOLNÁR, Péter. Four Dangers for Freedom of expression on the Internet: an interview with Frank La Rue, UN special Rapporteur on the promotion and protection of right to expression. *In:* MOLNÁR, Péter (Ed.). *Free speech and censorship around the globe*. Budapest/Nova York: Central European University Press, 2015. p. 23 *et seq*.

curso de ódio, passa-se a analisar alguns arestos que ajudam a visualizar o tratamento do tema pela jurisprudência no Brasil.

Não houve uma delimitação específica a alguma forma de manifestação do discurso de ódio, ou a alguma rede social que caracterizasse alguma situação em específico, mas procurou-se amealhar arestos recentes no sentido de ilustrar contextos fáticos em que o discurso de ódio se revela na jurisprudência.

Em que pese não seja este o objeto central de análise, mister a menção à Lei de Crimes de Preconceito (Lei n. 7.716/1989), especialmente ao art. 20, § 2º, por ser uma porta de entrada ao enfrentamento do discurso de ódio no Brasil, também no âmbito da responsabilidade civil. Isto porque, como anteriormente dito, a controvérsia não reside no dano causado, no nexo de causalidade ou na prova da conduta do agente, mas, sim, na compreensão de se tratar de um ilícito decorrente do uso da palavra. Por essa razão, quando determinado conteúdo é considerado pelo Supremo Tribunal Federal como preconceito para fins criminais, restringe-se em muito a discussão sobre a ilicitude civil da conduta. Um exemplo emblemático é o do discurso de ódio contra a população LGBT, em que o STF assim decidiu:

> O Tribunal, por maioria, conheceu do mandado de injunção, vencido o Ministro Marco Aurélio, que não admitia a via mandamental. Por maioria, julgou procedente o mandado de injunção para (i) reconhecer a mora inconstitucional do Congresso Nacional e; (ii) aplicar, com efeitos prospectivos, até que o Congresso Nacional venha a legislar a respeito, a Lei nº 7.716/89 a fim de estender a tipificação prevista para os crimes resultantes de discriminação ou preconceito de raça, cor, etnia, religião ou procedência nacional à discriminação por orientação sexual ou identidade de gênero, nos termos do voto do Relator, vencidos, em menor extensão, os Ministros Ricardo Lewandowski e Dias Toffoli (Presidente) e o Ministro Marco Aurélio, que julgava inadequada a via mandamental.[42]

---

42. Convém mencionar que, na oportunidade, fixou-se a seguinte tese para fins de Repercussão Geral: "1. Até que sobrevenha lei emanada do Congresso Nacional destinada a implementar os mandados de criminalização definidos nos incisos XLI e XLII do art. 5º da Constituição da República, as condutas homofóbicas e transfóbicas, reais ou supostas, que envolvem aversão odiosa à orientação sexual ou à identidade de gênero de alguém, por traduzirem expressões de racismo, compreendido este em sua dimensão social, ajustam-se, por identidade de razão e mediante adequação típica, aos preceitos primários de incriminação definidos na Lei nº 7.716, de 08.01.1989, constituindo, também, na hipótese de homicídio doloso, circunstância que o qualifica, por configurar motivo torpe (Código Penal, art. 121, § 2º, I, in fine, CP); 2. A repressão penal à prática da homotransfobia não alcança nem restringe ou limita o exercício da liberdade religiosa, qualquer que seja a denominação confessional professada, a cujos fiéis e ministros (sacerdotes, pastores, rabinos, mulás ou clérigos muçulmanos e líderes ou celebrantes das religiões afro-brasileiras, entre outros) é assegurado o direito de pregar e de divulgar, livremente, pela palavra, pela imagem ou por qualquer outro meio, o seu pensamento e de externar suas convicções de acordo com o que se contiver em seus livros e códigos sagrados, bem assim o de ensinar segundo sua orientação doutrinária e/ou teológica, podendo buscar e conquistar prosélitos e praticar os atos de culto e respectiva liturgia, independentemente do espaço, público ou privado, de sua atuação individual ou coletiva, desde que tais manifestações não configurem discurso de ódio, assim entendidas aquelas exteriorizações que incitem a discriminação, a hostilidade ou a violência contra pessoas em razão de sua orientação sexual ou de sua identidade de gênero; 3. O conceito de racismo, compreendido em sua dimensão social, projeta-se para além de aspectos estritamente biológicos ou fenotípicos, pois resulta, enquanto manifestação de poder, de uma construção de índole histórico-cultural motivada pelo objetivo de justificar a desigualdade e destinada ao controle ideológico, à dominação política, à subjugação social e à negação da alteridade, da dignidade e da humanidade daqueles que, por integrarem grupo vulnerável (LGBTI+) e por não pertencerem ao estamento que detém posição de hegemonia em uma dada estrutura social, são considerados estranhos e diferentes, degradados à condição de marginais do ordenamento jurídico, expostos, em consequência de odiosa inferiorização e de perversa estigmatização, a uma injusta e lesiva situação de exclusão do sistema geral de proteção do direito". (ADO 26/DF, rel. Min. Celso de Mello, julgamento em 13.6.2019. MI 4733/DF, rel. Min. Edson Fachin, julgamento em 13.6.2019).

Já no âmbito do STJ, destaca-se, já se encaminhando para o discurso de ódio ocorrido pela Internet, o precedente em que se conclui pela licitude da quebra de sigilo de dados do usuário para fins de identificar o agente da conduta criminosa.[43]

Entretanto, tendo-se em conta que a meta é trabalhar o tema da responsabilidade civil por danos injustos decorrentes do *hate speech* no âmbito da Internet, passa-se a analisar certos casos presentes na jurisprudência dos tribunais.

Frise-se aqui que, inicialmente, serão analisadas demandas individuais, em que, via de regra, a vítima do discurso de ódio se volta contra a pessoa natural que administra conta pessoal em site de rede social, almejando uma reparação pecuniária pelos danos causados.

Geralmente, a demanda tem por foco dois elementos: a ilicitude ou não da conduta do ofensor, caracterizando o *an debeatur*, e a quantificação de uma reparação que seja proporcional ao dano, ou seja, o *quantum debeatur*.

Quanto ao caráter lícito ou ilícito do conteúdo em si, é possível se perceber que o magistrado parte da liberdade; porém, há um determinado momento, a depender de cada caso, em que se revela uma espécie de "abuso" da liberdade de expressão, sendo bastante recorrente a conclusão de que não se trata de um direito absoluto. Mesmo assim, é de se destacar que a menção ao discurso de ódio nos acórdãos certas vezes se destaca do conceito inicial acima engendrado, uma vez que se condena a parte pelo dano dele decorrente sem que haja necessariamente um elemento étnico, racial, cultural, religioso objeto de ofensa.

São exemplos ou a identificação, acompanhada de ofensas em rede social, de um agente de companhia fornecedora de energia que executava ordem de serviço de cortar a luz no bairro[44] ou a imputação em rede social de crime contra a administração por Policial

---

43. "RECURSO ESPECIAL. PENAL. ART. 20, § 2º, DA LEI N. 7.716/1989. AUSÊNCIA DE POTENCIALIDADE LESIVA. ADEQUAÇÃO TÍPICA FORMAL E MATERIAL EM TESE DA CONDUTA. JUÍZO DE INFERIORIDADE DE COLETIVIDADES. PRINCÍPIO DA INSIGNIFICÂNCIA. BENS JURÍDICOS TUTELADOS. IGUALDADE, DIVERSIDADE E PAZ PÚBLICA. INCOMPATIBILIDADE. TIPO PENAL DE PERIGO ABSTRATO. 1. O delito do art. 20, § 2º, da Lei n. 7.716/1989, consiste na expressão de superioridade em contraposição à inferioridade de coletividades humanas. A Convenção Interamericana de Direitos Humanos, ao tratar da liberdade de expressão, dispôs explicitamente no art. 13.5 comando criminalizatório do discurso de ódio que, em nosso ordenamento jurídico, o dispositivo em comento faz as vezes. 2. A forma como estruturado o tipo penal e o bem jurídico tutelado são determinantes na incidência, ou não, do princípio da insignificância. A dignidade da pessoa humana, a igualdade e, concomitantemente, o pluralismo, bem como a paz pública não comportam flexibilização, sob pena de negação integral de tais valores. 3. Recurso especial provido a fim de determinar a baixa dos autos à origem para aferição dos demais requisitos para quebra do sigilo de dados. (REsp 1569850/RN, Rel. Ministro Sebastião Reis Júnior, Sexta Turma, julgado em 24/04/2018, DJe 11/06/2018)
44. "RECURSO INOMINADO. AÇÃO DE INDENIZAÇÃO POR DANOS MORAIS. PUBLICAÇÃO EM REDE SOCIAL DE PLACA DA MOTOCICLETA DO AUTOR E NARRATIVA DE CORTE DE ENERGIA ELÉTRICA PROMOVIDA POR ELE (A SERVIÇO DA COPEL) QUE ENSEJOU DISCURSOS DE ÓDIO E GEROU MEDO NO AUTOR POR TER SIDO IDENTIFICADO NA PUBLICAÇÃO. DANO MORAL CONFIGURADO. SITUAÇÃO QUE EXTRAPOLOU O MERO ABORRECIMENTO. AUTOR QUE ESTAVA SOMENTE EXECUTANDO SEU TRABALHO. EXPOSIÇÃO EM REDE SOCIAL QUE ULTRAPASSOU A LIBERDADE DE EXPRESSÃO. QUANTUM INDENIZATÓRIO FIXADO EM VALOR IRRISÓRIO QUE COMPORTA MAJORAÇÃO PARA R$2.000,00 (DOIS MIL REAIS). SENTENÇA PARCIALMENTE REFORMADA. RECURSO CONHECIDO E PROVIDO." (TJPR – 1ª Turma Recursal – 0032010-93.2017.8.16.0030 – Foz do Iguaçu – Rel.: Juíza Maria Fernanda Scheidemantel Nogara Ferreira da Costa – J. 26.06.2019).

Militar sem qualquer prova de cometimento da conduta.[45] Outrossim, destaque-se caso em que se filmou um carro em estacionamento de determinado estabelecimento em que havia um animal em aparente situação de maus tratos por estar preso dentro do veículo ao sol. Ao perceber a situação, funcionário do estabelecimento anunciou o modelo e placa do veículo, chamando atenção das pessoas, que se acumularam no seu entorno e passaram a agredir fisicamente os proprietários do carro e prováveis responsáveis pelo animal. O tribunal não imputou a responsabilidade civil ao estabelecimento nem ao funcionário, mas sim ao usuário de rede social que postou o vídeo identificando o nome e placa do veículo, expondo os donos do veículo a toda sorte de ofensas pela Internet, o que exponencia os riscos à vítima.[46]

Ainda no campo dos casos individuais, mas desta vez muito mais próximo ao conceito de discurso de ódio propriamente dito, giza-se caso envolvendo ataque homofóbico em rede social de um deputado contra outro então parlamentar, mesmo antes da "criminalização" da homofobia pelo Supremo. Chama a atenção, aqui, além da já esboçada linha de raciocínio de partir-se da licitude da manifestação do pensamento até determinados limites, também a repercussão do ato no valor da reparação, uma vez que o Tribunal a majorou de acordo com a notoriedade das pessoas envolvidas e a natureza da reparação, que assume caráter pedagógico.[47] Ademais, é possível se identificar, também no âmbito

---

45. "RESPONSABILIDADE CIVIL – Danos morais e materiais – Publicação ofensiva à honra e à imagem do autor compartilhada em rede social – Sentença que fixou indenização por danos morais em R$ 10.000,00 – Inconformismo do réu – Rejeição – Imputação injustificada de crime ao agente público seguida de ofensas – Possibilidade de individualização do policial – Garantia fundamental à livre manifestação de pensamento que não é absoluta – Danos na honra subjetiva do autor suficientemente embasados para legitimar ressarcimento pecuniário – Indenização arbitrada em valor excessivo – Redução para R$ 5.000,00 – Sentença parcialmente reformada – Recurso provido em parte." (TJSP. Apelação Cível 1003400-86.2014.8.26.0269; Relator (a): Mônica de Carvalho; Órgão Julgador: 8ª Câmara de Direito Privado; Foro de Itapetininga – 1ª. Vara Cível; Data do Julgamento: 26/08/2019; Data de Registro: 26/08/2019).

46. "RECURSO INOMINADO. AÇÃO INDENIZATÓRIA. NULIDADE DA SENTENÇA AFASTADA. OFENSAS VERBAIS E AGRESSÕES FÍSICAS. DANOS COMPROVADOS. CONDUTAS DOS REQUERIDOS ANALISADAS SEPARADAMENTE. CONDUTA DO 2º RECORRIDO (FERNANDO) QUE VISOU A LOCALIZAÇÃO DO PROPRIETÁRIO DO VEÍCULO NO COMÉRCIO. ATO ILÍCITO INEXISTENTE. AUSÊNCIA DO DEVER DEINDENIZAR. PROPAGAÇÃO NO ÂMBITO VIRTUAL DE NOTÍCIA E IMAGENS DA AUTORA PELO 3º REQUERIDO (MATEUS) COM CONOTAÇÃO EVIDENTE PEJORATIVA, QUE DENOTAM INSTIGAÇÃO À VIOLÊNCIA, AO ÓDIO E À REVOLTA DOS SEGUIDORES DE PÁGINA EM REDE SOCIAL DE ALTA CIRCULAÇÃO. RESPONSABILIDADE PELOS DANOS SUPORTADOS PELA AUTORA. AUSÊNCIA DE RELAÇÃO ENTRE A CONDUTA VIRTUAL ILÍCITA DO 3º REQUERIDO (MATEUS) E O ESTABELECIMENTO COMERCIAL RECORRIDO. QUANTUM INDENIZATÓRIO DE ACORDO COM AS PARTICULARIDADES DO CASO CONCRETO E PRINCÍPIOS DA RAZOABILIDADE E DA PROPORCIONALIDADE. RECURSO CONHECIDO E PARCIALMENTE PROVIDO." (TJPR – 1ª Turma Recursal – 0025735-04.2016.8.16.0018 – Maringá – Rel.: Juiz Fernando Augusto Fabrício de Melo – J. 07.07.2017) Destaque-se trecho do inteiro teor em que o relator explicita que a postagem com identificação da pessoa é origem do ilícito no âmbito da Internet: "Imperioso mencionar ainda, que a publicação foi visualizada por inúmeros seguidores, compartilhada, e dela se propagaram diversos comentários instigando as agressões contra a dona do animal, xingamentos e ofensas virtuais que diretamente atingiram gratuitamente a dignidade da requerente, causando-lhe transtornos de difícil reparação, máxime a comprovação de sua rescisão do contrato de trabalho e acompanhamento psiquiátrico após o ocorrido."

47. "Ementa: APELAÇÃO CÍVEL. PROCESSO CIVIL. AÇÃO DE INDENIZAÇÃO POR DANOS MORAIS. FATOS NOVOS ALEGADOS EM RÉPLICA. ALTERAÇÃO DA CAUSA DE PEDIR. IMPOSSIBILIDADE. PUBLICAÇÃO NA REDE SOCIAL FACEBOOK. EXCESSO PUNÍVEL. OFENSA À HONRA SUBJETIVA. DANO MORAL CONFIGURADO. INDENIZAÇÃO. ARBITRAMENTO. 1. Apelação interposta da sentença proferida em ação de indenização por danos morais, que julgou procedente o pedido para condenar o réu a indenizar o autor por danos morais, em R$ 10.000,00, corrigido monetariamente e acrescido de juros de mora.2. De acordo com o artigo 435, do Código

da Internet, o recurso à vedação ao enriquecimento sem causa como fator limitante do valor da indenização.[48]

No concernente à responsabilidade do provedor, antes de se falar na subsidiariedade quanto ao dever de reparar o dano, é cediço em jurisprudência que envolve a obrigação de fazer cessarem os danos de caráter permanente, sendo juridicamente viável o pedido de exclusão de determinados conteúdos mediante a indicação da *Universal Resource Locater* (URL).[49] Outrossim, é também juridicamente possível a requisição judicial dos

---

de Processo Civil, é lícito às partes, em qualquer tempo, juntar aos autos documentos novos, quando destinados a fazer prova de fatos ocorridos depois dos articulados ou para contrapô-los aos que foram produzidos nos autos. Para que um fato novo seja considerado pelo juiz é necessário que tenha ocorrido depois da propositura da ação, que influa no julgamento da lide e que observe o contraditório. Não tendo os fatos novos apresentados em réplica relação direta com os deduzidos na inicial, tratando-se de novas ofensas que alteram a causa de pedir, ampliando os limites objetivos da lide, deve ser mantida a sentença que não os levou em consideração, sob pena de cerceamento de defesa da parte contrária e violação ao princípio do devido processo legal. 3. Tendo o réu incorrido em excesso punível em comentários sobre o autor, transmitidos na rede social da internet Facebook, quando extrapolou da crítica política, isto é, a censura ao homem público, para irrogar ofensas à dignidade e ao decoro do autor, correta a sentença que o condenou a indenizar pelos danos morais causados. 5. O valor da verba compensatória deve ser arbitrado em observância aos princípios da razoabilidade e proporcionalidade, consideradas as funções preventiva, pedagógica, reparadora e punitiva, bem como a vedação de enriquecimento ilícito. Majorado o valor da indenização para R$20.000,00 (vinte mil reais). 6. Recurso do autor conhecido e parcialmente provido. Recurso do réu conhecido e improvido. Decisão: DAR PARCIAL PROVIMENTO AO RECURSO DO AUTOR. NEGAR PROVIMENTO AO RECURSO DO RÉU. UNÂNIME." (TJDFT. Processo: 0032555-42.2016.8.07.0001. Data de Julgamento: 21/02/2018. Órgão Julgador: 2ª Turma Cível. Relator: Cesar Loyola. Data da Intimação ou da Publicação: Publicado no DJE 06/03/2018.).

48. "Ementa: PROCESSO CIVIL. APELAÇÃO CÍVEL. AÇÃO DE INDENIZAÇÃO POR DANOS MORAIS. OFENSAS RACIAIS E DISCURSO DE ÓDIO. DANO MORAL CONFIGURADO. PROPORCIONALIDADE E RAZOABILIDADE. QUANTUM ARBITRADO MANTIDO. 1. Ofensas de cunho racial e discurso de ódio extrapolam o contexto de mero aborrecimento cotidiano e configuram danos morais indenizáveis, por atingir a honra subjetiva do ofendido. 2. O arbitramento do valor da indenização deve ser pautado nos princípios da razoabilidade e da proporcionalidade, de forma que a soma não seja tão grande que se converta em fonte de enriquecimento indevido, nem tão pequena que se torne inexpressiva. 4. Recurso conhecido, mas não provido. Unânime. (TJDFT – Processo: 0738155-66.2017.8.07.0001Data de Julgamento: 14/11/2018 Órgão Julgador: 3ª Turma Cível. Relator: Fátima Rafael. Data da Intimação ou da Publicação: Publicado no DJE 22/11/2018).

49. "Ementa: AGRAVO DE INSTRUMENTO. RESPONSABILIDADE CIVIL. TUTELA ANTECIPADA REQUERIDA EM CARÁTER ANTECEDENTE. EXCLUSÃO DE POSTAGEM COM VÍDEO E COMENTÁRIOS EM REDE SOCIAL DA INTERNET. CONTEÚDO QUE PERMITE A IDENTIFICAÇÃO DA AUTORA E A RELACIONA A ATENDIMENTO DESRESPEITOSO EM CRVA, COM POTENCIAL DE INCITAÇÃO AO ÓDIO. POSSIBILIDADE DE ALCANÇAR A MEDIDA EM FACE DO PROVEDOR DE APLICAÇÕES (MEDIANTE INDISPONIBILIZAÇÃO DE ACESSO ÀS POSTAGENS) TENDO EM VISTA O FORNECIMENTO DA RESPECTIVA URL NAS QUAIS INSERIDO O CONTEÚDO OFENSIVO. 1. A informação do endereço eletrônico completo (URL) em que inserido o conteúdo ofensivo, cuja indisponibilização se visa a alcançar, é indispensável para o adequado cumprimento da ordem judicial, além de garantia aos demais usuários de que não sofrerão censura prévia e de que dispõem de seu direito de livre manifestação e expressão. Inteligência do art. 19, § 1º, da Lei nº 12.965/14 e jurisprudência do STJ. 2. Requisito atendido pela agravante no caso concreto, no qual a publicação veiculada com vídeo e que é alvo de questionamento ostenta natureza temerária e com evidente potencial de incitação ao ódio em detrimento da imagem da autora, funcionária de CRVA no qual ocorreu atendimento do corréu, usuário da rede social Facebook. Vídeo com milhares de visualizações e dezenas de comentários negativos e que ultrapassam a barreira da simples crítica e opinião, com potencial concreto de mácula à dignidade da autora caso sua possibilidade de acesso e compartilhamentos se estenda no tempo. AGRAVO DE INSTRUMENTO PROVIDO." (Agravo de Instrumento, Nº 70078113776, Nona Câmara Cível, Tribunal de Justiça do RS, Relator: Carlos Eduardo Richinitti, Julgado em: 26-09-2018).

registros de acesso pois, em que pese sigilosos, devem ser resguardados pelo provedor de aplicações.⁵⁰⁻⁵¹

Não obstante, em caso envolvendo mensagens privadas contendo discurso de ódio em rede social, a jurisprudência ainda é tímida em determinar a exclusão de perfis pelo provedor sob o argumento de que se deve intentar ação própria contra o infrator, restringindo-se a tutela dos direitos da vítima ao direito de resposta e à reparação civil.⁵²

Analisados brevemente alguns aspectos de arestos individuais, salienta-se que a discussão sobre a resistência ao discurso de ódio se mostra mais profícua na análise jurisprudencial no âmbito das demandas coletivas, principalmente quando se revela em danos morais coletivos.

O primeiro precedente diz respeito a uma Ação Civil Pública movida no TJSP, em que se julgou procedente, em sede de apelação, o pleito de retirada de ofensa a religião

---

50. "Ementa: AGRAVO DE INSTRUMENTO. RESPONSABILIDADE CIVIL. TUTELA ANTECIPADA REQUERIDA EM CARÁTER ANTECEDENTE. EXCLUSÃO DE POSTAGENS COM POTENCIAL DE INCITAÇÃO AO ÓDIO DE REDE SOCIAL E FORNECIMENTO DE DADOS DE PROTOCOLO IP. POSSIBILIDADE DE ALCANÇAR A MEDIDA EM FACE DO PROVEDOR DE APLICAÇÕES (MEDIANTE INDISPONIBILIZAÇÃO DE ACESSO ÀS POSTAGENS) TENDO EM VISTA O FORNECIMENTO DAS RESPECTIVAS URL NAS QUAIS INSERIDOS OS CONTEÚDOS OFENSIVOS. 1. A informação do endereço eletrônico completo (URL) em que inserido o conteúdo ofensivo, cuja indisponibilização se visa a alcançar, é indispensável para o adequado cumprimento da ordem judicial, além de garantia aos demais usuários de que não sofrerão censura prévia e de que dispõem de seu direito de livre manifestação e expressão. Inteligência do art. 19, § 1º, da Lei nº 12.965/14 e jurisprudência do STJ. 1.2. Requisito atendido pelos agravantes no caso concreto, no qual as publicações veiculadas no Facebook e que são alvo de questionamento ostentam natureza temerária e com evidente potencial de incitação ao ódio em detrimento não só da imagem do estabelecimento como colocam em risco a integridade física dos proprietários da clínica veterinária envolvida em polêmica que trouxe à tona o tema da eutanásia de animais contaminados por leishmaniose. 2. Os dados relativos aos registros de acesso a aplicações da internet são sigilosos, sendo dever do provedor de aplicação resguardá-los (art. 15 da Lei do Marco Civil). Não obstante, perfeitamente possível a requisição judicial deles, mormente quando presentes os pressupostos do art. 22 da mesma Lei. AGRAVO DE INSTRUMENTO PROVIDO." (Agravo de Instrumento, Nº 70073798712, Nona Câmara Cível, Tribunal de Justiça do RS, Relator: Carlos Eduardo Richinitti, Julgado em: 13-09-2017).
51. Em caso de adoção da tecnologia do IPv4, em paulatina substituição pelo IPv6, concluiu o STJ ser necessário, também, que o provedor forneça a porta lógica, tecnologia adotada transitoriamente para fornecer acesso a vários usuários por meio de um único IP. Nesse sentido: MARTINS, Guilherme Magalhães; LONGHI, João Victor Rozatti; FALEIROS JÚNIOR, José Luiz de Moura. Porta lógica, IP e os registros de acesso a aplicações da Internet: Uma leitura ampliativa do art. 5º, VIII do Marco Civil da Internet. *Jota*, 26 dez. 2019. Disponível em: https://www.jota.info/opiniao-e-analise/artigos/porta-logica-ip-e-os-registros-de-acesso-a-aplicacoes-da-internet-26122019. Acesso em: 19 fev. 2020.
52. "APELAÇÃO CÍVEL. Ação de obrigação de fazer. Direito de imagem. Usuário que promove o envio, no Direct do Instagram, de mensagens difamatórias da empresa autora. Sentença de procedência para obrigar a requerida Facebook à exclusão do perfil e à disponibilização dos dados do administrador. Nulidade da sentença. Alegada ausência de fundamentação quanto à análise dos embargos de declaração. Não configuração. O julgador não é obrigado a rebater cada um dos argumentos ventilados nos autos, bastando que, pela motivação, seja possível aferir as razões pelas quais se acolheu ou rejeitou as pretensões da parte. Precedentes do A. STJ. Preenchimento dos requisitos do artigo 489, do CPC e art. 93, IX da CF. Preliminar rejeitada. Mérito. Irresignação quanto à determinação de exclusão do perfil. Cabimento. A colisão da liberdade de expressão com os direitos da personalidade deve ser resolvida, em regra, pela retificação, pelo direito de resposta ou pela reparação civil. Exclusão do perfil que não se mostra adequada, pois representaria malferição ao princípio da liberdade de pensamento e expressão. Caso em que a difamação é causada pelo encaminhamento de mensagens privadas pelo Direct, não por postagens públicas no Instagram. Ilícito que deve ser dirimido em ação própria, entre a prejudicada e a responsável pelo perfil, sendo que a responsabilidade do Facebook deve se limitar a fornecer os dados de identificação do usuário infrator. RECURSO PROVIDO para excluir a condenação do Facebook de promover à exclusão do perfil. (TJSP; Apelação Cível 1006231-90.2018.8.26.0100; Relator (a): Rodolfo Pellizari; Órgão Julgador: 6ª Câmara de Direito Privado; Foro Central Cível – 7ª Vara Cível; Data do Julgamento: 05/12/2019; Data de Registro: 05/12/2019).

muçulmana da Internet, em nítido exemplo de discurso sistemático para ofender determinada minoria.[53] Ponderando os valores em jogo, consignou-se no inteiro teor:

> Mas essa liberdade tem seus limites, dentre elas a vedação ao anonimato, justamente para permitir que abusos porventura ocorridos sejam passíveis da consequente responsabilização civil e penal de seus autores. No caso dos autos, as publicações apontadas aparentam conteúdo ofensivo e se dirigem a toda a universalidade de seguidores da crença islâmica, indicando ânimo de ofensa e disseminação do ódio, o que não deve ser admitido. Desse modo, visando evitar a continuidade da propagação das ofensas capazes de causar prejuízos à imagem dos muçulmanos, cabível que se autorizem as medidas protetivas perseguidas pela autora, que têm amparo no disposto no artigo 300, do Código de Processo Civil. Com o devido respeito à tese defendida no despacho agravado, a natureza das postagens e sua virulência não recomendam sua manutenção, apenas pelo fato de que estão inseridas há longo tempo, pois os efeitos deletérios destas persistem, ainda que, à primeira vista, não evidenciem grande repercussão. De outro modo, não se antevê risco de dano inverso a justificar a concessão de oportunidade para que os agravados ofereçam prévia resposta.[54]

Mais próximo do cotidiano brasileiro contemporâneo, Acórdão proferido pelo Tribunal Regional Federal da 1ª Região, em apelação contra sentença que julgou Ação Civil Pública em que se discutia a responsabilidade civil de militar que, ao defender em vídeo na Internet que demarcações de terras indígenas seriam nocivas aos interesses nacionais por encobrirem interesses de grandes potências internacionais, acabou por exceder os limites do lícito exercício da liberdade de expressão, pois proferiu ofensas à etnia indígena de cunho racista, vexatório e preconceituoso, redundando em danos morais coletivos.

Segundo concluiu o órgão prolator da decisão, o autor acabou "promovendo um discurso de ódio étnico, que visa segregar o índio da constituição do povo brasileiro e negar seus direitos constitucionais, com postura atentatória à demarcação das terras dos povos indígenas." Ao final, foi condenado ao pagamento de R$ 200.000,00 (duzentos mil reais) à FUNAI para aplicação na reconstituição de danos especificamente nas áreas das reservas Raposa Serra do Sol e São Marcos, no Estado de Roraima.[55]

---

53. "TUTELA PROVISÓRIA – Ação Civil Pública – Pleito visando impor a retirada de páginas e publicações do Facebook e Youtube – Cabimento – Publicações que contém conteúdo ofensivo e se dirigem a toda a universalidade de seguidores da crença islâmica, indicando ânimo de ofensa e disseminação do ódio – Medida que visa evitar a continuidade da propagação das ofensas capazes de causar prejuízos à imagem dos muçulmanos, ao menos até a vinda de outros elementos aos autos – Requisitos dos art. 300 e ss, CPC, bem evidenciados – Recurso provido." (TJSP; Agravo de Instrumento 2116207-87.2019.8.26.0000; Relator (a): Galdino Toledo Júnior; Órgão Julgador: 9ª Câmara de Direito Privado; Foro Central Cível – 28ª Vara Cível; Data do Julgamento: 18/06/2019; Data de Registro: 18/06/2019).
54. *Cf.* Idem.
55. Pela importância do tema, convém mencionar o inteiro teor da Ementa, ressaltando: "CONSTITUCIONAL E ADMINISTRATIVO. AÇÃO CIVIL PÚBLICA. RESPONSABILIDADE CIVIL. DANO MORAL COLETIVO. OFENSA AOS POVOS INDÍGENAS. DOCUMENTÁRIO COM MANIFESTAÇÕES DESRESPEITOSAS, VEXATÓRIAS E PRECONCEITUOSAS. PROMOÇÃO DE DISCURSO RACISTA E DO ÓDIO ÉTNICO. DESRESPEITO À CULTURA INDÍGENA. INDENIZAÇÃO CABÍVEL. PROCEDÊNCIA DO PEDIDO INICIAL. REFORMA DA SENTENÇA. I – A orientação jurisprudencial já sedimentada no âmbito de nossos tribunais firmou-se, no sentido de que "a possibilidade de indenização por dano moral está prevista no art. 5º, inciso V, da Constituição Federal, não havendo restrição da violação à esfera individual. A evolução da sociedade e da legislação têm levado a doutrina e a jurisprudência a entender que, quando são atingidos valores e interesses fundamentais de um grupo, não há como negar a essa coletividade a defesa do seu patrimônio imaterial" e de que "o dano moral coletivo é a lesão na esfera moral de uma comunidade, isto é, a violação de direito transindividual de ordem coletiva, valores de uma sociedade atingidos do ponto de vista jurídico, de forma a envolver não apenas a dor psíquica, mas qualquer abalo negativo à moral da coletividade, pois o dano é, na verdade, apenas a consequência da lesão à esfera extra-

A questão indígena é emblemática e se encontra presente em outro aresto, desta vez proferido pelo Tribunal Regional Federal da 3ª Região, em que se concluiu pela inexistência de discurso de ódio proferido por jornalista contra a etnia Guarani-Kaiowá, reformando sentença que condenara o réu.⁵⁶

---

patrimonial de uma pessoa" (REsp 1397870/MG, Rel. Ministro MAURO CAMPBELL MARQUES, SEGUNDA TURMA, julgado em 02/12/2014, DJe 10/12/2014). II – Na espécie, à luz dos elementos carreados para os autos, restou devidamente comprovada a ocorrência do dano moral coletivo noticiado na inicial, decorrente da forma pejorativa e desrespeitosa, inclusive com a utilização de palavras chulas, pela qual os promovidos se referiram, no documentário em questão, aos povos indígenas – em especial, os Yanomamis –, evidenciando menosprezo e desrespeito à cultura indígena, bem como promovendo um discurso de ódio étnico, que visa segregar o índio da constituição do povo brasileiro e negar seus direitos constitucionais, com postura atentatória à demarcação das terras dos povos indígenas " que estão se desfazendo em merda, confinados em pleno século 21 a viverem como num zoológico humano" e que "os Yanomamis vivem na imundície e que é preciso lhes ensinar a serem higiênicos". III – Nesse contexto, constitui dano moral coletivo em desfavor dos povos indígenas, mediante a veiculação de tratamento desrespeitoso, vexatório e preconceituoso, em documentário sobre a demarcação das terras indígenas e conflitos agrários, dirigido e produzido pelo primeiro réu e do qual participou o segundo réu (general do Exército brasileiro), do que resulta a manifesta responsabilidade civil dos promovidos e, por conseguinte, o dever de indenizar, na espécie. IV – De ver-se, ainda, que não há que se falar em mero "retrato grosseiro" da realidade dos indígenas, mas em odioso ato de desrespeito, que fomenta, como o próprio juízo monocrático reconheceu, um pensamento antigo e recorrente na sociedade brasileira, no sentido de que os índios são incapazes e culturalmente atrasados, a justificar a intervenção "civilizatória" dos brasileiros não indígenas ou do próprio Estado, o que refoge aos limites da liberdade de expressão e manifestação do pensamento (CF, art. 5º, IV, CF), a merecer dura reprimenda por parte do Poder Judiciário, na qualidade de guardião das leis e da Constituição Federal, na dimensão protetora dos direitos humanos, sendo que o fato de existir outras tantas pessoas que também pensariam da mesma forma que os promovidos não legitima o discurso veiculado no referido documentário. V – Há de se registrar, ainda, que, nos termos do art. 142 da Constituição Federal, competem às Forças Armadas a defesa da Pátria, a garantia dos poderes constitucionais e, por iniciativa de qualquer destes, da lei e da ordem, o que não foi observado pelo segundo réu, militar do Exército, ao se manifestar a respeito da questão indígena. VI – Ademais, nada impede que qualquer indígena opte por abandonar suas práticas culturais e submeter-se ao modo de vida dos demais brasileiros. Todavia, trata-se de opção a ser feita individualmente e não a ser imposta ou defendida pela sociedade civil e/ou pelo Estado, no pretexto de "civilizar o indígena". VII – Relativamente à fixação do valor da indenização por danos morais coletivos, cumpre verificar que inexiste parâmetro legal definido para o seu arbitramento, devendo ser quantificado segundo os critérios de proporcionalidade, moderação e razoabilidade, submetidos ao prudente arbítrio judicial, com observância das peculiaridades inerentes aos fatos e circunstâncias que envolvem o caso concreto, bem assim em consonância com a função sancionatória e pedagógica da reparação. Dessa forma, reputa-se razoável, na espécie, a fixação do valor da indenização por danos morais em R$ 200.000,00 (duzentos mil reais), a ser revertido à FUNAI (Roraima), em benefício dos povos indígenas atingidos. VIII – Apelação do Ministério Público Federal provida, para julgar procedente o pedido inicial e condenar os promovidos ao pagamento de R$ 200.000,00 (duzentos mil reais), a título de danos morais coletivos, acrescido de juros moratórios, a contar da data da publicação do documentário (Súmula nº 54, STJ), e de correção monetária, a partir desta condenação, segundo os índices do Manual de Cálculos da Justiça Federal, a ser repassado à FUNAI (Roraima), para geri-lo e aplicá-lo na reconstituição dos danos especificamente nas áreas da Raposa Serra do Sol e de São Marcos, no Estado de Roraima." (AC 0000288-75.2009.4.01.4200, Desembargador Federal Souza Prudente, TRF1 – Quinta Turma, e-DJF1 22/01/2019 PAG.).

56. "APELAÇÃO CÍVEL. DANO MORAL COLETIVO. LIBERDADE DE IMPRENSA E DE MANIFESTAÇÃO DE PENSAMENTO. NÃO CONFIGURADO, IN CASU, O DISCURSO DE ÓDIO. INEXISTÊNCIA DE DANO. AUSÊNCIA DE RESPONSABILIDADE CIVIL. APELAÇÃO DO RÉU PROVIDA, PELA REFORMA DA R. SENTENÇA DE PRIMEIRO GRAU, COM A IMPROCEDÊNCIA DO PEDIDO EXORDIAL. 1. Como é sabido, tradicionalmente o dano moral está associado a dor e ao sofrimento da vítima. Esse paradigma, no entanto, vem sendo progressivamente superado. Evidência disso são as hipóteses, que têm sido admitidas, dos danos morais sofridos pelas pessoas naturais impassíveis de detrimento anímico (como nascituros etc.), pelas pessoas jurídicas e, conforme inclusive se discute nestes autos, pela coletividade. 2. Em verdade, até mesmo para as pessoas naturais que sofrem e padecem de dor, tais elementos já vêm sendo deixados ao largo, sendo que o esquadrinhamento dos danos morais tem tomado como parâmetro, na doutrina mais moderna, a violação a direitos da personalidade. 3. Entrementes, no que toca à figura dos danos morais causáveis à coletividade, a abordagem é diferente. Na lição de Farias-Rosenvald, dano moral coletivo é "o resultado de toda ação ou omissão lesiva significante, praticada por qualquer pessoa contra o patrimônio da coletividade, considerada esta as gerações presentes e futuras, que suportam um sentimento de repulsa por um

À parte da discussão acerca da possibilidade ou não de o Ministério Público expressar os anseios da coletividade para fins de obtenção da condenação do ofensor em danos morais coletivos, destaca-se que a decisão se deu por apertada maioria, residindo o cerne da controvérsia em haver ou não o requerido exercido licitamente seu direito à liberdade de expressão.

Do inteiro teor é possível se extrair a íntegra do texto supostamente ofensivo, o qual tem conteúdo pretensamente humorístico, ao que parte da doutrina destaca ser caso especial do exercício da liberdade de expressão, mais permissivo da autonomia do autor.[57] Contudo, é também da leitura integral da decisão que se revela a sensibilidade

---

fato danoso e irreversível, de difícil reparação, ou de consequências históricas" (Curso de Direito Civil, 2017, v. 3, p. 353). 4. O reconhecimento do instituto dos danos morais coletivos, a princípio, sofreu resistência nos tribunais. Com o tempo, os danos morais coletivos foram começando a aparecer nas decisões judiciais, sendo a sua existência, hoje, agasalhada pela doutrina e jurisprudência majoritárias. Precedentes do STJ. 5. Enfim, no STJ a questão parece pacificada; inclusive, a Corte, na publicação Jurisprudência em Teses, edição n. 125, enuncia na Tese 2: "O dano moral coletivo, aferível *in re ipsa*, é categoria autônoma de dano relacionado à violação injusta e intolerável de valores fundamentais da coletividade". 6. A fundamental litigiosa que precisa ser resolvida neste apelo: a veiculação do texto em referência provocou dano moral coletivo? O exame detido levará à resposta negativa. 7. Diz o art. 5º, IV, CF que é livre a manifestação do pensamento. O inciso IX do mesmo dispositivo ensina que é livre a expressão da atividade de comunicação, independentemente de censura ou licença. O art. 220, caput, da Carta Magna diz: "A manifestação do pensamento, a criação, a expressão e a informação, sob qualquer forma, processo ou veículo não sofrerão qualquer restrição, observado o disposto nesta Constituição." E o §2º do mesmo dispositivo, por sua vez: "É vedada toda e qualquer censura de natureza política, ideológica e artística." Na ADPF 187, o STF consagrou a liberdade de expressão "como um dos mais preciosos privilégios dos cidadãos em uma república fundada em bases democráticas", aduzindo que se trata de "núcleo de que se irradiam os direitos de crítica, de protesto, de discordância e de livre circulação de ideias". 8. No artigo que se analisa nestes autos, o que se percebe é o exercício do direito de criticar, o que envolverá, às vezes, a construção de um discurso mediante palavras e expressões não aprazíveis, afáveis ou lhanas. 9. Dessume-se desses julgados, e também da boa razão, que as manifestações negativas, satíricas, por mais que ácidas e ousadas, não escapam à indumentária da liberdade de expressão. 10. Ressalte-se: não é papel do direito tutelar o bom gosto, a falta de graça ou o acerto ou erro da manifestação do pensamento. Muito ao revés: é papel do direito, isso sim, proteger a manifestação do pensamento em si, por mais que algures ou alhures seja o pensamento manifestado tachado de feio, errado, dicaz. 11. É preciso distinguir, nesse ponto, a configuração do chamado discurso de ódio da manifestação do pensamento em geral. O que faz um divergir do outro é o animus, a intenção do emissor da expressão: quem discursa de ódio discursa para conclamar, dolosamente, à lesão; fala com o propósito de fazer açoite, de ver o outro em lanhos. Quem manifesta o pensamento quer apenas fazer a sua ideia ressoar; quem discursa de ódio quer apenas fazer o outro sofrer. 12. Por princípio elementar do direito, a boa-fé se presume, e a má-fé se prova. Ora, não há, nos autos, qualquer demonstração de que o réu tivesse ou pudesse ter animus destrutivo na veiculação do texto. Pelo contrário: o que está provado é que o réu é autor satírico, que escreve com ironia. E isso é questão de estilo, não de espírito. 13. Está-se discutindo a possibilidade de ofensa à coletividade, e aqui, conforme pontificado pelo C. Superior Tribunal de Justiça, é preciso verificar a ocorrência de violação injusta e intolerável de valores fundamentais da coletividade. Não se vê, por mais que intensas e ácidas as colocações – insista-se – qualquer violação injusta e intolerável no caso concreto. 14. No exame da confluência entre os direitos fundamentais em debate – liberdade de expressão x honra/dignidade coletiva – não se pode extrair do texto jornalístico qualquer excesso que não se adeque à liberdade de manifestação do pensamento e pluralista de ideias ínsito ao regime democrático. 15. O autor do texto veiculou críticas suas aos valores ou esquema social da comunidade indígena, que podem ou não refletir o pensamento de outras pessoas, mas em nenhum momento pregou o ódio, nunca conclamou leitores à agressão dos membros da coletividade criticada, por isso mesmo não se caracterizando o excesso que pudesse, porventura, perfazer dano moral coletivo. 16. O texto foi veiculado, e lá na esfera de ideias é que travou os seus combates. Apoiadores surgiram, detratores apareceram, foram feitos ataques e defesas, e a esse campo, exclusivamente, é que se limitaram os efeitos da manifestação do pensamento em análise. 17. Inexistência de dano moral coletivo, *in casu*. 18. Rejeitada preliminar. Apelo provido." (TRF3 – ApCiv 0001359-45.2013.4.03.6002, Desembargador Federal Souza Ribeiro, Segunda Turma, e-DJF3).

57. Sobre o tema da proteção da liberdade de expressão no humor, como exemplo, V. CAPELOTTI, João Paulo. Humor e proteção de direitos da personalidade. Estudo a partir do caso da 'Irmã Zuleide'. *Jota*, 21 fev. 2020. Disponível em: https://www.jota.info/opiniao-e-analise/colunas/dissenso-org/humor-e-protecao-de-direitos-da-personalidade-04092018. Acesso em: 21. Fev. 2020.

do tema, destacando-se do voto divergente do Exmo. Desembargador Federal Hélio Nogueira as seguintes passagens:

> A liberdade de expressão, agasalhada pela CF, tem limites, não sendo absoluta como qualquer direito, e se manifestamente vilipendiosa e preconceituosa, não pode ser aceita pelo ordenamento jurídico. [...] Do texto evidencia-se discurso veiculado com o claro fim de transmitir ideias preconceituosas e de ódio étnico, que atentam contra a dignidade indígena. As manifestações acima explicitadas demonstram a intolerância, calcadas em declarações nitidamente discriminatórias, vulnerando o direito à igualdade e promovendo diminuição dos integrantes da comunidade indígena citada, sem sombra de dúvida. As expressões transcritas (*"hate speech"*) objetivam a negação da igualdade entre os seres humanos, promove discriminação e propaga a inferioridade de determinado grupo, o que não pode mais ser aceito, afastando-se em muito de meras críticas ácidas. O discurso de ódio tem o condão de difundir estereótipos irracionais – ou não é o que faz o texto - e depreciativos contra grupos minoritários, passível de provocar erosão de reconhecimento recíproco de igualdade entre sujeitos culturalmente distintos que compõe a esfera pública. [...] O excesso verborrágico do texto jornalístico, data vênia, difunde sim o preconceito e causa inegáveis danos à comunidade indígena, havendo afronta injusta aos valores daquela comunidade como um todo, imputando-lhe fatos sem compromisso ético com a verdade e a informação. Dessa forma, diante do exposto, acompanho a divergência, inclusive no tocante aos valores devidos a título de danos morais.[58]

Semelhantemente, se posicionou a Exma. Juíza Federal convocada Denise Avelar, para quem: "No caso sub judice tem-se que o texto publicado incorreu em abuso no exercício da liberdade de expressão ao utilizar-se do emprego de expressões injuriosas, afrontando a honra e a imagem da etnia Guarani-Kaiowá, sem qualquer compromisso ético com a informação."[59]

À guisa de conclusão, pode-se anotar que a identificação, no caso concreto, do discurso do ódio pressupõe criteriosa ponderação dos valores da liberdade de expressão e de comunicação e da igualdade e solidariedade, como manifestações da dignidade da pessoa humana, submetendo-se o autor do discurso, para além das sanções penais previstas em lei especial, à sanção de cunho civil, em conformidade com o interesse jurídico violado.

5. CONSIDERAÇÕES FINAIS

Como se salientou, não se tem a pretensão de exaurir o tema da responsabilidade civil por prática de discurso de ódio em redes sociais neste breve excerto. Entretanto, o ponto fundamental do estudo quanto aos impactos das Tecnologias de Informação e Comunicação (TICs), especialmente da Internet e das redes sociais, implicou-se em tomar como ponto de partida o ambiente comunicacional das chamadas "bolhas de conteúdo", pelas quais os cidadãos consomem informações supostamente direcionadas às suas preferências, o que favorece o surgimento de tendências que fraturam a noção de esfera pública.

Frente à incerteza quanto aos limites do que pode (ou não) ser expressado na Internet e, consequentemente, considerado como legítimo exercício do direito fundamental

---

58. TRF3 – ApCiv 0001359-45.2013.4.03.6002, Desembargador Federal Souza Ribeiro, TRF3 – Segunda Turma, e-DJF3.
59. *Idem*.

à liberdade de expressão, se situa a problemática do discurso de ódio (*hate speech*), que tem também implicações na esfera da responsabilidade civil, como ato ilícito.

Como se viu, o discurso do ódio contempla toda sorte de menções de caráter difamatório e degradante à raça, à etnia, à religião, à origem, ao gênero, à condição social ou aparência física de um grupo de pessoas ou de indivíduos; contempla, ainda, incitações ao ódio ou ao uso do próprio discurso fundado no ódio como instrumento ou recurso para provocar discórdia e produzir ataques violentos entre grupos sociais ou a símbolos nacionais.

Seu enfrentamento jurisprudencial é amplo e, no curso deste breve estudo, foram apresentados diversos julgados extraídos dos repositórios dos diversos tribunais pátrios, inclusive do Supremo Tribunal Federal e do Superior Tribunal de Justiça. E, pela averiguação casuística, notou-se que, nos casos de discurso do ódio proferido contra indivíduos singularmente considerados, a reparação deve seguir o curso normal definido pela legislação civil (art. 927, CC). Porém, não se pode desconsiderar a hipótese do discurso de ódio proferido contra grupo ou classe de pessoas ligadas por alguma relação de fato – que atinge interesses metaindividuais e que pode ter repercussão social, causando ameaças à harmonia e à integração da comunidade, maculando o valor da solidariedade social –, justificando a utilização do dano moral coletivo como instrumento para a reparação civil.

Anotou-se, ademais, que a problemática concernente à responsabilização dos provedores, em razão da celeuma quanto à constitucionalidade do artigo 19 do Marco Civil da Internet, ainda acarreta problemas na delimitação do contexto reparatório por ofensas veiculadas em mídias sociais gerenciadas por esses provedores.

A questão ainda apresenta controvérsias e, como visto, somente o tempo dirá qual será o escopo protetivo definido pelo julgamento, em sede de controle abstrato, do Supremo Tribunal Federal. A depender do entendimento prevalente, a responsabilização dos provedores poderá adquirir novos contornos para a compreensão da extensão e das implicações do *hate speech* no Brasil.

6. REFERÊNCIAS

ALEXY, Robert. *Teoria dos direitos fundamentais*. Tradução de Virgílio Afonso da Silva. São Paulo: Malheiros, 2008.

BARBOSA-FOHRMANN, Ana Paula; SILVA JÚNIOR, Antonio dos Reis. O discurso de ódio na Internet. In: MARTINS, Guilherme Magalhães; LONGHI, João Victor Rozatti (Coords.). *Direito digital*: direito privado e internet. 3. ed. Indaiatuba: Foco, 2020.

BARROSO, Luís Roberto. *A dignidade humana no direito constitucional contemporâneo*: a construção de um conceito jurídico à luz da Jurisprudência mundial. Belo Horizonte: Fórum, 2018.

BARROSO, Luís Roberto. Liberdade de expressão *versus* direitos da personalidade. Colisão entre direitos fundamentais e critérios de ponderação. In: SARLET, Ingo Wolfgang (Org.). *Direitos fundamentais, informática e comunicação*: algumas aproximações. Porto Alegre: Livraria do advogado, 2007.

BICKERT, Monika. *Charting a Way Forward on Online Content Regulation*. Fev. 17, 2020. Disponível em: https://about.fb.com/news/2020/02/online-content-regulation/. Acesso em: 20 jan. 2020.

BILBAO UBILLOS, Juan María. La negación del holocausto en la jurisprudencia del Tribunal Europeo de Derechos Humanos: la endeble justificación de tipos penales contrarios a la libertad de expresión. *Revista de Derecho Político*, v. 19, n. 71-72, jan./ago. 2008.

BOWERS, John; ZITTRAIN, Jonathan. *Answering Impossible Questions: Content Governance in an Age of Disinformation*. In: The Harvard Kennedy School (HKS) Misinformation Review, 16 jan. 2020. Disponível em: https://ssrn.com/abstract=3520683. Acesso em: 20 dez 2020.

CAPELOTTI, João Paulo. Humor e proteção de direitos da personalidade. Estudo a partir do caso da 'Irmã Zuleide'. *Jota*, 21 fev. 2020. Disponível em: https://www.jota.info/opiniao-e-analise/colunas/dissenso-org/humor-e-protecao-de-direitos-da-personalidade-04092018. Acesso em: 21. Fev. 2020.

FARIAS, Edilsom Pereira de. *Colisão de direitos*: a honra, a intimidade, a vida privada e a imagem versus liberdade de expressão e informação. 3. ed. rev. e atual. Porto Alegre: Sergio Antonio Fabris Editor, 2008.

FILOMENO, José Geraldo de Brito. Capítulo II – Da Política Nacional das Relações de Consumo. In: GRINOVER, Ada Pellegrini et al (Org.). *Código brasileiro de defesa do consumidor*: comentado pelos autores do anteprojeto. 8. ed. Rio de Janeiro: Forense Universitária, 2004.

GOMES, Wilson; MAIA, Rousiley C. M. *Comunicação e democracia*: problemas & perspectivas. São Paulo: Paulus, 2008.

JOHNSON, Brett. *The Free Speech Balancing Act of Digital Intermediaries*: an explication of the concept of content governance. University of Minnesota. Minneapolis. Adviser: Amy Kristin Sanders. (Dissertation). 2015. p. 299-300. Disponível em: http://conservancy.umn.edu/bitstream/handle/11299/175194/Johnson_umn_0130E_16048.pdf?sequence=1&isAllowed=y. Acesso em: 16 fev. 2020.

LONGHI, João Victor Rozatti. Marco Civil da Internet no Brasil: breves considerações sobre seus fundamentos, princípios e análise crítica do regime de responsabilidade civil dos provedores. In: MARTINS, Guilherme Magalhães; LONGHI, João Victor Rozatti (Coords.). *Direito digital*: direito privado e internet. 3. ed. Indaiatuba: Foco, 2020.

MARQUES, Claudia Lima. A Lei n° 8.078/90 e os direitos básicos do consumidor. In: BENJAMIN, Antônio Herman V.; MARQUES, Claudia Lima; BESSA, Leonardo Roscoe. *Manual de direito do consumidor*. 2. ed. rev., atual. e ampl. São Paulo: Revista dos Tribunais, 2009.

MARTINS, Guilherme Magalhães. Artigo 19 do Marco Civil da Internet gera impunidade e viola a Constituição. *Consultor Jurídico*, 21 nov. 2019. Disponível em: https://www.conjur.com.br/2019-nov-21/guilherme-martins-artigo-19-marco-civil-internet-gera-impunidade. Acesso em: 12 fev. 2020.

MARTINS, Guilherme Magalhães; LONGHI, João Victor Rozatti; FALEIROS JÚNIOR, José Luiz de Moura. Porta lógica, IP e os registros de acesso a aplicações da Internet: Uma leitura ampliativa do art. 5°, VIII do Marco Civil da Internet. *Jota*, 26 dez. 2019. Disponível em: https://www.jota.info/opiniao-e-analise/artigos/porta-logica-ip-e-os-registros-de-acesso-a-aplicacoes-da-internet-26122019. Acesso em: 19 fev. 2020.

MILL, John Stuart. *On Liberty*. New York: Booklassic, 2015.

MOLNÁR, Péter. Four Dangers for Freedom of expression on the Internet: an interview with Frank La Rue, UN special Rapporteur on the promotion and protection of right to expression. In: MOLNÁR, Péter (Ed.). *Free speech and censorship around the globe*. Budapest/Nova York: Central European University Press, 2015.

MORAES, Guilherme Peña. *Curso de direito constitucional*. 7. ed. rev. e atual. São Paulo: Atlas, 2015.

MOREIRA, Eduardo Ribeiro. *Neoconstitucionalismo*: a invasão da constituição. São Paulo: Método, 2008.

PARISER, Eli. *O filtro invisível. O que a Internet está escondendo de você*. Tradução de Diego Alfaro. Rio de Janeiro: Zahar, 2012.

ROJAS, Sebastián Zárate. La problemática entre el derecho al olvido y la libertad de prensa. *Derecom*, n. 13 mar./maio 2013. Disponível em: http://dialnet.unirioja.es/servlet/articulo?codigo=4330379. Acesso em: 17 fev. 2020.

ROSEN, Jeffrey. The right to be forgotten. *Stanford Law Review Online*, v. 64, n. 688, fev. 2012. Disponível em: http://www.stanfordlawreview.org/online/privacy-paradox/right-to-be-forgotten. Acesso em: 17 fev. 2020.

ROSSUM, Ralph A; TARR, G. Alan. *American Constitutional Law*. The Bill of Rights and Subsequent Amendments. Philadelphia: Westview Press, 2014, v. II.

SARMENTO, Daniel. *Dignidade da pessoa humana*: conteúdo, trajetórias e metodologia. 2. ed. Belo Horizonte: Fórum, 2016.

SARMENTO, Daniel; SOUZA NETO, Cláudio Pereira de. *Direito constitucional*: teoria, história e métodos de trabalho. 2. ed. Belo Horizonte: Fórum, 2017.

SCHREIBER, Anderson. *Direitos da personalidade*. 2. ed. rev. e atualizada. São Paulo: Atlas, 2013.

SCHREIBER, Anderson. *Novos paradigmas da responsabilidade civil*. Da erosão dos filtros de reparação à diluição dos danos. 2. ed. São Paulo: Atlas, 2009.

SOLOVE, Daniel. Speech, privacy and reputation on the Internet. *In:* LEVMORE, Saul; NUSSBAUM, Martha. *The offensive Internet*. Cambridge: Harvard University Press, 2010.

SUNSTEIN, Cass. *Democracy and the problem of free speech*. Nova York: Free Press, 1993.

TRAVASSOS, Marcela Maffei Quadros. *Hate speech* e liberdade de expressão. *In:* SCHREIBER, Anderson (Coord.). *Direito e mídia*. São Paulo: Atlas, 2013.

VIEIRA, Lucas Pacheco. A liberdade de expressão e a liberdade de imprensa sob a perspectiva da jurisprudência da Suprema Corte dos Estados Unidos da América. *In:* Universidade Federal de Santa Maria. *Anais do I Congresso Internacional de Direito e Contemporaneidade da UFSM*. Santa Maria, 2012. Disponível em http://coral.ufsm.br/congressodireito/anais/2012/10.pdf. Acesso em 12 fev. 2020.

VOLOKH, Eugene. Freedom of speech and of the press. *In:* MEESE III, Edward (Ed.) *The Heritage Guide to the Constitution*. 2. ed. Washington, DC: Regnery Publishing, 2014.

VOLOKH, Eugene; FALK, Donald M. Google first amendment protection for search engine results. *Journal of Law, Economics & Politics*, v. 883, 2012.

WARBURTON, Nigel. *Free Speech*: a very short introduction. Oxford: Oxford University Press, 2009.

RESPONSABILIDADE CIVIL POR "INFIDELIDADE VIRTUAL"?

Karenina Carvalho Tito

Mestre em Ciências Jurídico-Empresariais e Doutoranda em Direito Civil pela Faculdade de Direito da Universidade de Coimbra. Professora. Advogada.

Sumário: 1. Introdução do problema. 2. O conteúdo moral do dever de fidelidade conjugal. 3. A ilicitude da infidelidade virtual. 4. Os danos da infidelidade virtual. 5. A prova ilícita da infidelidade virtual. 6. Notas conclusivas. 7. Referências.

1. INTRODUÇÃO DO PROBLEMA

Um bom entendimento da pergunta que se formula no título deste estudo implica admitir o impacto da internet nas relações sociais e, em particular, nas relações conjugais. O surgimento de afinidades erótico-afetivas "virtuais" fora da relação conjugal é, sem dúvida, capaz de questionar a noção que temos de "infidelidade" no âmbito da responsabilidade civil no casamento. E faz sentido que assim seja, principalmente porque "novos" comportamentos podem implicar diferentes soluções jurídicas e permitir identificar "novos" danos[1]. Falamos de comportamentos que surgem à distância, *online*, através de texto (ex. *chats*), imagem (ex. partilha de fotografias), vídeo (ex., *Skype*) ou voz (ex. *WhatsApp*), como forma de encetar um relacionamento com um conteúdo erótico-afetivo e ou pornográfico no mundo virtual. É também fruto do aumento exponencial da existência de *websites* de relacionamento e de *chats* em plataformas como o *Instagram* ou o *Facebook*. A diferença em relação às "antigas" relações extraconjugais que podiam ser estabelecidas à distância, por carta ou telefone, é significativa[2], desde logo porque a internet, utilizada nos atuais meios de comunicação – através de *smartphones*, *tablets* ou *laptops* –, permite maior mobilidade, anonimato e privacidade.

O problema à luz da responsabilidade civil entre cônjuges é mais complexo do que aparenta. Em primeiro lugar devido à própria noção ou natureza do dever de fidelidade conjugal. Os avanços tecnológicos possibilitaram novas formas de relacionamento que colocaram em crise o próprio conteúdo de "fidelidade", passando o problema também para o mundo virtual. A questão está em saber se a prática de relacionamentos cibernéticos

---

1. Ainda que não sejam comportamentos tão "novos" quanto isso, considerando que, nos anos 90, com o surgimento das novas tecnologias, já se discutia o impacto da internet na sociedade e das várias opções que as pessoas casadas tinham para comunicar (e-mail, fóruns, *chats*, vídeo-conferência etc.) e cometer uma "infidelidade virtual". Veja-se, em especial, HALL, Christina Tavella. Sex Online: Is this Adultery? *Hastings Communications and Entertainment Law Journal*, São Francisco, v. 20, n. 1, 1997, p. 201-221.
2. Na opinião de PONZONI, Laura de Toledo. Infidelidade Virtual – realidade com efeitos jurídicos. *Revista da Faculdade de Direito da Universidade de São Paulo*, São Paulo, v. 102, jan./dez. 2007, p. 1031, "o que se diz ou se faz na Internet, portanto, não difere muito do que ocorria nos amores vividos através de cartas ou telefone".

de natureza afetiva ou sexual – confidências afetivas, flerte, troca de experiências sexuais e, até mesmo, simulações do ato sexual – podem ou não configurar uma "infidelidade" com relevância jurídico-civil, sobretudo ante a falta de contato físico. Esta questão está relacionada com o eventual *conteúdo moral* do dever de fidelidade conjugal.

Em segundo lugar, é essencial identificar o bem jurídico que se pretende proteger com a tutela jurídico-civil perante as práticas de "infidelidade virtual", o que está intimamente ligado à ilicitude e com o tipo de responsabilidade civil em causa: contratual ou extracontratual? Repare-se que há diferentes formas de se conceber o requisito da ilicitude: tanto podemos entender que haverá uma responsabilidade civil *extracontratual* pela violação de direitos de personalidade, como podemos defender que a ilicitude decorre da própria violação dos deveres decorrentes do casamento, enquanto responsabilidade civil *contratual*.

Em terceiro, cumpre perceber se existe efetivamente algum tipo de dano identificável com as práticas de *ciberinfidelidade*, inclusivamente algum "dano existencial", para que possamos falar de uma verdadeira responsabilidade civil.

Por fim, focados no direito processual civil, vamos olhar para a problemática da *obtenção de provas ilícitas* mediante a intromissão nos referidos meios de comunicação pessoais – *smartphones*, *tablets* ou *laptops*. Vamos começar por enunciar argumentos a favor da admissibilidade da prova ilícita no processo civil, com vista a favorecer a verdade dos fatos da infidelidade virtual, passando, depois, à procura de argumentos a favor da sua inadmissibilidade, na medida dos limites constitucionais à descoberta da verdade.

São estas as questões que propomos debater, todas interligadas ao mesmo problema: *a responsabilidade civil por "infidelidade virtual"*.

2. O CONTEÚDO MORAL DO DEVER DE FIDELIDADE CONJUGAL

A interpretação tradicional do dever de fidelidade conjugal passa por englobar dois aspectos, um positivo e outro negativo: a disponibilidade dos cônjuges em manterem relações sexuais entre si e a proibição de as ter com terceiros[3]. Trata-se essencialmente de identificar o dever de fidelidade com a *fidelidade física*, dando especial importância ao dever de conteúdo negativo que proíbe o adultério e que obriga à abstenção (*non facere*) de atos sexuais com terceiro[4]. Ainda assim, a "infidelidade" com relevância jurídica deverá existir muito para além de um qualquer conceito de fidelidade física reduzida a um "ato sexual de relevo"[5].

---

3. De acordo com ALONZO MENDOZA, Pamela. Daños morales por infidelidad matrimonial. Um acercamiento al derecho español. *Revista Chilena de Derecho y Ciencia Política*, Santiago, v. 2, n. 2, 2011, p. 47
4. O adultério abrange todos os actos sexuais realizados com outra pessoa que não o cônjuge: a copula vaginal, a cópula vulvar ou vestibular, o coito anal, o coito oral, a masturbação com intervenção de terceiro, o auxílio à masturbação etc.. *Cfr.* PINHEIRO, Jorge Duarte. *O direito de família contemporâneo*. 5. ed. Coimbra: Almedina, 2016, p. 380.
5. Muito discutido no âmbito do direito penal a propósito dos crimes contra a liberdade sexual. A propósito, veja-se a noção de "ato sexual de relevo" em ANTUNES, Maria João. Artigo 163.º (coacção sexual). *In*: *Comentário Conimbricense ao Código Penal*, tomo I, Coimbra: Coimbra Editora, 1999, p. 447-452.

É curioso notar que Supremo Tribunal de Justiça português, já nos anos 80, considerou "infidelidade matrimonial de ordem moral" o fato de um dos cônjuges escrever uma peça literária em que "se imaginava a copular com uma personagem desse escrito que não o seu cônjuge"[6]. Isto significa que a fidelidade pode ser entendida com um determinado conteúdo moral. Na verdade, a tese que prevalece no direito português identifica o dever de fidelidade com um duplo dever[7]: o dever de fidelidade física, nos termos acima referidos, e o dever de *fidelidade moral*, cujo conteúdo impede qualquer ligação afetivo-erótica de um cônjuge com terceiro. Ou seja, por exemplo, a troca de mensagens, imagens, sons ou vídeos de cariz íntimo e sexual, entre um dos cônjuges com terceiro, pode ser pensada exclusivamente numa perspectiva de *infidelidade moral*[8]. Não há contato físico, não há "adultério", mas há contatos cibernéticos e ligações "amorosas" com terceiro que poderão tornar insuportável a vida conjugal em comum na união do leito, mesa e habitação[9].

Estes atos de que falamos inserem-se num contexto em que o cônjuge e o terceiro na maioria das vezes não se conhecem pessoalmente, mantendo apenas contato no mundo virtual, ou seja, mantendo um *caso afetivo-extraconjugal-virtual*. Aliás, poderá estar em causa uma verdadeira tentativa de adultério, considerando, segundo a experiência comum, os atos que se podem seguir na realidade – da virtualidade para a realidade –, denunciando o propósito de natureza sexual do cônjuge lesante com terceiro. Tais comportamentos, ainda que numa fase preparatória, interferem na esfera da sexualidade do matrimônio porque são suscetíveis de satisfazer as intenções libidinosas de um dos cônjuges sem a interferência do outro – resultando, assim, no incumprimento do dever positivo de disponibilidade dos cônjuges em manterem relações afetivo-sexuais entre si. A internet, de fato, criou novas formas de ser infiel[10].

Admitindo que existe um conteúdo moral no dever de fidelidade conjugal, falta saber se a *infidelidade virtual-moral* tem ou não relevância jurídico-civil. Nos dias que correm, é difícil defender que são comportamentos dignos de tutela da responsabilidade civil apenas porque lesam "sentimentos gerais de moralidade sexual"[11], ou apenas porque correspondem a uma "violação clamorosa dos bons costumes"[12]. É necessário procurar, com algum rigor técnico-jurídico, o conteúdo da ilicitude e os possíveis bens jurídicos protegidos pela ordem jurídico-civil.

---

6. Acórdão do STJ de 25/05/1987, *Boletim do Ministério de Justiça* 364, p. 866.
7. *Cfr.* VARELA, João de Matos Antunes. *Direito da família*. 5. ed. Lisboa: Petrony, 1999, v. 1, p. 343.
8. *Cfr.* VARELA, João de Matos Antunes. *Direito da família*. 5. ed. Lisboa: Petrony, 1999, v. 1, p. 342-343.
9. Estes são requisitos no direito português para a existência de "União de Fato".
10. Assim, PONZONI, Laura de Toledo. Infidelidade Virtual – realidade com efeitos jurídicos. *Revista da Faculdade de Direito da Universidade de São Paulo*, São Paulo, v. 102, jan./dez. 2007, p. 1029.
11. A discussão no âmbito do direito penal em ANTUNES, Maria João. Artigo 163.º (coacção sexual). In: *Comentário Conimbricense ao Código Penal*, tomo I, Coimbra: Coimbra Editora, 1999, p. 449-450.
12. Jorge Alberto Duarte Pinheiro faz referência à questão na sua tese de doutoramento: PINHEIRO, Jorge Duarte. *O núcleo intangível da comunhão conjugal*: os deveres conjugais sexuais. Coimbra: Almedina, 2004, p. 719.

3. A ILICITUDE DA INFIDELIDADE VIRTUAL

É comum identificar duas modalidades de responsabilidade civil[13]: a primeira, designada "responsabilidade por fatos ilícitos" ou extracontratual, diz respeito à violação de direitos absolutos[14]; ao passo que a segunda, "responsabilidade obrigacional" ou contratual, resulta do incumprimento de obrigações emergentes de uma fonte do direito, como é o caso do contrato de casamento. O essencial é compreender que há dois campos de responsabilização – adotando a posição dualista[15] –, o campo extracontratual (direitos absolutos) e o campo contratual (direitos relativos), sendo a diferença mais genérica o fato de existir nesta última uma relação jurídica prévia e específica entre os sujeitos[16-17].

Ora, nesta conjuntura dualista, onde se enquadra a infidelidade conjugal?

Os cônjuges, nos termos da lei, estão reciprocamente vinculados pelo dever de fidelidade. O problema está em discutir se o incumprimento ou a violação desse dever pode dar lugar a algum tipo de ilicitude, contratual ou extracontratual, com obrigação de indenizar.

Por um lado, é verdade que para existirem deveres conjugais terá de haver, previamente, um contrato que formalize o casamento. O que nos levaria a pensar num tipo de responsabilidade *contratual* pela violação do dever conjugal de fidelidade, isto é, uma ilicitude pela violação de "deveres contratuais"[18]. A maioria da doutrina portuguesa defende a possibilidade de haver responsabilidade civil *contratual* pela violação dos deveres conjugais[19]. Esse ponto de vista parte da tese de que são indenizáveis todos os danos resultantes da violação dos deveres conjugais, pondo então fim à doutrina da

---

13. Pese embora esta perspectiva dualista, não podemos ignorar a possibilidade de haver responsabilidade por "fatos lícitos", responsabilidade extracontratual "pelo risco" ou responsabilidade "pré-contratual".
14. Ver BARBOSA, Mafalda Miranda. *Lições de responsabilidade civil*. Cascais: Princípia, 2017, p. 13 e ss.
15. *Cfr.*, a propósito, BARBOSA, Mafalda Miranda. *Lições de responsabilidade civil*. Cascais: Princípia, 2017, p. 13-14 e nota 1; e, também, sobre a "terceira via", CORDEIRO, António Menezes. *Tratado de Direito Civil. Direito das Obrigações*. Coimbra: Almedina, 2014, v. VIII, p. 400-403.
16. *Cfr.* CORDEIRO, António Menezes. *Tratado de Direito Civil. Direito das Obrigações*. Coimbra: Almedina, 2014, v. VIII, p. 390.
17. Há, depois, diferenças jurídico-legais entre ambos os regimes no ordenamento jurídico português. No âmbito da responsabilidade civil extracontratual, considere-se o seguinte: é ao "lesado que incumbe provar a culpa do autor da lesão, salvo havendo presunção legal de culpa"; está em causa a capacidade natural de o autor da lesão entender o mundo; há um regime especial de solidariedade; é necessário uma relação de comissão para um sujeito poder responder por atos de outrem; e o direito de indenização prescreve, normalmente, no prazo de três anos. De forma diversa, no âmbito da responsabilidade contratual: há uma presunção de culpa imputável ao devedor; está em causa a capacidade de exercício do devedor; aplica-se o regime geral da conjunção das obrigações; o devedor pode ser responsabilizado por atos de outrem perante o credor; e o direito de indenização pelo incumprimento da obrigação prescreve no prazo de 20 anos. É ainda possível aprofundar essas diferenças em planos estruturais, funcionais e axiológicos, como segue fazendo BARBOSA, Mafalda Miranda. *Lições de responsabilidade civil*. Cascais: Princípia, 2017, p. 15-16.
18. Ver CERDEIRA, Ângela Cristina da Silva. *Da responsabilidade dos cônjuges entre si*. Coimbra: Coimbra Editora, 2000, p. 68-79.
19. Por todos, OLIVEIRA, Guilherme de. *Responsabilidade civil por violação dos deveres conjugais*. Disponível em: http://www.guilhermedeoliveira.pt/resources/Responsabilidade-civil-por-violac%CC%A7a%CC%83o-dos-deveres-conjugais.pdf. Acesso em: 12 fev. 2020, p. 14 e ss.

"fragilidade da garantia" e ao princípio da imunidade interconjugal que vigoraram em anteriores períodos da história[20].

Seria possível defender a responsabilidade civil contratual pela infidelidade virtual, nestes termos, caso atribuíssemos o tal conteúdo moral ao dever de fidelidade conjugal, concluindo que a ilicitude poderia resultar do seu mero incumprimento. Sendo certo que, mesmo admitindo a existência desta proteção jurídico-civil, nunca se poderá obrigar um cônjuge a cumprir o seu dever de fidelidade. E também não será possível obrigar o cônjuge lesante, através de uma decisão do tribunal, a pôr termo à relação extraconjugal--virtual com o terceiro. Por essa razão, a doutrina italiana menciona a "incoercibilidade" do dever conjugal de fidelidade[21], motivo válido para se afastar o problema do regime das obrigações contratuais.

Com efeito, apesar de formalmente os deveres conjugais nascerem de uma relação contratual, esses deveres têm uma relevância, primeiramente, *pessoalíssima*[22]. São, aliás, deveres-expectativas pessoais que derivam do compromisso do casamento enquanto estado que afeta as pessoas que o celebram. Nas palavras de Antunes Varela, "são verdadeiros deveres morais impostos também, se não principalmente, no interesse da própria pessoa vinculada e ainda no interesse superior da sociedade conjugal ou da comunidade familiar"[23]. Ou seja, protegem não somente o interesse do cônjuge, a quem são devidos, mas o interesse da sociedade conjugal ou da comunidade familiar[24].

Nesse sentido, há uma outra corrente que defende exclusivamente a responsabilidade civil *extracontratual* pelos comportamentos que violam direitos de personalidade, sendo essa a causa da ilicitude. Afasta-se a responsabilidade civil contratual porque entende-se que os deveres conjugais não são autênticos deveres jurídicos, mas uma categoria diversa[25]. Particularmente Mafalda Miranda Barbosa considera a fidelidade como um "direito pessoal familiar": a partir do casamento surgem "direitos pessoais familiares", poderes-deveres com eficácia absoluta, enquanto dimensões do direito de personalidade, que são específicos da comunidade familiar[26]. O casamento é visto, primeiramente, como um contrato pessoal, isto é, *como um compromisso com expectativas*

---

20. Em Portugal, o período anterior à reforma do Código Civil de 1977 foi assinalado pela ideia de que o casamento era dirigido pelo marido enquanto chefe de família e pelo *princípio da imunidade interconjugal*, de forma a proteger a paz e harmonia dos cônjuges e o patrimônio da família. Eram assim privilegiados os institutos do casamento e da família em relação aos interesses dos cônjuges individualmente considerados. Em virtude do pensamento da época, durante o casamento, não era possível ao cônjuge lesado instaurar ação contra o outro cônjuge pela violação dos deveres conjugais – o que resultava de uma interpretação restritiva da norma geral que previa a responsabilidade civil. Era a chamada "tese da fragilidade da garantia" dos deveres conjugais. Nestes termos, CASEY, William P. The trend of interspousal and Parental Immunity. Insurance Counsel Journal, Getzville, jul. 1978, p. 324 e OLIVEIRA, Guilherme de. *Responsabilidade civil por violação dos deveres conjugais*, p. 2-3.
21. Cfr. MIOTTO, Giampaolo. La responsabilità civile dell´amante. *Revista Mensile di Dottrina, Giurisprudenza e Legislazione*, Milão: Giuffè, n. 4, 2013, p. 1106; e FACCI, Giovanni. Il danno da adulterio. *Revista Mensile di Dottrina, Giurisprudenza e Legislazione*, Milài: Giuffè, n. 5, 2012, p. 1489.
22. Como veremos, esta é a posição defendida pela doutrinadora Mafalda Miranda Barbosa.
23. VARELA, João de Matos Antunes. *Das obrigações em geral*. 10. ed. Coimbra: Almedina, 2011, v. 1, p. 199.
24. SOUSA, Rabindranath V. A. Capelo de. *O direito geral da personalidade*. Coimbra: Coimbra Editora, 1995, p. 580.
25. Assim, COELHO, Francisco M. Pereira. Anotação ao Acórdão de 17 de Fevereiro de 1983. *Revista de Legislação e Jurisprudência*, Coimbra: Coimbra Editora, ano 117, n. 3718-3729, 1985, p. 64.
26. Veja-se, assim, BARBOSA, Mafalda Miranda. Família e responsabilidade civil: uma relação possível? Brevíssimo apontamento. *Lex Familae*, Coimbra, ano 10, n. 10, 2013, p. 65 e 72-74.

pessoais que afeta o estado das pessoas que o celebram, considerando que a comunhão de vida trazida pelo matrimônio não anula a personalidade de cada um dos cônjuges, mantendo, nesse sentido, os seus direitos de personalidade[27]. A sua lesão poderá desencadear, exclusivamente, as regras da responsabilidade civil extracontratual pela violação dos direitos (absolutos) do cônjuge lesado[28].

Mas, afinal, quais direitos de personalidade?

A lei civil portuguesa refere uma proteção contra qualquer ofensa ilícita ou ameaça de ofensa à personalidade moral, assim como a lei constitucional reconhece o direito ao livre desenvolvimento da personalidade das pessoas[29]. Assim, as diversas condutas de "infidelidade virtual" podem ser exemplos de ofensas à honra ou à integridade moral ou psíquica do cônjuge lesado[30], enquanto bens jurídicos protegidos. A honra, neste caso, pensada em duas perspectivas (habitualmente gizadas na doutrina): a subjetiva, que significa o respeito e consideração que a própria pessoa tem de si; e a objetiva, que é o respeito que a pessoa tem no meio social. Assim, tal como ocorre na vida real, a "infidelidade virtual" poderá possuir níveis de gravidade diferente, nos termos dos quais os comportamentos mantidos através da internet também são suscetíveis de lesar a integridade psíquica ou sentimental de uma pessoa casada. Ligando tudo, este laço erótico-afetivo extraconjugal e virtual com um terceiro poderá configurar, de fato, uma *conduta ilícita por se afigurar imoral e desonrosa para a personalidade e para os sentimentos pessoais do cônjuge lesado*[31].

É evidente que não estamos impedidos de identificar outros bens jurídicos protegíveis com a tutela da responsabilidade civil extracontratual, nomeadamente a reputação e o bom nome do lesado[32]. Tudo pode depender do caso concreto e do tipo de ilicitude extracontratual.

4. OS DANOS DA INFIDELIDADE VIRTUAL

Não temos dúvidas de que a infidelidade virtual poderá causar danos morais (ou não patrimoniais) tais como o sofrimento e o desgosto de saber que a pessoa com quem

---

27. Entendimento de BARBOSA, Mafalda Miranda. Família e responsabilidade civil: uma relação possível? Brevíssimo apontamento. *Lex Familae*, Coimbra, ano 10, n. 10, 2013, p. 77. Sobre a questão SOUSA, Rabindranath V. A. Capelo de. *O direito geral da personalidade*. Coimbra: Coimbra Editora, 1995, p. 451: "os cônjuges não alienam nas suas relações entre si a generalidade dos seus direitos de personalidade".
28. *Cfr.* VARELA, João de Matos Antunes. *Das obrigações em geral*. 10. ed. Coimbra: Almedina, 2011, v. 1, p. 534.
29. *Cfr.* 70.º, n. 1, do Código Civil e 26.º, n. 1, da Constituição da República Portuguesa. E daí a posição doutrinária de Capelo de Sousa em relação às práticas sexuais propriamente ditas: "No direito português, as práticas sexuais extramatrimoniais constituem actos ilícitos nas relações jurídicas entre os cônjuges, por violação do dever de fidelidade (arts. 1672.º e 1779.º CC), e entre o cônjuge não praticante e o terceiro praticante, por violação do direito geral de personalidade daquele (art. 70.º, n. 1, CC), v.g., em matéria de honra e sentimentos pessoais, podendo haver lugar à reponsabilidade civil". *Vide* SOUSA, Rabindranath V. A. Capelo de. *O direito geral da personalidade*. Coimbra: Coimbra Editora, 1995, nota 489, p. 231).
30. *Cfr.* IORIO, Giovanni. *Infedeltà coniugale e risarcimento del dano*. Officina Del Diritto. Milão: Giuffrè, 2013, p. 60; e FACCI, Giovanni. Il danno da adulterio. *Revista Mensile di Dottrina, Giurisprudenza e Legislazione*, Milâi: Giuffè, n. 5, 2012, p. 1492. Veja-se, ainda, FRADA, Manuel A. Carneiro da. Nos 40 anos do Código Civil: Tutela da personalidade e dano existencial. *Themis*, Revista da Faculdade de Direito da Universidade Nova de Lisboa, Lisboa, Edição Especial, p. 47-68, 2008.
31. A ensejar a antiga separação judicial litigiosa por sanção prevista na lei brasileira: *cfr.* artigos 1.572 c/c art. 1.573, VI, do Código Civil brasileiro.
32. *Cfr.* SOUSA, Rabindranath V. A. Capelo de. *O direito geral da personalidade*. Coimbra: Coimbra Editora, 1995, p. 450-451.

se estabeleceu um vínculo matrimonial, do qual se pressupõe a existência de uma ligação amorosa e exclusiva, rompeu a confiança existente entre ambos. O forte sentimento de humilhação pessoal e social associados à "traição" também serão danos morais identificáveis. Jorge Pinheiro diz-nos ser indenizável o "choque psíquico" sofrido com a descoberta da infidelidade e a frustração dos "naturais anseios sexuais"[33]. É claro que a determinação do dano em si varia de caso para caso, sendo que há pessoas que conseguirão aceitar melhor a situação, enquanto outras, com tendências mais depressivas, poderão sofrer danos mais graves.

Além dos referidos danos morais, podemos atender também a danos *patrimoniais* se associarmos ao sofrimento a necessidade de frequentar sessões de terapias com psicólogos ou psiquiatras, das quais resultarão despesas. No limite, a separação pode forçar o cônjuge lesado a mudar de residência ou a deixar o seu emprego, resultando, assim, em outro tipo de danos patrimoniais[34].

É inegável que a infidelidade virtual poderá causar uma crise de confiança nos deveres matrimoniais de fidelidade recíproca, mas é também inegável que a tutela jurídico-civil apenas se justifica quando as repercussões são suficientemente graves e lesivas ao equilíbrio psíquico, emocional e social do cônjuge traído. Predomina o entendimento geral de que a infidelidade entre os cônjuges, por si só, não gera necessariamente um dano moral, pois nem sempre se atribui um dano na esfera moral de um dos cônjuges devido a dissabores em decorrência do descumprimento dos deveres de fidelidade. Seguindo este entendimento, o Superior Tribunal de Justiça vem firmando seu posicionamento no sentido de que a mera frustração e mágoa, sentimentos naturais na dissolução de casamento, não são superiores aos dissabores naturalmente enfrentados entre os cônjuges no *terminus* da relação afetiva[35]. Em certos casos, o mesmo tribunal decidiu que a prática de adultério, isoladamente, não se mostra suficiente a gerar um dano moral indenizável, sendo necessário que a postura do cônjuge infiel seja ostentada de forma pública, comprometendo a reputação, a imagem e a dignidade do companheiro[36]. A posição da jurisprudência majoritária é a de que há dano moral se ficar demonstrada a gravidade do caso, na medida das repercussões graves e lesivas ao equilíbrio psicológico e emocional do cônjuge lesado, considerando também os reflexos sociais à sua própria imagem.

Sendo assim, a dor e a tristeza decorrentes da infidelidade virtual não configuram necessariamente um acontecimento lesivo dos direitos da personalidade que atinja a outra parte de tal maneira que, por si só, preencha os pressupostos da responsabilidade civil extracontratual. A doutrinadora Maria Berenice Dias defende igualmente não existir o dever de indenizar quando não há dano grave: não cabe qualquer "descumprimento do dever de fidelidade" quando não exista uma verdadeira afronta ao dever de respeito que deve reger as relações interpessoais, ou seja, não cabe considerar culpado aquele

---

33. Assim, PINHEIRO, Jorge Duarte. *O núcleo intangível da comunhão conjugal*: os deveres conjugais sexuais. Coimbra: Almedina, 2004, p. 705.
34. Assim, PINHEIRO, Jorge Duarte. *O núcleo intangível da comunhão conjugal*: os deveres conjugais sexuais. Coimbra: Almedina, 2004, p. 701.
35. STJ. AREsp 1116006 de 13.11.2017.
36. STJ. AREsp 1176712 de 26.10.2017.

que faz uso de um espaço imaginário e que se relaciona com uma pessoa "invisível"[37]. Portanto, a infidelidade virtual poderá atentar, em abstrato, contra os deveres de fidelidade exigidos em qualquer relacionamento, mas somente em circunstâncias específicas, graves e reiteradas, é que poderá configurar um dano para a esfera da personalidade do cônjuge lesado[38].

É também possível discutir problemas dogmáticos que abrem as portas a novos conceitos e dúvidas: é o caso do *dano existencial*[39]. O conceito de dano existencial surgiu na jurisprudência italiana para designar os danos ligados ao projeto da vida de uma pessoa, por exemplo, nas dimensões familiar, sexual, educacional, artística ou profissional. Nas palavras de Filipe Albuquerque Matos, são "alterações registadas na vida quotidiana dos lesados, em virtude de estes ficarem impedidos, na sequência da prática do facto lesivo, de se relacionarem e interagirem no plano comunitário nos termos em que o faziam até esse momento"[40]. Ou seja, o dano existencial é reconduzível aos *danos não patrimoniais* e aos *direitos de personalidade* da pessoa lesada.

Veja-se o nosso exemplo: o cônjuge que tem conhecimento da infidelidade virtual passa a estar sujeito a uma alteração involuntária do seu modo de vida, com todos os reflexos negativos no seu bem-estar afetivo-amoroso e da família. Esse dano é moral porque não está quantificado em dinheiro e compromete os direitos de personalidade do cônjuge lesado. Basta pensar no potencial que a *ciberinfidelidade* tem para alterar negativamente as condições de vida e de existência do cônjuge lesado. Não está apenas em causa uma ofensa emotiva ou sentimental, está também e sobretudo em causa as atividades familiares comprometidas ou impedidas pelo comportamento do cônjuge lesante: a perda da qualidade de vida do casal e da família, assim como toda a alteração de planos e de hábitos nas relações com terceiros, impedindo uma *plena realização pessoal* do cônjuge lesado. E isto admitindo que há uma verdadeira ruptura entre os cônjuges, pelo menos na união de mesa e no leito. Tudo tem potencial para lesar o desenvolvimento da personalidade e a integridade psíquica do cônjuge lesado. Por isso, autores como Carneiro da Frada entendem que o problema está ligado à dimensão relacional da pessoa humana e à tutela do direito geral de personalidade[41].

Mas o cônjuge lesado não deverá ser o único a sofrer um dano existencial. Indo mais além, os filhos do casal também podem estar sujeitos a uma alteração involuntária

---

37. DIAS, Maria Berenice. *Manual de Direito das Famílias*. São Paulo: Revista dos Tribunais, 2016, p. 177.
38. Vide COELHO, Francisco M. Pereira. Anotação ao Acórdão de 17 de Fevereiro de 1983. *Revista de Legislação e Jurisprudência*, Coimbra: Coimbra Editora, ano 117, n. 3718-3729, 1985, p. 92.
39. Seguimos, nesta matéria, FRADA, Manuel A. Carneiro da. Nos 40 anos do Código Civil: Tutela da personalidade e dano existencial. *Themis*, Revista da Faculdade de Direito da Universidade Nova de Lisboa, Lisboa, Edição Especial, p. 47-68, 2008; MATOS, Filipe Cruz de Abulquerque. *Responsabilidade civil por ofensa ao crédito ou ao bom nome*. Coimbra: Almedina, 2011; LÓPEZ DE LA CRUZ, Laura. El resarcimiento del daño moral ocasionado por el incumplimiento de los deberes conyugales. *InDret: Revista para el Análisis del Derecho*, Barcelona, n. 4, 2010; BARBOSA, Mafalda Miranda. Família e responsabilidade civil: uma relação possível? Brevíssimo apontamento. *Lex Familae*, Coimbra, ano 10, n. 10, 2013; e PA PALADINI, Mauro. Responsabilità civile nella famiglia: verso I danni punitivi? *Responsabilità Civile e Previdenza*, Milão, n. 10, 2007, p. 2008-2010.
40. *Vide* MATOS, Filipe Cruz de Abulquerque. *Responsabilidade civil por ofensa ao crédito ou ao bom nome*. Coimbra: Almedina, 2011.
41. *Cfr.* FRADA, Manuel A. Carneiro da. Nos 40 anos do Código Civil: Tutela da personalidade e dano existencial. *Themis*, Revista da Faculdade de Direito da Universidade Nova de Lisboa, Lisboa, Edição Especial, p. 47-68, 2008.

e significativa do seu modo de vida. Aliás, os filhos passam a ser confrontados com uma vida familiar e relacional pouco saudável. A pergunta que se coloca é a seguinte: *é possível que um filho deduza um pedido indenização ao pai por ter causado constrangimentos à sua personalidade através da violação dos deveres conjugais de fidelidade com a mãe?*

Teríamos que superar as concepções individualistas da pessoa e assumir uma dimensão relacional com a família, tão importante para o desenvolvimento da personalidade dos filhos. Juridicamente, seria admitir que a personalidade do filho também está dotada de uma proteção *erga omnes* perante o incumprimento dos deveres conjugais dos pais, particularmente o dever de fidelidade que pode ser essencial para a estabilidade emocional de uma família e para a integridade psíquica do próprio filho. Pensemos no momento em que o descendente tem conhecimento que um dos seus pais teve uma relação extraconjugal-virtual em prejuízo da estabilidade familiar, em prejuízo do projeto de vida familiar.

Cremos, assim, que as limitações de vida implicadas pela ligação amoroso-platônica extraconjugal também se podem estender à realização pessoal dos filhos. No caso dos filhos do casal, estamos perante vítimas secundárias de uma lesão a um direito de personalidade que atingiu diretamente o cônjuge lesado. Na verdade, a infidelidade virtual é um comportamento ilícito que causa danos existenciais porque pode afetar negativamente a relação entre os cônjuges, a relação com os filhos e a relação com terceiros, dificultando, assim, a plena realização da personalidade do cônjuge lesado e dos próprios filhos.

Vamos concluir sublinhando a virtude deste instituto à luz do nosso problema. Mais do que admitir há um dano existencial pela manutenção de ligações amorosas no espaço cibernético, está em causa admitir que há comportamentos no decurso do casamento que afetam gravemente o desenvolvimento da personalidade dos membros da família. O respeito recíproco entre os pais casados é pressuposto fundamental ao desenvolvimento sadio da família e condição para que os filhos se insiram de forma não problemática no contexto social. Se as coisas não correm bem, é verdade que há sempre uma alteração no modo de vida da família, mas não é a mesma coisa quando há uma ofensa ilícita e potencialmente violenta como a infidelidade virtual, porque impede ou, pelo menos, dificulta a plena realização do cônjuge e dos membros da família. Terminando com as palavras de Mafalda Miranda Barbosa: "quando se violam deveres conjugais, pode-se, de facto, incorrer na violação de um direito de personalidade do outro cônjuge – violação essa que determina ou pode determinar o surgimento de uma pretensão indenizatória"[42].

5. A PROVA ILÍCITA DA INFIDELIDADE VIRTUAL

O processo civil também se depara com problemas face à *obtenção de provas ilícitas* na ação de responsabilidade civil por violação do dever de fidelidade conjugal, particularmente mediante a intromissão nos *smartphones*, *tablets* ou *laptops* do cônjuge lesante, onde consta o registro da infidelidade virtual. A questão está em saber se é legítima a

---
42. BARBOSA, Mafalda Miranda. Família e responsabilidade civil: uma relação possível? Brevíssimo apontamento. *Lex Familae*, Coimbra, ano 10, n. 10, 2013.

utilização de uma prova ilícita obtida pelo cônjuge lesado para fazer valer a sua pretensão indenizatória.

Por um lado, o cônjuge lesado instaura uma ação de responsabilidade civil fundada na violação dos deveres conjugais de fidelidade, juntando para o efeito um meio de prova obtido de forma ilícita. Ou seja, há uma prova pré-constituída que pressupõe a violação de direitos constitucionais do cônjuge infiel[43]. Este meio de prova poderá traduzir-se em *e-mails*, fotografias ou gravações audiovisuais que façam prova da infidelidade.

Por outro lado, o cônjuge infiel poderá alegar, enquanto réu, a inadmissibilidade desse meio de prova da infidelidade por se tratar de uma obtenção de prova que implicou a ofensa dos seus direitos fundamentais. Desde logo, o direito à reserva da vida privada, o direito à imagem, o direito à palavra ou o direito à inviolabilidade dos seus meios de comunicação pessoais. Neste diapasão, temos um problema que nos remete para a relação entre a verdade, o processo civil e as garantias constitucionais.

Podemos colher argumentos a favor da *admissibilidade da prova ilícita* da violação dos deveres conjugais de fidelidade.

Primeiramente, a dificuldade em obter *provas diretas* da infidelidade. É notório que o cônjuge lesante irá procurar agir da forma mais cuidadosa possível, não deixando assim quaisquer indícios da prática do fato. Por exemplo, utilizando uma navegação anônima na internet ou apagando o histórico do seu *web browser*. Torna-se então difícil obter de forma lícita a prova da ligação amoroso-afetiva no mundo virtual. Ainda para mais, pode ser legítima a recusa na colaboração no processo se importar, nomeadamente, a intromissão na vida privada ou nos meios de comunicação pessoais.

Neste sentido, não se espera a confissão, de forma livre e voluntária, em juízo, do cônjuge lesado. Pouco adiantam mecanismos processuais que visem determinar a comparência do mesmo para a prestação de depoimento, informações ou esclarecimentos sobre fatos que interessem à decisão da causa, quando, realmente, poderá implicar a violação de um direito fundamental. Ocorrendo uma confissão, nesse caso, de acordo com Luiz Marinoni e Sérgio Arenhart, "nada impede que o fato constatado através de uma prova ilícita seja reconhecido pelo juiz quando admitido ou confessado em juízo, desde que, como é óbvio, essa confissão seja voluntária"[44].

A dificuldade em obter provas diretas da infidelidade também se poderá associar à prova testemunhal. Ainda que o dever de fidelidade possa ser entendido, hoje em dia, com uma matriz afetiva, e não só sexual, dificilmente alguém terá oportunidade de testemunhar as concretas condutas danosas do cônjuge infiel[45]. E mesmo com vista a

---

43. Pressupõe confrontar a prova ilícita com a prova ilegítima, a prova pré-constituída com a prova constituenda e a prova obtida por particulares e a obtida pelos poderes instrutórios do juiz. Para chegar a estas conclusões seguimos de perto: CASANOVA, J.F. Salazar. Provas ilícitas em Processo Civil. Sobre a admissibilidade e valoração de meios de prova obtidos pelos particulares. *Direito e Justiça. Revista da Faculdade de Direito da Universidade Católica*, Lisboa, v. XVIII, tomo 1, 2004, p. 99-100; e ALEXANDRE, Isabel. *Provas ilícitas em processo civil*. Coimbra: Almedina, 1998, p. 17 a 32.
44. MARINONI, Luiz Guilherme; ARENHART, Sérgio Cruz. *Curso de Processo Civil*: Processo de Conhecimento. 8. ed., rev. e atual. São Paulo: Revista dos Tribunais, 2010, v. 2, p. 390.
45. Assim, GARCÍA DE LEONARDO, Teresa Marín. Remedios Indemnizatorios en el ámbito de las reclaciones conyugales. *Revista Aranzadi de Derecho Patrimonial, Dãnos en el Derecho de Familia*, Cizur Menor: Aranzadi, n. 17, 2006, p. 151.

produzir prova dos indícios da prática do fato, o círculo de pessoas mais próximo, que poderá ter algum conhecimento do que ocorre na intimidade do lar, pode legitimamente recusar-se a depor na qualidade de testemunhas[46].

Portanto, não é surpresa que diante a dificuldade em obter prova direta da infidelidade virtual, face a um grau de suspeita elevado, o cônjuge lesado procure obter um meio de prova violando os direitos constitucionais do outro cônjuge, pondo mão nos *smartphones*, *tablets* ou *laptops* do seu companheiro.

É verdade que poderá admitir-se mais facilmente uma prova ilícita mediante intromissão nos meios de comunicação pessoal, sem o conhecimento e consentimento do cônjuge infiel, do que mediante tortura, coação ou ofensa à integridade física. A este respeito, J. J. Gomes Canotilho e Vital Moreira classificam as primeiras como *interdições relativas*, ao passo que as segundas como *interdições absolutas*[47]. O juízo de admissibilidade deverá obedecer a uma ponderação dos interesses do cônjuge infiel em confronto com os interesses do cônjuge lesado. Como já referimos, o sofrimento, o desgosto, a humilhação e o vexame, enquanto danos não patrimoniais, são tutelados através do direito ao desenvolvimento da personalidade[48], direito esse de natureza constitucional, pelo que se encontram em confronto com os direitos constitucionais do outro cônjuge lesante.

De qualquer forma, voltamos ao mesmo problema: como se faz prova da conduta ilícita? Dificilmente a obtenção da prova terá o consentimento do cônjuge infrator, resultando eventualmente na prova ilícita que temos vindo a discutir. Fica a certeza de que a prova ilícita pode muito bem ser a única forma de se conseguir uma indenização pelos danos causados com a infidelidade – considerando, também, que a reconstituição natural não é possível e que em causa estão danos morais "irreversíveis".

Por outro lado, a não admissibilidade da prova ilícita no processo civil também poderá ter sentido, uma vez que o cônjuge infiel tem direitos constitucionais e civis que devem ser respeitados e tutelados pela ordem jurídica. Nesse caso, num juízo de ponderação, os seus direitos podem prevalecer sempre que esteja em causa uma prova ilícita da sua ligação virtual-sexual com terceiro. Por exemplo, não se justificaria, no caso concreto, que o cônjuge lesado violasse um domicílio não conjugal, como um quarto de hotel, para a recolha de elementos probatórios no computador de trabalho do cônjuge lesante[49]; mas já se justificaria caso estivesse em causa o livre acesso ao local, como sucede na casa da morada da família. Ou seja, nem tudo é legítimo e *há limites constitucionais para a descoberta da verdade* no processo civil que devem ser cuidadosamente considerados.

Trata-se, pois, de uma garantia constitucional e de um reforço de proteção de direitos, liberdades e garantias do cônjuge lesante, não se admitindo uma recolha de prova, sem o seu consentimento, por via do acesso a e-mails, fotografias, escutas telefónicas ou

---

46. Pelo menos no âmbito do processo civil português, de acordo com o art. 497.º do CPC.
47. GOMES CANOTILHO, J. J.; MOREIRA, Vital. *Constituição da República Portuguesa Anotada*. 4. ed. rev. Coimbra: Coimbra Editora, 2007, v. 1, p. 524.
48. Assim, também, "Quando se violam deveres conjugais, pode, de facto, incorrer-se na violação de um direito de personalidade do outro cônjuge", em BARBOSA, Mafalda Miranda. Família e responsabilidade civil: uma relação possível? Brevíssimo apontamento. *Lex Familae*, Coimbra, ano 10, n. 10, 2013, p. 77.
49. Exemplo a partir de SOUSA, Rabindranath V. A. Capelo de. *O direito geral da personalidade*. Coimbra: Coimbra Editora, 1995, p. 347, nota 869.

gravações audiovisuais. Isto porque é na vida privada "... *que reside uma maior eficácia da reserva, originando um crivo muito mais apertado de eventuais causas de justificação da ilicitude a tais bens*", pelo que só em locais de livre acesso ou em locais em que se demonstre haver livre acesso é que se deverá justificar a recolha de elementos probatórios da infidelidade[50]. Diga-se, ainda, que esta tese restritiva poderá impedir também a utilização da prova ilícita que ponha em causa qualquer outra garantia constitucional fundamental[51].

Não podemos deixar de dizer que esta é também uma posição assumida em geral pelo ordenamento jurídico brasileiro. Desde logo, na Constituição da República Federativa do Brasil, expressamente prevendo, o artigo 5.º, LVI, "são inadmissíveis, no processo, as provas obtidas por meios ilícitos"[52]. O que nos leva a crer que prevalecem os direitos materiais substantivos do cônjuge infiel em prejuízo da verdade e dos danos causados ao cônjuge lesado com a infidelidade. Autores como Antonio Cintra, Ada Grinover e Cândido Dinamarco parecem não questionar aquele preceito constitucional, precisamente para impedir que tais provas venham ao processo civil ou nele permaneçam, pondo cobro à discussão[53]. Por seu turno, Fredie Didier Jr, Paula Sarno Braga e Rafael Alexandria entendem existir um direito fundamental a não ter contra si uma prova produzida ilicitamente, em particular quando está em causa o direito fundamental à vida íntima da pessoa[54]. O exemplo dado é precisamente a diferença entre a captação de imagens em via pública da captação num local privado: "Já se a captação de imagens é feita dentro do quarto de um motel, ou dentro do apartamento do amante, ou em qualquer outro local resguardado à privacidade do casal, poderá ser inadmitida, porque ilícita".

Outro argumento a favor da inadmissibilidade da prova ilícita em processo civil parte do fato de as condutas do cônjuge lesado poderem consubstanciar *crime*. As gravações e fotografias ilícitas, a violação de correspondência ou de telecomunicações e a devassa por meio de informática, entre outras, podem ser consideradas condutas criminosas[55]. Muito embora se afigurem crimes dependentes de queixa, seria estranho que o juiz em processo civil admitisse provas recolhidas através de condutas criminalmente censuráveis.

Duas notas finais são importantes neste contexto. A primeira sobre a teoria da descontaminação do julgado e a segunda sobre a teoria dos frutos da árvore venenosa, não se confundindo uma com a outra.

A teoria da descontaminação do julgado está relacionada com a decisão do tribunal superior que classifica a prova como ilícita e afasta-a do processo, remetendo o proces-

---

50. Assim, SOUSA, Rabindranath V. A. Capelo de. *O direito geral da personalidade*. Coimbra: Coimbra Editora, 1995, p. 328 e 346-347.
51. Assim, ALEXANDRE, Isabel. *Provas ilícitas em processo civil*. Coimbra: Almedina, 1998, p. 282.
52. Já o Código de Processo Civil brasileiro, no artigo 369.º: "as partes têm o direito de empregar todos os meios legais, bem como os moralmente legítimos, ainda que não especificados neste Código, para provar a verdade dos fatos em que se funda o pedido ou a defesa e influir eficazmente na convicção do juiz".
53. CINTRA, Antonio Carlos de Araújo; GRINOVER, Ada Pellegrini; DINAMARCO, Cândido Rangel. *Teoria Geral do Processo*. 22. ed. rev. e atual. São Paulo: Malheiros, 2006, p. 372.
54. DIDIER JR, Fredie; BRAGA, Paula Sarno; OLIVEIRA, Rafael Alexandria de. *Curso de Direito Processual Civil*. Teoria da Prova, Direito Probatório, Decisão, precedente, coisa julgada e tutela provisória. 10. ed. Salvador: Juspodivm, 2015, v. 2, p. 100.
55. Como sucede no Código Penal Português: *cfr.* arts. 193.º, 194.º e 199.º. Teremos que atender, contudo, às causas de exclusão de ilicitude previstas no artigo 36.º do Código Penal português, podendo significar um argumento, em parte, falacioso.

so de novo para primeira instância. Pergunta-se, sendo o juiz de primeira instância o mesmo, se este fica ou não influenciado pelo conhecimento que obteve da prova ilícita e que fundamentou a sua própria sentença[56]. Entendem Luiz Marinoni e Sérgio Arenhart que esse mesmo juiz procurará uma sentença de procedência a todo o custo, mesmo que inexistam provas válidas, pois dificilmente deixará de estar "contaminado" com o conhecimento factual que adveio da prova ilícita. A solução, segundo os mesmos autores, passa por um diferente juiz de primeira instância, não aquele que pronunciou a anterior sentença, mas alguém competente para substituir o juiz afastado, respeitando, assim, o princípio do juiz natural.

Quanto à contaminação das provas vinculadas à prova ilícita, relacionada com a conhecida *teoria dos frutos da árvore venenosa* (*"fruit of the poisonous tree doctrine"*), a maioria da doutrina e dos tribunais brasileiros não aceitam as provas produzidas a partir de outra ilicitamente obtida[57]. As exceções normalmente apontadas referem-se à inexistência de nexo causalidade entre ambas, à descoberta inevitável e ao descobrimento provavelmente independente. O problema no ordenamento jurídico português parece ficar resolvido através do disposto no n.º 2 do artigo 195.º do CPC, sobre o "efeito à distância": "Quando um acto deva ser anulado, anulam-se também os termos subsequentes que dele dependam absolutamente".

Concluindo: no âmbito do processo civil impõe-se uma ponderação dos interesses, de acordo com o *princípio da proporcionalidade*[58], sobretudo se a descoberta da verdade só puder ocorrer através da prova ilícita. É o critério que os autores brasileiros costumam denominar de *imprescindibilidade*[59]. A circunstância de estarmos perante pessoas unidas matrimonialmente não esvazia os direitos de personalidade ou o direito à reserva da intimidade da vida privada, mas, pela própria natureza das coisas, esses direitos são *atenuados* na sua intensidade por via da relação interconjugal. Se o cônjuge lesado procurou obter

---

56. Nestes termos, MARINONI, Luiz Guilherme; ARENHART, Sérgio Cruz. *Curso de Processo Civil*: Processo de Conhecimento. 8. ed., rev. e atual. São Paulo: Revista dos Tribunais, 2010, v. 2, p. 406.
57. Com referências à jurisprudência, DIDIER JR, Fredie; BRAGA, Paula Sarno; OLIVEIRA, Rafael Alexandria de. *Curso de Direito Processual Civil*. Teoria da Prova, Direito Probatório, Decisão, precedente, coisa julgada e tutela provisória. 10. ed. Salvador: Juspodivm, 2015, v. 2, p. 97. Também, MARINONI, Luiz Guilherme; ARENHART, Sérgio Cruz. *Curso de Processo Civil*: Processo de Conhecimento. 8. ed., rev. e atual. São Paulo: Revista dos Tribunais, 2010, v. 2, p. 402 e ss.
58. É verdade que tudo poderá depender de uma apreciação ponderada dos interesses em causa, no pressuposto de que a proteção concedida não limita intoleravelmente os direitos constitucionais garantidos, obedecendo a um princípio da proporcionalidade em sentido amplo. *Cfr.* GOMES CANOTILHO, J. J.; MOREIRA, Vital. *Constituição da República Portuguesa Anotada*. 4. ed. rev. Coimbra: Coimbra Editora, 2007, v. 1, p. 381 e ss. Ainda, nas palavras de MOREIRA, José Carlos Barbosa. Alguns problemas atuais da prova civil. *Temas de direito processual*: quarta série. São Paulo: Saraiva, 1989, p. 160-161: E tudo isto ficará dependente da motivação ou fundamentação do juiz. Nas palavras do ilustre doutrinador Barbosa Moreira: "Fala-se, ao propósito, de um 'princípio de proporcionalidade', invocando, por exemplo, acerca do problema da admissibilidade das provas ilicitamente obtidas. Não se trata, contudo, de uma fórmula, mas de mera diretriz. Como aplicá-la bem, diante do caso concreto, é questão que só à consciência do juiz é dado resolver, naquele instante, dramático entre todos, em que lhe cumpre vencer quaisquer hesitações e fazer a final opção, sem auxílio exterior suscetível de atenuar-lhe a responsabilidade pessoal. Esse é o seu apanágio; e nada retrata com tão vívidas cores a miséria e a grandeza da função de julgar."
59. DIDIER JR, Fredie; BRAGA, Paula Sarno; OLIVEIRA, Rafael Alexandria de. *Curso de Direito Processual Civil*. Teoria da Prova, Direito Probatório, Decisão, precedente, coisa julgada e tutela provisória. 10. ed. Salvador: Juspodivm, 2015, v. 2, p. 99: "somente pode ser aceita quando se verificar, no caso concreto, que não havia outro modo de demonstrar a alegação de fato objeto da prova ilícita, ou ainda quando o outro modo existente se mostrar extremamente gravoso/custoso para a parte, a ponto de inviabilizar, na prática, o seu direito à prova".

licitamente a prova da infidelidade sem sucesso, acabando por recorrer, em último caso, a uma recolha probatória sem o consentimento do outro cônjuge, violando garantias constitucionais como a vida privada ou o acesso aos meios de comunicação pessoais, somos da opinião que a prova ilícita deve ser admitida. Trata-se de um recurso probatório insubstituível com vista à demonstração dos fatos, efetivando o direito à reparação e à tutela jurisdicional efetiva[60]. Por outras palavras: *a ilicitude da obtenção da prova pode ser justificada sempre que o cônjuge lesado dificilmente poderia comprovar a realidade dos fatos de outra forma*[61]. Assim asseguramos o direito à indenização dos danos causados com a violação do dever conjugal de fidelidade por infidelidade virtual.

6. NOTAS CONCLUSIVAS

No casamento há muito mais do que simples convenções sociais ou regras jurídicas estabelecidas pelo Estado. Existe um elo de confiança entre duas pessoas e uma crença de uma vida partilhada – para muitos, talvez, eterna. Desde sempre existiu a união entre duas pessoas com o objetivo principal de se constituir *uma família*. E devido à união entre pessoas surgiu o instituto do casamento como meio de formalizar essas relações[62].

Mas o casamento, além dos aspectos jurídicos, engloba exigências no cumprimento de deveres recíprocos que resguardam valores *pessoais, morais e sociais*. Basta pensar que a violação desses deveres – como, por exemplo, o dever de fidelidade – resulta em certos prejuízos pessoais que poderão trazer máculas irreversíveis e tornar insuportável a vida em comum. Assim, o casamento tem que ser visto, primeiramente, como um contrato pessoal, ou seja, *como um compromisso com expectativas pessoais* que afeta o estado das pessoas que o celebram. E isto considerando que a comunhão de vida trazida pelo matrimônio não anula a personalidade de cada um dos cônjuges, mantendo, nesse sentido, os

---

60. Assim, no Acórdão do Tribunal da Relação de Guimarães de 30 de Abril de 2009, Processo n. 595/07.8TMBRG.
61. Nestes termos, MARQUES, J. P. Remédio. *A acção declarativa à luz do Código Revisto*. 3. ed. Coimbra: Coimbra Editora, 2011, p. 565 e ss. Nas palavras de MARINONI, Luiz Guilherme; ARENHART, Sérgio Cruz. *Curso de Processo Civil*: Processo de Conhecimento. 8. ed., rev. e atual. São Paulo: Revista dos Tribunais, 2010, v. 2, p. 401: "o uso da prova ilícita poderá ser admitido, segundo a lógica da regra da proporcionalidade e como acontece quando há colisão entre princípios, conforme as circunstâncias do caso concreto".
62. Maria Helena Silva e Ana Paula Relvas atribuem alguns motivos que fundamentaram a ocorrência de multiplicidade de modelos conjugais e novas formas de família. São eles: 1. Mudanças das práticas e conceções sobre a vida familiar; aumento da autonomia e liberdade individual no plano da vida privada; 3. Mudança na forma de encarar a sexualidade e privacidade dos laços conjugais; 5. Alteração no modo de encarar o casamento, que se tornou uma etapa facultativa no percurso conjugal; 6. Proteção da liberdade individual e assunção de compromissos não duradouros e flexíveis; 7. Baixa taxa de nupcialidade; 8. Aumento da idade de casamento e de nascimento do primeiro filho. E completam: "De instituição a qualquer custo, o casamento tornou-se, tendencialmente, uma relação que dura enquanto mantiver compensadora para quem nela está envolvido. Da obediência as regras impostas do exterior, passou-se para ideia da qualidade da relação cujos valores dão maior ênfase aos laços interpessoais do que à dimensão institucional do casamento. (SILVA, Maria Helena; RELVAS, Ana Paula. Casal, casamento e união de facto. In: *Novas formas de família*. Coimbra: Quarteto, 2002, p. 194-196).
Quanto aos novos modelos de descaracterização do casamento, como a união de fato, "é certo que tais uniões podem ter muito valor para os ligados por elas. Mas o interesse social é, em princípio, muito inferior ao do casamento; e, por outro lado, nas sociedades semelhantes à portuguesa, só está unido de facto a longo prazo, sem se casar, quem não quer casar-se". (CAMPOS, Diogo Leite de. Direitos à família e na família. VIII Lição, In: BFD, v. LXVII, Coimbra, 1991, p. 203).

seus direitos de personalidade[63]. É a partir a natureza pessoal do casamento que aderimos à ideia dos deveres de natureza pessoalíssima.

Na verdade, legalmente, os cônjuges estão vinculados pelos deveres de respeito, fidelidade, coabitação, cooperação e assistência: são deveres recíprocos, tal como exige o princípio da igualdade dos cônjuges[64]. Estes deveres refletem um instrumento normativo que possibilita a interferência do Direito nas relações familiares, formalizando, por este caminho, a plena *comunhão de vida*[65]. Para além do mais, Diogo Leite de Campos relembra que o matrimônio é um quadro importante para exercer a *solidariedade*, refletida através da comunhão de vida e pautada nos deveres entre os cônjuges. Afirma, nesse sentido, que "a vida de uma pessoa é para com os outros: amar, para ser amado; dar, para receber; comunicar, para humanizar; transmitir. A comunicação, o ser para é a própria vida do ser pessoal [...] neste amor-solidariedade, muitas vezes só amizade-solidariedade, que anima a comunhão de vida"[66].

A responsabilidade pessoal e a solidariedade, conjuntamente, tornam o instituto do casamento e os respectivos deveres conjugais num *instrumento de realização pessoal e da personalidade* – subscrevendo as ideias de Mafalda Miranda Barbosa. Neste sentido, o Direito de Família contemporâneo não deve admitir a tese da fragilidade de garantia: *a violação dos deveres conjugais é ilícita e deve assumir relevância no campo da responsabilidade civil*. E, de fato, assume.

Independentemente das posições doutrinárias, não podemos deixar de dar relevância jurídico-civil, em termos amplos, aos deveres conjugais de fidelidade: os danos resultantes da sua violação ilícita e culposa são indenizáveis, seja por via da responsabilidade civil contratual, seja por via da extracontratual. E isso são boas notícias para os cônjuges-lesados.

No que diz respeito à prova dos fatos e à admissão de prova ilícita da infidelidade virtual, é essencial uma ponderação dos interesses, de acordo com o *princípio da proporcionalidade*, considerando que a descoberta da verdade só pode ocorrer, na maior parte das vezes, através da prova obtida ilicitamente.

7. REFERÊNCIAS

ALEXANDRE, Isabel. *Provas ilícitas em processo civil.* Coimbra: Almedina, 1998.

ALONZO MENDOZA, Pamela. Daños morales por infidelidad matrimonial. Um acercamiento al derecho español. *Revista Chilena de Derecho y Ciencia Política*, Santiago, v. 2, n. 2, 2011.

ANTUNES, Maria João. Artigo 163.º (coacção sexual). In: *Comentário Conimbricense ao Código Penal*, tomo I, Coimbra: Coimbra Editora, 1999.

---

63. Entendimento de BARBOSA, Mafalda Miranda. Família e responsabilidade civil: uma relação possível? Brevíssimo apontamento. *Lex Familae*, Coimbra, ano 10, n. 10, 2013, p. 77. Sobre a questão SOUSA, Rabindranath V. A. Capelo de. *O direito geral da personalidade.* Coimbra: Coimbra Editora, 1995, p. 451
64. COELHO, Francisco Pereira; OLIVEIRA, Guilherme de. *Curso de Direito de Família.* 4. ed. Coimbra: Coimbra Editora, 2014, v. 1, p. 346.
65. Sobre a questão, CAMPOS, Diogo Leite de. EU-TU: o amor e a família (e a comunidade) (eu-tu-eles). Nós. *Estudos sobre o direito das pessoas.* Coimbra: Almedina, 2004, p. 172.
66. CAMPOS, Diogo Leite de. *Lições de direito de família e das sucessões.* 2. ed. Coimbra: Almedina, 2010, p. 251-252.

BARBOSA, Mafalda Miranda. Família e responsabilidade civil: uma relação possível? Brevíssimo apontamento. *Lex Familae*, Coimbra, ano 10, n. 10, 2013.

BARBOSA, Mafalda Miranda. *Lições de responsabilidade civil*. Cascais: Princípia, 2017.

CAMPOS, Diogo Leite de. Direitos à família e na família. VIII Lição, In: BFD, v. LXVII, Coimbra, 1991.

CAMPOS, Diogo Leite de. EU-TU: o amor e a família (e a comunidade) (eu-tu-eles). Nós. *Estudos sobre o direito das pessoas*. Coimbra: Almedina, 2004.

CAMPOS, Diogo Leite de. *Lições de direito de família e das sucessões*. 2. ed. Coimbra: Almedina, 2010.

CASANOVA, J. F. Salazar. Provas ilícitas em Processo Civil. Sobre a admissibilidade e valoração de meios de prova obtidos pelos particulares. *Direito e Justiça*. Revista da Faculdade de Direito da Universidade Católica, Lisboa, v. XVIII, tomo 1, 2004.

CASEY, William P. The trend of interspousal and Parental Immunity. *Insurance Counsel Journal*, Getzville, jul. 1978.

CERDEIRA, Ângela Cristina da Silva. *Da responsabilidade dos cônjuges entre si*. Coimbra: Coimbra Editora, 2000.

CINTRA, Antonio Carlos de Araújo; GRINOVER, Ada Pellegrini; DINAMARCO, Cândido Rangel. *Teoria Geral do Processo*. 22. ed. rev. e atual. São Paulo: Malheiros, 2006.

COELHO, Francisco M. Pereira. Anotação ao Acórdão de 17 de Fevereiro de 1983. *Revista de Legislação e Jurisprudência*, Coimbra: Coimbra Editora, ano 117, n. 3718-3729, 1985.

COELHO, Francisco M. Pereira. Deveres conjugais e responsabilidade civil – estatuto matrimonial e estatuto pessoal (não matrimonial) dos cônjuges. *Revista de Legislação e de Jurisprudência*, Coimbra: Coimbra Editora, ano 147, n. 4006, set./out. 2017.

COELHO, Francisco M. Pereira; OLIVEIRA, Guilherme de. *Curso de Direito de Família*. 4. ed. Coimbra: Coimbra Editora, 2014, v. 1.

CORDEIRO, António Menezes. *Tratado de Direito Civil*. Direito das Obrigações. Coimbra: Almedina, 2014, v. VIII.

DIAS, Maria Berenice. *Manual de Direito das Famílias*. São Paulo: Revista dos Tribunais, 2016.

DIDIER JR, Fredie; BRAGA, Paula Sarno; OLIVEIRA, Rafael Alexandria de. *Curso de Direito Processual Civil*. Teoria da Prova, Direito Probatório, Decisão, precedente, coisa julgada e tutela provisória. 10. ed. Salvador: Juspodivm, 2015, v. 2.

FACCI, Giovanni. Il danno da adulterio. *Revista Mensile di Dottrina, Giurisprudenza e Legislazione*, Milãi: Giuffè, n. 5, 2012.

FRADA, Manuel A. Carneiro da. Nos 40 anos do Código Civil: Tutela da personalidade e dano existencial. *Themis*, Revista da Faculdade de Direito da Universidade Nova de Lisboa, Lisboa, Edição Especial, p. 47-68, 2008.

GARCÍA DE LEONARDO, Teresa Marín. Remedios Indemnizatorios en el ámbito de las reclaciones conyugales. *Revista Aranzadi de Derecho Patrimonial, Dãnos em el Derecho de Familia*, Cizur Menor: Aranzadi, n. 17, 2006.

GOMES CANOTILHO, J. J.; MOREIRA, Vital. *Constituição da República Portuguesa Anotada*. 4. ed. rev. Coimbra: Coimbra Editora, 2007, v. 1.

HALL, Christina Tavella. Sex Online: Is this Adultery? *Hastings Communications and Entertainment Law Journal*, São Francisco, v. 20, n. 1, 1997.

IORIO, Giovanni. *Infedeltà coniugale e risarcimento del dano*. Officina Del Diritto. Milão: Giuffrè, 2013.

LÓPEZ DE LA CRUZ, Laura. El resarcimiento del daño moral ocasionado por el incumplimiento de los deberes conyugales. *InDret: Revista para el Análisis del Derecho*, Barcelona, n. 4, 2010.

MARINONI, Luiz Guilherme; ARENHART, Sérgio Cruz. *Curso de Processo Civil*: Processo de Conhecimento. 8. ed., rev. e atual. São Paulo: Revista dos Tribunais, 2010, v. 2.

MARQUES, J. P. Remédio. *A acção declarativa à luz do Código Revisto*. 3. ed. Coimbra: Coimbra Editora, 2011.

MATOS, Filipe Cruz de Abulquerque. *Responsabilidade civil por ofensa ao crédito ou ao bom nome*. Coimbra: Almedina, 2011.

MIOTTO, Giampaolo. La responsabilità civile dell´amante. *Revista Mensile di Dottrina, Giurisprudenza e Legislazione*, Milão: Giuffè, n. 4, 2013.

MOREIRA, José Carlos Barbosa. Alguns problemas atuais da prova civil. *Temas de direito processual*: quarta série. São Paulo: Saraiva, 1989.

OLIVEIRA, Guilherme de. *Responsabilidade civil por violação dos deveres conjugais*. Disponível em: http://www.guilhermedeoliveira.pt/resources/Responsabilidade-civil-por-violac%CC%A7a%CC%83o-dos-deveres-conjugais.pdf. Acesso em: 12 fev. 2020.

PALADINI, Mauro. Responsabilità civile nella famiglia: verso I danni punitivi? *Responsabilità Civile e Previdenza*, Milão, n. 10, 2007.

PINHEIRO, Jorge Duarte. *O direito de família contemporâneo*. 5. ed. Coimbra: Almedina, 2016.

PINHEIRO, Jorge Duarte. *O núcleo intangível da comunhão conjugal*: os deveres conjugais sexuais. Coimbra: Almedina, 2004.

PONZONI, Laura de Toledo. Infidelidade Virtual – realidade com efeitos jurídicos. *Revista da Faculdade de Direito da Universidade de São Paulo*, São Paulo, v. 102, jan./dez. 2007.

SILVA, Maria Helena; RELVAS, Ana Paula. Casal, casamento e união de facto. *In: Novas formas de família*. Coimbra: Quarteto, 2002.

SOUSA, Rabindranath V. A. Capelo de. *O direito geral da personalidade*. Coimbra: Coimbra Editora, 1995.

VARELA, João de Matos Antunes. *Das obrigações em geral*. 10. ed. Coimbra: Almedina, 2011, v. 1.

VARELA, João de Matos Antunes. *Direito da família*. 5. ed. Lisboa: Petrony, 1999, v. 1.

A RESPONSABILIDADE CIVIL DECORRENTE DO USO DE DRONES

Marcelo de Oliveira Milagres

Doutor e Mestre em Direito pela Universidade Federal de Minas Gerais (UFMG). Professor Adjunto de Direito Civil na UFMG. Pós-Doutor pela Università degli Studi di Verona.

Sumário: 1. Introdução. 2. Drone: uma recente realidade. 3. Regulação 4. Drones e prejuízos: um capítulo da responsabilidade civil 5. Drones autônomos: responsabilidade por condutas próprias? 6. Conclusões. 7. Referências.

1. INTRODUÇÃO

A capacidade criativa e inventiva do ser humano é inestimável. Em tempos de crescentes e constantes avanços tecnológicos, diversas são as perspectivas e incalculáveis são as possibilidades. Os limites parecem não existir. Ir além da realidade é algo que motiva a espécie humana. Criar, descobrir e inovar são atitudes que sempre exerceram grande fascínio.

Zymunt Bauman, ao discutir os possíveis fundamentos do medo na era líquido-moderna, reconhece que a "inventividade humana não conhece fronteiras. Há uma plenitude de estratagemas. Quanto mais exuberantes são, mais ineficazes e conclusivos os seus resultados. Embora, apesar de todas as diferenças que os separam, eles tenham um preceito comum: burlar o tempo e derrotá-lo no seu próprio campo. Retardar a *frustração*, não a *satisfação*. O futuro é nebuloso? Mais uma forte razão para não deixar que ele o assombre. Perigos imprevisíveis? Mais uma razão para deixá-los de lado. Até agora, tudo bem; poderia ser pior".[1]

Muito antes da chamada "quarta revolução industrial", da realidade do mundo digital, da inteligência artificial, da *maching learning*, podemos pontuar diversas e contínuas manifestações desse espírito de busca, do construir e do fazer, até mesmo com o ideal de projeções do próprio ser humano. Androides com características humanas parecem sair das telas da imaginação para a realidade dos nossos dias.

Não há dúvida de que a curiosidade é uma marcante e instigante característica humana. A propósito desse poder criador, destacam-se as invenções e criações, entre muitos, de Leonardo Da Vinci. Além das renomadas pinturas, como as impactantes "Mona Lisa" e "A última ceia", podemos citar seus protótipos de máquinas voadoras, de "calculadora" e a busca pelo conhecimento da anatomia humana no famoso desenho do

---

1. BaumaN, Zygmunt. *Medo líquido*. Tradução de Carlos Alberto Medeiros. Rio de Janeiro: Zahar, 2008. p. 15-16.

"homem vitruviano", tido como o precursor da robótica, a partir da expressão "o Robô de Leonardo". A lista da sua engenhosidade é diversificada.

A própria literatura já nos instigou com o Frankenstein de Mary Shelley.

Contemporaneamente, os olhares são múltiplos; a imaginação parece ser diariamente superada pela nossa realidade de conquistas, avanços e temores. O futuro parece ser superado pelo presente.

Nessa ambivalência de avanços e temores, Ulrich Beck destaca que, numa "fase em que ciência se opõe a ciência, na medida em que a *expansão* da ciência pressupõe e pratica uma tal *crítica* da ciência e da práxis dos especialistas, a civilização científica se submete a uma autocrítica mediada publicamente que abala seus fundamentos e sua autocompreensão, revelando um grau de insegurança diante de seus fundamentos e efeitos que só é superado pelo potencial em termos de riscos e de perspectivas evolutivas que são descobertos".[2]

Sem embargo dessas valiosas reflexões, o presente ensaio se limita a um grande fascínio humano, o fenômeno do voo, a curiosidade e/ou o prazer do olhar do alto, a experiência da busca constante pela conquista do espaço, do ir muito além do olhar da planície, tudo a partir da experiência dos drones (do inglês *zangão*), Veículos Aéreos Não Tripulados (VANT), *Unmanned Aerial Vehi*cle (UAV), Aeronave Remotamente Pilotada (ARP) ou *Unmanned Aircraft* (UA).

Não discutimos aqui as múltiplas funcionalidades ou aplicações dos drones, mas, a partir da sua brevíssima historicidade, a busca de regulamentação do seu uso e os regimes jurídicos aplicáveis em face de possíveis danos decorrentes de sua utilização.

O último tópico deste ensaio aborda a problemática dos drones autônomos e a instigante discussão sobre a possível personificação dessas máquinas a partir da capacidade de aprendizagem por suas próprias experiências. A inteligência artificial é uma realidade.

A problemática é extensa, as respostas são objeto de continuada construção. É preciso muito avançar diante desse cenário de intensos e rápidos desafios.

2. DRONE: UMA RECENTE REALIDADE

Hoje, percebemos a presença dos drones nos mais diversos ambientes e com as mais criativas utilizações, desde instrumentos de lazer e de recreação, atividades de segurança e de agricultura, monitoramento de áreas, cinematografia a mecanismos de prestação de serviços privados e públicos, como no resgate e no auxílio de pessoas em situações de risco extremo.

A origem dos drones é militar. Apontam-se as bombas voadoras (*buzz bomb*) alemãs do tipo V-1, durante a Segunda Grande Guerra, como suas precursoras.

O modelo atual é atribuído ao engenheiro israelita Abraham Karem, que, a partir de 1977, nos Estados Unidos da América, fundou a sociedade empresarial *Leading System*

---

2. BECK, Ulrich. *Sociedade de risco:* rumo a uma outra modernidade. Tradução de Sebastião Nascimento. 3. reimpr. São Paulo: Editora 34, 2019. p. 236.

e, valendo-se de fibra de vidro, começou a aperfeiçoar os veículos aéreos não tripulados. Desde então, o aperfeiçoamento e o uso dos drones é exponencial.

Consoante dados da *Insurance Information Institute*, a *Federal Aviation Administration* (FAA), nos Estados Unidos, registrou, em 2019, 1,1 milhão de drones. Sociedades empresariais, como Amazon e UPS, inclusive, já foram autorizadas a realizar entregas com drones.[3]

3. REGULAÇÃO

As inovações tecnológicas são desejáveis e devem ser incentivadas. O que não defendemos é pensá-las como o fim do nosso agir. A promoção do ser humano é o centro das preocupações, sendo a técnica o instrumental.

Nesse sentido e em face das mais diversas manifestações tecnológicas, marcos regulatórios devem ser propostos e incrementados.

Maria Carmen Núñez Zorrila defende um marco ético que sirva de baliza aos especialistas em robótica, com a finalidade de evitar riscos relacionados à segurança humana, à intimidade, à integridade física e psíquica, à dignidade, à autonomia, à autodeterminação do sujeito, ao consentimento informado e à proteção de dados.[4]

Na União Europeia, apresentam-se alguns instrumentos normativos com essas preocupações.

A Resolução do Parlamento Europeu, de 29 de outubro de 2015, que dispõe sobre a utilização desses veículos aéreos não tripulados, destaca dois princípios essenciais: a) os drones devem ser tratados como novos tipos de aeronaves, com regras adequadas e baseadas no risco de cada operação; b) o operador do drone é responsável por sua utilização.

Essa Resolução considera ainda que a identificação dos drones, independentemente de sua dimensão, é fundamental, sendo necessário encontrar soluções que tenham em conta sua utilização recreativa ou comercial. Além disso, aponta a necessidade de um regime jurídico claro, com base em critérios pertinentes quanto à utilização de câmeras e sensores, especialmente por drones comerciais e privados, capaz de garantir a proteção eficaz do direito à privacidade e à proteção dos dados, garantindo a segurança dos cidadãos.

Destaque-se, igualmente, a Resolução do Parlamento Europeu, de 16 de fevereiro de 2017, que contém recomendações à Comissão sobre disposições de Direito Civil sobre robótica. A partir do reconhecimento de que a tendência para automatização exige que todos os envolvidos no desenvolvimento e na comercialização de aplicações de inteligência artificial promovam a segurança e a ética desde o início do processo, devendo estar preparados para assumir a responsabilidade jurídica pela qualidade da tecnologia

---

3. Disponível em: https://www.iii.org/fact-statistic/facts-statistics-aviation-and-drones. Acesso em: 28 fev. 2020.
4. ZORRILLA, María Carmen Núñez. *Inteligencia artificial y responsabilidad civil:* régimen jurídico de los daños causados por robots autónomos com inteligência artificial. Madrid: Reus Editorial, 2019. p. 42: "Se propone la creación de un marco ético que sirva de orientación a los ingenieros en robótica para el diseño y la producción de robots, con la finalidad de frenar los riesgos relacionados con la seguridad humana, la intimidad, la integridad física y psíquica, la dignidad, la autonomía, la autodeterminación del individuo, el consentimiento informado, la no estigmatización y la propiedad de los datos."

que produzem e que as regras de responsabilidade civil não devem afetar o processo de investigação, de inovação e de desenvolvimento da robótica; o Parlamento Europeu propõe a responsabilidade do fabricante, do operador, do proprietário e do usuário, sem prejuízo do reconhecimento da insuficiência do atual quadro jurídico em face dos danos provocados pela nova geração de robôs que podem ser dotados de capacidades adaptativas e de aprendizagem que integrem um certo grau de imprevisibilidade no seu comportamento.

A Carta Europeia de Ética sobre o uso da inteligência artificial em sistemas judiciais e seu ambiente, aprovada pela Comissão Europeia para a eficácia da Justiça (CEPEJ), em 3 e 4 de dezembro de 2018, apresenta como princípios (i) o respeito aos direitos fundamentais; (ii) a não discriminação; (iii) a qualidade e a segurança; (iv) a transparência, a imparcialidade e a equidade; (v) o controle do usuário.

A União Europeia, em abril de 2019, divulgou um conjunto de diretrizes éticas para uma inteligência artificial confiável. Defende-se que os sistemas de inteligência artificial sejam seguros, evitando-se erros e corrigindo-se eventuais inconsistências, visando sempre à promoção dos direitos das pessoas.

No ordenamento jurídico brasileiro, o Departamento de Controle do Espaço Aéreo (DECEA), órgão central do Sistema de Controle do Espaço Aéreo Brasileiro (SISCEAB), apresenta a regulamentação dos drones, na qual se destaca a Instrução sobre "Aeronaves não tripuladas e o acesso ao Espaço Aéreo Brasileiro" ICA 100-40, de 2018. Segundo o item 4.7 desse normativo, "uma aeronave que não possua tripulação a bordo, é uma aeronave e, por conseguinte, para voar no espaço aéreo sob responsabilidade do Brasil, deverá seguir as normas estabelecidas pelas autoridades competentes da aviação nacional". "Cabe ao piloto remoto a responsabilidade final pela fiel observância e cumprimento de todos os parâmetros previstos nesta Instrução" (4.13). "Cada piloto remoto somente poderá pilotar uma Aeronave Não Tripulada por vez a partir de uma Estação de Pilotagem Remota (RPS), sendo responsável por todas as fases do voo, não devendo haver simultaneidade temporal de pilotagem, mesmo que em estações distintas" (11.1.8). "A responsabilidade da operação de Aeronaves Não Tripuladas será imputada ao Explorador/Operador e estará limitada conforme previsto no Código Brasileiro de Aeronáutica e demais legislações vigentes. São enquadrados como Explorador/Operador o piloto remoto em comando, o piloto remoto e as pessoas físicas e/ou jurídica contratante dos serviços prestados com o uso do RPAS (16.3.1)." Essa última regra é muito discutível, pois se imputa o resultado àquele que se apresenta apenas como contratante ou beneficiário do serviço de transporte aéreo, não concorrendo, com seu comportamento, com a atividade apontada como danosa.

Destaca-se ainda o Regulamento Brasileiro de Aviação Civil Especial nº 94/2017, expedido pela Agência Nacional de Aviação Civil (ANAC), segundo o qual "o piloto remoto em comando de uma aeronave não tripulada é diretamente responsável pela condução segura da aeronave, pelas consequências advindas, e tem a autoridade final por sua operação". Não há reconhecimento de drones autônomos.

Segundo o *site* da ANAC, cerca de 70 mil drones (aeronaves remotamente pilotadas) estão cadastrados, dos quais 44 mil são para uso recreativo e 25 mil para uso profissional.

⁵ As habilitações para operações são necessárias para drones com mais de 150kg (classe 1), de 25kg a 150kg (classe 2) e até 25kg que pretendam voar acima de 400 pés, aproximadamente 121 metros (classe 3). Todos os drones com peso superior a 250 gramas precisam ser registrados na ANAC.

No plano dessa regulação nacional, não podemos excluir o Código Brasileiro de Aeronáutica (Lei nº 7.565, de 19 de dezembro de 1986). A partir do art. 246, subsistem regras de responsabilidade pelo transporte de pessoas e de cargas, bem como de responsabilidade para com terceiros na superfície (art. 268 e seguintes) e das entidades de infraestrutura aeronáutica (art. 280). Não há, até pela época da legislação, nenhuma regra expressa aos veículos aéreos não tripulados. Essa é uma importante lacuna que merece ser colmatada.

4. DRONES E PREJUÍZOS: UM CAPÍTULO DA RESPONSABILIDADE CIVIL

Não podemos perder de vista a perspectiva segundo a qual a tecnologia é meio de satisfação dos mais diversos interesses humanos; não é o fim do nosso agir. Abusos e o uso incontrolado e danoso devem ser evitados.

Como Maria Carmen Núñez Zorrila bem sublinha, é preciso olhar as várias faces dessa realidade. Segundo a autora, é evidente que as novas tecnologias oferecem um aspecto sumamente positivo na atividade do ser humano, racionalizando e suprimindo trabalhos difíceis e arriscados, rompendo, tanto em âmbito laboral como no social, as barreiras do espaço e do tempo. Contudo, também devemos ter em mente que a tecnologia traz uma implícita ameaça: possível ingerência e violação dos direitos da pessoa, especialmente quando se leva a cabo um abuso ou uso incontrolado.[6]

Ulrich Beck pondera que, "se antigamente importavam os perigos definidos '*externamente*' (deuses, natureza), o caráter historicamente inédito dos riscos funda-se atualmente em sua simultânea *construção científica e social,* e isto num sentido triplo: a ciência se converte em *causa (entre outras causas concorrentes), expediente definidor e fonte de soluções* em relação aos riscos e, precisamente desse modo, conquista novos mercados da cientificização. No revezamento entre riscos coproduzidos e codefinidos e sua crítica pública e social, o desenvolvimento científico-tecnológico se torna *contraditório*".[7]

Nessa ambivalência proporcionada pela tecnologia e quanto ao emprego dos drones, algumas questões podem ser levantadas: a) Os possíveis defeitos de fabricação e de programação, as falhas de informação e o uso incorreto podem constituir ilícitos? b)

---

5. Disponível em: http://www.anac.gov.br/noticias/2019/regulamentação-de-drones-e-tema-de-palestra-da-anac. Acesso em: 27 fev. 2020.
6. ZORRILLA, María Carmen Núñez. *Inteligencia artificial y responsabilidad civil:* régimen jurídico de los daños causados por robots autónomos con inteligencia artificial. Madrid: Reus Editorial, 2019. p. 10: "Es evidente que las nuevas tecnologías ofrecen un aspecto sumamente positivo en la actividad del ser humano, racionalizando y suprimiendo laboriosos y arriesgados trabajos, y sobre todo rompiendo, tanto en el ámbito laboral como social, las barreras del espacio y el tiempo. Ahora bien, debemos tener presente que siempre llevan implícita una amenaza: la posible injerencia y violación de los derechos de la persona; especialmente cuando se lleva a cabo un uso abusivo o incontrolado."
7. BECK, Ulrich. *Sociedade de risco:* rumo a uma outra modernidade. Tradução de Sebastião Nascimento. 3. reimpr. São Paulo: Editora 34, 2019. p. 235.

Todos os prejuízos decorrentes do emprego dos drones seriam indenizáveis? c) Quem responde por esses prejuízos (programadores, fabricantes, usuários, proprietários, eventual órgão regulador?); d) Há um regime jurídico único aplicável em situações de prejuízos indenizáveis decorrentes do emprego dos drones?

Quanto à primeira indagação, não há dúvida de que os possíveis defeitos de fabricação, programação, manuseio e informação configuram ilícitos e violam a legítima segurança que se espera desses instrumentos. Trata-se, pois, de ilícitos objetivos, na esteira do parágrafo único do art. 927 do Código Civil.

Em relação à incidência desse dispositivo normativo, Cláudio Luiz Bueno de Godoy pondera que "impende concorra um risco especial induzido pela atividade que o responsável desempenha. Nem algo que chegue a configurar necessariamente um defeito ou um perigo essencial, mas também não qualquer risco que, afinal, em maior ou menor intensidade, é inerente a toda atividade humana, máxime quando tomada em sua acepção precisa, porquanto abrangente, sempre, de uma sequência de atos praticados e coordenados".[8]

Segundo Felipe Braga Netto, Nelson Rosenvald e Cristiano Chaves de Farias, o conceito de "risco de atividade é dúctil e cambiante e, que, em alguns anos, grande variação poderá ocorrer na concretização de cláusula geral do risco, mas a necessidade de tutelar direitos fundamentais das vítimas não pode se expandir a ponto de aniquilarmos a profunda influência do conceito do ilícito e da culpa como pressupostos da responsabilização subjetiva no Brasil [...]".[9]

Quanto ao uso dos drones, a responsabilização se apresenta, ordinariamente, de natureza objetiva. A questão não se limita aos prejuízos materiais, mas, sobretudo, aos imateriais, como a violação da privacidade e da intimidade. Não é incomum o manuseio de drones na captação de imagens de pessoas em locais privados ou, ainda que em locais públicos ou de acesso coletivo, fora da esfera ou da atividade pública. Bens da personalidade não podem ser violados pela utilização inadequada dos drones.

Não há dúvida de que os prejuízos decorrentes do emprego inadequado dos drones são indenizáveis. Discute-se a possibilidade de reparação do dano ainda que originário de ato ou atividade lícita. A complexidade do tema decorre da possível diversidade de critérios de imputação da obrigação indenizatória.

Mesmo que, pela tecnologia existente, ainda não se reconheça a categoria dos drones autônomos, entendemos que eventual ação ou omissão danosa do drone deve ser atribuída a um comportamento humano específico do fabricante, do programador, do operador, do usuário, do proprietário e, até mesmo, de eventual agente regulador.

Na inexistência de comprovada falha desses agentes, mas presente o prejuízo material, pode-se defender a teoria da responsabilidade objetiva pelo risco integral. Tal teoria constitui acepção extremada do risco, pois o nexo de causalidade não é abalado por fato fortuito, pela força maior ou por fato exclusivo da vítima. Subsistindo o imple-

---

8. GODOY, Cláudio Luiz Bueno de. *Responsabilidade civil pelo risco da atividade*. São Paulo: Saraiva, 2009. p. 167.
9. BRAGA NETTO, Felipe; ROSENVALD, Nelson; FARIAS, Cristiano Chaves de. *Novo tratado de responsabilidade civil*. 2. ed. São Paulo: Saraiva Jur, 2017. p. 541.

mento da atividade de risco e o resultado prejudicial, impõe-se a responsabilização. Há o juízo objetivo de imputabilidade e o reconhecimento da causalidade pelo exercício da atividade potencialmente lesiva.

Para Claudio Luiz Bueno de Godoy, a teoria do risco integral é revelação da causalidade pura. "Ou seja, a causalidade substitui a culpa sem nenhum elemento qualificador que a ela se agregue. A configuração do dever reparatório surge do só nexo que há entre o dano e um fato humano, até mesmo independente da vontade ou da consciência do agente. Basta apenas que a conduta humana seja a causa material da eclosão do evento lesivo, como que se a questão indenizatória daí decorrente se resolvesse à luz de um conflito de patrimônios, dessarte a que estranha qualquer cogitação de dado outro da ocorrência ou do causador do dano".[10]

Esse aspecto da imputação objetiva e a exacerbação do risco fomentam também a política de securitização.

Para a utilização de drones, defende-se o regime da imputação objetiva fundada no risco integral, sem prejuízo de mecanismos de securitização obrigatória e de registro dos proprietários desses instrumentos, tudo a proporcionar maior segurança social. É imperioso, outrossim, um sistema que permita, em tempo real e durante a sua utilização, a identificação e a rastreabilidade de qualquer drone.

Ao se defender essa imputação objetiva, não se afigura razoável o risco do desenvolvimento como excludente de responsabilidade. O risco do desenvolvimento é aquele que não poderia ser conhecido quando da oferta do produto ou do serviço, sendo conhecido posteriormente com o avanço da ciência. Razão parece assistir a Sergio Cavalieri Filho, segundo o qual "os riscos de desenvolvimento devem ser enquadrados como *fortuito interno* – risco integrante da atividade do fornecedor, pelo que não exonerativo da sua responsabilidade".[11]

Como regras fundamentais, os drones não podem ameaçar a segurança das aeronaves tripuladas e devem evitar locais de alta densidade populacional, além de zonas de exclusão aéreas.

No Brasil, não há um regime jurídico específico de responsabilização pelo emprego dos drones. A depender da situação específica, ou seja, pela imputação do prejuízo e pela utilização e pelas características do drone, pode-se defender a aplicação do regime consumerista, da responsabilidade estatal ou da regra da responsabilidade objetiva pela atividade de risco do parágrafo único do art. 927 do Código Civil. Parece salutar, pois, uma atualização do Código Brasileiro de Aeronáutica (Lei nº 7.565, de 19 de dezembro de 1986), reconhecendo-se, expressamente, o regime jurídico dos veículos aéreos não tripulados, com a incidência do regime da responsabilidade pelo risco integral decorrente dessa atividade de aviação.

Um defeito de fabricação ou de projeto do drone fomenta o regime de aplicação da Lei nº 8.078/90, seja em favor do consumidor direto, seja em favor das figuras equiparadas

---

10. GODOY, Cláudio Luiz Bueno de. *Responsabilidade civil pelo risco da atividade*. São Paulo: Saraiva, 2009. p. 65.
11. BRAGA NETTO, Felipe; ROSENVALD, Nelson; FARIAS, Cristiano Chaves de. *Novo tratado de responsabilidade civil*. 2. ed. São Paulo: Saraiva Jur, 2017. p. 233.

ou das vítimas do evento, não se descurando, outrossim, da responsabilidade objetiva dos empresários, nos termos do art. 931 do Código Civil. Igualmente, subsistindo falha na regulação, pode-se defender a incidência da regra do art. 37, § 6º, da Constituição da República.[12] Nesses termos, há que se reconhecerem os denominados riscos criados, proveito, administrativo, integral e mitigado.

Não há dúvida quanto a essa polêmica defesa da teoria extremada do risco integral, afastando-se, como excludentes da causalidade, o fato de terceiro, o caso fortuito ou a força maior. Trata-se da denominada responsabilidade objetiva absoluta ou responsabilidade objetiva sem excludentes.[13]

Nesse diapasão, pela propagação do uso dos drones, qualquer prejuízo decorrente do seu exercício, ainda que não proveniente do controlador/usuário ou de qualquer fato ou vício da coisa, seria objetivamente indenizável. A securitização se apresenta, destarte, como importante política.

O tema, como observamos, tem várias e complexas nuances. A própria utilização – recreativa, profissional ou militar – é fator a ser observado na análise de eventual juízo de imputação. Ainda que o prejuízo seja o parâmetro da indenização, a teor do *caput* do art. 944 do Código Civil, não podemos desconsiderar o parágrafo único desse dispositivo, segundo o qual, se houver excessiva desproporção entre a gravidade da culpa e o dano, poderá o juiz reduzir, equitativamente, a indenização. Igual prejuízo causado por um idêntico drone poderá não ensejar a mesma resposta indenizatória tendo em vista o seu emprego, o comportamento ou a habilitação do operador, a natureza da atividade, os riscos associados, por exemplo, aos voos "fora de vista".

As situações são diversas.

Não podemos comparar a utilização empresarial de um drone com seu emprego recreativo. O próprio espaço e o alcance de utilização desses veículos aéreos não tripulados devem ser considerados na análise de eventual responsabilização.

Por fim, é imperioso notar que eventual responsabilização civil não exclui as responsabilidades penal e administrativa pela utilização ilícita dos drones.

5. DRONES AUTÔNOMOS: RESPONSABILIDADE POR CONDUTAS PRÓPRIAS?

A perspectiva dos drones autônomos ou autossuficientes, que tomam decisões autônomas e interagem com terceiros de forma independente, proporciona reflexões sobre a categoria de uma personalidade jurídica especial: a possibilidade de serem reconhecidos como pessoas eletrônicas responsáveis diretamente pelos danos que podem causar. A discussão é de extrema relevância na perspectiva da imputabilidade pelos prejuízos constatados. Reconhece-se autonomia decisória dos drones?

---

12. "Art. 37, § 6º As pessoas jurídicas de direito público e as de direito privado prestadoras de serviços públicos responderão pelos danos que seus agentes, nessa qualidade, causarem a terceiros, assegurado o direito de regresso contra o responsável nos casos de dolo ou culpa."
13. *Cf.* GODOY, Cláudio Luiz Bueno de. *Responsabilidade civil pelo risco da atividade*. São Paulo: Saraiva, 2009. p. 102.

Como Silvia Díaz Alabart[14] bem destaca, essa possibilidade de personalidade eletrônica, a partir de robôs inteligentes, é muito relevante para a responsabilidade civil, pensando-se os robôs como um *tertium genus*. Não se trataria de coisas, tampouco se considerariam pessoas em sentido estrito.

Maria Carmen Núñez Zorrilla[15] também pontua que eventuais danos que não são consequência direta das instruções ou comandos do fabricante, mas da própria autonomia decisória das máquinas, é uma questão de fundamental importância, que inaugura discussões no âmbito da responsabilidade civil.

O estudo do comportamento dos sistemas de inteligência artificial é fundamental, inclusive, para a minimizar os eventuais e contemporâneos danos.[16]

Em verdade, a atribuição da responsabilidade pelo fato danoso não pressupõe a personalidade natural ou um critério de imputação subjetiva.

São reconhecidas situações de responsabilidade objetiva, bem como de imputação a pessoas jurídicas.

Podemos ir muito além.

Admite-se a responsabilização de entes despersonalizados, centros autônomos de imputação. O exemplo simples é a responsabilização dos condomínios edilícios.

Admite-se, outrossim, a responsabilização, ainda que de forma excepcional, dos incapazes. Nesses termos, dispõe o art. 928 do Código Civil que o incapaz responde pelos prejuízos que causar, se as pessoas por ele responsáveis não tiverem obrigação de fazê-lo ou não dispuserem de meios suficientes.

Em todas essas hipóteses, subsiste fundamental questão: há manifestações e decisões tomadas pelas pessoas naturais. As pessoas jurídicas e os centros autônomos

---

14. ALABART, Silvia Díaz. *Robots y responsabilidad civil*. Madrid: Editorial Reus, 2018. p. 74/75: "Da la impresión de que con esa posible 'personalidad electrónica' se sugiere la creación para los robots inteligentes de un tertium genus. No se trataría de cosas, pero tampoco se considerarían personas en sentido estricto. Además esta 'personalización' de los robots se plantea, no de un modo general, sino específicamente para el ámbito de la responsabilidad civil."

15. ZORRILLA, María Carmen Núñez. *Inteligencia artificial y responsabilidad civil*: régimen jurídico de los daños causados por robots autónomos con inteligencia artificial. Madrid: Reus Editorial, 2019. p. 19: "Si precisamente, una de las causas que rigen en el tradicional sistema de responsabilidad del fabricante para eximir de la misma, es el factor de la imprevisibilidad (riesgos desconocidos, para el estado de conocimientos de la ciencia), entonces, pretender atribuir la responsabilidad al fabricante por las actuaciones dañosas de un sistema inteligente autónomo e imprevisible, que se encuentra fuera de la esfera de control de su creador, se torna una cuestión de vital importancia, que debe ser objeto de análisis para intentar articular una solución jurídica que se adapte a este nuevo entorno en la producción del daño, y asimismo, tenga en cuenta la necesidad de romper con los modelos existentes, razonando según esquemas innovadores. El dilema que en este sentido se plantea en el entorno de la industria robótica viene a ser el siguiente: o se exime de responsabilidad al creador de la máquina por un hecho dañoso que no le puede ser imputable por quedar al margen de su control, o se articula un nuevo sistema de responsabilidad para este nuevo tipo de daño incognoscible producto del imparable avance de la tecnología. Todo ello, en un contexto en el que la cuantía económica de los daños susceptibles de producirse puede llegar a ser exorbitante; de ahí el interés y la preocupación de las empresas constructoras de las máquinas inteligentes por intentar excluir o limitar su responsabilidad en la medida de lo posible."

16. IYAD, Rahwan *et al*. Machine behaviour. *Nature Review*, v. 568, p. 477-486, abr. 2019, p. 477 "Machines powered by artificial intelligence increasingly mediate our social, cultural, economic and political interactions. Understanding the behaviour of artificial intelligence systems is essential to our ability to control their actions, reap their benefits and minimize their harms."

de imputação se fazem presentes pelos seus integrantes e membros. Não há que se falar em tomadas de decisões a despeito de qualquer manifestação ou comportamento humano.

Há outro importante ponto. Ainda que a imputação não tenha por pressuposto a personificação ou a capacidade de fato ou de exercício, há que se avaliar a capacidade patrimonial para a efetivação de eventual indenização. Há muito superada a perspectiva do *Mercador de Veneza*, consistente na responsabilidade da própria pessoa do devedor. Como bem destaca o art. 789 do Código de Processo Civil, o devedor, salvo as restrições legais, responde com todos os seus bens presentes e futuros para o cumprimento de suas obrigações.

No caso dos drones, há que se avaliar essa real autonomia, a capacidade decisória a despeito de qualquer orientação, deliberação ou supervisão humana.

Realidade ou futuro possível? A tecnologia tem resposta? Poderíamos ir além da conhecida técnica da responsabilidade por fato de terceiro e propugnarmos pela responsabilidade dos próprios drones? A questão está em aberto.

Segundo Gunther Teubner, o direito privado tem uma escolha: reconhecer a responsabilidade às máquinas autônomas ou admitir um número crescente de acidentes sem responsáveis. Segundo o autor, quando os robôs tomam decisões independentes, há que se lhes reconhecer *personalidade eletrônica*.[17]

Ainda que se admita essa possibilidade de responsabilidade dos drones, partindo do pressuposto da sua autossuficiência, subsiste outra dificuldade: como reparar ou compensar economicamente eventuais prejuízos? O eventual reconhecimento dessa personalidade eletrônica dos drones enseja, por si só, sua capacidade patrimonial para suportar as consequências de suas decisões? A resposta me parece negativa. Se o cenário ideal é o de que quem deu causa ao ilícito deve por ele responder, é inevitável avaliar essa capacidade patrimonial. O início das possíveis soluções perpassa pela tecnologia, pelo necessário reconhecimento da autossuficiência dessas máquinas (*ex machina*). A legislação não tem resposta clara e incontroversa. Os desafios persistem.

Trata-se de contemporâneo e perplexo problema. Ao civilista parece difícil admitir as categorias da personalidade eletrônica ou da massa patrimonial despersonificada digital.

Maria Carmen Núñez Zorrilla[18] afirma que, pelo atual marco normativo legal, os robôs não podem ser considerados responsáveis por seus atos ou omissões danosas.

---

17. Teubner, Gunther. Digital personhood? The status of autonomous software agents in private law. Tradução de Jacob Watson. Société Suisse des Juristes: Ancilla Iuris, 2018, p. 113: "*When robots make autonomous decisions, they should be recognized as "electronic persons", as legal entities in the full sense of the word*".
18. ZORRILLA, María Carmen Núñez. *Inteligencia artificial y responsabilidad civil:* régimen jurídico de los daños causados por robots autónomos con inteligencia artificial. Madrid: Reus Editorial, 2019, p. 37, "Se toma conciencia de que en el actual marco jurídico, los robots no pueden, en sí mismos, ser considerados responsables de sus actos u omisiones dañosas, y de que la normativa tradicional no basta para establecer su *responsabilidad*, ya que con ella no se puede, ni determinar la parte que ha de hacerse cargo de la indemnización, ni exigir a dicha parte que repare el daño ocasionado."

6. CONCLUSÕES

Não há dúvidas do avanço da tecnologia e da superação diária dos limites até então conhecidos. Vantagens e desafios fazem parte dessa dinâmica.

Os drones se inserem nessa perspectiva.

O grande ponto é a afirmação da autossuficiência dessas máquinas: poderíamos reconhecê-las como *pessoas eletrônicas,* entes dotados de capacidade decisória, e, por conseguinte, responsáveis por suas escolhas? A inteligência artificial, em algum momento, pode superar a capacidade intelectual humana?

Ao que nos parece, até o presente, as máquinas continuam sendo máquinas e nós mantemos o controle sobre elas. Nessa perspectiva, pela ausência de uma comprovada autonomia, subsiste a responsabilidade humana nas suas mais diversas nuances, o que, à evidência, não afasta a continuidade de estudos sobre essa proposta inquietante de uma nova categoria de sujeito de direito e um inovador capítulo da responsabilidade civil.

Não há um regime jurídico uniforme para o emprego dos drones. As suas características (peso, velocidade, tipo de operação) e a finalidade (recreativa, empresarial ou comercial) são fatores que devem ser observados em juízo de eventual responsabilização. Ordinariamente, o operador responde objetiva e integralmente pelo resultado danoso, o que não exclui a possibilidade de incidência da regra de mitigação, prevista no parágrafo único do art. 944 do Código Civil. A finalidade desses veículos aéreos não tripulados parece essencial para fins de responsabilidade civil.

Desenvolvimento e riscos caminham juntos. Tecnologia, direito e ética também. O desafio é o ritmo do caminhar e a necessidade crescente de respostas a imprevisíveis realidades. De tudo, fica a necessidade de aprimoramentos normativos em face das aplicações emergentes e criativas das tecnologias dos drones, sem, por óbvio, afetar o processo de pesquisas e inovações.

Por último, defendemos uma atualização do Código Brasileiro de Aeronáutica (Lei nº 7.565, de 19 de dezembro de 1986), reconhecendo-se, expressamente, a realidade dos veículos aéreos não tripulados e prevendo-se mecanismos de responsabilidade civil, inclusive preventivos, como a securitização obrigatória.

7. REFERÊNCIAS

ALABART, Silvia Díaz. *Robots y responsabilidad civil.* Madrid: Editorial Reus, 2018.

BAUMAN, Zygmunt. *Medo líquido.* Tradução de Carlos Alberto Medeiros. Rio de Janeiro: Zahar, 2008.

BECK, Ulrich. *Sociedade de risco:* rumo a uma outra modernidade. Tradução de Sebastião Nascimento. 3. reimpr. São Paulo: Editora 34, 2019.

BRAGA NETTO, Felipe; ROSENVALD, Nelson; FARIAS, Cristiano Chaves de. *Novo tratado de responsabilidade civil.* 2. ed. São Paulo: Saraiva Jur, 2017.

CAVALIERI FILHO, Sergio. *Programa de responsabilidade civil.* 11. ed. Rio de Janeiro: Atlas, 2014.

GODOY, Cláudio Luiz Bueno de. *Responsabilidade civil pelo risco da atividade.* São Paulo: Saraiva, 2009.

IYAD, Rahwan *et al.* Machine behaviour. *Nature Review,* v. 568, p. 477-486, abr. 2019.

MUÑOZ, Jesús Jimeno. *La responsabilidade civil en el ámbito de los ciberriesgos* Madrid: Fundación Mapfre, 2017.

TEUBNER, Gunther. *Digital personhood*? The status of autonomous software agents in private law. Tradução de Jacob Watson. Société Suisse des Juristes: Ancilla Iuris, 2018, p. 105-149.

ZORRILLA, María Carmen Núñez. *Inteligencia artificial y responsabilidad civil:* régimen jurídico de los daños causados por robots autónomos com inteligência artificial. Madrid: Reus Editorial, 2019.

POLUIÇÃO DIGITAL: TRANSCENDENDO OS LIMITES DO VIRTUAL

Marcelo Kokke

Pós-Doutor em Direito Público Ambiental pela Universidade de Santiago de Compostela – ES. Mestre e Doutor em Direito pela PUC-Rio. Especialista em processo constitucional. Professor de Direito da Escola Superior Dom Helder Câmara. Professor de Pós-graduação da PUC-MG. Professor colaborador da Escola da Advocacia-Geral da União. Procurador Federal da Advocacia-Geral da União. Membro da Associação dos Professores de Direito Ambiental do Brasil. Membro da Academia Latino Americana de Direito Ambiental.

Márcio Luís de Oliveira

Doutor e Mestre em Direito. Professor da Faculdade de Direito da Universidade Federal de Minas Gerais (UFMG), da Escola Superior Dom Helder Câmara (Mestrado e Graduação) e da Faculdade Milton Campos (Mestrado e Graduação). Advogado e Consultor Jurídico.

Sumário: 1. Introdução. 2. Meio ambiente digital e sociedade da informação: impossibilidade de cisão entre o físico e o virtual. 3. Especificidade e delimitação da poluição digital. 4. Tutela jurídica do meio ambiente digital. 5. Considerações finais. 6. Referências.

1. INTRODUÇÃO

O meio ambiente é alvo de incursões antrópicas, modificações e transformações provocadas consciente ou inconscientemente pelo ser humano. Delimitar o campo de proteção e espaços juridicamente admissíveis para intervenção no meio ambiente é tema interdisciplinar e que possibilita revisões. O próprio Direito Ambiental por vezes recebe o influxo de circunstâncias fáticas e jurídicas que tendem a ampliar o seu âmbito de extensão e de regência. Como se identificar o campo científico-dogmático do Direito Ambiental sem se correr o risco de sua perda de especificidade e coerência interna de normas (princípios e regras), institutos e instituições em relação às demais especialidades do Direito?

A abordagem do meio ambiente digital e da própria poluição ambiental digital está imersa nessa problemática questão da delimitação do que são ou não normas afetas ao Direito Ambiental. Logo, o campo de abrangência científico-dogmática do Direito Ambiental em relação às questões do meio ambiente digital demanda uma rigidez metodológica e conceitual. Embora todas as especialidades jurídicas, de alguma forma, repercutem sobre o meio ambiente social e até o natural, nem todas as normas que regem as interações que ocorrem no habitat virtual concernem ao Direito Ambiental.

Direito eletrônico, limites da liberdade de expressão na *web*, crimes digitais, direito dos contratos virtuais, tributação de serviços eletrônicos ou virtuais, são exemplos de interações regidas pelo sistema jurídico em sua multiplicidade de especializações; e todas estão insertas no meio ambiente digital. Mas os exemplos citados não se inserem no campo normativo do Direito Ambiental. É preciso, portanto, se identificar a área de abrangência do Direito Ambiental no mundo digital.

É, pois, sob esta perspectiva que este trabalho se volta para o seguinte tema-problema: o meio ambiente digital produz riscos de impactos sobre o meio ambiente natural que poderiam constituir objeto científico-dogmático próprio do Direito Ambiental?

De modo a abordar o tema-problema, a pesquisa adota, como marco teórico, o método filosófico de Spinoza que, rompendo com a lógica cartesiana da dualidade entre o mundo dos sentidos e o mundo das ideias, propõe uma racionalidade de indissolubilidade entre o sensível e o intelecto, ou, em suas palavras, "a união entre o corpo e a alma". A compreensão metafísica cartesiana aparta as dimensões da realidade e da racionalidade, o que é filosoficamente superado em Spinoza. E na seara do Direito Ambiental, o postulado de Spinoza torna-se relevante para a compreensão holística do meio ambiente e, por conseguinte, das conexões entre o meio ambiente físico (natural e social) e o meio ambiente digital ou virtual.

Em sintonia com o tema-problema e o marco teórico, a pesquisa apresenta as seguintes hipóteses: a) o meio ambiente digital não produz risco – nem concreto e nem abstrato – que possa repercutir sobre o meio ambiente físico (natural e social), não se revelando, assim, como objeto de abrangência do Direito Ambiental; b) o meio ambiente digital conecta-se com o meio ambiente físico (natural e social) de modo indissolúvel e de maneira a produzir riscos concretos e abstratos com potencialidade para impactar a dimensão holística do meio ambiente, constituindo-se, portanto, neste aspecto, objeto específico do Direito Ambiental.

Assim, o objetivo geral da pesquisa é o de delimitar um campo propriamente normativo para o Direito Ambiental sob a perspectiva digital, para tanto identificando marcos científico-dogmáticos que seriam indicativos para justificar a incidência das normas de Direito Ambiental no mundo virtual. Como objetivos específicos, o artigo pretende demonstrar: a) a dimensão holística do meio ambiente, o que compreenderia a indissolubilidade dos mundos físico (natural e social) e virtual; b) a natureza do risco concreto ou abstrato que interessa ao Direito Ambiental e que poderia estar presente no meio ambiente digital; c) expor situações típicas do mundo virtual que produzem risco concreto e abstrato com potencialidade de repercussão no meio ambiente físico (natural e social); d) a necessidade de se positivar um marco jurídico adequado para reger as implicações de risco concreto e abstrato na conexão entre os mundos virtual e físico.

Na elaboração do trabalho foi adotada a metodologia crítico-propositiva e, de modo complementar, a dogmático-analítica. O primeiro método foi utilizado na tentativa de reconfiguração dos institutos do Direito Ambiental que poderiam ser extensíveis às conexões entre os meios ambientes físico (natural e social) e digital. O segundo método foi aplicado na abordagem dogmática acerca da proteção do meio ambiente, em sua dimensão holística, em relação aos riscos concretos e abstratos produzidos pelo meio ambiente digital e com potencialidade de repercussão no meio ambiente físico (natural e social). A partir dessa metodologia, foi feita uma revisão bibliográfica para se discorrer acerca das posições doutrinária sobre a dimensão holística do meio ambiente. Logo, foram utilizadas, na pesquisa, fontes primárias (a legislação) e fontes secundárias (doutrina nacional e internacional), além de referências exemplificativas com dados coletados e apresentados em estudos realizados por terceiras fontes.

O artigo está estruturado em três tópicos, além da introdução e das considerações finais. O primeiro aborda o meio ambiente digital e a sociedade da informação e demonstra a impossibilidade de cisão entre os meios ambientes físico e virtual. O segundo trabalha com as especificidade e delimitações da poluição digital, apresentado situações de risco concreto e abstrato. O terceiro propõe a necessidade de positivação de um marco jurídico adequado para a proteção do meio ambiente em sua dimensão holística e de modo a abranger as conexões entre o meio ambiente físico (natural e social) e o digital.

2. MEIO AMBIENTE DIGITAL E SOCIEDADE DA INFORMAÇÃO: IMPOSSIBILIDADE DE CISÃO ENTRE O FÍSICO E O VIRTUAL

O presente trabalho centra-se num tema central para a compreensão do marco científico e dogmático do Direito Ambiental: o conceito de "risco". As atividades humanas que possam propiciar situações de risco ao meio ambiente constituem a fonte material justificadora para a positivação de normas jurídicas ambientais (princípios e regras) incidentes sobre os espaços sociais e naturais potencialmente sujeitos ao risco. Considerando a definição de meio ambiente adotada na Conferência de Estocolmo, em 1972, é ele compreendido como "conjunto de componentes físicos, químicos, biológicos e sociais capazes de causar efeitos diretos ou indiretos, em um prazo curto ou longo, sobre os seres vivos e as atividades humanas".[1] No Brasil, a Lei n. 6.938, de 31 de agosto de 1981, artigo 3º, inciso I, define meio ambiente como "o conjunto de condições, leis, influências e interações de ordem física, química e biológica, que permite, abriga e rege a vida em todas as suas formas".

Os fatores que, concreta ou potencialmente, comprometem o nível de equilíbrio e estabilidade daquele conjunto de componentes (físicos, químicos, biológicos ou sociais) de modo a afetar os seres vivos se revelam como manifestações de risco ambiental e, portanto, estão, sob esta perspectiva científico-dogmática, na seara do Direito Ambiental. Por sua vez, o Direito Ambiental compreende o meio ambiente como fenômeno e sistema holísticos, isto é, abarca a integralidade do habitat humano e natural, em sua multidimensionalidade e totalidade e não passível, portanto, de análises fragmentadas, sob pena de comprometimento de seu objeto de reflexão, regramento e proteção: a vida em si mesmo considerada. A atomização na compreensão de questões ambientais, ou seja, considerações pontuais e não correlacionadas de aspectos que concernem ao meio ambiente, destoa da *ratio juris* do Direito Ambiental, uma vez que seu campo normativo

---

1. UNITED NATIONS. *Report of the United Nations Conference on the human environment*. Stockholm, 5-16 june, 1972. Disponível em: http://www.un.org/en/ga/search/view_doc.asp?symbol=A/CONF.48/14/Rev.1. Acesso em: 20 jan. 2020.

se foca na potencialidade ou concretude do "risco" advindo da atividade humana, ou a ela interligado, sobre interações e equilíbrio em dado ecossistema.

Nesse contexto holístico, a temática do meio ambiente digital, para fins de objeto do Direito Ambiental, configura-se a partir do momento em que o "risco", em sua concretude ou potencialidade, revela-se como fenômeno de repercussão e afetação do meio ambiente virtual em suas interações com a vida e com as conexões desta com os meios ambientes social e natural. Contudo, destaca-se, logo de início, que a questão concernente à degradação ambiental decorrente do meio ambiente digital que será analisada neste artigo não está relacionada ao tema dos resíduos sólidos que a atividade de *hardware* provoca, por si só, no meio ambiente natural. Aqui serão tratados temas próprios da dinâmica do mundo virtual que podem impactar negativamente o mundo físico (natural e social).

Sendo, pois, o risco – potencial ou concreto – sobre o meio ambiente social ou natural o campo de regência próprio do Direito Ambiental, as conjunturas política, econômica, social e científica – nas quais a juridicidade sobre o risco interessa ao Direito Ambiental – estão interconectadas com os inúmeros e constantes processos e modelos de interação humana. Nesse sentido, a humanidade, em seu desvelamento social e em suas conexões com a natureza, revela-se como "sociedade de risco" permanente.[2]

A sociedade de risco é, pois, a expressão sociocultural, no contexto temporal-espacial, sobre o qual o Direito Ambiental se manifesta em sua dimensão científico-dogmática e de modo a se constituir como subsistema especializado do sistema jurídico.[3]

A sociedade de risco, para fins de Direito Ambiental, expressa-se no conjunto de ações e interações que, de modo concreto ou em abstrato, pode colocar em risco a sua própria sobrevivência ou a do meio ambiente natural. Logo, a sociedade de risco opera tanto de modo consequente quanto inconsequente por uma aparente limitação de previsibilidade e de cálculo sobre os eventuais riscos que a atividade humana pode provocar no equilíbrio dos ecossistemas e na própria sociedade. E, não raramente, a sociedade de risco – em sua dinâmica e multidimensionalidade política, econômica, social e científica – acaba por produzir nichos e conjunturas de vida antes não existentes na natureza ou, se existentes, profundamente alterados. Dito de outra forma, as interações sociais e culturais criam novos espaços "humanizados" e com bases próprias de equilíbrio-ambiente, o que acaba por demandar regramentos específicos para reger o risco que a própria criação do espaço ocasionou.

Suponha-se, para fins argumentativos, a existência de um laboratório de experimentos com vírus ou bactérias fatais a animais e ao próprio ser humano; um laboratório construído com o intuito de realizar pesquisas em prol da saúde pública e, portanto, focado na melhoria das condições de vida e na geração de benefícios sociais. O ser humano, ainda que motivado por critérios éticos, científicos e tecnológicos, reúne em um mesmo local ("ambiente"), diversas espécies de vírus ou bactérias cujo cultivo e manuseio manifestam um risco, uma ameaça, cujo cálculo e previsibilidade de efeitos negativos

---

2. BECK, Ulrich. *Sociedade de risco*: rumo a uma outra modernidade. Tradução de Sebastião Nascimento. São Paulo: Ed. 34, 2010.
3. LUHMANN, Niklas. *O direito da sociedade*. Tradução de Saulo Krieger e Alexandre Agnolon. São Paulo: Martins Fontes, 2016.

são limitados pelo próprio (des)conhecimento. Ao criar tal ambiente, e ao inserir seres humanos para laborar naquele habitat, há uma concatenação de elementos de vulnerabilidade ambiental em potencial e em concreto, tanto interna quanto externa ao próprio laboratório. A interna diz respeito aos efeitos de risco para toda a vida no interior do laboratório, ao passo que a vulnerabilidade externa concerne aos riscos de transposição da ameaça para fora do laboratório. Na situação ilustrada, há diversas disciplinas jurídicas envolvidas. Ao Direito Ambiental a questão concentra-se no risco, qual seja, nas ameaças abstratas ou concretas, efetivas ou potenciais, que a atividade desenvolvida no laboratório pode, tanto interna quanto externamente, projetar sobre os seres vivos, de forma direta ou indireta.

Não importam ao Direito Ambiental, por exemplo, as relações comerciais de compra e venda do laboratório ou do bem ou serviço por ele produzido, ou o contrato de trabalho ou emprego dos funcionários, nem mesmo a logomarca, lucratividade ou prejuízo do laboratório. Tais questões são afetas a outras especialidades do sistema jurídico. Mas se faz relevante ao Direito Ambiental como se manifesta a atividade do laboratório de pesquisas com vírus e bactérias em uma conjuntura de ameaça aos seres vivos que estão no interior ou no exterior daquele ambiente. E os desdobramentos do risco não se limitam, por óbvio, aos funcionários do laboratório; a questão envolve cobaias utilizadas e os próprios vírus e bactérias, já que experimentos podem resultar em mutações ou novos vírus ou bactérias com maior potencial destrutivo de vida, por exemplo. Mas não é possível desvincular o interior do exterior. Se relações empresariais de compra e venda, ou se debilidades nas relações de trabalho, proporcionarem, em concreto ou em potencial, situações de exposição de risco exterior ao laboratório, ou seja, para seres vivos ou para o equilíbrio externos ao laboratório, a imperiosidade do regramento da situação, pelo Direito Ambiental, não pode ser desconsiderada. Os resíduos do laboratório, o manuseio de produtos químicos e biológicos e a gestão de organismos de risco sujeitam-se, inexoravelmente, à regência normativa do Direito Ambiental. Aliás, ressalta-se que o risco interno à atividade laboratorial já é, por si só, objeto do Direito Ambiental, ainda que com conexões com outras áreas do Direito, como os códigos de ética profissional e de pesquisas acadêmicas. Assim, o exemplo revela que o interior de um local em que possa haver geração de risco ambiental não pode ser desvinculado de seu exterior, pois o caráter holístico do meio ambiente se revela determinante. Nesse sentido, e para o Direito Ambiental, os ambientes interno e externo, no caso em apreço, fazem parte de um todo que não pode ser fragmentado ou compreendido que não pela sua totalidade.

Um referencial filosófico para o entendimento da relação que lastreia o habitat interno e o externo, na seara do Direito Ambiental, pode ser encontrado em Spinoza. A partir dele também se pode buscar um liame lógico para se abordar e compreender a interconexão entre as realidades física e virtual. Spinoza salientava a inseparabilidade do corpo e da mente, a interligação entre ambos, em contraposição a uma cisão de matriz cartesiana em que a dinâmica do racional se desprendia do físico. A lógica dualista cartesiana – de separação epistemológica entre mente e corpo; qual seja, a de que "ideia e virtual" se desconectam do "sensível e do físico" – é contrastada pela racionalidade apresentada por Spinoza, para quem corpo e mente são constitutivos de unidade epistêmica.[4] O autor salienta que, para Spinoza, "ao se considerar que a mente é ideia do corpo, não procede a afirmação de que a mente pode existir sem o corpo. Não havendo corpo não há mente".[5] Por conseguinte, "as experiências da mente e do corpo obedecem a mesma ordem e conexão, não havendo como sustentar qualquer função moral da mente que vise ao controle do corpo".[6] E adverte o autor que "o dualismo que marca a relação entre corpo e mente na filosofia cartesiana é apenas mais uma expressão de uma tradição filosófica idealista que, até os dias de hoje, projeta tal compreensão na realidade do senso comum".[7]

O suporte teórico é aqui relevante para se construir uma perspectiva integrada entre as realidades física e virtual. O meio ambiente digital (realidade virtual) não pode ser conhecido e compreendido em sua ontologia e desdobramentos sem que se o perceba em integração cognitiva com os recursos naturais, que são expressões do mundo físico. O ambiente virtual não pode ser plenamente desconectado do físico, pois o mundo virtual é concebido e também desvelado no mundo real (físico e cultural). Em consonância com a lógica-filosófica apresentada por Spinoza,

> (...) no sólo entendemos que el alma humana está unida al cuerpo, sino también lo que debe entenderse por unión de alma y cuerpo. Sin embargo, nadie podrá entenderla adecuadamente, o sea, distintamente, si no conoce primero adecuadamente la naturaleza de nuestro cuerpo.[8]

Sob esse mesmo paradigma de racionalidade, não se pode compreender integralmente o meio ambiente digital, e menos ainda suas implicações em termos de poluição ambiental, sem que se tenha em conta o inerente caráter associativo entre os mundos virtual e real (natural e social).

Para fins de Direito Ambiental, o meio ambiente digital se posta como o exemplo do laboratório de pesquisas. É um habitat constituído por ideias mas com lastro na materialidade, isto é, o mundo virtual se desvela como derivações do *software* a partir de suas conexões com o *hardware*. Concebido e dinamizado pela inventividade humana, o mundo virtual consubstancia-se em uma criação que se faz também criadora, pois em seus espaços internos de interligação social e de vida – em que ideias e realidades se misturam – recriam-se e constroem-se outras realidades de existência e interação sociais. Mas da mesma forma como o laboratório, o meio ambiente digital não pode ser visto como um habitat fechado em si. É fato que, em sua dinâmica interna, o mundo virtual afeta a vida daqueles que nele se alocam em suas conexões e interações sociais ou como vivências de momentos unipessoais. Mas, seus efeitos de realidade criada também se projetam externamente. Melhor dizendo, o meio ambiente digital, como habitat virtual de

---

4. GUIMARÃES, Francisco. *Direito, ética e política em Spinoza*: uma cartografia da imanência. Rio de Janeiro: Lumen Juris, 2011, p. 80.
5. GUIMARÃES, Francisco. *Direito, ética e política em Spinoza*: uma cartografia da imanência. Rio de Janeiro: Lumen Juris, 2011, p. 89.
6. GUIMARÃES, Francisco. *Direito, ética e política em Spinoza*: uma cartografia da imanência. Rio de Janeiro: Lumen Juris, 2011, p. 96.
7. GUIMARÃES, Francisco. *Direito, ética e política em Spinoza*: uma cartografia da imanência. Rio de Janeiro: Lumen Juris, 2011, p. 80.
8. SPINOZA, Baruch. *Ética:* demonstrada según el orden geométrico. Madrid: Editora Nacional, 1980, p. 80.

existência social, não se desvincula em sua ontologia e consequências do meio ambiente físico; como já afirmado, ele é o desvelar do *software* a partir do *hardware*.

A desvinculação sujeita-se à crítica do pensamento de Spinoza em face das construções cartesianas (a separarem a ideia/virtual do físico/sensível), como se não fossem ambos integrados em uma realidade holística. Mundo virtual e mundo real – logo, meio ambiente digital e meio ambiente físico – não podem ser compreendidos como dualidades, mas como expressões de realidade de um todo ambiental que se manifesta. Conforme salientam Fiorillo e Fuller,[9] a divisão do meio ambiente em aspectos ou áreas de abordagem não compromete a sua natureza holística, mas busca viabilizar a identificação de formas de degradação e impactos ambientais diferenciados sobre o todo ambiental.

Se o mundo virtual se desvela como derivações do *software* a partir de suas conexões com o *hardware*, o meio ambiente digital pode ser compreendido como uma dentre as muitas expressões da multidimensionalidade holística do meio ambiente. Portanto, o meio ambiente digital projeta sobre o meio ambiente físico os seus efeitos positivos e negativos, dentre estes o de poluição e o de extração e industrialização de recursos naturais. Esse dado permite afastar ideias aparentes e equivocadas tal como a compreensão de que a atividade humana no meio ambiente digital não gera poluição física, além da própria poluição virtual.

No meio ambiente digital – constituído pelas derivações do *software* a partir de suas conexões com o *hardware* – são construídas multiplicidades de interações sociais complexas e aptas a gerar, no tempo e no espaço físico, efeitos diretos ou indiretos sobre as pessoas e as diversas instituições e atividades humanas (política, economia, cultura, ciência etc.). Por conseguinte, essas interações construídas no meio ambiente digital também se projetam, em suas consequências, no meio ambiente físico, do local ao extraterrestre, como se pode constatar dos inúmeros dados coletados e virtualmente transmitidos por artefatos espaciais às estações de pesquisa e lançamento. Em verdade, o mundo virtual criado pela genialidade humana já se estende para além do sistema solar. Conclui-se, portanto, que o mundo virtual não se contrapõe ao mundo real; o virtual integra o mundo real.

Essa perspectiva do meio ambiente digital associa-se a outras, como a expressada por Fiorillo e Fuller, para quem o meio ambiente digital está atrelado ao advento da revolução tecnológica assim como à dinâmica da sociedade da informação, na qual "os instrumentos de comunicação, especialmente a internet, gera uma rede de globalização cultural, ideológica, econômica, social, originando novos modelos organizacionais, assim como, novos mercados socioeconômicos".[10] E a interligação que se procede afeta o próprio espaço discursivo das práticas sociais sustentáveis.[11] Logo, a perspectiva de enfoque

---

9. FIORILLO, Celso Antônio Pacheco; FULLER, Greice Patrícia. Tutela Constitucional da Internet no Brasil em face do Meio ambiente digital. In: *Os 20 anos da internet no Brasil, seus reflexos no Meio Ambiente Digital e sua tutela jurídica na sociedade da informação*. São Paulo: FMU, 2015, v. 1.
10. FIORILLO, Celso Antônio Pacheco; FULLER, Greice Patrícia. Tutela Constitucional da Internet no Brasil em face do Meio ambiente digital. In: *Os 20 anos da internet no Brasil, seus reflexos no Meio Ambiente Digital e sua tutela jurídica na sociedade da informação*. São Paulo: FMU, 2015, v. 1, p. 8.
11. LEITE, Flávia Piva Almeida; FIORILLO, Celso Antônio Pacheco. Sustentabilidade no meio ambiente cultural – o exercício da liberdade de expressão na sociedade da informação. *Veredas do Direito*: Direito Ambiental e Desenvolvimento Sustentável, [S.l.], v. 13, n. 26, p. 337-360, out. 2016.

na estrutura comunicacional permite antever no meio ambiente digital um espaço de interação da liberdade de expressão e pensamento, em que se passa o desenvolvimento da personalidade e das interações comunicativas e comunitárias que possuem como palco principal a internet em uma realidade social própria do século XXI.[12] Essa situação se aguça quando os contornos sociais transformam a informação e sua acumulação em um celeiro de dados apresentado como infinito, endossando um projeto social coletivo marcado pela "existência das chamadas tecnologias intelectuais, ou seja, tecnologias a serviço da produção de conhecimento".[13]

A partir do paradigma da sociedade de risco,[14] o meio ambiente digital está enlaçado a riscos concretos e abstratos.[15] Embora não haja clara delimitação entre os dois tipos de risco, a distinção entre risco concreto e abstrato é fundada no lastro de controle desenvolvido, e mesmo possível, diante da situação potencial de lesividade. O risco concreto é caracterizado pela sua possibilidade de delimitação por controle racional, com dinâmicas e mecanismos de uso e interação de dados e de atos que acautelam em face da sua nocividade potencial. O indivíduo que utiliza seu computador e gere arquivos ou dados em redes sociais ou em operações bancárias possui uma previsibilidade racional dos riscos oriundos da utilização de senhas, por exemplo, ou da necessidade de aparelhar-se de mecanismos de proteção. Mas há uma dimensão maior de risco, e de certa forma abstrata, marcada pela ausência ou precariedade quanto à sua limitação ou pela álea do desconhecido, e que comprime o nível de controle ou mesmo o incapacita. É sobre o risco abstrato que são elaboradas variáveis acerca da poluição ambiental digital, muitas das quais alheias a fatos e dados de conhecimento científico precário ou até mesmo ignorados e que comprometem, no todo ou em parte, o controle racional do risco, podendo, assim, afetar usuários e o meio ambiente social e natural em escalas de imprevisibilidade temporal e espacial. Como dito, o risco abstrato no meio ambiente digital transpassa a fronteira do virtual, afetando o meio ambiente social e físico, ou seja, a própria realidade da qual ele também integra. Construir a identificação do virtual, a partir do problema da dualidade para com o real, como se o virtual fosse um universo suprassensível, amplifica a dimensão do incontrolável no risco abstrato, impedindo aferições e tomadas reativas sobre efeitos ambientais físicos. Embora a imprevisibilidade seja a marca da sociedade de risco, o desenvolvimento de meios de conscientização social acerca do risco reforça as potencialidades do controle dos efeitos da degradação advinda da existência, da manutenção e da permanente atualização do ambiente digital.

Mas como é possível a ação humana no mundo virtual (ambiente digital) ser causa de degradação ambiental no mundo físico? Quais níveis de lesão ambiental, sob a matriz digital, são ignorados socialmente e com afetação do meio ambiente em seu aspecto holístico? Tais perguntas serão apreciadas no tópico seguinte.

---

12. FIORILLO, Celso Antônio Pacheco; FULLER, Greice Patrícia. Tutela Constitucional da Internet no Brasil em face do Meio ambiente digital. In: *Os 20 anos da internet no Brasil, seus reflexos no Meio Ambiente Digital e sua tutela jurídica na sociedade da informação*. São Paulo: FMU, 2015, v. 1, p. 9-11.
13. COUTINHO, Ricardo Silva. O meio ambiente digital e a tutela dos bens culturais. *Revista Brasileira de Meio Ambiente Digital e Sociedade da Informação*, São Paulo, v. 1, n. 1, p. 221-244, 2014, p. 224.
14. BECK, Ulrich. *Sociedade de risco*: rumo a uma outra modernidade. Tradução de Sebastião Nascimento. São Paulo: Ed. 34, 2010.
15. PARDO, José Esteve. *Técnica, riesgo y derecho*. Barcelona: Ariel, 1999, p. 23-26.

3. ESPECIFICIDADE E DELIMITAÇÃO DA POLUIÇÃO DIGITAL

O contexto das relações humanas na seara da sociedade da informação é progressivamente afetado pela revolução tecnológica e expansão do meio ambiente digital. Sob essa perspectiva, Fiorillo e Oosterbeek[16] sustentam existir verdadeiros agrupamentos sociais que podem ser denominados como cidades digitais, embora sob uma referência de suficiência e abrangência diversa da cidade física em si. O meio ambiente digital, segundo os autores, remete a um novo conceito de território, no qual se passam relações culturais e de manifestação do pensamento. Tem-se aqui um cenário voltado para acomodar "transições da natureza física das cidades para a territorialização digital dos processos não apenas econômicos e financeiros, mas também institucionais que lhe estão conectados".[17] Mas como essa transição de territorialidade pode causar novas formas de poluição e de impactos ambientais materializados em degradação ambiental?

A compreensão da poluição do meio ambiente digital é perceptível sob o aspecto holístico do meio ambiente, no qual o ambiente digital e o ambiente físico e cultural se integram. O risco abstrato que se pretende tematizar neste trabalho é justamente o efeito de poluição, no meio ambiente físico, desencadeado pelas atividades empreendidas em ambientes digitais ou virtuais.

No sistema jurídico brasileiro, a Lei n° 6.938, de 1981, fixa conceitos importantes para a elaboração, implementação e avaliação de políticas públicas em matéria ambiental. Com base em seu artigo 3°, pode-se formular a noção de degradação ambiental digital como a alteração adversa das características do meio ambiente provocada por atividade humana empreendida a partir de recursos físicos ou naturais voltados para atuação em cenários de vivência ou convivência virtuais. A atividade de degradação digital, quando direta ou indiretamente implique efeitos nocivos à saúde e ao bem-estar humanos, ou mesmo quando criem condições adversas para atividades sociais ou afetem desfavoravelmente ecossistemas, configuram-se como poluição digital. A degradação ambiental digital, assim como a própria poluição digital, pode se estender para além do cenário virtual e alcançar o meio ambiente físico.

Apesar de serem habitats com caraterísticas próprias, os ambientes virtual e físico, conforme já dito, são indissociáveis pela dimensão holística de meio ambiente. Logo, a poluição digital pode externar-se em risco abstrato na medida em que não se tem pleno controle e previsibilidade quanto à gradação de seu impacto e de sua nocividade no ambiente físico.

A título de ilustração, considerar-se-á, neste trabalho, uma das principais causas de poluição digital: o uso da internet e do e-mail, que representam duas atividades humanas

---

16. FIORILLO, Celso Antônio Pacheco. OOSTERBEEK, Luiz. Tutela jurídica das 'cidades digitais' na sociedade da informação como instrumento de inclusão cultural, social, econômica e ambiental, em face do direito ambiental constitucional brasileiro. *Revista Brasileira de Meio Ambiente Digital e Sociedade da Informação*, São Paulo, v. 1, n. 1, 2014.
17. FIORILLO, Celso Antônio Pacheco. OOSTERBEEK, Luiz. Tutela jurídica das 'cidades digitais' na sociedade da informação como instrumento de inclusão cultural, social, econômica e ambiental, em face do direito ambiental constitucional brasileiro. *Revista Brasileira de Meio Ambiente Digital e Sociedade da Informação*, São Paulo, v. 1, n. 1, 2014, p. 48.

plenamente vinculadas à dinâmica do risco abstrato, e principalmente às práticas de poluição oculta. A poluição oculta é caracterizada pela ausência da consciência de que a conduta desenvolvida implica em poluição ambiental, justamente pela não percepção de sua repercussão direta sobre o meio ambiente físico, como a geração de rejeitos e a utilização de recursos naturais. Há um senso comum equivocado de que o uso de ferramentas como o e-mail e a pesquisa em sites de busca de informações, ou o mero acesso à internet, são práticas alheias à produção de efeitos ambientais nocivos.

O uso da internet e o do e-mail manifestam-se como poluição oculta na medida em que são vias de geração de degradação no meio ambiente físico provocadas pela atuação humana no meio ambiente digital. Mas, neste exemplo, há que se perguntar: qual é o impacto ambiental, e como ele se processa? A internet, o correio eletrônico e as redes sociais compõem cenários do meio ambiente digital, cuja ontologia e racionalidade se desvelam na transmissão de informações. E transmissão de informações gera a necessidade de energia para captação, intercâmbio, arquivamento e pesquisa de dados. A geração e consumo de energia para os atos de transmissão de informações é um dos marcos na compreensão dos impactos da poluição digital. Questões simples são postas a partir de uma caixa de correio eletrônico ou a conta de arquivos armazenadas e disponíveis para consulta naquilo que a linguagem digital designa como "nuvem", a saber: a) como são arquivadas estas informações? b) qual o custo energético dos aparelhos e servidores que mantêm, disponibilizam e permitem o fluxo desse complexo cotidiano digital, em todo o planeta?

Em estudo desenvolvido pela Agence de l'Environnement et de la Maîtrise de l'Energie (ADEME), vinculada ao Ministério da Ecologia, Desenvolvimento Sustentável e de Energia e ao Ministério do Ensino Superior e da Pesquisa da França, foram apurados os custos energéticos e os impactos ambientais provocados pela poluição digital. O norte de análise foi justamente o custo ambiental para o desenvolvimento das atividades humanas no meio ambiente digital[18]. Dados surpreendentes são expostos a partir da análise. O cálculo de impacto da poluição ambiental digital é esquematizado pela Agência francesa a partir de situação hipotética, mas usual. Supôs-se uma empresa com cem funcionários. Cada funcionário receberia cerca de 58 e-mails por dia, enviando outros 33. O impacto dos e-mails enviados aumentaria substancialmente de acordo com os anexos enviados, assim como pelo número de pessoas inseridas em cópia, além do tempo em que o e-mail ficaria arquivado no servidor. O envio de 33 e-mails por dia pelos funcionários, com anexos de 1 mega e dois destinatários na mensagem, geraria emissões anuais de 180 kg de CO_2, o que equivaleria a percorrer de carro uma distância de 1.000 km. A pesquisa

---

18. A Agência do Meio Ambiente e Matriz Energética francesa considerou para suas pesquisas e avaliação de impacto "as transferências de informações implementadas ao enviar um correio eletrônico ou uma pesquisa [na internet] requerem a cada etapa máquinas que consomem energia tanto em sua fabricação quanto em seu funcionamento. Este consumo e os materiais necessários à fabricação dos dispositivos são considerados no cálculo do impacto de sua operação" (tradução livre) – "les transferts d'informations mis en oeuvre lors de l'envoi d'un courriel ou d'une requête nécessitent à chaque étape des équipements qui consomment de l'énergie tant pour leur fabrication que pour leur fonctionnement. Cette consommation et les matériaux nécessaires à la fabrication des matériels entrent en compte dans le calcul de l'impact de ces opérations." (AGENCE DE L'ENVIRONNEMENT ET DE LA MAÎTRISE DE L'ENERGIE – ADEME. Internet, courriels: réduire les impacts. Guide pratique. France, 2014. Disponível em: http://www.ademe.fr/internet-courriels-reduire-impacts. Acesso em: 25 jan. 2020, p. 5).

indica ainda que ao se multiplicar por 10 o número de destinatários, seu impacto climático é multiplicado por 4, isto sem considerar o consumo de diversos minerais que são necessários para propiciar a existência do mundo digital.[19]

Percebe-se, de imediato, que a projeção de dados de consumo promovidos pelo viver no meio ambiente digital, simplesmente considerando o uso do e-mail, é colossal. O meio ambiente virtual convive ainda com um problema ímpar e que não possui um paralelo no aspecto físico das interações humanas. As pessoas, em geral, e com alguma frequência, realizam limpezas em seus arquivos de papéis. Verificam gavetas, armários, encontram papéis que sequer sabem por vezes o porquê guardaram, reúnem o que não é mais necessário e encaminham (ou deveriam encaminhar) para a reciclagem as pilhas de papel. Essa situação não ocorre como via de regra nos arquivos eletrônicos. As pessoas mantêm em suas caixas de e-mail um bloco cada vez maior de informações e arquivos, um peso que se avoluma, quanto mais em um ambiente capitalista e de consumo em que há cresce demanda pela ampliação da disponibilidade de espaço digital. A situação de consumo e arquivamento desnecessário provoca alto custo de armazenagem que, por sua vez, leva a um gasto energético ainda maior para a manutenção desse estoque progressivo de informações, o que não havia no passado.

Entraves ocultos de geração de impacto causado pelo meio ambiente virtual proliferam sob um ignorar coletivo de produção de poluição digital desnecessária. Imagine-se um arquivo eletrônico de livro digitalizado que, legalmente, é mantido em determinado sítio eletrônico na internet. O acesso poderia ser feito por qualquer pessoa, sem precisar carregar e incorporar o arquivo em sua "nuvem" ou em seu e-mail, bastando o *link* de acesso. Entretanto, é comum que os usuários "baixem" o arquivo: suponha-se, de 10 megas, e o fazem circular em mensagens de e-mail entre os amigos ou conhecidos, que, por sua vez, o transmitem a outros, e a imensa maioria arquiva o e-mail em sua caixa, onde será mantido em estoque sob o consumo de energia de um servidor; às vezes, inclusive, sem que o arquivo seja sequer lido. A situação se reproduz no uso de redes sociais. É incomensurável o fluxo de informações e arquivos compartilhados, com consequente

---

19. "Em uma empresa de 100 pessoas na França, cada colaborador recebe cerca de 58 correios eletrônicos e envia outros 33 por dia. O impacto climático do envio de um correio eletrônico com anexos aumenta sensivelmente segundo o peso dos anexos, o número de destinatários e seu tempo de estocagem em um servidor. O envio de 33 correios eletrônicos de um Mega a 2 destinatários por dia e por pessoa gera níveis de emissão anuais equivalentes a 180 kg de CO_2, o que equivale a mais de 1.000 km percorridos em um carro. Atenção! Multiplicar por 10 o número de destinatários de um correio eletrônico multiplica por 4 seu impacto climático. O impacto 'consumo de materiais primários' não é negligenciável: o envio de um correio eletrônico com anexo de 1 Mega consume 7,5g equivalentes de ferro, ou seja, o peso de uma moeda de 1 " (tradução livre) "Dans une entreprise de 100 personnes en France, chaque collaborateur reçoit environ 58 courriels et en envoie 33 par jour. L'impact climatique de l'envoi d'un courriel avec pièces jointes augmente sensiblement avec le poids des pièces jointes, le nombre de destinataires et leur temps de stockage sur un serveur. L'envoi de 33 courriels d'1 Mo à 2 destinataires par jour et par personne génère annuellement des émissions équivalentes à 180 kg de CO_2, ce qui équivaut à plus de 1 000 km parcourus en voiture. Attention ! Multiplier par 10 le nombre des destinataires d'un courriel multiplie par 4 son impact climatique. L'impact « consommation de matières premières » n'est pas négligeable : l'envoi d'un courriel avec une pièce jointe de 1 Mo consomme 7,5 g équivalent de fer, soit le poids d'une pièce de 1 ." (AGENCE DE L'ENVIRONNEMENT ET DE LA MAÎTRISE DE L'ENERGIE – ADEME. *Internet, courriels: réduire les impacts*. Guide pratique. France, 2014. Disponível em: http://www.ademe.fr/internet-courriels-reduire-impacts. Acesso em: 25 jan. 2020, p. 10-11).

perda de possibilidade de cálculo e controle dos impactos energéticos que se projetam no curto, médio e longo prazos. Nesse cenário, o risco abstrato se configura.

O custo ambiental de impacto do papel pode ser circunscrito temporalmente. Isto significa que não há um custo energético de estocagem de arquivos de papel, via de regra. Esta situação não se reproduz no meio ambiente digital, no qual o efeito cumulativo ambiental é marcante na configuração da poluição. O efeito cumulativo é caracterizado pela concentração sequencial que sobrecarrega o equilíbrio ambiental. Atividades ou impactos pontuais se acrescem, somam-se e alcançam uma força desencadeada pela condensação do impacto ambiental. A condensação de impactos implica por vezes um resultado exponencial que não era inicialmente próprio do somatório de ações, ou seja, a conjunção de fatores isolados resulta em impactos ambientais que são superiores à simples soma ou adição. Trata-se do efeito sinérgico. Os impactos avaliados individualmente resultam em uma dimensão de implicações ao meio ambiente que não podem ser ponderadas com plena quantificação do resultado poluente.[20] O meio ambiente digital é, por si, um habitat de acumulação, de proliferação de elementos virtuais em escala geométrica e sem um marco de limpeza que evite uma escalada crescente dos custos ambientais de manutenção e disponibilização do estoque de dados e informações.

Desde a origem da internet, em 1974, a diversidade na sua utilização e o processo de "inclusão social digital" têm avançado em ritmos frenéticos, o que revela a progressão de impactos ambientais decorrentes da manutenção e da dinamização de um meio ambiente que se avoluma em utilidades e atores e que é refratário à reciclagem de conteúdos no que concerne à retirada de dados do sistema, resultando em acumulação descontrolada. Em entrevista concedida ao Jornal The Guardian, o professor Andrew Ellis, da Aston University, declarou, em 2015, que 8% da geração de energia no Reino Unido destinava-se ao uso da internet, sendo que o ritmo de utilização poderia alcançar, em 2035, no consumo de 100% da energia anual então produzida.[21]

A ausência de percepção social e até institucional da poluição digital implica a desconsideração de seus efeitos deletérios, que são geralmente ignorados inclusive pelas redes virtuais de pesquisa. O custo de consumo energético do meio ambiente digital, ou seja, a expressão de impacto ambiental efetivo das interações humanas no meio virtual, quando se realizam pesquisas na internet – como buscas no Google – foi estimado pela agência francesa ADEME em 287.600 toneladas de CO_2, considerando somente os 29 milhões de internautas franceses e uma média de 949 pesquisas por ano. O impacto equi-

---

20. "Os impactos cumulativos e sinérgicos são, com frequência, vistos como sinônimos. Quando se considera a acumulação de efeitos sobre o meio ambiente no espaço e no tempo, a expressão 'impactos cumulativos' é utilizada para denominar a soma de efeitos resultantes de uma ação ou de várias ações simultâneas. Já impactos sinérgicos denominam o fenômeno representado pelo total dos impactos de uma ação ou mais ações, de tal forma que o efeito seja maior do que a soma dos impactos avaliados individualmente." (FARIA, Ivan Dutra. *Compensação ambiental*: os fundamentos e as normas; a gestão e os conflitos. Disponível em: http://www2.senado.gov.br/bdsf/bitstream/id/99899/1/textoparadiscussao43IVAN DUTRAFARIA.pdf. Acesso em: 26 jan. 2020).

21. THE GUARDIAN JOURNAL. *Can the digital revolution be environmentally sustainable?* 13 nov. 2015. Disponível em: https://www.theguardian.com/global/blog/2015/nov/13/digital-revolution-environmental-sustainable. Acesso em: 21 jan. 2020.

valeria a 1,5 milhão de quilômetros percorridos de carro.[22] Em relação ao Brasil, não há dados concretos quanto aos efeitos da poluição digital, entretanto, é possível inferi-los a partir do avanço de inclusão e de acesso ao meio ambiente digital. A Pesquisa Nacional por Amostras de Domicílio realizada pelo IBGE, em 2014, apurou um crescimento de 11,4% na utilização da internet em relação a 2013, estimando-se que durante aquele ano aproximadamente 95,4 milhões de pessoas acessaram a internet[23]. Não há dúvidas de que a ampliação do acesso à internet é exercício de comunicação, obtenção de conhecimento e transmissão de informações e, como tal, revela-se como meio relevante para a inclusão social digital e efetivação de direitos, garantias e deveres fundamentais. A questão, entretanto, remanesce no ainda silenciamento dos impactos ambientais, como a afetação aos recursos naturais e outras potenciais repercussões no bem-estar coletivo. Se a produção de impactos ambientais de degradação decorrentes da poluição digital na França, com 29 milhões de internautas, alcança o equivalente a 287.600 toneladas de CO_2 ao ano, possivelmente os 95,4 milhões de usuários da rede no Brasil, pelos cálculos de 2014, impliquem em números muito superiores aos dos franceses.

O impacto ambiental da poluição no meio ambiente digital possui expressão de risco abstrato que se agrega aos fatores de sinergia e acumulação, demandando "servidores" e *data centers* que exigem progressivamente mais energia, com uma cultura social da estocagem de informações replicadas e avessa à eliminação do conteúdo digital desnecessariamente armazenado. O meio ambiente digital ainda é percebido como realidade paralela e apartada do meio ambiente físico, sem que se tenha a correta ciência de que o virtual é real para efeitos de impactos socioambientais. Mas há ainda outro aspecto relativo à poluição ambiental que não pode ser desconsiderado. Trata-se do impacto socioambiental projetado sobre a estabilidade psicológica das pessoas, com afetação e consequências comportamentais, caracterizado como poluição por prejudicar o bem-estar da população.

O fluxo comunicativo constante, incessante, implica uma reconstrução da pressão social na realização do denominado "trabalho de face" que, no meio ambiente digital é uma das principais formas de "vivência". O trabalho de face resulta da integração do indivíduo a uma rede social que, no meio ambiente virtual, costuma ser iniciada pela criação,

---

22. "Cada um dos 29 milhões de internautas franceses efetua em média 949 pesquisas na internet por ano, o que corresponde à emissão de cerca de 287.600 toneladas equivalentes de CO2, quer dizer, mais de 1,5 milhões de km percorridos em um carro". (tradução livre) – "Chacun des 29 millions d'internautes français effectue en moyenne 949 recherches internet par an, ce qui correspond à l'émission d'environ 287.600 tonnes équivalent CO2, c'est à dire plus de 1,5 millions de km parcourus en voiture." (AGENCE DE L'ENVIRONNEMENT ET DE LA MAÎTRISE DE L'ENERGIE – ADEME. *Internet, courriels: réduire les impacts*. Guide pratique. France, 2014. Disponível em: http://www.ademe.fr/internet-courriels-reduire-impacts. Acesso em: 25 jan. 2020, p.10-11).
23. "No Brasil, aproximadamente 95,4 milhões de pessoas de 10 anos ou mais de idade acessaram a Internet no período de referência da pesquisa em 2014. Foi um crescimento de 11,4% (ou 9,8 milhões) de usuários em relação ao ano de 2013. Em todas as Grandes Regiões houve crescimento do contingente de internautas de 2013 para 2014: 19,3% na Norte, 14,6% na Nordeste, 9,5% na Sudeste, 10,0% na Sul e 12,0% na Centro-Oeste. De 2013 para 2014, a proporção de internautas passou de 49,4% para 54,4% do total da população residente. Em 2014, as Regiões Sudeste (61,8%), Sul (58,2%) e Centro-Oeste (60,0%) registraram proporções acima da média nacional (54,4%), enquanto as Regiões Norte (45,2%) e Nordeste (42,1%) registraram os menores níveis." (INSTITUTO BRASILEIRO DE GEOGRAFIA E ESTATÍSTICA – IBGE. Pesquisa Nacional por Amostra de Domicílios. Síntese de indicadores. Rio de Janeiro, 2014. Disponível em: http://biblioteca.ibge.gov.br/visualizacao/livros/liv94935.pdf. Acesso em: 15 jan. 2020).

estruturação, manutenção e "alimentação" de um perfil de apresentação social e de auto projeção do ser na coletividade a que pretende integrar e com a qual reivindica aceitação e interação, expondo-se em um ambiente que lhe demanda cobranças e ao mesmo tempo lhe permite autorrealização pela sensação de pertencimento social. Segundo Recuero,

> A face é mantida através de um 'trabalho de face', ou seja, negociações entre os atores de modo a manter os valores sociais positivos atribuídos à face proposta e que precisam ser legitimados pelos demais. O trabalho de face, assim, está diretamente relacionado ao capital social. Propor e receber legitimação de uma determinada face em uma determinada conversação é essencialmente uma negociação de valor que envolve o suporte ao ator que reivindica a face, o conhecimento das normas de interação, a informação e outras formas de capital social (Bertolini e Bravo, 2004). Estar ou manter uma face com sucesso implica, explica Goffman (1967), sentimentos positivos e valores para um ator e para um determinado grupo, na medida em que gera algum tipo de segurança social.[24]

Mas a autora adverte que

> (...) interagir também apresenta risco para a face. Esse risco é baseado na possibilidade de que atos de ameaça à face venham a surgir de situações de interação. Goffman (1967) argumenta que esse risco pode levar desde a tentativas de salvaguarda da face até mesmo o recolhimento do ator que não participa da interação para não sofrer essas ameaças. Em geral, as normas de interação pregam o respeito à face a alheia. Assim, atos de ameaça à face são aqueles que colocam em risco a face proposta, quebrando as normas de interação (por exemplo, falas ofensivas, descrédito e etc.). Assim, interagir é sempre um risco.[25]

Os seres humanos sempre buscaram construir socialmente a própria imagem, e esforçam-se por efetivar uma reconstrução constante, seja pela sua alteração, seja pela sua preservação. Entretanto, com o avanço da vida no meio ambiente digital a exposição e a apresentação pública são constantes, incessantes. A exposição é permanente, ao que simultaneamente as exigências de correspondências e respostas são exaltadas por uma cultura de imediatismo. A resposta social à construção do trabalho de face ou à exposição pelo ser ao outro é marcada pela instantaneidade própria da velocidade da internet. Esperam-se reações sociais (individuais e coletivas) sob a mesma velocidade que se aguarda o resultado de pesquisas no Google.

O fluxo das interações sociais, antes vivenciado com a presença predominantemente física entre os atores, é, em grande parte, substituído pelo distanciamento físico em prol da aproximação virtual. A instantaneidade da comunicação, a facilitação do acesso ao ambiente digital, a permanente demanda cultural por capital social e o conflito inerente à condição humana tornam o ambiente virtual um *locus* de potencial tensão e ansiedade; e o milenar padrão físico de interação social é literalmente subvertido pela matriz tecnológica digital como referência de tratativas humanas em todos os segmentos e experiências do cotidiano.

O padrão tecnológico de interação social manifesta-se com o trabalho de face por uma remodelação do capital social, compreendido aqui como suporte de estima ou valorização socialmente projetado, que passa a ser capital social virtual, quantificado

---

24. RECUERO, Raquel. Curtir, compartilhar, comentar: trabalho de face, conversação e redes sociais no Facebook. *Verso e Reverso*, vol. XXVIII, n. 68, p. 114-124, maio/ago. 2014, p. 118.
25. RECUERO, Raquel. Curtir, compartilhar, comentar: trabalho de face, conversação e redes sociais no Facebook. *Verso e Reverso*, vol. XXVIII, n. 68, p. 114-124, maio/ago. 2014, p. 118.

pelo sucesso ou apoio coletivo manifestado ou captado no meio ambiente virtual. O trabalho de face no mundo virtual dota o ser de conforto em relação ao desenho artificial e concatenado que ele pode traçar a respeito de sua própria apresentação social, como destacam Mariana Zanata Thibes e Pedro Felipe de Andrade Mancini, contrastando com as relações sociais físicas na medida em que o ato de exposição do indivíduo "seja facilitado pela supressão da materialidade corporal, é complexificado pela multiplicação dos observadores, pela dificuldade de saber por quem se é observado e pelo acúmulo de informações disponíveis sobre os indivíduos na rede".[26]

Além disto, a distinção dos limites entre o público e o privado, os contornos da intimidade, encontram não somente nebulosidade, mas partilham um ambiente de disputa pela maior capitação e acumulação de capital social de estima entre os usuários do mundo digital.[27] Os contornos dos conflitos sociais remodelam-se em uma indefinição de bem-estar, e, portanto, do próprio desenvolvimento saudável ou prejudicial no ambiente. O meio ambiente digital procede ainda a uma substituição de referências que afetam, independentemente de fixação de caráter valorativo, o parâmetro de orientação social.

O distanciamento comunicativo implica por vezes a substituição de referenciais arraigados de "conhecimento vivenciado" pelo "conhecimento meramente descritivo". Se no passado a relevância das pessoas mais velhas, simbolizadas pela figura do ancião, estava em sua posição de ponte de conhecimento e referência do passado, o mundo digital permite a localização direta e imediata de respostas pela pesquisa na internet. Simultaneamente, o bombardeio de informações, fruto do estoque progressivo e imensurável do meio ambiente digital, abre espaço para superficialidade e descartabilidade em que a angústia pela resposta se associa à impaciência para dela usufruir. O impacto da poluição digital se expressa também na conformação psicológica e comportamental do ser humano, impacto que pode lhe afetar negativamente em seu bem-estar e fluxo comunicacional saudável em sociedade. O indivíduo é imbrincado no meio ambiente virtual, projetando-se em um ambiente de disputa pelo capital social da estima do grupo, no qual se agregam diversos trabalhos de face em exposições concorrentes e, por vezes, predatórias.[28]

Mais uma vez o risco abstrato se manifesta. A conformação de conduta e potencial de efeitos nocivos gerados pela angústia da transformação das diversas áleas da vida em mecanismos tecnológicos de resposta e a ansiedade pela reação ou resposta instantânea que se revela no meio ambiente digital interferem no rito de compreensão do meio ambiente como um todo. O meio ambiente digital dota o ser de uma expectativa aparente de controle do risco que inexiste no meio ambiente físico, ofuscando o grau de risco que é inerente à dinâmica da sociedade contemporânea. A aparência de controle e poderio

---

26. THIBES, Mariana Zanata; MANCINI, Pedro Felipe de Andrade. A apresentação do eu na sociabilidade virtual: a economia libidinal da amizade. *Ide* (São Paulo), São Paulo, v. 35, n. 55, p. 149-163, jan. 2013, p. 152.
27. THIBES, Mariana Zanata; MANCINI, Pedro Felipe de Andrade. A apresentação do eu na sociabilidade virtual: a economia libidinal da amizade. *Ide* (São Paulo), São Paulo, v. 35, n. 55, p. 149-163, jan. 2013, p. 152-153.
28. CAVEDON, Ricardo; FERREIRA, Heline Silvini; FREITAS, Cinthia Obladen de Almendra. O meio ambiente digital sob a ótima da Teoria da Sociedade de Risco: os avanços da informática em debate. *Revista Direito Ambiental e Sociedade*, Caxias do Sul, v. 5, n. 1, p. 194-223, 2015, p. 215.

ao indivíduo são fatores que tendem a enrustir o risco abstrato e os impactos ambientais e socioambientais existentes.

E é exatamente no contexto de risco concreto e abstrato que se faz necessário um marco jurídico de tutela do meio ambiente digital, o que será objeto de abordagem do próximo tópico.

4. TUTELA JURÍDICA DO MEIO AMBIENTE DIGITAL

É inegável a relevância do mundo digital para a construção e reconstrução social envolvidas na autorrealização e emancipação do ser humano. Igualmente importantes são os ganhos ambientais propiciados por mecanismos de comunicação digital, tais como reuniões por videoconferência – que tornam desnecessário o deslocamento de pessoas e reduzem os respectivos gastos energéticos do transporte –, além do potencial multiplicador de conhecimento plural e da participação democrática que a interação comunicativa fornece por meio da internet.

Entretanto, a intervenção humana nessa seara própria do meio ambiente, que é o meio ambiente digital, não pode ocorrer sem considerar os impactos ambientais e a geração de poluição que estão nele implicados. A questão que se coloca é a da imprescindibilidade de positivação de marcos normativos de impacto ambiental efetivo e derivado do meio ambiente digital, por meio de elaboração de políticas públicas que possam regular e apresentar soluções a respeito de temas diversos e correlacionados a este habitat virtual, como, por exemplo, os impactos dos sistemas de telecomunicações sob a perspectiva holística do meio ambiente.[29]

A tutela do meio ambiente virtual possui como primeiro desafio a conscientização social e institucional de que a poluição ambiental digital existe como realidade física. Exige, portanto, a superação do paradigma civilizatório do "dualismo de mundos", como se o virtual não fosse real, conforme já abordado acima. Requer a compreensão social de que poluição digital é poluição que repercute na utilização efetiva de bens ambientais, que demanda recursos naturais e gera rejeitos, além de impactar nas esferas socioambientais ao influenciar a dinâmica do bem-estar humano.

No sistema jurídico brasileiro há um importante marco regulatório civil da internet, objeto da Lei nº 12.965, de 23 de abril de 2014. Contudo, a respectiva lei é totalmente omissa quanto à regulação de impactos ambientais digitais, além de silente quanto a uma política de educação ambiental digital. Os direitos, garantias e deveres dos usuários previstos na legislação se restringem a aspectos individuais e coletivos, mas na órbita

---

29. Em relevante trabalho sobre o tema, asseveram Couto *et al*: "Em suma, partindo da premissa que a aquisição de certo grau de independência tecnológica é um fator importante na assimilação de qualquer tecnologia de ponta pela estrutura cultural de uma sociedade, cumpre perceber que se torna imprescindível uma estratégia de inovação para aquisição de independência tecnológica baseada nos conceitos do *design for environment* (termo usualmente utilizado para caracterizar os projetos ambientalmente amigáveis) equilibrada numa mistura harmoniosa de capacidade tecnológica e análise de ciclo de vida, que venha contribuir com a mitigação dos impactos dos sistemas de telecomunicações sobre o meio ambiente" (COUTO, Renan Evangelista *et al*. A análise do impacto dos sistemas de telecomunicações na perspectiva do meio ambiente. *Relatórios de Pesquisa em Engenharia de Produção*, v. 13, n. 5, p. 54-68, 2013, p.67).

dos contratos, de proteção ao consumidor, do resguardo à intimidade e à vida privada e o da responsabilização jurídica[30]; nem de longe, porém, tangencia impactos ambientais pelo uso da internet.

Chama atenção as atribuições fixadas no artigo 24 da Lei nº 12.965, de 2014, para os entes federativos. Embora a educação ambiental e a promoção do uso sustentável de qualquer tecnologia sejam atribuições dos entes estatais, com a colaboração da iniciativa privada e da sociedade civil organizada, a questão não é posta, de forma clara e objetiva, como diretriz na Lei nº 12.965, de 2014[31]. Há um real déficit de educação ambiental para

---

30. "Art. 7º. O acesso à internet é essencial ao exercício da cidadania, e ao usuário são assegurados os seguintes direitos:

   I – inviolabilidade da intimidade e da vida privada, sua proteção e indenização pelo dano material ou moral decorrente de sua violação;

   II – inviolabilidade e sigilo do fluxo de suas comunicações pela internet, salvo por ordem judicial, na forma da lei;

   III – inviolabilidade e sigilo de suas comunicações privadas armazenadas, salvo por ordem judicial;

   IV – não suspensão da conexão à internet, salvo por débito diretamente decorrente de sua utilização;

   V – manutenção da qualidade contratada da conexão à internet;

   VI – informações claras e completas constantes dos contratos de prestação de serviços, com detalhamento sobre o regime de proteção aos registros de conexão e aos registros de acesso a aplicações de internet, bem como sobre práticas de gerenciamento da rede que possam afetar sua qualidade;

   VII – não fornecimento a terceiros de seus dados pessoais, inclusive registros de conexão, e de acesso a aplicações de internet, salvo mediante consentimento livre, expresso e informado ou nas hipóteses previstas em lei;

   VIII – informações claras e completas sobre coleta, uso, armazenamento, tratamento e proteção de seus dados pessoais, que somente poderão ser utilizados para finalidades que:

   a) justifiquem sua coleta;

   b) não sejam vedadas pela legislação; e

   c) estejam especificadas nos contratos de prestação de serviços ou em termos de uso de aplicações de internet;

   IX – consentimento expresso sobre coleta, uso, armazenamento e tratamento de dados pessoais, que deverá ocorrer de forma destacada das demais cláusulas contratuais;

   X – exclusão definitiva dos dados pessoais que tiver fornecido a determinada aplicação de internet, a seu requerimento, ao término da relação entre as partes, ressalvadas as hipóteses de guarda obrigatória de registros previstas nesta Lei;

   XI – publicidade e clareza de eventuais políticas de uso dos provedores de conexão à internet e de aplicações de internet;

   XII – acessibilidade, consideradas as características físico-motoras, perceptivas, sensoriais, intelectuais e mentais do usuário, nos termos da lei; e

   XIII – aplicação das normas de proteção e defesa do consumidor nas relações de consumo realizadas na internet."

31. "Art. 24. Constituem diretrizes para a atuação da União, dos Estados, do Distrito Federal e dos Municípios no desenvolvimento da internet no Brasil:

   I – estabelecimento de mecanismos de governança multiparticipativa, transparente, colaborativa e democrática, com a participação do governo, do setor empresarial, da sociedade civil e da comunidade acadêmica;

   II – promoção da racionalização da gestão, expansão e uso da internet, com participação do Comitê Gestor da internet no Brasil;

   III – promoção da racionalização e da interoperabilidade tecnológica dos serviços de governo eletrônico, entre os diferentes Poderes e âmbitos da Federação, para permitir o intercâmbio de informações e a celeridade de procedimentos;

   IV – promoção da interoperabilidade entre sistemas e terminais diversos, inclusive entre os diferentes âmbitos federativos e diversos setores da sociedade;

   V – adoção preferencial de tecnologias, padrões e formatos abertos e livres;

   VI – publicidade e disseminação de dados e informações públicos, de forma aberta e estruturada;

   VII – otimização da infraestrutura das redes e estímulo à implantação de centros de armazenamento, gerenciamento e disseminação de dados no País, promovendo a qualidade técnica, a inovação e a difusão das aplicações de internet, sem prejuízo à abertura, à neutralidade e à natureza participativa;

   VIII – desenvolvimento de ações e programas de capacitação para uso da internet;

a consciência do impacto efetivo ou potencial do uso de ferramentas e instrumentos presentes no meio ambiente digital. No marco civil, a fiscalização do meio ambiente digital restringe-se praticamente à prestação de serviços de internet, de dados e informações, ou seja, somente pelo viés pertinente à exploração e concorrência dos serviços de telecomunicações e aos direitos do consumidor, conforme consta no Decreto nº 8.771, de 11 de maio de 2016[32].

No contexto do sistema jurídico brasileiro, e sob a perspectiva de uma nova cultura de afirmação e de efetivação dos direitos, garantias e deveres fundamentais individuais e coletivos,[33] a tutela jurídica do meio ambiente digital há que se pautar por normas e medidas de políticas públicas de sustentabilidade[34] e de conscientização social dos impactos ambientais provocados pela poluição digital. O habitat virtual está necessariamente imerso na Política Nacional do Meio Ambiente, pois se inclui no seu conceito holístico. Logo, a sua adequada e efetiva proteção requer a ruptura com o paradigma civilizacional de dualidade entre os mundos real e virtual, anteriormente abordado. Por consequência, há que serem estendidos, à seara do meio ambiente virtual, os dispositivos da Lei nº 6.938, de 1981, em especial o seu artigo 2º, inciso X, que estabelece o dever de educação ambiental objetivando capacitar a participação ativa da sociedade na percepção do impacto ambiental, cuja hermenêutica deve primar pela sua aplicação também à estocagem de informações e aos custos ambientais do uso de ferramentas presentes no meio ambiente digital.

A educação ambiental é elementar para a superação de uma cultura alheia aos impactos e poluição do meio ambiente causados pela utilização da tecnologia da informação. No Brasil, a Lei nº 9.795, de 27 de abril de 1999, que instituiu a Política Nacional da Educação Ambiental, logo em seu artigo 1º, inclui, na abrangência da educação ambiental, "os processos por meio dos quais o indivíduo e a coletividade constroem valores sociais, conhecimentos, habilidades, atitudes e competências voltadas para a conservação do meio ambiente, bem de uso comum do povo, essencial à sadia qualidade de vida e sua sustentabilidade. O enfoque ambiental holístico é expressamente referido no artigo 4º, inciso I, do diploma legal, fixando-o como princípio básico da educação. Ao caráter holístico agrega-se o disposto no artigo 5º, inciso I, como um dos objetivos da educação ambiental, a promoção do "desenvolvimento de uma compreensão integrada do meio ambiente em suas múltiplas e complexas relações, envolvendo aspectos ecológicos, psicológicos, legais, políticos, sociais, econômicos, científicos, culturais e éticos".

IX – promoção da cultura e da cidadania; e

X – prestação de serviços públicos de atendimento ao cidadão de forma integrada, eficiente, simplificada e por múltiplos canais de acesso, inclusive remotos."

32. "Art. 17. A Anatel atuará na regulação, na fiscalização e na apuração de infrações, nos termos da Lei no 9.472, de 16 de julho de 1997."

"Art. 18. A Secretaria Nacional do Consumidor atuará na fiscalização e na apuração de infrações, nos termos da Lei 8.078, de 11 de setembro de 1990."

"Art. 19. A apuração de infrações à ordem econômica ficará a cargo do Sistema Brasileiro de Defesa da Concorrência, nos termos da Lei no 12.529, de 30 de novembro de 2011."

33. OLIVEIRA, Márcio Luís de. *A Constituição juridicamente adequada*. 2. ed. Belo Horizonte: D'Plácido, 2016.

34. CUSTÓDIO, Maraluce Maria; OLIVEIRA, Márcio Luís de. Eco-efficiency in bidding processes to purchase everyday supplies for the Brazilian federal administration. *Veredas do Direito*, Belo Horizonte, v.12, n.24, p.33-61, jul./dez. 2015.

A compreensão integrada do meio ambiente é incompatível com a edição, interpretação e aplicação de normas jurídicas e com as práticas institucionais, econômicas e sociais que dissociam o meio ambiente e a poluição digital das atividades de exploração e de uso de recursos naturais. A problematização do efeito cumulativo e sinérgico deve ser considerada mesmo em relação aos gastos energéticos e à produção de riscos abstratos não mensuráveis ou controláveis, inclusive para consequências climáticas. Nesse cenário, há que se primar pela incidência dos princípios da precaução e da prevenção em relação aos impactos gerados pela progressiva estocagem e movimentação de dados no meio ambiente digital. A expressão fática do impacto do uso de tecnologias para o efeito estufa foi demonstrado em relatório elaborado pela Bio Intelligence Service,[35] segundo o qual o uso de tecnologias causava, em 2008, cerca de 2% de todas as emissões de gases de efeito estufa na União Europeia.

No Direito brasileiro, a Lei nº 12.187, de 29 de dezembro de 2009, ao instituir a Política Nacional sobre Mudança Climática, estabelece, em seu artigo 3º, como dever difuso e intergeracional a adoção de medidas voltadas para a redução de impactos ambientais decorrentes de interferências antrópicas sobre o sistema climático. A geração de impactos ambientais pela poluição digital enquadra-se como fator antrópico de impacto na emissão de poluentes. A abordagem de uma utilização progressivamente sustentável das ferramentas insertas no meio ambiente digital, visando à conscientização e redução do nível de impactos provocados pela poluição digital, é inferência necessária na adoção de controle de emissões e dos próprios efeitos climáticos.

Em relação aos impactos ambientais da poluição digital no bem-estar social, em especial os impactos comportamentais e psicológicos, a tutela ambiental há de promover medidas socioambientais de explicitação dos efeitos do meio ambiente digital sobre a ação humana comunicacional e identitária, na formulação, implementação e avalição de políticas públicas. Essa postura jurídico-institucional requer a aproximação da Política Nacional do Meio Ambiente com a Política Nacional de Saúde, considerando-se inclusive a previsão do artigo 3º da Lei nº 8.080, de 1990 – sobre saúde pública – que menciona o meio ambiente (em sua dimensão holística) como um dos elementos determinantes e condicionantes do nível de saúde da população. Constata-se, pois, que a tutela jurídica do meio ambiente digital – no campo do Direito Ambiental – comunica-se, necessariamente, com o regime jurídico de efetivação do direito à saúde. Enfim, a boa qualidade de vida social há que ser objeto de políticas públicas de sustentabilidade no ambiente virtual, tanto quanto nas suas repercussões com o ambiente físico. Para esse desiderato, o primeiro desafio é o de se construir um marco jurídico adequado para a promoção de políticas públicas efetivas de proteção e educação ambiental que abarque os impactos ocultos da poluição ambiental digital e que atue para a desconstrução da cultura de

---

35. O estudo desenvolve-se a partir da definição da Tecnologia de Informação e Comunicação (Information and Communication Technology – ICT) abordando os níveis de poluição a ela associados: "em termos de emissão equivalente de CO_2, o setor ICT representado por 2% do total de emissões de CO_2 da EU e é estimado alcançar 4,2% em 2020 em um cenário BAU contra 3% em um ecocenário." (tradução livre) – "in terms of equivalent CO_2 emissions, the ICT sector represented 2% of the total EU CO_2 emissions and is estimated to reach 4.2% in 2020 in a BAU scenario against 3% in an Eco-scenario." (BIO INTELLIGENCE SERVICE. *Impacts of Information and Communication Technologies on Energy Efficiency*, relatório final. Setembro de 2008. Disponível em: http://www.e5.org/downloads/ICT/biofraunhofere5-study-ict4ee-final-report_en.pdf. Acesso em: 25 jan. 2020, p. 128).

dissociação entre os ambientes virtual e físico. A adoção de redes inteligentes, sistemas de energia limpa na utilização de recursos naturais necessários para o desenvolvimento e manutenção do meio ambiente virtual, além de uma conscientização voltada para utilização sustentável e saudável dessas novas tecnologias, nesse novo habitat social, são passos imprescindíveis para se combater a poluição digital.

5. CONSIDERAÇÕES FINAIS

A pesquisa, mediante suporte teórico, parte da premissa de que o meio ambiente digital é real, e que, portanto, não se dissocia do meio ambiente físico (natural e social); e de que a compreensão holística e adequada do meio ambiente requer a superação da lógica cartesiana de dicotomia entre os habitats digital e físico. Essa racionalidade dicotômica – já superada pela lógica filosófica de reunificação entre o sensível e o intelecto, a partir de Spinoza; mas ainda culturalmente presente na sociedade quanto à sua compreensão de mundo virtual em oposição ao mundo real – obscurece a possibilidade da constatação de ocorrências e da identificação de mecanismos de controle de riscos concretos e abstratos no meio ambiente virtual que causam impactos sobre o meio ambiente físico (natural e social), gerando o que se pode designar de "degradação oculta e inconsciente" e, portanto, à margem do conhecimento social e institucional. Essa cultura de "inconsciência do virtual que que é real" resultaria em um grave déficit sociológico na percepção da interação entre os mundos digital e físico, fragilizando a adequada regulação do meio ambiente virtual e dificultando a adoção de políticas públicas de efetiva proteção ambiental, em sua dimensão holística.

Ao longo do trabalho aborda-se, sob o enfoque da sociedade de risco e da era digital, a teoria do risco concreto e abstrato no meio ambiente virtual sobre o meio ambiente físico como temática específica do Direito Ambiental. Ao elaborar tal análise, foram detectadas situações de risco concreto e abstrato – próprias da dinâmica do mundo virtual – que ocorrem no meio ambiente digital e que impactam prejudicialmente o meio ambiente físico (natural e social).

De modo a se compreender o risco concreto e abstrato do mundo virtual sobre o mundo físico (natural e social), foram trazidas à análise e à consideração duas situações fáticas. Na primeira, foram abordados temas de gestão, armazenamento, operacionalização e fluxo de informações digitais que repercutem sobre a exploração de recursos naturais, e especificamente sobre o consumo de energia e suas implicações com a questão climática. Na segunda, foram tratados temas relacionados às experiências individuais e coletivas vivenciadas no mundo virtual e que causam situações nocivas ao bem-estar social, que é afetado de forma determinante pela realidade virtual, proporcionando crises relativas ao padrão comportamental, psicológico e ao fluxo de produção de imagem e "trabalho de face" desenvolvidos no cenário virtual, e que requerem medidas adequadas de políticas focadas em saúde pública.

E, por consequência, a pesquisa verifica a ausência de marco jurídico científico-dogmático que trate adequadamente do meio ambiente digital sob o prisma da sua potencialidade de poluição e de degradação sobre o meio ambiente físico (natural e social). Assim, o artigo propõe que, na seara do Direito, se faça uma conexão de normas e institutos jurídicos que possam aproximar a Política Nacional do Meio Ambiente com o marco regulatório civil da internet, dando-se especial atenção à educação ambiental, tematizando os efeitos climáticos provocados pela repercussão física da poluição originada na atuação antrópica no mundo digital. Nesses termos, a pesquisa sugere a abertura de espaço discursivo para a premente abordagem da sustentabilidade na utilização dos recursos e ferramentas virtuais, com ênfase nos efeitos cumulativos e sinérgicos que podem ser desencadeados a partir do padrão das práticas sociais virtuais e dos recursos tecnológicos que fomentam, de modo equivocado, a acumulação replicada e infinita de arquivos e informações.

Em relação aos efeitos de degradação e crises na dinâmica social, provocados por práticas sociais virtuais, e com afetação negativa ao bem-estar individual e coletivo, a questão ambiental digital deve ser analisada em sintonia com a gestão da saúde pública. A diretriz é no sentido de que as nocividades no comportamento social existentes no meio ambiente digital sejam postas como questão de saúde pública, ou seja, dotada de viés juridicamente relevante no meio ambiente social. A proposição abrange assim tanto as confrontações relativas à construção do "trabalho de face" quanto à concorrência predatória pelo acúmulo de capital social que são causadoras de crises identitárias, angústia e isolamento comunicacional.

Nesse contexto, a pesquisa e o artigo chegam à seguinte conclusão: em resposta ao tema-problema (o meio ambiente digital produz riscos de impactos sobre o meio ambiente natural que poderiam constituir objeto científico-dogmático próprio do Direito Ambiental?), e com o respaldo no marco teórico adotado (a concepção holística de meio ambiente, que percebe como indissolúvel a realidade virtual da realidade física), a pesquisa constata a ocorrência da segunda hipótese apresentada na introdução, qual seja, a de que o meio ambiente digital conecta-se com o meio ambiente físico (natural e social) de modo indissolúvel e de maneira a produzir riscos concretos e abstratos com potencialidade para impactar a dimensão holística do meio ambiente, constituindo-se, portanto, neste aspecto, objeto específico do Direito Ambiental.

6. REFERÊNCIAS

AGENCE DE L'ENVIRONNEMENT ET DE LA MAÎTRISE DE L'ENERGIE – ADEME. *Internet, courriels: réduire les impacts*. Guide pratique. France, 2014. Disponível em: http://www.ademe.fr/internet--courriels-reduire-impacts. Acesso em: 25 jan. 2020.

BECK, Ulrich. *Sociedade de risco*: rumo a uma outra modernidade. Tradução de Sebastião Nascimento. São Paulo: Ed. 34, 2010.

BIO INTELLIGENCE SERVICE. *Impacts of Information and Communication Technologies on Energy Efficiency*, relatório final. Setembro de 2008. Disponível em: http://www.e5.org/downloads/ICT/biofraunhofere5-study-ict4ee-final-report_en.pdf. Acesso em: 25 jan. 2020.

CAVEDON, Ricardo; FERREIRA, Heline Silvini; FREITAS, Cinthia Obladen de Almendra. O meio ambiente digital sob a ótima da Teoria da Sociedade de Risco: os avanços da informática em debate. *Revista Direito Ambiental e Sociedade*, Caxias do Sul, v. 5, n. 1, p. 194-223, 2015. Disponível em: http://www.ucs.br/etc/revistas/index.php/direitoambiental/article/view/3912/2318. Acesso em: 25 jan. 2020.

COUTINHO, Ricardo Silva. O meio ambiente digital e a tutela dos bens culturais. *Revista Brasileira de Meio Ambiente Digital e Sociedade da Informação*, São Paulo, v. 1, n. 1, p. 221-244, 2014.

COUTO, Renan Evangelista et al. A análise do impacto dos sistemas de telecomunicações na perspectiva do meio ambiente. *Relatórios de Pesquisa em Engenharia de Produção*, v. 13, n. 5, p. 54-68, 2013. Disponível em: http://www.producao.uff.br/antigo/conteudo/rpep/volume132013/RelPesq_V13_2013_05.pdf. Acesso em: 27 abr. 2017.

CUSTÓDIO, Maraluce Maria; OLIVEIRA, Márcio Luís de. Eco-efficiency in bidding processes to purchase everyday supplies for the Brazilian federal administration. *Veredas do Direito*, Belo Horizonte, v.12, n.24, p.33-61, jul./dez. 2015. Disponível em: http://www.domhelder.edu.br/revista/index.php/veredas/article/view/647/454. Acesso em: 5 maio 2017.

FARIA, Ivan Dutra. *Compensação ambiental*: os fundamentos e as normas; a gestão e os conflitos. Disponível em: http://www2.senado.gov.br/bdsf/bitstream/id/99899/1/textoparadiscussao43IVAN DUTRAFARIA.pdf. Acesso em: 26 jan. 2020.

FIORILLO, Celso Antônio Pacheco. OOSTERBEEK, Luiz. Tutela jurídica das 'cidades digitais' na sociedade da informação como instrumento de inclusão cultural, social, econômica e ambiental, em face do direito ambiental constitucional brasileiro. *Revista Brasileira de Meio Ambiente Digital e Sociedade da Informação*, São Paulo, v. 1, n. 1, 2014.

FIORILLO, Celso Antônio Pacheco; FULLER, Greice Patrícia. Tutela Constitucional da Internet no Brasil em face do Meio ambiente digital. In: *Os 20 anos da internet no Brasil, seus reflexos no Meio Ambiente Digital e sua tutela jurídica na sociedade da informação*. São Paulo: FMU, 2015, v. 1.

GUIMARÃES, Francisco. *Direito, ética e política em Spinoza*: uma cartografia da imanência. Rio de Janeiro: Lumen Juris, 2011.

INSTITUTO BRASILEIRO DE GEOGRAFIA E ESTATÍSTICA – IBGE. Pesquisa Nacional por Amostra de Domicílios. Síntese de indicadores. Rio de Janeiro, 2014. Disponível em: http://biblioteca.ibge.gov.br/visualizacao/livros/liv94935.pdf. Acesso em: 15 jan. 2020.

LEITE, Flávia Piva Almeida; FIORILLO, Celso Antônio Pacheco. Sustentabilidade no meio ambiente cultural – o exercício da liberdade de expressão na sociedade da informação. *Veredas do Direito*: Direito Ambiental e Desenvolvimento Sustentável, [S.l.], v. 13, n. 26, p. 337-360, out. 2016. Disponível em: http://dx.doi.org/10.18623/rvd.v13i26.858. Acesso em: 28 jan. 2020.

LUHMANN, Niklas. *O direito da sociedade*. Tradução de Saulo Krieger e Alexandre Agnolon. São Paulo: Martins Fontes, 2016.

OLIVEIRA, Márcio Luís de. *A Constituição juridicamente adequada*. 2. ed. Belo Horizonte: D´Plácido, 2016.

PARDO, José Esteve. *Técnica, riesgo y derecho*. Barcelona: Ariel, 1999.

RECUERO, Raquel. Curtir, compartilhar, comentar: trabalho de face, conversação e redes sociais no Facebook. *Verso e Reverso*, vol. XXVIII, n. 68, p. 114-124, maio/ago. 2014.

SPINOZA, Baruch. *Ética*: demonstrada según el orden geométrico. Madrid: Editora Nacional, 1980.

THE GUARDIAN JOURNAL. *Can the digital revolution be environmentally sustainable?* 13 nov. 2015. Disponível em: https://www.theguardian.com/global/blog/2015/nov/13/digital-revolution-environmental-sustainable. Acesso em: 21 jan. 2020.

THIBES, Mariana Zanata; MANCINI, Pedro Felipe de Andrade. A apresentação do eu na sociabilidade virtual: a economia libidinal da amizade. *Ide* (São Paulo), São Paulo, v. 35, n. 55, p. 149-163, jan. 2013. Disponível em http://pepsic.bvsalud.org/scielo.php?script=sci_arttext&pid=S0101-31062013000100012&lng=pt&nrm=iso. Acesso em: 28 jan. 2020.

UNITED NATIONS. *Report of the United Nations Conference on the human environment*. Stockholm, 5-16 june, 1972. Disponível em: http://www.un.org/en/ga/search/view_doc.asp?symbol=A/CONF.48/14/Rev.1. Acesso em: 20 jan. 2020.

RESPONSABILIDADE CIVIL E REPRODUÇÃO HUMANA ASSISTIDA: A (IN)APLICABILIDADE DAS AÇÕES DE *WRONGFUL CONCEPTION* OU *PREGNANCY* E *BIRTH* NOS TRIBUNAIS BRASILEIROS

Maria de Fátima Freire de Sá

Doutora em direito pela UFMG e Mestre em direito pela PUC Minas. Professora na graduação, no curso de especialização em direito médico e no programa de pós-graduação (mestrado e doutorado) em direito na PUC Minas. Coordenadora e Pesquisadora do Centro de Estudos em Biodireito – CEBID.

Iara Antunes de Souza

Doutora e Mestre em direito Privado pela PUC Minas. Pesquisadora do Centro de Estudos em Biodireito – CEBID. Professora da graduação em direito e do mestrado acadêmico "Novos Direitos, Novos Sujeitos" da Universidade Federal de Ouro Preto – UFOP.

Sumário: 1. Considerações iniciais. 2. A reprodução humana assistida. 2.1. O aconselhamento genético. 2.1.1. Aconselhamento genético pré-conceptivo. 2.1.2. Aconselhamento genético pré-implantatório. 2.1.3. Aconselhamento genético pré-natal. 3. Autonomia privada dos genitores no exercício do direito ao livre planejamento familiar e a responsabilidade civil médica decorrente dos aconselhamentos genéticos pré-conceptivo, pré-implantatório e pré-natal. 4. Consequências jurídicas dos aconselhamentos genéticos pré-conceptivo, pré-implantatório e pré-natal: as ações de *wrongful conception/pregnancy* e *birth*. 5. Referências.

1. CONSIDERAÇÕES INICIAIS

Junto à reprodução humana assistida – RHA, tem-se os aconselhamentos genéticos pré-implantatório, pré-conceptivo ou pré-natal, a depender do momento em que ocorrem. Nas práticas médicas daí oriundas é possível que: o médico não dê aos genitores a oportunidade de realizar as provas de diagnóstico e as terapias gênicas ou realiza o procedimento de diagnóstico que culmina em um resultado falso positivo ou falso negativo. Nesses casos, pode ocorrer: a) a opção por evitar a gravidez, b) o início ou a continuação de uma gravidez não desejada (*wrongful conception* ou *pregnancy*), c) o nascimento não desejado (*wrongful birth*).

Diante disso, pergunta-se: nesses casos, é possível a responsabilidade civil médica, a depender da situação específica, por meio das ações de *wrongful conception/pregnancy* ou *birth*? E mais, elas são aplicadas pelos tribunais brasileiros?

Para responder às questões propostas, inicialmente trabalhar-se-á, junto à reprodução humana assistida, com o conceito de aconselhamento genético e, especificamente, dos aconselhamentos genéticos pré-implantatório e pré-natal. Após, estudar-se-á a autonomia privada dos genitores no exercício do direito ao livre planejamento familiar junto às práticas decorrentes da reprodução humana assistida e do aconselhamento genético. Por fim, apresentar-se-ão as consequências jurídicas dessas práticas médicas junto à responsabilidade civil e sua (in)aplicabilidade pelos tribunais brasileiros.

Trata-se de pesquisa na vertente metodológica teórico-dogmática, para, a partir do sistema jurídico posto, pela via da coleta de dados em fonte bibliográfica e documental, promover, de modo argumentativo, o possível entendimento acerca da aplicabilidade, ou não, de tais ações pelos tribunais brasileiros.

2. A REPRODUÇÃO HUMANA ASSISTIDA

Conforme referido nos princípios gerais da Resolução n. 2.168/2017 do Conselho Federal de Medicina – CFM, as técnicas de reprodução humana assistida – RHA "(...) têm o papel de auxiliar a resolução dos problemas de reprodução humana, facilitando o processo de procriação".

Logo, é necessário socorrer-se à RHA quando há *impotentia coeundi* (de ereção ou de ejaculação), incluindo-se aí a esterilização voluntária, ou quando há escassez de espermatozoides, ovulação insuficiente, incapacidade de retenção do embrião no útero para o seu natural desenvolvimento, ou, ainda, pela denominada infertilidade inexplicada[1]. Ademais, utiliza-se a reprodução humana assistida quando a pessoa solteira busca a prática e necessita de doação de gametas ou útero de substituição. O mesmo ocorre com casais do mesmo sexo que querem ter filhos.

Segundo Maria de Fátima Freire de Sá e Bruno Torquato de Oliveira Naves[2], existem vários métodos[3] de reprodução humana assistida, contudo um dos mais conhecidos e importantes é a FIV – fertilização *in vitro*. Este método consiste na promoção do encontro do espermatozoide com o óvulo em laboratório. Após a fertilização, o embrião é transferido para o útero da mulher. Tal método somente deve ser utilizado quando esgotadas as demais formas menos invasivas.

Cumpre ressaltar que as técnicas de RHA ainda não são acessíveis a todas as pessoas. Elas estão disponíveis, em sua grande maioria, nas clínicas particulares e com um alto custo. Conforme já afirmado em outra oportunidade[4], os procedimentos

---

1. SEBASTIÃO, Jurandir. *Responsabilidade médica:* civil, criminal e ética. 2. ed. Belo Horizonte: Del Rey, 2001, p. 195.
2. SÁ, Maria de Fátima Freire de; NAVES, Bruno Torquato de Oliveira. *Bioética e Biodireito*. 4.ed. Belo Horizonte: Del Rey, 2018, p. 138-139.
3. Os autores citam também os seguintes métodos de reprodução assistida: "(...) a Transferência dos Gametas para dentro da Trompa, denominado GIFT (*Gamete Intrafallopian Transfer*); a Transferência do Zigoto para dentro da Trompa, ZIFT (*Zygote Intrafallopian Transfer*); a Injeção Intracitoplasmática de Espermatozoide, ICSI (*Intracytoplasmic Sperm Injection*) (...)" (SÁ; NAVES, 2018, p. 138-139).
4. SOUZA, Iara Antunes de. Reflexões acerca do futuro de uma sociedade eugênica inspirada no filme Gattaca. *In:* LIMA, Taisa Maria Macena de; SÁ, Maria de Fátima Freire de; MOUREIRA, Diogo Luna (Coord.). *Direitos e fundamentos entre vida e arte*. Rio de Janeiro: Lumen Juris, 2010. p. 85-99, p. 92.

de reprodução humana assistida custariam mais de R$ 30.000,00[5] (trinta mil reais), sendo que a realização de diagnósticos e manipulações genéticas importa acréscimo a esse valor.

Entende-se, também, como RHA *lato sensu*, o acompanhamento médico pré-natal e as práticas médicas que buscam evitar a ocorrência da própria reprodução, auxiliando os genitores no exercício de sua autonomia e no livre planejamento familiar.

2.1 O ACONSELHAMENTO GENÉTICO

O aconselhamento genético, segundo Aitziber Emaldi-Cirion[6], é um processo, composto de atos médicos, que faz parte da medicina preditiva e preventiva, pelo qual é possível averiguar doenças ou deficiências genéticas[7], possibilitando a advertência acerca de suas consequências, da probabilidade de o embrião ou do feto (nascituro)[8] apresentá-las, bem como dos meios para evitá-las, melhorá-las ou minorá-las.

Nesse sentido, é a disposição do artigo 2º, XIV da Declaração Internacional sobre os Dados Genéticos:

> (...) Aconselhamento genético: procedimento destinado a explicar as possíveis consequências dos resultados de uma prova ou exame genético e suas vantagens e riscos, em qualquer caso, para ajudar uma pessoa a assumir essas consequências em longo prazo. Tem lugar tanto antes como depois de uma prova ou exame genéticos.[9] (tradução nossa).[10]

O aconselhamento genético é composto de várias etapas ou fases. Em apertada síntese, pode-se dizer que são cinco as fases do aconselhamento genético: o médico informa a possibilidade de se realizar exames preditivos aos pacientes (I); o paciente é submetido aos exames genéticos pertinentes, após seu prévio consentimento livre e esclarecido, extraindo-se as provas médicas mediante as quais o médico poderá realizar o diagnóstico genético do paciente, com a detecção de possíveis doenças, deficiências, suas causas, possibilidade de transmissão à descendência etc.(II); o aconselhamento

---

5. Sobre o valor do procedimento, sugere-se consultar a coluna de Beatriz Boyadjian (2019) na Revista Forbes e o site da Mater Prime (2019) – clínica de Reprodução Humana Assistida.
6. EMALDI-CIRIÓN, Aitziber. A responsabilidade dos profissionais sanitários no marco do assessoramento genético. In: ROMEO CASABONA, Carlos Maria; QUEIROZ, Juliane Fernandes (Coord.). *Biotecnologia e suas implicações ético-jurídicas*. Belo Horizonte: Del Rey, 2004. p. 63-127.
7. As enfermidades genéticas podem ser agrupadas da seguinte maneira, a saber (AZCORRA, 2001, p.212): 1 Transtornos de um único gen. 2 Alterações nos cromossomos – como a presença de um cromossomo 21, responsável pela Síndrome de Down. 3 Transtornos multifatoriais. Estes são oriundos da conjugação de fatores genéticos e sociais.
8. Nesse passo, é necessário "(...) considerar a distinção entre o nascituro e o embrião, já que a concepção de um novo ser humano tanto pode ocorrer *in vivo*, isto é, dentro do corpo da mãe biológica, como *in vitro*, mediante a utilização de técnicas de fertilização artificial" (EHRHARDT JR., 2009, p. 118).
9. "(...) Aconselhamento genético: procedimento destinado a explicar as possíveis consequências (...) Asesoramiento genético: procedimiento destinado a explicar las posibles consecuencias de los resultados de una prueba o un cribado genéticos y sus ventajas y riesgos y, en su caso, para ayudar a una persona a asumir esas consecuencias a largo plazo. Tiene lugar tanto antes como después de una prueba o un cribado genéticos."
10. ORGANIZAÇÃO DAS NAÇÕES UNIDAS (ONU). *Declaración Internacional sobre los Datos Genéticos Humanos*: de 16 de octubre de 2003. Disponível em: http://portal.unesco.org/es/ev.php-URL_ID=17720&URL_DO=DO_TOPIC&URL_SECTION=201.html. Acesso em: 07 jun. 2019.

genético em sentido estrito[11], onde há interpretação e valoração dos resultados obtidos junto às provas, culminando na conclusão médica acerca do procedimento indicado ao paciente (III); o paciente consentirá de forma livre e esclarecida acerca de qual procedimento médico será adotado, podendo, inclusive, optar pela não realização de nenhum deles (IV); e, por fim, a execução do ato médico decorrente (V)[12].

De acordo com o momento em que a prova, o diagnóstico e o aconselhamento genético, em si, são realizados, adota-se nomenclatura própria, bem como decorrem consequências diversas. Por isso é que se fala em aconselhamento genético pré-conceptivo, pré-implantatório, pré-natal e pós-natal. Importa, para esse estudo, os aconselhamentos genéticos pré-conceptivo, pré-implantatório e pré-natal.

2.1.1 Aconselhamento genético pré-conceptivo

Considera-se pré-conceptivo o aconselhamento genético realizado antes da concepção, da união dos gametas masculino e feminino (espermatozoide e óvulo), *in vitro* ou *in vivo*, objetivando averiguar possível transmissão de enfermidades ou deficiências genéticas, hereditárias ou cromossômicas[13] à descendência. Por meio dele, é possível conhecer riscos e possibilidades de se conceber um filho com deficiências ou enfermidades genéticas[14].

De conhecimento do diagnóstico permite-se: uma gravidez livre de qualquer percalço genético (a), a opção por não engendrá-la, em exercício autônomo do livre planejamento familiar (b) ou a opção pela gravidez, ainda que diagnosticado algum problema genético.

O médico, como sequência do aconselhamento genético pré-conceptivo, poderá ofertar ao paciente as seguintes alternativas[15]: I) Quando não se detecta qualquer doença ou deficiência: a gravidez; II) Quando se detecta a possibilidade de transmissão de uma deficiência ou doença: 1) recorrer às técnicas de reprodução assistida, em que será possível a seleção terapêutica de embriões; 2) recorrer à esterilização, para se evitar a gravidez; 3) utilizar métodos anticonceptivos, para se evitar a gravidez; e/

---

11. ROMEO CASABONA, Carlos María; EMALDI-CIRIÓN, Aitziber; EPIFANIO, Leire; ESCAJEDO San; JIMÉNEZ, Pilar Nicolás; MALANDA, Sergio Romeo; MORA, Asier Urruela. De la medicina curativa a la medicina preventiva: Consejo genético. In: *La ética y el derecho ante la biomedicina del futuro*. Cátedra Interuniversitaria Fundación BBVA – Diputación Foral de Bizkaia de Derecho y Genoma Humano. Bilbao: Universidade de Deusto, 2006. p. 193.
12. EMALDI-CIRIÓN, Aitziber. A responsabilidade dos profissionais sanitários no marco do assessoramento genético. In: ROMEO CASABONA, Carlos Maria; QUEIROZ, Juliane Fernandes (Coord.). *Biotecnologia e suas implicações ético-jurídicas*. Belo Horizonte: Del Rey, 2004. p. 64.
13. EMALDI-CIRIÓN, Aitziber. A responsabilidade dos profissionais sanitários no marco do assessoramento genético. In: ROMEO CASABONA, Carlos Maria; QUEIROZ, Juliane Fernandes (Coord.). *Biotecnologia e suas implicações ético-jurídicas*. Belo Horizonte: Del Rey, 2004. p. 64.
14. ROMEO CASABONA, Carlos María; EMALDI-CIRIÓN, Aitziber; EPIFANIO, Leire; ESCAJEDO San; JIMÉNEZ, Pilar Nicolás; MALANDA, Sergio Romeo; MORA, Asier Urruela. De la medicina curativa a la medicina preventiva: Consejo genético. In: *La ética y el derecho ante la biomedicina del futuro*. Cátedra Interuniversitaria Fundación BBVA – Diputación Foral de Bizkaia de Derecho y Genoma Humano. Bilbao: Universidade de Deusto, 2006. p. 190.
15. ROMEO CASABONA, Carlos María; EMALDI-CIRIÓN, Aitziber; EPIFANIO, Leire; ESCAJEDO San; JIMÉNEZ, Pilar Nicolás; MALANDA, Sergio Romeo; MORA, Asier Urruela. De la medicina curativa a la medicina preventiva: Consejo genético. In: *La ética y el derecho ante la biomedicina del futuro*. Cátedra Interuniversitaria Fundación BBVA – Diputación Foral de Bizkaia de Derecho y Genoma Humano. Bilbao: Universidade de Deusto, 2006. p. 193.

ou 4) assumir o risco da concepção e nascimento de uma descendência com doenças ou deficiências.

Assim, tal aconselhamento é benéfico, na medida em que os gametas masculino e/ou feminino são selecionados antes da concepção; bem como se evita uma futura interrupção terapêutica da gravidez, quando recomendada pela medicina e permitida pelo ordenamento jurídico.

2.1.2 Aconselhamento genético pré-implantatório

Aconselhamento genético pré-implantatório é aquele que visa detectar possíveis deficiências cromossômicas ou alterações genéticas nos embriões *in vitro*[16], antes de sua transferência ao útero materno. Permite, assim, diante da junção das técnicas de reprodução humana assistida e engenharia genética molecular[17], a detecção de doenças geneticamente hereditárias, a terapia gênica, a seleção e a implantação no útero materno dos embriões sadios. Desta feita, afasta-se a necessidade de interrupção medicamente assistida da gestação, se esta for permitida.

Nesse passo, o aconselhamento genético é utilizado especificamente para evitar a transmissão de heranças genéticas indesejáveis, seja por meio da seleção terapêutica de embriões, seja por meio da terapia gênica.

Diante das provas diagnósticas pré-implantatórias, o médico, conselheiro genético, poderá propor ao paciente[18]: Se não for detectada qualquer deficiência ou doença: a gravidez (I); Se for detectada a possibilidade de transmissão de deficiência ou doença (II): a) a realização de terapia gênica sobre o embrião; b) a seleção de embriões; c) a não transferência de embriões; d) a implantação do embrião e posterior realização de um diagnóstico pré-natal; e/ou e) a seleção de sexo do embrião por motivos terapêuticos.

O aconselhamento genético pré-implantatório e a seleção terapêutica de embriões são permitidos pelo Conselho Federal de Medicina brasileiro, de forma restrita, pela Resolução CFM n. 2.168/2017:

> VI – DIAGNÓSTICO GENÉTICO PRÉ-IMPLANTACIONAL DE EMBRIÕES 1. As técnicas de RA podem ser aplicadas à seleção de embriões submetidos a diagnóstico de alterações genéticas causadoras de doenças – podendo nesses casos ser doados para pesquisa ou descartados, conforme a decisão do(s) paciente(s) devidamente documentada em consentimento informado livre e esclarecido específico.

---

16. EMALDI-CIRIÓN, Aitzber. A responsabilidade dos profissionais sanitários no marco do assessoramento genético. *In:* ROMEO CASABONA, Carlos Maria; QUEIROZ, Juliane Fernandes (Coord.). *Biotecnologia e suas implicações ético-jurídicas*. Belo Horizonte: Del Rey, 2004. p. 64.
17. GEBER, Selmo. Implicações éticas do diagnóstico pré-implantacional. *In:* ROMEO CASABONA, Carlos Maria; QUEIROZ, Juliane Fernandes (Coord.). *Biotecnologia e suas implicações ético-jurídicas*. Belo Horizonte: Del Rey, 2004. p. 303.
18. ROMEO CASABONA, Carlos María; EMALDI-CIRIÓN, Aitzber; EPIFANIO, Leire; ESCAJEDO San; JIMÉNEZ, Pilar Nicolás; MALANDA, Sergio Romeo; MORA, Asier Urruela. De la medicina curativa a la medicina preventiva: Consejo genético. *In: La ética y el derecho ante la biomedicina del futuro*. Cátedra Interuniversitaria Fundación BBVA – Diputación Foral de Bizkaia de Derecho y Genoma Humano. Bilbao: Universidade de Deusto, 2006. p. 194.

No mesmo sentido é a legislação espanhola – Lei 14/2006[19]: "Artigo 13. Técnicas terapêuticas no pré-embrião. 1. Qualquer intervenção com fins terapêuticos sobre o pré-embrião *in vitro* somente poderá ter a finalidade de tratar uma enfermidade ou impedir sua transmissão, com garantias razoáveis e comprovadas.[20]" (tradução nossa).

O que se tem hoje é uma preocupação excessiva com a ideia de não permitir que uma geração futura tenha doenças ou anomalias que a medicina reconhece e pode tentar impedir, diante das novas tecnologias aplicadas à reprodução humana assistida e das técnicas de manipulação genética existentes. Por essas e outras questões, o aconselhamento genético pré-implantatório e suas práticas causam grande preocupação ética, em especial no que diz respeito à eugenia na sua espécie positiva. Trata-se de eugenia que segrega pessoa ou grupo de pessoas em razão de alguma característica, no caso a genética.

O que se impõe ao ser humano é a manutenção de uma relação de responsabilidade, inclusive para com as gerações futuras, com observância dos princípios bioéticos e biojurídicos. Pode-se concluir que, por se constituir um grande avanço da ciência biomédica com o uso de novas tecnologias, o aconselhamento genético pré-implantatório gera grandes debates éticos e jurídicos.

2.1.3   Aconselhamento genético pré-natal

Aconselhamento genético pré-natal é aquele realizado junto ao nascituro, em desenvolvimento no útero materno, para averiguação de problema congênito, que Aitziber Emaldi-Cirión[21] conceitua como "(...) deficiência do desenvolvimento morfológico, estrutural, funcional ou molecular, presente ao nascer, hereditária ou não, única ou múltipla".

As técnicas de diagnóstico utilizadas nesse aconselhamento são, muitas vezes, invasivas (amniocentese[22], sangue fetal, dentre outras), com grande risco para o nascituro (aborto espontâneo, morte no útero e natimortos) e para a gestante (preformismo visceral, descolamento da placenta, ruptura prematura de placenta, infecção, AVC e morte da mãe, contrações uterinas, parto prematuro, hemorragia pós-parto)[23]. Diante

---

19. ESPAÑA. *Ley 14/2006, de 26 de mayo, sobre técnicas de reproducción humana asistida.* BOE núm. 126, de 27 de mayo de 2006, páginas 19947 a 19956 (10 págs.). Disponível em: https://www.boe.es/diario_boe/txt.php?id=BOE-A-2006-9292. Acesso em: 05 fev. 2014.
20. "Artículo 13. Técnicas terapéuticas en el preembrión. 1. Cualquier intervención con fines terapéuticos sobre el preembrión vivo *in vitro* sólo podrá tener la finalidad de tratar una enfermedad o impedir su transmisión, con garantías razonables y contrastadas."
21. EMALDI-CIRIÓN, Aitziber. A responsabilidade dos profissionais sanitários no marco do assessoramento genético. In: ROMEO CASABONA, Carlos Maria; QUEIROZ, Juliane Fernandes (Coord.). *Biotecnologia e suas implicações ético-jurídicas.* Belo Horizonte: Del Rey, 2004. p. 64.
22. "A amniocentese é a que permite na atualidade diagnosticar um maior número de enfermidades congênitas, devido a aberrações cromossômicas, desequilíbrios metabólicos, do tubo neural, enfermidades genéticas não hereditárias, vinculadas ao sexo, situações de predisposição (diagnóstico preditivo) de enfermidades que aparecerão na infância e na idade adulta etc." (ROMEO CASABONA, Carlos María. *El derecho y la bioética ante los límites de la vida humana.* Madrid: Editorial Centro de Estudios Ramón Areces, 1994, p. 374) (tradução livre do original: "La amniocentesis es la que permite en la actualidad diagnosticar un mayor número de enfermidades congénitas, debidas a aberraciones cromosómicas, desequilibrios metabólicos, del tubo neural, enfermedades genéticas no hereditarias, vinculadas al sexo, situaciones de predisposición (diagnóstico predictivo) de enfermedades que aparecerán en la infancia o edad adulta etc.").
23. ROMEO CASABONA, Carlos María. *El derecho y la bioética ante los límites de la vida humana.* Madrid: Editorial Centro de Estudios Ramón Areces, 1994, p. 374.

de tais riscos envolvidos, o aconselhamento genético pré-natal, somente é indicado nas situações em que: a genitora possui idade avançada, considerada esta como mais de 35 (trinta e cinco) anos (I); também o genitor esteja com idade superior a 55 (cinquenta e cinco) anos (II); a descendência anterior tem Síndrome de Down (III); os genitores são pessoas com deficiência cromossômica (IV); há história de doenças hereditárias e de malformações genitais na família (V); há exposição a um fator teratogênico, ou seja, capaz de causar dano ao nascituro, durante a gestação, tais como uso de medicamentos contra indicados, drogas psicotrópicas (heroína, LSD, cocaína etc.), álcool; sujeição a irradiações nocivas e produtos tóxicos etc. (VI); existe infertilidade prévia ligada a alterações cromossômicas (VII); também em caso de enfermidade crônica da gestante, como diabetes, hipertireoidismo, hipertensão etc. (VIII); a evolução obstétrica é desfavorável à gravidez como o retardo no crescimento fetal, pouca quantidade de líquido amniótico, arritmia cardíaca fetal etc. (IX).[24]

A conveniência da intervenção médica pré-natal é aferida somente nas seguintes situações:

– Quando for eficaz para planejar o nascimento de acordo com as malformações fetais de que padeça o feto.

– Uma vez diagnosticada a doença ou anormalidades, for viável realizar um tratamento médico durante a gravidez.

– Um diagnóstico pré-natal preciso pode ensejar o conhecimento do melhor momento para provocar o nascimento prematuro, ou proceder a uma cesárea, desde que o feto se encontre suficientemente maduro, bem como para aplica-lhe um tratamento fora do útero.

– Para confirmar a normalidade do feto, acalmando a ansiedade que os pais possam ter, se se tratava de um casal com alto risco de transmitir qualquer anormalidade a seus descendentes.

– Para poder recorrer, dentro do prazo e quando permitido por lei, ao aborto embriopático ou eugênico.

– Para verificar a deficiência ou doença do feto, e assumir o nascimento do filho com anomalias.

– Avisar sobre a existência de anomalias que poderiam passar despercebidas no período neonatal[25-26].

---

24. ROMEO CASABONA, Carlos María; EMALDI-CIRIÓN, Aitziber; EPIFANIO, Leire; ESCAJEDO San; JIMÉNEZ, Pilar Nicolás; MALANDA, Sergio Romeo; MORA, Asier Urruela. De la medicina curativa a la medicina preventiva: Consejo genético. In: La ética y el derecho ante la biomedicina del futuro. Cátedra Interuniversitaria Fundación BBVA – Diputación Foral de Bizkaia de Derecho y Genoma Humano. Bilbao: Universidade de Deusto, 2006. p. 192.
25. ROMEO CASABONA, Carlos María; EMALDI-CIRIÓN, Aitziber; EPIFANIO, Leire; ESCAJEDO San; JIMÉNEZ, Pilar Nicolás; MALANDA, Sergio Romeo; MORA, Asier Urruela. De la medicina curativa a la medicina preventiva: Consejo genético. In: La ética y el derecho ante la biomedicina del futuro. Cátedra Interuniversitaria Fundación BBVA – Diputación Foral de Bizkaia de Derecho y Genoma Humano. Bilbao: Universidade de Deusto, 2006. p. 192.
26. " – Será eficaz para planificar el nacimiento de acuerdo a las malformaciones que padezca el feto.
   – Una vez diagnosticada una enfermedad o anomalía puede ser factible realizar durante el embarazo un tratamiento médico.
   – Un diagnóstico prenatal preciso puede dar lugar a que se conozca el estado óptimo para provocar un nacimiento prematuro, o bien proceder a una cesárea, si el feto se encuentra lo suficientemente maduro como para poder aplicarle un tratamiento fuera del útero.
   – Para confirmar la normalidad del feto, tranquilizando el estado de ansiedad que podrían tener sus padres, si se trataba de una pareja de alto riesgo a la hora de transmitir alguna anomalía a su descendencia.
   – Para poder recurrir dentro de los plazos previstos al afecto y siempre que lo permita la ley, al aborto embriopático o e eugenésico.
   – Para verificar la discapacidad o enfermedad fetal, y asumir el nacimiento de ese hijo con anomalías.
   – Avisar sobre la existencia de malformaciones que hubieran pasado inadvertidas en el periodo neonatal."

O médico poderá, diante das provas obtidas, aconselhar o paciente a continuar a gravidez, uma vez não tendo sido detectada nenhuma deficiência ou doença. Por outro lado, em caso de detecção de alguma deficiência ou doença, as opções podem ser o aborto por indicação eugenésica, caso seja permitido pelo ordenamento jurídico, ou a iniciação da terapia fetal (terapia gênica)[27]. De toda forma, ainda que cientes de um diagnóstico de doença ou deficiência, os genitores podem dar seguimento a gestação.

3. AUTONOMIA PRIVADA DOS GENITORES NO EXERCÍCIO DO DIREITO AO LIVRE PLANEJAMENTO FAMILIAR E A RESPONSABILIDADE CIVIL MÉDICA DECORRENTE DOS ACONSELHAMENTOS GENÉTICOS PRÉ-CONCEPTIVO, PRÉ-IMPLANTATÓRIO E PRÉ-NATAL

No direito, a autonomia privada[28] representa a autodeterminação da pessoa, o exercício discernido de suas decisões. Sua expressão externa se dá por meio da manifestação de vontade. Esta, para ter validade jurídica, especialmente na seara médica, deve preencher os seguintes requisitos: ser esclarecida, oriunda de uma informação correta e suficiente; ter o agente que a manifesta perfeito discernimento/competência ou, como é a redação hodierna do Código Civil, que tenha possibilidade de expressar vontade; e inexistir qualquer condicionante que a vicie, quais sejam: o erro, o dolo, a coação, o estado de perigo e a lesão.

Na relação médico-paciente, após devidamente informado pelo médico, o paciente estará apto a manifestar sua autonomia por meio do consentimento à prática médica. Isso é externado pelo que se denomina termo de consentimento livre e esclarecido – TCLE, previsto expressamente na Resolução n. 466/12 do Conselho Nacional de Saúde

A origem do consentimento livre e esclarecido é derivada de fenômenos complementares. Conforme ensinamentos de Carlos María Romeo-Casabona[29], tem-se, de um lado, a necessidade de reconhecimento e consequente tutela dos direitos dos pacientes; e, de outro lado, a transformação da relação médico-paciente. A posição adotada pelo direito é a de que todo procedimento terapêutico deve contar com a concordância do paciente, pois trata-se, em primeiro lugar, de sua vida, de sua saúde, de sua integridade física. Logo, em regra, não seria legítima qualquer intervenção médica sem o consentimento do paciente.

É dever do médico informar ao paciente, de forma clara e completa, os riscos envolvidos na prática médica. Diante de tal informação é que o paciente poderá, livre e conscientemente, exercer sua autonomia privada, expressando-a por meio de termo próprio[30].

---

27. ROMEO CASABONA, Carlos María; EMALDI-CIRIÓN, Aitziber; EPIFANIO, Leire; ESCAJEDO San; JIMÉNEZ, Pilar Nicolás; MALANDA, Sergio Romeo; MORA, Asier Urruela. De la medicina curativa a la medicina preventiva: Consejo genético. In: *La ética y el derecho ante la biomedicina del futuro*. Cátedra Interuniversitaria Fundación BBVA – Diputación Foral de Bizkaia de Derecho y Genoma Humano. Bilbao: Universedade de Deusto, 2006. p. 197.
28. Segundo Diego Gracia (2010, p.138), autonomia é "o respeito à gestão soberana do espaço privado".
29. ROMEO CASABONA, Carlos María. O consentimento informado na relação entre médico e paciente: aspectos jurídicos. In: ROMEO CASABONA, Carlos Maria; QUEIROZ, Juliane Fernandes (Coord.). *Biotecnologia e suas implicações ético-jurídicas*. Belo Horizonte: Del Rey, 2004. p. 132.
30. ROMEO CASABONA, Carlos María. O consentimento informado na relação entre médico e paciente: aspectos jurídicos. In: ROMEO CASABONA, Carlos Maria; QUEIROZ, Juliane Fernandes (Coord.). *Biotecnologia e suas implicações ético-jurídicas*. Belo Horizonte: Del Rey, 2004. p. 197-198.

Não há que se olvidar que a informação prestada adequadamente pelo médico é requisito *sine qua non* para a manifestação do consentimento; inclusive é o que legitima a atuação médica. No entanto, o direito de não saber também deve ser resguardado. É necessário fazer constar a vontade do paciente em não querer conhecer quaisquer informações médicas em um termo de consentimento, protegendo o médico de futura responsabilidade profissional.

Podem ocorrer as seguintes condutas médicas lesivas à essa autonomia: a negligência médica, ao não informar ao paciente a existência e a conveniência de se realizar certas provas diagnósticas (I)[31]; a falha junto a análise genética do embrião ou interpretação das provas realizadas, com um resultado falso positivo ou falso negativo (II) – (I e II em casos de aconselhamentos genéticos pré-conceptivo, pré-implantatório ou pré-natal); a falha quando da realização da terapia gênica (III) – (quando do aconselhamento genético pré-implantatório). Ocorrendo quaisquer delas, abre-se campo para as demandas por *wrongful conception/pregnancy* ou *birth*.

De fato, partindo-se da premissa de que a decisão dos genitores deve ser sempre livre e esclarecida pelas informações corretamente prestadas pelo médico, a conduta omissiva deste retira o direito daqueles, ferindo sua autodeterminação, dano reconhecido como direito da personalidade, configurando, assim, os requisitos da responsabilidade civil médica.

A informação pode ser dada de forma equivocada ou incompleta causando uma manifestação de vontade viciada dos genitores. Trata-se de falso negativo, quando a informação for no sentido de que o embrião ou o feto não possui qualquer anomalia ou doença e, posteriormente, vem à tona a realidade contrária[32]. Já o falso positivo ocorre quando há um diagnóstico de doença e, posteriormente, verifica-se que o feto ou o embrião era sadio.

Especificamente quanto ao falso negativo, o dano é substancial, considerando que a omissão ou a ação falha do médico resulta no nascimento de um filho deficiente ou enfermo, o que poderia ter sido evitado por meio da terapia gênica, da decisão pela não implantação do embrião ou pela opção de não engravidar naturalmente. Neste caso específico poderia se falar em danos materiais oriundos da criação de uma criança não desejada e os custos expressivos de sua vida excepcional (doente ou enferma). Contudo, ainda é possível falar em danos morais, pela violação do direito da personalidade dos genitores, no que toca à autonomia privada e ao direito ao livre planejamento familiar.

Com o nascimento da criança doente ou deficiente ou quando do nascimento de criança não desejada, pode-se buscar a reparação civil, também, junto à demanda por *wrongful birth*. Na verdade, em nascendo a criança, as ações de *wrongful conception/*

---

31. ROMEO CASABONA, Carlos María; EMALDI-CIRIÓN, Aitziber; EPIFANIO, Leire; ESCAJEDO San; JIMÉNEZ, Pilar Nicolás; MALANDA, Sergio Romeo; MORA, Asier Urruela. De la medicina curativa a la medicina preventiva: Consejo genético. In: *La ética y el derecho ante la biomedicina del futuro*. Cátedra Interuniversitaria Fundación BBVA – Diputación Foral de Bizkaia de Derecho y Genoma Humano. Bilbao: Universidade de Deusto, 2006. p. 197.
32. ROMEO CASABONA, Carlos María; EMALDI-CIRIÓN, Aitziber; EPIFANIO, Leire; ESCAJEDO San; JIMÉNEZ, Pilar Nicolás; MALANDA, Sergio Romeo; MORA, Asier Urruela. De la medicina curativa a la medicina preventiva: Consejo genético. In: *La ética y el derecho ante la biomedicina del futuro*. Cátedra Interuniversitaria Fundación BBVA – Diputación Foral de Bizkaia de Derecho y Genoma Humano. Bilbao: Universidade de Deusto, 2006. p. 214.

pregnancy e *birth* terão seus fundamentos agrupados, pois, se de um lado a implantação no útero materno ou a gravidez ocorreu sem que fosse tomada uma decisão discernida dos genitores, agora o nascimento se concretizou, somando mais um dano. O que as diferencia, portanto, é o momento da propositura, antes (*conception/pregnancy*) ou após o nascimento (*birth*).

O médico pode vir a alegar a falta de nexo de causalidade, ou seja, que não foi sua conduta a causadora do dano relativo à deficiência ou doença da criança; bem como que, mesmo que a informação houvesse sido prestada de maneira correta, o filho nasceria com as enfermidades ou deficiências[33]; e, ainda, que não foi o responsável pela gravidez indesejada. Contudo, não é isso o que se analisa na espécie, mas, sim, o fato de que além da possibilidade de autodeterminação dos genitores, a conduta omissiva ou errada do médico causou-lhes dano à integridade psíquica, vez que foram surpreendidos com a gravidez e o nascimento de um filho doente ou deficiente; ou com a gestação de um filho sem doenças ou deficiências, mas não planejado. A conduta do médico foi causa de dano à autonomia privada dos genitores e, também, ao exercício do seu direito ao livre planejamento familiar.

Ainda junto ao aconselhamento genético pré-implantatório a conduta médica na avaliação das provas genéticas pode gerar um resultado falso positivo. Neste caso, a informação repassada pelo médico, de forma imprudente ou imperita, poderá ter como consequência, a opção por não ter descendentes ou a opção por realizar, desnecessariamente, a terapia gênica. No primeiro caso, extirpa-se dos pacientes envolvidos o direito ao livre planejamento familiar, além de lhes causar danos psíquicos.

Se o resultado do aconselhamento for falho, o ato em si não gera responsabilidade civil ao menos que se comprove, no caso concreto, o dano material ou pessoal aos pacientes.

Por fim, é importante lembrar que não haverá responsabilidade do médico quando ele não informar os dados obtidos junto aos exames diagnósticos em razão do "direito a não saber"[34] dos genitores, no exercício de sua autonomia privada.

4. CONSEQUÊNCIAS JURÍDICAS DOS ACONSELHAMENTOS GENÉTICOS PRÉ-CONCEPTIVO, PRÉ-IMPLANTATÓRIO E PRÉ-NATAL: AS AÇÕES DE *WRONGFUL CONCEPTION/PREGNANCY* E *BIRTH*

Os aconselhamentos genéticos pré-conceptivo, pré-implantatório e pré-natal podem gerar responsabilidade civil do médico, no que se denomina *wrongful conception/pregnancy* e *birth*, a depender do momento em que a ação será proposta, se antes ou após o nascimento da criança.

A ação de *wrongful conception* decorre de um aconselhamento genético falho, resultando em uma gravidez indesejada, por isso também é denominada de *wrongful*

---

33. YÁGÜEZ, Ricardo de Ángel. Demandas por responsabilidad en relación con los diagnósticos preimplantatorios y prenatales y el consejo genético. *In*: ROMEO CASABONA, Carlos (director). *Genética y derecho*: estudios de derecho judicial, 36-2001. Madrid: Consejo General del Poder Judicial, 2001. p. 254.
34. ROMEO CASABONA, Carlos María. Genética e Direito. *In*: ROMEO CASABONA, Carlos Maria (Org.). *Biotecnologia, Direito e Bioética*: Perspectivas em direito comparado. Belo Horizonte: Del Rey; PUC Minas, 2002. p. 27.

pregnancy. Na ação, os genitores, autores da demanda, alegam que não haveria a gravidez se o médico conselheiro genético não tivesse errado. De um lado, a fundamentação da demanda se encontra na implantação e na gravidez de um embrião com deficiência ou doenças; de outro, o fundamento é arraigado na violação do direito ao livre planejamento familiar. O pedido dos autores é de cunho material e moral. Busca-se a condenação do médico ao pagamento de uma indenização, tanto em relação às despesas materiais com o nascimento da criança, quanto em relação às limitações físicas da grávida e do impacto psicológico da gestante[35].

Já na ação de *wrongful birth* os genitores, autores da demanda, alegam que o nascimento de uma criança doente ou deficiente não deixa de ser um dano e que tal nascimento só aconteceu em razão de um aconselhamento genético falho. Nesse caso, a indenização pedida ao médico também é de cunho material e moral.

Por outro lado, se a gravidez não ocorrer por falha médica junto ao aconselhamento genético, mas sim em razão de um resultado de exame que apontou um falso positivo para doenças ou deficiências genéticas, haverá dano ao livre planejamento familiar dos genitores o que também pode gerar a responsabilidade civil do médico ou do laboratório.

No Brasil, seria inviável uma demanda proposta com fundamento em falha no aconselhamento genético pré-natal do qual decorre violação da autonomia em relação à opção pela interrupção da gravidez, considerando a proibição do aborto. Sua viabilidade se torna possível nas hipóteses do artigo 128 do Código Penal, quais sejam, o aborto necessário (quando não há outro meio de salvar a vida da gestante) e o aborto no caso de gravidez resultante de estupro. Além disso, o pedido é possível considerando-se a gestação em caso de fetos anencéfalos, nos termos da decisão exarada em 2012 pelo Supremo Tribunal Federal na Ação de Descumprimento de Preceito Fundamental n.º 54.

No que tange às demandas por *wrongful conception* ou *pregnancy*, a maioria dos casos estudados pela doutrina buscam a responsabilidade civil médica pelo início de uma gravidez não desejada em razão de falha na esterilização, junto ao aconselhamento genético pré-conceptivo, que também fundamenta a dita ação. A título de exemplo, pode-se citar o caso americano *Custodio v. Bauer* (1967), em que a senhora Custodio demandou seu ginecologista por não ter ligado suas trompas de Falópio corretamente, após o nascimento de seu nono filho, vindo a engravidar e dar à luz seu décimo filho, em razão da negligência e da imperícia médica[36].

No caso inglês *Emeh v. Kensington and Chelsea Area Health Authority*[37], a mãe havia dado à luz um filho deficiente, após a realização de uma esterilização defeituosa. Somente depois de 20 (vinte) semanas de gravidez é que ela descobriu sua condição. Nesse caso, o tribunal julgou procedente o pedido de responsabilidade civil do médico pelos danos

---

35. EMALDI-CIRIÓN, Aitziber. A responsabilidade dos profissionais sanitários no marco do assessoramento genético. In: ROMEO CASABONA, Carlos Maria; QUEIROZ, Juliane Fernandes (Coord.). *Biotecnologia e suas implicações ético-jurídicas*. Belo Horizonte: Del Rey, 2004. p. 94.
36. MEDINA, Graciela. *Daños en el derecho de familia*. 2. ed. Santa Fé: Rubinzal-Culzoni, 2008, p. 535.
37. YÁGÜEZ, Ricardo de Ángel. Demandas por responsabilidad en relación con los diagnósticos preimplantatorios y prenatales y el consejo genético. In: ROMEO CASABONA, Carlos (director). *Genética y derecho*: estudios de derecho judicial, 36-2001. Madrid: Consejo General del Poder Judicial, 2001. p. 256-257.

materiais e morais sofridos, inclusive em razão da criação de um filho considerando os gastos da deficiência ou doença diagnosticada.

Na Espanha cita-se o caso Concepción, Millán e Carlos Alberto contra o Instituto Catalão de saúde, Alejando e Frederico. Concepción, com 31 (trinta e um) anos de idade, grávida, submeteu-se aos exames pré-natal normais, não sendo diagnosticada nenhuma deficiência ou doença no nascituro. Em 13 de novembro de 1996 nasceu Carlos Alberto, portador de Síndrome de Down. Concepción, Millán e o menor Carlo Alberto, interpuseram ação de indenização contra os médicos e contra o Instituto Catalão de saúde, sob o argumento de que não foram realizadas todas as provas diagnósticas necessárias no aconselhamento genético pré-natal. No julgamento de primeiro grau, em Barcelona, o pedido foi julgado improcedente. Os demandantes recorreram da decisão e o Tribunal Supremo espanhol, em 6 de julho de 2007, julgou procedente o pedido em relação aos genitores, excluindo o menor. O Tribunal entendeu que, se existiam provas que poderiam gerar o conhecimento acerca do risco de se gestar uma criança com doenças ou deficiências, deveria, ao menos, existir a informação dos médicos. Afinal, o dever de informação é relevante do ponto de vista do exercício da autonomia do paciente.

No Brasil, é possível encontrar demandas por *wrongful conception*, que dizem respeito, não raro, a esterilizações falhas, como em demanda julgada em 12 de setembro de 2007 pelo Tribunal de Justiça do Estado de Minas Gerais – TJMG, de número 0566326.87.2006.8.13.0016 e relatoria do Desembargador Marcelo Rodrigues. A responsabilidade civil não foi atribuída ao médico, por se considerar que a prática não é de anticoncepção absoluta, tendo o paciente que agir com meios contraceptivos complementares para evitar a gravidez, não se demonstrando a falha médica na espécie. Contudo, nesta demanda, não se fala em *wrongful conception/pregnancy*.

Realizada pesquisa de jurisprudência junto aos sites de todos[38] os Tribunais de Justiça dos Estados brasileiros e do Distrito Federal, a utilização da expressão "*wrongful*" referente à concepção/gravidez ou nascimento indevido, somente foi encontrada uma única vez, no seguinte julgado do Tribunal de Justiça do Rio Grande do Sul – TJRS:

> RESPONSABILIDADE CIVIL. AÇÃO INDENIZATÓRIA. ANTICONCEPCIONAL INJETÁVEL NOVA GRAVIDEZ NÃO PLANEJADA. WRONGFUL CONCEPTION. PEDIDO DE INDENIZAÇÃO POR DANOS EXTRAPATRIMONIAIS, LUCROS CESSANTES E PENSIONAMENTO. AUSÊNCIA DE PROVA CONVINCENTE, AINDA QUE NÃO INEQUÍVOCA, DO USO CORRETO DO PRODUTO. SENTENÇA DE IMPROCEDÊNCIA MANTIDA. 1. Por meio da presente demanda, a autora busca a condenação da ré ao pagamento de indenização por danos morais, lucros cessantes e pensionamento à filha, decorrentes da ineficácia do contraceptivo injetável. 2. Do ponto de vista teórico, o deslinde da questão passaria pela determinação de quem deveria suportar os riscos da inerente taxa de falibilidade do anticoncepcional: a empresa que o produz e de sua venda aufere lucros ou a consumidora que teria sua legítima expectativa frustrada. 3. *A situação dos autos configura a chamada* <u>wrongful conception</u>, *figura do direito comparado que trata do dano ao planejamento familiar, decorrente do nascimento de um filho não planejado*, apesar da correta adoção dos mecanismos tendentes a evitar a concepção, mecanismos esses que teriam falhado por algum fato imputável a determinado profissional (inadequada colocação

---

38. Fora pesquisado o termo "wrongful" no sistema de pesquisa de jurisprudência dos Tribunais de Justiça estaduais brasileiros e do Distrito Federal: TJAC, TJAL, TJAP, TJAM, TJBA, TJCA, TJDF, TJES, TJGO, TJMA, TJMT, TJMS, TJMG, TJPR, TJPB, TJPA, TJPE, TJPI, TJRN, TJRS, TJRJ, TJRO, TJRR, TJSC, TJSE, TJSP, TJTO.

de DIU, ou vasectomia mal feita, por exemplo), ou a um fornecedor de produtos ou serviços (o caso das pílulas de farinha, por exemplo). 4. Para que se possa responsabilizar alguém, todavia, é imprescindível que haja prova de que o autor da demanda fez precisamente tudo aquilo que dele se esperava para a obtenção do resultado visado – evitar a concepção. Somente se tal prova efetivamente foi produzida é que se pode pensar em transferir para a parte contrária o ônus de provar que não houve defeito do produto ou do serviço. 5. No caso em tela, a autora comprovou ser pessoa de hábitos rigorosos, levando vida metódica e planejada. Embora se trate de circunstância relevante, a reforçar a credibilidade da versão autoral, era imprescindível produzir prova mais consistente e relevante, como as prescrições médicas, a oitiva da ginecologista que acompanhava a autora, oitiva dos profissionais que ministravam a injeção, prontuário do serviço público de saúde que fornecia o medicamento, retendo a prescrição médica etc. Na ausência de outras provas idôneas a reforçar a versão autoral, é de se manter a sentença que desacolheu o pedido indenizatório. Apelo Desprovido.[39] (grifo nosso).

A decisão do TJRS é repetida junto ao Agravo Regimental do Recurso Especial n.º 660577 no Superior Tribunal de Justiça – STJ.

Pelo que foi visto, os Tribunais de Justiça dos Estados brasileiros e do Distrito Federal não aplicam a teoria da responsabilidade civil médica por *wrongful conception/pregnancy* ou *birth*, pelo menos com a nomenclatura estudada, em que pese existirem casos, como os citados acima (TJMG e TJRS), em que se trabalha o erro médico na contracepção.

Afirma-se ser juridicamente possível a responsabilidade civil médica por *wrongful conception/pregnancy* ou *birth* no Brasil, desde que comprovada a culpa médica ligada ao dano de cunho material ou moral, diante da concepção/gravidez ou o nascimento de um filho não planejado. Sendo assim, não há razão para a inaplicabilidade da teoria alienígena no Brasil.

5. REFERÊNCIAS

AZCORRA, Miguel Urioste. Consejo genético y diagnóstico antenatal. *In*: ROMEO CASABONA, Carlos (director). *Genética y derecho*: estudios de derecho judicial, 36-2001. Madrid: Consejo General del Poder Judicial, 2001. p.211-221.

BOYADJIAN, Beatriz. Quanto custam os tratamentos de reprodução assistida. *Forbes*. 27 Mai. 2019. Disponível em: https://forbes.com.br/colunas/2019/05/quanto-custam-os-tratamentos-de-reproducao-assistida/. Acesso em: 19 jan. 2020.

BRASIL. Decreto-Lei n. 3.689, de 3 de outubro de 1941. *Código de Processo Penal*. Disponível em: https://www.planalto.gov.br/ccivil_03/decreto-lei/Del3689.htm. Acesso em: 09 jan. 2009.

BRASIL. Superior Tribunal de Justiça. *Processo AREsp 660577*. Relatora Ministra MARIA ISABEL GALLOTTI. Data da Publicação: 09 Mar.2015. Disponível em: https://ww2.stj.jus.br/processo/revista/documento/mediado/?componente=MON&sequencial=45011510&num_registro=201500266487&data=20150309&tipo=0. Acesso em: 16 jan. 2020.

BRASIL. Supremo Tribunal Federal. *Íntegra do voto do Ministro Marco Aurélio de Mello no julgamento da ADPF 54*. Disponível em: http://www.stf.jus.br/arquivo/cms/noticiaNoticiaStf/anexo/ADPF54.pdf. Acesso em: 11 jun. 2012.

---

39. RIO GRANDE DO SUL. Tribunal de Justiça do Estado. Apelação Cível Nº 70075425744. Nona Câmara Cível. Relator: Eugênio Facchini Neto. Julgado em: 13 dez. 2017.

CONSELHO FEDERAL DE MEDICINA. *Resolução CFM n. 2.168/2017*. Adota as normas éticas para a utilização das técnicas de reprodução assistida – sempre em defesa do aperfeiçoamento das práticas e da observância aos princípios éticos e bioéticos que ajudam a trazer maior segurança e eficácia a tratamentos e procedimentos médicos –, tornando-se o dispositivo deontológico a ser seguido pelos médicos brasileiros e revogando a Resolução CFM nº 2.121, publicada no D.O.U. de 24 de setembro de 2015, Seção I, p. 117. Disponível em: https://sistemas.cfm.org.br/normas/visualizar/resolucoes/BR/2017/2168. Acesso em: 07 jun. 2019.

CONSELHO NACIONAL DE SAÚDE. Resolução n. 466, de 12 de dezembro de 2012. *Aprova diretrizes e normas regulamentadoras de pesquisas envolvendo seres humanos*. Disponível em: http://www.conselho.saude.gov.br/resolucoes/2012/Reso466.pdf. Acesso em: 11 dez. 2013.

EHRHARDT JR., Marcos. *Direito Civil:* LICC e Parte Geral. Salvador: Juspodivm, 2009, v. 1.

EMALDI-CIRIÓN, Aitziber. A responsabilidade dos profissionais sanitários no marco do assessoramento genético. *In:* ROMEO CASABONA, Carlos Maria; QUEIROZ, Juliane Fernandes (Coord.). *Biotecnologia e suas implicações ético-jurídicas*. Belo Horizonte: Del Rey, 2004. p. 63-127.

ESPAÑA. *Ley 14/2006, de 26 de mayo, sobre técnicas de reproducción humana asistida*. BOE núm. 126, de 27 de mayo de 2006, páginas 19947 a 19956 (10 págs.). Disponível em: https://www.boe.es/diario_boe/txt.php?id=BOE-A-2006-9292. Acesso em: 05 fev. 2014.

GEBER, Selmo. Implicações éticas do diagnóstico pré-implantacional. *In:* ROMEO CASABONA, Carlos Maria; QUEIROZ, Juliane Fernandes (Coord.). *Biotecnologia e suas implicações ético-jurídicas*. Belo Horizonte: Del Rey, 2004. p. 301-308.

GRACIA, Diego. *Pensar a bioética:* metas e desafios. São Paulo: Centro Universitário São Camilo; Loyola, 2010.

JIANG, Jun; JING, Yuanchun; COST, Gregory J.; CHIANG, Jen-Chieh; KOLPA, Heather J.; COTTON, Allison M.; CARONE, Dawn M.; CARONE, Benjamin R.; SHIVAK, David A.; GUSCHIN, Dmitry Y.; PEARL, Jocelynn R.; REBAR, Edward J.; BYRON, Meg; GREGORY, Philip D.; BROWN, Carolyn J.; URNOV, Fyodor D.; HALL, Lisa L.; LAWRENCE, Jeanne B. Translating dosage compensation to trisomy 21. Received: 21 May 2012. Accepted: 18 Jun. 2013. Published online: 17 Jul. 2013. *Nature*, n.500, 15 Aug. 2013. p. 296–300. Disponível em: http://dx.doi.org/10.1038/nature12394. Acesso em: 07 jun. 2019.

MATER PRIME. Clínica de Reprodução Humana Assistida. *Veja como é calculado o preço da Fertilização In Vitro (FIV)*. 29 Mai. 2019. Disponível em: https://www.materprime.com.br/veja-como-e-calculado-o-preco-da-fertilizacao-in-vitro-fiv/. Acesso em: 19 jan. 2020.

MEDINA, Graciela. *Daños en el derecho de familia*. 2. ed. Santa Fé: Rubinzal-Culzoni, 2008.

MINAS GERAIS. Tribunal de Justiça do Estado. *Apelação Cível n. 0566326.87.2006.8.13.0016*. Relator Desembargador Marcelo Rodrigues. Órgão Julgador: 11ª Câmara Cível. Data de Julgamento: 12 Set. 2007. Disponível em: http://www.tjmg.jus.br. Acesso em: 12 jan. 2014.

ORGANIZAÇÃO DAS NAÇÕES UNIDAS (ONU). *Declaración Internacional sobre los Datos Genéticos Humanos:* de 16 de octubre de 2003. Disponível em: http://portal.unesco.org/es/ev.php-URL_ID=17720&URL_DO=DO_TOPIC&URL_SECTION=201.html. Acesso em: 07 jun. 2019.

RIO GRANDE DO SUL. Tribunal de Justiça do Estado. *Apelação Cível Nº 70075425744*. Nona Câmara Cível. Relator: Eugênio Facchini Neto. Julgado em: 13 Dez. 2017. Disponível em: http://www.tjrs.jus.br/site/busca-solr/index.html?aba=jurisprudencia. Acesso em: 16 jan. 2020.

ROMEO CASABONA, Carlos María. *El derecho y la bioética ante los límites de la vida humana*. Madrid: Editorial Centro de Estudios Ramón Areces, 1994.

ROMEO CASABONA, Carlos María. Genética e Direito. *In:* ROMEO CASABONA, Carlos Maria (Org.). *Biotecnologia, Direito e Bioética*: Perspectivas em direito comparado. Belo Horizonte: Del Rey; PUC Minas, 2002. p. 23-47.

ROMEO CASABONA, Carlos María. O consentimento informado na relação entre médico e paciente: aspectos jurídicos. *In:* ROMEO CASABONA, Carlos Maria; QUEIROZ, Juliane Fernandes (Coord.). *Biotecnologia e suas implicações ético-jurídicas*. Belo Horizonte: Del Rey, 2004. p. 128-172.

ROMEO CASABONA, Carlos María; EMALDI-CIRIÓN, Aitziber; EPIFANIO, Leire; ESCAJEDO San; JIMÉNEZ, Pilar Nicolás; MALANDA, Sergio Romeo; MORA, Asier Urruela. De la medicina curativa a la medicina preventiva: Consejo genético. *In: La ética y el derecho ante la biomedicina del futuro*. Cátedra Interuniversitaria Fundación BBVA – Diputación Foral de Bizkaia de Derecho y Genoma Humano. Bilbao: Universidade de Deusto, 2006. p. 189-226.

SÁ, Maria de Fátima Freire de; NAVES, Bruno Torquato de Oliveira. *Bioética e Biodireito*. 4.ed. Belo Horizonte: Del Rey, 2018.

SÁ, Maria de Fátima Freire de; NAVES, Bruno Torquato de Oliveira. Responsabilidade civil no diagnóstico genético pré-implantatório e pré-natal: uma discussão biojurídica sobre danos morais e materiais em casos de wrongful birth e wrongful life. *In:* EHRHARDT JR., Marcos; BARROS, Daniel Conde. (Org.). *Temas de Direito Civil Contemporâneo*. Salvador: Juspodivm, 2009. p. 569-585.

SÁ, Maria de Fátima Freire de; SOUZA, Iara Antunes de. O "silenciamento" de um cromossomo 21: Consequências no âmbito da Responsabilidade Civil diante de uma demanda de *wrongful conception*. *In:* LOBO, Bárbara Natália Lages; LANA, Henrique Avelino; SAMPAIO, José Adércio Leite. (Org.). *Direito Constitucional e ordens jurídicas parciais*: questões polêmicas. Belo Horizonte: Arraes Editores, 2017, v. 1, p. 335-345.

SEBASTIÃO, Jurandir. *Responsabilidade médica*: civil, criminal e ética. 2. ed. Belo Horizonte: Del Rey, 2001.

SOUZA, Iara Antunes de. *Aconselhamento Genético e Responsabilidade Civil*: As Ações por Concepção Indevida (*Wrongful Conception*), Nascimento Indevido (*Wrongful Birth*) e Vida Indevida (*Wrongful Life*). Belo Horizonte: Arraes Editores, 2014.

SOUZA, Iara Antunes de. Reflexões acerca do futuro de uma sociedade eugênica inspirada no filme Gattaca. *In:* LIMA, Taisa Maria Macena de; SÁ, Maria de Fátima Freire de; MOUREIRA, Diogo Luna (Coord.). *Direitos e fundamentos entre vida e arte*. Rio de Janeiro: Lumen Juris, 2010. p. 85-99.

YÁGÜEZ, Ricardo de Ángel. Demandas por responsabilidad en relación con los diagnósticos preimplantatorios y prenatales y el consejo genético. *In:* ROMEO CASABONA, Carlos (director). *Genética y derecho*: estudios de derecho judicial, 36-2001. Madrid: Consejo General del Poder Judicial, 2001. p. 239-294.

ESTUDO COMPARATÍSTICO DA RESPONSABILIDADE CIVIL DO MÉDICO, HOSPITAL E FABRICANTE NA CIRURGIA ASSISTIDA POR ROBÔ

Miguel Kfouri Neto

Pós-Doutor em Ciências Jurídico-Civis junto à Faculdade de Direito da Universidade de Lisboa (2013-2014). Doutor em Direito das Relações Sociais pela Pontifícia Universidade Católica de São Paulo (2005). Mestre em Direito das Relações Sociais pela Universidade Estadual de Londrina (1994). Bacharel em Direito pela Universidade Estadual de Maringá (1981). Licenciado em Letras-Português pela Pontifícia Universidade Católica do Paraná (1972). Professor-Doutor integrante do Corpo Docente Permanente do Programa de Doutorado e Mestrado em Direito Empresarial e Cidadania do Centro Universitário Curitiba – UNICURITIBA. Desembargador no Tribunal de Justiça do Paraná (TJPR). Coordenador do grupo de pesquisas "Direito da Saúde e Empresas Médicas" (UNICURITIBA). Endereço eletrônico: mkfourin@gmail.com

Rafaella Nogaroli

Pós-graduanda em Direito Médico pelo Centro Universitário Curitiba – UNICURITIBA. Especialista em Direito Aplicado pela Escola da Magistratura do Paraná (EMAP). Especialista em Direito Processual Civil pelo Instituto de Direito Romeu Felipe Bacellar. Bacharel em Direito pelo Centro Universitário Curitiba. Assessora jurídica de desembargador no Tribunal de Justiça do Paraná (TJPR). Coordenadora do grupo de pesquisas "Direito da Saúde e Empresas Médicas" (UNICURITIBA), ao lado do prof. Miguel Kfouri Neto. Endereço eletrônico: nogaroli@gmail.com

Sumário: 1. Considerações preliminares: os dispositivos médicos e a cirurgia assistida por robô. 2. Demandas indenizatórias por eventos adversos na cirurgia robótica nos tribunais norte-americanos. 2.1. Os processos de aprovação dos robôs cirúrgicos e o perfil das demandas indenizatórias em face da fabricante nos EUA. 2.2. Os paradigmáticos casos *Zarick v. Intuitive Surgical* (2016) e *Taylor v. Intuitive Surgical* (2017) e o julgamento sumário do *Mracek v. Bryn Mawr Hospital* and Intuitive Surgical (2010). 3. Atribuição da responsabilidade civil entre todos os agentes envolvidos na cirurgia robótica à luz do ordenamento jurídico brasileiro. 3.1. Análise prática da responsabilidade civil na cirurgia robótica à partir de evento adverso descrito na carta-aviso da fabricante. 3.2. O primeiro julgado brasileiro sobre evento adverso na cirurgia robótica. 4. Notas conclusivas. 5. Referências.

1. CONSIDERAÇÕES PRELIMINARES: OS DISPOSITIVOS MÉDICOS E A CIRURGIA ASSISTIDA POR ROBÔ

Dispositivos médicos, frutos do avanço tecnológico, começaram a aparecer já na primeira metade do século XIX.[1] A evolução mais expressiva, entretanto, ocorreu nos últimos cinquenta anos – e persiste em franca evolução. Muito rapidamente, esses dispositivos – que incorporam tecnologias das mais variadas – tornaram-se parte essencial dos cuidados de saúde, de fundamental importância nas diversas atividades realizadas pelos profissionais da área da saúde. Os esforços para diagnosticar e tratar pacientes são facilitados, além de se elevar o nível de eficiência e precisão das intervenções.

Entende-se por *dispositivo médico* qualquer instrumento, aparelho, máquina, implante, equipamento para diagnóstico, *software* ou qualquer outro material, que não atinja seu objetivo principal no corpo humano por meios farmacológicos, imunológicos ou metabólicos. Esses dispositivos destinam-se a várias finalidades, dentre elas: a) diagnóstico, prevenção, monitoramento, tratamento ou alívio de uma lesão ou doença; b) investigação, substituição, modificação ou suporte da anatomia ou de um processo fisiológico; c) análise *in vitro* de amostras derivadas do corpo humano, para prover informações com propósitos de diagnóstico, monitoramento, triagem ou para determinar a compatibilidade com potenciais receptores de sangue, tecidos e órgãos.[2]

Segundo dados da Organização Mundial da Saúde, há atualmente cerca de 1,5 milhão de diferentes dispositivos médicos no mercado mundial.[3] Desde a década de 1980, aumentou-se o número de aparelhos e instrumentos médicos para atendimento de pacientes, com destaque para os sistemas de monitoramento contínuo de parâmetros cardiovasculares (frequência cardíaca, débito cardíaco[4] e pressão arterial). Com o progresso tecnológico, os ventiladores, máquinas de diálise renal e incubadoras neonatais tornaram-se comuns em entidades hospitalares.[5] Já no período entre os anos de 1980 e 2000, a variedade de dispositivos médicos no mercado cresceu exponencialmente e, com isso, a maioria dos hospitais em países desenvolvidos adotou scanners para tomografia computadorizada e unidades de ressonância magnética. Os cirurgiões também passaram a oferecer algumas opções de dispositivos médicos a seus pacientes para substituição de membros ou partes do corpo.[6]

---

1. Entre 1800 e 1850, foram criados os primeiros "modernos" estetoscópios, laringoscópios e oftalmoscópios. Em 1903, inventou-se o primeiro eletrocardiógrafo, que foi desenvolvido pelo médico e fisiologista holandês Willem Einthoven (agraciado com o Prêmio Nobel em 1924 por sua descoberta). Em 1927, surgiu o primeiro respirador moderno desenvolvido pelo pesquisador médico Philip Drinker e seus colegas da Universidade de Harvard (EUA). No ano subsequente, foi realizado o primeiro cateterismo cardíaco que demonstrou viabilidade de técnica para injetar drogas diretamente no coração (injeção intracardíaca). Em 1940, surgiu a primeira cirurgia de substituição do quadril metálica realizada pelo cirurgião norte-americano Dr. Austin T. Moore. O médico holandês Willem Kolf inventou, em 1945, a primeira máquina de diálise renal. (Disponível em: https://apps.who.int/medicinedocs/documents/s17704en/s17704en.pdf. Acesso em: 20 out. 2019.)
2. Disponível em: https://apps.who.int/medicinedocs/documents/s17704en/s17704en.pdf. Acesso em: 20 out. 2019.
3. Disponível em: https://apps.who.int/medicinedocs/documents/s17704en/s17704en.pdf. Acesso em: 20 out. 2019.
4. Débito cardíaco ou gasto cardíaco é o volume de sangue sendo bombeado pelo coração em um minuto.
5. ATLES, Leslie R. *A practicum for biomedical engineering and technology management issues*. Dubuque: Kendall Hunt Publishing, 2008. E-book.
6. GAEV, Jonathan A. Technology in health care. *In*: DYRO, Joseph (Ed.). *Clinical Engineering Handbook*. San Diego: Elsevier, 2004, p. 342–345.

Finalmente, entre os anos 2000 e 2020, observa-se um cenário em que os dispositivos médicos robóticos tornaram-se uma essencial realidade nos cuidados da saúde, com muitas opções de dispositivos auxiliares para pessoas com deficiências funcionais.[7] Ademais, surgiu o conceito de dispositivos médicos integrados a sistemas de informação ou baseados na *web*. Diante disso, as inovações tecnológicas revolucionaram também a forma como os procedimentos cirúrgicos são realizados. Cirurgias assistidas, amiúde, por robôs, já são atualmente realidade em muitos hospitais ao redor do mundo. O que se convencionou chamar de cirurgia robótica (ou assistida por robô) representa a evidência do futuro da medicina e uma das conquistas mais notáveis da tecnologia médica. Durante a cirurgia, o médico permanece num console, manuseando dois controladores gerais (*joysticks*) – e os movimentos das suas mãos são traduzidos pelo robô, em tempo real, em instrumentos dentro do paciente. Devido à maior flexibilidade dos braços robóticos em comparação com as ferramentas laparoscópicas convencionais, o procedimento e a sutura podem ser executados com maior precisão. A utilização do robô torna mais segura e precisa a cirurgia, eliminando o tremor natural das mãos do ser humano.

A Intuitive Surgical, empresa estadunidense fabricante do robô cirurgião chamado Da Vinci (*Da Vinci Surgical System*),[8] entre 2001 e 2018, vendeu mais de 2.900 plataformas robóticas nos Estados Unidos e 4.500 no restante do mundo.[9] O número anual estimado de cirurgias robóticas nos Estados Unidos disparou de cerca de 136.000 em 2008, para 877.000 em 2017.[10] Estima-se que essa tecnologia já proporcionou a realização de cirurgias minimamente invasivas para mais de 6 milhões de pessoas ao redor do mundo.[11] Até 2008, havia 3 robôs em atividade no Brasil; hoje, são quase 50 – e a quantidade tende a aumentar.[12] Em quatorze anos, de 2000 a 2013, apenas nos Estados Unidos foram realizadas 1.745.000 cirurgias robóticas.[13] Em hospitais brasileiros, já ocorreram mais de 17.000 cirurgias assistidas por robôs.

Contudo, as novas tecnologias na área da saúde e os novos riscos andam de mãos dadas. Entre os anos de 2000 e 2013, há 10.624 relatos de eventos adversos envolvendo o robô Da Vinci nos Estados Unidos,[14] ocorrendo morte em 144 casos, lesões ao paciente

---

7. Disponível em: http://ec.europa.eu/information_society/activities/health/docs/studies/robotics-final-report.pdf. Acesso em: 15 set. 2019.
8. Os esboços de Leonardo da Vinci, que foram descobertos na década de 1950, demonstram o primeiro registro de um projeto de robô humanoide no chamado "Cavaleiro Mecânico". Este trabalho pode ser considerado como uma extensão de seu famoso estudo anatômico das proporções do corpo humano, em seus esboços do "Homem Vitruviano". Tudo isso inspirou a empresa Intuitive Surgical, atual fabricante de robôs cirúrgicos, para nomear seu robô pelo nome desse gênio arquiteto e inventor italiano. (KIM, Keith Chae. *Robotics in General Surgery*. Cham: Springer, 2014. E-book).
9. Disponível em: https://idataresearch.com/robotic-surgery-statistics-show-movement-towards-more-minimally-invasive-procedures/. Acesso em 08 fev. 2019.
10. Idem.
11. Disponível em: https://www.davincisurgery.com/da-vinci-systems/about-da-vinci-systems##. Acesso em: 02 dez. 2019.
12. Disponível em: https://exame.abril.com.br/negocios/dino/aumenta-o-numero-de-cirurgias-roboticas-no-brasil/. Acesso em: 08 fev. 2019.
13. Disponível em: https://www.ncbi.nlm.nih.gov/pmc/articles/PMC4838256/. Acesso em 08 fev. 2019.
14. Disponível em: https://www.ncbi.nlm.nih.gov/pmc/articles/PMC4838256/. Acesso em 08 fev. 2019. Neste período entre 2000 e 2013, foram realizadas 1,7 milhões de cirurgias robóticas.

em 1.391 e mau funcionamento do dispositivo robótico em 8.061 episódios.[15] Na última década, a *Intuitive* promoveu 175 *recalls* do robô Da Vinci[16] – tanto para pequenos ajustes no robô, como esclarecimentos de instrução e atualizações de *software*, bem como *recalls* mais graves, como o caso de uma faca cirúrgica que não podia se mover e realizar algum corte necessário, braços cirúrgicos que apresentaram falhas e outros componentes do robô que fizeram movimentos inesperados. Há registro também de um instrumento robótico que, depois de fixado a um tecido do paciente, não podia mais se abrir – o que gerou também outro *recall*.

Conforme já dizia Friedrich Nietzsche, "vivemos perigosamente, cada vez mais intensamente". Por um lado, a cirurgia robótica gera diversos benefícios para os pacientes. Por outro, essa tecnologia traz consigo novos e expressivos riscos. Desse modo, os avanços tecnológicos na área da saúde impulsionam a constante ponderação acerca da forma de atribuição da responsabilidade civil por eventos adversos durante a intervenção cirúrgica com assistência do robô.

Tem-se notícia de diversos pacientes pleiteando indenização por danos sofridos durante a performance dos robôs Da Vinci, nos Estados Unidos. Até o momento, todos os conflitos envolvendo eventos adversos em cirurgia robótica foram resolvidos extrajudicialmente com a fabricante, com cláusula de confidencialidade sobre os seus termos ou, ainda, decididos sumariamente pelo juiz (*summary judgment*) na fase chamada *pretrial*, com exceção de dois casos que foram levados a julgamento pelos tribunais norte-americanos, os quais, posteriormente, também resultaram em acordo: *Zarick v. Intuitive Surgical* (2016) e *Taylor v. Intuitive Surgical* (2017). Já no Brasil, foi recentemente julgado pela 4ª Vara Cível da Comarca de Florianópolis-SC,[17] o primeiro caso que se tem notícia sobre evento adverso em paciente submetido a cirurgia robótica.

Diante disso, a proposta do presente estudo é, inicialmente, investigar os litígios que discutem eventos adversos na cirurgia robótica à luz do ordenamento jurídico norte-americano. Num segundo momento, será traçado um estudo dessas demandas sob a ótica do sistema jurídico brasileiro, analisando o primeiro julgado nacional sobre o tema e estabelecendo a forma de atribuição da responsabilidade civil entre todos os agentes envolvidos na cirurgia robótica: médico, equipe de enfermagem, hospital e fabricante. No que se refere à responsabilidade civil do fabricante, serão especialmente analisadas situações de defeito do produto, pois há relatos de pacientes que sofreram danos causados por componentes do robô cirurgião que posteriormente sofreram *recall*. Ademais, será apresentado um panorama geral do sistema de aprovação da comercialização de robôs cirúrgicos nos Estados Unidos, bem como o dever de monitoramento e notificação do fabricante quanto aos eventos adversos na utilização do seu produto. Isso, para que se compreenda o perfil das demandas norte-americanas ajuizadas em face da *Intuitive Surgical*, comparando-o com a realidade do sistema jurídico brasileiro.

---

15. Adverse Events in Robotic Surgery: A Retrospective Study of 14 Years of FDA Data. Disponível em: https://arxiv.org/ftp/arxiv/papers/1507/1507.03518.pdf. Acesso em: 12 mar. 2019.
16. Disponível em: https://www.nbcnews.com/health/health-news/da-vinci-surgical-robot-medical-breakthrough--risks-patients-n949341. Acesso em: 12 mar. 2019.
17. Autos n. 0307386-08.2014.8.24.0023. Dessa sentença, foram interpostos recurso por ambas as partes, que no dia 20.02.2020, ainda aguardavam julgamento pelo TJSC.

2. DEMANDAS INDENIZATÓRIAS POR EVENTOS ADVERSOS NA CIRURGIA ROBÓTICA NOS TRIBUNAIS NORTE-AMERICANOS

Nos Estados Unidos, as demandas indenizatórias sobre eventos adversos ocorridos durante a intervenção médica assistida por aparelhos robóticos são conhecidas como "finger-pointing cases".[18] Isso, porque há sempre o dilema de quem deve responder quando há um dano ao paciente submetido à cirurgia robótica: o médico ou o fabricante do equipamento. O médico e o hospital, diante de evento adverso na intervenção, alegam que há defeito no próprio robô e consequente responsabilidade do fabricante. Este, por sua vez, defende que o dano decorre de erro médico ou, ainda, da má conservação ou incorreta regulagem do robô pelos prepostos do hospital.

Contudo, em 2017, desenvolveu-se um dispositivo chamado "dVLogger", espécie de "caixa preta" acoplada ao robô cirurgião Da Vinci, que grava vídeo e metadados durante a cirurgia.[19] Por meio desse recurso, captura-se o posicionamento dos instrumentos e como o médico está conduzindo o movimento do robô. Pode-se constatar, por exemplo, que durante a cirurgia o robô emitiu algum alerta ou aviso de erro, mas o médico desconsiderou o alerta e optou por assumir o risco de dar continuidade ao ato cirúrgico. Ou, ainda, pode-se verificar um mau funcionamento do próprio robô, que realizou inesperadamente algum movimento.

O professor Thomas R. Mc Lean escreveu alguns artigos científicos[20] onde delineia o perfil geral dessas demandas indenizatórias nos Estados Unidos, as quais, geralmente, envolvem discussões em três frentes: 1ª) *responsabilidade do médico*: por culpa médica, especialmente imperícia decorrente do treinamento insuficiente, ou violação do dever de informação do paciente (consentimento livre e esclarecido); 2ª) *responsabilidade do hospital*: por má conservação do robô ou incorreta esterilização dos instrumentos robóticos pelos seus prepostos, desrespeitando orientações do fabricante. Ainda, há demandas que alegam falha do hospital em manter uma adequada política de treinamento dos seus médicos em cirurgia robótica; 3ª) *responsabilidade do fabricante*: por defeito do produto ou falta de informações sobre sua utilização ou riscos associados.

Edoardo Datteri[21] expõe dois casos de imperícia médica em cirurgia robótica, relatados no *The Wall Street Journal*: em 2002, um paciente morreu no hospital St. Joseph em Tampa (Flórida), dois dias após se submeter à cirurgia em que o robô cortou acidentalmente duas artérias, incluindo a aorta e, em 2009, o robô cortou os dois ureteres de uma mulher durante cirurgia no Hospital Wentworth-Douglass, em Dover (Massachusetts).

---

18. McLEAN, Thomas R. The complexity of litigation associated with robotic surgery and cybersurgery. *The International Journal of Medical Robotics and Computer Assisted Surgery*, Nova Jersey, v. 3, p. 23-29, fev. 2007, p. 23 *et seq.*
19. Disponível em: https://www.eurekalert.org/pub_releases/2017-12/uosc-br120817.php. Acesso em: 02 mar. 2019.
20. McLEAN, Thomas R; WAXMAN, S. Robotic surgery litigation. *Journal of Mechanical Engineering Science*, Londres, v. 224, jul. 2010, p. 1539-1545; McLEAN, Thomas R. Principle of robotic surgery litigation in the United States. *Clinical Risk*, [S.l.], v. 14, set. 2008, p. 179-181. McLEAN, Thomas R. The complexity of litigation associated with robotic surgery and cybersurgery. *The International Journal of Medical Robotics and Computer Assisted Surgery*, Nova Jersey, v. 3, fev. 2007, p. 23-29.
21. DATTERI, Edoardo. Predicting the Long-Term Effects of Human-Robot Interaction: A Reflection on Responsibility in Medical Robotics. *Science and Engineering Ethics*, Berlim/Heidelberg: Springer, v. 19, p. 139-160, 2013, p. 139-160.

Em ambas as ocasiões, os movimentos do robô Da Vinci causaram ferimentos graves e fatais aos pacientes, sem que nenhuma anomalia (mensagem de erro ou mau funcionamento) do dispositivo tenha sido detectada, o que sugere a incidência de culpa por parte do médico.[22]

Quando um tribunal norte-americano se deparar com esses tipos de demandas, debruçar-se-á pelas regras da *medical malpractice law*, a fim de verificar a responsabilidade subjetiva do médico. A principal causa de pedir é a *medical negligence*, que significa "uma violação do dever do médico de se comportar de maneira razoável e prudente em circunstâncias que causam danos previsíveis a terceiros."[23] Para que o demandante seja bem-sucedido numa ação baseada na teoria da responsabilidade por negligência (*negligence theory of liability*), há quatro elementos indispensáveis que deverão ser provados: um dever de cuidado do médico, a quebra desse dever, o dano sofrido e o nexo causalidade entre a conduta negligente e o dano.[24]

O médico tem o dever de atuar com diligência e agir segundo as *leges artis*, utilizando-se de todo conhecimento e técnicas disponíveis que seriam empregadas por outro médico razoável e prudente em circunstâncias semelhantes. O paciente deverá provar qual o dever esperado do profissional para uma intervenção médica específica e que ele quebrou esse dever, por não ter agido de maneira adequada. Na maioria dos julgamentos norte-americanos, há "testemunhas especializadas" (*expert witnesses*) da defesa e da acusação que abordam a questão da quebra de deveres, ao mesmo tempo em que atestam o padrão de atendimento devido e esperado no caso.[25]

A questão da negligência médica em cirurgia robótica devido ao insuficiente treinamento dos médicos já foi muito criticada pela comunidade jurídica norte-americana, pois cirurgiões com extensa experiência na tecnologia declaram que se sentiram proficientes com o sistema Da Vinci apenas depois de realizarem duas centenas de procedimentos assistidos por robô.[26] Contudo, até pouco tempo atrás, notava-se uma realidade de médicos com pouca prática, que realizavam cirurgias robóticas depois de realizarem pouquíssimos procedimentos cirúrgicos com auxílio do *proctor*.[27] Hoje, já se observa uma tendência de mudança do modelo de treinamento, especialmente pela criação de simuladores do robô, para que os médicos possam praticar no próprio hospital onde atuam.

Na entidade hospitalar em Dover, acima mencionada, alguns membros da equipe médica que realizavam cirurgias robóticas, à época do ocorrido, declararam que tiveram apenas uma certificação junto à fabricante do robô, consistente em dois dias de treinamento em porcos e algumas horas de prática em um cadáver humano, antes de

---

22. Disponível em: https://www.wsj.com/articles/SB10001424052702304703104575173952145907526.
23. AMERICAN COLLEGE OF LEGAL MEDICINE. *The Medical Malpractice Survival Handbook*. 1. ed. Filadélfia: Mosby Elsevier, 2007. *E-book*.
24. AMERICAN COLLEGE OF LEGAL MEDICINE. *The Medical Malpractice Survival Handbook*. 1. ed. Filadélfia: Mosby Elsevier, 2007. *E-book*.
25. AMERICAN COLLEGE OF LEGAL MEDICINE. *The Medical Malpractice Survival Handbook*. 1. ed. Filadélfia: Mosby Elsevier, 2007. *E-book*.
26. PAGALLO, Ugo. *The laws of robots*: Crimes, contracts, and torts. Londres: Springer, 2013.
27. *Proctor* é o médico altamente especializado em cirurgia robótica, que possui elevado grau de conhecimento do robô Da Vinci.

realizarem sua primeira cirurgia em um paciente do hospital.[28] Há doutrinadores que inclusive levantam a hipótese de intencionalidade de alguns hospitais em priorizar seus interesses econômicos nas políticas internas de treinamento em cirurgias assistidas por robôs, isto é, após empregarem elevado investimento na certificação dos seus médicos, esperam que estes realizem cirurgias robóticas o mais breve possível, a fim de receberem retorno financeiro por todo investimento realizado.[29] Essa racionalidade econômica ardilosa – benefícios econômicos acima da segurança do paciente – poderia ser alvo de fixação de danos punitivos no contexto norte-americano.[30]

A maioria dos atos médicos implica, inevitavelmente, riscos para o paciente. Assim, nem sempre intervenções ou tratamentos causadores de dano indicam a existência de culpa médica. A noção de risco médico pode ser descrita como fator de insegurança imanente ao ato médico, de acordo com os conhecimentos da ciência médica em vigor.[31] Tais riscos podem ser quantificados estatisticamente e diminuídos pelo avanço da Medicina – mas nunca serão completamente eliminados. Existem fatores, inerentes ao paciente ou ao próprio tratamento, que intervêm – e muitas vezes condicionam o sucesso da terapia, impedem ou retardam a cura e provocam efeitos colaterais indesejáveis: "a) debilidade orgânica; b) predisposição congênita; c) infecções; d) culpa do próprio paciente; e) complexidade do organismo humano; f) efeitos secundários dos medicamentos; e g) anomalias anatômicas".[32] A álea está presente mesmo em tratamentos singelos e o avanço da medicina não elimina o fator aleatório, a incerteza da ciência médica. Para alguns, justamente o progresso da medicina tornaria ainda mais aleatórios o diagnóstico e a terapia.[33]

Na cirurgia robótica, assim como em quaisquer outras intervenções médicas, o dever de informar é um dever de conduta decorrente da boa-fé objetiva do médico e sua simples inobservância caracteriza inadimplemento contratual. Ademais, a indenização é devida pela privação sofrida pelo paciente em sua autodeterminação, por lhe ter sido retirada a oportunidade de ponderar sobre riscos e vantagens de determinado tratamento, que, ao final, causou-lhe danos que poderiam ser evitados, caso não fosse realizado o procedimento por opção do paciente.[34] A fim de se estabelecer o dever de indenizar, é preciso verificar o nexo causal entre a omissão da informação e o dano. Quando a intervenção médica é correta – mas não se informou adequadamente –, a culpa surge pela falta de informação – ou pela informação incorreta. Não é necessária negligência no tratamento.

---

28. PAGALLO, Ugo. *The laws of robots*: Crimes, contracts, and torts. Londres: Springer, 2013.
29. DATTERI, Edoardo. Predicting the Long-Term Effects of Human-Robot Interaction: A Reflection on Responsibility in Medical Robotics. *Science and Engineering Ethics*, Berlim/Heidelberg: Springer, v. 19, p. 139-160, 2013.
30. Sobre a fundamentação ética e os requisitos de aplicação dos punitive damages, *cf.* BONNA, Alexandre Pereira; LEAL, Pastora do Socorro Teixeira. A fundamentação ética dos punitive damages e do dever de prevenir danos. *Revista de Filosofia do Direito, do Estado e da Sociedade*, Natal, v. 8, n. 1, p. 18-29, jan./jun., 2017; BONNA, Alexandre Pereira; LEAL, Pastora do Socorro Teixeira. Requisitos objetivos e subjetivos dos punitive damages: critérios à aplicação no direito brasileiro. *Scientia Iuris*, Londrina, v.22, n.1, p. 190-222, mar. 2018.
31. KFOURI NETO, Miguel. *Responsabilidade civil dos hospitais*. 4. ed. São Paulo: Revista dos Tribunais, 2019. E-book.
32. KFOURI NETO, Miguel. *Responsabilidade civil dos hospitais*. 4. ed. São Paulo: Revista dos Tribunais, 2019. E-book.
33. KFOURI NETO, Miguel. *Responsabilidade civil dos hospitais*. 4. ed. São Paulo: Revista dos Tribunais, 2019. E-book.
34. Nesse sentido, *cf.* PEREIRA, André Gonçalo Dias. *O consentimento informado na relação médico-paciente*. Coimbra: Coimbra Editora, 2004; KFOURI NETO, Miguel. A quantificação do dano na ausência de consentimento livre e esclarecido do paciente. *Revista IBERC*, Minas Gerais, v. 2, n. 1, p. 01-22, jan./abr. 2019.

A vítima deve demonstrar que o dano provém de um risco acerca do qual deveria ter sido avisada, a fim de deliberar sobre a aceitação ou não do tratamento.

Já nas demandas norte-americanas em que se discute a responsabilidade civil da empresa Intuitive Surgical e de outras empresas fabricantes de dispositivos médicos, diferentemente das *medical malpractice actions*, em que é necessária a prova da culpa médica, a responsabilidade é objetiva e segue disposições da *product liability law*. Nessas situações, Thomas R. McLean explica que há duas possíveis causas de pedir: violação do dever de fornecer informações adequadas sobre o produto ou defeito do próprio produto (erro no design ou modo incorreto de fabricação).[35]

Há alguns elementos básicos que devem ser ponderados pelo magistrado numa ação indenizatória em face da empresa fabricante do dispositivo médico : 1) se o design ou a fabricação do produto ocorreu de maneira defeituosa; 2) se o dispositivo em questão é fabricado ou distribuído pelo demandado; 3) se há nexo de causalidade entre o dano sofrido pelo paciente e o defeito do dispositivo; 4) se a fabricante falhou em advertir o usuário sobre a possibilidade de um evento adverso relacionado ao dano sofrido; 5) se o dano ocasionado na utilização do dispositivo era previsível.[36] Contudo, a responsabilidade da fabricante será excluída caso reste provada má utilização ou manutenção do dispositivo ou, ainda, incorreta esterilização dos instrumentos robóticos, conforme recomendações repassadas ao usuário.[37]

De acordo com o *American College of Legal Medicine*, de todos os fatores supracitados, o mais importante de ser investigado diz respeito à previsibilidade do evento danoso.[38] Há quem defenda que a excepcionalidade e imprevisibilidade do evento pode ser bastante para a configuração da excludente de responsabilização, especialmente quando, no momento que o produto foi posto em circulação, o estado dos conhecimentos técnicos e científicos não permitia detectar a existência de determinado defeito. Desse modo, justificar-se-ia a importância de investigar o chamado "risco de desenvolvimento" como possível causa de exclusão da responsabilidade do fabricante.[39] Contudo, até onde se tem notícia, essa excludente não foi levantada em nenhuma das demandas judiciais e acordos extrajudiciais com a Intuitive Surgical, pois esta sempre utilizou o argumento defensivo de sequer inexistir defeito no robô Da Vinci e ter repassado adequadamente informações ao usuário do dispositivo.

McLean destaca que fabricantes e distribuidores de dispositivos médicos podem ser demandados em conjunto nessas ações indenizatórias sobre danos sofridos na intervenção médica assistida por robôs.[40] Ainda, o autor indica que seria importante analisar

---

35. McLEAN, Thomas R. The complexity of litigation associated with robotic surgery and cybersurgery. *The International Journal of Medical Robotics and Computer Assisted Surgery*, Nova Jersey, v. 3, fev. 2007.
36. AMERICAN COLLEGE OF LEGAL MEDICINE. *The Medical Malpractice Survival Handbook*. 1. ed. Filadélfia: Mosby Elsevier, 2007. *E-book*.
37. AMERICAN COLLEGE OF LEGAL MEDICINE. *The Medical Malpractice Survival Handbook*. 1. ed. Filadélfia: Mosby Elsevier, 2007. *E-book*.
38. AMERICAN COLLEGE OF LEGAL MEDICINE. *The Medical Malpractice Survival Handbook*. 1. ed. Filadélfia: Mosby Elsevier, 2007. *E-book*.
39. BRAGA NETTO, Felipe. *Novo manual de responsabilidade civil*. Salvador: Juspodivm, 2019, p. 474.
40. McLEAN, Thomas R. The complexity of litigation associated with robotic surgery and cybersurgery. *The International Journal of Medical Robotics and Computer Assisted Surgery*, Nova Jersey, v. 3, fev. 2007, p. 23-29.

a possibilidade de considerar cirurgiões ou hospitais como distribuidores dos robôs e, assim, solidariamente responsáveis por defeitos do produto. Tradicionalmente, hospitais e cirurgiões são vistos como prestadores de serviços e não de produtos. Por isso, o estudioso explica que a interpretação dos tribunais estadunidenses é no sentido de que, quando um cirurgião utiliza ou implanta um dispositivo médico no paciente, esse dispositivo é considerado "incidental" no serviço prestado, de modo que nem o médico, tampouco o hospital, poderiam ser responsabilizados por um defeito do produto. Contudo, nesse ponto, levantamos uma ressalva.[41] Notaremos, em capítulo posterior, que há solidariedade da entidade hospitalar por danos causados por defeito do dispositivo médico à luz do ordenamento jurídico brasileiro (Código de Defesa do Consumidor), pois o hospital faz parte da cadeia de fornecimento do dispositivo.

Vale destacar, ainda, que muitos estados norte-americanos possuem regras processuais específicas – como a "one-action rule" –, as quais exigem que todas as causas de pedir relacionadas a um mesmo evento danoso devem ser propostas simultaneamente na mesma ação.[42] Isso significa que, caso um paciente ajuíze uma ação contra o médico e o hospital, envolvendo intervenção que foi assistida por um dispositivo médico, deve-se também demandar simultaneamente contra a fabricante, sob pena de perder o seu direito de ação contra esta. Mesmo em estados que não possuem essa regra de "ação única", os advogados costumam utilizar a estratégica de demandar em face de todos os agentes envolvidos – fabricantes, hospitais e cirurgiões –, cada qual tomando posições diferentes, isto é, terá sua responsabilidade analisada segundo as regras da *medical malpractice law* ou da *product liability law*.[43]

2.1 Os processos de aprovação dos robôs cirúrgicos e o perfil das demandas indenizatórias em face da fabricante nos EUA

A autoridade da *Food and Drug Administration* (FDA) e do *Center for Devices and Radiological Health* (CDRH) para regular o marketing e distribuição de dispositivos médicos, nos Estado Unidos, encontra amparo no *Medical Device Amendments of 1976* (MDA) e no *Federal Food, Drug, and Cosmetic Act* (FD&C). Os dispositivos são categorizados em Classe I, II ou III, de acordo com sua complexidade e o grau de risco imposto aos pacientes, ou seja, maiores riscos significam requisitos regulatórios mais rigorosos. A maioria dos dispositivos médicos pertence à Classe I – de baixo risco – tais como termômetros e estetoscópios. São exemplos de dispositivos da Classe II – de médio risco – equipamentos de radiologia e de tomografia. Já no que diz respeito aos dispositivos

---

41. McLEAN, Thomas R. The complexity of litigation associated with robotic surgery and cybersurgery. *The International Journal of Medical Robotics and Computer Assisted Surgery*, Nova Jersey, v. 3, fev. 2007, p. 23-29.
42. McLEAN, Thomas R. The complexity of litigation associated with robotic surgery and cybersurgery. *The International Journal of Medical Robotics and Computer Assisted Surgery*, Nova Jersey, v. 3, fev. 2007, p. 23-29. AMERICAN COLLEGE OF LEGAL MEDICINE. *The Medical Malpractice Survival Handbook*. 1. ed. Filadélfia: Mosby Elsevier, 2007. E-book.
43. McLEAN, Thomas R. The complexity of litigation associated with robotic surgery and cybersurgery. *The International Journal of Medical Robotics and Computer Assisted Surgery*, Nova Jersey, v. 3, fev. 2007, p. 23-29. AMERICAN COLLEGE OF LEGAL MEDICINE. *The Medical Malpractice Survival Handbook*. 1. ed. Filadélfia: Mosby Elsevier, 2007. E-book.

médicos da Classe III – de risco elevado – há os cardioversores desfibriladores implantáveis (CDIs) e estimuladores cerebrais profundos.

Antes de colocar no mercado um dispositivo de Classe II, há um processo regulatório de "aprovação pré-comercialização" (*pre-market approval* – PMA), que pode ser concluído nos moldes do § 360 ou 510(k) do MDA. Um dispositivo médico recebe a aprovação nos moldes do § 360 somente após exaustiva revisão científica, que leva meses a anos para ser realizada e, além disso, possui alto custo para o fabricante. Por outro lado, o robô cirúrgico Da Vinci[44] faz parte de um universo de cerca de 98 % de todos os dispositivos médicos existentes nos Estados Unidos, que são liberados pelo procedimento do 510(k) do MDA,[45] dispensando-se estudos clínicos adicionais antes de ser inserido no mercado.[46] A liberação para comercialização é concedida se o fabricante puder demonstrar que seu dispositivo é um "equivalente substancial" de outro dispositivo que estava no mercado antes de 1976. A definição de equivalência substancial encontra-se no *1990 Safe Medical Devices Act*:

> (i) possui as mesmas características tecnológicas que outro dispositivo já no mercado, ou (ii) possui características tecnológicas diferentes, mas foram enviadas informações sobre a equivalência do dispositivo em questão com o outro dispositivo no mercado, contendo informações e incluindo dados clínicos se considerados necessários pela FDA, que demonstram que o dispositivo é tão seguro e eficaz quanto o outro dispositivo comercializado legalmente e não levanta questões diferentes sobre segurança e eficácia.
>
> (...) o termo "características tecnológicas diferentes" significa que há uma alteração significativa nos materiais, projeto, fonte de energia ou outros recursos do dispositivo em relação ao outro dispositivo já no mercado.[47]

Esse tipo de análise de equivalência permitiu que a plataforma de cirurgia robótica da Intuitive Surgical, classificada como Classe II, entrasse no mercado como um equivalente substancial dos instrumentos de laparoscopia. Na prática, após o fabricante do dispositivo enviar alguns documentos exigidos, a FDA concede a liberação em questão de semanas. Segundo o professor Thomas R. McLean, há um especial motivo que leva um fabricante escolher a aprovação pelo método do § 360 do MDA, em vez da liberação pela via pela via 510(k) do MDA. Um dispositivo médico colocado no mercado sob o procedimento do 510(k) está sujeito a ações indenizatórias por defeito do produto. Por outro lado, qualquer dispositivo médico aprovado nos moldes do § 360 recebe uma "imunidade" a esse tipo de responsabilização, pois há presunção da segurança e eficácia devido ao rigoroso procedimento de avaliação pré-comercialização.

---

44. O robô da Vinci foi originalmente classificado como Classe III e iniciou seu procedimento de aprovação via PMA – § 360 do MDA. Posteriormente, converteu a liberação para 510 (k) e acabou sendo aprovado como dispositivo de Classe II. (Disponível em: http://real.mtak.hu/28758/1/Haidegger_New_IGI_chapter_v3.pdf. Acesso em: 10 jan. 2020).
45. "Atualmente, o processo de liberação 510 (k) é o principal caminho para a comercialização de dispositivos de Classe II. Mais de 80% dos dispositivos com 510 (k) são classificados como dispositivos de Classe II. Alguns tipos de dispositivo Classe I e Classe III também são liberados pelo processo 510 (k)." (COMMITTEE ON THE PUBLIC HEALTH EFFECTIVENESS OF THE FDA 510(K) CLEARANCE PROCESS. *Medical Devices and the Public's Health*: The FDA 510(k) Clearance Process at 35 Years. E-Book).
46. LEE, Ventola C. Challenges in evaluating and standardizing medical devices in health care facilities. *Pharmacy and Therapeutics*, [S.l.], v. 33, p. 348-359, jun. 2008, p. 348-359.
47. COMMITTEE ON THE PUBLIC HEALTH EFFECTIVENESS OF THE FDA 510(K) CLEARANCE PROCESS. *Medical Devices and the Public's Health*: The FDA 510(k) Clearance Process at 35 Years. E-Book.

Nos tribunais norte-americanos, as demandas indenizatórias de pacientes que alegam ter sofrido lesões decorrentes de defeito em um dispositivo médico possuem uma peculiaridade: os fabricantes apresentam o argumento defensivo de que o produto em questão não é defeituoso porque foi submetido à aprovação da *Food and Drug Administration* (FDA), de modo que a qualidade, segurança e eficácia já teriam sido determinadas pelo governo federal antes da comercialização do produto.[48] Porém, como observado acima, um dispositivo médico pode obter uma liberação (ao invés de aprovação) da FDA – assim como ocorreu com o robô Da Vinci –, sem a necessidade de exaustiva análise científica complementar da agência reguladora, caso se demonstre que ele é substancialmente equivalente a outro dispositivo já legalmente comercializado.

Esse processo de liberação concedido aos robôs cirúrgicos da Intuitive Surgical tem sido amplamente criticado pela comunidade jurídica e sociedade estadunidenses, tendo sido inclusive tema do documentário "The Bleeding Edge" (2018), o qual traz relato de muitas pessoas que sofreram lesões em decorrência da indústria dos *medical devices*. São propostas importantes reflexões, em especial sobre as brechas normativas que permitiriam a inserção de tecnologias não suficientemente testadas e potencialmente danosas no mercado da saúde.

Outra questão importante de ser apresentada é que, após aprovação ou liberação da entrada dos dispositivos médicos no mercado – assim como o robô cirurgião Da Vinci – os fabricantes ainda mantêm algumas obrigações. A FDA exige que o fabricante mantenha uma constante vigilância pós-comercialização e notifique incidentes ou eventos adversos ocorridos durante o uso do dispositivo médico pelos seus compradores. Essas são medidas que visam detectar eventuais falhas e riscos que tenham passado incólumes (não detectados) no momento de avaliação sobre a segurança do dispositivo. As empresas devem enviar constantes relatórios sobre os seus dispositivos médicos, alertando sobre quaisquer lesões ou mortes causadas pelos produtos, além dos *recalls* voluntários que precisam ser emitidos pelo fabricante quando verificar algum problema no dispositivo.

Contudo, A FDA enviou uma carta de advertência à empresa Intuitive Surgical,[49] em 2013, criticando seus procedimentos de notificação de segurança sobre o robô Da Vinci e alegando falha da empresa em relatar adequadamente os possíveis eventos adversos na utilização do aparato tecnológico. Além disso, a agência criticou a Intuitive por não repassar instruções adequadas sobre a limpeza dos instrumentos robóticos. Sem a devida assepsia, alguns robôs foram danificados, expondo os pacientes a agentes infecciosos e causando mais danos do que benefícios. Dentre os eventos adversos relacionados a erros no sistema Da Vinci, há relatos de um instrumento robótico, depois de fixado no tecido do paciente, não o liberar ou, ainda, mover-se de forma inesperada, perfurando órgãos próximos.

No mesmo ano da carta da agência federal, o valor das ações da Intuitive Surgical caiu de US$ 573 para US$ 393 por ação, quando se constatou que a empresa havia

---

48. McLEAN, Thomas R. The complexity of litigation associated with robotic surgery and cybersurgery. *The International Journal of Medical Robotics and Computer Assisted Surgery*, Nova Jersey, v. 3, fev. 2007.
49. Disponível em: https://www.fdanews.com/ext/resources/files/archives/10113-01/08-6-13-Intuitive.pdf. Acesso em 11 mar. 2019.

encobertado a ocorrência de lesões e mortes causadas por instrumentos robóticos que são acoplados aos braços do robô Da Vinci. Diante disso, os acionistas da empresa, que adquiriram ações entre 6 de fevereiro de 2012 e 18 de julho de 2013, entraram com uma *class action* contra o diretor financeiro e 9 diretores gerais. Alegou-se violação das leis federais de valores mobiliários, pois a empresa "fez declarações falsas e enganosas, omitindo certos fatos relevantes em determinadas declarações públicas e nos arquivos da empresa junto à *Securities and Exchange Commission* (SEC)".[50] Afirmou-se também que o conselho diretor classificou erroneamente ferimentos e mortes graves dos pacientes submetidos a cirurgias robóticas como "outros" no MAUDE Database[51] e, ainda, esconderam da FDA pelo menos três *recalls* que a empresa realizou junto aos hospitais. Dentre esses *recalls*, destaca-se o defeito no *"tip cover acessory"*. Os acionistas alegam que o conselho sabia desde outubro de 2011 que essas tampas de isolamento, projetadas para tesouras monopolares, "tinham tendência a desenvolver microfissuras, causando queimaduras de órgãos e tecidos internos do paciente", mas ocultaram essas informações da FDA por quase 2 anos.[52] Em 2018, a Intuitive Surgical fechou um acordo de 42,5 milhões com os acionistas da *class action*.

2.2 Os paradigmáticos casos *Zarick v. Intuitive Surgical* (2016) e *Taylor v. Intuitive Surgical* (2017) e o julgamento sumário do *Mracek v. Bryn Mawr Hospital and Intuitive Surgical* (2010)

Em 2015, a Intuitive Surgical publicou um relatório anual[53] onde expôs que tinha sido demandada judicialmente em aproximadamente 102 ações individuais e 1 ação com 20 demandantes, que foram submetidos a cirurgias robóticas. Ainda, a empresa recebeu 4.800 reclamações de pacientes[54] que sofreram danos após serem submetidos a cirurgias

---

50. A Securities and Exchange Commission (SEC) é a agência federal dos Estados Unidos que protege os investidores contra práticas fraudulentas e manipulativas no mercado e monitora as ações de aquisição corporativa.
51. O banco de dados "MAUDE" (The Manufacturer and User Facility Device Experience) é um sistema de relatórios mantido pela FDA. A Intuitive Surgical apresentou a grande maioria dos relatos, embora alguns também tenham sido apresentados por hospitais, médicos e pacientes. Cf. análise desses dados no artigo "A Retrospective Study of 14 Years of FDA Data". Disponível em: https://arxiv.org/ftp/arxiv/papers/1507/1507.03518.pdf. Acesso em: 11 mar. 2019.
52. Várias pessoas morreram de queimaduras elétricas não detectadas, como Kimberley McCalla, que foi submetida a cirurgia robótica para tratar o câncer do colo do útero. Onze dias depois, ela fez uma cirurgia de emergência para costurar uma laceração da artéria ilíaca que não tinha sido detectada durante a cirurgia, mas era tarde demais. Após duas subsequentes operações de emergência, Kimberley morreu devido aos danos da queimadura no intestino delgado. Há também o caso de Sonya Melton, que disse ao canal de televisão CNBC que ela desenvolveu pneumonia e teve muitas dores após uma cirurgia robótica para remover miomas uterinos, pois ocorreram queimaduras elétricas pelo robô Da Vinci que perfuraram seu intestino delgado.
53. Securities and Exchange Commission. Form 10-K. Annual Report Pursuant to Section 13 or 15(d) of The Securities Exchange Act of 1934. Intuitive Surgical, Inc. Disponível em: https://isrg.intuitive.com/static-files/73dc5b-72-0444-4450-99b9-51d330c3d67e. Acesso em: 22 set. 2019. O Formulário 10-K é um relatório anual que as empresas de capital aberto devem protocolar na Comissão de Títulos e Câmbio dos Estados Unidos (*U.S. Securities and Exchange Commission* – SEC), dentro de 60 dias após o final do ano fiscal. Neste documento, resume-se todo o histórico da empresa, sua estrutura legal, as participações societárias e planos para o futuro. O formulário abrange não apenas a atual posição financeira da empresa, mas também detalha a sua estrutura e o seu relacionamento com auditores, contadores e advogados.
54. Grande parte dos pacientes lesionados foram mulheres submetidas a histerectomia robótica-assistida. A histerectomia é uma operação cirúrgica para remoção do útero, a fim de tratar vários problemas de saúde, incluindo miomas uterinos, câncer e prolapso. As histerectomias são grandes cirurgias com vários riscos, mas a maioria das

robóticas entre 2004 e 2013, período em que foram executadas cerca de 2 milhões de cirurgias assistidas por robôs em hospitais estadunidenses. A fabricante, a fim de evitar enormes custos com ações judiciais, empreendeu esforços para celebrar acordos com esses pacientes em 2014, o que resultou num montante de US$ 82,4 milhões em indenizações concedidas nessas mediações.

Na grande parte dessas reclamações, alegou-se complicações na cirurgia robótica decorrente de defeitos em instrumentos robóticos, tal como o acessório de isolamento elétrico *"tip cover accessory"*, que é uma espécie de cobertura que fica na ponta da tesoura cirúrgica chamada "Monopolar Curved Scissor (MCS)" e visa evitar que cargas elétricas vazem para outros tecidos e órgãos localizados fora do sítio cirúrgico. Destaque-se que esse acessório do instrumento robótico sofreu *recall* em 2012, após diversas pessoas terem sido lesionadas pela sua tendência de desenvolver microfissuras, causando queimaduras de órgãos e tecidos internos.

Nos Estados Unidos, como já exposto anteriormente, a maioria dos casos é resolvida por meio de acordos celebrados em momento anterior à fase de julgamento, assim como ocorreu com os pleitos supracitados em desfavor da Intuitive Surgical, o que é incentivado pelo próprio sistema judicial do *discovery*. O processo civil é dividido em duas fases: o momento anterior ao julgamento (*pretrial*) e a fase de julgamento (*trial*), a qual pode ocorrer pelo Júri. O *discovery*, que ocorre na fase *pretrial*, é voltado ao compartilhamento dos elementos probatórios, por ambas as partes, e o advogado tem a oportunidade de construir uma tese consistente e apta para levar a causa à apreciação do Poder Judiciário. Essa técnica processual demonstra a filosofia do sistema processual norte-americano, que procura evitar surpresas, impondo a revelação prévia de todas as provas existentes, de modo que se tenham informações seguras, a fim de conduzir à admissibilidade do processo em juízo. A adoção da fase de *discovery* tem a vantagem de permitir às partes "a avaliação dos pontos fracos e fortes do seu caso, melhor conhecer os riscos de levá-lo a julgamento e aumentar as chances de proposição de acordos para diminuírem tais riscos, que são fatores que contribuem para a efetividade da justiça".[55]

O demandado, ainda em momento anterior à fase de julgamento (*pretrial*), pode se defender alegando que o demandante não possui um conjunto sólido de provas, pleiteando, assim, o julgamento de resolução da causa sem análise do mérito (*motion for summary judgement*), que está previsto nas normas federais (*Federal rule 56 Summary Judgment*).[56] Esse tipo de julgamento baseia-se nas provas colhidas na fase de *discovery*. Destaque-se que, no direito norte-americano, a parte não tem um "caso" até que consiga comprovar para a Corte que o litígio trazido merece atenção do sistema judiciário e, além disso, que as provas serão suficientes para determinar um veredicto.

---

mulheres não apresenta complicações. De acordo com o Centro de Controle e Prevenção de Doenças (*Centers for Disease Control and Prevention* – CDC), entre os anos de 1994 e 1999, 600 mil mulheres foram submetidas ao procedimento anualmente e cerca de 20 milhões de americanas já tinham o realizado, tornando esta cirurgia o segundo procedimento mais frequentemente realizado por mulheres nos EUA. (Disponível em: https://www.cdc.gov/mmwr/preview/mmwrhtml/ss5105a1.htm. Acesso em: 21 maio 2019.

55. CAMBI, Eduardo; PITTA, Rafael Gomiero. Discovery no processo civil norte-americano e efetividade da justiça brasileira. *Revista de Processo* (RePro), São Paulo, v. 245, jul. 2015.

56. De acordo com o Federal Rule of Civil Procedure 56(c), o *summary judgment* é apropriado *"if there is no genuine issue as to any material fact and the moving party is entitled to judgment as a matter of law."*

Em 2009, o Tribunal Distrital da Pensilvânia julgou a resolução do caso *Mracek v. Bryn Mawr Hospital and Intuitive Surgical* sem análise do mérito (*summary judgement*), por entender que o paciente não pôde produzir suficiente evidência direta ou circunstancial da condição defeituosa do robô Da Vinci na fase *pretrial* e, portanto, não conseguiu apresentar o nexo de causalidade entre o defeito do dispositivo e o dano sofrido.

Mracek tinha se submetido, em 2005, à cirurgia de prostatectomia robótica no hospitalar *Bryn Mawr*, na Filadélfia. Durante o procedimento, o robô começou a exibir mensagens de erro e a equipe tentou reiniciar a plataforma robótica várias vezes para conseguir continuar a cirurgia. Após funcionários do hospital ligarem para o suporte técnico da Intuitive Surgical, um representante foi até a sala de operações e tentou solucionar os problemas do robô, incluindo a tentativa de reposicionamento dos seus braços, mas não teve sucesso. Diante disso, a equipe abandonou a plataforma robótica e o médico concluiu o procedimento cirúrgico com o tradicional equipamento laparoscópico. Entre o instante que a equipe médica resolveu não utilizar mais o robô e o momento em que o equipamento laparoscópico foi trazido e utilizado, passaram-se aproximadamente 45 minutos. Após concluída a cirurgia, já decorridos alguns dias, o paciente passou a sofrer disfunção erétil total e dores abdominais diárias, que o impediam de dormir ou sentar confortavelmente por longos períodos de tempo. Mracek ajuizou ação em face do fabricante e hospital – sendo este excluído do polo passivo por ordem da Corte local –, restando o pleito indenizatório dos danos sofridos com base na responsabilidade objetiva da Intuitive Surgical, por defeito do produto.

Ao analisar esse julgamento, o professor Ugo Pagallo, no livro "The Laws of Robots: Crimes, Contracts, and Torts",[57] explica que o ônus da prova, nesse tipo de demanda indenizatória em face do fabricante, recai sobre o autor, isto é, caberá ao demandante provar que "o produto estava com defeito; que esse defeito existia enquanto o produto estava sob o controle do fabricante; e, além disso, o defeito foi a causa imediata dos danos sofridos pelo autor".[58] Caberia ao paciente demonstrar a ocorrência desse defeito "por meio de evidências circunstanciais da ocorrência de um mau funcionamento ou por meio de evidência que elimine o uso incorreto do produto ou causas secundárias para o acidente".[59] Contudo, curiosamente, Mracek não apresentou nenhuma prova pericial de especialista (*expert report*) para apoiar ou corroborar suas alegações de defeito no robô. Isso, porque o paciente defendeu que o defeito do robô era "óbvio o suficiente para ser verificado pelos jurados sem especulação".

Para o paciente, não era necessário o relatório de um perito (*expert report*), por entender que a situação de falha da plataforma robótica era óbvia e, além disso, o cirurgião que realizou sua operação testemunharia durante o julgamento, não apenas sobre sua condição médica pré e pós-operatória, mas também sobre o mau funcionamento do robô Da Vinci durante a cirurgia. Todavia, o Tribunal acatou a alegação da empresa demandada, no sentido de que, como Mracek não exibiu nenhum relatório de especialista, contendo

---

57. PAGALLO, Ugo. *The laws of robots*: Crimes, contracts, and torts. Londres: Springer, 2013. E-book.
58. PAGALLO, Ugo. *The laws of robots*: Crimes, contracts, and torts. Londres: Springer, 2013. E-book.
59. PAGALLO, Ugo. *The laws of robots*: Crimes, contracts, and torts. Londres: Springer, 2013. E-book.

críticas ao design ou modo de fabricação do robô, o paciente não se desincumbiu do seu ônus de provar o defeito no produto.

Ugo Pagallo esclarece que, embora a ausência da testemunha técnica não seja fatal para determinar o sucesso de um caso sobre responsabilidade civil do fabricante de produtos defeituosos, essa lógica geralmente não se aplica a máquinas complexas como o robô Da Vinci. Ainda, o professor italiano ressalta que:

> "(...) em suma, é por isso que Mracek perdeu a demanda. (...) De acordo com o tribunal, o autor falhou em defender o seu caso sem um relatório de especialista, porque ele não pôde estabelecer um defeito do robô ou um nexo de causalidade entre os problemas com o robô e os danos do autor, sob regras da responsabilidade objetiva. (...) o demandante não ofereceu nenhuma evidência para eliminar causas secundárias razoáveis, nem produziu qualquer questão genuína de fato relevante referente a elementos de negligência que poderiam ser dados a um júri."[60]

O Tribunal de Apelação, em 2010, confirmou o julgamento do Tribunal Distrital, sob argumento de que a decisão foi apropriada, pois o paciente "falhou em demonstrar uma genuína disputa de fato relevante. Mais importante ainda, não há evidência que permita ao júri inferir que a disfunção erétil de Mracek e a dor na virilha foram causadas pelo suposto mau funcionamento do robô durante a cirurgia".[61]

Já o célebre caso *Zarick v. Intuitive Surgical*[62] foi admitido e julgado perante o Júri Cível julgado pelo Tribunal Estadual da Califórnia em 2016. Discutiu-se a responsabilidade civil da fabricante do robô, tendo em vista os danos sofridos pela paciente durante cirurgia robótica de histerectomia. O médico de Michelle Zarick, após ter diagnosticado câncer de útero, recomendou à paciente uma histerectomia robótica-assistida, sob argumento de que a tecnologia robótica possibilitaria um processo de cicatrização mais rápido, menor chance de infecção e, além disso, o uso do robô da Vinci permitiria a remoção menos invasiva do útero e do colo do útero, sem a necessidade de remover os ovários. Assim, em 2009, a paciente foi submetida à histerectomia robótica-assistida no hospital Mercy San Juan Medical Center, no estado da Califórnia. Duas semanas após o procedimento, Zarick retornou ao consultório do seu médico para um *check up* e este examinou a paciente, não verificando nada de anormal. Contudo, cinco semanas após a cirurgia, Zarick começou a sentir mal-estar, com náuseas e febre. Após ter sua primeira relação sexual com o marido desde a cirurgia, a paciente sofreu leve sangramento vaginal, mas o médico disse para ela não se preocupar e que deveria ir ao hospital apenas se começasse a se sentir pior ou ocorresse hemorragia.

Pouco tempo depois, enquanto Zarick usava o banheiro, sentiu algo "estalar", olhou para baixo e viu aproximadamente três centímetros de intestino saindo de sua área vaginal. Nesse momento, Zarick estava em grave estado de choque e seu filho pediu uma ambulância de emergência. Enquanto esperava o pessoal da emergência chegar, Zarick se posicionou deitada no topo de sua escada, colocando os pés no corrimão para impedir que seu intestino sofresse mais prolapso. Quando os médicos emergencistas

---

60. PAGALLO, Ugo. *The laws of robots*: Crimes, contracts, and torts. Londres: Springer, 2013. E-book.
61. PAGALLO, Ugo. *The laws of robots*: Crimes, contracts, and torts. Londres: Springer, 2013. E-book.
62. Vídeos do julgamento disponíveis em: https://cvn.com/proceedings/zarick-v-intuitive-surgical-inc-et-al-trial-2016-04-04. Acesso em: 11 set. 2019.

chegaram ao local, transportaram Zarick numa maca e a colocaram na ambulância, que se deslocou até o Hospital Metodista em Elk Grove, também na Califórnia. O médico emergencista daquele hospital empurrou o intestino de Zarick de volta para dentro, causando extrema dor na paciente.

Quando uma médica obstetra chegou no local, tentou examinar Zarick, mas não conseguiu por causa do pus, fluidos e outros resíduos que ainda estavam saindo da área vaginal. Devido à séria condição da paciente, a médica decidiu que a ação mais apropriada era transferi-la para a sala de operações e iniciar uma cirurgia de emergência. Foi realizada uma laparotomia, que é uma incisão cirúrgica na cavidade abdominal, para verificação do estado dos órgãos internos da paciente. A médica cirurgiã encontrou uma infecção maciça com cistos e aderências que encapsulavam os ovários e tubas uterinas, motivo pelo qual estes órgãos precisaram ser removidos. Além disso, a infecção deteriorou a qualidade do tecido do manguito vaginal que tinha sido costurado durante a histerectomia robótica, o que causou a ruptura do manguito, levando a uma evisceração do intestino delgado. Diante disso, a cirurgiã limpou o intestino e realizou um desbridamento cirúrgico do manguito vaginal, para garantir que o tecido necrótico e o tecido infectado fossem removidos, e costurou novamente o manguito. Após essa cirurgia de emergência, foram necessárias seis semanas de recuperação pós-operatória.

Diante do ocorrido, Zarick ajuizou ação indenizatória em face da fabricante Intuitive Surgical pelos danos sofridos. Ela alegou que o médico realizou corretamente a cirurgia assistida por robô, conforme orientações e treinamento da fabricante. Por outro lado, disse que sofreu severos danos devido a existência de defeito no próprio robô Da Vinci, que possuía isolamento elétrico inadequado do *tip cover acessory*, isto é, as microfissuras nele desenvolvidas permitiam que a corrente elétrica passasse para órgãos e tecidos fora do campo operatório – fato que não era possível do médico verificar durante a cirurgia. A paciente afirmou, ainda, que o dispositivo dependia da utilização de energia monopolar para cortar, queimar e cauterizar tecidos, enquanto métodos mais seguros já estavam disponíveis no mercado, como energia bipolar e energia ultrassônica, as quais reduziriam substancialmente o risco de complicações.

Por fim, Zarick frisou que a empresa ré teria falhado em alertar aos usuários e pacientes consumidores do referido dispositivo sobre possíveis eventos adversos na cirurgia robótica, estes resultantes do isolamento inadequado dos instrumentos robóticos e da possibilidade de a corrente elétrica passar para tecidos fora do campo operatório, causando queimaduras. Em resumo, além da parte autora alegar defeito no produto, indicou que a fabricante ré obteve e continuava mantendo a aprovação do seu dispositivo médico pela FDA, ao não informar corretamente o órgão regulador sobre todos os riscos e complicações associados ao uso do robô Da Vinci, motivo pelo qual foi também pleiteada a fixação de danos punitivos no montante de 30 milhões de dólares:

> "Embora o réu soubesse ou devesse saber da natureza defeituosa do sistema cirúrgico robótico da Vinci, ele continuou a projetar, fabricar, comercializar e promover seu uso para maximizar vendas e lucros às custas da saúde e segurança pública. O réu agiu com desrespeito consciente e deliberado pelos danos previsíveis causados pelo uso contínuo do sistema cirúrgico robótico da Vinci. A conduta do réu de continuar comercializando, vendendo e distribuindo o dispositivo – mesmo após obter conhecimento de que possuía um defeito, e não estava funcionando em conformidade com o esperado – demonstra

total indiferença e desconsideração consciente pela segurança de outras pessoas, justificando uma indenização punitiva por circunstâncias agravantes em uma quantia que servirá para impedir o réu e outros de conduta semelhante no futuro".[63]

Destaque-se, ainda, que foi também alegada falha da fabricante no que se refere aos testes clínicos de segurança (*pre-clinical testing and research*) do dispositivo médico antes de ser comercializado:

"A fabricante falhou na realização de testes e pesquisas pré-clínicos adequados para determinar a segurança do uso da corrente monopolar e o isolamento dos instrumentos robóticos a serem usados na histerectomia robótica, com especial atenção à reutilização dos instrumentos até dez vezes em dez pacientes diferentes."[64]

Durante a sessão de julgamento do caso, logo no *opening statement*[65] do Dr. Francois Blaudeau, advogado da parte autora, foi apresentada a seguinte questão ao Júri Cível:

"Vocês ouvirão como essa tecnologia é maravilhosa e como ajuda as pessoas em alguns procedimentos. No entanto, a Intuitive Surgical colocou seu interesse financeiro à frente da segurança do paciente. (...) acima de tudo, a segurança do paciente deve nortear a atividade de qualquer agente na área da saúde, seja a própria equipe médica, a entidade hospitalar ou o fabricante do dispositivo médico."[66]

Em seguida, o advogado expôs quatro regras básicas de segurança que deveriam ter necessariamente norteado a atividade da Intuitive Surgical, assim como de qualquer outra empresa fabricante de um dispositivo médico: 1ª) a importância dada à segurança dos pacientes deve ficar acima do número de vendas e lucros auferidos pela fabricante do dispositivo médico, a fim de proteger os pacientes de danos evitáveis; 2ª) a garantia de que o dispositivo seja seguro deve ser priorizada pela fabricante, pois a integridade dos pacientes precisa ser resguardada quanto aos danos evitáveis; 3ª) os médicos devem ser adequadamente educados e treinados pela fabricante do dispositivo quanto a sua tecnologia e instrumentos, no intuito de que não ocorram lesões evitáveis aos pacientes; 4ª) a fabricante deve alertar os médicos sobre possíveis problemas e eventos adversos com a utilização do dispositivo, a fim de evitar lesões aos pacientes.

Após três dias de deliberações perante o Júri Cível, com a inquirição de diversas testemunhas e *expert witness* (testemunhas técnicas), antes que os membros do Júri chegassem a um veredicto, a fabricante e a parte autora firmaram acordo milionário, com cláusula de confidencialidade sobre os seus termos. Em declarações prestadas, após o acordo, Dr. Blaudeau, advogado da paciente, disse à Courtroom View Network que "os robôs cirúrgicos podem ser ferramentas úteis, mas a Intuitive tinha a responsabilidade de ter feito o *recall* de instrumentos defeituosos e repará-los mais cedo do que ela o fez".[67]

---

63. Disponível em: https://pt.scribd.com/document/309735334/Intuitive-Surgical-vs-Zarick. Acesso em: 11 set. 2019.
64. Disponível em: https://pt.scribd.com/document/309735334/Intuitive-Surgical-vs-Zarick. Acesso em: 11 set. 2019.
65. O *opening statement* é uma espécie de defesa prévia/alegações iniciais que visa proporcionar ao Júri Cível uma orientação inicial, isto é, um roteiro com o resumo das discussões que seguirão ao longo da sessão de julgamento.
66. Vídeo disponível em: https://cvn.com/proceedings/zarick-v-intuitive-surgical-inc-et-al-trial-2016-04-04. Acesso em 11 set. 2019.
67. Disponível em:<https://blog.cvn.com/30m-surgical-robot-defect-trial-settles-during-jury-deliberations. Acesso em 03 mar. 2019.

Destaque-se, conforme já expusemos aqui, que o defeito do assessório de isolamento térmico, discutido neste julgamento, foi sanado pela fabricante em posterior *recall*.

Em 2017, a Suprema Corte de Washington julgou o caso *Taylor v. Intuitive Surgical Inc.*,[68] em que se discutia principalmente a responsabilidade da fabricante pela falha de informações adequadas fornecidas a um hospital quanto à utilização do robô Da Vinci. O médico, Dr. Bildsten, realizou, em 2008, cirurgia robótica de prostatectomia, utilizando o sistema Da Vinci, no paciente Fred Taylor, a fim de tratar o câncer de próstata. À época da cirurgia, Taylor pesava quase 130 kg e possuía IMC=39, índice superior ao indicado (30) pela fabricante do robô para realização da cirurgia robótica. Além disso, ele já tinha passado anteriormente por três cirurgias na região inferior do abdômen, o que também contrariava as indicações da cirurgia informadas pela fabricante ao médico. Mesmo sabendo que Taylor não se enquadrava como candidato adequado ao procedimento com auxílio do robô Da Vinci, o Dr. Bildstein optou por realizar a cirurgia e, ainda, durante a intervenção, não colocou o paciente na posição "Trendelenburg",[69] recomendada pela Intuitive Surgical.

No decorrer do ato cirúrgico, Taylor teve complicações, sua parede retal foi dilacerada e ele sofreu insuficiência respiratória, razões pelas quais o médico (Dr. Bildsten) precisou converter a intervenção robótica para uma cirurgia convencional (aberta) e, ainda, outro cirurgião (Dr. John Hedges) também interveio para corrigir a ruptura retal. Após o procedimento cirúrgico, a qualidade de vida de Taylor foi substancialmente prejudicada, passando a utilizar uma bolsa de colostomia e, além disso, sofreu danos neuromusculares, de modo que já não podia mais andar sem assistência.

O paciente Taylor buscou reparação pelos danos sofridos, em face dos médicos Dr. Bildstein e Dr. Hedges pela negligência médica, do hospital e, ainda, da fabricante Intuitive Surgical. Antes da demandada chegar a fase de julgamento (*trial*), firmou-se acordo extrajudicial (com cláusula de confidencialidade sobre os seus termos) com os médicos e o hospital, permanecendo a demanda judicial em face da Intuitive Surgical. Alegou-se a negligência da empresa por não fornecer informações adequadas sobre o robô Da Vinci. Contudo, o veredicto do Júri Cível foi favorável à fabricante, vez que esta informou e instruiu de forma satisfatória o médico, Dr. Bildstein. Apelou-se dessa decisão, sob o argumento de que os jurados foram mal instruídos sobre o dever de informação, que só seria adimplido caso a Intuitive tivesse prestado informações completas também ao hospital sobre o aparato tecnológico (não apenas ao médico). Contudo, a Corte de Apelação negou, por maioria, provimento ao recurso do autor, mantendo-se a decisão anterior.

Quando o processo chegou à Suprema Corte de Washington, determinou-se a realização de novo julgamento, para a obtenção de outro veredicto do Júri Cível.[70] O fundamento dessa decisão, também por maioria, assentou-se no fato de que a Intuitive

---

68. Disponível em: https://law.justia.com/cases/washington/supreme-court/2017/92210-1.html. Acesso em: 03 mar. 2019.
69. *Trendelenburg* é uma posição utilizada para cirurgias de órgãos pélvicos e laparotomia de abdômen inferior, onde a parte superior do dorso é abaixada e os pés são elevados. Mantém-se as alças intestinais na parte superior da cavidade abdominal.
70. Antes de ter ocorrido novo julgamento pelo Júri Cível, as partes firmaram acordo com cláusula de confidencialidade sobre os seus termos.

Surgical deveria ter prestado informações também ao hospital, comprador do robô. Isso, porque "de acordo com o WPLA (*Washington Product Liability Act*), os fabricantes têm o dever de alertar os hospitais sobre os perigos de seus produtos. As advertências do fabricante para o Dr. Bildsten não eximiriam a empresa do seu dever de advertir o Harrison Medical Center. (...) o tribunal errou ao não instruir o júri sobre este dever." Dentre essas advertências, destaca-se, *in casu*, que não se recomendava a utilização do dispositivo robótico, para cirurgias de próstata, em pacientes com obesidade e que já tenham passado por anterior cirurgia abdominal.

Essa decisão da Suprema Corte de Washington foi fortemente criticada por parte da comunidade jurídica, com embasamento nos votos divergentes apresentados, os quais entenderam que o paciente já tinha firmado acordo extrajudicial com o hospital e, além disso, esta suposta violação ao dever de informação do fornecedor para com o hospital não poderia ser indenizada pelo paciente. Isso porque, de acordo com a chamada "learned intermediary doctrine", o fabricante de um produto cumpre com seu dever de cuidado ao fornecer todas as informações necessárias a um "intermediário instruído" que, em seguida, interage com o consumidor de um produto. Desse modo, o dever de informação do fornecedor do robô Da Vinci seria devidamente cumprido, em relação ao paciente, quando todas as informações sobre o dispositivo médico tivessem sido previamente repassadas ao médico que realizou a cirurgia. Nesse sentido, interessante observar as discussões sobre a *learned intermediary doctrine* na cirurgia robótica, trazidas pelos professores Martin B. Adams e Glenn W. Dopf, no livro "The Sages Atlas of Robotic Surgery":

> "As advertências sobre o produto destinam-se ao médico, cujo dever é equilibrar os riscos *versus* os benefícios de vários tratamentos e prescrever os tratamentos que ele julgar melhores (...) Um médico atua como um 'intermediário informado' ... entre o fabricante e o paciente; e, portanto, o dever do fabricante de advertir contra os efeitos colaterais de um produto é cumprido mediante aviso adequado por parte do médico prescritor, e não diretamente ao paciente (...) Um cirurgião pode estar ciente de um perigo potencial no uso de um dispositivo cirúrgico e pode ter escolhido usar o dispositivo apesar desses riscos. (...) O fabricante de um robô cirúrgico tem o dever de informar o médico. Esse dever de advertência não necessariamente deve ser prestado também para o hospital onde a cirurgia robótica é realizada.".[71]

Em sentido contrário, a professora portuguesa Vera Lúcia Raposo, no artigo "A Responsabilidade do Produtor por Danos Causados por Dispositivos Médicos", apresenta crítica à *learned intermediary doctrine*:

> "Esta é uma questão assaz discutida nos Estados Unidos, a luz da *learned intermediary doctrine*, segundo a qual o produtor não está adstrito a informar o paciente acerca dos perigos e condições de utilização do produto, uma vez que tal obrigação recai sobre o médico, que para este efeito funciona como intermediário entre o produtor e o consumidor. Por conseguinte, o fabricante apenas terá que informar o médico dos riscos, benefícios e condições de utilização, podendo utilizar linguagem técnica, dado que será o médico a transmitir tal informação ao paciente. (...) Contudo, a *learned intermediary doctrine* tem sido muito contestada, na medida em que desonera as empresas fabricantes do cumprimento rigoroso de deveres de informação, dado que se limitam a transmiti-la – e não na íntegra, na medida em que sabem que muitas informações já serão do conhecimento dos profissionais de saúde – ao médico e, por

---

71. ADAMS, Martin B.; DOPF, Glenn W. Legal aspects of setting up a robotic program. *In*: FONG, Yuman *et al* (Eds.). *The Sages Atlas of Robotic Surgery*. Cham: Springer, 2018. E-book.

conseguinte, os danos decorrentes da falta de informação passariam a correr por conta deste. O que parece ser uma solução iníqua face a empresas que lucram milhões com a venda dos seus produtos, logo, devem arcar com os respetivos riscos".[72]

Diante de todo o contexto aqui apresentado, sobre o perfil geral das demandas norte-americanas por eventos adversos na cirurgia robótica, pode-se chegar a algumas conclusões: 1) há grande complexidade em determinar se o dano sofrido é decorrente de erro médico ou defeito do produto, mas que pode ser superada pelo acesso às informações contidas na "caixa preta" do robô; 2) a perícia médica tem grande relevância para determinar o nexo de causalidade entre o dano sofrido pelo paciente e o mau funcionamento do robô (ou erro médico); 3) a maioria das discussões sobre erro médico na cirurgia robótica discutem a ocorrência de imperícia do profissional e falta de política de treinamento adequada do hospital; 4) nas demandas sobre responsabilidade civil do fabricante do robô, recai sobre o paciente o enorme ônus de demonstrar o defeito do produto, regra processual diferente da brasileira contida no art. 6º, inc. VIII, do Código de Defesa do Consumidor.

3. ATRIBUIÇÃO DA RESPONSABILIDADE CIVIL ENTRE TODOS OS AGENTES ENVOLVIDOS NA CIRURGIA ROBÓTICA À LUZ DO ORDENAMENTO JURÍDICO BRASILEIRO

A partir do estudo acerca dos litígios envolvendo eventos adversos ocorridos na cirurgia robótica, em contexto norte-americano, pode-se observar que a grande complexidade na análise da responsabilidade civil dá-se, sobretudo, na determinação da causa eficiente do dano – e a quem se atribuir o dever de indenizar: fabricante, hospital ou médico. Diante disso, ao investigar tal problemática em nosso ordenamento jurídico, alvitramos a metodologia descrita nas linhas que se seguem.

Para atribuição da responsabilidade por eventos adversos na cirurgia robótica, deve-se verificar, antes de mais, a gênese do dano, ou seja, se este decorreu:

a) do *serviço essencialmente médico*: quando o dano decorre de atos praticados exclusivamente pelos profissionais da medicina, implicando formação e conhecimentos médicos, isto é, domínio das *leges artis* da profissão. Reconhecida a culpa do seu preposto, responderá solidariamente o hospital (art. 14, § 4º, do CDC; art. 186 e 951, ambos do CC). O médico responderá por culpa *stricto sensu*, nas modalidades negligência, imprudência ou imperícia. Destaque-se que, caso o médico não tenha vínculo de preposição com o hospital, apenas alugue o espaço da entidade hospitalar, a fim de realizar o procedimento cirúrgico com auxílio do robô, o hospital não terá responsabilidade solidária pela conduta culposa do profissional.

b) do *serviço paramédico*: quando o dano advém da falha na intervenção dos enfermeiros com a correta regulagem do robô ou inadequada esterilização dos instrumentos robóticos. Em geral, são praticados pela enfermagem e outros profissionais da saúde,

---

72. RAPOSO, Vera Lúcia. A responsabilidade do produtor por danos causados por dispositivos médicos. *Revista do Instituto do Direito Brasileiro da Faculdade de Direito da Universidade de Lisboa (RIDB)*, Lisboa, ano 2, n. 5, 2013.

auxiliares ou colaboradores. Nessa situação, incide a responsabilidade objetiva do hospital, pelos atos da equipe de enfermagem, nos termos do art. 14 do CDC;

c) do *serviço extramédico*: quando o dano resulta da inadequada ou inexistente política hospitalar de treinamento de médicos e outros profissionais, defeito de qualquer instalação nas dependências do estabelecimento, má conservação do robô pelo não atendimento aos cuidados recomendados pelo fabricante. Nesses casos, também responderá o hospital, de forma objetiva, nos termos do art. 14 do CDC.

Para a caracterização da responsabilidade civil, exige-se a conduta voluntária, o dano injusto e o nexo causal. São fatores de atribuição da responsabilidade por dano ao agente: subjetivos – dolo e culpa; objetivos – risco e equidade. Tais fatores de atribuição devem ser previstos em lei. A responsabilidade do médico é subjetiva, calcada na culpa e, para a caracterização desta, não se torna necessária a intenção – basta a simples voluntariedade de conduta, que deverá ser contrastante com as normas impostas pela prudência ou perícia comuns. A partir de um juízo de censura ético-jurídica, aceita-se a determinação da culpa, segundo explica Ana Mafalda Castanheira Barbosa, de acordo "com a ideia de conduta deficiente (...) falta de cuidado, de zelo (...) falta de senso, de perícia ou de aptidão".[73]

Ugo Pagallo, no livro "The Law of Robots", expõe que, embora os sistemas cirúrgicos do robô Da Vinci possam reduzir o tempo das hospitalizações em cerca de metade e os custos hospitalares em cerca de um terço, pode ocorrer o seguinte:

> "(...) há o risco de erro médico devido ao treinamento deficiente com o sistema robótico: os cirurgiões não recebem tempo e recursos suficientes para aprender a utilizar o robô de forma adequada (...) os cirurgiões com extensa experiência na tecnologia robótica declaram que são necessárias pelo menos 200 cirurgias para se tornarem proficientes no sistema Da Vinci".[74]

Em novembro de 2015, um senhor de 69 anos morreu de falência múltipla de órgãos, após se submeter à cirurgia robótica no Freeman Hospital, em Newcastle, Inglaterra.[75] O robô fez um movimento brusco e dilacerou parte do coração do paciente durante a cirurgia. Abriu-se inquérito policial para determinar a causa da morte e o cirurgião acabou revelando que "poderia ter realizado a cirurgia com mais treinamento prévio no robô, antes da intervenção cirúrgica"[76] no paciente em questão e, ainda, relatou que o *proctor* (médico altamente especializado em cirurgia robótica, que possui elevado grau de conhecimento do robô Da Vinci), que deveria estar presente durante toda a cirurgia, saiu da sala na metade do ato cirúrgico. Além disso, constatou-se que o hospital, onde ocorreu a intervenção, não possuía nenhuma política de treinamento dos médicos em novas tecnologias na área da saúde. O diretor médico do hospital emitiu um pedido de

---

73. BARBOSA, Ana Mafalda Castanheira Neves de Miranda. *Lições de responsabilidade civil*. Cascais: Princípia, 2017, p. 236.
74. PAGALLO, Ugo. *The laws of robots*: Crimes, contracts, and torts. Londres: Springer, 2013. E-book.
75. Disponível em: https://www.kingsleynapley.co.uk/insights/blogs/blog-medical-negligence-law/heart-breaking-robotic-surgery-patient-dies-as-a-result-of-robotic-assisted-heart-surgery#page=1. Acesso em: 11 mar. 2019.
76. Disponível em: https://www.kingsleynapley.co.uk/insights/blogs/blog-medical-negligence-law/heart-breaking-robotic-surgery-patient-dies-as-a-result-of-robotic-assisted-heart-surgery#page=1. Acesso em: 11 mar. 2019.

desculpas, reconhecendo que "falhou em garantir um padrão de cuidado razoavelmente esperado na cirurgia robótica".[77]

Na situação acima narrada, fica evidente a hipótese de dano diretamente ocasionado por imperícia do profissional. A imperícia se caracteriza pela deficiência de conhecimentos técnicos, o despreparo prático, a falta de habilidade ou ausência dos conhecimentos necessários para realização da cirurgia robótica. Ressalta-se, contudo, que não basta aferir a atuação médica para caracterizar o dever de indenização. Deve-se evidenciar, também, o vínculo causal, que liga o dano à conduta do agente. É preciso verificar o nexo de causalidade entre a conduta e o dano sofrido – tarefa que, na maioria das vezes, não será das mais fáceis, especialmente quando a intervenção médica for assistida por robô.

Todavia, é possível restar provado que o médico, durante a realização da cirurgia robótica, atuou com a diligência que legitimamente se esperava dele – ou seja, não agiu com culpa –, tampouco há defeito no robô cirurgião, sendo o evento danoso decorrente de um risco associado à própria tecnologia. Nesse caso, caberá ao médico ou entidade hospitalar provar que obteve o consentimento livre e esclarecido do paciente sobre aquele possível risco específico na utilização da referida tecnologia. O fato gerador da indenização, nessas situações de violação do dever de informação, não será o dano em si, isoladamente considerado, mas a falha (ou ausência) de informação. O paciente terá direito à indenização "por ter perdido a chance de tomar uma decisão suficientemente informada".[78] Noutras palavras, deve-se estabelecer o "nexo de correspectividade entre a violação do dever (ilicitude) por parte do médico e o dano (nexo de ilicitude)".[79] A responsabilidade decorrerá, sobretudo, pela violação do direito do paciente se autodeterminar e escolher – de maneira livre e esclarecida – quais riscos ele quer assumir, comparando-se as possíveis alternativas de tratamento.

Já por defeito do robô cirurgião (do *software* ou de um instrumento robótico), responderá o fabricante, independentemente da existência de culpa (art. 14 do CDC), pela reparação dos danos causados ao paciente. O robô será considerado defeituoso quando não oferecer a segurança que legitimamente se espera (art. 12, § 1º, do CDC), levando-se em consideração sua apresentação, uso e riscos que dele se esperam e à época em que foi colocado em circulação. O fornecedor também será responsabilizado pelas informações insuficientes ou inadequadas sobre a fruição e riscos acerca do seu produto, pois isto é considerado "defeito" e, como tal gera o dever de reparar.[80]

Vale lembrar que o paciente lesionado, após ser submetido a uma cirurgia robótica, é compreendido como consumidor do robô por equiparação, nos termos do art. 17 do CDC,[81] pois é terceiro atingido pela relação de consumo entre o hospital e o fabricante

---

77. Disponível em: https://www.kingsleynapley.co.uk/insights/blogs/blog-medical-negligence-law/heart-breaking-robotic-surgery-patient-dies-as-a-result-of-robotic-assisted-heart-surgery#page=1. Acesso em: 11 mar. 2019.
78. PEREIRA, André Gonçalo Dias. *Direito dos pacientes e responsabilidade médica*. Coimbra: Coimbra Editora, 2015, p. 494.
79. PEREIRA, André Gonçalo Dias. *Direito dos pacientes e responsabilidade médica*. Coimbra: Coimbra Editora, 2015, p. 494.
80. ROSENVALD, Nelson. Responsabilidade Civil por Riscos Desconhecidos. *In*: ROSENVALD, Nelson. *Direito civil em movimento*: desafios contemporâneos. Salvador: Juspodivm, 2018.
81. Art. 17 do CDC: "(...) equiparam-se aos consumidores todas as vítimas do evento".

do robô. Frise-se ainda que, segundo o art. 18 do CDC, há responsabilidade solidária na cadeia de fornecimento de um produto e, por isso, o hospital responde solidariamente pelos danos decorrentes de defeitos do dispositivo médico, de modo que o paciente poderá demandar em face da entidade hospitalar, assegurado o direito de regresso contra o fabricante (art. 13, parágrafo único, do CDC).

Apesar de se ter notícia de apenas um litígio envolvendo evento adverso na cirurgia robótica que foi judicializado no Brasil, são evidentes os maiores riscos associados à tecnologia e a possibilidade de ocorrerem danos. Diante disso, propomos, num primeiro momento, a análise prática da responsabilidade civil a partir de uma das cartas-aviso que está no site da ANVISA e a fabricante enviou aos hospitais compradores do dispositivo, sobre evento adverso ocorrido durante cirurgia robótica e possíveis causas do resultado danoso.

3.1 Análise prática da responsabilidade civil na cirurgia robótica a partir de evento adverso descrito na carta-aviso da fabricante

Em 2015, a empresa Intuitive Surgical enviou uma carta-aviso para os compradores do robô Da Vinci, indicando o seguinte problema: durante a cirurgia, um instrumento robótico, depois de fixado no tecido do paciente, inesperadamente não podia mais se abrir, levando o médico a utilizar um método emergencial, indicado pela fabricante, para poder abrir a garra do instrumento, liberando o tecido preso.

Cada braço robótico tem um mecanismo de rotação, onde é inserida uma haste e, no final desta, são posicionados instrumentos robóticos de corte, apreensão, retração, dissecção e coagulação dos tecidos. Segundo relato da fabricante, a referida falha estava atribuída à realização de forças excessivas pela equipe de enfermagem no mecanismo de rotação durante a inserção da haste, o que acarretaria a quebra desse mecanismo que controla a abertura e o fechamento da garra do instrumento robótico. Quando a garra se fixa no tecido do paciente e o cirurgião no console não consegue abri-la, há duas opções do que ser pode ser feito pela equipe médica. Pode-se utilizar o kit de liberação do instrumento, que é um protocolo para liberação manual da garra presa no tecido do paciente. Contudo, se ainda assim não for possível abri-la, o cirurgião precisa remover parte do tecido para extrair o instrumento fixado. De qualquer modo, o paciente estará sujeito a grandes danos à sua saúde, integridade física e vida.

Ao ser analisada a responsabilidade civil pelos danos causados ao paciente na situação acima narrada, sob a ótica do ordenamento jurídico brasileiro, há importantes questões que devem ser ponderadas.

Primeiramente, é preciso verificar o nexo de causalidade entre o dano sofrido pelo paciente e a não abertura da garra. Verificada esta relação causal, deve-se observar se a garra, de fato, não se abriu por uma questão relacionada a quebra do mecanismo de rotação que controla a sua abertura. Ainda, necessário investigar se a falha é realmente decorrente de uma força excessiva empregada pelo enfermeiro no mecanismo de rotação durante a inserção da haste. Neste último caso, trata-se de dano causado por um serviço paramédico e, assim, responderá objetivamente o hospital, nos termos do art. 14 do CDC. Vale lembrar que os fornecedores de dispositivos médicos não são responsabilizados quando o dano sofrido decorre de culpa exclusiva do consumidor ou de terceiro (art. 12, § 3º, inc. III, do CDC).

É também preciso investigar se no manual de instrução ao usuário do robô Da Vinci constava o alerta sobre a necessidade de cuidado no emprego de força na colocação da haste e, ainda, se o usuário foi informado dos possíveis eventos adversos decorrentes dessa força excessiva. Caso a fabricante não tenha repassado essas informações, responderá objetivamente, nos termos do art. 14 do CDC, pelo defeito de informação ao hospital-consumidor. Por fim, pode ser constatado que o problema todo é decorrente de um defeito do próprio produto (componente robótico). Nesse caso, responderá o fabricante por colocar no mercado um produto que não ofereceu a segurança que dele legitimamente se esperava, levando-se em consideração algumas circunstâncias relevantes, as quais são elencadas no § 1º do art. 12, do CDC: "I – sua apresentação; II – o uso e os riscos que razoavelmente dele se esperam; III – a época em que foi colocado em circulação".

Note-se, por fim, que a responsabilidade por danos derivados de dispositivos médicos defeituosos – assim como o robô de assistência cirúrgica Da Vinci – não possuem maiores especificidades do que os danos resultantes de qualquer outro produto. A grande dificuldade, como já expusemos aqui, é delimitar se o dano decorre do defeito no produto ou da culpa médica; lembrando-se sempre que, diante de um dano causado ao consumidor-paciente, o hospital tem responsabilidade solidária com o fabricante, tanto por defeitos do dispositivo médico, ou mesmo pela falha de informação, assegurado o direito de regresso.

3.2 O primeiro julgado brasileiro sobre evento adverso na cirurgia robótica

No dia 17.12.2019, foi julgado o primeiro caso brasileiro, que se tem notícia, de um paciente que sofreu danos após ser submetido à cirurgia assistida por robô. O paciente ajuizou ação indenizatória em face do hospital Albert Einstein, onde ficou internado, em 2010, para realizar cirurgia robótica para retirada de um tumor renal. Na oportunidade, realizou-se nefrectomia parcial esquerda assistida por robô e pielolitotomia esquerda laparoscópica com colocação de cateter ureteral. O procedimento cirúrgico durou cerca de 5 horas e segundo a equipe médica, havia sido um sucesso.

Contudo, após alta hospitalar, o paciente retornou à cidade de Florianópolis com fortes dores abdominais e febre alta, motivo pelo qual foi internado num hospital local, tendo quase falecido em decorrência da doença que estava acometido, sem que nenhum médico conseguisse chegar a um diagnóstico preciso. Após terem sido realizados exames mais aprofundados, constatou-se a presença de bactéria do "*complexo burkholderia cepácia*", que, segundo o médico do hospitalar catarinense, havia sido ocasionada pelo fato de o robô utilizado não estar devidamente esterilizado, passando a bactéria para o autor. Diante disso, o paciente afirmou que contraiu a bactéria pela má esterilização do robô pelos prepostos do hospital. Alegou também que o réu não teve o cuidado devido sobre o risco de contrair alguma infecção, observando os seus sintomas e, ainda, disse que não foi correta a alta médica um dia e meio após o procedimento cirúrgico.

Em contestação, o hospital asseverou que os serviços de hotelaria e de fornecimento de insumos postos à disposição do autor e médico ocorreram de forma adequada. Disse que as alegações do autor a respeito da alta médica, procedimento e medicação estavam relacionadas com a atuação médica, tendo sido o médico contratado diretamente pelo autor, não sendo funcionário, preposto ou representante do hospital, motivo pelo qual não poderia ser responsabilizado. Arguiu, ainda, que a alegação de infecção contraída em decorrência de cirurgia também envolveria a atuação médica e, nesse sentido, não teria como incidir responsabilidade sobre a entidade hospitalar.

Por fim, o hospital aduziu que não havia provas de que ele foi o causador do mal que afligiu o paciente, ou seja, que o robô não estivesse devidamente esterilizado, o que teria, em tese, causado a infecção, argumentando pela ausência de nexo de causalidade entre a conduta do hospital e os problemas de saúde que acometeram o autor. Disse que o surgimento da infecção não foi decorrente da atuação do hospital, pois todos os procedimentos hospitalares foram adequados e que o robô e demais insumos foram devidamente esterilizados.

Ao julgar essa demanda, a juíza da 4ª Vara Cível da Comarca de Florianópolis-SC,[82] inicialmente reconheceu a relação de consumo entre as partes, por se enquadrarem nos conceitos de consumidor e fornecedor, consoante disposto nos art. 2º e 3º do CDC. Ainda, a magistrada verificou que os danos alegados pelo paciente estavam associados à infecção hospitalar, ou seja, não teriam advindo propriamente de ato médico em si, mas sim da hospedagem clínica. Desse modo, analisou o caso a partir da responsabilidade objetiva do hospital, que dispensa a demonstração de culpa, bastando a verificação de nexo causal entre a conduta e o dano, nos termos do art. 14 do CDC.[83] Para melhor compreensão da forma de aferição da responsabilidade do réu pela infecção contraída pelo paciente, valemo-nos, *passim et passim*, de raciocínio exposto por um dos autores do presente trabalho, na obra Responsabilidade Civil dos Hospitais (2019):

> "Para que haja a responsabilização, todavia, deve-se comprovar que: a) o paciente, antes de ingressar no hospital, não portava nenhum agente infeccioso ou apresentava baixa imunidade; b) a infecção não se classifica como endógena, gerada pelo próprio organismo; c) a infecção surgiu quando o paciente já se encontrava sob o exclusivo controle do hospital e dos respectivos médicos; e d) a infecção foi causada por agente infeccioso tipicamente hospitalar. Já afirmamos alhures que índice zero de infecção hospitalar não existe em nenhum hospital, mesmo nos países de primeiro mundo."[84]

Em se tratando de agente infeccioso tipicamente nosocomial, os tribunais brasileiros têm reiteradamente afirmado que há responsabilidade objetiva dos estabelecimentos hospitalares. Assim, basta ser comprovada a ocorrência da infecção no ambiente hospitalar – e não demonstrado que a contaminação se deveu à causa diversa – responde objetivamente o hospital, nos termos do CDC. No caso concreto aqui narrado, a fim de se concluir a respeito do nexo causal entre a contaminação com a bactéria *burkholderia cepacia* e a realização do procedimento cirúrgico robótico nas dependências da demandada, nomeou-se perita do juízo e as partes indicaram assistente técnico.

---

82. Autos n. 0307386-08.2014.8.24.0023. Dessa sentença, foram interpostos recurso por ambas as partes, que no dia 20.02.2020, ainda aguardavam julgamento pelo TJSC.
83. Nesse sentido, posicionamento do Superior Tribunal de Justiça: "o hospital responde objetivamente pela infecção hospitalar, pois essa decorre do fato da internação e não da atividade médica em si" (AgInt no REsp 1472367/SP, Rel. Ministra Nancy Andrighi, Terceira Turma, DJe 01/02/2017).
84. KFOURI NETO, Miguel. *Responsabilidade civil dos hospitais*. 4. ed. São Paulo: Revista dos Tribunais, 2019. E-book.

Em quesitos complementares, a perita judicial respondeu:

"A ocorrência de infecção por *Burkholderia Cepacia* no PO imediato da cirurgia realizada nas dependências da reclamada é compatível com o diagnóstico de infecção adquirida em consequência do procedimento realizado? – Sim.

Existiam fatores externos e/ou pessoais do autor pré e pós alta hospitalar compatíveis e/ou predisponentes com a infecção adquirida? – Não.

A alta hospitalar na instituição reclamada nas condições referidas pelo autor deveria ser precedida de competente investigação diagnóstica? – Sim."

O assistente da parte autora, por sua vez, explicou que

"*Burkholderia cepacia* é uma espécie de bactéria patogênica oportunista gram-negativa de sistema respiratório em pacientes hospitalizados (Síndrome cepacia), especialmente em pacientes com fibrose cística. Tem baixa virulência, raramente causa problemas a indivíduos saudáveis. Geralmente transmitido por fluídos ou *cateteres contaminados* (...) restou incontroverso o nexo de causa entre a infecção por Burkholderia cepacia e o procedimento cirúrgico realizado nas dependências da reclamada."

Por outro lado, o assistente do hospital réu, argumentou que

"No documento anexado, não existe a assertiva feita pelo médico do paciente que a infecção foi adquirida através do aparelho que realizou a cirurgia. Primeiro, porque não existe comprovação científica do fato; segundo porque toda documentação dos procedimentos adequados para esterilização do material foi anexada ao processo. (...) entre a alta hospitalar (21/08/2010) e a internação do paciente com o resultado de urocultura no dia 28/08/2010 em outro nosocômio demonstrando a presença da *Burkholderia cepacia*, existe um intervalo de 7 dias sem certeza de que houve alguma manipulação da via urinária (considerado principal fator de risco para aquisição de infecção urinária relacionada à assistência à saúde), como por exemplo, se o paciente visitou algum atendimento médico e houve passagem de sonda vesical de demora ou outra manipulação neste período."

Apesar das partes terem trazido pareceres diferentes de seus assistentes técnicos, a magistrada ressaltou que "ocorrendo divergência entre os laudos do perito oficial e do assistente técnico da parte, prevalece a perícia oficial por ser alheia aos interesses das partes e merecedora de credibilidade". Ademais, por meio de toda a prova documental e pericial produzida nos autos, entendeu restar provado que, muito embora o hospital alegasse ter cumprido todos os procedimentos de praxe quanto a esterilização do robô cirúrgico e demais insumos, a bactéria *burkholderia cepacia* é compatível com o diagnóstico de infecção adquirida em consequência da cirurgia realizada, conforme resposta da perita judicial.

Por outro lado, no que diz respeito à tentativa da parte autora, por meio do seu assistente técnico, levar atenção ao intervalo entre a alta do paciente e a nova internação do mesmo em outro hospital, sob alegação de que poderia ter contraído a bactéria neste ínterim, a nobre julgadora entendeu que tais suposições não foram devidamente provadas pelo réu, pois a este incumbia o *onus probandi*, nos termos do art. 6º, inc. VIII, do CDC.

Em que pese o hospital ter apresentado provas documentais (relatório descrevendo as rotinas de controle de qualidade dos processos de esterilização), a fim de demonstrar que adotou todos os devidos procedimentos de esterilização do robô cirurgião, a nobre julgadora entendeu que o seguimento dos parâmetros médicos não seria apto à configuração da prestação de um serviço como não defeituoso e, consequentemente, eximir a responsabilidade do demandado. Isso porque, adotar tal entendimento, fragilizaria a sistemática da responsabilidade objetiva prevista no CDC. Assim, concluiu o julgamento, fixando danos morais em R$ 10.000,00 (dez mil reais):

> "(...) na medida que se passa a discutir a existência ou não de culpa, seria como negar a própria existência da responsabilidade objetiva na seara consumerista. Esse regime de responsabilidade advém da teoria do risco-proveito (...) No caso dos hospitais, a infecção bacteriana é um risco intrínseco da atividade, devendo ser considerado um fortuito interno, que, a despeito da existência de cuidados pelo estabelecimento para evitá-lo, não tem o condão de elidir a causalidade. Logo, tem-se que o contágio da bactéria pela paciente, em si, evidencia a falha do serviço, não havendo que se falar em inexistência de defeito. Acerca da ocorrência de danos morais, fica evidente a sua caracterização, eis que os fatos trazidos acarretaram mais que mero dissabor ao autor. Nesse sentido, a enfermidade que o acometeu causou grandes transtornos, tendo fortes dores abdominais e febre alta, voltando a ser internado em hospital nesta capital para diagnóstico e tratamento, delineando a dimensão da angústia e da apreensão que revestem a situação vivenciada pela parte demandante."[85]

Em resumo, verifica-se que o fato de o hospital requerido ter seguido protocolos e recomendações hospitalares e médicas não afasta o nexo de causalidade entre o dano sofrido pelo paciente e o serviço prestado pelo hospital. A acusação principal dos autos é de que houve falta de esterilização do robô de assistência cirúrgica. Observe-se, contudo, que não foi possível concluir com certeza absoluta que o robô não estivesse esterilizado, pois foram juntadas aos autos etiquetas de esterilização e relatório das rotinas de controle de qualidade dos processos de esterilização.

Por se tratar de cirurgia minimamente invasiva os materiais cirúrgicos robóticos são extremamente delicados e possuem estrutura complexa, necessitando de protocolos específicos e maior atenção por parte da equipe de enfermagem no processo de limpeza e preparo desse instrumental.[86] Desse modo, as etiquetas de esterilização não garantem que foi realizado o correto protocolo de limpeza. Agora, mesmo que pudesse ser constatado que a bactéria em questão foi realmente adquirida pelo paciente em decorrência da esterilização incorreta (ou não realizada) do robô pela equipe de enfermagem – ou seja, um ato paramédico –, ainda assim o hospital responderia objetivamente pelo erro do seu preposto, incidindo igualmente o CDC.

De qualquer modo, restou provado que a infecção surgiu quando o paciente se encontrava sob o exclusivo controle do hospital e que o agente infeccioso é tipicamente hospitalar. O Superior Tribunal de Justiça[87] assentou entendimento de que na infecção decorrente da internação, e não da responsabilidade médica em si, há responsabilidade objetiva, por defeito do serviço, verificável na atividade do hospital. Assim, não teria relevância saber como exatamente se deu esta transmissão dentro da instituição hospitalar – e se, de fato, o robô estava ou não esterilizado – a fim de verificar se incide ou não responsabilidade civil do réu.

---

85. Autos n. 0307386-08.2014.8.24.0023, 4ª Vara Cível da Comarca da Capital do Estado de Santa Catarina, j. 30.10.2019, Juíza de Direito Dra. Ana Paula Amaro da Silveira. Dessa sentença, foram interpostos recurso por ambas as partes, que no dia 20.02.2020, ainda aguardavam julgamento pelo TJSC.
86. ARTIOLI, Renata Pereira Silva *et al*. Papel do enfermeiro da CME na cirurgia robótica. *In: 11º Simpósio Internacional de Esterilização e Controle de Infecção Relacionada à Saúde*, 2018, São Paulo. Disponível em: https://proceedings.science/sobecc-2018/papers/papel-do-enfermeiro-da-cme-na-cirurgia-robotica. Acesso em: 31 jan. 2020.
87. STJ, AgInt no REsp 1.472.367/SP, 3ª Turma, rel. Min. Nancy Andrighi, j. 06.12.2016.

4. NOTAS CONCLUSIVAS

As plataformas robóticas, nas últimas duas décadas, têm ampliado as fronteiras das inovações em tecnologias da saúde, para obtenção de melhores resultados clínicos. A cirurgia robótica surgiu em um momento que cirurgiões demandavam, cada vez mais, tecnologias cirúrgicas minimamente invasivas, mais precisas e seguras, para aperfeiçoarem sua atuação. Observa-se que são diversos os benefícios trazidos com os procedimentos assistidos por robôs. Por outro lado, a tecnologia traz consigo novos e expressivos riscos, com impactos ético-jurídicos.

Este trabalho focou-se na análise da atribuição da responsabilidade civil aos diversos agentes envolvidos na cirurgia robótica: médicos, enfermeiros, hospital e fabricante. Para tanto, analisamos relatos de pacientes, *recalls* do robô Da Vinci e litígios sobre eventos adversos na cirurgia robótica, no contexto norte-americano.

Concluiu-se que há grande complexidade em se determinar a gênese do dano sofrido – se decorreu de erro médico ou defeito do produto – mas esse obstáculo poderá ser superado pelo acesso às informações contidas na "caixa preta" do robô. Quando se atribuir responsabilidade ao fabricante do robô, observou-se que, no sistema norte-americano, recai sobre o paciente o enorme ônus de demonstrar o defeito do produto, No Brasil, ao revés, o CDC consagra a inversão do ônus da prova, em favor do paciente (art. 6.º, inc. VIII), ou seja, incumbe ao fabricante provar que o equipamento por ele produzido não apresentava defeito. As demais causas de litígios – imperícia do médico ou falha na política de treinamento posta em prática pelos hospitais – obedecerão às regras sobre prova insculpidas no CPC, adquirindo especial relevo a atribuição dinâmica do ônus da prova.

Quanto ao treinamento dos cirurgiões, releva notar a adoção de simuladores robóticos, ao fito de proporcionar constante treinamento, no próprio hospital, aos médicos que operam o robô.

Tendo em vista o reduzidíssimo número de julgados dos nossos tribunais, em relação a esses eventos adversos nas cirurgias robóticas, procuramos extrair da casuística norte-americana subsídios para a indicação de soluções à luz do ordenamento jurídico pátrio. Foram consideradas, sem dúvida, as peculiaridades que cada sistema.

Para análise da responsabilidade civil na cirurgia robótica no Brasil, estipulamos a metodologia de sempre identificar se o dano advém da atividade exercida, essencialmente, pelo médico, ou de serviços paramédicos ou extramédicos. Os atos essencialmente médicos subordinam-se à responsabilidade subjetiva, regrada pelo Código Civil; os demais, subordinam-se à responsabilidade objetiva, sistema consagrado em nosso Código de Defesa do Consumidor.

Fixadas tais premissas, para o exame da responsabilidade civil, seguimos a seguinte equação: em primeiro plano, analisa-se a atuação pessoal do médico, com o intuito de se reconhecer a ocorrência de culpa *stricto sensu* (art.186 e 951 do CC). Já por defeito do robô cirurgião (do *software* ou de um instrumento robótico), responderá o fabricante, independentemente da existência de culpa (art. 14 do CDC), pela reparação dos danos causados ao paciente. O paciente lesionado é consumidor por equiparação (art. 17 do CDC), visto que é terceiro atingido pela relação de consumo entre o hospital e o fabricante do robô. Há responsabilidade solidária na cadeia de fornecimento e, por isso, o hospital responde solidariamente pelos danos decorrentes de defeitos do dispositivo médico, assegurado o direito de regresso contra o fabricante (art. 13, parágrafo único, do CDC). Ressalta-se, por fim, a maior facilitação da defesa dos direitos dos consumidores brasileiros em relação aos norte-americanos, no que diz respeito à prova do defeito do produto, pois há previsão de inversão do *onus probandi* no art. 6º, inc. VIII, do CDC.

5. REFERÊNCIAS

ADAMS, Martin B.; DOPF, Glenn W. Legal aspects of setting up a robotic program. *In*: FONG, Yuman *et al* (Eds.). *The Sages Atlas of Robotic Surgery*. Cham: Springer, 2018. E-book.

AMERICAN COLLEGE OF LEGAL MEDICINE. *The Medical Malpractice Survival Handbook*. 1. ed. Filadélfia: Mosby Elsevier, 2007. E-book.

ARTIOLI, Renata Pereira Silva *et al*. Papel do enfermeiro da CME na cirurgia robótica. *In*: *11º Simpósio Internacional de Esterilização e Controle de Infecção Relacionada à Saúde*, 2018, São Paulo. Disponível em: https://proceedings.science/sobecc-2018/papers/papel-do-enfermeiro-da-cme-na-cirurgia-robotica. Acesso em: 31 jan. 2020.

ATLES, Leslie R. *A practicum for biomedical engineering and technology management issues*. Dubuque: Kendall Hunt Publishing, 2008. E-book.

BARBOSA, Ana Mafalda Castanheira Neves de Miranda. *Lições de responsabilidade civil*. Cascais: Princípia, 2017.

BONNA, Alexandre Pereira; LEAL, Pastora do Socorro Teixeira. A fundamentação ética dos punitive damages e do dever de prevenir danos. *Revista de Filosofia do Direito, do Estado e da Sociedade*, Natal, v. 8, n. 1, p. 18-29, jan./jun., 2017.

BONNA, Alexandre Pereira; LEAL, Pastora do Socorro Teixeira. Requisitos objetivos e subjetivos dos punitive damages: critérios à aplicação no direito brasileiro. *Scientia Iuris*, Londrina, v.22, n.1, p. 190-222, mar. 2018.

BRAGA NETTO, Felipe. *Novo manual de responsabilidade civil*. Salvador: Juspodivm, 2019.

CAMBI, Eduardo; PITTA, Rafael Gomiero. Discovery no processo civil norte-americano e efetividade da justiça brasileira. *Revista de Processo* (RePro), São Paulo, v. 245, jul. 2015.

COMMITTEE ON THE PUBLIC HEALTH EFFECTIVENESS OF THE FDA 510(K) CLEARANCE PROCESS. *Medical Devices and the Public's Health*: The FDA 510(k) Clearance Process at 35 Years. *E-Book*.

DATTERI, Edoardo. Predicting the Long-Term Effects of Human-Robot Interaction: A Reflection on Responsibility in Medical Robotics. *Science and Engineering Ethics*, Berlim/Heidelberg: Springer, v. 19, p. 139-160, 2013.

GAEV, Jonathan A. Technology in health care. *In*: DYRO, Joseph (Ed.). *Clinical Engineering Handbook*. San Diego: Elsevier, 2004.

KFOURI NETO, Miguel. A quantificação do dano na ausência de consentimento livre e esclarecido do paciente. *Revista IBERC*, Minas Gerais, v. 2, n. 1, p. 01-22, jan./abr. 2019.

KFOURI NETO, Miguel. *Responsabilidade civil dos hospitais*. 4. ed. São Paulo: Revista dos Tribunais, 2019. E-book.

KIM, Keith Chae. *Robotics in General Surgery*. Cham: Springer, 2014. E-book.

LEE, Ventola C. Challenges in evaluating and standardizing medical devices in health care facilities. *Pharmacy and Therapeutics*, [S.l.], v. 33, p. 348-359, jun. 2008.

McLEAN, Thomas R. Principle of robotic surgery litigation in the United States. *Clinical Risk*, [S.l.], v. 14, set. 2008.

McLEAN, Thomas R. The complexity of litigation associated with robotic surgery and cybersurgery. *The International Journal of Medical Robotics and Computer Assisted Surgery*, Nova Jersey, v. 3, fev. 2007.

McLEAN, Thomas R; WAXMAN, S. Robotic surgery litigation. *Journal of Mechanical Engineering Science*, Londres, v. 224, jul. 2010.

PAGALLO, Ugo. *The laws of robots*: Crimes, contracts, and torts. Londres: Springer, 2013. E-book.

PEREIRA, André Gonçalo Dias. *Direito dos pacientes e responsabilidade médica*. Coimbra: Coimbra Editora, 2015.

PEREIRA, André Gonçalo Dias. *O consentimento informado na relação médico-paciente*. Coimbra: Coimbra Editora, 2004.

RAPOSO, Vera Lúcia. A responsabilidade do produtor por danos causados por dispositivos médicos. *Revista do Instituto do Direito Brasileiro da Faculdade de Direito da Universidade de Lisboa (RIDB)*, Lisboa, ano 2, n. 5, 2013.

ROSENVALD, Nelson. Responsabilidade Civil por Riscos Desconhecidos. *In:* ROSENVALD, Nelson. *Direito civil em movimento*: desafios contemporâneos. Salvador: Juspodivm, 2018.

RESPONSABILIDADE ALGORÍTMICA DO ESTADO: COMO AS INSTITUIÇÕES DEVEM PROTEGER DIREITOS DOS USUÁRIOS NAS SOCIEDADES DIGITAIS?

Pedro Rubim Borges Fortes

Professor Visitante no Programa de Pós-Graduação em Direito da Faculdade Nacional de Direito da Universidade Federal do Rio de Janeiro e Promotor de Justiça no Ministério Público do Estado do Rio de Janeiro.

Sumário: 1. Introdução. 2. A Constituição da ANPD no Brasil. 3. Como proteger direitos dos usuários da Internet? 4. A responsabilidade algorítmica do Estado. 5. Conclusões. 6. Referências.

1. INTRODUÇÃO

O desenvolvimento da tecnologia de informação e a facilidade do processamento computacional de grande quantidade de dados apresentam não somente uma série de benefícios e vantagens,[1] mas também riscos e restrições.[2] Particularmente sensível é a discussão sobre a proteção dos dados pessoais e da privacidade dos titulares da informação processada. Não por acaso, estabelecer o modelo de Autoridade Nacional de Proteção de Dados (ANPD) para tutelar efetivamente esses direitos é um desafio.[3] Nesse contexto, a questão-problema do presente artigo é a seguinte: como deve o Estado e as instituições estatais atuar para proteger os direitos dos usuários diante dos potenciais efeitos negativos e lesivos causados pelas fórmulas algorítmicas na coordenação, redistribuição e deliberação sobre interesses juridicamente protegidos? A resposta passa pela análise da responsabilidade algorítmica do Estado e sobre a atuação da ANPD. O presente trabalho é relevante, na medida em que o Estado brasileiro enfrenta um momento de reflexão sobre o desenho institucional a ser adotado para regulação e aplicação da recém aprovada legislação de proteção de dados. O presente artigo está dividido da seguinte maneira: além dessa introdução e da conclusão, o desenvolvimento da discussão passará por um esclarecimento sobre a constituição da ANPD no Brasil, sobre os desafios para o Estado brasileiro em termos de proteção de direitos coletivos dos usuários e sobre a responsabilidade algorítmica do Estado.

---

1. AMARAL, Fernando. *Introdução à ciência de dados*: mineração de dados e Big Data. Rio de Janeiro: Alta Books, 2016, p. 11.
2. LOVELUCK, Benjamin. *Redes, liberdades e controle*: uma genealogia política da Internet. Petrópolis: Vozes, 2018, p. 155-158.
3. MILTROU, Lilian. The General Data Protection Regulation: A Law for the Digital Age? *In*: SYNODINOU, Tatiana-Eleni, JOUGLEUX, Phillipe, MARKOU, Christiana, PRASTITOU, Thalia (Org.), *EU Internet Law*: Regulation and Enforcement. Cham: Springer, 2017, p. 20-21.

2. A CONSTITUIÇÃO DA ANPD NO BRASIL

No âmbito do direito brasileiro, a Lei Geral de Proteção de Dados Pessoais foi promulgada em 2018,[4] mas a Presidência da República vetou os dispositivos relativos à constituição de uma ANPD no Brasil – o que levou críticos a afirmarem que o regime brasileiro nascia acéfalo e desgovernado.[5] Posteriormente, um desenho institucional de ANPD foi submetido à apreciação do Congresso Nacional através de Medida Provisória que resultaria na legislação aprovada em julho de 2019 com a definição do processo de constituição da ANPD brasileira.[6] Conforme a legislação aprovada, a ANPD deverá ser o órgão da administração pública responsável por zelar, implementar e fiscaliza o cumprimento da Lei de Proteção de Dados Pessoais em todo o país, tendo sido estabelecido ainda que a legislação contém normas de interesse nacional – não apenas federal – e devem ser observadas pela União, Estados, Distrito Federal e Municípios.[7]

A ANPD deverá ser criada sem aumento de despesa como órgão da administração pública federal e integrante da estrutura da Presidência da República, podendo vir a ser transformada, no prazo de dois anos, pelo Poder Executivo em entidade da administração pública federal indireta sob regime autárquico especial e vinculada à Presidência da República.[8] Um dos desafios originais da formação da ANPD consiste exatamente nas dificuldades oriundas das limitações de recursos financeiros no âmbito da União Federal. O contingenciamento de despesas impõe o remanejamento de cargos e funções para formar nesse órgão, estando o provimento de cargos e das funções necessários à criação e atuação da ANPD condicionado à expressa autorização na lei orçamentária anual.[9] Embora a legislação ressalve a escassez de recursos para a constituição do órgão, por outro lado, proclama ser assegurada sua autonomia técnica e decisória.[10]

Em termos de composição, a ANPD deverá ser formada por um Conselho de Direção (seu órgão dirigente), pelo Conselho Nacional de Proteção de Dados Pessoais e da Privacidade (CNPDPP), pela Corregedoria, Ouvidoria, Assessoria Jurídica e pelas Unidades Administrativas e Unidades Especializadas necessárias para a aplicação da legislação.[11] A exemplo da estrutura organizacional de agências reguladoras nacionais, o Conselho Diretor da ANPD será composto por uma diretoria colegiada de cinco membros, sendo liderada por um deles que exercerá a função de Presidente.[12] Os membros devem ter reputação ilibada, nível superior de educação e elevado conceito no campo de especialidade do cargo, sendo que sua nomeação ocorrerá após escolha pelo Presidente da República e aprovação pelo Senado Federal.[13] Foi feita a opção por mandatos iniciais

---

4. Lei n. 13.709, de 14 de agosto de 2018.
5. LEMOS, Ronaldo. Lei de dados nasceu desgovernada: com veto à criação de agência, legislação é morta-viva como um zumbi. *Folha de São Paulo*, 20/08/2018. Disponível em: https://www1.folha.uol.com.br/colunas/ronaldolemos/2018/08/lei-de-dados-nasceu-desgovernada.shtml. Acesso em: 15 mar. 2020.
6. A Lei n. 13.853, de 8 de Julho de 2019, foi formada através da conversão da Medida Provisória n. 869, de 2018.
7. Artigo 2º da Lei n. 13.853, de 8 de julho de 2019.
8. Artigo 55-A, *caput* § 1º e § 2º, da Lei n. 13.709, de 14 de agosto de 2018.
9. Artigo 55-A, § 3º, e 55-H, da Lei n. 13.709, de 14 de agosto de 2018.
10. Artigo 55-B da Lei n. 13.709, de 14 de agosto de 2018.
11. Artigo 55-C da Lei n. 13.709, de 14 de agosto de 2018.
12. Artigo 55-D da Lei n. 13.709, de 14 de agosto de 2018.
13. Artigo 55-D, § 1º e § 2º, da Lei n. 13.709, de 14 de agosto de 2018.

por termo diferenciado, de maneira a que a renovação do órgão seja feita gradativamente com a substituição de conselheiros a cada ano, de modo que os membros fundadores nomeados para a primeira composição do Conselho Diretor deverão cumprir mandatos de dois, três, quatro, cinco e seis anos.[14] Após a composição inicial, contudo, os mandatos dos demais membros do Conselho Diretor deverá ser de quatro anos.[15] A ANPD deverá, a princípio, iniciar seu funcionamento até o final de 2019, devendo sua estrutura regimental ser detalhada através de ato do Presidente da República e sua estrutura técnico-administrativa receber apoio da Casa Civil para o exercício inicial de suas atividades até sua constituição plena.[16]

O objetivo principal da ANPD consiste em zelar pela proteção dos dados pessoais, cabendo o papel de elaborar as diretrizes para a Política Nacional de Proteção de Dados Pessoais e da Privacidade.[17] A proteção do direito à privacidade digital pressupõe a fiscalização e a eventual aplicação de sanções por descumprimento à legislação exige um processo administrativo que assegure o contraditório, a ampla defesa e o direito de recurso.[18] Nesse contexto, a ANPD possui as funções típicas de *Ombudsman* quanto ao atendimento ao público, devendo apreciar petições relativas a reclamações não solucionadas pelo controlador, implementando mecanismos simplificados por meio eletrônico para facilitar o recebimento e o registro dessas reclamações.[19] Além do poder de requisição de informações dos órgãos públicos típico dos órgãos de controle, a ANPD pode realizar ou determinar a realização de auditorias sobre o tratamento de dados pessoais efetuados por particulares e pelo poder público.[20] Sua atuação deve zelar pela observância de segredos comercial e industrial, na medida que o controle da legalidade do tratamento de dados na auditoria de algoritmos exige análise de códigos de software, cujos termos são protegidos por regras de propriedade industrial e não podem ser tornados públicos sob pena de prejuízos severos à empresa proprietária.[21] Além da possibilidade de celebrar Termo de Ajustamento de Conduta típica dos entes públicos de controle, existe ainda a possibilidade de celebrar compromisso para eliminar não só uma irregularidade, mas também eventual insegurança jurídica ou situação contenciosa.[22]

A ANPD possui ainda o poder normativo típico de uma autoridade reguladora para editar regulamentos e procedimentos sobre a proteção de dados pessoais e privacidade em geral, bem como normas, orientações e procedimentos específicos para pequenas e microempresas, *startups* e empresas de inovação se adaptarem à lei.[23] Além disso, possui deveres de comunicação específicos – informar ilícitos penais ao Ministério Público e ilícitos administrativos aos órgãos de controle interno – e de comunicação geral para a difusão do conhecimento das normas e políticas públicas de proteção de dados pessoais

---
14. Artigo 55-D, § 4º, da Lei n. 13.709, de 14 de agosto de 2018.
15. Artigo 55-D, § 3º, da Lei n. 13.709, de 14 de agosto de 2018.
16. Artigo 55-G, *caput*, § 2º, e artigo 65, inciso I, da Lei n. 13.709, de 14 de agosto de 2018.
17. Artigo 55-J, incisos I e III, da Lei n. 13.709, de 14 de agosto de 2018.
18. Artigo 55-J, incisos IV, da Lei n. 13.709, de 14 de agosto de 2018.
19. Artigo 55-J, incisos V e XXIV, da Lei n. 13.709, de 14 de agosto de 2018.
20. Artigo 55-J, inciso II, da Lei n. 13.709, de 14 de agosto de 2018.
21. Artigo 55-J, incisos XI e XVI, da Lei n. 13.709, de 14 de agosto de 2018.
22. Artigo 55-J, inciso XVII, da Lei n. 13.709, de 14 de agosto de 2018.
23. Artigo 55-J, incisos XIII e XVIII, da Lei n. 13.709, de 14 de agosto de 2018.

junto à população.²⁴ Além da comunicação e difusão, deve realizar instrumentos de democracia participativa, especialmente para a consulta aos agentes de tratamento e à sociedade em matérias relevantes e para a prestação de contas sobre suas atividades e planejamento.²⁵ Dentro da perspectiva de compreensão sobre sua atuação concreta na sociedade e das possibilidades de aperfeiçoamento, a ANPD deve realizar relatórios de gestão anuais acerca de suas atividades, relatórios de impacto à proteção de dados pessoais para casos de alto risco e estudos sobre as práticas nacionais e internacionais de proteção de dados pessoais e privacidade.²⁶ Em termos de intercâmbios, deve cooperar com as ANPD de natureza internacional ou transnacional e se articular com as demais autoridades reguladoras para aplicação da lei junto a setores específicos sujeitos à regulação.²⁷ Dentre suas atividades de fomento, está o estímulo de adoção de padrões para serviços e produtos que assegurem o direito à privacidade.²⁸

Com relação ao CNPDPP, é importante ressaltar que não possui a missão de uniformização da aplicação da lei – em contraste com a atribuição do Comitê Europeu para Proteção de Dados. Órgão colegiado formado por vinte e três representantes de órgãos públicos e da sociedade civil designados pelo Presidente da República, o CNPDPP pode propor ações, diretrizes estratégicas e subsídios para a elaboração da Política Nacional de Proteção de Dados Pessoais e da Privacidade pela ANPD.²⁹ As atribuições do CNPDPP reproduzem ainda as funções avaliativas e comunicativas da própria ANPD, competindo ao órgão colegiado também a elaboração de estudos, debates, audiências públicas, relatórios de avaliação e disseminação de conhecimento à população sobre a proteção de dados pessoais e da privacidade.³⁰

O desenho institucional da constituição da ANPD do Brasil ainda não está detalhado, dependendo não somente da definição estatutária a ser definida pelo ato do Presidente da República, mas também da experiência concreta inicial de proteção de dados e da decisão relativa à sua estrutura organizacional, recursos financeiros e alcance da atuação. Por ora, existem mais dúvidas do que certezas, sendo prematura qualquer previsão. Críticos apontam a falta de autonomia política como um dos fatores de sua limitação, concluindo que a falta de independência diante da Presidência da República impediria a ANPD de exercer suas atribuições de maneira efetiva.³¹ Contudo, a análise de desempenho é uma questão eminentemente empírica, estando sujeita ao teste da realidade e não a análises conceituais de desenho institucional.³² Por outro lado, existem cenários que podem ser discutidos sobre como organizar as instituições.

---

24. Artigo 55-J, incisos VI, XXI e XXII, da Lei n. 13.709, de 14 de agosto de 2018.
25. Artigo 55-J, inciso XIV, da Lei n. 13.709, de 14 de agosto de 2018.
26. Artigo 55-J, incisos VII, XII e XIII, da Lei n. 13.709, de 14 de agosto de 2018.
27. Artigo 55-J, incisos IX e XXIII, da Lei n. 13.709, de 14 de agosto de 2018.
28. Artigo 55-J, inciso VIII, da Lei n. 13.709, de 14 de agosto de 2018.
29. Artigo 58-A, § 1º, e Artigo 58-B, incisos I e III, da Lei n. 13.709, de 14 de agosto de 2018.
30. Artigo 58-B, incisos II, IV e V da Lei n. 13.709, de 14 de agosto de 2018.
31. LEMOS, Ronaldo *et alli*. A criação da Autoridade Nacional de Proteção de Dados pela MP n. 869/2018, 22 jan. 2019. Disponível em: http://www.ab2l.org.br/a-criacao-da-autoridade-nacional-de-protecao-de-dados-pela-mp--no-869-2018/. Acesso em: 15 mar. 2020.
32. Um exemplo de instituição dependente da Presidência da República é o Banco Central do Brasil, cuja diretoria sequer possui a garantia de mandato, mas possui credibilidade como autoridade financeira e monetária por conta

3. COMO PROTEGER DIREITOS DOS USUÁRIOS DA INTERNET?

A teoria da regulação apresenta uma série de conceitos importantes sobre o desenho institucional para efetiva regulação. Inicialmente, a escola publicista de direito da regulação apresentou ideias sobre a constituição da agência reguladora, seu modo de composição, nomeação dos membros e a persecução dos objetivos.[33] Posteriormente, teorias privatistas da regulação identificaram a importância dos incentivos dos agentes reguladores, expondo o interesse dos líderes no mercado em mais regulação como obstáculo a novos entrantes, o risco de captura dos reguladores por regulados influentes e o comprometimento psicológico do regulador pelo futuro retorno ao mercado regulado com suas portas basculantes.[34] Finalmente, foram desenvolvidas teorias sobre o espaço regulatório complexo, que identificam o papel do regulador em interação com os atores relevantes, incluindo empresas, consumidores, poder judiciário, sociedade civil e órgãos públicos.[35] Tal perspectiva possui foco abrangente e holístico, transcendendo a visão autárquica da agência reguladora e a análise do regime de incentivos econômicos com uma perspectiva da macroestrutura regulatória e do papel do regulador a partir da interação dinâmica com os demais atores. A análise do espaço regulatório inclui o contexto global da atividade a ser regulada. Por um lado, é importante a visão de que os dados se constituem em fonte de riqueza e de desenvolvimento econômico, sendo o ponto de partida para a reinvenção do capitalismo no século XXI.[36] Por outro lado, é essencial preservar o valor econômico dos dados pessoais através de uma regulação que assegure sua integridade, circulação e processamento qualificado para proteção tanto da privacidade, quanto do mercado digital.[37] Logo, a ANPD deve ser capaz de definir regras do jogo para proteger direitos e facilitar o desenvolvimento.

O desafio de construção normativa decorre do fato de a legislação brasileira não ter sido minuciosa na definição do repertório de direitos dos usuários de dados, cabendo à ANPD a edição de resoluções através do exercício de seu poder normativo típico. Embora a lei brasileira indique a possibilidade de auditoria de algoritmos em consonância com a melhor doutrina sobre o controle normativo do tratamento de dados, não existem regras claras sobre discriminação digital, colusão digital e justificativas de decisões automáticas a partir de inteligência artificial.[38] Os novos direitos tecnológicos à portabilidade

---

da qualidade institucional e efetivo desempenho de suas funções. No caso da ANPD, a efetividade deve ser avaliada posteriormente a partir da sua capacidade de definir as regras do jogo.
33. BALDWIN, Robert, CAVE, Martin; LODGE, Martin. *Understanding regulation*: theory, strategy, and practice. Oxford: Oxford University Press, 2012.
34. MAKKAI, Toni; BRAITHWAITE, John. In and out of the revolving door: Making sense of regulatory capture. *Journal of Public Policy*, v. 12, n. 1, p. 61-78, 1992.
35. SCOTT, Colin. Analyzing regulatory space: fragmented resources and institutional design. *Public Law*, p. 283-305, 2001; THATCHER, Mark; COEN, David. Reshaping European regulatory space: An evolutionary analysis. *West European Politics*, v. 31, n. 4, p. 806-836, 2008. VIBERT, Frank. *The new regulatory space*: Reframing democratic governance. Cheltenham: Edward Elgar Publishing, 2014.
36. MAYER-SCHÖNBERGER, Viktor; RAMGE, Thomas. *Reinventing Capitalism in the Age of Big Data*. London: John Murray, 2019, p. 12-15.
37. WALDMAN, Ari Ezra. *Privacy as Trust*: Information Privacy for an Information Age. Cambridge: Cambridge University Press, 2018, p. 88-92.
38. EZRACHI, Ariel; STUCKE, Maurice. *Virtual competition*: The promise and perils of the algorithm-driven economy. Cambridge: Harvard University Press, 2016; O'NEIL, Cathy. *Weapons of math destruction*: How Big Data increases inequality and threatens democracy. New York: Crown Publishers, 2016.

e à revisão de decisões automáticas foram reconhecidos pela legislação europeia com parte do mercado comum digital europeu,[39] mas a legislação brasileira se referiu a essas questões sem aprofundar seus contornos com a clareza necessária. O reconhecimento da portabilidade dos dados deixou uma série de pontos em aberto quanto ao conteúdo ser mínimo (típico de despedida da empresa) ou abrangente (continuidade com idêntica profundidade), bem como se os dados serão portáveis individualizados, ativos e estruturados com o valor econômico preservado para o usuário.[40] Em que pese o veto presidencial ao reconhecimento ao direito de revisão de decisões automáticas – o que levou críticos a sugerirem que a legislação brasileira "reforça ditadura dos algoritmos"[41] –, ainda existe a possibilidade de o titular solicitar a revisão das decisões automáticas e de serem realizadas auditorias de algoritmos em termos a serem definidos em resolução futura. Também não existe clareza na legislação brasileira sobre os termos para a adoção de padrões, cabendo à ANPD eventualmente estabelecer resoluções sobre requisitos de códigos de conduta, standards e melhores práticas de "privacidade por desenho" (*privacy by design*).[42] O fato é que existem decisões regulatórias importantes a serem adotadas quanto ao reconhecimento e detalhamento do conteúdo desses direitos.

Além disso, existem questões existenciais a serem definidas. Além da definição sobre sua natureza jurídica como autarquia ou órgão vinculado à Presidência da República, existe a definição do estilo regulatório. Em regra, as agências reguladoras brasileiras adotam um estilo híbrido com combinação dos estilos e alternância de estratégias colaborativas e sancionatórias. Contudo, a legislação brasileira foi aprovada com limites ao valor das sanções pecuniárias e vetos ao poder administrativo de suspensão do tratamento de dados em violação da Lei – levando o Professor Danilo Doneda a considerar as baixas sanções como fator de risco para a ANPD ser "desdentada".[43] De fato, os limites legais podem dificultar a aplicação de sanções administrativas e, em tese, estimular o ajuizamento de ações judiciais. Finalmente, o posicionamento da ANPD no espaço regulatório é questão crucial. Mais do que a natureza jurídica e do que o reconhecimento legal de sua autonomia técnica e decisória, é fundamental sua capacidade de assumir o protagonismo como o articulador de ações, políticas públicas e das medidas necessárias para a efetiva aplicação da legislação pelos atores relevantes no mercado e no Estado. Ao contrário da Europa em que já existiam duas décadas de regulação da privacidade digital, a ANPD iniciará suas atividades em um espaço regulatório com tradição limitada na proteção

---

39. VOIGT, Paul; VON DEM BUSSCHE, Axel. *The EU General Data Protection Regulation (GDPR)*: A Practical Guide. Cham: Springer, 2017, p. 168-184.
40. DE HERT, Paul; PAPAKONSTANTINOU, Vagelis; MALGIERI, Gianclaudio; BESLAY, Laurent; SANCHEZ, Ignacio. The right to data portability in the GDPR: Towards user-centric interoperability of digital services. *Computer Law & Security Review*, v. 34, n. 2, 2018, p. 193-203.
41. MATSURA, Sérgio. Lei de Proteção de Dados reforça ditadura dos algoritmos: decisões equivocadas tomadas por máquinas não serão mais revistas por pessoas, segundo texto sancionado por Bolsonaro. Rio de Janeiro: O Globo, 13 jul. 2019, p. 23.
42. MARTIN, Yod-Samuel; KUNG, Antonio. Methods and tools for GDPR compliance through privacy and data protection engineering, *2018 IEEE European Symposium on Security and Privacy Workshops (EuroS&PW)*, pp. 108-111. IEEE, 2018.
43. MATSURA, *Op. Cit*. A título de comparação, o FTC aplicou uma multa de cinco bilhões de dólares ao Facebook mediante acordo com a empresa justamente por conta de tratamento de dados ilegal na fraude praticada junto com a empresa Cambridge Analytica de mineração ilegal de informações. BLOOMBERG NEWS, Facebook paga US$ 5 bi para encerrar processo sobre violação de dados, Rio de Janeiro: O Globo, 13 jul. 2019, p. 23.

de dados pessoais e com enormes desafios diante de si. A organização das instituições passará pela sua qualidade e capacidade para ser reconhecida como líder dentro da rede regulatória da economia digital.

4. A RESPONSABILIDADE ALGORÍTMICA DO ESTADO

O século XXI testemunhou a emergência do direito algorítmico, porque um grande número dos conflitos contemporâneos é resolvido através de processos decisórios baseados nos algoritmos, em que julgamentos são formulados a partir da normatividade embutida nas fórmulas matemáticas, códigos computacionais e eventualmente até mesmo aprendizado de máquina.[44] Atualmente, por exemplo, programas de informática substituem comitês de controle parental de conteúdo, na medida em que examinam imagens eróticas ou pornográficas e conteúdo inapropriado para menores publicado nas plataformas digitais de vídeo, na medida em que o volume de material requer que olhos e ouvidos humanos sejam trocados por scanners de imagem e de som. Da mesma maneira, por conta da capacidade computacional de processamento de grande volume de dados e também de estabelecer probabilidades sem limitações cognitivas e preconceitos tipicamente humanos, juízes criminais recebem relatórios baseados em evidências processadas pela tecnologia da informação com recomendações de concessão de fiança, livramento condicional e juízos de probabilidade de reincidência.[45] Algoritmos estão embutidos em inúmeros processos decisórios automatizados nas sociedades digitais contemporâneas: desde a definição do preço final ao consumidor, taxas de crédito e oferta de ações nas bolsas de valores até os processos de recrutamento profissional, seleção de estudantes universitários e processos eleitorais. A normatividade embutida nos algoritmos é decisiva e deve ser sujeita à constante auditoria.[46]

Adicionalmente, a lógica tecnológica transforma não apenas a normatividade das relações no mercado profissional e no mercado de trabalho, mas também as demandas sociais e pressões políticas para a atuação e intervenção do Estado. Algoritmos revolucionaram nosso senso de responsabilidade e, por consequência, transformam radicalmente o direito. Pense, por exemplo, no caso do Dieselgate, em que um artifício fraudulento foi treinado para identificar os padrões de testes laboratoriais de veículos e para produzir resultados diferentes em termos de emissões de gás tóxico para simular o cumprimento integral das regulações ambientais.[47] Considere, ainda, a possibilidade de manipulação de mercados decorrente da colusão virtual entre computadores interconectados, em

---

44. LESSIG, Lawrence. *Code, and Other Laws of Cyberspace*. New York: Basic Books, 1999.
45. FERGUSON, Andrew Guthrie. *The rise of Big Data policing*: surveillance, race, and the future of law enforcement. New York: NYU Press, 2017; EUBANKS, Virginia. *Automating inequality*: how high-tech tools profile, police, and punish the poor. New York: St Martin's Press, 2017; NOBLE, Safiya Umoja. *Algorithms of oppression*: how search engines reinforce racism. New York: NYU Press, 2018.
46. O'NEIL, Cathy. *Weapons of math destruction*: How Big Data increases inequality and threatens democracy. New York: Crown Publishers, 2016, p. 28-9, 144-5 & 207-9.
47. DI RATTALMA, Marco Frigessi (Ed.). *The Dieselgate*: A Legal Perspective. Cham: Springer, 2017; EWING JR, John. *Faster, Higher, Farther*: The inside story of the Volkswagen scandal. New York: WW Norton & Company, 2017; KOLBA, Peter. *Davids gegen Goliath*: Der VW-Skandal und die Möglichkeite von Sammelklagen. Wien: Mandelbaum Verlag, 2017.

que as máquinas aprendem a realizar alinhamento fraudulento de preços mediadas por uma mão digital dos mercados eletrônicos que traz lucros maiores para as empresas e prejuízos coletivos para os interesses dos consumidores.[48] Reflita, ainda, sobre o abuso de poder nos processos eleitorais através da manipulação de dados, circulação de *fake news* e *cyberattacks* desproporcionalmente dirigidos para um candidato às vésperas da votação popular.[49] Esses são apenas alguns exemplos de casos concretos de como os algoritmos mudaram nosso conceito sobre o direito, a experiência profissional das carreiras jurídicas e como a responsabilidade algorítmica do estado deve ser aplicada com relação ao mercado, à política e aos atos ilícitos penais, administrativos e cíveis.

No âmbito da responsabilidade civil, o Estado deve proteger os direitos dos usuários nas sociedades digitais, sendo necessária a intervenção institucional para tutelar direitos coletivos. O Estado deve agir como regulador, ator e legislador, de maneira a reequilibrar as assimetrias de poder e de informação entre as empresas e seus usuários para impedir efeitos negativos e lesivos. Atualmente, os processos informatizados a partir da coleta e processamento de grande volume de dados impõem uma mineração de dados e o uso da tecnologia de informação como fonte de riqueza e como um novo capital a ser acumulado, coordenado e distribuído.[50] Nesse contexto, cabe ao poder público investigar, analisar e controlar as fórmulas matemáticas dos algoritmos, exercendo o devido controle normativo de seus efeitos de acumulação, coordenação e distribuição de dados. Em que pese o foco prioritário da literatura acadêmica contemporânea sobre a proteção do direito à privacidade dos usuários da internet, a responsabilidade algorítmica do estado exige um desenvolvimento muito mais amplo da capacidade de atuação e controle estatal. Em determinados casos, o próprio processo de acumulação de dados pode implicar no armazenamento das informações com base em um tipo de processamento que inviabiliza a sua portabilidade e a sua interoperabilidade, vindo a gerar prejuízos para o usuário que pretende que seus dados sejam usados por uma outra empresa, para fins de políticas públicas ou para uso integrado de serviços públicos. Sob a perspectiva do usuário, o manejo e tratamento de dados como se fosse uma riqueza privada de uma empresa pode inviabilizar o seu compartilhamento em benefício do usuário, do Estado e da coletividade, trazendo prejuízos financeiros em virtude de uma conduta lesiva por parte da empresa.

A proteção dos direitos dos usuários e ampliação da responsabilidade algorítmica do Estado brasileiro não é questão meramente teórica, mas necessidade concreta eviden-

---

48. EZRACHI, Ariel; STUCKE, Maurice. Virtual competition: The promise and perils of the algorithm-driven economy. Cambridge: Harvard University Press, 2016; STUCKE, Maurice E.; GRUNES, Allen P. *Big data and competition policy*. Oxford: Oxford University Press, 2016.
49. SUNSTEIN, Cass. *#republic*: divided democracy in the age of social media. New Jersey: Princeton University Press, 2017; WATKINS, Alan; STRATENUS, Iman. *Crowdocracy*: The end of politics. Chatham: Urbane, 2016; MAURER, Tim. *Cyber Mercenaries*: The State, Hackers, and Power. Cambridge: Cambridge University Press, 2018; CHANDER, Anupam. Facebookistan. *North Carolina Law Review*, v. 90, p. 1807-1844, 2012.
50. ERL, Thomas; KHATTAK, Wajid; BUHLER, Paul. *Big Data fundamentals*: Concepts, drivers & techniques. New Jersey: Prentice Hall, 2016; MARR, Bernard. *Big Data*: Using smart Big Data analytics and metrics to make better decisions and improve performance. Chichester: Wiley, 2015; MARR, Bernard. *Data Strategy*: How to Profit from a World of Big Data, Analytics, and the Internet of Things. London: Kogan Page, 2017; CLEGG, Brian, *Big Data*: how the information revolution is transforming our lives. London: Icon, 2017; HOLMES, Dawn E. *Big Data*: A very short introduction. Oxford: Oxford University Press, 2017.

ciada por uma série de exemplos recentes de risco de lesão e de prejuízos aos interesses juridicamente protegidos da coletividade. No âmbito da responsabilidade do fornecedor na relação do consumo, as dinâmicas de competição e de mercado no comércio eletrônico são afetadas pela emergência de "Dataopólios", isto é, companhias cujo capital e posição dominante no mercado decorre da concentração de informação e que se tornam quase monopolistas no controle de grande quantidades de dados dos usuários em determinados segmentos do mercado, ampliando a possibilidade de manipulação de preços e exigindo uma série de novas medidas jurídicas para impedir práticas anticompetitivas e colusão virtual.[51] Como nesses cenários as assimetrias de poder e de informação entre as empresas e os consumidores são muito acentuadas, a responsabilidade algorítmica do estado exige a realização constante de auditorias de algoritmos e do controle normativo das suas fórmulas matemáticas e dos comandos embutidos nelas para se assegurar que o tratamento dos dados não viola os direitos dos consumidores. Um exemplo pródigo de violação recente consistiu no tratamento discriminatório de usuários com base nas suas características pessoais e no registro de sua localização geográfica, tendo ocorrido cobrança diferenciada de preços e negativa da oferta de serviços para consumidores no comércio eletrônico de reservas de acomodação em hotéis durante os jogos olímpicos no Rio de Janeiro em 2016, sendo certo que os indivíduos lesados sequer sabiam que foram vítimas de *Geopricing* e de *Geoblocking*.[52]

O referido episódio revela a necessidade de que o Estado brasileiro assuma a sua responsabilidade como autoridade dotada de poderes para regular o mercado, possuindo a obrigação de estruturar os seus órgãos de controle e suas agências reguladoras para exercer periodicamente o controle normativo sobre os algoritmos adotados no comércio eletrônico. Como essas fórmulas matemáticas são desenvolvidas através de vultosos investimentos em tecnologia da informação e possuem um caráter de propriedade industrial, o poder público enfrentará resistência quanto a ter acesso aos algoritmos com alegações de que se tratam de um bem privado e que a empresa precisa manter o segredo do negócio. Contudo, o Estado deve ser capaz de simultaneamente ter assegurado o seu acesso aos algoritmos e preservar o sigilo quanto aos detalhes de sua fórmula e ao segredo industrial respectivo. Desafio semelhante decorre do fato de que uma auditoria de algoritmos exige não apenas a análise da fórmula matemática, mas não raro a verificação do processamento de dados em situação real para se aferir como ocorre o tratamento e eventual manipulação da massa de dados dos usuários, especialmente se for empregada a tecnologia de aprendizado de máquina em que o processamento dos dados opera inclusive com base em operações que não foram previamente programadas pelos desenvolvedores humanos do software. Nesse caso, o Estado deve ter acesso não apenas aos dados dos usuários, mas também aos próprios centros de processamento de

---

51. EZRACHI, Ariel; STUCKE, Maurice. Virtual competition: The promise and perils of the algorithm-driven economy. Cambridge: Harvard University Press, 2016, p. 27-33; STUCKE, Maurice E.; GRUNES, Allen P. *Big data and competition policy*. Oxford: Oxford University Press, 2016, p. 277-301.
52. FORTES, Pedro Rubim Borges; MARTINS, Guilherme Magalhães; OLIVEIRA, Pedro. O consumidor contemporâneo no Show de Truman: A Geodiscriminação Digital como prática ilícita no direito brasileiro. *Revista de Direito do Consumidor*, v. 124, p. 235-262, 2019.

dados para realizar as auditorias em condições de verificação concreta do tratamento de dados para aferir se os direitos dos consumidores estão sendo lesados.

Outro caso concreto diz respeito ao episódio conhecido como Dieselgate, em que os computadores de bordo no interior dos veículos a diesel foram treinados para identificar os padrões dos testes de laboratório – velocidade constante e volante parado – para que ativassem um sistema alternativo para redução da emissão de gases em atenção aos ditames regulatórios para poluição ambiental.[53] A evidência relativa a esse caso demonstrou a presença de um artifício fraudulento em milhões de automóveis a diesel em todo o mundo, consistindo não apenas em uma fraude empresarial grave, mas também em lesão séria a milhões de consumidores que compraram um produto fora das especificações, ao meio ambiente lesado por emissões de gases poluentes dezenas de vezes acima dos limites permitidos e à saúde da população exposta a maiores riscos de doenças e de morte causada pelos efeitos da exposição à alta concentração dos gases tóxicos. Sob a perspectiva da responsabilidade algorítmica do Estado, o caso do Dieselgate reforça a necessidade de estruturação dos órgãos de controle e das agências reguladoras para identificar os atos ilícitos e adotar todas as medidas necessárias para a reparação integral dos interesses coletivos lesados. O uso das novas tecnologias de informação para cometer atos ilícitos requer a responsabilização não apenas dos engenheiros responsáveis pela programação do software e pela instalação do artifício fraudulento nos computadores de bordo, mas também eventualmente dos executivos e da própria pessoa jurídica. Se nos Estados Unidos ocorreu uma resposta relativamente rápida e efetiva no âmbito regulatório e do processo judicial coletivo,[54] em outras jurisdições parece necessário o aperfeiçoamento dos instrumentos de tutela coletiva de direitos para viabilizar o provimento de múltiplas indenizações individuais de caráter individual homogêneo, a recomposição do meio ambiente e da saúde pública, bem como a imposição de sanções econômicas de caráter punitivo em valor correspondente à gravidade do episódio.[55] No processo coletivo brasileiro, por exemplo, a quantificação dos danos morais coletivos realizada pelo Poder Judiciário resultou em uma condenação ao pagamento de um milhão de reais – valor reconhecidamente baixo diante da gravidade da conduta e da lesão.[56] O fato de as sanções serem arbitradas pelo método de estimativa de valor mínimo induz nas empresas condutas negativas para os interesses lesados, em um cenário de ilicitude lucrativa em que compensa para a empresa delinquir ao invés de agir licitamente.[57]

---

53. EWING JR, John. *Faster, Higher, Farther*: The inside story of the Volkswagen scandal. New York: WW Norton & Company, 2017.
54. EWING JR, John. *Faster, Higher, Farther*: The inside story of the Volkswagen scandal. New York: WW Norton & Company, 2017.
55. DI RATTALMA, Marco Frigessi (Ed.). *The Dieselgate*: A Legal Perspective. Cham: Springer, 2017; EWING JR, John. *Faster, Higher, Farther*: The inside story of the Volkswagen scandal. New York: WW Norton & Company, 2017; KOLBA, Peter. *Davids gegen Goliath*: Der VW-Skandal und die Möglichkeite von Sammelklagen. Wien: Mandelbaum Verlag, 2017.
56. FORTES, Pedro Rubim Borges; OLIVEIRA, Pedro Farias. A Insustentável Leveza do Ser? A Quantificação do Dano Moral Coletivo sob a Perspectiva do Fenômeno da Ilicitude Lucrativa e o Caso Dieselgate. *Revista IBERC*, v. 2, n. 3, 2019.
57. FORTES, Pedro Rubim Borges. O Fenômeno da Ilicitude Lucrativa. *REI – Revista de Estudos Institucionais*, v. 5, n. 1, p. 104-132, 2019; FORTES, Pedro Rubim Borges; OLIVEIRA, Pedro Farias. A Quantificação do Dano Moral Coletivo. *In:* ROSENVALD, Nelson; TEIXEIRA NETO, Felipe (Org.). *Dano Moral Coletivo*. Indaiatuba: Foco, 2018.

Um exemplo adicional revela a necessidade de o Estado atuar não apenas como regulador, fiscalizador e sancionador das condutas empresariais, mas também como o órgão executor de políticas públicas a partir das informações produzidas no próprio âmbito dos serviços públicos. No caso da prestação do transporte coletivo, por exemplo, o volume de informações produzidas pelas empresas concessionárias de ônibus, trens urbanos, metrô e, no caso do Rio de Janeiro, das barcas deve ser coletado, processado e disponibilizado para o uso de políticas públicas em benefício da melhoria da qualidade do serviço prestado para a população. Por conta de omissão em sua responsabilidade algorítmica, em alguns Estados esses dados vêm sendo reunidos, armazenados e utilizados pelas próprias empresas de ônibus sem que o Poder Público tenha acesso, controle e a possibilidade de uso efetivo para o planejamento e a implementação de políticas públicas. No Rio de Janeiro, por exemplo, foi ajuizada uma ação civil pública pelo Ministério Público e pela Defensoria Pública em face do Estado e da Federação de Transportes para que o Poder Público retomasse o efetivo controle do seu serviço de bilhetagem eletrônica, de maneira a poder utilizar efetivamente dos dados para o controle da qualidade do serviço de transporte público.[58] Atualmente, em um cenário de internet das coisas, a tecnologia de informação permite o acompanhamento em tempo real dos veículos de transporte coletivo através de uma combinação de tecnologias integradas por sensores, chips e softwares, sendo possível monitorar a velocidade dos veículos, o cumprimento integral da rota programada e o número de veículos de cada frota estimada, bem como o volume de passageiros transportados. A responsabilidade algorítmica do Estado exige que o Poder Público também dê o exemplo no âmbito do processamento de dados dos usuários de serviço público, estabelecendo as fórmulas adequadas para a maximização da experiência do usuário e para a proteção efetiva dos seus direitos. Na cidade de Londres, por exemplo, *Big Data* tem sido utilizada para melhorar o gerenciamento e a qualidade do transporte público através do mapeamento das viagens dos passageiros, gerenciamento de eventos inesperados e do processamento de informação personalizada dos consumidores.[59] Os dados possibilitam uma compreensão clara sobre quando e para onde as pessoas estão viajando, dando às autoridades uma visão geral mais precisa e também o detalhamento que permite uma análise granular no nível das viagens individuais que antes não era possível.[60] Além disso, a tecnologia da informação permite identificar interrupções no tráfego e na circulação de pessoas e, na hipótese de se tratar de uma falha na prestação de serviço, o reembolso do valor da passagem é feito de maneira automática através do depósito de um crédito correspondente no cartão eletrônico de cada um dos passageiros afetados pelo problema.[61] Além disso, com base no conhecimento que se possui sobre os hábitos de viagem de cada passageiro, torna-se possível o envio de mensagens personalizadas sobre as condições atuais de tráfego nas rotas tradicionalmente utilizadas pelos consumidores.[62] Em pesquisas de satisfação dos clientes, foi constatado que 83% dos

---

58. Disponível em: https://oglobo.globo.com/economia/defesa-do-consumidor/mprj-defensoria-querem-riocard-fetranspor-fora-do-bilhete-unico-21607107. Acesso em: 15 mar. 2020.
59. MARR, Bernard. *Big Data in Practice*. London: Wiley, 2016, p. 224.
60. MARR, Bernard. *Big Data in Practice*. London: Wiley, 2016, p. 224.
61. MARR, Bernard. *Big Data in Practice*. London: Wiley, 2016, p. 224.
62. MARR, Bernard. *Big Data in Practice*. London: Wiley, 2016, p. 225.

usuários avaliaram tais informações personalizadas de viagem como sendo úteis ou muito úteis, o que indica que a tecnologia da informação tem sido bem sucedida em termos de proteção dos direitos dos consumidores dos serviços públicos de transporte coletivo.[63] A responsabilidade algorítmica do Estado exige, assim, que o volume massivo de dados seja coletado, processado e utilizado de maneira a atender à demanda por serviços públicos de qualidade acompanhado da efetiva proteção dos direitos dos consumidores. Na medida em que os consumidores do serviço em Londres recebem informações contínuas e reembolso automático das passagens por ocasião de falhas na prestação do serviço, o poder público está atento à responsabilidade algorítmica do Estado. Tal exemplo deveria servir de paradigma para os demais serviços públicos e para a atuação e intervenção estatal em outras jurisdições, inclusive no Brasil.

Tais exemplos de responsabilidade estatal também reforçam a necessidade do reconhecimento entre nós do direito algorítmico, isto é, da análise jurídica da normatividade embutida nas fórmulas matemáticas, comandos de ação e instruções tecnológicas programadas nos códigos dos algoritmos. Tal conceito do direito é inspirado pelo realismo jurídico cujo foco predominante é a perspectiva das tarefas realizadas pelo direito ("*law jobs*")[64] ao invés do foco nas fontes formais do direito e na existência de uma regra de reconhecimento das leis baseada no direito estatal.[65] Inspirado pelo insight da Escola de Bruxelas de que o direito deve incluir em sua agenda de investigação quaisquer objetos normativos não identificados como direito estatal,[66] o direito algorítmico emerge como um equivalente funcional e substituto normativo do direito tradicional, na medida em que algoritmos vêm sendo utilizados para medir o risco de reincidência no processo criminal,[67] alocação de direitos sociais típicos como prestações de tratamento de saúde [68] e moradia,[69] na seleção de expressões em sites de busca,[70] bem como em inúmeros outros exemplos de aplicação de algoritmos com efeitos de coordenação, distribuição e deliberação com impacto coletivo.[71] Não resta dúvida de que os algoritmos possuem

---

63. MARR, Bernard. *Big Data in Practice*. London: Wiley, 2016, p. 225.
64. LLEWELLYN, Karl. The Normative, the Legal and the Law-Jobs: The Job of Juristic Method. *Yale Law Journal*, v. 40, 1940, p. 1355; LLEWELLYN, Karl; HOEBEL, E. Adamson. *The Cheyenne Way*: Conflict and Case Law in Primitive Jurisprudence. Norman: University of Oklahoma Press, 1941; LLEWELLYN, Karl. *The Bramble Bush*: On Our Law and Its Study. New York: Oceana, 1930, p. 3; TWINING, William. Two Works of Karl Llewellyn II: The Cheyenne Way. *The Modern Law Review*, v. 31, n. 2, p. 165-182, 1968; TWINING, Willian. *Karl Llewellyn and the realist movement*. 2. ed. Cambridge: Cambridge University Press, 2012.
65. HART, Herbert L.A. *Concept of Law*. 3. ed. Oxford: Oxford University Press, 2012; KELSEN, Hans. *Pure Theory of Law*. New Jersey: Lawbook Exchange, 2009.
66. FRYDMAN, Benoit. A Pragmatic Approach to Global Law, Aug. 19, 2013. Disponível em: https://ssrn.com/abstract=2312504 ou http://dx.doi.org/10.2139/ssrn.2312504. Acesso em: 15 mar. 2020; FRYDMAN, Benoit. The Brussels School of Jurisprudence, Global Law and the Competition of Normativities, Jun. 1st, 2013. Disponível em: https://ssrn.com/abstract=2312489. Acesso em: 15 mar. 2020.
67. FERGUSON, Andrew Guthrie. *The rise of Big Data policing*: surveillance, race, and the future of law enforcement. New York: NYU Press, 2017, p. 47-52.
68. EUBANKS, Virginia. *Automating inequality*: how high-tech tools profile, police, and punish the poor. New York: St Martin's Press, 2017, p. 39-83.
69. EUBANKS, Virginia. *Automating inequality*: how high-tech tools profile, police, and punish the poor. New York: St Martin's Press, 2017, p. 84-126.
70. NOBLE, Safiya Umoja. *Algorithms of oppression*: how search engines reinforce racism. New York: NYU Press, 2018, p. 15-63.
71. Veja O'NEIL, Cathy. *Weapons of math destruction*: How Big Data increases inequality and threatens democracy. New York: Crown Publishers, 2016; SUNSTEIN, Cass. *#republic*: divided democracy in the age of social media. New

caráter normativo e devem ser levados a sério pelos profissionais das carreiras jurídicas também, especialmente para fins de seu controle normativo.[72]

5. CONCLUSÕES

A inserção do Brasil na economia digital passa pela integridade da circulação de dados e depende da organização da ANPD e de seu posicionamento institucional. Nesse contexto, tem se aprofundado a necessidade de proteção dos direitos dos usuários de tecnologias de informação e do reconhecimento da responsabilidade algorítmica do Estado. O direito algorítmico emerge como uma série de comandos normativos respaldados por uma fusão entre a razão tecnológica e a razão jurídica. Ao transformar os processos de coordenação, distribuição e deliberação, os algoritmos pressionam os profissionais das carreiras jurídicas a refletirem sobre a justiça e a equidade da normatividade embutida em suas fórmulas e dos efeitos causados no comércio, bem-estar social, liberdade de expressão, mercado financeiro, democracia, privacidade e na responsabilidade penal, administrativa e civil. Os cenários possíveis incluem a imaginação tanto de utopias, quanto de distopias. De um lado, prevê-se que a nova era digital deverá empoderar os indivíduos e democratizar sociedades autoritárias,[73] promover a quarta revolução industrial através da cooperação global e produção customizada de bens facilitada por novas instituições, empreendedorismo e inovação,[74] bem como desenvolver uma verdadeira democracia das massas a partir da coleta de dados sobre comportamento e sabedoria coletivos para fins de decisões políticas.[75] Dentre os pesadelos distópicos, há a perspectiva de que os algoritmos podem ampliar a desigualdade, reduzir a liberdade e ameaçar a democracia.[76] Caberá ao Estado atuar e intervir para estabelecer a estrutura de controle normativo dos algoritmos e de regulação, legislação e execução de tarefas para permitir que a sociedade possa se beneficiar das novas possibilidades abertas pela tecnologia da informação sem sofrer os efeitos negativos e as consequências lesivas que poderiam decorrer da omissão estatal diante de sua responsabilidade algorítmica.

Jersey: Princeton University Press, 2017; EZRACHI, Ariel; STUCKE, Maurice. Virtual competition: The promise and perils of the algorithm-driven economy. Cambridge: Harvard University Press, 2016.
72. A expressão "controle normativo dos algoritmos" é inspirada pela literatura especializada que recomenda a realização de auditorias de algoritmos. Veja, por exemplo, O'NEIL, Cathy. *Weapons of math destruction*: How Big Data increases inequality and threatens democracy. New York: Crown Publishers, 2016, p. 208; EZRACHI, Ariel; STUCKE, Maurice. Virtual competition: The promise and perils of the algorithm-driven economy. Cambridge: Harvard University Press, 2016, p. 230-1.
73. SCHMIDT, Eric; COHEN, Jared. *The New Digital Age*: Transforming Nations, Businesses, and our Lives. New York: Vintage, 2014, p. 6-7.
74. SCHWAB, Klaus. *The Fourth Industrial Revolution*. London: Penguin, 2017, p. 7-9.
75. WATKINS, Alan; STRATENUS, Iman. *Crowdocracy*: The end of politics. Chatham: Urbane, 2016, p. 232-251.
76. O'NEIL, Cathy. *Weapons of math destruction*: How Big Data increases inequality and threatens democracy. New York: Crown Publishers, 2016; EUBANKS, Virginia. *Automating inequality*: how high-tech tools profile, police, and punish the poor. New York: St Martin's Press, 2017; EZRACHI, Ariel; STUCKE, Maurice. Virtual competition: The promise and perils of the algorithm-driven economy. Cambridge: Harvard University Press, 2016, p. 27-28; KLING, Marc-Uwe. *Qualityland*. Berlin: Ullstein, 2017; SUNSTEIN, Cass. *#republic*: divided democracy in the age of social media. New Jersey: Princeton University Press, 2017; SCHNEIER, Bruce. *Data and Goliath*: the Hidden Battles to Collect your Data and Control your World. New York: WW Norton & Company, 2015, p. 38.

5. REFERÊNCIAS

AMARAL, Fernando. *Introdução à ciência de dados*: mineração de dados e Big Data. Rio de Janeiro: Alta Books, 2016.

BLOOMBERG NEWS, Facebook paga US$ 5 bi para encerrar processo sobre violação de dados, Rio de Janeiro: O Globo, 13 jul. 2019.

BALDWIN, Robert, CAVE, Martin; LODGE, Martin. *Understanding regulation*: theory, strategy, and practice. Oxford: Oxford University Press, 2012.

CHANDER, Anupam. Facebookistan. *North Carolina Law Review*, v. 90, p. 1807-1844, 2012.

CLEGG, Brian, *Big Data*: how the information revolution is transforming our lives. London: Icon, 2017.

DE HERT, Paul; PAPAKONSTANTINOU, Vagelis; MALGIERI, Gianclaudio; BESLAY, Laurent; SANCHEZ, Ignacio. The right to data portability in the GDPR: Towards user-centric interoperability of digital services. *Computer Law & Security Review*, v. 34, n. 2, 2018.

DI RATTALMA, Marco Frigessi (Ed.). *The Dieselgate*: A Legal Perspective. Cham: Springer, 2017.

ERL, Thomas; KHATTAK, Wajid; BUHLER, Paul. *Big Data fundamentals*: Concepts, drivers & techniques. New Jersey: Prentice Hall, 2016.

EUBANKS, Virginia. *Automating inequality*: how high-tech tools profile, police, and punish the poor. New York: St Martin's Press, 2017.

EWING JR, John. *Faster, Higher, Farther*: The inside story of the Volkswagen scandal. New York: WW Norton & Company, 2017.

EZRACHI, Ariel; STUCKE, Maurice. Virtual competition: The promise and perils of the algorithm-driven economy. Cambridge: Harvard University Press, 2016.

FERGUSON, Andrew Guthrie. *The rise of Big Data policing*: surveillance, race, and the future of law enforcement. New York: NYU Press, 2017.

FORTES, Pedro Rubim Borges. O Fenômeno da Ilicitude Lucrativa. *REI – Revista de Estudos Institucionais*, v. 5, n. 1, p. 104-132, 2019.

FORTES, Pedro Rubim Borges; MARTINS, Guilherme Magalhães; OLIVEIRA, Pedro. O consumidor contemporâneo no Show de Truman: A Geodiscriminação Digital como prática ilícita no direito brasileiro. *Revista de Direito do Consumidor*, v. 124, p. 235-262, 2019.

FORTES, Pedro Rubim Borges; OLIVEIRA, Pedro Farias. A Insustentável Leveza do Ser? A Quantificação do Dano Moral Coletivo sob a Perspectiva do Fenômeno da Ilicitude Lucrativa e o Caso Dieselgate. *Revista IBERC*, v. 2, n. 3, 2019.

FORTES, Pedro Rubim Borges; OLIVEIRA, Pedro Farias. A Quantificação do Dano Moral Coletivo. *In*: ROSENVALD, Nelson; TEIXEIRA NETO, Felipe (Org.). *Dano Moral Coletivo*. Indaiatuba: Foco, 2018.

FRYDMAN, Benoit. A Pragmatic Approach to Global Law, Aug. 19, 2013. Disponível em: https://ssrn.com/abstract=2312504 ou http://dx.doi.org/10.2139/ssrn.2312504. Acesso em: 15 mar. 2020.

FRYDMAN, Benoit. The Brussels School of Jurisprudence, Global Law and the Competition of Normativities, Jun. 1st, 2013. Disponível em: https://ssrn.com/abstract=2312489. Acesso em: 15 mar. 2020.

HART, Herbert L.A. *Concept of Law*. 3. ed. Oxford: OUP, 2012.

HOLMES, Dawn E. *Big Data*: A very short introduction. Oxford: OUP, 2017.

KELSEN, Hans. *Pure Theory of Law*. New Jersey: Lawbook Exchange, 2009.

KLING, Marc-Uwe. *Qualityland*. Berlin: Ullstein, 2017.

KOLBA, Peter. *Davids gegen Goliath*: Der VW-Skandal und die Möglichkeite von Sammelklagen. Wien: Mandelbaum Verlag, 2017.

LEMOS, Ronaldo. Lei de dados nasceu desgovernada: com veto à criação de agência, legislação é morta-viva como um zumbi. *Folha de São Paulo*, 20/08/2018. Disponível em: https://www1.folha.uol.com.br/colunas/ronaldolemos/2018/08/lei-de-dados-nasceu-desgovernada.shtml. Acesso em: 15 mar. 2020.

LEMOS, Ronaldo et alli. *A criação da Autoridade Nacional de Proteção de Dados pela MP n. 869/2018*, 22 jan. 2019. Disponível em: http://www.ab2l.org.br/a-criacao-da-autoridade-nacional-de-protecao-de-dados-pela-mp-no-869-2018/. Acesso em: 15 mar. 2020.

LESSIG, Lawrence. *Code, and Other Laws of Cyberspace*. New York: Basic Books, 1999.

LLEWELLYN, Karl. *The Bramble Bush*: On Our Law and Its Study. New York: Oceana, 1930.

LLEWELLYN, Karl. The Normative, the Legal and the Law-Jobs: The Job of Juristic Method. *Yale Law Journal*, v. 40, 1940.

LLEWELLYN, Karl; HOEBEL, E. Adamson. *The Cheyenne Way*: Conflict and Case Law in Primitive Jurisprudence. Norman: University of Oklahoma Press, 1941.

LOVELUCK, Benjamin. *Redes, liberdades e controle*: uma genealogia política da Internet. Petrópolis: Vozes, 2018.

MAKKAI, Toni; BRAITHWAITE, John. In and out of the revolving door: Making sense of regulatory capture. *Journal of Public Policy*, v. 12, n. 1, p. 61-78, 1992.

MARR, Bernard. *Big Data*: Using smart Big Data analytics and metrics to make better decisions and improve performance. Chichester: Wiley, 2015.

MARR, Bernard. *Big Data in Practice*. London: Wiley, 2016.

MARR, Bernard. *Data Strategy*: How to Profit from a World of Big Data, Analytics, and the Internet of Things. London: Kogan Page, 2017.

MARTIN, Yod-Samuel; KUNG, Antonio. Methods and tools for GDPR compliance through privacy and data protection engineering, *2018 IEEE European Symposium on Security and Privacy Workshops (EuroS&PW)*, pp. 108-111. IEEE, 2018.

MATSURA, Sérgio. Lei de Proteção de Dados reforça ditadura dos algoritmos: decisões equivocadas tomadas por máquinas não serão mais revistas por pessoas, segundo texto sancionado por Bolsonaro. Rio de Janeiro: O Globo, 13 jul. 2019.

MAURER, Tim. *Cyber Mercenaries*: The State, Hackers, and Power. Cambridge: Cambridge University Press, 2018.

MAYER-SCHÖNBERGER, Viktor; RAMGE, Thomas. *Reinventing Capitalism in the Age of Big Data*. London: John Murray, 2019.

MILTROU, Lilian. The General Data Protection Regulation: A Law for the Digital Age? *In*: SYNODINOU, Tatiana-Eleni, JOUGLEUX, Phillipe, MARKOU, Christiana, PRASTITOU, Thalia (Org.), *EU Internet Law*: Regulation and Enforcement. Cham: Springer, 2017.

NOBLE, Safiya Umoja. *Algorithms of oppression*: how search engines reinforce racism. New York: NYU Press, 2018.

O'NEIL, Cathy. *Weapons of math destruction*: How Big Data increases inequality and threatens democracy. New York: Crown Publishers, 2016.

SCHMIDT, Eric; COHEN, Jared. *The New Digital Age*: Transforming Nations, Businesses, and our Lives. New York: Vintage, 2014.

SCHNEIER, Bruce. *Data and Goliath*: the Hidden Battles to Collect your Data and Control your World. New York: WW Norton & Company, 2015.

SCHWAB, Klaus. *The Fourth Industrial Revolution*. London: Penguin, 2017.

SCOTT, Colin. Analyzing regulatory space: fragmented resources and institutional design. *Public Law*, p. 283-305, 2001.

STUCKE, Maurice E.; GRUNES, Allen P. *Big data and competition policy*. Oxford: OUP, 2016.

SUNSTEIN, Cass. *#republic*: divided democracy in the age of social media. New Jersey: Princeton University Press, 2017.

THATCHER, Mark; COEN, David. Reshaping European regulatory space: An evolutionary analysis. *West European Politics*, v. 31, n. 4, p. 806-836, 2008.

TWINING, Willian. *Karl Llewellyn and the realist movement*. 2. ed. Cambridge: Cambridge University Press, 2012.

TWINING, William. Two Works of Karl Llewellyn II: The Cheyenne Way. *The Modern Law Review*, v. 31, n. 2, p. 165-182, 1968.

VIBERT, Frank. *The new regulatory space*: Reframing democratic governance. Cheltenham: Edward Elgar Publishing, 2014.

VOIGT, Paul; VON DEM BUSSCHE, Axel. *The EU General Data Protection Regulation (GDPR)*: A Practical Guide. Cham: Springer, 2017.

WALDMAN, Ari Ezra. *Privacy as Trust*: Information Privacy for an Information Age. Cambridge: Cambridge University Press, 2018.

WATKINS, Alan; STRATENUS, Iman. *Crowdocracy*: The end of politics. Chatham: Urbane, 2016.

ALGUMAS REFLEXÕES SOBRE A RESPONSABILIDADE CIVIL PELOS RISCOS DO DESENVOLVIMENTO NO USO DE NANOTECNOLOGIAS NO DIREITO BRASILEIRO[1]

Tula Wesendonck

Doutora em Direito pela Pontifícia Universidade Católica do Rio Grande do Sul (2013). Professora Permanente do Programa em Pós-Graduação em Direito da Universidade Federal do Rio Grande do Sul. Professora Adjunta de Direito Civil na Universidade Federal do Rio Grande do Sul. Integrante do Instituto de Estudos Culturalistas e da Rede de Direito Civil Contemporâneo. Líder do Grupo de Pesquisa "Direitos da Personalidade e Responsabilidade Civil no Direito Civil Contemporâneo". Pesquisadora no Direito Privado, com ênfase em Direito Civil, atuando principalmente nos seguintes temas: Teoria Geral do Direito Civil, Responsabilidade Civil, Direito das Obrigações, Direito das Coisas, Direito dos Contratos e Direito de Família. E-mail: tula@ufrgs.br

Sumário: 1. Introdução. 2. A Revolução da Nanotecnologia na formação de novos produtos e substâncias. 3. Incidência da responsabilidade civil pelos danos provocados por substâncias e produtos gerados a partir da nanotecnologia. 4. Conclusão. 5. Referências.

1. INTRODUÇÃO

O mundo contemporâneo é resultado de diversas revoluções científicas e tecnológicas. Alguns dos produtos e facilidades tecnológicas que víamos nos filmes de ficção científica, e outros tantos, que sequer poderiam ser imaginados pela indústria cinematográfica, hoje são uma realidade. Aquilo que era somente considerado como um experimento laboratorial ganhou vida.

Toda essa evolução trouxe à sociedade verdadeiras maravilhas do avanço tecnológico e científico, não é demasiado referir que os produtos passaram a ser inteligentes.

No entanto, ao lado de toda essa evolução, as questões que envolvem a ciência passam atualmente por um processo de produção mais complexo, o que pode dificultar a detecção e controle dos efeitos nocivos que esses produtos podem ocasionar[2].

---

1. Esse artigo é o resultado de pesquisas elaboradas a partir de palestra apresentada em outubro de 2019 no III Congresso Internacional de Responsabilidade Civil, realizado nos dias 10 e 11 de outubro de 2019, cujo tema foi: "Responsabilidade Civil e Novas Tecnologias". O congresso foi promovido e realizado pelo Instituto Brasileiro de Estudos de Responsabilidade Civil – IBERC e contou com o apoio da Escola Paulista da Magistratura – EPM, do Tribunal de Justiça do Estado de São Paulo.
2. Ulrich Beck alerta para os novos contornos de uma sociedade de risco como a atual, na qual "a incalculabilidade dos efeitos colaterais do trabalho científico necessariamente se intensifica", segundo o autor os efeitos reais tor-

As maravilhas do avanço tecnológico e científico trazem melhor conforto e qualidade de vida para as pessoas, mas também podem acarretar danos desconhecidos como já se experimentou no passado com alguns produtos como a Talidomida, apresentada como um medicamento eficiente para o controle de enjoos matinais em mulheres grávidas, mas que trouxe efeitos teratogênicos gravíssimos[3].

Efeitos colaterais desconhecidos ou inesperados, geralmente são mais comuns em novos medicamentos ou novas técnicas de desenvolvimento de produtos, pois não raramente, passam por um processo produtivo que ainda é inédito e sobre o qual os testes de segurança muitas vezes se mostram insuficientes, não sendo aptos a detectar os possíveis efeitos nocivos.

Em relação à nanotecnologia, o risco em torno da atividade é ainda mais marcante, pois se está diante de uma técnica nova com a produção de substâncias em escala nano.

As partículas em escala nano, por serem muito pequenas, podem circular livres no ambiente, e isso pode acarretar efeitos indesejáveis no corpo humano e no meio ambiente em virtude da dificuldade de seu isolamento[4].

Em virtude disso, esse artigo tem por objetivo apresentar algumas reflexões em torno dos riscos desconhecidos dessas nanopartículas, e da possibilidade de enfrentamento jurídico da matéria no cenário brasileiro atual.

Para tanto, optou-se por dividir o artigo em duas partes: na primeira será feita uma breve apresentação do uso da nanotecnologia para a formação de novos produtos e substâncias; na segunda parte, serão apresentados subsídios para a incidência da responsabilidade civil em virtude dos danos provocados pelos produtos e substâncias gerados pela nanotecnologia.

Por fim, importante referir, que este estudo, não tem por objetivo explorar de maneira exaustiva a legislação nacional ou estrangeira que regulamenta as atividades relacionadas à produção de materiais ou fabricação de produtos por meio do uso de nanotecnologia, o que deve ser consultado em bibliografia especializada sobre no assunto[5].

---

nam-se mais imprevisíveis ou incalculáveis do que nunca. BECK, Ulrich. *Sociedade de Risco*: rumo a uma outra modernidade. Tradução de Sebastião Nascimento. 2. ed. São Paulo: Editora 34, 2011, p. 262-263.

3. Uma descrição detalhada do caso da Talidomida, entre outras fontes, pode ser visto na obra SILVEIRA, Diana Montenegro da. *Responsabilidade civil por danos causados por medicamentos defeituosos*. Coimbra: Coimbra, 2010.
4. A extensão do risco pode ser vislumbrada na passagem que segue: "por causa de seu diminuto tamanho, as nanopartículas possuem a capacidade de atravessar células, membranas biológicas, tecidos e órgãos com maior facilidade que as partículas de dimensões na escala micro ou macro. Ao serem inaladas, passam dos pulmões e chegam na corrente sanguínea, sendo que, quando ingeridas, as nanopartículas possuem a capacidade de penetrar nas paredes gastrintestinais e alcançar o sistema circulatório para, posteriormente, penetrar e se aderir em diversos órgãos e tecidos, tais como medula óssea, cérebro, rins, fígado, coração, baço e sistema nervoso. Assim, ao se encontrarem dentro das células, as nanopartículas são capazes de interferir no funcionamento normal das mesmas, causando oxidação e, até mesmo, morte celular". (BUSSINGUER, Elda Coelho de Azevedo; TOSE, Laura Pimenta Krause. Bioética e nanotecnologia: a moralidade como princípio orientador na busca pela formulação de marcos regulatórios aos nanocosméticos. *Revista de Direito Constitucional e Internacional*, São Paulo, v. 101, p. 181-198, maio/jun. 2017).
5. Nesse sentido, aconselha-se a consulta ao seguinte trabalho: NOLASCO, Loreci Gottschalk; SANTOS, Nivaldo dos. Avanços nanotecnológicos e os desafios regulamentares. *Revista da Faculdade de Direito da Universidade Federal de Minas Gerais*, Belo Horizonte, n. 71, p. 375-420, jul./dez. 2017, p. 375.

2. A REVOLUÇÃO DA NANOTECNOLOGIA NA FORMAÇÃO DE NOVOS PRODUTOS E SUBSTÂNCIAS

A nanotecnologia pode ser definida como o conjunto diversificado de tecnologias, utilizando escala manométrica com a possibilidade científica de manipular átomos e moléculas na escala manométrica que representa uma bilionésima parte do metro (1 metro = 1.000.000.000 nanômetros)[6].

A redução de uma partícula à nano escala dá origem às nanopartículas, partículas ultrafinas (100.000 vezes mais finas que um fio de cabelo). Essas nanopartículas geram produtos com novas características, muito diferentes daquelas encontradas no seu similar na escala macro. Os materiais se comportam de maneira inesperada, pois as suas propriedades "diferem física, química e biologicamente de suas contrapartes maiores"[7].

Comparando o comportamento das nanopartículas com o material em tamanho original, é possível constatar que elas apresentam uma modificação da interação com o meio. A redução de uma partícula à escala nano faz com que ocorra uma alteração das propriedades físico-químicas e estruturais do material de origem sendo possível verificar uma reação potencializada que pode ser constatada nos seguintes exemplos: a cor e temperatura do ouro são diferentes em nano escala, efeitos tóxicos de materiais que se mostram inertes na escala macro são muito diferentes na escala nano, o carbono em escala nano é mais resistente que o aço e até seis vezes mais leve, o alumínio em escala nano entra em combustão espontaneamente[8], o dióxido de titânio, em tamanho normal é material inerte, mas na escala nano é considerado reativo, nanomateriais podem combinar-se com o ferro e outros metais, aumentando o nível de toxidade trazendo riscos desconhecidos em virtude das características de suas propriedades e potencialidade em quantidades concentradas, algumas nanopartículas podem transpor a barreiras das células e transitar livremente pelo sistema circulatório[9].

Além de atingirem consumidores, podem atacar trabalhadores da indústria. Nesse sentido o Instituto Nacional para Segurança e Saúde Ocupacional nos Estados Unidos (NIOSH), vem conduzindo pesquisas sobre o uso de nanotecnologias, e preocupado com a situação, recomendou já em 2008 que os empregadores deveriam diligenciar para reduzir a exposição dos trabalhadores o mínimo possível, até que fosse viável conhecer os efeitos da interação das nanopartículas com os trabalhadores[10].

---

6. FLORES, André Stringhi. Direito Ambiental, mínimo essencial ecológico e as nanotecnologias – o cuidado como uma (nova) perspectiva hermenêutica à tecnologia em escala nanométrica *Revista de Direito Ambiental*, São Paulo, v. 72, p. 359-379, out./dez. 2013.
7. NOLASCO, Loreci Gottschalk; SANTOS, Nivaldo dos. Avanços nanotecnológicos e os desafios regulamentares. *Revista da Faculdade de Direito da Universidade Federal de Minas Gerais*, Belo Horizonte, n. 71, p. 375-420, jul./dez. 2017, p. 375.
8. ENGELMANN, Wilson. A utilização de nanopartículas de zinco na indústria do plástico: o consumidor estará seguro? *Revista de Direito do Consumidor*, São Paulo, v. 102, p. 355-385, nov./dez. 2015.
9. NOLASCO, Loreci Gottschalk; SANTOS, Nivaldo dos. Avanços nanotecnológicos e os desafios regulamentares. *Revista da Faculdade de Direito da Universidade Federal de Minas Gerais*, Belo Horizonte, n. 71, p. 375-420, jul./dez. 2017, p. 385.
10. VON HOHENDORFF, Raquel; COIMBRA, Rodrigo; ENGELMANN, Wilson. As nanotecnologias, os riscos e as interfaces com o direito à saúde do trabalhador. *Revista de Informação Legislativa*, Brasília, v. 53, n. 209, p. 151-172, jan./mar. 2016, p. 155.

No ano de 2016, o NIOSH publicou um relatório sobre a nanotecnologia no local de trabalho ponderando que os empregados podem estar em risco de exposição pela inalação, absorção cutânea ou ingestão e propõe que para proteger os trabalhadores, deveria ser criado um plano de gestão de risco, atendendo ao princípio da precaução[11]. A preocupação com o ambiente de trabalho é relevante tendo em vista que as nanopartículas podem gerar danos irreversíveis e até mesmo a morte dos trabalhadores[12].

Esses são alguns dos efeitos relatados pelo uso das nanopartículas, não havendo até o momento a possibilidade de atestar a segurança do uso dessa técnica.

O que se vislumbra até o momento, é um sentimento de insegurança derivado do desconhecimento sobre os efeitos da interação das nanopartículas com o corpo humano e o meio ambiente. Não há certeza sobre quais são os efeitos toxicológicos, o estado da arte atual aponta para um cenário de desconhecimento.

Segundo a doutrina, geralmente os produtos ou mesmo os materiais nanoestruturados são descritos e registrados em diferentes países, incluindo o Brasil, pelas suas respectivas Agências Sanitárias sem fazer referência aos nanomateriais. Assim, mesmo antes da conclusão de estudos sobre a potencialidade de risco aos consumidores e trabalhadores sobre o processo, fabricação e comercialização de nanoprodutos, mais de 1.800 produtos (medicamentos, cosméticos, alimentos) com algum componente manométrico já haviam sido disponibilizados no mercado.[13]

Os riscos em torno da atividade ainda são invisíveis e imprevisíveis, tendo em vista que não há um controle sobre o número de nanopartículas produzidas pela ação humana, também não há certeza científica quanto à segurança da utilização da nanotecnologia.

Ainda não dispomos de um controle dos mecanismos de atuação das nanopartículas. Os efeitos tóxicos das nanopartículas na interação com o meio ambiente e o organismo humano não foram determinados até o momento, também não foram definidos níveis toleráveis à exposição, não existem respostas sobre qual deve ser o procedimento adotado no caso de exposição e também não existem orientações sobre como deve ser feito o descarte das nanopartículas indesejadas ou que não tiverem utilidade.

Os riscos podem ocorrer de forma ilimitada e incontrolada e os efeitos podem ser surpreendentes, não previstos ou incapazes de serem previstos, além de serem potencialmente mais tóxicos do que as partículas em tamanho convencional. O risco de exposição às nanopartículas pode acontecer por absorção celular, inalação, ingestão, e absorção pela pele e os efeitos toxicológicos para humanos podem ocorrer no sistema "respira-

---

11. NOLASCO, Loreci Gottschalk; SANTOS, Nivaldo dos. Avanços nanotecnológicos e os desafios regulamentares. *Revista da Faculdade de Direito da Universidade Federal de Minas Gerais*, Belo Horizonte, n. 71, p. 375-420, jul./dez. 2017, p. 397.
12. No ano de 2009 o site do G1 noticiou que sete trabalhadoras sofreram em Hong Kong danos pulmonares permanentes – duas delas faleceram – pela exposição sem proteção a nanopartículas numa fábrica de tintas. As mulheres trabalharam entre 05 a 13 meses numa fábrica, posteriormente passaram a apresentar dificuldades respiratórias e erupções no rosto e braços. Duas das trabalhadoras intoxicadas vieram a óbito. As demais permaneceram intoxicadas porque é impossível remover nanopartículas, pois penetram nas células pulmonares. Informação extraída do site: https://glo.bo/39KX9Tm. Acesso em: fev. 2020.
13. NOLASCO, Loreci Gottschalk; SANTOS, Nivaldo dos. Avanços nanotecnológicos e os desafios regulamentares. *Revista da Faculdade de Direito da Universidade Federal de Minas Gerais*, Belo Horizonte, n. 71, p. 375-420, jul./dez. 2017, p. 377

tório, digestivo, nervoso, linfático, excretor, circulação sanguínea, pele, leite materno, músculos e placenta" além disso podem acarretar contaminações ao meio ambiente[14].

Mesmo sem ser uma atividade adequadamente regulamentada ou fiscalizada, a nanotecnologia tem sido utilizada para produção de materiais utilizados em várias áreas e setores, desde produtos para melhoramento de utilidades domésticas, medicina e até manipulação clima[15]. Nesse sentido, podem ser citados alguns exemplos:

a) Nanopartículas de Zinco – são usadas na produção de embalagens plásticas para proteger e transportar alimentos. A doutrina aponta que em relação a essas nanopartículas há o risco de sua migração aos alimentos protegidos ou transportados podendo acarretar impactos na saúde humana e no ambiente[16].

b) Nanotubos de carbono – utilizados em função de sua relevante atividade antibactericida e baixo custo de produção. Esses materiais apresentam como risco a toxicidade em ambientes aquáticos em virtude da elevada absorção de HPA – Hidrocarbonetos Policíclicos Aromáticos (são cancerígenos). Os efeitos colaterais desses produtos são similares às fibras de asbesto e de vidro[17].

c) Nanopartículas de dióxido de titânio – utilizados na fabricação de tintas, xampus e filtros solares. Apresentam como risco a possibilidade de ultrapassar uma barreira que protege o cérebro de elementos tóxicos. Inaladas produzem reações nos pulmões com potencial cancerígeno[18].

d) Nanotecnologias na Medicina – vários produtos são utilizados na medicina para produção de medicamentos, aparelhos, instrumentos, engenharia genética, máquinas moleculares (nanomáquinas) que podem interagir com o DNA para reparar células defeituosas, eliminar tumores ou potencializar o crescimento de determinados tipos de células. Nessa área há o risco de fuga das nanopartículas para outras células ou outras regiões do corpo humano[19]

e) Geoengenharia do clima – utilizada para pulverização de nanopartículas na estratosfera para corrigir mudanças climática com a finalidade de fazer o gerenciamento de radiação solar (refletindo a luz solar no espaço), a remoção de gases de efeito estufa e o sequestro e modificação do tempo. Essa técnica tem sido objeto de crítica em virtude da efetividade da medida, dos efeitos colaterais imprevisíveis que podem ser incontroláveis e irreversíveis diante da inviabilidade de isolar as nanopartículas[20].

f) Nanocosméticos – a nanotecnologia já está presente em inúmeros cosméticos: protetores solares, produtos para cabelos, maquiagem, cuidados com a pele, colágenos, creme antienvelhecimento e an-

---

14. NOLASCO, Loreci Gottschalk; SANTOS, Nivaldo dos. Avanços nanotecnológicos e os desafios regulamentares. *Revista da Faculdade de Direito da Universidade Federal de Minas Gerais*, Belo Horizonte, n. 71, p. 375-420, jul./dez. 2017, p. 383.
15. A preocupação com a regulação da atividade é constante. Muitas vezes essa tentativa de regulação e/ou fiscalização vem de alguns setores e organizações que não são propriamente do governo, como é possível perceber do trabalho que segue: PEREIRA, Reginaldo; BURTET, Giani. Ativismo ambientalista: atuação das Ongs. norte-americanas ante a inércia das agências executivas estadunidenses na regulação da nanotecnologia. *Revista de Direito Ambiental*, São Paulo, v. 77, p. 461-497, jan./mar. 2015.
16. ENGELMANN, Wilson. A utilização de nanopartículas de zinco na indústria do plástico: o consumidor estará seguro? *Revista de Direito do Consumidor*, São Paulo, v. 102, p. 355-385, nov./dez. 2015.
17. SANTOS, Carlos Lopes dos; QUIÑONES, Eliane Marta; GUIMARÃES, João Roberto Penna de Freitas; FIGUEIREDO, Aureo Emanuel Pasqualeto; SANTOS, Aristides Faria Lopes dos. Novos desafios para a proteção ambiental: nanotecnologia, nanotoxicologia e meio ambiente. *Revista de Direito Ambiental*, São Paulo, v. 57, p. 71-85, jan./mar. 2010.
18. SILVEIRA, Vladmir Oliveira da; SANTOS, Queila Rocha Carmona dos. Os potenciais riscos das nanotecnologias: informação e responsabilidade à luz do Código de Defesa do Consumidor. *Revista de Direito do Consumidor*, São Paulo, v. 97v p. 173-196, jan./fev. 2015.
19. ENGELMANN, Wilson; BORGES, Gustavo Silveira. Responsabilidade civil médica pela utilização da nanotecnologia para modificação genética. *Revista de Direito do Consumidor*, São Paulo, v. 93, p. 65-99, maio/jun. 2014.
20. Sobre o assunto aconselha-se a leitura do seguinte estudo: ENGELMANN, Wilson; MACHADO, Cristine Pinto. Pulverização atmosférica de aerossóis (geoengenharia) e o direito: trabalhando com o princípio da precaução. *Revista de Direito Ambiental*, São Paulo, v. 94, p. 271-305, abr./jun. 2019.

ti-inflamatório, desodorantes, hidratantes, perfumes, antioxidantes, entre outros. A doutrina aponta que um dos riscos de utilização desses produtos é o descarte na água e que como tempo podem ocasionar acúmulo de nanopartículas nos recursos hídricos[21].

A descrição apresentada acima não é exaustiva e tem como objetivo, somente demonstrar o avanço científico e tecnológico atual no qual mesmo não se tendo condições de atestar a segurança dos produtos a nanotecnologia. Nesse sentido, é necessário questionar a possibilidade de incidência da responsabilidade civil nas hipóteses em que esses produtos possam causar danos, o que será feito a seguir.

3. INCIDÊNCIA DA RESPONSABILIDADE CIVIL PELOS DANOS PROVOCADOS POR SUBSTÂNCIAS E PRODUTOS GERADOS A PARTIR DA NANOTECNOLOGIA

A responsabilidade civil pelos danos derivados dos produtos gerados pela nanotecnologia pode ser cogitada nos casos de incidência de defeito do produto, situação em será incidente no Brasil no Código de Defesa e Proteção do Consumidor, e também em virtude do risco do empreendimento, que por sua vez terá tratamento no Art. 931 do Código Civil.

Nessas hipóteses é possível cogitar duas situações que ensejam a responsabilidade civil. A primeira incide quando o fabricante tem ou deveria ter conhecimento dos efeitos nocivos em relação ao produto e não os revela, deixando de advertir o consumidor sobre esses efeitos. Já a segunda ocorre quando o fabricante não informa ao consumidor sobre os efeitos nocivos do produto, por não ter conhecimento sobre os mesmos.

Na primeira situação está-se diante da responsabilidade derivada do fato do produto pelo defeito de informação e na segunda o que se vislumbra é a responsabilidade pelos danos derivados dos riscos do desenvolvimento.

Quando é colocado no mercado um produto que deriva de uma nova forma de elaboração, como é o caso do uso de nanotecnologia, a primeira preocupação que o fabricante deve ter é informar os possíveis danos que esse produto possa acarretar. Diante dessa informação, o consumidor estará ciente de que aquele produto pode gerar danos.

No caso dos produtos que são elaborados a partir da nanotecnologia, muitas vezes o fabricante não faz qualquer menção sobre a forma como são produzidos, ou então, quando o faz, simplesmente refere que o mesmo foi produzido utilizando-se a nanotecnologia, sem referir quais são os seus possíveis efeitos nocivos.

Nesse cenário, a primeira hipótese de incidência de responsabilidade a ser cogitada diante desse tipo de produto, é a que gera danos à população e ao meio ambiente, em virtude da falta de informação ou informação deficiente sobre os seus efeitos nocivos, que poderiam ser detectados pelo fabricante considerando o estado da arte no momento de sua elaboração.

---

21. VERDI, Roberta; HUPFFER, Haide Maria. Nanotecnologia e os riscos ao meio ambiente: por uma ética para com o futuro. *Revista de Direito Ambiental*, São Paulo, v. 96, p. 81-111, out./dez. 2019.

A informação dirigida ao consumidor deve ser clara, precisa, suficiente e completa. Nesse sentido o CDC fixa no Art. 6º os direitos básicos do consumidor, estabelecendo no inciso III que ele tem o direito "a informação adequada e clara sobre os diferentes produtos e serviços, com especificação correta de quantidade, características, composição, qualidade, tributos incidentes e preço, bem como sobre os riscos que apresentem."

Segundo Sanseverino, "[i]nformação é um direito do consumidor"[22] e a esse direito corresponde ao fornecedor o dever de informação. A transparência, a sinceridade e a clareza das informações prestadas pelo fornecedor, mais do que um dever, precisam ser encaradas como direito básico do consumidor, conforme definido no Art. 6º, III, do CDC. O fornecedor deve "dar cabal informação sobre os produtos e serviços colocados no mercado"[23], esse dever acompanha o fornecedor porque é ele quem detém o conhecimento sobre os bens e serviços que coloca no mercado, por isso precisa informar sobre todas as características do produto e principalmente sobre o efeito nocivo que ele possa causar. Esse dever é potencializado em relação aos produtos considerados nocivos ou perigosos ou sobre os quais não há certeza sobre a sua segurança como é o caso dos produtos elaborados a partir da nanotecnologia.

Quando esse dever de informar não é atendido incide a responsabilidade civil pelos danos derivados do defeito do produto, que segundo o Art. 12 do CDC inclui na configuração de defeito, o defeito de informação, como se vê:

> Art. 12. O fabricante, o produtor, o construtor, nacional ou estrangeiro, e o importador respondem, independentemente da existência de culpa, pela reparação dos danos causados aos consumidores por defeitos decorrentes de projeto, fabricação, construção, montagem, fórmulas, manipulação, apresentação ou acondicionamento de seus produtos, bem como por *informações insuficientes ou inadequadas sobre sua utilização e riscos*. (g.n.)

Assim, o ordenamento brasileiro estabelece a responsabilidade civil pelo defeito de informação quando um efeito colateral é cognoscível, diante do estágio a que se encontra o estado da arte no momento em que o produto é colocado em circulação.

Além desse dispositivo o Art. 9º do CDC impõe a necessidade de informação ostensiva e adequada sobre a nocividade ou periculosidade e acentua o dever de comunicar imediatamente às autoridades e aos consumidores as hipóteses de conhecimento posterior de periculosidade do produto como dispõe o Art. 10, § 1º, do Código de Proteção e Defesa do Consumidor.

Na mesma esteira de proteção, o Art. 31 do CDC impõe ao fornecedor a obrigatoriedade de redobrar o cuidado em relação à oferta de produto ao dispor:

> Art. 31. A oferta e apresentação de produtos ou serviços devem assegurar informações corretas, claras, precisas, ostensivas e em língua portuguesa sobre suas características, qualidades, quantidade, composição, preço, garantia, prazos de validade e origem, entre outros dados, bem como sobre os riscos que apresentam à saúde e segurança dos consumidores.

---

22. SANSEVERINO, Paulo de Tarso Vieira. *Responsabilidade no Código do Consumidor e a defesa do fornecedor.* São Paulo: Saraiva, 2010, p. 151.
23. NUNES, Rizzatto. *Curso de Direito do Consumidor.* 4. ed. São Paulo: Saraiva, 2009, p. 136.

Esse dispositivo reforça a obrigatoriedade de cumprir de forma adequada o dever de informar. O fornecedor precisa inserir na identificação do produto informação suficiente, clara e precisa, através de rótulos e advertências sobre a utilização de nanotecnologia para elaboração do produto, precisa informar sobre a presença de nanopartículas no produto e também é necessário referir os riscos ou a incerteza de segurança de isolamento das partículas em escala nano que poderiam circular livremente, escapar do produto e causar efeitos indesejados.

Muito embora a legislação seja clara nesse sentido, o dever de informar nem sempre é cumprido em sua amplitude e nessas situações, a responsabilidade civil incide pelo defeito de informação, pois o risco de efeitos nocivos do produto é ou deveria ser conhecido pelo seu fabricante.

Além da hipótese de danos ocasionados pelos efeitos nocivos detectáveis das nanopartículas, é possível ocorrer a incidência de responsabilidade pelos riscos desconhecidos do produto.

A responsabilidade civil nesse caso incide em virtude dos danos derivados dos riscos do desenvolvimento. Nessa situação os riscos são desconhecidos pelo mais avançado estado da arte. Nesses casos, quando o produto é colocado em circulação, mesmo que seja atendido o protocolo para atestar a sua segurança, segundo o estado da arte, o estágio da técnica e da ciência não se mostra suficiente para determinar os efeitos nocivos do produto. Muitas vezes, o fabricante somente perceberá a potencialidade nociva do produto depois que ele é utilizado pelo consumidor.

A responsabilidade civil pelos danos derivados dos riscos do desenvolvimento está relacionada com a triste experiência deixada pelos efeitos nocivos da Talidomida. Os relatos sobre o assunto demonstram que o fabricante não tinha conhecimento de sua potencialidade nociva. Ou seja, o dano não decorria de defeito do produto ou de deficiência de informação sobre os seus efeitos colaterais. Considerando o estado da técnica disponível na época, o fabricante não teria condições de detectar o efeito nocivo do medicamento antes introduzi-lo no mercado. Somente em momento posterior, depois do uso do produto, é que foi possível associar o uso do medicamento à ocorrência de efeitos teratogênicos em fetos, e por consequência, milhares de crianças, espalhadas por todo o mundo, nasceram com focomelia, uma deformidade congênita caracterizada pelo encurtamento dos membros[24]. Somente depois do nascimento de crianças com malformações, é que foi possível constatar a nocividade do produto.[25-26]

O caso da Talidomida acendeu a discussão no mundo em torno da responsabilidade pelos danos derivados dos riscos do desenvolvimento em virtude da grande tragédia que representou.

---

24. Calcula-se que mais de 10.000 crianças em todo o mundo nasceram com malformações dos membros) que eram vítimas de "focomelia" pelo encurtamento dos membros. Importante referir que essas vítimas estão espalhadas pelo mundo. CALIXTO, Marcelo Junqueira. O art. 931 do Código Civil de 2002 e os riscos do desenvolvimento. *Revista Trimestral de Direito Civil,* Rio de Janeiro, v. 6, n. 21, p. 53-93, jan./mar. 2005, p. 75-77.
25. Na Alemanha foram registrados mais de quatro mil recém-nascidos deformados fisicamente, e o fabricante do medicamento teve que despender a quantia de cento e dez milhões de marcos para a compensação dos danos sofridos pelas vítimas (SILVA, João Calvão da. *A responsabilidade civil do produtor.* Coimbra: Almedina, 1999, p. 123).
26. No Brasil existe uma pensão especial para as vítimas de talidomida Lei nº 7.070/1982.

Na época, mesmo que a posição doutrinária e jurisprudencial acenasse para a exclusão da responsabilidade civil pelos riscos do desenvolvimento, passou a vigorar na Alemanha, a partir de 1976 a Lei do Medicamento, imputando a responsabilidade civil do fabricante para os casos de danos derivados dos riscos do desenvolvimento[27].

No Direito brasileiro, há intenso debate sobre a matéria havendo posições contrárias[28] e favoráveis[29] à imputação da responsabilidade do fabricante pelos danos derivados dos riscos do desenvolvimento.

O Código de Defesa e Proteção do Consumidor, diploma que trata das normas sobre a responsabilidade no âmbito das relações de consumo, não excluiu de maneira expressa a responsabilidade civil pelos riscos do desenvolvimento. Contudo, parte da doutrina passou a justificar a exclusão da responsabilidade civil nessas hipóteses com fundamento no Art. 12 do CDC que dispõe sobre as hipóteses de exclusão da reponsabilidade civil do fornecedor de produtos.

Segundo essa corrente, o afastamento da responsabilidade estaria fundamentado nas causas de exclusão previstas no §1º, III, do Art. 12 que dispõe que o produto será considerado defeituoso considerando a época em que foi colocado em circulação. Em virtude do conteúdo desse dispositivo, essa doutrina passou a defender a exclusão da responsabilidade civil do fabricante, alegando que o defeito seria indetectável no momento de sua inserção no mercado, e, por esse motivo, o fabricante não poderia ser responsabilizado[30].

Mesmo que essa seja apenas uma corrente interpretativa do dispositivo, já que não há menção expressa na legislação excluindo a responsabilidade, não é possível desconsiderar a existência desse argumento, que passou a ser utilizado para afastar a responsabilidade civil do fabricante pelos riscos do desenvolvimento.

Ainda que a matéria não encontre uma solução expressa nas normas de Direito do Consumidor, o ordenamento brasileiro possui outro dispositivo que pode ser utilizado na defesa dos interesses da vítima para os danos decorrentes da responsabilidade pelos riscos do desenvolvimento. O dispositivo que pode fundamentar essa responsabilidade é o Art. 931 do Código Civil de 2002.

Ainda que esse preceito esteja inserido na legislação civil, ele pode ser aplicado para as relações civis, empresariais e de consumo, podendo ser mecanismo efetivo de proteção do consumidor.

---

27. SILVEIRA, Diana Montenegro da. *Responsabilidade civil por danos causados por medicamentos defeituosos*. Coimbra: Coimbra, 2010, p. 173.
28. MARINS, James. Riscos do Desenvolvimento e a tipologia da imperfeição dos produtos. *Revista de Direito do Consumidor*, São Paulo, n. 6, p. 118-133, abr./jun. 1993.
29. Adalberto Pasqualotto defende que essa responsabilidade se impõe havendo, dentro da classificação de defeito, um quarto defeito, o "defeito do desenvolvimento", provocado pelos riscos do desenvolvimento. PASQUALOTTO, Adalberto. A responsabilidade civil do fabricante e os riscos de desenvolvimento. *Revista da AJURIS*, Porto Alegre, v. 20, n. 59, p. 147-168, nov. 1993, p. 19.
30. MARINS, James. Riscos do Desenvolvimento e a tipologia da imperfeição dos produtos. *Revista de Direito do Consumidor*, São Paulo, n. 6, p. 118-133, abr./jun. 1993, p. 128.

Segundo esse dispositivo: "Ressalvados outros casos previstos em lei especial, os empresários individuais e as empresas respondem independentemente de culpa pelos danos causados pelos produtos postos em circulação."

Da leitura desse artigo é possível perceber que a responsabilidade do fabricante se impõe pelos danos decorrentes dos produtos postos em circulação. Ele não faz referência à expressão momento em que é colocado em circulação, existente no Art. 12, e, por esse motivo, amplia o âmbito de proteção do consumidor. Ao tratar sobre a matéria, o legislador civilista não se restringiu a repetir o conteúdo da lei consumerista[31].

Para imputar a responsabilidade civil nos casos de danos decorrentes de riscos do desenvolvimento, mesmo nas relações de consumo, é mais benéfico ao consumidor utilizar o Art. 931 em vez de fundamentar a responsabilidade civil com base no Art. 12 do Código de Defesa do Consumidor[32]. Isso porque, com a utilização do diploma civil, é evitada a discussão em torno da época em que o produto foi colocado em circulação que consta no Art. 12, § 1º, III. Dessa forma, no caso de danos decorrentes de produtos que acarretem efeitos desconhecidos, é mais efetiva a proteção ao consumidor pela aplicação do CC (norma posterior e mais abrangente) do que pela aplicação do CDC[33].

Dessa forma é possível perceber que as vítimas de qualquer dano derivado de produtos elaborados por nanotecnologia, seja no caso de defeito de informação para os riscos conhecidos, ou no caso de riscos do desenvolvimento, quando forem desconhecidos, ficam protegidas pelo sistema de incidência de responsabilidade civil, apto a proteger a vítima tanto no CC como no CDC.

4. CONCLUSÃO

Deste breve estudo é possível perceber que existem muitos especialistas alertam sobre os possíveis riscos derivados da redução de substâncias ou materiais à escala nano. Materiais que se apresentam em estado inerte em escala real podem ser considerados tóxicos, inflamáveis ou explosivos em escala nano, tendo em vista a potencialização dos efeitos dos produtos. Além disso, outro risco apontado pela doutrina é o da dificuldade

---

31. Importante referir que o Art. 931 não é mera repetição das disposições do Código de Defesa do Consumidor, como defende parte da doutrina, podendo ser citado nesse sentido TARTUCE, Flávio. *Direito civil*. Direito das obrigações e responsabilidade civil. 12. ed. São Paulo: Método, 2017, v. 2, p. 526-530.
32. "Art. 12. O fabricante, o produtor, o construtor, nacional ou estrangeiro, e o importador respondem, independentemente da existência de culpa, pela reparação dos danos causados aos consumidores por defeitos decorrentes de projeto, fabricação, construção, montagem, fórmulas, manipulação, apresentação ou acondicionamento de seus produtos, bem como por informações insuficientes ou inadequadas sobre sua utilização e riscos. § 1º O produto é defeituoso quando não oferece a segurança que dele legitimamente se espera, levando-se em consideração as circunstâncias relevantes, entre as quais: I – sua apresentação; II – o uso e os riscos que razoavelmente dele se esperam; III – a época em que foi colocado em circulação. § 2º O produto não é considerado defeituoso pelo fato de outro de melhor qualidade ter sido colocado no mercado. § 3º O fabricante, o construtor, o produtor ou importador só não será responsabilizado quando provar: I – que não colocou o produto no mercado; II – que, embora haja colocado o produto no mercado, o defeito inexiste; III – a culpa exclusiva do consumidor ou de terceiro."
33. Essa posição também pode ser verificada em artigo jurídico sobre a distinção entre a disposição prevista no Art. 931 do CCB e o Art. 12 do CDC conforme segue: WESENDONCK, Tula. Art. 931 do Código Civil: repetição ou inovação? *Revista de Direito Civil Contemporâneo*, São Paulo, v. 3, p. 141-159, 2015.

de isolar as nanopartículas o que pode ocasionar contaminação indesejada podendo contaminar outros locais, seres e ambiente.

Sendo assim, até o presente momento não é possível atestar a segurança dos produtos que são elaborados a partir da nanotecnologia de materiais. O estágio que se vive atualmente é de dúvida em relação aos efeitos nocivos dos produtos já que o fabricante não tem como atestar a sua segurança.

No cenário brasileiro, considerando a legislação vigente, tanto a que é prevista no CDC como a do CC, é possível afirmar que o fabricante do produto elaborado a partir do uso de nanotecnologia, não poderá alegar a exclusão de sua responsabilidade civil por danos derivados dos efeitos nocivos do produto, ainda que esses efeitos sejam desconhecidos ou indetectáveis pelo fabricante no momento de sua produção.

A legislação brasileira não afasta a responsabilidade civil pelos riscos do desenvolvimento incidindo a responsabilidade civil por danos derivados de riscos conhecidos ou não.

A dificuldade que se vislumbra para incidência dessa responsabilidade não é a falta de um permissivo legal nesse sentido, mas o fato de que a vítima desse tipo de dano talvez nem perceba a relação entre o uso de determinado produto e os danos, e na hipótese de perceber, provavelmente terá grande dificuldade de provar a relação que se estabelece entre o uso de um produto de os efeitos nocivos, porque como foi apresentado pela doutrina estudada, a pesquisa científica em torno da matéria ainda é escassa não havendo estudos conclusivos sobre a segurança ou sobre quais são efeitos nocivos que as nanopartículas podem acarretar.

Por enquanto, fica o alerta de que não é possível atestar a segurança da atividade, os riscos ainda são desconhecidos e os produtos elaborados com a utilização de nanotecnologia podem trazer danos incontroláveis, incalculáveis e irremediáveis ao ser humano e ao meio ambiente.

Nesse cenário, a investigação científica precisa avançar para atestara a segurança e limites desse tipo de atividade. Enquanto isso não ocorre, a certeza que podemos tirar é que o fabricante não poderá se eximir de indenizar os danos provocados por esses produtos, seja por efeitos nocivos conhecidos ou não.

5. REFERÊNCIAS

BECK, Ulrich. *Sociedade de Risco*: rumo a uma outra modernidade. Tradução de Sebastião Nascimento. 2. ed. São Paulo: Editora 34, 2011.

BUSSINGUER, Elda Coelho de Azevedo; TOSE, Laura Pimenta Krause. Bioética e nanotecnologia: a moralidade como princípio orientador na busca pela formulação de marcos regulatórios aos nanocosméticos. *Revista de Direito Constitucional e Internacional*, São Paulo, v. 101, p. 181-198, maio/jun. 2017.

CALIXTO, Marcelo Junqueira. O art. 931 do Código Civil de 2002 e os riscos do desenvolvimento. *Revista Trimestral de Direito Civil,* Rio de Janeiro, v. 6, n. 21, p. 53-93, jan./mar. 2005.

ENGELMANN, Wilson. A utilização de nanopartículas de zinco na indústria do plástico: o consumidor estará seguro? *Revista de Direito do Consumidor*, São Paulo, v. 102, p. 355-385, nov./dez. 2015.

ENGELMANN, Wilson; BORGES, Gustavo Silveira. Responsabilidade civil médica pela utilização da nanotecnologia para modificação genética. *Revista de Direito do Consumidor*, São Paulo, v. 93, p. 65-99, maio/jun. 2014.

ENGELMANN, Wilson; MACHADO, Cristine Pinto. Pulverização atmosférica de aerossóis (geoengenharia) e o direito: trabalhando com o princípio da precaução. *Revista de Direito Ambiental*, São Paulo, v. 94, p. 271-305, abr./jun. 2019.

FLORES, André Stringhi. Direito Ambiental, mínimo essencial ecológico e as nanotecnologias – o cuidado como uma (nova) perspectiva hermenêutica à tecnologia em escala nanométrica *Revista de Direito Ambiental*, São Paulo, v. 72, p. 359-379, out./dez. 2013.

MARINS, James. Riscos do Desenvolvimento e a tipologia da imperfeição dos produtos. *Revista de Direito do Consumidor*, São Paulo, n. 6, p. 118-133, abr./jun. 1993.

NOLASCO, Loreci Gottschalk; SANTOS, Nivaldo dos. Avanços nanotecnológicos e os desafios regulamentares. *Revista da Faculdade de Direito da Universidade Federal de Minas Gerais*, Belo Horizonte, n. 71, p. 375-420, jul./dez. 2017.

NUNES, Rizzatto. *Curso de Direito do Consumidor*. 4. ed. São Paulo: Saraiva, 2009.

PASQUALOTTO, Adalberto. A responsabilidade civil do fabricante e os riscos de desenvolvimento. *Revista da AJURIS*, Porto Alegre, v. 20, n. 59, p. 147-168, nov. 1993.

PEREIRA, Reginaldo; BURTET, Giani. Ativismo ambientalista: atuação das Ongs. norte-americanas ante a inércia das agências executivas estadunidenses na regulação da nanotecnologia. *Revista de Direito Ambiental*, São Paulo, v. 77, p. 461-497, jan./mar. 2015.

SANSEVERINO, Paulo de Tarso Vieira. *Responsabilidade no Código do Consumidor e a defesa do fornecedor.* São Paulo: Saraiva, 2010.

SANTOS, Carlos Lopes dos; QUIÑONES, Eliane Marta; GUIMARÃES, João Roberto Penna de Freitas; FIGUEIREDO, Aureo Emanuel Pasqualeto; SANTOS, Aristides Faria Lopes dos. Novos desafios para a proteção ambiental: nanotecnologia, nanotoxicologia e meio ambiente. *Revista de Direito Ambiental*, São Paulo, v. 57, p. 71-85, jan./mar. 2010.

SILVA, João Calvão da. *A responsabilidade civil do produtor.* Coimbra: Almedina, 1999.

SILVEIRA, Diana Montenegro da. *Responsabilidade civil por danos causados por medicamentos defeituosos.* Coimbra: Coimbra, 2010.

SILVEIRA, Vladmir Oliveira da; SANTOS, Queila Rocha Carmona dos. Os potenciais riscos das nanotecnologias: informação e responsabilidade à luz do Código de Defesa do Consumidor. *Revista de Direito do Consumidor*, São Paulo, v. 97v p. 173-196, jan./fev. 2015.

TARTUCE, Flávio. *Direito civil*. Direito das obrigações e responsabilidade civil. 12. ed. São Paulo: Método, 2017, v. 2.

VERDI, Roberta; HUPFFER, Haide Maria. Nanotecnologia e os riscos ao meio ambiente: por uma ética para com o futuro. *Revista de Direito Ambiental*, São Paulo, v. 96, p. 81-111, out./dez. 2019.

VON HOHENDORFF, Raquel; COIMBRA, Rodrigo; ENGELMANN, Wilson. As nanotecnologias, os riscos e as interfaces com o direito à saúde do trabalhador. *Revista de Informação Legislativa*, Brasília, v. 53, n. 209, p. 151-172, jan./mar. 2016. Disponível em: http://www12.senado.leg.br/ril/edicoes/53/209/ril_v53_n209_p151. Acesso em: 10 fev. 2020.

WESENDONCK, Tula. Art. 931 do Código Civil: repetição ou inovação? *Revista de Direito Civil Contemporâneo*, São Paulo, v. 3, p. 141-159, 2015.